Pearson 培文

L. S. Stavrianos

A GLOBAL HISTORY

FROM PREHISTORY TO THE 21ST CENTURY

全球通史

从史前到21世纪

[美] L.S. 斯塔夫里阿诺斯 著　王皖强 译　刘北成 审校

7th edition
新译本
第七版

下

北京大学出版社
PEKING UNIVERSITY PRESS

著作权合同登记号 图字：01-2012-6688

图书在版编目(CIP)数据

全球通史：从史前到21世纪：新译本. 下册 /(美) L. S. 斯塔夫里阿诺斯著；王皖强译. —北京：北京大学出版社，2024.6

（培文·历史）

ISBN 978-7-301-34622-8

Ⅰ. ①全… Ⅱ. ①斯… ②王… Ⅲ. ①世界史 Ⅳ. ①K10

中国国家版本馆CIP数据核字(2023)第248668号

审图号：GS（2023）2875号

书　　名	全球通史：从史前到 21 世纪（新译本）下册 QUANQIU TONGSHI：CONG SHIQIAN DAO ERSHIYI SHIJI (XIN YIBEN) XIA CE
著作责任者	［美］L. S. 斯塔夫里阿诺斯（L. S. Stavrianos）著　王皖强 译　刘北成 审校
责任编辑	徐文宁　张文华
标准书号	ISBN 978-7-301-34622-8
出版发行	北京大学出版社
地　　址	北京市海淀区成府路205号　100871
网　　址	http://www.pup.cn　新浪微博：@北京大学出版社 @培文图书
电子邮箱	编辑部 pkupw@pup.cn　总编室 zpup@pup.cn
电　　话	邮购部 010-62752015　发行部 010-62750672　编辑部 010-62750883
印 刷 者	天津盛辉印刷有限公司
经 销 者	新华书店
	787毫米×1092毫米　16开本　31印张　621千字
	2024年6月第1版　2025年5月第4次印刷
定　　价	86.00元

西方兴起的世界
（公元1500—1763年）

第二十二章　西欧的扩张：伊比利亚国家（公元1500—1600年） *445*

一、伊比利亚扩张主义的根源　*445*

二、哥伦布发现美洲　*449*

三、葡萄牙人在亚洲　*452*

四、瓜分世界　*457*

五、征服者与新西班牙　*460*

六、伊比利亚的衰落　*464*

第二十三章　西欧的扩张：荷兰、法国、英国（公元1600—1763年） *469*

一、西北欧的早期扩张　*469*

二、荷兰的黄金世纪　*473*

三、英法争霸　*476*

四、英国的胜利　*478*

第二十四章　俄国在亚洲的扩张 *483*

一、俄国扩张的地理环境　*483*

二、俄国的早期扩张　*487*

三、西伯利亚的征服　*491*

四、西伯利亚的管理和开发　*494*

五、乌克兰的征服　*496*

第二十五章　全球整体化的开端 *501*

一、新的全球视野　*501*

二、人类与动植物的全球扩散　*504*

三、全球经济联系　*508*

西方主宰的
世界
（公元1763—1914年）
第七编

第二十九章　中东　*613*
一、巴尔干基督教民族　*614*
二、土耳其人　*616*
三、阿拉伯人　*620*

第三十章　印度　*625*
一、印度的传统社会　*625*
二、英国人的征服　*627*
三、英国人的统治　*629*
四、英国人的影响　*629*
五、印度的民族主义　*632*

第三十一章　中国与日本　*637*
一、中国打开国门　*637*
二、中国的改良与革命　*641*
三、日本的现代化　*644*
四、日本的扩张　*648*

第三十二章　非洲　*651*
一、奴隶贸易　*651*
二、探险时代　*656*
三、瓜分非洲　*656*
四、欧洲的影响　*659*

第三十三章　美洲和英国自治领　*665*
一、种族的欧化　*665*
二、政治的欧化　*669*
三、经济和文化的欧化　*670*

第三十四章　波利尼西亚　*675*
一、岛屿和航海者　*675*
二、贸易与殖民地　*676*
三、欧洲的影响　*678*

第三十五章　全球整体化的巩固　685
一、欧洲的政治统治地位　685
二、欧洲的经济统治地位　686
三、欧洲的文化统治地位　687
四、白人的负担　688
五、对欧洲统治地位的最初挑战　690
历史的启示　马克思的预言与现实的反差　694

西方衰退与繁荣的世界
（公元1914年至今）

第八编

第三十六章　第一次世界大战及其全球影响　699
一、战争的根源　699
二、萨拉热窝事件　703
三、欧洲战争阶段（公元1914—1917年）　707
四、全球战争阶段：1917年俄国革命　710
五、全球战争阶段：美国参战　714
六、和平协议　718
七、世界历史上的第一次世界大战　722

第三十七章　殖民地世界的民族起义　727
一、土耳其　727
二、中东阿拉伯国家　730
三、印度　732
四、中国　734

第三十八章　欧洲的革命与和解（公元1929年前）　737
一、共产主义在俄国的胜利　737
二、共产主义在中欧的失败　740
三、意大利走向法西斯主义　743
四、西欧民主国家的困境　745
五、欧洲的稳定与和解　747

第三十九章　五年计划与大萧条　751
一、五年计划　751
二、大萧条　756

第四十章　走向战争（公元1929—1939年）　765
一、日本入侵中国东北　765
二、意大利占领埃塞俄比亚　768
三、西班牙内战　769
四、奥地利和捷克斯洛伐克的覆灭　771
五、战争的爆发　773

第四十一章　第二次世界大战及其全球影响　777
一、欧洲战争阶段　778
二、全球战争阶段　784
三、世界历史上的第二次世界大战　796

第四十二章　帝国的终结　799
一、殖民地革命的根源　799
二、印度和巴基斯坦　804
三、东南亚　805
四、热带非洲　808
五、南非　810
六、中东　813

第四十三章　大同盟、冷战及其后果　819
一、战时的团结　820
二、欧洲的冷战　825
三、远东的冷战　827
四、冷战的终结　829

第四十四章　第二次工业革命及其全球影响　835
一、第二次工业革命的起源和性质　836
二、对第一世界发达国家的影响　838

第六编

西方兴起的世界

（公 元 1500—1763 年）

A GLOBAL HISTORY

337 在中世纪的大部分时间里，亚欧大陆西端的西欧人孤立无援、迭遭兵燹。西欧位于传统的入侵路线的终点，历来容易遭受来自东方的进攻。一望无际的西伯利亚大草原起于中国北部，横贯整个亚欧大陆，一直延伸到中欧的多瑙河流域，成为一批又一批游牧入侵者的通道。每当帝国步入衰落，匈人、日耳曼人、阿瓦尔人、马扎尔人、蒙古人和突厥人便乘虚而入，凭借无与伦比的机动性闯入文明中心。

现代早期，充满活力的新兴西方崛起，打破了这一古老的格局。西欧人掌握了先进的技术，尤其是武器和舰船制造技术，从而在世界的海洋上拥有了堪比亚欧大陆大草原上的游牧民族的机动性和优势。从此，世界格局完全逆转。欧洲人的扩张路线形成了一个巨大的钳形包围圈，将整个亚欧大陆包围起来。一条钳臂是俄国人从陆路穿越西伯利亚向太平洋推进，另一条钳臂是西欧人从非洲向印度、东南亚和中国扩张。与此同时，以哥伦布为首的西方人冒险向西横渡大西洋，发现了新大陆，并进行环球航行。

诚然，同一时期，土耳其禁卫军像之前的许多亚洲民族一样，推进到多瑙河流域并包围了欧洲心脏地带的维也纳。但是，在新的全球史阶段的背景下，这只是次要的局部行动。从世界历史的角度来看，真正意义重大的是伊比利亚人率先发动的海外扩张，西北欧人随后开展的海外活动，以及俄国人向太平洋方向的陆上扩张。

美洲的发现以及经好望角到东印度的通路的发现， 339
是人类历史上最伟大、最重要的事件。

——亚当·斯密

第二十二章　西欧的扩张：伊比利亚国家（公元1500—1600年）

伊比利亚半岛的西班牙和葡萄牙成为16世纪欧洲扩张的领头羊。乍看起来，这似乎有悖常理。几个世纪以来，穆斯林一直盘踞在伊比利亚半岛。这个地区有许多摩尔人和犹太人留了下来，从而形成了多样性的种族和宗教。此外，众所周知，进入17世纪后，这两个伊比利亚国家迅速衰落，在整个现代时期一直无足轻重。那么，16世纪西班牙和葡萄牙短暂而辉煌的扩张又该作何解释呢？本章首先探讨伊比利亚扩张主义的根源，然后讲述伊比利亚人在东方和新大陆建立帝国的过程，最后分析16世纪末伊比利亚半岛衰落的原因和后果。

一、伊比利亚扩张主义的根源

宗教是欧洲海外扩张的一个重要动因，对于伊比利亚半岛国家来说尤其如此。对于西班牙人和葡萄牙人来说，与穆斯林的长期斗争依然历历在目，激励着他们勇往直前。伊斯兰教对于欧洲其他民族只是一种遥远的威胁，却是伊比利亚人无时不在的宿敌。穆斯林一度统治了伊比利亚半岛的大部分地区，15世纪时，穆斯林依然占据着半岛南部的格拉纳达。不仅如此，穆斯林还控制了邻近的北非海岸，随着土耳其人的海上力量日益壮大，整个地中海都笼罩在土耳其人的势力之下。其他欧洲人对十字军远征的态度时冷时热，唯独虔诚而爱国的伊比利亚人不仅将反伊斯兰教的斗争视为宗教义务，而且视为爱国之需（见地图21）。 340

1415年，“航海家”亨利王子夺取了直布罗陀海峡对岸的北非要塞城镇休达，这一壮举让他声名鹊起。同样，西班牙伊莎贝拉女王在强烈的宗教信念驱使下，决

341

地图21 中世纪西方的扩张

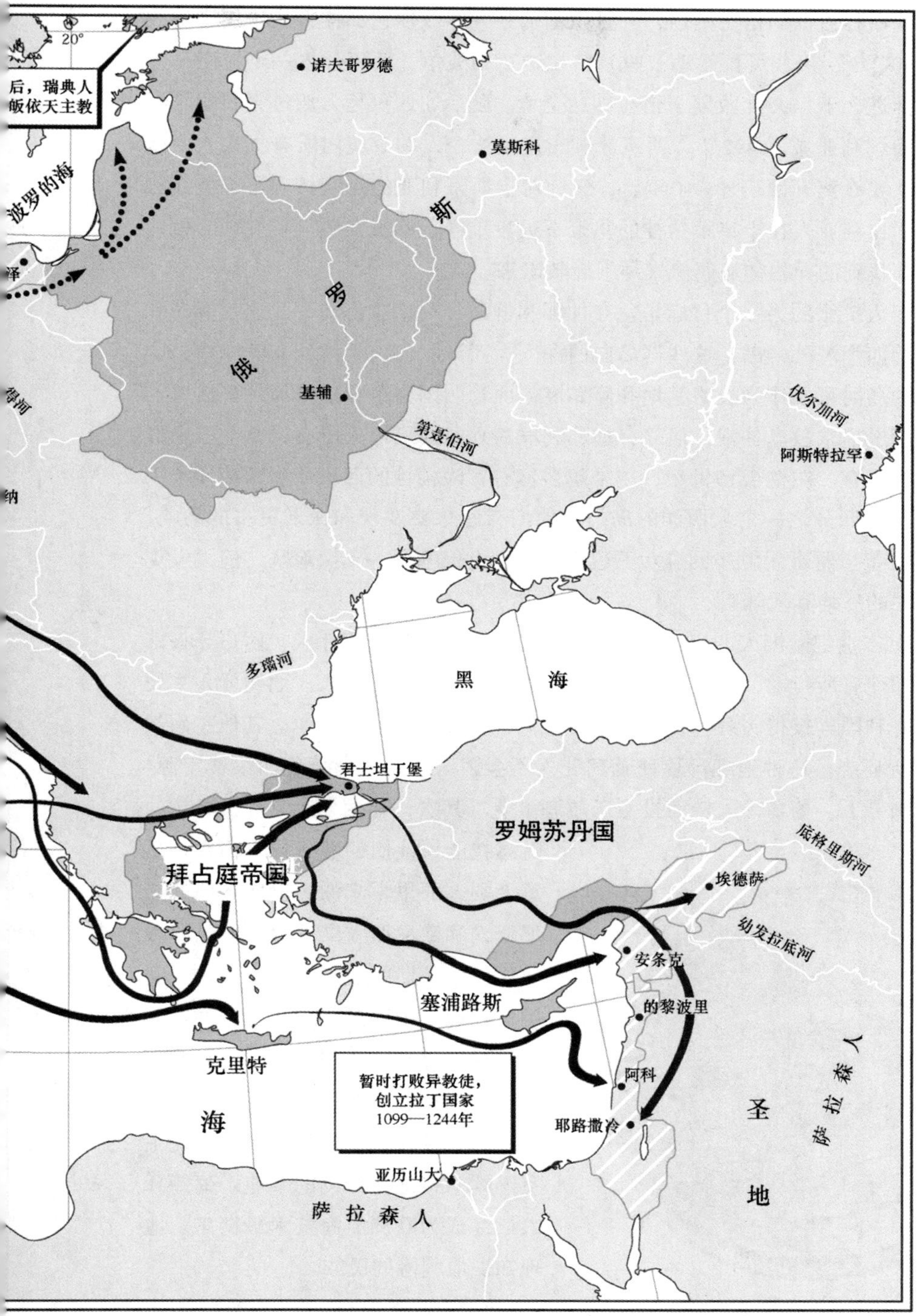
20°
后，瑞典人
皈依天主教
诺夫哥罗德
莫斯科
波罗的海
斯
泽
罗
俄
基辅
得河
第聂伯河
伏尔加河
阿斯特拉罕
纳
多瑙河
黑
海
君士坦丁堡
罗姆苏丹国
底格里斯河
拜占庭帝国
埃德萨
幼发拉底河
安条克
塞浦路斯
的黎波里
克里特
暂时打败异教徒，
创立拉丁国家
1099—1244年
阿科
海
耶路撒冷
圣
萨拉森人
亚历山大
萨 拉 森 人
地

心彻底收复穆斯林占据的格拉纳达，并且像葡萄牙人夺取休达那样将战争推进到敌人的地盘。1482年，伊莎贝拉发动了收复格拉纳达的战争，西班牙人一个村庄一个村庄地向前推进，于1492年收复了格拉纳达全境。随后，西班牙人渡过直布罗陀海峡，占领了梅利利亚城。1492年，西班牙颁布皇家法令，勒令境内所有犹太人要么皈依天主教，要么离开西班牙。10年后，又针对卡斯蒂利亚的穆斯林颁布了类似法令。此后，伊比利亚人在十字军精神的驱策下远渡重洋，不仅要消灭新发现的穆斯林，还要把新找到的异教徒从偶像崇拜中拯救出来。

伊比利亚人扩张的另一个目标是争夺加那利群岛、马德拉群岛、亚速尔群岛和佛得角群岛等四个海外群岛。这些群岛向西深入大西洋、向南延伸到非洲海岸，这些肥沃富饶的岛屿可以作为战略基地和停靠港。西葡两国为争夺这些岛屿多次爆发局部冲突，屡屡请求教皇仲裁，最终，加那利群岛划归西班牙人所有，其他三个群岛归葡萄牙人所有。在整个15世纪，越来越多富有冒险精神的西班牙和葡萄牙水手发现了这些横跨四分之一个大西洋的岛屿。他们当然想要发现和探索更多的岛屿。1492年，哥伦布与西班牙伊莎贝拉女王达成协议，由他率领一支探险队“前去发现并获取海洋中的岛屿和大陆”。

然而，在15世纪欧洲人的海外冒险事业中一马当先的是葡萄牙人，西班牙人落在了后面，即使有所行动，也主要是为了抗衡先声夺人的葡萄牙人。葡萄牙人主要是凭借两个有利因素拔得头筹。首先，幅员不大的葡萄牙西临大西洋，其他三面被西班牙领土所环绕。这种地理环境使葡萄牙人不会因为卷入欧洲战争而浪费资源。在亨利王子领导下，葡萄牙人转而投身于航海事业。其次，葡萄牙人掌握了高超的航海技能，他们的航海技术主要是从意大利人那里学来的。里斯本地处热那亚人和威尼斯人穿越直布罗陀海峡前往佛兰德斯的航线上，葡萄牙人利用这一优势招募意大利船长和领航员加入皇家海军。亨利王子雇用有本领的意大利和加泰罗尼亚水手，甚至还有一名丹麦人。亨利死后，葡萄牙王室继续坚持他所开创的事业，葡萄牙人最终成为欧洲航海技术最精湛、地理知识最渊博的民族。

图144 1994年，葡萄牙发行的航海家亨利王子诞辰600周年纪念币。

1415年夺取休达后，葡萄牙人对海外探险的兴趣日益浓厚，他们从穆斯林战俘那里获悉了西非黑人王国历史悠久、利润丰厚的跨撒哈拉贸易。几百年来，西非一直用象牙、奴隶和黄金来换取制成品和盐，而当时西欧普遍缺乏贵金属，葡萄牙尤其如此，因此，亨利王子跃跃欲试，派遣船长前往非洲海岸开展黄金贸易。总之，亨利最初的目标只是非洲，东方并不在考虑之列。

1445年，亨利王子手下的船长南下穿过非洲沙漠海岸，发现了沙漠南面肥沃的绿色大地，这标志着葡萄牙人的早期探险向前迈进了一大步。到亨利去世时，葡萄牙人已经南下勘探了塞拉利昂海岸，建立起许多沿海商站，从而至少能够利用他们梦寐以求的非洲商队贸易的一部分。

另一方面，亨利在世时，葡萄牙人已经有了更高的追求，目标不再局限于非洲，还意欲开辟通往印度的航线。当时，穆斯林控制了整个北非和中东，从而切断了欧洲人前往东方的通路。对于欧洲人来说，地中海犹如一座牢狱，而不是一条通途。因此，除了香料贸易中间商威尼斯人之外，欧洲人无不渴望开辟通往“香料产地印度群岛”的新航线。亨利王子最初开展航海活动时并没有打算前往印度，随 342
着船队沿非洲海岸一步步南下，葡萄牙人的胃口越来越大，不再满足于非洲商队贸易，而是把目光投向了印度香料贸易。从此，开辟并控制香料贸易路线就成为葡萄牙人的首要目标。

二、哥伦布发现美洲

鉴于葡萄牙人在航海理论和航海活动上的领先地位，吊诡的是，反而是西班牙人迈出了地理大发现的第一步：发现新大陆。更阴差阳错的是，造成这种结果的主要原因是葡萄牙人有比西班牙人更先进的地理知识，因而意识到哥伦布的推测站不住脚。15世纪，有知识的欧洲人都知道地球是圆的。问题不在于地球的形状，而在于地球的大小以及大陆与海洋的确切分布。哥伦布的推测综合了几个来源：第一，马可・波罗对亚洲东西跨度的估计，这是个过高的估计；第二，马可・波罗说日本距离亚洲大陆有2414千米，这个数值极端高估；第三，托勒密测算的地球周长，这是个过低的数值。哥伦布据此推断，欧洲与日本之间海洋的宽度不足4828千米，所以前往亚洲最短和最便捷的路线是横渡大西洋的直线航行，哥伦布将这个方案呈递给各国宫廷。由于亨利王子开创的航海事业，葡萄牙人有更丰富的航海经验和当时最先进的地理知识，他们认为地球比哥伦布推测的要大，海洋也更宽，前往东方的最短路线是绕过非洲而不是横渡大西洋。因此，1484年，葡萄牙国王拒绝了哥伦布要求提供财政资助的请求。两年后，哥伦布前往西班牙宫廷，起初也吃了闭门羹，最后争取到伊莎贝拉女王的支持。

图145　这幅木版画是1493年一本小册子的封面，它可能是欧洲最早描绘哥伦布到达美洲的画作。图中，坐在左边的西班牙国王斐迪南指挥哥伦布和他的三艘船驶向一座岛屿。几乎赤身露体的土著（画得比欧洲人高大）似乎正在逃离。

1492年8月2日，哥伦布率领三艘小船从帕洛斯启航，船队配备了可靠的船员和老练的军官。10月中旬，哥伦布在巴哈马群岛的一个小岛登陆，并将其命名为圣萨尔瓦多。世界历史上最讽刺的事情之一就是哥伦布至死不渝地认为自己到达了亚洲。他坚信圣萨尔瓦多岛离日本不远，下一步就是前往日本。哥伦布继续向西南航行，到达了新大陆本土，他却误以为是到了马六甲海峡附近的某个地方。哥伦布始终没有意识到自己的错误，这产生了一个重大后果，即刺激了对美洲的进一步探索，直到在墨西哥和秘鲁发现巨大的宝藏。

343 **哥伦布发现新大陆**

第一次航行回来后，哥伦布在给加布里埃尔·桑切斯的信（1493年3月）中讲述了自己的发现。这封信表明哥伦布急欲向世人证明自己发现了有价值的土地，并且准备掠夺这些土地上的财富，把那里“诚实”而又热情的居民变成奴隶。*

因为我的使命已经取得成功，我知道这会让你很高兴，我决定向你讲述此次航海的所作所为和所见所闻，以供知悉。

自加的斯出发后第三十三天，我来到了印度洋，发现了许多有着不计其数人口的岛屿。我全都为我们洪福齐天的国王占领了，先行官先行告示，一路旌旗招展，无人阻挡……这座岛以及其他我看到或知晓的岛屿上，男女居民都赤身露体，一如刚刚呱呱坠地，只是有一些妇女会用一片树叶或其他枝叶遮掩一下，或者是一块为此自制的棉布。所有这些人如上所述，都没有什么铁器，也没有武器，真是闻所未闻。也没有人会使用武器，并非他们有什么身体缺陷，因为他们个个身材良好，而是因为胆小怕事。然而，他们有时也用在太阳下晒干的芦苇做武器，下端系以磨得尖尖的干木条作为箭头，事实上，他们连这些都不敢常用。因为常有这样的事发生：我有时派两三个手下到一些村子去跟居民说话，一群印度人蜂拥而出，但一见到我们的人走近便立刻奔逃，父亲推搡孩子，孩子推搡父亲。这不是因为他们中有谁受到了任何伤害——凡是我访问过并能与之攀谈的人，我总会分发手头现有的东西给

344

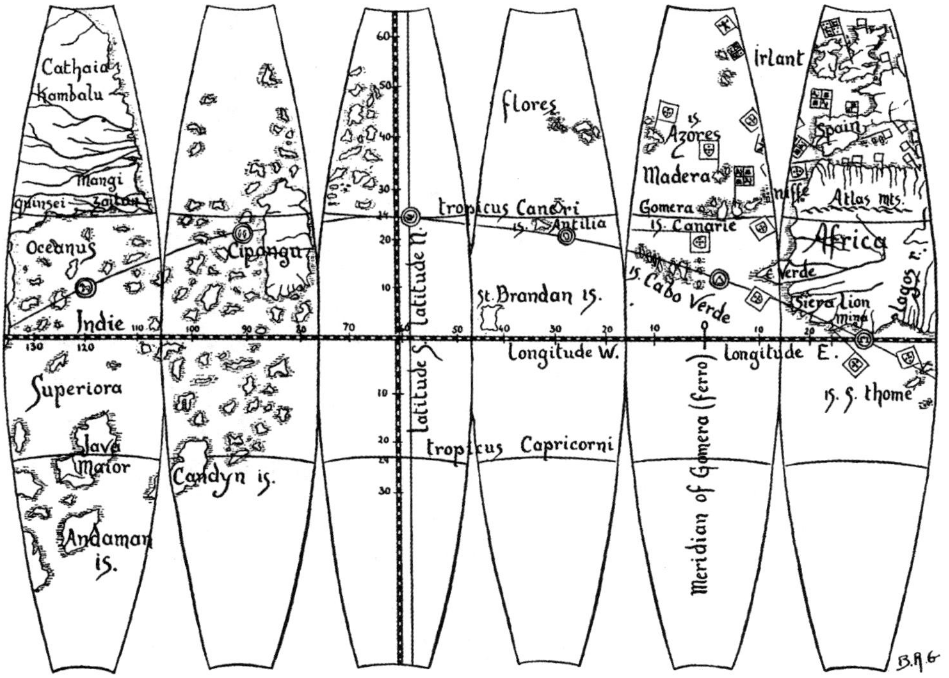

图146　这幅地图是纽伦堡地理学家马丁·贝海姆所绘，反映了1492年时哥伦布所了解的世界。贝海姆制作了世界上第一个地球仪，这幅地图再现了这个地球仪的海洋部分。哥伦布从加那利群岛（右数第二列的Canarie）出发，他希望能首先登陆日本（左数第二列中的Cipangu）。哥伦布在圣萨尔瓦多岛登陆时，误以为是登上了日本的外岛。当他到达古巴时，他认为自己抵达了日本。

他们，诸如布帛或其他许多东西，不图回赠——而是他们天生胆小怕事。不过，当他们感到自己是安全时，就会抛开恐惧，此时的他们朴实可靠，对自己的东西非常慷慨，只要他们有的东西，谁要都给，甚至会主动示意我们索取东西。他们爱他人甚于爱自己，你给点小玩意儿，他们会给你很贵重的东西。一点点回报或根本什么都没有，他们也都能满意……

最后，用几句话来概括我们出发和快速返回的主要结果和好处，我向我们天下无敌的君主们保证，如果我能得到他们的一些小小帮助，他们需要多少金子，我就给他们多少金子，再加上香料、棉花和在希俄斯岛上才能找到的乳香，还有尽可能多的沉香木，以及陛下们想要多少就有多少的异教徒奴隶。

……

谨将我们所做过的事情简略陈述如上。再见。

海洋舰队司令克里斯托弗·哥伦布

3月14日于里斯本

* Reprinted from *Old South Pamphlets*, vol. 2, No. 33 (Director of the Old South Work, 1897).

西班牙君主坚定地支持哥伦布，投入巨资为他的后续三次探险提供装备。但直
345 到1519年，西班牙人才在墨西哥偶然地发现了富庶的阿兹特克帝国，而此时离哥伦布的首次航行已经过去了四分之一个世纪，在此期间，西班牙人登上了西印度群岛中一个又一个毫无价值的岛屿，结果是一次又一次的失望。哥伦布的重大发现似乎成了一场大失败，几千名冒险家蜂拥前往西印度群岛，却只找到少得可怜的黄金。但是，新大陆的发现引发了一个意义重大的直接后果，即刺激了葡萄牙人绕非洲航行，由海路直接到达印度。

三、葡萄牙人在亚洲

西班牙人发现新大陆并进行探险之际，葡萄牙人从非洲几内亚海岸的贸易中获得了丰厚利润。葡萄牙人将非洲的粗胡椒、黄金、象牙、棉花、糖和奴隶输入欧洲。亨利王子的后继者继续开拓西非海岸。1487年，葡萄牙人取得了航海史上的重大突破，当时，巴尔托洛梅乌·迪亚士正沿海岸航行，一场大风将迪亚士的船吹向

南方，有13天之久都看不到陆地。风力减弱后，迪亚士向西非海岸驶去，发现已经在不知不觉中绕过了好望角。迪亚士在印度洋的莫塞尔湾登陆，打算进一步探险，但船员们早已是疲惫不堪、心惊胆战，于是他只得返航。返航途中，迪亚士第一次看清楚非洲的这个大海角，并将其命名为风暴角。迪亚士返回葡萄牙后，葡萄牙国王将风暴角更名为好望角。但是，由于政治和财政上的原因，葡萄牙国王没有继续进行绕过好望角的航行。结果，如前文所述，哥伦布成为第一个抵达新大陆的欧洲人，尽管他坚称自己到的是东方。

知识更丰富的葡萄牙人一开始还迟疑不决，此时也急于开辟并保障通往印度的好望角航线。1497年7月8日，达·伽马率领4艘船从葡萄牙启航，1498年5月底，船队到达印度卡利卡特港。达·伽马在卡利卡特并不受欢迎，当地的阿拉伯商人担心葡萄牙人威胁到自己传统的贸易垄断地位，千方百计地阻挠闯入的欧洲人。此外，葡萄牙人带来的货物大多是小饰品和毛织品，在印度根本没有市场。事实上，葡萄牙人完全低估了印度文明的发展水平和先进程度。达·伽马在卡利卡特难以开展贸易，不仅是因为当地阿拉伯人的阻挠，更是因为葡萄牙（和整个欧洲）当时拿不出让东方人感兴趣的商品。相比东方生产的产品，欧洲产品普遍质次价高。

达·伽马想方设法收集了一船胡椒和肉桂，于1499年9月回到葡萄牙。这船货物的价值相当于探险队开支的60倍。展现在眼前的耀眼前景让葡萄牙人欣喜若狂，曼努埃尔国王自命为“埃塞俄比亚、阿拉伯、波斯和印度的征服、航海和通商之主”。葡萄牙人对这些头衔看得 346
很重，决心垄断新航路的贸易，不但要排挤其他欧洲人，还想赶走几个世纪以来一直在印度洋经商的阿拉伯人和其他东方民族。为此，葡萄牙人诉诸野蛮的恐怖手段，尤其是针对他们所痛恨的穆斯林。达·伽马在航行中遇到几艘从麦加返航的非武装船只，于是捕获了这些船只，据在场的葡萄牙人记述：“搬空船上的货物，禁止任何人将船上的摩尔人带下船，然后下令纵火烧船。”[1]

图147　瓦斯科·达·伽马。

这个事件揭示了亚欧大陆两种文化在数千年的区域性隔绝后第一次面对面的划时代相遇的本质。欧洲人是咄咄逼人的入侵者，成为掌握并始终保持主动权的一方，从此不可阻挡地一步步成为世界每一个角落的主宰。乍看起来，这种史无前例的主宰世界似乎很难理解。葡萄牙只有区区200万左右人口，为什么能蚕食有着大得多的人力物力资源和高度发达的文明的亚洲国家呢?

首先，葡萄牙人具备一个很大的优势，即可以利用即将从新大陆滚滚而来的大量黄金白银。从阿兹特克帝国和印加帝国的金库以及墨西哥和秘鲁的银矿，大量金银及时涌入欧洲，为葡萄牙与东方的贸易提供了资金。如果没有这笔意外之财，葡萄牙人将陷入举步维艰的境地，因为他们一没有自然资源，二没有东方人想要的产品。

其次，葡萄牙人的成功得益于印度次大陆处于一盘散沙的状态。葡萄牙人到来时，外来的莫卧儿入侵者控制着印度北部，他们感兴趣的是征服而不是贸易，而印

图148 达·伽马的旗舰“圣加布里埃尔”号。

度南部，尤其是马拉巴尔沿海地区，则是一些相互争斗的印度教小王公的地盘。反之，葡萄牙人及其欧洲后继者有着始终如一的明确目标，足以抵消资源上的劣势。欧洲人内部显然并不团结，饱受政治和宗教纷争的困扰，但所有欧洲人在一个事情上不谋而合，那就是为了经商牟利并战胜伊斯兰教国家，必须向东扩张。为了实现这一目标，欧洲人表现出志在必得的决心，压倒了亚洲人的抵抗意志。达·伽马完成具有历史意义的航行后，葡萄牙宫廷准备趁热打铁，扩大战果，随即制订了开展贸易的详细计划，打算在马拉巴尔港口设立商栈，每年派遣持有皇家特许状的船队前往印度。

葡萄牙人的成功还因为掌握了海上优势。由于拥有威力强大的新型舰炮，舰船 347
被当作流动炮台，而不是运送登陆部队的运输工具。此时，海战的主要作战手段已经是火炮而非步兵，用火炮攻击敌舰而不是舰上人员。葡萄牙人凭借新型的海军，在印度洋上摧毁了穆斯林海军，建立起一个亚洲商业帝国。

这个帝国的缔造者是著名的阿方索·德·阿尔布克尔克。1509—1515年，阿尔布克尔克担任葡属印度殖民地总督，他的方针是夺取进出印度洋的狭窄海上通道的控制权，摧毁阿拉伯人的贸易网。阿尔布克尔克攻占了控制红海和波斯湾的咽喉要地索科特拉岛和霍尔木兹岛。在印度，阿尔布克尔克夺取了马拉巴尔海岸中部的果阿城，将其作为主要的海军基地和葡属印度的大本营，从此时起直到1961年，果阿一直是葡萄牙属地。阿尔布克尔克继续向东，占领了马六甲，控制了远东贸易的咽喉要道马六甲海峡。两年后的1513年，第一艘葡萄牙船只抵达中国港口广州，这是自马可·波罗时代以来首次有记载的欧洲人到访中国。葡萄牙人获得了在广州南面不远处的澳门设立货栈和居留地的权利，在当地继续从事远东贸易。

葡萄牙亚洲殖民帝国直接控制的领地并不大，仅占据了少数岛屿和沿海据点。但这些属地都是至关重要的战略要地，葡萄牙人因此控制了横跨半个地球的贸易航线。葡萄牙船队每年沿西非海岸南下，沿途可以停靠众多补给站，补充给养和修葺船只。绕过好望角后，船队便到达葡萄牙的另一个属地、东非的莫桑比克，然后借助季风航行到科钦和锡兰，在那里装上从周边地区收购来的香料。葡萄牙人继续往东前往马六甲参与东亚贸易，充当东亚贸易中间商和承运人。因此，葡萄牙人不仅从欧洲与东方的贸易中获利，还可以从中国、日本和菲律宾之间的亚洲内部贸易中获利。

阿尔布克尔克将贸易站和战略要地连成一个网络，打破了阿拉伯商人在印度洋的传统垄断地位。在此期间，葡萄牙人与威尼斯商人为了“香料”大打出手。以往威尼斯商人通常是在黎凡特港口获得东方香料，如今无法再像几个世纪以来那样从亚历山大港和黎凡特港口进货，因为香料已经改道距离更长但成本更低的远洋航线

图149 蒙巴萨的耶稣堡。它是葡萄牙人控制东非海岸的主要要塞。

运往里斯本。因此，1508年，在威尼斯人的全力支持下，埃及人派遣海上远征队
348 前去援助印度土邦王公，试图把闯入的葡萄牙人赶出印度洋，结果铩羽而归。1517年，土耳其人征服埃及后继续发动反对葡萄牙人的军事行动，在几十年间数次派遣舰队与葡萄牙人作战。这些努力全都以失败而告终，香料继续沿着好望角航线输往欧洲。

不过，穿越中东的古老贸易路线并未彻底废弃。事实上，经过一段混乱时期后，由于种种原因，古老的贸易路线基本上重新恢复了生机。一个原因是葡萄牙官员收受贿赂，允许阿拉伯船队进入红海和波斯湾。因此，在整个16世纪，阿拉伯人和威尼斯人始终能与葡萄牙人一争高下。要到下一个世纪，效率更高、经济实力更强的荷兰人和英国人来到印度洋，彻底排挤了老资格的意大利和阿拉伯中间商，传统的中东贸易路线才最终让位于远洋航线。

四、瓜分世界

欧洲人开始海外扩张时秉持一项方便原则，即他们有权无视原住民的意愿，夺取非基督徒的土地。此外还有一项至少为葡萄牙和西班牙所奉行的原则，即教皇有权将主权授予任何未被基督教统治者占有的土地。早在1454年，教皇尼古拉五世就曾颁布敕令，授予葡萄牙人沿非洲海岸到印度发现的所有土地的所有权。哥伦布航行归来后，确信自己到达了印度群岛，西班牙王室担心葡萄牙人提出异议，于是逼迫教皇亚历山大六世承认西班牙对哥伦布所到之地的主权。1493年5月4日，教皇亚历山大六世规定，以亚速尔群岛和佛得角群岛以西100里格的子午线为分界线，线以西所有地区划归西班牙，以东归葡萄牙。1494年6月7日，西班牙和葡萄牙签订《托尔德西里亚斯条约》，将这条分界线向西移动了270里格。这一变更使葡萄牙得以拥有新大陆的巴西。

达·伽马远航后，葡萄牙从香料贸易中获取了巨额利润，刺激了其他欧洲国家急切地寻找通往印度群岛的新航线。虽然哥伦布前往中国的尝试屡屡失败，但探险家们依然希望探索向西航行抵达亚洲的航线。16世纪初新涌现出来的一批职业探险家仍然认为，穿越当时发现的荒凉之地，就可以开辟前往东方的航线。这些探险

图150　麦哲伦航海图。

家大多是意大利人和葡萄牙人，这些消息灵通、经验丰富的探险家愿意为任何提供资助的君主效力。意大利探险家有：为葡萄牙和西班牙效力的亚美利哥·韦斯普奇、为法国效力的乔瓦尼·韦拉扎诺、为英国效力的卡伯特父子，葡萄牙探险家有胡安·迪亚斯·德索利斯、胡安·费尔南德斯和斐迪南·麦哲伦，他们都为西班牙效力。

唯一成功开辟亚洲航线的是麦哲伦。西班牙派麦哲伦开辟新航路，是因为随着香料定期运抵里斯本，西班牙人意识到自己正在输掉争夺香料群岛的竞争。于是，西班牙人宣称《托尔德西里亚斯条约》划定的分界线纵贯全球，派遣麦哲伦向西开辟通往亚洲的航线，希望至少有一些香料群岛的岛屿位于分界线的西班牙一侧。

1519年9月10日，麦哲伦船队从塞维利亚启航，开始了航海史上的著名航行。麦哲伦船队共有5艘船，每艘船的吨位大约100吨。1520年10月，麦哲伦到达日后以他的名字命名的海峡，由于风高浪急，一个多月后船队才驶入太平洋。航行途中，一艘船失事，另一艘弃船，麦哲伦带领剩下的三艘船沿智利海岸航行到南纬50度，然后转向西北方向航行。

在接下来的80天里，船队只到过两座没有人烟的荒岛。由于缺乏食物和饮水，麦哲伦和船员们患上了严重的坏血病。1521年3月6日，船队到达一座岛屿，很可能是关岛，在当地补充了给养。3月16日，船队到达菲律宾群岛，麦哲伦和40名船员
349 死于当地的一场战斗。其余西班牙人在当地领航员的帮助下航行到婆罗洲，再从那里前往目的地摩鹿加群岛，也就是香料群岛，1521年11月，西班牙人最终抵达了香料群岛。当地的葡萄牙人毫不犹豫地攻击两艘西班牙船（另一艘船被丢弃在菲律宾）。西班牙人克服重重阻碍，设法收集了大量丁香，然后两艘船取道不同线路回国。一艘船试图重新横渡太平洋，结果因逆风而返航，被葡萄牙人捕获。唯一幸存的一艘船完成了一次神奇的航行：穿过望加锡海峡，横渡印度洋，然后绕过好望角沿非洲海岸向北航行。1522年9月3日，漏水严重、伤亡惨重的“维多利亚”号艰难驶入塞维利亚港，船上所载香料的价值足以支付整支探险队的开支。

西班牙随即又派出了一支探险队，于1524年到达香料群岛。但葡萄牙人已经在香料群岛完全站稳了脚跟，西班牙人铩羽而归。此外，西班牙国王此时急需资金来与法国作战。于是，1529年，西班牙与葡萄牙签订了《萨拉戈萨条约》。根据条约，西班牙国王获得了35万达克特金币，同时放弃了对香料群岛的全部要求，接受在香料群岛以东15度附近划定的分界线。这份条约标志着地理大发现史上第一个篇章的结束（见地图22）。此后葡萄牙人一直控制着香料群岛，直到1605年，荷兰人夺取了香料群岛。西班牙人一直对菲律宾群岛垂涎三尺，最终于1571年征服了菲律宾，

350

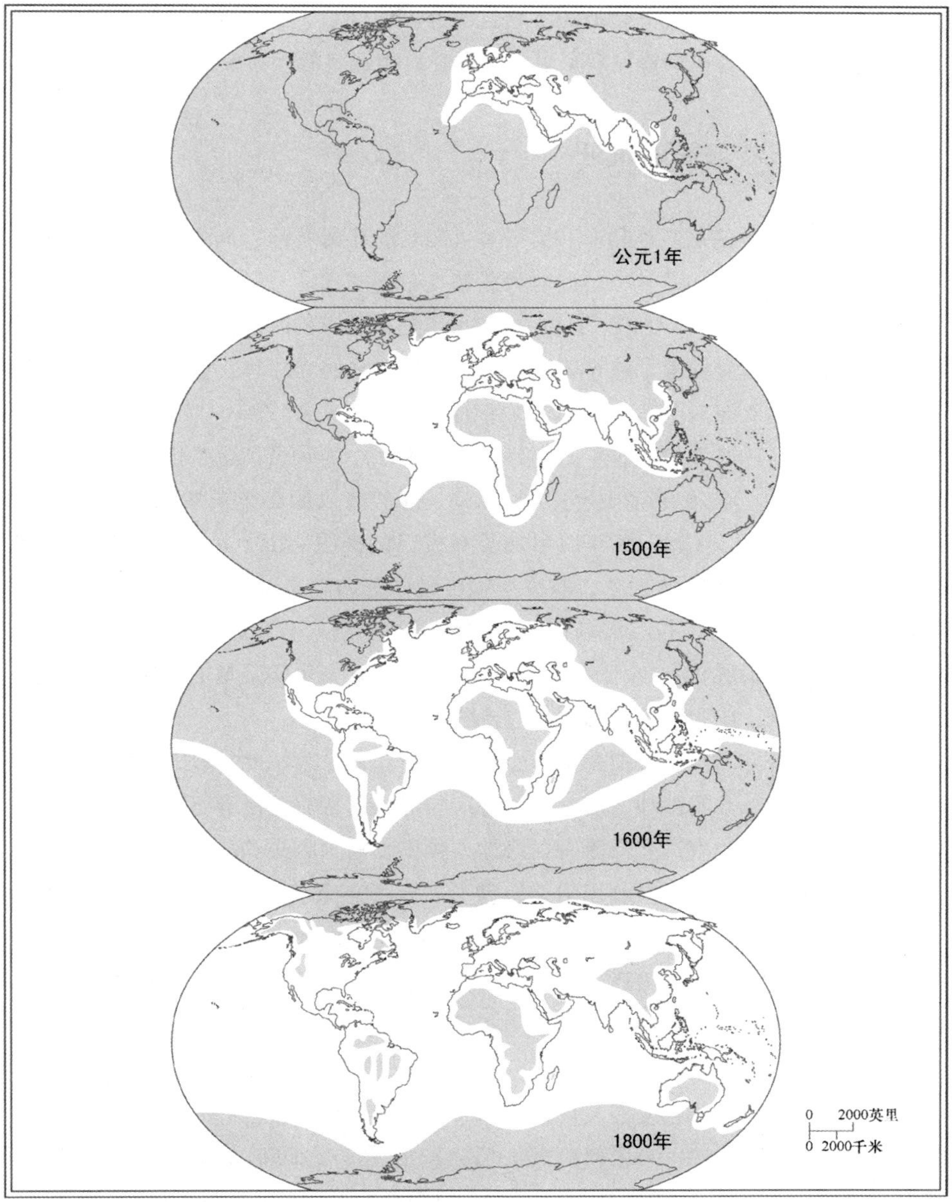

地图22　西方人所了解的世界（公元1—1800年）

尽管这个群岛位于《萨拉戈萨条约》划定的分界线以东。不过，西班牙早已将注意力转向新大陆，因为在当地发现了堪与东方香料相媲美的巨大宝藏。

五、征服者与新西班牙

1519年，麦哲伦从塞维利亚开启了举世闻名的环球航行；同年，埃尔南·科尔特斯从古巴发动了同样赫赫有名的对阿兹特克帝国的远征。科尔特斯的远征开启了所谓的“西班牙征服者”时代。1500—1520年是探险家的时代，不可胜数的航海家打着各式各样的旗号探索了整个美洲大陆。在接下来的30年里，几千名西班牙冒险家在美洲建立起欧洲人的第一个海外大帝国。

埃尔南·科尔特斯就是这些追名逐利的冒险家中的一员，也是伊比利亚十字军传统的典型产物。科尔特斯出身于体面家庭，年轻时攻读法律未果。1504年，科尔特斯来到伊斯帕尼奥拉岛，6年后参加了对古巴的征服，由于在战斗中表现突出，被选为尤卡坦半岛探险队领队，前去探查传说中的内陆文明城市。1519年3月，科尔特斯在现今墨西哥韦拉克鲁斯附近的大陆海岸登陆。科尔特斯手下只有600人、几门小炮、13支滑膛枪和16匹马，然而，正是凭借这支微不足道的军队，科尔特斯赢得了巨额财富，成为一个高度发达的异域帝国的主宰。

科尔特斯登陆后下令将所乘船只全部凿沉，向部下表示此行没有退路，即便失败也回不了古巴。几番战斗之后，科尔特斯与对阿兹特克统治者不满的印第安人部落达成协议。如果没有这些部落为西班牙人提供食物、脚夫和战斗人员，西班牙人不可能取得成功。科尔特斯利用阿兹特克军事首领蒙特苏马的迷信，兵不血刃地进入帝国首都特诺奇蒂特兰。蒙特苏马对科尔特斯待之以礼，科尔特斯却背信弃义地把蒙特苏马囚禁起来充当人质。但是，人数占绝对优势的印第安人在祭司的鼓动下起来反抗。西班牙人毁坏神庙的做法激起了印第安人暴动，蒙特苏马死于暴乱。科尔特斯乘着夜色逃出都城，损失了三分之一的人马和大多数辎重。但科尔特斯很快就恢复了元气，因为印第安盟友依然效忠于他，援兵也从古巴赶来。几个月后，科尔特斯卷土重来，率领800名西班牙士兵和至少2.5万名印第安人围攻阿兹特克都
351 城。激烈的战斗持续了4个月时间。最终，1521年8月，残余的守城者交出了城市，整座城市几乎完全沦为废墟。如今的墨西哥城就坐落在阿兹特克首都的原址，却找不到一丝昔日都城的痕迹。

更大胆的行动是一支西班牙远征队征服印加帝国。这支远征队只有180人、27匹马和两门大炮，远征队首领弗朗西斯科·皮萨罗原本是一名西班牙军官的私生子和目不识丁的流浪汉。皮萨罗经过初步探查，获悉了印加帝国的大体方位，1531年，

图151　16世纪的阿兹特克绘画，描绘西班牙人征服墨西哥的一场战斗。

他和4个兄弟开始了一场大冒险。皮萨罗花了很长时间才翻越安第斯山脉，1532年11月15日，远征队到达废弃的卡哈马卡城。第二天，对这些陌生的“留胡须的人”感到好奇的印加统治者阿塔瓦尔帕正式拜访了皮萨罗。皮萨罗仿效科尔特斯的做法，俘获了这位手无寸铁、毫无戒备的皇帝，屠杀了皇帝的许多随从。皇帝为了获得自由，支付了一笔巨额赎金：用金银堆满一间长6.7米、宽5.2米、高2.1米的房间。皮萨罗攫取这笔赃物后，以西班牙人惯有的背信弃义和偏执处死了阿塔瓦尔帕。印加帝国落入群龙无首的境地，而习惯于家长式严格管制的印加人几乎没有任何反抗。几个星期后，皮萨罗进入印加帝国首都库斯科并将其洗劫一空。第二年，1535年，皮萨罗前往沿海地区，在那里建立了利马城，它至今仍是秘鲁的首都。

在科尔特斯和皮萨罗的激励下，其他西班牙征服者进入南北美洲大陆的广大地区，以寻找更多的战利品。西班牙人没有找到可与阿兹特克人和印加人宝藏相媲美的东西，但他们实际上划定了整个南美洲和北美大部分地区的基本格局。16世纪中叶，他们沿亚马孙河从秘鲁一直走到亚马孙河河口。到16世纪末，他们已经摸清了从加利福尼亚湾到南面的火地岛、北面的西印度群岛的整个南美洲海岸。同样，在北美洲，为了寻找传说中的“锡沃拉七城”，弗朗西斯科·科罗纳多跋涉数千英里，发现了科罗拉多大峡谷和科罗拉多河。在征服秘鲁时脱颖而出的埃尔南·德索托广泛勘察了日后成为美国一部分的北美洲东南部地区。1539年，德索托在佛罗里达登陆，随后向北到达卡罗来纳，向西到达密西西比河，再从密西西比河与阿肯色河交汇处顺流而下，抵达密西西比河口。这些人以及其他西班牙征服者为西班牙打开了新大陆之门，就像日后的拉萨尔、刘易斯和克拉克[1]为法语民族和英语民族打开了新大陆之门。

到1550年，西班牙征服者已经完成了使命，为西班牙进一步开发海外领地扫清了道路。由于美洲原住民不像非洲和亚洲那样人口众多、组织严密，伊比利亚人在美洲大量定居，强制推行他们的文化，从而建立起第一个真正意义上的欧洲殖民帝
352 国，这个殖民帝国完全不同于欧洲人在非洲和亚洲建立的纯粹商业性帝国。

恃强凌弱的西班牙征服者长于缔造帝国，却拙于管理帝国。他们安定后很快就

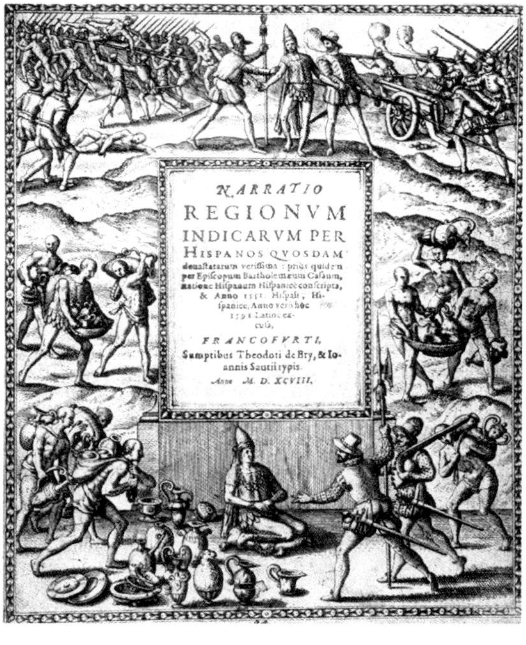

图152　西班牙神父巴托洛梅·德拉斯·卡萨斯为美洲原住民辩护，抨击西班牙人的野蛮行径。他的著作记述了西印度群岛美洲原住民遭受的不人道的残酷待遇。

[1]　拉萨尔，法国探险家，发现路易斯安那并命名。刘易斯与克拉克均为美国军官，1804—1806年间首次横穿北美大陆抵达太平洋沿岸。——译者注

爆发了内讧，大批士兵死于内部争斗和冲突。于是，西班牙王室用行政官僚取代了征服者，在美洲推行王权和皇家司法。

西班牙帝国的最高行政管理机构是西印度委员会，它设在西班牙，归国王直接管辖。西印度委员会负责殖民地所有重要的人事任命，对殖民地事务行使一般管辖权。新大陆的最高权力掌握在分驻墨西哥城和利马的两名总督手中。墨西哥城总督掌管新西班牙总督辖区，管辖范围包括西属北美殖民地、西印度群岛、委内瑞拉和菲律宾群岛。利马总督掌管秘鲁总督辖区，管辖所有的西属南美殖民地。这两大总督辖区下设若干皇家审查院，即高级法院。审查院的人员由专业律师组成，这些人通常没有过多的家族自豪感或军事野心，因此是理想的王室仆从。16世纪，新大陆设立了10所皇家审查院。

西班牙人在美洲的统治面临一个基本问题，即如何对待印第安人。为了犒赏有功的西班牙征服者，国王让他们成为所谓的“监护主”，监护主有权向分配给他 353
们的印第安村庄收取贡赋并实行强迫劳动。同时，监护主需服兵役并支付教区神职人员的薪水。强迫劳动的规定显然为虐待原住民敞开了大门，16世纪中叶，西班牙人对这一规定做出了修订。原住民依然要从事强迫劳动，但这种强制是来自政府官员而非私人的监护主，而且必须向招募的劳工发放官方规定的报酬。这些保障措施显然并不总是能落到实处。美洲殖民地离马德里万里迢迢，各殖民地之间也鲜有联系。然而，不可否认的是，有史以来第一次，西班牙人严肃认真地对待了剥削问题。

西班牙殖民帝国最大的收入来源是土著劳工从墨西哥和玻利维亚的矿山源源不断地开采出来的大量金银。法律规定，所有贵金属均运至官署加盖戳记，并缴纳其价值五分之一的赋税，即“五一税”。1503年至1660年间，西班牙从美洲运回登记在册的白银1.86万吨、黄金200吨。此外，还有估计占登记金银总量10% ~ 50%的走私金银流入西班牙。

除采矿业外，拉丁美洲的主要产业是农业和畜牧业大庄园以及热带沿海地区种植单一作物的种植园。大庄园雇用印第安人种植粮食作物，产品除满足自身需求外，还出售给邻近的城市和矿区。相反，种植园主要使用非洲奴隶，而且只种植供应欧洲市场的单一作物。最早的种植园是为了在亚速尔群岛、马德拉群岛、佛得角群岛和加那利群岛等大西洋岛屿种植甘蔗而发展起来的。日后这种制度进一步发展，相继在巴西和西印度群岛建立起甘蔗种植园，在北美和南美建立起烟草、棉花和咖啡种植园。大庄园和种植园的动植物产品稳步增长，到17世纪初，其产值甚至超过了富于传奇色彩的贵金属出口。

六、伊比利亚的衰落

16世纪，伊比利亚国家在欧洲人的海外事业中一马当先，从东方香料贸易以及新大陆的矿山、大庄园和种植园获取了巨额财富。然而，到这个世纪末，葡萄牙和西班牙很快丧失了领先地位。法国、荷兰和英国一步步侵入葡萄牙东方帝国和西班牙美洲殖民地。伊比利亚国家衰落的一个原因在于卷入了十六七世纪欧洲的宗教战争和王朝战争。查理五世和腓力二世先后投入到反对新教徒的战争，针对强大的土耳其人的收复失地运动，与敌对王室、尤其是法国王室的王朝战争，从而将西班牙的人力和财力消耗殆尽。西班牙统治者接二连三地发动战争，陷入了过度扩张的致命泥潭，这种妄图同时称霸陆地和海洋的做法与日后英国的成功战略形成了鲜明对照。英国始终对欧洲大陆事务袖手旁观，只有在势力均衡被打破时才出手干预。这种战略使英国能够倾全力保护和开发殖民地。西班牙却像法国一样将重心放在欧洲大陆，不断卷入欧洲战争。最终，英国建立起一个世界性大帝国，而西班牙却相继失去了对帝国的经济控制和政治控制。

尽管外部纠葛肯定削弱了伊比利亚国家，但它们的持续衰落还有一个更重要的原因，即经济上依附于西北欧。这种经济依附在开始海外扩张前就已经形成，之后也未能扭转。因此，伊比利亚国家错失了新兴帝国所带来的经济机会，它们的殖民帝国也像宗主国一样落入西北欧国家的控制，沦为了西北欧国家的殖民地和半殖民地。

伊比利亚国家的经济依附并非一个孤立的现象，而是部分反映了中世纪晚期
354 欧洲经济重心从地中海盆地向北转移。欧洲经济重心的北移起因于北欧的生产力加速发展（见第二十一章第一至三节），波罗的海-北海地区新兴的大宗贸易（谷物、木材、鱼和粗织物）超越了传统的地中海奢侈品贸易（香料、丝绸、香水和珠宝）。随着欧洲经济的发展和生活水平提高，面向普通民众的大宗贸易的增速远远高于为少数富人服务的奢侈品贸易。

汉萨同盟一度控制了北方贸易，在波罗的海和北海扮演了威尼斯和热那亚在地中海所扮演的角色。16世纪，荷兰建立起一支庞大高效的商船队，很快就主宰了大西洋沿海贸易，彻底取代了汉萨同盟。从前，威尼斯人和热那亚人控制着大西洋贸易，商船运载奢侈品向北航行。如今，荷兰人控制了大西洋贸易，船队运载散装货物向南航行。在这一新兴的贸易格局中，伊比利亚国家的出口产品清楚表明了其经济上的依附性，它们出口的几乎都是原材料，西班牙是葡萄酒、羊毛和铁矿石，葡萄牙是非洲的黄金和盐。反过来，伊比利亚人得到了冶金产品、盐、鱼，还收回了他们自己的羊毛，只是这些羊毛已经在国外加工成纺织品。因此，北欧资本主义经

图153　波多黎各圣胡安湾的埃尔莫罗城堡。这座巨大的城堡是为了保卫西班牙珍宝船队，这些船队每年将墨西哥和秘鲁矿山开采的金银运回西班牙。

济蓬勃发展，而伊比利亚国家如同意大利一样，从发达社会跌落成欠发达社会（意大利的衰落，见第二十章第二节）。

经济落后的伊比利亚国家在海外扩张中拔得头筹，完全是因为幸运地兼具有利的地理位置、航海技术和宗教动力。但是，伊比利亚国家的扩张并不是以经济实力和经济活力为后盾，从而无法充分发挥新建立的帝国的作用。它们既没有开展帝国贸易所必备的航运业，也没有能向西属美洲殖民地提供制成品的工业。诚然，海外市场的扩大在几十年间刺激了西班牙工业的发展。然而，1560年前后，工业发展陷入停滞，随即步入了长期衰落。

很吊诡的是，大量财富的流入反而加速了伊比利亚的衰落，因为这引发了急剧的通货膨胀。西班牙的物价涨幅大约是北欧的两倍，工资涨幅仅略低于飙升的物价，而欧洲其他国家的工资水平要低得多。通货膨胀损害了西班牙的工业，西班牙工业品价格居高不下，在国际市场上缺乏竞争力。

西班牙贵族阶层对国民经济和民族价值观造成了破坏性影响，其危害不亚于物价和工资的飙涨。贵族和高级教士占总人口的比例不足2%，却占有全国 355
95%～97%的土地。因此，占西班牙人口95%的农民几乎没有土地。其余3%的人口是教士、商人和专业人员，其中大多是犹太人，无论从经济还是社会角度来看，他们都未能形成一个独立的中产阶级，反而受到拥有社会地位和声望的贵族阶层的彻底压制。贵族看不起商业和工业，视之为有失身份的职业，这种偏见成为全民性的导向。这并不仅仅是无谓的虚荣，因为贵族拥有比商业或工业财富更有保障的所有优势：贵族头衔、免税特权和土地财富。因此，成功商人梦寐以求的是广置地产，购买财源枯竭的王室出售的贵族头衔，摇身一变成为贵族。这种贵族精神对经济产生了全方位的负面影响，例如偏爱养羊业而不是农业，驱逐勤劳的犹太人和穆斯林，议会对商业和工业利益抱有消极态度。结果，16世纪上半叶，西班牙出现的经济井喷以失败而告终。

这样的失败使伊比利亚国家未能摆脱传统的经济落后和对西北欧的经济依附，也使得伊比利亚国家的殖民地同样具有落后和依附的性质。荷兰和英国先后控制了与西属和葡属殖民地往来的大部分海运业。不仅如此，西北欧很快提供了巴西和西属美洲90%的进口制成品以及伊比利亚半岛消费的很大一部分制成品。塞维利亚的商业行会垄断了所有殖民地贸易，同时西班牙法律禁止外国人参与西属殖民地贸易。但外国人却不仅控制了航运业，还拥有殖民地所需的制成品。因此，西班牙商人只得以自己的名义出口外国公司和外国制造的商品。外国商人和金融家也通过各种精心的伪装，以代理人的方式打入塞维利亚行会。于是，行会合法成员为外国人进行大量委托贸易，委托贸易的规模很快就超过了合法交易。结果不难想见，正如当时的西班牙人抱怨说：“西班牙人经过漫长、艰苦和危险的航行从印度群岛带来的一切，用鲜血和劳动收获的一切，都被外国人轻轻松松地带回了他们的祖国。”[2]

讽刺的是，西班牙的海外事业一方面促进了西北欧飞速发展的资本主义经济，它所带来的财富反而阻碍了伊比利亚半岛姗姗来迟的基本制度改革。短短几十年的辉煌之后，西班牙帝国很快就不可逆转地突然衰落，症结就在于此。

如今海湾石油国家出现了类似于新大陆金银流向伊比利亚半岛所带来的负面效应，这些国家将巨额石油收入虚掷在外国奢侈品上，最终流入境外的工业化国家。一旦波斯湾油田枯竭，滚滚而来的石油收入骤减，就像早先美洲金银的流入戛然而止一样，海湾国家将面临比伊比利亚国家更糟的处境，因为石油枯竭后，海湾地区剩下的只有黄沙和枯井。

[推荐读物]

全面论述欧洲扩张的力作有：J. H. Parry，*The Age of Reconnaissance：Discovery, Exploration and Settlement 1450−1650*（New American Library，1963）；*European Reconnaissance：Selected Documents*（Harper & Row，1968）；G. V. Scammell，*The World Encompassed：The First European Maritime Empires，c.800−1650*（University of California，1981）。从印度人的视角解释欧洲扩张的著作有：K. M. Panikkar，*Asia and Western Dominance*（Harper & Row，1954）；K. N. Chaudhuri，*Trade and Civilization in the Indian Ocean*（Cambridge University，1985）。关于欧洲扩张带来的致命的生物影响，参阅 A. W. *356*
Crosby，*Ecological Imperialism：The Biological Expansion of Europe，900−1900*（Cambridge University，1986）。关于欧洲扩张的宗教因素，参阅C. R. Boxer，*The Church Militant and Iberian Expansion 1440−1770*（Johns Hopkins University，1978）。

关于葡萄牙的海上和殖民地扩张，参阅B. W. Diffie，*Prelude to Empire：Portugal Overseas Before Henry the Navigator*（University of Nebraska，1963）；E. Bradford，*Southward the Caravels：The Story of Henry the Navigator*（Hutchinson，1961）；C. R. Boxer，*The Portugese Seaborne Empire，1415−1825*（Knopf，1969）；G. R. Crone，*The Discovery of the East*（St. Martin's，1972）。宏观分析西班牙殖民体系的著作有：C. H. Haring，*The Spanish Empire in America*（Oxford University，1947）；J. Lockhart and S. B. Schwartz，*Early Latin America*（Cambridge University，1983）；C. Gibson，*The Aztecs Under Spanish Rule：A History of the Indians of the Valley of Mexico，1519−1810*（Stanford University，1964）；J. Descola，*Daily Life in Colonial Peru 1710−1820*（Allen & Unwin，1968）；J. H. Parry，*The Spanish Seaborne Empire*（Knopf，1966）。关于葡萄牙人在美洲的活动，参阅G. Freyre，*Brazil，an Interpretation*（Knopf，1945）；C. R. Boxer，*The Golden Age of Brazil，1695−1750：Growing Pains of a Colonial Society*（University of California，1963）。

最后，关于伊比利亚衰落的过程和根源，参阅J. Lynch，*Spain Under the Hapsburgs*，Vol.I，*Empire and Absolutism，1516−1598*（Oxford University，1964）；J. H. Elliott，*Imperial Spain 1469−1716*（New American Library，1966）；R. T. Davies的两部一流著作：*The Golden Century of Spain，1501−1621*（Macmillan，1954）and *Spain in Decline，1621−1700*（Macmillan，1957）；S. J. and B. H. Stein，*The Colonial Heritage of Latin America*（Oxford University，1970）。

[注释]

1. K. M. Panikkar，*Asia and Western Dominance*（Day，1953），p. 42.

2. *The New Cambridge Economic History*，I（Cambridge University，1957），p. 454.

我倒想看看亚当的遗嘱是怎么把世界分给西班牙 357
和葡萄牙的。

——法国国王弗朗索瓦一世

第二十三章 西欧的扩张：荷兰、法国、英国（公元1600—1763年）

1600年至1763年间，西北欧强国荷兰、法国和英国赶上并超越了西班牙和葡萄牙。这一事态发展具有重大的世界意义，西北欧从此成为世界上最具影响力和活力的地区。到1914年，西北欧国家不仅在政治、军事和经济上，某种程度上还在文化上主宰了世界。这些国家的做法和制度成为世界各地效法的榜样。

西北欧对世界的统治直到1763年后才真正实现。但这种统治的基础是在1600年至1763年间奠定的。在这一时期，英国人在印度建立起第一个立足点，荷兰人把葡萄牙人赶出了东印度群岛，西北欧强国先后在非洲海岸设立了贸易站，英国人和法国人成为北美洲格兰德河以北地区的主宰，控制了格兰德河以南伊比利亚殖民地的大部分贸易。

本章将分析西北欧独占鳌头的原因，讲述荷兰、法国和英国为争夺霸权展开的角逐，这场角逐最终以1763年英国成为世界上首屈一指的殖民强国而告终。

一、西北欧的早期扩张

西北欧并不是从一穷二白的状态实现迅速赶超，一跃成为欧洲大陆贸易和海外事业的执牛耳者。我们在上一章已经讲到，欧洲在中世纪晚期就已经奠定了崛起的
基础，当时欧洲的经济重心从地中海盆地向北转移，主要贸易路线也从地中海转到 358
大西洋。西北欧除了在经济上领先，还形成了对经济利益特别敏感的社会结构和文化氛围。荷兰、英国乃至法国的贵族非但不鄙视商业，反而踊跃参与任何有盈利前景的商业冒险。在西北欧，不仅贵族从事商业，社会流动性也要大得多，商人和金

融家往往能跻身于贵族行列。这种状况有助于社会形成对经济事业的积极态度，这种态度与目光短浅的西班牙贵族精神形成了鲜明对照，而后者是导致伊比利亚衰落的一个主要原因。

最后，西北欧的发展还得益于物价的涨幅遥遥领先于工资和地租的涨幅。十六七世纪，英国物价上涨了256%，而工资仅上涨145%。西北欧的地租上涨幅度也远远落后于物价涨幅。这意味着劳工、地主和企业主等三个主要社会阶层中，企业主从这两个世纪的通货膨胀中获得了丰厚的利润。这些利润被重新投入采矿公司、工业企业和商业机构，从而使西北欧经济以前所未有的速度蓬勃发展。著名英国经济学家约翰·梅纳德·凯恩斯在论及1550—1650年的这段时期时指出："在现代世界的历史上，商人、投机者和暴发户从未有过如此长久和丰富的机会。正是在这个黄金年代，现代资本主义诞生了。"[1]现代资本主义诞生于西北欧，这就是为什么西北欧国家能够赶超西班牙和葡萄牙，在世界事务中占据主导地位并将这一地位一直保持到第一次世界大战爆发。

西北欧国家自然很羡慕西班牙和葡萄牙拥有财源滚滚的帝国领地，但畏于伊比利亚人的势力，西北欧人在很长一段时间里不敢涉足这些帝国领地。因此，英国人、丹麦人和法国人把目光投向伊比利亚势力范围之外的北大西洋。1496年，也就是哥伦布第二次航行返回的那一年，英国亨利七世派遣约翰·卡伯特进入大西洋。卡伯特找到了一种长远来说甚至比西班牙人的银矿更有价值的资源：鱼。纽芬兰附近海域有丰富的鱼类资源，而鱼类大概是十五六世纪欧洲最重要的贸易商品。鱼不仅是冬季的主食，而且是贯穿全年的斋戒日的日常食物。供应稳定的大量鳕鱼堪称一笔巨大的意外之财，因为在当时的欧洲，很多人每年都有一段时间生活在饥饿边缘。此外，纽芬兰渔场培养了一代又一代训练有素的远洋水手。日后为了寻找东北和西北航线探索北极的船队，尝试在北美设立定居点的探险队，与西班牙和葡萄牙舰队作战的英国和荷兰舰队，所有这些船队的船员大多受过纽芬兰渔场这所严格学校的艰苦训练。

西北欧海洋民族并不甘心只是捕捞鳕鱼。他们还渴望获得香料，只是还没有准备好挑战葡萄牙人控制的好望角航线。因此，为了开辟通往东方的东北和西北航线，他们长期进行了一系列徒劳的探险。他们推断，既然已经证明热带地区是可以通行的，那么与所有人的想法相反，北极地区应该也能通行。1553年，休·威洛比爵士和理查德·钱塞勒率领一支英国探险队开始寻找前往中国的东北航道，他们最终被冰原挡住了去路。然而，这支探险队成功地在白海海岸登陆，并与沙皇伊凡四世的宫廷取得了联系。英国随即建立了莫斯科公司（1555年），从事与俄国的直接贸易。探索东北航道的其他几支探险队也都无功而返。寻找西北航道的几支探险队（1585—1587年的约翰·戴维斯探险队、1607—1611年的亨利·哈德逊探险队、1615—1616年的威廉·巴芬探险队）的运气也不好。但是，正如东北方向的探险与俄国建立起贸易联系一样，西北方向的探险发现了哈德逊海峡和哈德逊湾，打开了进入新大陆盛产毛皮地区的后门。 359

由于未能开辟前往东方的新航路，北欧人转而开始侵入伊比利亚强国的领地。葡萄牙的东方属地戒备森严，因此北欧人首先把矛头对准了更脆弱的西属美洲殖民地。最早来到西属美洲的英国闯入者试图和平地从事商业贸易，他们的初衷不是劫掠，而是想抓住西班牙工业薄弱，不能满足殖民地需求所带来的机会。西班牙殖民地最紧缺的两种商品是布匹和奴隶，英国人能够生产前者、在西非买到后者。英国奴隶贸易的始作俑者约翰·霍金斯爵士精明过人，既能审时度势，又胆大妄为地游走在法律的边缘，从而名利双收。1562年，霍金斯进行了第一次贩奴航行。他在塞拉利昂收购奴隶，然后运到伊斯帕尼奥拉（海地）换取兽皮和糖。这趟贩奴航行赚取了惊人的暴利，就连伊丽莎白女王和几名枢密院官员也私下里投资了霍金斯的第

图154　1553年，理查德·钱塞勒在白海的霍尔莫格雷登陆。

二次航行。在第二次贩奴航行中，霍金斯如法炮制，满载一船白银而归，成为英国最富有的人。

西班牙驻伦敦大使强烈抗议这种走私贸易。虽然霍金斯是以和平方式用奴隶交换殖民地商品，但外国人与西班牙殖民地通商实际上是非法的。这虽然不属于海盗行径，但肯定是侵权行为。但霍金斯还是于1567年进行了第三次航行。这次冒险以灾难而告终，霍金斯船队的5艘船中有三艘被击沉或捕获。霍金斯和他的表弟弗朗西斯·德雷克指挥的两艘船也遭到重创，于1569年返回英国。

既然不能和平合法地进行贸易，商人们势必挖空心思地采取其他方式。千载难逢的赚钱良机让英国人和其他北方人垂涎三尺、欲罢不能。在随后几十年里，前往西属西印度群岛的新教船长们都是海盗和私掠船船长，而不是和平从事非法贸易的商人。1588年，西班牙国王腓力派遣“无敌舰队”入侵英国，碰到的最大对手就是约翰·霍金斯和弗朗西斯·德雷克。对于这两个人来说，打败“无敌舰队”算是报了当年在西印度群岛的一箭之仇。

向西班牙正式开战（此时西班牙已经吞并了葡萄牙），使得新教强国摆脱了所有的束缚。他们公然侵入伊比利亚帝国领地，不仅是西属美洲，还包括葡属东方

图155 1588年，腓力二世派遣庞大的舰队进攻英国。然而，英国人凭借天气和荷兰人的帮助，驱散并摧毁了西班牙舰队。西班牙海上力量从此一蹶不振。

殖民地。当他们发现伊比利亚人其实不堪一击，就越发受到鼓舞，向前走得更远。360
荷兰人最先抓住了伊比利亚衰落带来的机会。17世纪成为荷兰的“黄金世纪”。

二、荷兰的黄金世纪

从某种程度上说，荷兰在17世纪的崛起和繁荣要归因于得天独厚的地理位置。荷兰背靠辽阔的德国腹地，历来是欧洲古老贸易路线上的要冲，从卑尔根到直布罗陀的南北贸易路线与从芬兰湾到英国的东西贸易路线交会于此。这些贸易路线上的主要商品有：比斯开湾的鲱鱼和盐，地中海地区的葡萄酒，英国和佛兰德斯的布匹，瑞典的铜和铁，波罗的海地区的谷物、亚麻、大麻、木材和木制品。

荷兰人就是靠充当这些商品的承运商发迹的。荷兰商船队的起步得益于沿海渔业。荷兰人发明了保存、腌制和烟熏渔获的新方法，向欧洲各地出口渔获，换取谷物、木材和盐。西班牙和葡萄牙建立起海外帝国后，荷兰人前往塞维利亚和里斯本，将新到的殖民地产品装船后行销欧洲各地，同时向伊比利亚国家供应波罗的海地区的谷物和海军补给品。荷兰人用的是弗鲁特商船，这种平底船造价低、容积大，可运载各种货物。以往的主流商船都是重型木质结构，船体从头到尾铺设横梁，因而可以安装大炮，必要时能充当战舰。荷兰人第一个冒险建造了这种专门运 361
输货物、不能安装大炮的商船。弗鲁特商船船身宽、船底平、船员舱室小，因此不仅拥有最大的载货空间，而且非常节省造船材料。这种船速度慢、外观丑陋，但造价低廉、载货量大，成为日后主宰世界海洋的荷兰商船队的主力。

16世纪末，荷兰人开始向葡萄牙东方帝国发起挑战。第一步是搜集可靠的航海资料，为绕过好望角的漫长航行导航。葡萄牙人采取种种预防措施，千方百计不让竞争对手获悉这些信息，但他们的航海机密还是逐渐泄露了。荷兰人蜂拥而至，驶向东方海域。仅1598年一年，至少有5支荷兰船队、22艘船前往东方。荷兰人从一开始就将葡萄牙人甩在了身后，他们拥有更好的水手以及能更便宜地运输香料的弗鲁特商船，荷兰的本土工业也比伊比利亚国家先进，能提供价廉物美的贸易商品。

1602年，荷兰将各家私人商贸公司合并成一家大型国有贸易公司：荷兰东印度公司。英国人在两年前就组建了东印度公司，但不是荷兰东印度公司的对手。英国东印度公司的认购资本很小，而且荷兰人很快在东印度群岛建立了许多设防的商馆并将这些商馆连成了一个网络。为了设立商馆，荷兰人与当地统治者签订协议，这些协议发展成藩属土邦的联盟，最终演变成荷兰的保护国。17世纪末，荷兰直接统治的地域并不大，但众多土邦组成的广大地区已经沦为荷兰的保护国。十八九世

图156 17世纪，荷兰向西班牙的海上优势发起全面挑战。图中描绘了荷兰人捕获西班牙船只的场景。

纪，荷兰彻底吞并了这些保护国，建立起一个幅员辽阔的帝国。

1700年前后，向欧洲出口的东方香料价值下降，但荷兰人大约在同一时期将咖啡树引入印度，从而开发出一种新的经济资源。咖啡种植开始时很不起眼，1711年时仅收获了100磅咖啡，但到1723年，荷兰人销售了1200万磅咖啡。随着欧洲人喜欢上喝咖啡，荷兰人成为这种异国情调的饮料的主要供应者。因此，荷兰东印度公司在十七八世纪的年平均股息高达18%。

荷兰人的海外活动并不仅限于东印度群岛。在斯匹茨卑尔根岛附近的北极海域，荷兰人几乎垄断了捕鲸业。在俄国，荷兰公司把英国的莫斯科公司远远甩在身
362 后。荷兰人还控制了繁荣的波罗的海贸易，成为对西欧来说至关重要的海军军需品的主要供应者，这些货物包括木材、沥青、焦油、制作缆绳的大麻以及制造帆布的亚麻。

荷兰拥有当时世界上规模最大的商船队，早在1600年，荷兰就拥有1万艘船舶。荷兰的造船厂高度机械化，几乎每天都能造出一艘船。不仅如此，荷兰船舶的建造和运营成本低廉，荷兰船主可以以低于竞争对手的报价竞争。因此，荷兰人成为西班牙、法国、英国和波罗的海地区的承运人。直到18世纪，英国人才能在商船运输上与荷兰人一争高下。

在新大陆，1612年，荷兰人在曼哈顿岛建立了有利但短命的新阿姆斯特丹殖

民地，还曾短暂占领过西印度群岛的许多岛屿和沿海地带。1652年，荷兰人在南非好望角建立一个小定居点，日后成为存在时间最长的荷兰殖民地，这里从一开始就不是商馆，而是名副其实的殖民地，为的是向前往东方途中的船只提供燃料、淡水和新鲜食品。这个殖民地很快就证明了自身的价值，为荷兰和其他国家的往来船只提供新鲜肉类和蔬菜，有效降低了坏血病发病率，拯救了成千上万水手的生命。如今，这些荷兰农民（布尔人）的后裔占南非300万欧洲人的五分之三。

18世纪，荷兰在经济发展和海外活动方面被英国和法国超越。荷兰衰落的一个原因在于，英国和法国政府坚持不懈地致力于建立本国的商船队，颁布了一系列针对荷兰人的歧视性法令。一连串劳民伤财的战争也削弱了荷兰的实力，如1652—1674年因贸易争端而起的对英战争，1667—1713年因路易十四的领土野心引发的对法战争。

不过，荷兰衰落的主要原因也许在于缺乏竞争对手的资源。法国人口众多，农业发达，国土富饶，还拥有大西洋和地中海出海口。英国的自然资源也比荷兰丰富

图157　这幅画是目前所知最早描绘新阿姆斯特丹的画作（1651年）。曼哈顿岛顶端的新阿姆斯特丹城发展缓慢，堡垒外面仅有几十栋房子和一座风车。图中上方是欧洲船只，下方是印第安人的独木舟，表明了贸易对于荷兰殖民地的重要性。

得多，而且具备岛国特有的一个得天独厚的优势，即不会遭受周期性入侵。此外，英国的背后是财富和实力迅速增长的海外殖民地，而荷兰只有一个位于南非一隅的孤零零的小定居点。所以，英国出口商品额从1720年的800万英镑增长到1763年的
363 1900万英镑，法国出口商品额从1716年的1.2亿里弗增长到1789年的5亿里弗。荷兰人已经达到了极限，完全跟不上这样的发展步伐。总而言之，荷兰在18世纪让位给英国和法国的原因与20世纪英国和法国让位给美国和苏联的原因毫无二致。

三、英法争霸

18世纪是英国和法国争夺殖民霸权的时代。这两个国家在全球范围——北美洲、非洲和印度——展开了针锋相对的斗争。

英法两国在北美洲的殖民地颇多相似之处。这些殖民地大致是在同一时间建立的，也都位于大西洋沿岸和西印度群岛。殖民地的原住民人数少而且比较原始，因

图158　18世纪弗吉尼亚烟草的商标：右边是吸烟的印第安人，左边是非洲奴隶。17世纪的大部分时间里，弗吉尼亚劳工大多数是白人契约劳工，17世纪80年代开始使用非洲奴隶。

此英国人和法国人无法像西班牙人那样依靠土著劳动力，在加勒比糖岛则依赖黑人奴隶劳工。北美殖民地没有发现贵金属，当地英国人和法国人只能靠农业、捕鱼、伐木、商业和毛皮贸易为生。

英属北美殖民地大致可以分为三大块：弗吉尼亚及周边地区，主要生产烟草；新英格兰和一些不从国教者的小居留地，主要从事捕鱼、伐木、商业和毛皮贸易；英属西印度群岛，岛上有利润丰厚的甘蔗种植园，因而最受重视。总体而言，英国殖民地有两个主要特点，一是人口多，人口数量要远超法国殖民地；二是政治上独立，每个殖民地都设有总督、参事会和法院，三者都是由英国任命。几乎所有殖民地都设有选举产生的立法议会，这些立法议会通常站在宗主国委任官员的对立面。殖民地议会与伦敦政府屡屡发生争执，最常见的起因是宗主国政府坚持所有殖民地产品必须用英国船只运往英国。皇家官员认为这个要求合情合理，因为这反过来使殖民地垄断了其产品的英国市场。然而，殖民地商人和种植园主极为不满，因为这意味着他们不能选择价格更低的荷兰航运，也不能将产品销往利润更高的英国之外的市场。

法属北美殖民地的重要性在于占据了重要的战略位置。1605年、1608年和1642年，法国人分别在阿卡迪亚（新斯科舍）、魁北克和蒙特利尔建立了最早的商馆。法国人把圣劳伦斯河流域作为主要的殖民基地，他们借助得天独厚的内陆水系向西推进到苏必利尔湖，向南推进到俄亥俄河。1682年，法国贵族拉萨尔沿密西西比河 *364*
划船顺流而下，宣布整个密西西比河流域为法国所有，并将其命名为路易斯安那，以向路易十四表示敬意。这让北美的事态变得复杂，因为18世纪英国王室发出的殖民地特许状大多包含授予“从大海到大海”（即从大西洋到太平洋）的土地的条款。很显然，只要英国殖民者到达和越过阿巴拉契亚山脉，就将导致英国和法国对立的领土主张发生正面冲突。起初法国人在殖民争夺上遥遥领先。法国探险家率先勘查了这些地区，随后法国官员在圣劳伦斯河到路易斯安那一线修筑了许多要塞。事实上，从圣劳伦斯湾一直延伸到墨西哥湾的法属殖民地形成了一个巨大的弧形包围圈，包围了大西洋沿岸的英属殖民地。

法国人不仅在北美占据了主导地位，在纪律和凝聚力方面也有很大优势。法属殖民地没有桀骜不驯的民选机构，巴黎任命的总督和地方行政长官分别负责殖民地防务以及财政和经济事务。这种安排比不堪重负的英国代议制更灵活、更高效。英属殖民地总督只能请求并敦促殖民地议会采取行动，总督本人几乎不能发号施令，更重要的是总督的薪俸须经殖民地议会投票决定。反之，法属殖民地总督和地方行政长官能做到令行禁止。

在西印度群岛，法国和英国的殖民地也是近邻。这个地区的法属殖民地主要有马提尼克和瓜德罗普，英属殖民地有牙买加、巴巴多斯和巴哈马群岛。这些殖民地是与西属和葡属南美殖民地进行贸易的重要据点，但主要价值在于出产糖、烟草、靛青等热带农产品，这些产品很好地充实了法国和英国的经济。

除北美外，印度也是英法两国发生尖锐冲突的地区。17世纪初，英国人被荷兰人逐出了东印度群岛，便退回到印度次大陆。17世纪末，英国人在印度建立了4个主要据点，分别是东海岸的加尔各答和马德拉斯，西海岸的苏拉特和孟买。1604年，法国成立了东印度公司，却很快就沉寂无为。1664年，法国东印度公司重新活跃起来。17世纪末，法国人建立了两个主要据点：加尔各答附近的金德讷格尔和马德拉斯附近的本地治里。

17世纪，欧洲人是在强大的莫卧儿皇帝默许下才得以在印度居住和经商。如果欧洲人不守规矩，没有谦卑地请求皇帝给予经商特权，莫卧儿人能轻而易举地把他们赶下海去。到18世纪，莫卧儿帝国解体，形势发生了逆转。阿克巴的继承人迫害占人口大多数的印度教徒，引发了不满和动乱。地方总督纷纷宣布独立，建立起世袭的地方王朝。初露端倪的早期印度教民族主义的代表是马拉塔人，他们将首都建在印度次大陆西海岸孟买以南约160千米的萨塔拉，从那里一直扩张到离东海岸的加尔各答不到320千米的地方。由于莫卧儿中央政权分崩离析，英法两国的东印度公司有了可乘之机，它们从单纯的商业机构转变为地方领主和收贡者，不仅修筑要塞，组建军队，铸造货币，还与周边的印度土邦统治者缔结条约。印度已经没有一个中央政府能够遏制英国和法国的势力扩张。

四、英国的胜利

我们在上文中描述了英法两国在印度和美洲争霸的格局。这两个帝国在十七八世纪的争霸以英国的全面胜利而告终。究其原因，一是法国更注重欧洲霸权而不是
365 海外领地。16世纪以来，法国波旁王朝主要致力于在意大利赢得一席之地，对抗奥地利和西班牙的哈布斯堡王朝。

英国取胜的另一个原因是，移民到殖民地的英国人比法国人多得多。到1688年，大西洋沿岸狭窄的英属北美殖民地已经有30万英国移民，反之，仅有两万法国人散布在从加拿大到密西西比河流域的广大法属殖民地。美国革命爆发时，英属北美殖民地的人口高达200万人，这种大规模移民在很大程度上既是英国在1763年战胜法国的原因，也是20年后新生的美国击败英国的原因。

为了争夺殖民地和贸易，英法两国在将近一个世纪的时间里相继进行了4次战争，直到1763年英国取得最终胜利。这些战争都有欧洲和海外两个战场。欧洲战

图159　1759年9月13日，沃尔夫将军率领英军攻占魁北克。

争的根本起因是王朝野心，尤其是法国路易十四和普鲁士腓特烈大帝的野心。海外战争则是围绕着各种不同的问题展开，如印度的权力平衡、围绕美洲属地的对立的主权要求、西班牙殖民地的贸易条件以及世界贸易路线的控制权。这些战争可以清晰地分为欧洲和海外两个战场，所以每场战争在欧洲有一个名称，在美洲另有一个名称。这些载入史册的战争有：奥格斯堡同盟战争，又称威廉王之战（1688—1697年）；西班牙王位继承战争，又称安妮女王之战（1701—1713年）；奥地利王位继承战争，又称乔治王战争（1740—1748年）；七年战争，又称法国-印度战争（1756—1763年）。

前三场战争的最终结果是英国夺取了新斯科舍、纽芬兰和哈德逊湾地区，但这些征服并未解决一个根本问题：法国人能否保住加拿大和密西西比河流域地区，从而将英国人限制在大西洋海岸。第四次战争彻底解决了这个问题，此外，这场战争 *366*
还决定了印度的未来。

这场命运攸关的战争称为“七年战争”，因为这场战争从1756年到1763年一共打了7年时间。1757年，威廉·皮特（老皮特）上台主掌了英国内阁，成为战争的转折点。皮特将英国的资源向海军和殖民地倾斜，同时资助英国的盟友、普鲁士的腓特烈在欧洲作战。用皮特的话说，英国的战略是在德国平原上赢得一个帝国。皮特取得了辉煌成功。在海上，实力增强的英国海军彻底击败了法国舰队；在陆上，皮特激发了美洲殖民地居民的斗志，他们纷纷加入英国正规军，组成了一支大约5万人的军队。这支庞大的军队攻克了一座又一座法国要塞。魁北克是法属加拿大的心脏，也是圣劳伦斯河上的一座天然要塞，随着英军包围魁北克，战争进入白热化。英法两军司令官詹姆斯·沃尔夫将军和蒙卡尔姆侯爵都在战斗中阵亡，但英国老兵赢得了最终的胜利，1759年9月，魁北克投降。第二年，蒙特利尔被英军攻陷，标志着法属美洲殖民帝国的终结。

英国人在印度也大获全胜。英国的海上优势再次发挥了决定性作用。英国人能够从欧洲运来军队、金钱和给养，同时拦截法国的援军。罗伯特·克莱武的领导才能是英国人打赢战争的另一个原因。克莱武曾在东印度公司任职，后来投身军旅。他有杰出的军事才干，又对印度局势了解颇深。1756年，克莱武获悉欧洲爆发战争后立即向孟加拉进军。1757年，在与欧洲贸易中致富的印度商人的支持下，克莱武

图160 荷兰人在东印度群岛的巴达维亚建立了一个主要贸易基地，巴达维亚就是现今印度尼西亚的首都雅加达。

在普拉西战役打败了亲法国的穆斯林统治者。克莱武扶持傀儡登上王位，还将勒索来的巨额赔款装进自己和东印度公司的口袋。在接下来的战争中，克莱武依靠强大的英国海军，来去自如地在印度各地调兵遣将。与此同时，英军切断了法国在印度的主要据点彼此之间以及它们与法国之间的联系。1761年，法国人的主要基地本地治里投降，印度战争结束。

美洲的魁北克和印度的本地治里相继陷落，标志着七年战争的海外战场画上了句号。但欧洲本土的战争一直持续到1763年，最终交战各方签订了《巴黎条约》。条约规定，法属美洲殖民地中，法国仅保留南美洲的圭亚那，纽芬兰沿海无足轻重的圣皮埃尔岛和密克隆岛，以及瓜德罗普岛和马提尼克岛等几个西印度群岛岛屿。这样，英国夺取了整个圣劳伦斯河流域地区和密西西比河以东的所有法国领土。西 367
班牙很晚才站在法国一边参战，被迫将佛罗里达割让给英国。作为补偿，法国把西路易斯安那，即密西西比河以西地区，让给西班牙。在印度，法国保留了本地治里和其他城镇的商馆、货栈和码头等商业设施，但不得修筑防御工事，也不得与印度王公缔结政治联盟。换言之，法国人在印度从此只是商人而不是帝国缔造者。

《巴黎条约》签署后，英国政治领袖霍勒斯·沃波尔[1]评论说："烧掉你们的希腊罗马史书吧，那都是小人物的历史。"这番颇有见地的话道出了这个和平协议长远的世界性影响。就欧洲而言，条约确认了普鲁士保有西里西亚，普鲁士从此成为与奥地利争夺德国领导权的对手。但是，从世界历史的角度来说，意义更重大的是法国丧失了北美和印度，这意味着美洲格兰德河以北地区未来将成为英语民族世界的一部分。

法国人被逐出印度也是具有全球意义的历史事件。英国人从此在印度取代了莫卧儿人，英国人在德里站稳脚跟后，走上了通往世界帝国和世界霸权之路。幅员辽阔、人口众多的印度次大陆成为一个无与伦比的基地，英国人由此在19世纪扩张到南亚其他地区，然后再扩张到东亚。综上所述，1763年的和平协议深刻影响了直到今天的世界历史进程。

---

[1] 霍勒斯·沃波尔是18世纪英国著名的文人和作家，他的父亲是英国历史上第一位首相罗伯特·沃波尔。——译者注

[推荐读物]

关于欧洲海外扩张全貌的著作，见第二十四章的推荐书目。关于18世纪的欧洲扩张，参阅J. H. Parry，*Trade and Dominion：The Overseas European Empires in the Eighteenth Century*（Praeger，1971）；W. L. Dorn，*Competition for Empire，1740–1763*（Harper & Row，1940）。关于荷兰的海外活动，参阅C. R. Boxer，*The Dutch Seaborne Empire，1600–1800*（Knopf，1965）；D. W. Davies，*A Primer of Dutch Seventeenth Century Overseas Trade*（Nijhoff，1961）；G. Musselman，*The Cradle of Colonialism*（Yale University，1963）。关于荷兰人在亚洲取代葡萄牙人的原因，参阅N. Steensgaard，*The Asian Trade Revolution of the Seventeenth Century*（University of Chicago，1974）；H. Furber，*Rival Empire of Trade in the Orient 1600–1800*（University of Minnesota，1976）。

关于法国海外活动的概貌，参阅H. I. Priestly，*France Overseas Through the Old Regime：A Study of European Expansion*（Prentice Hall，1939）。专业的研究著作有：N. M. Crouse，*French Pioneers in the West Indies，1624–1664*（Columbia University，1940）and *The French Struggle for the West Indies，1665–1713*（Columbia University，1943）；G. M. Wrong，*The Rise and Fall of New France*，2 vols（Macmillan，1928）；S. P. Sen，*The French in India*（Mukhopadhyay，1958）。

关于英国海外活动的概貌，可以参阅两部一流著作：C. E. Carrington，*The British Overseas：Exploits of a Nation of Shopkeepers*（Cambridge University，1950）and W. B. Willcox，*Star of Empire：A Study of Britain as a World Power，1485–1945*（Knopf，1950）。关于殖民地战争，参阅E. P. Hamilton，*The French and Indian Wars：The Story of Battles and Forts in the Wilderness*（Doubleday，1962）。关于七年战争最富戏剧性的美洲战场，经典史著是F. Parkman，*Montcalm and Wolfe*，2 vols（Boston，1884）。

[注释]

1. L. Huberman，*Man's Worldly Goods*（Harper & Row，1936），p. 103.

纵观俄罗斯历史，边疆是贯穿始终的一大主题，即为了驾驭一个蛮荒国度的自然资源而斗争，由于俄罗斯人永不止步的迁徙，由于他们对其他民族的征服和融合，这个国家扩展成为一个大陆。 368

——B. H. 萨姆纳：《俄国简史》

第二十四章　俄国在亚洲的扩张

西欧人向海外扩张到世界的每一个角落之际，俄罗斯人正进行横贯亚欧大陆的陆路扩张。俄罗斯人征服广袤的西伯利亚的史诗般的故事，可以与美国人向西扩张到太平洋相媲美。事实上，正如不断拓展的边疆对美国文化产生了深远影响，它也给俄罗斯人的特性和俄国制度打上了不可磨灭的烙印。俄罗斯人并不是唯一受到边疆影响的欧洲民族。中世纪时代，中欧和东欧大部分地区人口稀少（见第二十一章第一节）。在几个世纪的时间里，欧洲各民族，尤其是德国人，将定居线沿着波罗的海海岸线和多瑙河谷向东推进。到中世纪末，内部拓殖不再是欧洲占主导地位的迁徙。代之而起的是海外殖民，西欧民族全力以赴地在新世界开拓和探索新边疆。相反，俄罗斯人继续从家门口向广袤的亚欧大陆平原扩张。这项艰巨的事业持续了好几个世纪，直到1895年俄国征服中亚最后一个穆斯林汗国方才告一段落。因此，正如边疆在美国历史上占有举足轻重的地位一样，边疆成为一条贯穿整个俄国历史进程的主线。我们将在本章考察俄国向西伯利亚和乌克兰扩张的性质和过程。

一、俄国扩张的地理环境

为了理解俄国在亚欧大陆平原上的惊人扩张，有必要先来看看这些平原的地理环境。只要打开地图，马上就能看出这些平原在地图上占据了大得惊人的比例（见地图23）。俄国的国土面积占地球陆地面积的六分之一，比美国、加拿大和中美洲 370
加在一起还要大。俄国陆地疆域还有一个突出特征，即显著的地貌一致性。俄国国土大部分是一望无际的平原。南北走向的乌拉尔山纵贯整个平原，通常被视为一道

369

地图23 俄国在欧洲和亚洲的扩张

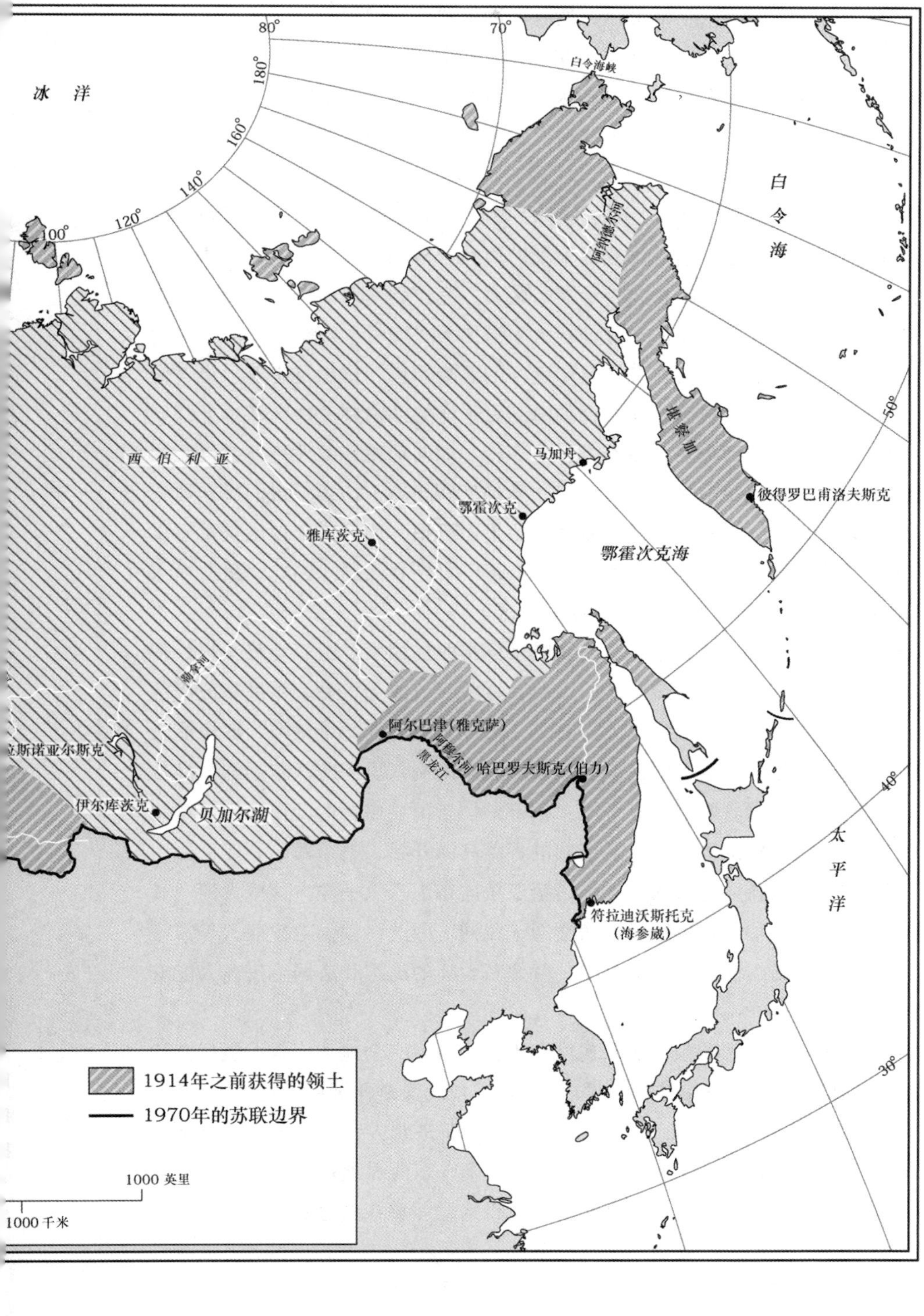

冰　洋
80°
70°
180°
160°
140°
120°
100°
白令海峡
白令海
堪察加
马加丹
彼得罗巴甫洛夫斯克
鄂霍次克
鄂霍次克海
西伯利亚
雅库茨克
阿尔巴津(雅克萨)
阿穆尔河
黑龙江
哈巴罗夫斯克(伯力)
拉斯诺亚尔斯克
伊尔库茨克
贝加尔湖
符拉迪沃斯托克
(海参崴)
50°
40°
30°
太平洋
1914年之前获得的领土
1970年的苏联边界
1000 英里
1000 千米

分水岭，将这个国家一分为二：欧洲俄罗斯和亚洲俄罗斯。但事实上，乌拉尔山是一道侵蚀严重的狭窄山峦，平均海拔只有610米。此外，乌拉尔山并没有延伸到北纬51度以南，而是留下了一个巨大缺口，从北纬51度到里海是平坦的沙漠地带。这种高度一致的地貌有助于解释为什么俄罗斯人能够如此迅速地从波罗的海扩张到太平洋。

亚欧大平原构成了现今俄国国土的主体，平原南部形成了一条从黑海一直延伸到太平洋的天然边界。这条边界由连绵不断的山脉、沙漠和内海组成，自西向东依次是高加索山脉、里海、乌斯秋尔特沙漠、咸海、克孜勒库姆沙漠、兴都库什山脉、帕米尔高原、戈壁沙漠以及向东延伸至太平洋的大兴安岭。环绕亚欧大平原的山脉阻挡了来自太平洋的暖湿气流和来自印度洋的温暖季风，这也是中亚沙漠气候和西伯利亚寒冷干燥气候的成因。从波罗的海到太平洋的西伯利亚地区基本上都属于大陆性气候，夏季短暂而炎热，冬季漫长而寒冷。如同地貌一致性一样，气候的一致性有利于俄国的东扩，因为在绵延8046千米的广阔平原上，拓荒者们无须适应剧烈的气候变化。反之，中亚沙漠地区就显得陌生而可怕，而且这个地区被军事实力强大的穆斯林汗国控制，与西伯利亚的弱小部落不可同日而语。因此，俄罗斯人抵达太平洋海岸250年后，才控制了中亚沙漠地区。

除了地貌和气候之外，河流水系也是影响俄国扩张的因素。由于地势平坦，俄国的河流通常又长又宽，鲜有急流险滩。因此，这些河流成为贸易、殖民和征服的宝贵通道。乌拉尔山以西有许多大江大河：流入波罗的海的西德维纳河，向南流入黑海的德涅斯特河、第聂伯河和顿河，先向东然后向南流入里海的伏尔加河。乌拉尔山以东有四大水系滋润着西伯利亚平原：西部的鄂毕河、中央的叶尼塞河、东北部的勒拿河以及东南部的阿穆尔河。从辽阔的青藏高原开始，整个西伯利亚平原由南向北倾斜，前三条河流向北流入北冰洋，第四条向东汇入太平洋。这些大河及其许多支流构成了遍布西伯利亚平原的天然交通干线网。因此，俄国毛皮商人仅需很少的陆上搬运，便能沿河向东抵达太平洋，就像新大陆的英国和法国毛皮商人能够沿河向西抵达太平洋一样。

俄国的土壤和植被是影响俄国扩张速度和进程的最后一个地理因素。俄国有从东到西横贯全境的四大土壤-植被带（见地图24）。最北面是北极海岸贫瘠的苔原，除夏季6 ~ 8个星期的生长期外，全年封冻。苔原南面是北方针叶林带。森林带是四个植被带中面积最大的，南北纵深966 ~ 2092千米，东西绵延7403千米，占世界森林总面积的五分之一。俄罗斯人在森林里如鱼得水，能够在熟悉的森林保护下横穿整个亚欧大陆。

在森林地带的南部边缘，林木变得稀疏，树木也越来越矮小，直到完全让位于没有树木的开阔大草原。这里有历经千百年堆积而成的腐殖质肥沃黑土地。如今这里是俄国的粮仓，但过去几个世纪里它一直是痛苦和不幸的源头。西伯利亚大草原是亚欧大陆中部骑马游牧民族的家园，每当这些游牧民族崛起，就会沿着阻力最小的路线出击，有时向西进犯中欧，有时向东进犯中国。脆弱的东欧俄罗斯人更是频 372
繁受到游牧民族的袭击。森林地带的斯拉夫农民与草原上的亚洲游牧民族持续不断的冲突成为俄国历史的一大主线。起初游牧民族占据上风，蒙古人统治俄罗斯地区长达两个世纪之久。但森林斯拉夫民族最终变得强大，不仅赢得了独立，还在亚欧大平原上扩张。

第四个地带是沙漠，这个面积最小的地带起于中国，仅向西延伸到里海。我们已经讲过，由于交通不便、气候恶劣、本土民族军事实力强大等原因，沙漠地带直到19世纪末才被俄国的扩张浪潮所吞并。

二、俄国的早期扩张

俄罗斯人发源于德涅斯特河、第聂伯河、涅曼河和德维纳河上游地区，大约1500年前，他们开始从发源地向东推进，所到地域形成一个巨大的扇形。在广袤平原的吸引下，俄罗斯人向北到达北冰洋海岸，向南到达黑海，向东到达乌拉尔山以远的地方。俄罗斯人的自给型农业无法养活密集的人口，所以他们居住在分散的农庄或小村落，而不是聚居的村庄或城镇。当时出现的少量城镇大多是主要水路沿岸发展起来的贸易中心。第聂伯河上的基辅和伊尔门湖畔的诺夫哥罗德就是如此，基辅是南北交通的枢纽，诺夫哥罗德则控制着东西方向的贸易。这种长途贸易为9世纪形成的最早的俄罗斯人国家奠定了基础。这个国家的中心是基辅，但整个国家仍然是沿河各公国组成的松散联盟。基辅位于森林地带与大草原的交界处，很容易遭受入侵。因此，基辅国家不得不与游牧民族展开持续的生存斗争。俄罗斯移民的活动无法超出基辅以南和以东241千米的范围，因为游牧民族的入侵威胁始终像达摩克利斯之剑一样悬在头上。

1237年，达摩克利斯之剑落了下来。席卷大半个亚欧大陆的蒙古人横扫了俄罗斯地区，接着又对中欧发动了毁灭性入侵，抵达了通往意大利和法国的门户。随后，蒙古人主动撤退，在欧洲只保留了俄罗斯地区。庞大的蒙古帝国作为一个整体没能维持多久，很快分裂成几个区域性国家，其中之一是所谓的金帐汗国，俄罗斯地区就在其版图之内。金帐汗国的首都，也就是接下来两个世纪俄罗斯人的首府，是位于今天的伏尔加格勒附近的萨莱。草原游牧民族的胜利标志着长期以来的森林与草原之争最终分出了胜负。

371

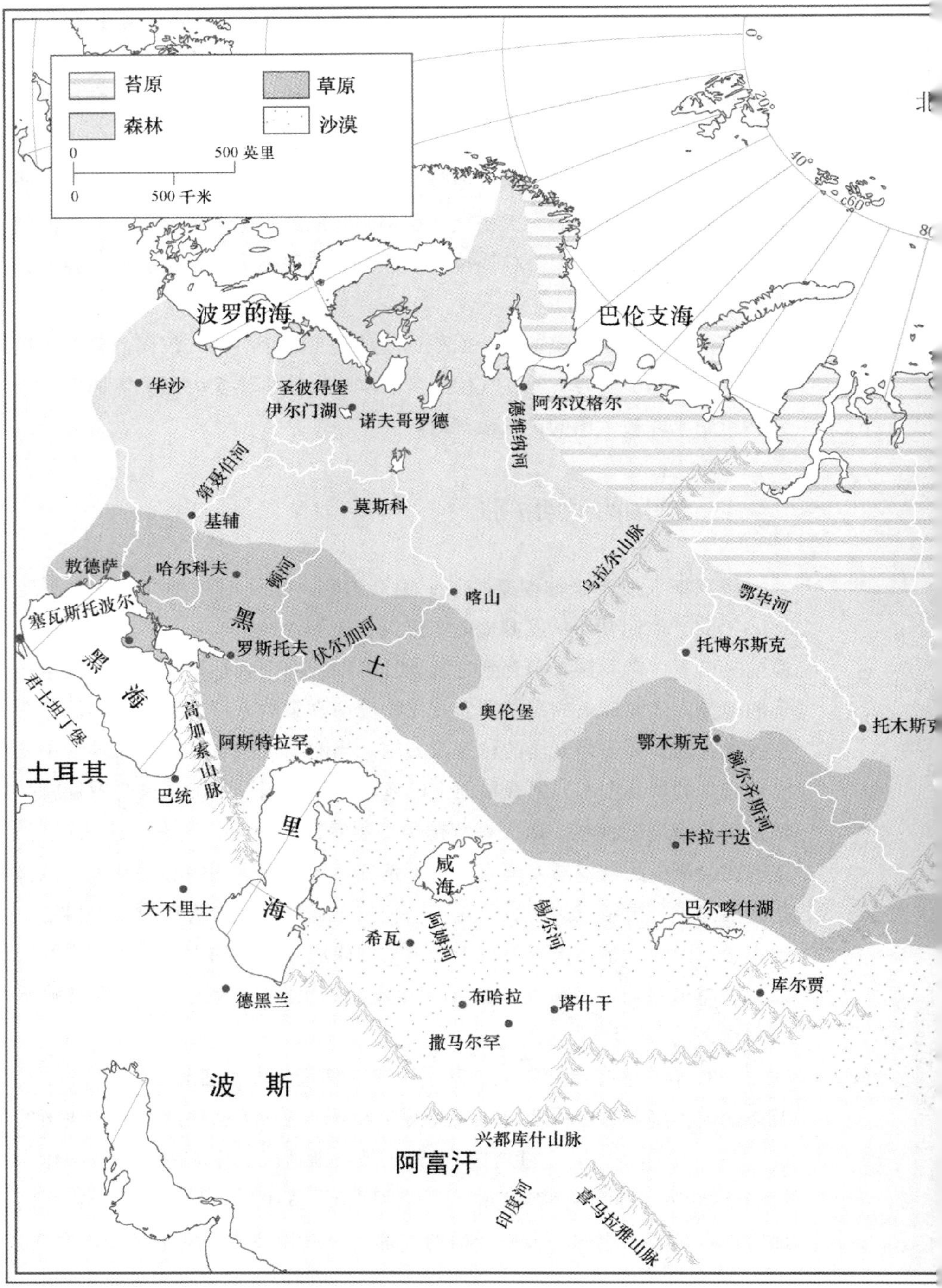

地图24　亚欧大陆的土壤-植被带

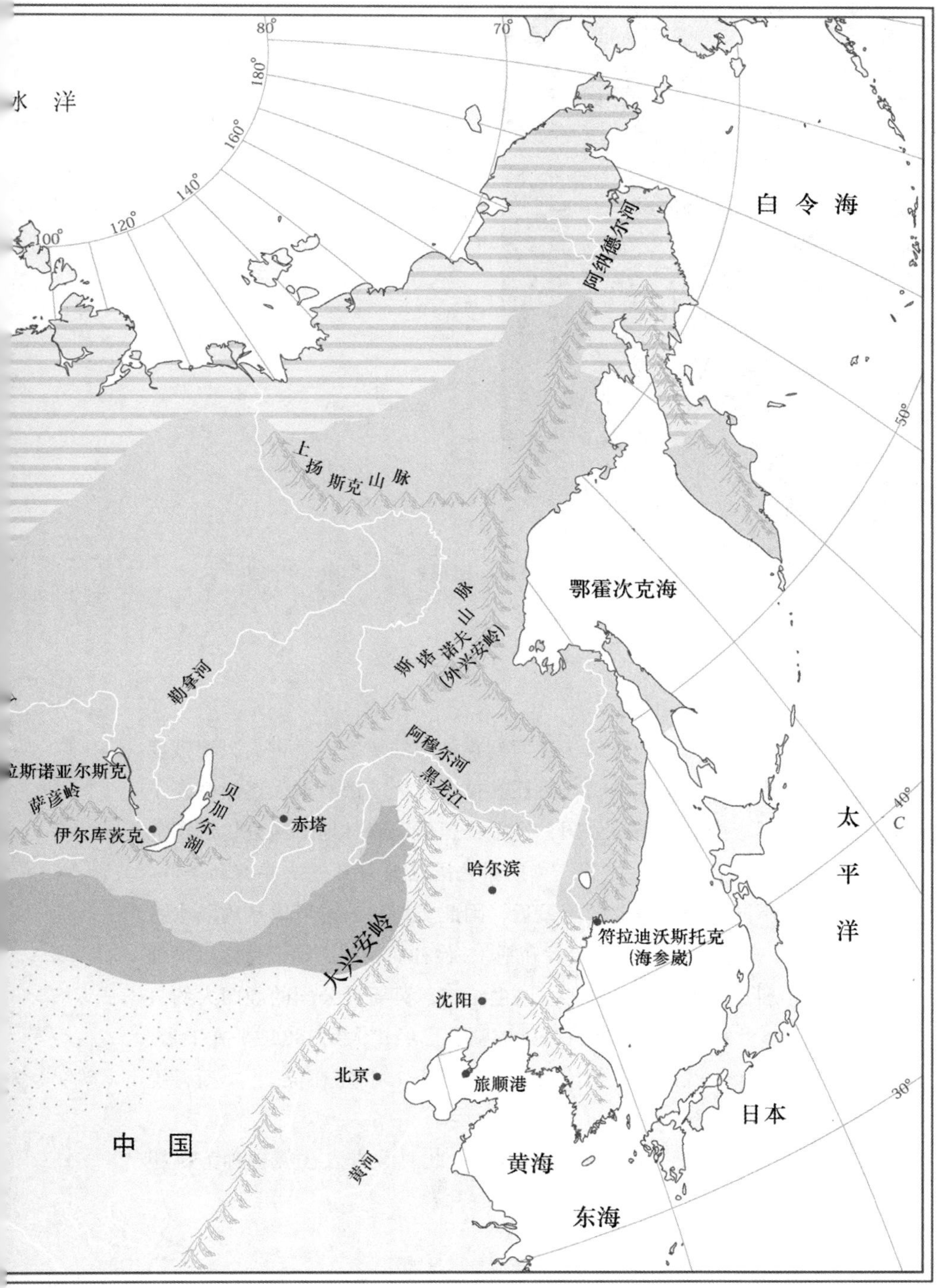
冰　洋
白令海
阿纳德尔河
上扬斯克山脉
鄂霍次克海
斯塔诺夫山脉
(外兴安岭)
勒拿河
阿穆尔河
黑龙江
拉斯诺亚尔斯克
萨彦岭
伊尔库茨克
贝加尔湖
赤塔
哈尔滨
太
平
洋
符拉迪沃斯托克
(海参崴)
大兴安岭
沈阳
北京
旅顺港
日本
中　国
黄河
黄海
东海

图161 伊凡雷帝（伊凡四世）。

俄罗斯人放弃了大草原上的小块飞地，撤回到森林中的要塞。蒙古人只要俄罗
373 斯人承认蒙古可汗的宗主权并且每年纳贡，听任其自生自灭。俄罗斯人逐渐恢复了元气，建立起一个新的国家中心莫斯科公国，这个公国位于森林地带深处，远离危险的大草原。除了游牧民族难以进入之外，莫斯科公国还具备其他一些有利条件。在这一地区，多条流向不同的河流彼此距离最近，因此莫斯科公国可以从内陆水系中获益。这个公国的另一个优势是数代统治者和平[1]、俭朴而精明，他们持之以恒地开疆拓土，最终使莫斯科成为新的国家核心。14世纪初，莫斯科公国的版图大约只有12950平方千米，到15世纪中叶，莫斯科公国的疆土已经扩大到38850平方千米。一个世纪后，在伊凡雷帝（伊凡四世）统治时期（1533—1584年在位），莫斯科统一了所有的俄罗斯公国。

"俄罗斯土地收集"[2]扭转了俄罗斯人与蒙古人（此时蒙古人往往被称为鞑靼

[1] 原文如此。——译者注

[2] 从1328年伊凡一世开始，历代莫斯科公国统治者以贿赂、购买、武力吞并等方式疯狂扩张领土。到1533年，莫斯科国家的疆土已经达到280万平方千米，史称"俄罗斯土地收集"。——译者注

人）的力量对比。起初鞑靼人能够取胜的原因一是内部团结一致，这与内讧不断的基辅国家形成了鲜明对照；二是拥有快速机动的骑兵，在军事上更加先进。但到了16世纪，俄罗斯人统一在莫斯科的统治之下，而金帐汗国则分裂为喀山汗国、阿斯特拉罕汗国、克里米亚汗国等三个相互杀伐的汗国以及乌拉尔山以东的西伯利亚鞑靼汗国。此外，俄罗斯人在军事技术上也处于领先地位，因为他们获益于西欧的巨大技术进步，尤其是在火器和大炮方面。俄罗斯人凭借军事优势占领了喀山汗国全境，随后又席卷整个伏尔加河流域，并于1556年攻占了阿斯特拉罕。为了巩固战果，俄罗斯人在伏尔加河沿线修建了一系列防御工事，一直延伸到伏尔加河入海口的阿斯特拉罕。这样，俄罗斯人将辽阔的伏尔加河盆地收入囊中，势力范围南达里海，东抵乌拉尔山，打开了向伏尔加河和乌拉尔山以东地区无限扩张的道路（见地图23）。

三、西伯利亚的征服

俄罗斯人虽然吞并了喀山汗国和阿斯特拉罕汗国，但克里米亚和乌拉尔山以东的鞑靼人仍然保持着独立，继续频繁发动袭击，骚扰俄罗斯移民。由于本章后面将要谈到的各种原因，直到18世纪末，俄罗斯人不得不忍受克里米亚鞑靼人的袭击。但是，俄罗斯人不费吹灰之力地摧毁了西伯利亚汗国，开始了直抵太平洋的史诗般进军。

翻越乌拉尔山和征服西伯利亚的主力是所谓的哥萨克人。这些粗野的拓荒者在许多方面都很像美国西部的拓荒者。哥萨克人大多原本是为了摆脱农奴制束缚，逃离俄国或波兰的农民，他们逃到南部没有人烟的草原地带，成为猎人、渔夫和牧民。就像美国的拓荒者变成半个印第安人一样，哥萨克人变成了半个鞑靼人。哥萨克人热爱自由，崇尚平等，又桀骜不驯，四处劫掠，只要有利可图，什么事都干得出来，哪怕是当土匪和强盗。

叶尔马克·季莫费耶维奇就是这种边疆环境的典型产物。21岁时，他因为偷马被判处死刑，之后逃到伏尔加河，成为一伙河盗的首领。他不分青红皂白地劫掠俄国船只和波斯商队，最终招致了政府军的围剿。

盗匪叶尔马克此时表现出一个了不起的帝国缔造者的特质，在西伯利亚为俄国做到了皮萨罗和科尔特斯在美洲为西班牙所做的一切。叶尔马克像西班牙征服者一样大胆，认为最好的防御就是进攻。1581年9月1日，叶尔马克率领840人向西伯利亚汗国的库楚汗发动进攻。像西班牙征服者一样，叶尔马克的一大优势在于拥有先进武器。远征队装备了精良的火枪和大炮，经过激烈战斗，占领了西伯

图 162 征服俄国东部领土的俄罗斯骑兵。

利亚汗国首都西比尔。俄罗斯人用这座城市的名称来称呼整个乌拉尔山以东地区，
374 这个地区从此被称为西比尔，英语中称为“西伯利亚”。俄罗斯人就此打开了通往太平洋的道路。

俄罗斯人征服西伯利亚堪称是一项非凡的成就。像西班牙人征服美洲一样，短短几年之内，俄罗斯人凭借少得令人难以置信的兵力，在西伯利亚建立起一个庞大的帝国。俄罗斯人的推进异常迅速。叶尔马克的征战是在1581—1584年，与此同时，沃尔特·雷利爵士于1584年在北卡罗来纳的罗厄诺克岛登陆。到1637年，俄罗斯人已经抵达太平洋沿岸的鄂霍次克，俄罗斯人在半个世纪里推进的距离相当于美国东西海岸之间距离的一半。而1637年时，英国殖民者还没有翻越阿勒根尼山脉。

俄罗斯人的迅猛推进是多方面的原因使然。我们已经指出，气候、地貌、植被和河流水系都有利于入侵者。原住民人数少、武器差、缺乏团结和组织，因而处于劣势。哥萨克人的毅力和勇气也令人赞叹，他们像法属加拿大的毛皮商人一样，在荒野中忍受着不可思议的艰辛和危险。哥萨克人的动机可以概括为一样东西：毛皮。为了获取貂皮，哥萨克人跨过一条又一条河流，一路向东推进。

哥萨克人在向前推进的过程中修建了一连串类似美国边境碉堡的防御哨所。这样，哥萨克人从西比尔一路推进到鄂毕河、叶尼塞河和勒拿河，于1645年到达北冰洋海岸。两年后，哥萨克人抵达太平洋海岸，修筑了鄂霍次克要塞。

到目前为止，俄罗斯人一路畅通无阻，没有遇到任何能够阻挡他们的力量。但 375 是，当俄罗斯人推进到黑龙江（阿穆尔河）流域时，遇到了对手。俄罗斯人在那里遇到了正处于鼎盛时期的强大的中华帝国的前哨基地（见第十九章第三节）。驱使俄罗斯人来到黑龙江流域的因素是饥饿。寒冷的北方出产毛皮，却没有食物，而欧洲俄罗斯的粮仓就像在另一个星球上一样遥不可及。于是，俄罗斯人满怀憧憬地转向南方，根据当地土著的传说，南方有一个土地肥沃、谷物金黄的神奇国度。

1643—1644年，哥萨克瓦西里·波雅尔科夫率先沿黑龙江南下。一连串冒险家紧随其后，他们占领了雅克萨城，修筑了一系列防御哨所，以典型的哥萨克人方式四处烧杀抢掠。中国皇帝终于被帝国边陲的暴行所激怒，于1658年派遣一支远征队北伐。中国人重新夺回了雅克萨，把俄罗斯人赶出了整个黑龙江流域。在更多的小规模冲突之后，两国政府签订了《尼布楚条约》（1689年9月7日）。按照条约，两国边界沿着黑龙江以北的外兴安岭划定，俄国人被迫全部撤出了发生争端的黑龙

图163　西伯利亚部落民。他们出行靠驯鹿和滑雪板。图中远景是一座俄罗斯城堡。

江流域地区。反过来，俄罗斯人获得了商业特权，允许两个帝国的臣民自由穿越边境和从事贸易。商队贸易在随后年代里发展起来，俄罗斯人用黄金和毛皮交换茶叶。俄罗斯人正是从中国人那里获得了日后成为国民饮料的茶叶，他们很快就比英国人更爱喝茶。

《尼布楚条约》的签订标志着俄罗斯人在亚洲扩张的第一个阶段告一段落。在
376 接下来的170年里，俄罗斯人遵守了条约规定，没有再涉足黑龙江流域。19世纪中叶，俄罗斯人重新开始向南推进，此时俄国的实力已经远超瓦西里·波雅尔科夫时代，中国却相对衰落了。

四、西伯利亚的管理和开发

毛皮贸易在整个17世纪主宰了西伯利亚。政府成为最大的毛皮贸易商，毛皮实际上成为政府最重要的收入来源之一。政府通过各种手段获取毛皮，如向原住民征收毛皮税，对俄罗斯捕猎者和商人征收10%的税，须用最上等毛皮缴纳。另外，政府还有权购买原住民和俄罗斯人手中的上等毛皮。到1586年，国库每年都能从各种渠道收取20万张貂皮、1万张黑狐皮、5万张松鼠皮以及大量的海狸皮和白鼬皮。不仅如此，政府还垄断了利润丰厚的毛皮出口贸易。据估计，17世纪中叶，西伯利亚

图164　1706年，西伯利亚猎人。受俄罗斯人扩张的影响，土著猎人已寥寥无几。

毛皮收入占到国家总收入7%～30%不等。这个领域的专家指出："毛皮贸易不仅足以支付西伯利亚的行政开支，还给政府带来了大量盈余，为国家的版图增添了一个广阔的地区。"[1]

18世纪，商人和捕猎者开始让位于定居的移民，这些移民来自欧洲俄罗斯，前来西伯利亚是为了逃避债主、兵役、宗教迫害，尤其是农奴制的束缚。十六七世纪，农奴制在欧洲俄罗斯广泛发展和传播，却从未在西伯利亚扎下根来。一种解释似乎是，农奴制主要是为了满足对于国家运转至关重要的贵族阶层的需求。但贵族不会迁居西伯利亚，相比莫斯科和圣彼得堡，西伯利亚对他们毫无吸引力可言。所以，西伯利亚没有贵族阶层，因而得以摆脱农奴制。下表表明了1763年前西伯利亚的人口增长状况：

表1　1763年前西伯利亚的人口增长＊

	原住民	俄罗斯人（和外国人）	总计
1622年	173000	23000	196000
1662年	288000	105000	393000
1709年	200000	229227	429227
1763年	260000	420000	680000

＊ *The Great Siberian Migration: Government and Peasant in Resettlement from Emancipation to the First World War*, by Donald W. Treadgold（Copyright © 1957，1985 renewed by Princeton University Press）: part of Table 1, p. 32.

值得指出的是，1763年，西伯利亚的俄罗斯人（和外国人）仅有42万人，而 377
13个英属北美殖民地的人口已经增长到150万～200万人，大约是前者的4倍。换言之，俄罗斯人在探险和征服方面动作要快得多，在殖民方面则要慢得多。究其原因，西伯利亚只能吸引俄国国内的移民，而美洲殖民地却接收了好几个欧洲国家的移民。更重要的是，美洲对潜在的移民更有吸引力。加拿大有着与西伯利亚类似的气候条件，到1914年，加拿大和西伯利亚的人口大体上相当，加拿大为800万人、西伯利亚为900万人，这并不是偶然的。虽然美国领土面积小于加拿大和西伯利亚， 378
同年美国人口已经增长到1亿。

377

穿越西伯利亚的感想

1908年，一位年轻俄国外交官乘火车前往驻北京的大使馆，他记述了这趟穿越西伯利亚之旅，反映了作为一个地区和一个阶级分化社会的西伯利亚。*

我前往北京的旅途穿越了整个西伯利亚、中国东北和华北。每个人都会对穿越西伯利亚的旅程印象深刻，尤其如果你是第一次走这段路。俄国大得令人惊叹。你走一天，走一个星期，走十天，始终也没有走出俄国边境。除了乌拉尔山和贝加尔湖附近的一段路，这个国家的地势完全是一马平川。

离开欧洲俄罗斯后，沿途的人烟日渐稀少，走很长一段时间都看不到村庄或聚居地。车站附近有一些房子。特快列车进站时，当地人通常都跑来看火车上的乘客。尤其是晚上，车厢里灯火通明，可以看到上海或其他远东港口居民的优雅身影，在当地人眼中，这些乘客想必像是来自另一个星球的人。这些身穿裘皮的异乡人会在注定要在某个寒酸的车站度过一生的那些人心中激起多少嫉妒和不平啊！我想象有一个年轻女孩，她还没有失去梦想的能力，在站台上等着。她听到火车驶近的声音，看到车厢里灯火通明。火车停站5分钟。乘客们看起来像是来自仙境，他们跳上站台，说笑打趣。一声汽笛响起，火车载着乘客驶去，黑暗、空虚和沉闷再次笼罩一切。

这真是不公平，有些人可以从一个地方前往另一个地方，过上奢华的生活，而另一些人却只能在某个被遗弃之地悲惨度过一生。难怪这会引起愤怒和不满。我深信西伯利亚快车在唤醒西伯利亚人民方面发挥了重要作用，加速了革命的到来。

你会被无垠的空间和荒凉的景象所打动，而乘客们宁愿在餐车里消磨时光，没完没了地喝茶打牌……

* *The Memoirs of Dmitrii Ivanovich Abrikossow*，MS，1，pp. 191–194，as edited and translated by G. A. Lensen. Published with permission of the Archive of Russian and East European History and Culture，Columbia University.

五、乌克兰的征服

我们在前文中提到，16世纪中叶，伊凡雷帝征服了喀山和阿斯特拉罕，但还有两个汗国维持了独立：南部鞑靼人的克里米亚汗国和乌拉尔山以东的西伯利亚鞑靼汗国。短短几年间，西伯利亚汗国就被叶尔马克及其后继者征服，但克里米亚汗国一直坚持到18世纪末，这主要是因为得到了奥斯曼帝国的大力援助。但是，奥斯曼土耳其人被叶卡捷琳娜大帝打败，被迫接受了《雅西条约》（1792年）。俄国凭借这项条约攫取了东起库班河、西至第聂伯河的整个黑海北岸地区。

至此，整个乌克兰都被纳入俄国的统治之下。森林最终战胜了草原。只有中亚沙漠地带的民族仍在坚持，但注定将在下一个世纪被莫斯科吞并。这样，经过几个世纪的扩张，俄国从一个蕞尔小邦的东欧公国扩张成世界上幅员最大的国家，除原有的斯拉夫人外，境内还有几十个少数民族。1917年前的俄国称为沙皇俄国，1917年布尔什维克革命后，成立了苏维埃社会主义共和国联盟（苏联）。苏联一直 379
存在到1991年，我们将在第四十四章第三节中看到，苏联在这一年解体，被独立国家联合体取代。

这几十个少数民族在沙皇和苏联统治下度过了几个世纪，却保留了自身的民族认同。因此，1991年苏联解体时，这些民族能够建立起自己的独立国家。反之，美国几乎有同样数量的民族，这些民族却没有要求独立。为什么两国会有如此大的反差呢？

一种解释是，苏联是一个多民族的联合体，而美国则是一个民族熔炉。苏联是个民族联合体的原因，我们在上文中已经讲到，几个世纪前，俄罗斯人开始征服邻近民族，一直扩张到太平洋沿岸，然后把这些民族纳入一个帝国，这个多民族帝国就像由许多不同颜色的玻璃片拼接在一起的马赛克。正如马赛克的每块玻璃片有不同颜色，沙俄-苏联民族联合体中各民族也都保留了自身的民族认同。1991年，这个民族联合体解体，各民族建立起独立国家。

正如俄国人一路征服直到太平洋沿岸的许多亚欧民族，美国人也一路征服了直到太平洋沿岸的各印第安部落。但是，美国大西洋海岸到太平洋海岸的印第安人在人数上要远远少于乌拉尔山脉到太平洋海岸之间的亚欧民族。因此，美国人把所有印第安人赶进寥寥可数的印第安人保留地，从而为世界各地千百万移民来到美国相对空旷的土地扫清了道路。在美国，各移民群体彼此“混居”，在当今的美国，许多不同民族的后裔常常在一个街区甚至一栋公寓楼里毗邻而居，而在苏联，15个加盟共和国完全或主要由一个主体民族组成。这就是为什么民族熔炉中的许多民族（墨西哥裔、朝鲜裔、华裔、德裔、美国非洲裔等）没有要求独立或自治，而苏联的波罗的海民族、亚美尼亚人、乌克兰人和穆斯林族群纷纷要求独立。图165“苏联加盟共和国的民族成分”提供的数据，足以解释苏联这个民族联合体解体、而民族熔炉的美国得以存续的原因。

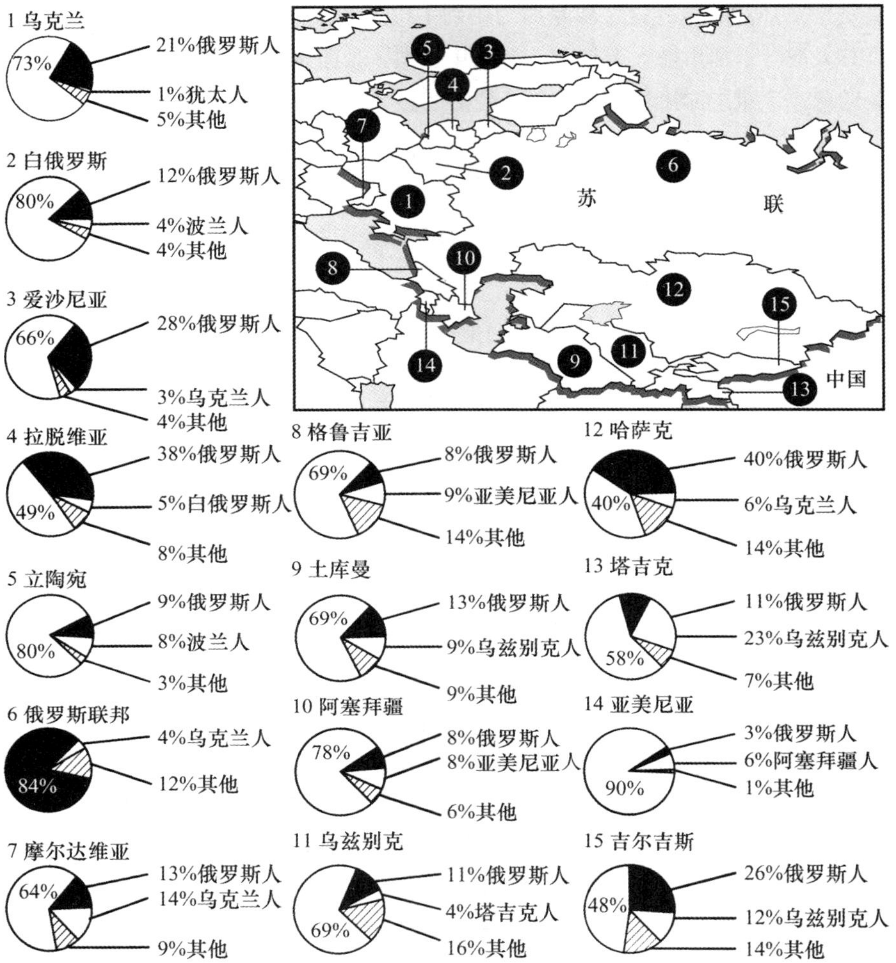

图165　苏联加盟共和国的民族成分。由图表可见，苏联15个加盟共和国中，各加盟共和国的主体民族在人数上占优。因此，当苏联被独联体取代，这些民族要求并赢得了独立国家地位（《洛杉矶时报》，1990年1月28日。授权使用）。注：由于四舍五入的原因，每个加盟共和国的数据不一定等于100%。

[推荐读物]

关于俄国向西伯利亚扩张的上佳通史著作有：F. A. Golder，*Russian Expansion on the Pacific，1641–1850*（Clark，1914）；R. J. Kerner，*The Urge to the Sea：The Course of Russian History*（University of California，1942）；G. A. Lensen ed.，*Russian's Eastward Expansion in the North*（Cambridge University，1965）；L. H. Neatby，*Discovery in Russian and Siberian Waters*（Ohio University，1973）。

关于西伯利亚历史的专题著作，参阅D. W. Treadgold，*The Great Siberian Migration*（Princeton University，1957）；R. H. Fisher，*The Russian Fur Trade，1550–1700*（University of California，1943）；G. V. Lantzeff，*Siberia in the Seventeenth Century*（University of California，1943）；V. Chen，*Sino-Russian Relations in the Seventeenth Century*（Nijhoff，1966）；A. S. Donnelly，*The Conquest of Bashkiria，1552–1740*（Yale University，1968）；J. R. Gibson，*Feeding the Russian Fur Trade：Provisionment of the Okhotsk Seaboard and the Kamchatka Peninsula*（University of Wisconsin，1969）。

[注释]

1. R. J. Kerner，*The Urge to the Sea*（University of California，1942），p. 86.

美洲的发现……确实带来了最重大的变化。它给欧洲所有商品开辟了一个无穷的新市场，从而引起了新的分工和新的技术，而在古代狭窄的商业领域，这是绝不会出现的现象……新大陆的白银似乎就是以这种方式而成为旧大陆两端之间贸易的主要商品之一，在很大程度上，世界上那些遥远的地方正是通过它而相互联系起来。 380

——亚当·斯密

第二十五章　全球整体化的开端

1500年到1763年的现代早期是人类历史上的关键时期之一。在这个时期，欧洲探险家的地理大发现，找到了新的大陆，宣告了世界历史的全球阶段的到来。不仅如此，欧洲人率先开展海外征服，开始崛起为世界霸主。随着时间的推移，这几个世纪里发展起来的一些全球性联系变得日益紧密。因此，1500年至1763年的现代早期是全球整体化的开端时期，也是从公元1500年前的区域性隔绝到19世纪欧洲建立全球霸权的过渡时期。本章旨在分析各领域形成的全球联系的确切性质和范围（见地图25）。

一、新的全球视野

欧洲人海外扩张和陆上扩张的第一个也是最直观的后果是前所未有地扩大了人类的视野。人类的地理知识不再局限于一个地区、一个大陆或地球的一个半球。人们第一次了解并绘制了地球的全貌（见地图22）。这项工作主要是由在远洋探险上一马当先的西欧人完成的。15世纪初，葡萄牙人开始探索非洲海岸之前，欧洲人只有关于北非和中东的准确信息，对印度只有模糊的了解，对中亚、东亚和撒哈拉以南非洲更是不甚了了。很显然，当时的欧洲人完全不知道美洲和澳洲的存在，更不 381
用说南极洲了。

到1763年，情况已大为改观。欧洲人已经在不同程度上知悉了世界上大部分地区的主要海岸线，其中包括南北美洲的大西洋海岸、南美洲太平洋海岸、整个非洲的轮廓以及南亚和东亚海岸。在某些地区，欧洲人已经深入到远离海岸线的内陆。俄罗斯人相当熟悉西伯利亚，西班牙人和葡萄牙人相当熟悉墨西哥、中美洲以

382

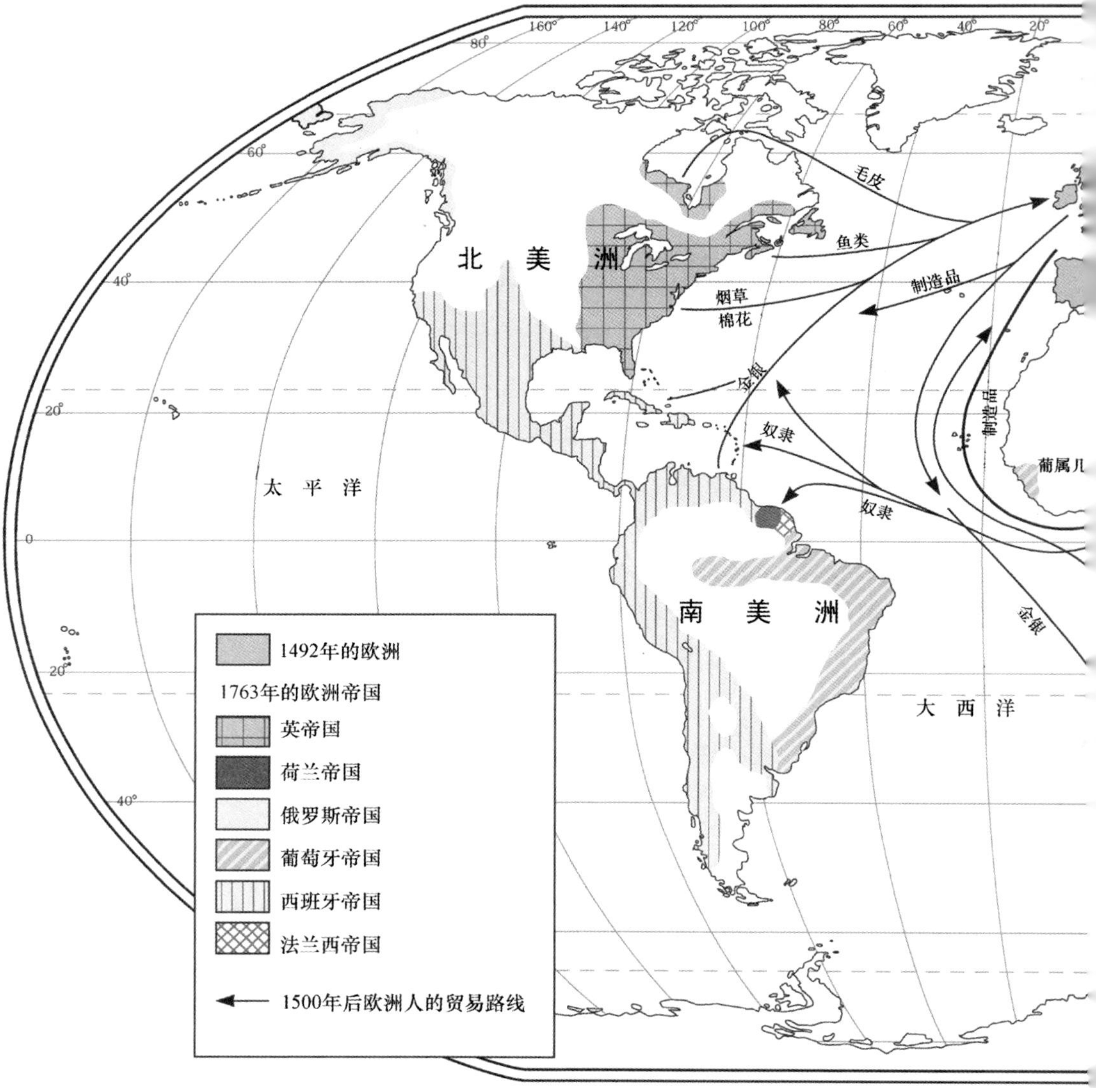

地图25　西方兴起的世界，1763年

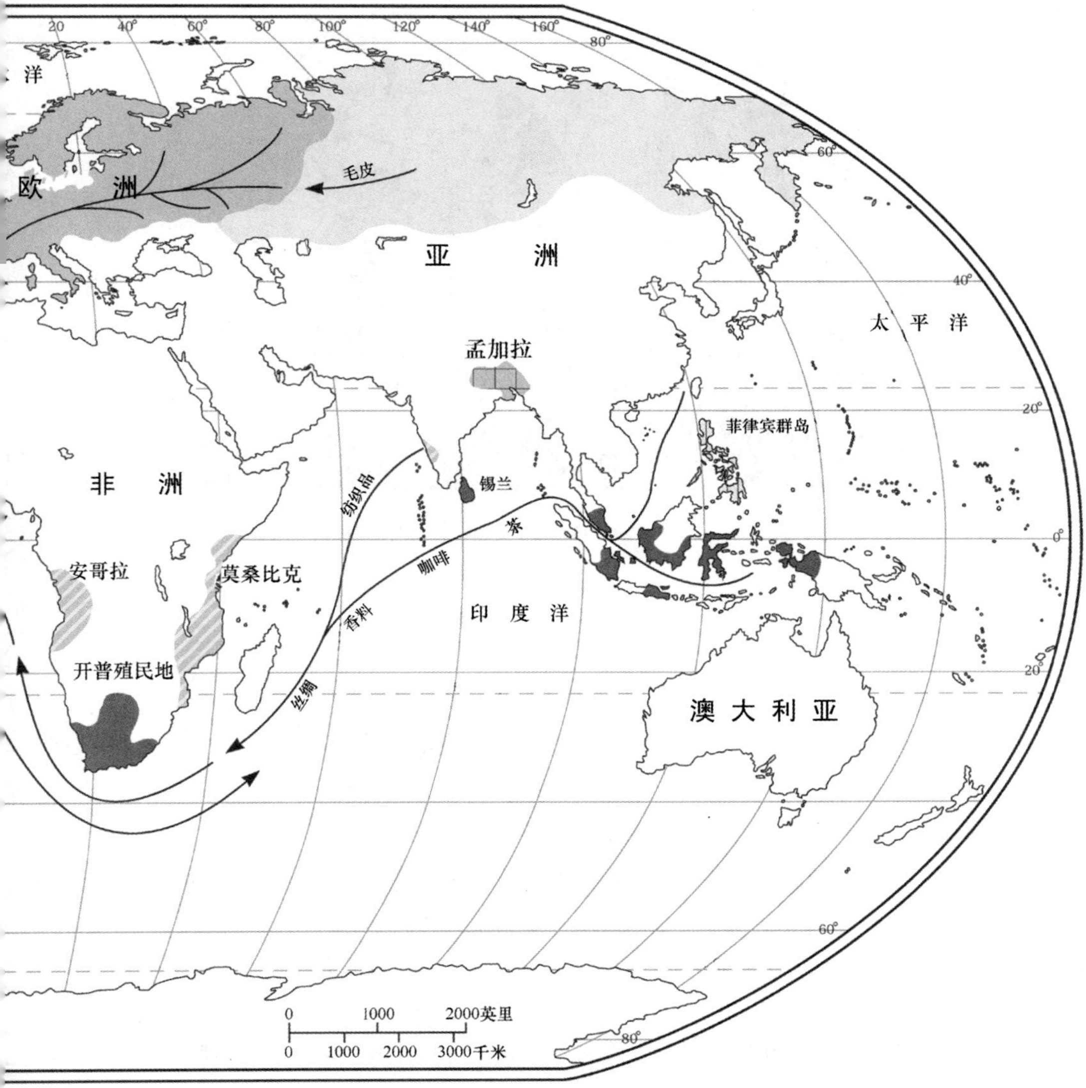

洋
欧　洲
毛皮
亚　洲
太　平　洋
孟加拉
菲律宾群岛
非　洲
锡兰
纺织品
茶
咖啡
香料
丝绸
安哥拉
莫桑比克
印　度　洋
开普殖民地
澳　大　利　亚
0　1000　2000英里
0　1000　2000　3000千米

381

图166　对安达曼群岛居民的描绘，按照马可·波罗的说法，这些人长着“狗的脑袋、眼睛和牙齿”。

及南美洲部分地区。在格兰德河以北地区，为了寻找黄金和传说中的黄金城，西班牙人勘察了很大一片地区，而在更北的地方，法国人和英国人乘着独木舟，沿印第安人所知晓的河流和湖泊路线进行了广泛探险。

另一方面，北美太平洋海岸大部分是未知的，澳洲则几乎完全没有在海图上标出，虽然荷兰航海家曾看到过澳洲西海岸。同样，对于欧洲人来说，撒哈拉以南的非洲内陆几乎是一片空白，中亚也是如此，关于中亚的主要信息来源仍然是13世纪马可·波罗的记述。总的来说，到1763年，欧洲人已经掌握了世界上大部分海岸线的情况。在接下来的一段时间里，欧洲人将深入各个大陆的腹地并探索极地地区。

二、人类与动植物的全球扩散

欧洲人的地理大发现不仅开启了新的全球视野，还导致了新的全球种族分布格局。公元1500年前，整个世界实际上处于种族分离状态。黑色人种集中在撒哈拉以南非洲和少数太平洋岛屿；蒙古人种主要分布在中亚、西伯利亚、东亚和美洲；高加索人种集中在欧洲、北非、中东和印度。时至今日，这种人种分布格局被彻底打破，有一半非洲人后裔生活在非洲以外的地方。而在1763年，这种全新的种族分布格局已经初露端倪。俄罗斯人开始缓慢地越过乌拉尔山，向西伯利亚迁徙。向美洲的集体迁移规模更大，欧洲移民是自愿迁徙，非洲人则是被迫的迁徙。

由于移民的涌入，美洲从单一蒙古人种的大陆变成世界上种族混合度最高的地区。非洲人的迁入一直持续到19世纪中叶，非洲奴隶的总数达到1000万人。欧洲移 383
民的流入也一直稳步增长，在20世纪初达到顶峰，每年有将近100万欧洲人移民美洲。最终的结果是白人在现今的新大陆占据了人口多数，少数族裔依次为黑人、印第安人、印欧混血种人和黑白混血种人（见第三十五章第一节和地图26）。

如今，人们对于人口减少和迁徙造成的全球人种分布新格局已是耳熟能详，视之为理所当然的事情，往往忽视了其中蕴含的非同寻常的意义。在1763年前的这段时期，欧洲人宣布对广阔的新领土拥有主权，在接下来的一个世纪里，他们相继在这些地区定居下来，不仅在美洲，还在西伯利亚，最后是澳洲。不妨设想一下，如果首先到达人口稀少的大陆定居的是中国人而不是欧洲人，就能更清楚地看出世界种族分布格局变迁的重大意义。那样的话，华人占世界总人口的比例可能会接近二

图167　亚利桑那州死人谷的岩画，印第安艺术家记录了西班牙士兵骑马到来时的场景。马是西班牙人带到美洲的几种驯化动物之一。

384 15世纪

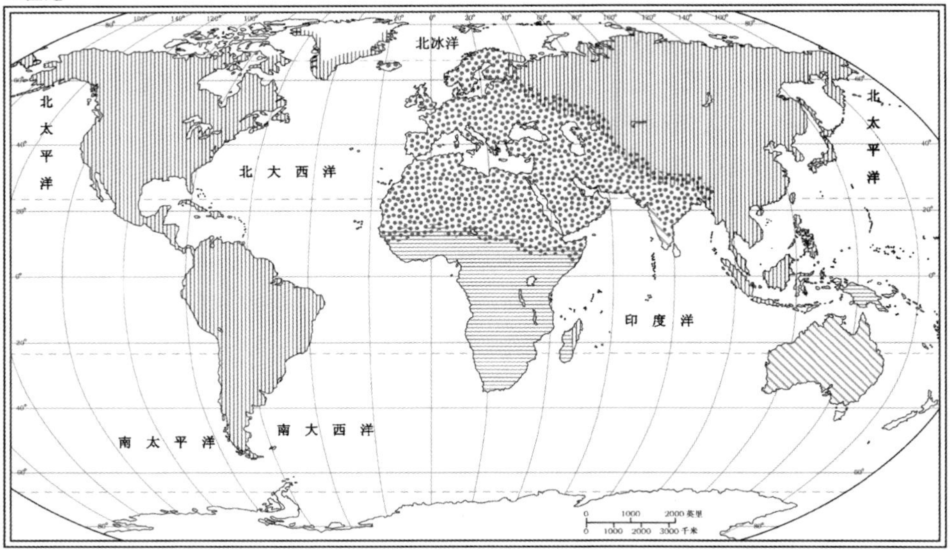

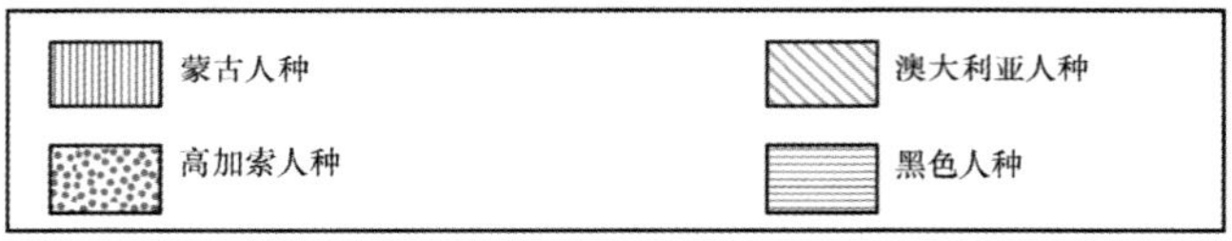

20世纪

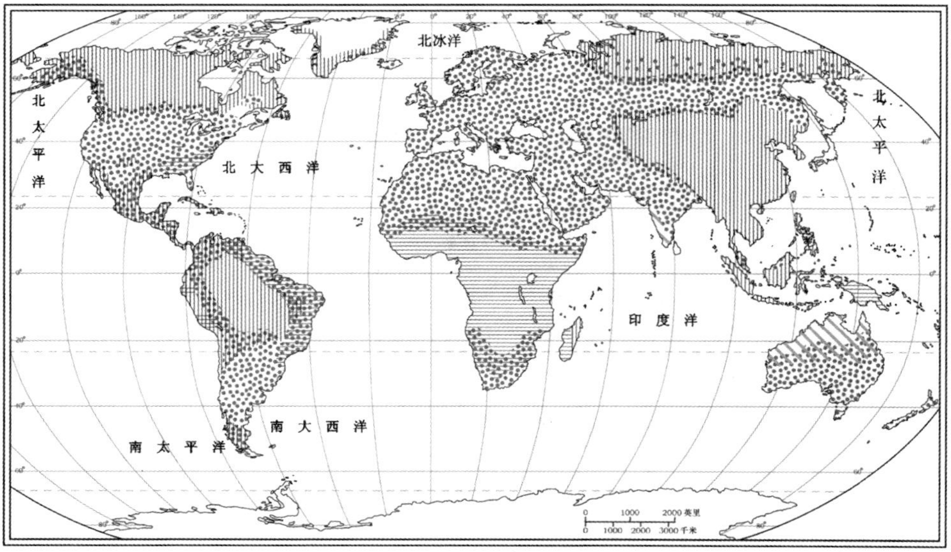

地图26 世界人种分布

分之一，而不是如今的六分之一。

人类种族的流动势必带来相应的动植物交换。除了少数无足轻重的例外，今天人类所利用的所有动植物都是由世界各地的史前人类驯化的。这些动植物从起源地向外扩散的过程非常缓慢，直到1500年，遍布全球的智人才开始带着它们往返于各大洲。旧大陆的重大贡献是各种驯化动物，尤其是马、牛和羊。新大陆没有可以与之媲美的动物，美洲驼和羊驼的使用价值不高。当然，新大陆有数量庞大的北美野牛，总数估计有4000万～6000万头。印第安人猎杀野牛以获取食物和兽皮，但每年仅猎杀30万头，远低于自然替代率。欧洲人起初捕杀野牛是为了食用，1871年后则是为了用牛皮制成商用皮革，每年捕杀的野牛数量上升到300万头，这导致野牛数量锐减，到19世纪末更是濒临灭绝。如今，少量北美野牛群得到精心呵护，不仅种群得以延续，而且开始与家牛竞争，成为美国消费者的肉食来源。

美洲印第安人还贡献了许多粮食作物，尤其是玉米和马铃薯，此外还有木薯、番茄、鳄梨、甘薯、花生、某些品种的豆类、南瓜和西葫芦。这些印第安作物十分重要，如今产量占到世界植物性食物总产量的一半。除了这些粮食作物外，美洲印第安人还培植了两种重要的经济作物烟草和棉花，以及在现代药物学中占有突出地位的几种美洲本土药材：用于制造可卡因和奴弗卡因的古柯，用于麻醉剂的箭毒，用于提取奎宁的金鸡纳树，用于止痛的曼陀罗，用于泻药的药鼠李。

当然，动植物交换并不仅限于亚欧大陆和美洲。整个世界都参与了物种交流，
大洋洲就是一个突出例证。澳大利亚现在是世界上主要的初级产品出口国，主要 385
产品有羊毛、羊肉、牛肉和小麦，所有这些产品都是源于其他地方移植来的物种。盛产橡胶、咖啡、茶叶和烟草的印度尼西亚，盛产蔗糖和菠萝的夏威夷，情况也是如此。

人类与动植物在全球范围内的交换至今仍在继续，随着轮船和喷气式飞机取代独木舟和帆船，物种交换的频率加快。这种交换往往是不经意间发生的，有时还带来了灾难性影响。例如，每天都有五花八门的海洋生物随船舶压载舱从地球的一端迁徙到另一端。船只停靠港口时，数以十亿计的有机体被倾倒出来，扩散到新栖息地，有时还取代了本地物种。科学家们对抵达俄勒冈州库斯湾的159艘日本货轮的压载舱进行了抽样检查，结果在压舱水中发现了367种不同类型的动植物，其中大部分是幼体。“我们发现了虾、螃蟹、鱼、藤壶、海胆、海星、蠕虫、水母、蛤蜊、蜗牛，事实上是一个完整的海洋生物谱系……引入新环境的物种约有5%～10%能够在当地扎下根来。”[1]

压载舱绝不是物种扩散的唯一源头。全球贸易和旅行迅速发展，成为当今最重要的物种扩散力量。活体动物、植物和种子搭载轮船、飞机和卡车等运输工具，将

图168 殖民者与原住民做交易。

物种广泛传播。当然，物种扩散是双向的，既从美国向外传播，也从外向美国传播。19世纪80年代，指甲履螺无意中随一批牡蛎从美国输往欧洲；美国白蛾目前在中国中部大片地区造成树木落叶；来自美国东南部的松材线虫在日本造成黑松枯萎。

三、全球经济联系

18世纪下半叶，人类历史上第一次出现了大规模的洲际贸易。公元1500年前，阿拉伯和意大利商人在亚欧大陆各地之间运输的货物主要是香料、丝绸、宝石和香水等奢侈品。18世纪晚期，这种规模不大的奢侈品贸易让位于以新的大宗必需品为主的大宗商品贸易。大西洋贸易的规模尤为庞大，因为新大陆种植园生产了大量烟草和蔗糖，后来又生产了咖啡、棉花和其他销往欧洲的商品。由于种植园种植单一作物，因此所有必需品都依赖进口，如谷物、鱼、布匹和金属制品。种植园所需的劳动力也依靠外来输入。这就催生出繁荣的三角贸易：欧洲的朗姆酒、布匹、枪支和金属制品运往非洲，非洲的奴隶运往新大陆，新大陆的蔗糖、烟草和金银运往欧洲。

这个时代兴起的大规模全球贸易还有一个重要部分，即西欧与东欧的产品交
386 换。西欧通过这一贸易从东欧获取原材料，尤其是粮食，西欧由于人口增长、大量耕地改成牧场，对粮食的需求很大。在波罗的海谷物贸易的主要港口但泽，

1550—1600年间，黑麦价格上涨了247%，大麦价格上涨了187%，燕麦价格上涨了185%。这刺激了东欧谷物和其他原材料的出口大幅增加。因此，在这几十年间，波兰和匈牙利向西方的商品出口额通常是进口额的两倍。波兰、匈牙利、俄国和巴尔干地区获得了纺织品、武器、金属制品和殖民地商品，反过来为西欧提供谷物、牲畜、兽皮、船舶用品和亚麻。东欧还提供毛皮，俄国人在西伯利亚获取毛皮的方式与西班牙人在美洲获取金银的方式毫无二致，都是靠剥削土著劳动力。

欧洲与亚洲的贸易比不上欧洲与美洲和东欧的贸易，这主要有两个原因。第一个原因是欧洲纺织行业反对从亚洲各国进口棉纺织品。外国棉布质地轻薄、颜色鲜艳、价格低廉，最大的优点是耐穿耐洗，因而备受欧洲人的青睐，开始大量进口。欧洲当地纺织业利益集团和一些人很快提出了反对意见，他们担心购买亚洲纺织品会造成金银流失，危及国家安全。这些利益集团向各国政府施加压力，颁布法律，禁止或限制印度棉花进口。

欧洲与亚洲贸易的第二个制约因素是，欧洲人很难找到适合亚洲市场销售的商品。这个难题可以追溯到古典时代，当时罗马帝国为了购买中国丝绸和印度纺织品花费了不计其数的黄金。16世纪至18世纪亦是如此，亚洲人仍然对欧洲商品不感兴趣，而欧洲人不愿用金银来购买想要的亚洲产品。直到18世纪末，欧洲人发明了动力机械，才解决了与亚洲的贸易问题。当时，形势发生了逆转，欧洲能够向亚洲大

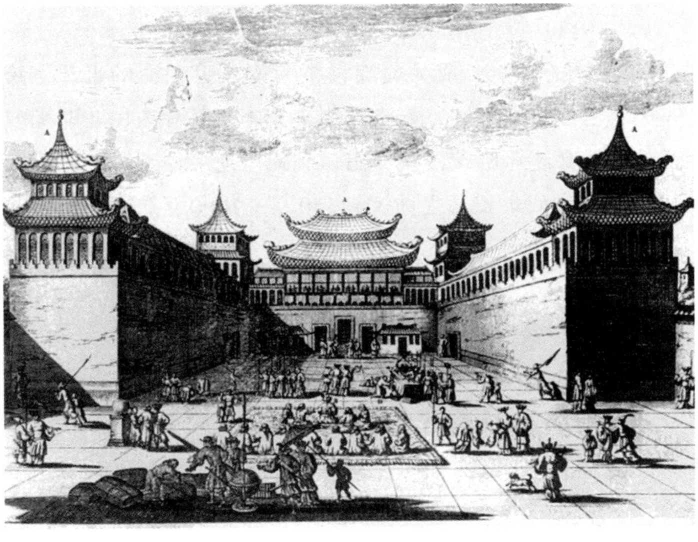

图169　清廷在北京接待了彼得·范·霍恩为首的荷兰贸易使团（1668年）。

量出口机器生产的廉价纺织品。但在此之前，东西方贸易的发展举步维艰，因为除了金银，亚洲人几乎不想要任何欧洲产品。

387 这种新兴的世界性经济联系的意义何在呢？首先，它标志着人类第一次实现了大规模国际分工。全球正在成为一个经济统一体。美洲和东欧（包括西伯利亚）供应原材料，非洲提供劳动力，亚洲制造奢侈品，西欧则主导了这种全球化经营并且日益专注于工业生产。

388 新兴的全球经济带来了一个问题，即原材料产地如何获得充足的劳动力供应。为了满足劳动力需求，新大陆的种植园大规模输入非洲奴隶。因此，如今非洲裔人口最稠密的地方正是那些以前专门从事种植园农业的地区：巴西北部、西印度群岛和美国南部。早期欧洲人解决劳动力需求的办法带来了痛苦的后遗症。时至今日，这些地区仍然面临着殖民时期遗留下来的根本问题：种族歧视和欠发达。事实上，当前美国黑人聚居区和加勒比岛屿的种族冲突是4个多世纪跨大西洋奴隶贸易留下来的后遗症。同样，拉丁美洲整体上的欠发达也完全可以看成是西班牙和葡萄牙殖民地（以及西班牙和葡萄牙自身）对西北欧经济依附的延续。

美洲参与新兴全球经济的代价是奴隶制，东欧付出的代价则是农奴制。两者是出于相同的基本动因，即需要大量可靠的廉价劳动力，为利润丰厚的西欧市场生产商品。此前，波兰和匈牙利贵族没有动力提高农业产量，因而只要求农民提供最低限度的劳役，农民每年仅需提供3 ~ 6天的劳役。随着带来利润的市场化生产兴起，贵族将农民服劳役的时间大幅增加到每周一天，16世纪末更是增加到每周6天。为了强迫农民从事劳役，各国通过了日益严苛的法律，限制农民自由迁徙。最终，农民沦为了完全束缚在土地上的农奴，没有任何迁徙自由，受到贵族的压榨。

非洲也深受新兴的全球经济的影响，成为美洲种植园奴隶劳动力的来源。跨大西洋贸易兴起之前，非洲就已经有奴隶制，奴隶被用来充当士兵和农民。非洲奴隶和黄金一起沿着古老贸易路线穿越撒哈拉沙漠，出口到地中海沿岸地区，然后大多被运往中东。据估计，跨大西洋奴隶贸易之前，有350万 ~ 1000万非洲人被贩卖为奴。

亚当·斯密论欧洲的扩张 387

在世界名著《国富论》（1776年）中，亚当·斯密十分重视殖民地的影响。他指出，除西班牙和葡萄牙外，殖民地增加了欧洲宗主国的财富。*

美洲的发现以及经好望角到东印度的通路的发现，是人类历史上最伟大、最重要的事件。这两大发现的影响十分巨大，但其全部影响不可能在之后的短短两三百年间展现出来。这些重大事件此后为人类带来的是福是祸，是人类智慧不能预见的。通过世界上最遥远的地区在某种程度上的联合，使其互相满足彼此需求，提高相互的生活水平，鼓励彼此的产业的发展，它们的总体趋势是相互受益。

同时，这些重大发现的主要影响之一就是将商业体系提升到一个十分繁荣的程度，而没有这些重大发现，绝不可能达到这种程度。这一体系的目标，与其说是靠土地改良和耕作而使国家富强，不如说是靠贸易和制造业来使国家富强；与其说是靠农村产业而使国家富强，不如说是靠城市产业来使国家富强。由于这两个重大发现，欧洲商业都市不再只是世界极小一部分（大西洋周边的欧洲各国、波罗的海及地中海周边各国）的制造商和运输商，而是成为美洲繁荣兴旺的耕作者的制造商，以及亚洲、非洲、美洲几乎所有国家的运输商，并在某些方面也是这些国家的制造商。两个新世界对他们的产业开放了，每个新世界都比旧世界大得多、广得多，其中一个市场还在日益增长。

占有美洲殖民地并直接与东印度通商的国家，确实享有这种大商业带来的全部表面益处。而其他国家，虽然受到那些要排斥它们的可恶的限制，却往往享有这种大商业的大部分实际益处。例如，西班牙和葡萄牙的殖民地，为其他国家产业提供的切实促进，比为西班牙和葡萄牙的产业提供的切实促进还多。仅亚麻布这一项，据说这些殖民地的消费每年就超过300万镑，不过我不能确保这个数字的准确性。但这一巨额消费，几乎全部由法国、佛兰德斯、荷兰和德意志供给。西班牙和葡萄牙只提供其中一小部分。为这些殖民地提供大量亚麻布的资本，每年在那些国家的人民中间分配，并为他们提供收入。只有这资本的利润在西班牙和葡萄牙消费，维持加的斯和里斯本商人最奢侈的挥霍。

* Adam Smith, *Wealth of Nations*（Edinburg, 1838）, p. 282.

跨大西洋奴隶贸易的始作俑者是葡萄牙人，他们最初是把非洲人贩卖到西班牙、意大利和葡萄牙，主要从事家庭和农场劳动。然而，欧洲黑人奴隶的数量远远少于不久后被运往新大陆种植园的大批非洲人。美洲印第安人染上了欧洲人带来的疾病，人口锐减，无法提供种植园所需的劳动力。种植园主起初雇佣欧洲契约工人，但他们工资太高，又不服管束。于是，种植园主开始使用非洲奴隶，哥伦布首次航行后不久，第一批奴隶就运到了美洲。16世纪20年代，秘鲁发现白银，16世纪40年代，巴西建立甘蔗种植园，从此输入美洲的非洲奴隶数量急剧增加，随着墨西哥和加勒比群岛建立起种植烟草、水稻和咖啡等其他作物的新种植园，非洲奴隶数量进一步飙升。人们对非洲奴隶数量的估计值相差悬殊，最新研究表明，1500—1867年间，欧洲人强行贩卖了1200万～2000万非洲人。结果，1850年时，美洲每一个白人就有3～4名被奴役的非洲人。

奴隶贸易对非洲各地的影响有很大差异。安哥拉和东非遭受重创，因为当地人口本来就少，经济水平往往在勉强糊口的边缘。对于这些地区来说，即使很小的人口损失也足以造成毁灭性的打击。相比之下，西非经济比较发达，人口比较稠密，所以奴隶贩子造成的破坏没有那么严重。就整个非洲大陆而言，贩奴对人口的影响没有预想的大，因为奴隶是在1450—1870年间被掳走的，这一时期撒哈拉以南非洲的总人口估计有7000万～8000万人。尽管如此，从塞内加尔到安哥拉的整个非洲海岸以及方圆644～805千米的内陆地区，奴隶贸易造成了破坏和混乱。
389 欧洲奴隶贩子带着朗姆酒、枪支和五金制品在非洲海岸登陆，引发了对内陆地区进行猎奴袭击的连锁反应。为了争夺这种利润丰厚且要凭借军事实力的贸易，非洲各利益集团之间爆发了战争。有些利益集团崛起了，如阿散蒂联邦和达荷美王国，另一些则衰落了，如约鲁巴文明、贝宁文明和刚果王国。奴隶贸易的总体影响无疑是破坏性的。

然而，奴隶贸易确实既涉及奴隶制，也有贸易的成分。非洲人把自己的同胞卖给欧洲人，不仅换来了酒和火器，还得到了一些能带来经济效益的有用商品，如纺织品、工具以及供应当地铁匠铺和作坊的原材料。从长远来看，还有一个更重要的积极影响，即从美洲引进了新的粮食作物。玉米、木薯、甘薯、胡椒、菠萝和烟草被葡萄牙人引进非洲，很快就从一个部落传播到另一个部落。因此，有人认为，这些新作物养活的人口可能远远超出奴隶贸易造成的人口损失。反过来说，奴隶贸易并非引进新的食用植物的必备条件。这几个世纪里，这些植物在全世界迅速传播。不论有没有奴隶制，它们肯定都会像传播到中国内陆一样传播到非洲内陆。

在各大洲中，新兴的全球经济给亚洲带来的冲击最小，因为亚洲国家有强大的军事、政治和经济实力，没有被欧洲人直接或间接地征服。在大部分亚洲国家，人们完全没有意识到沿海地区那些执着而讨厌的欧洲商人的存在。只有印度少数沿海

图170　巴西和西印度群岛的甘蔗种植园是奴隶劳工需求的主要来源。图中描绘了奴隶压榨甘蔗和提炼蔗糖的场景，这些糖出口到欧洲消费市场。

地区和一些东印度群岛岛屿受到欧洲早期经济扩张的影响。从整个亚洲的角度来看，*390*
中国乾隆皇帝最有代表性地表明了亚洲人的态度。1793年，英国派遣使团前往中国，对于英国国王乔治三世要求建立外交和贸易关系的信件，乾隆做了如下回复：

天朝抚有四海，惟励精图治，办理政务，奇珍异宝，并不贵重……其实天朝德威远被，万国来王，种种贵重之物，梯航毕集，无所不有。尔之正使等所亲见。然从不贵奇巧，并无更需尔国制办物件。[2]

［天朝统治的地方广大，我想的是如何励精图治，至于奇珍异宝之类，我并不是十分看重……其实我天朝威震四方，声名远扬，各国都来朝觐，通过水旱两路进贡，贵重宝物应有尽有，这些你的使者也都是亲眼见过的。所以天朝从来不看重奇巧之物，也不需要你国为天朝制造什么东西。］

新兴的全球经济也给欧洲带来了影响，但这种影响完全是积极的。欧洲人是世界贸易中间商的先驱。欧洲人开辟了新的远洋航线，提供了必要的资本、船舶和专业技能。所以，欧洲人从奴隶贸易、甘蔗和烟草种植园以及东方贸易中牟取了暴利。欧洲民众也逐渐受益于全球经济带来的一些好处，举例来说，1650年前后，茶叶刚刚引入英国时每磅售价约为10英镑，一个世纪后，茶叶已经成为大众消费品。全球经济不仅提升了欧洲的生活水平，更重要的是，新兴的全球贸易推动了欧洲经济的发展。我们后面将要看到，从海外事业中获得的资本以及海外市场对欧洲制造业日益增长的需求，在很大程度上推动了18世纪后期开始的工业革命。

可以说，欧洲正是在这一时期取得了突飞猛进的进步，一跃成为全球经济的龙头。全球经济的总体效应是建设性的，因为全球分工提升了全球生产力。1763年的世界要比1500年的世界富庶，而且世界经济增长一直持续至今。但是，西北欧作为全世界的企业家，从一开始就攫取了全球经济的大部分好处，代价则是牺牲其他地区的利益。这种代价不仅反映在当今的种族冲突、富国与穷国的贫富差距，还体现为东欧农奴制和世界各地奴隶制所造成的创伤。

四、全球政治联系

在1763年前的这段时期，如同全球经济联系一样，全球政治联系也发生了根本性变化。西欧人不再被持续扩张的伊斯兰世界围困在亚欧大陆的西端。相反，西欧人夺取了印度洋的控制权，从南面包抄伊斯兰世界。与此同时，俄罗斯人征服了西伯利亚，从北面包抄伊斯兰世界。不仅如此，西欧人发现了新大陆，为经济剥削和海外殖民开辟了广阔的空间，获取了巨大的资源和力量。

所有这一切意味着全球力量对比格局发生了根本性和决定性的变化，这种变化之大不亚于之前发生的人口分布格局的变迁。以往，伊斯兰世界一直是主动出击的中心，穆斯林向各个方向开拓和推进，进入东南欧、撒哈拉以南非洲、中亚和东南亚。现在，一个新兴的中心已经崛起，它在全球范围内推进，而不仅仅是亚欧大陆。这个新中心先是伊比利亚半岛，后来是西北欧，其贸易路线和政治影响向外辐射到全世界，向西直达美洲，向南环绕非洲，向东延伸到印度并覆盖了整个东南亚。

诚然，到1763年时，欧洲人尚未完全控制上述地区。但欧洲人已经在美洲、西伯利亚以及后来的大洋洲等人口稀少地区建立起有效统治，尽管直到19世纪，欧洲人才在洲际规模上占据这些地区。在非洲和亚洲，西欧人只获得了一些沿海立足点，但有一个例外：荷兰人深入到好望角和东印度群岛。在非洲和亚洲大部分地区，本土民族力量强大、组织严密，阻止了美洲和西伯利亚发生的一幕重演。

391 例如，在西非，由于气候恶劣，欧洲人无法进入内陆地区。沿海地区的土著酋长也百般阻挠，他们处心积虑地维护自身的有利地位，充当内陆部落与欧洲人之间的中间人。在印度，1498年达·伽马首次登陆后的250年里，当地人一直对欧洲人敬而远之。在这两个半世纪里，欧洲人获准在少数港口经商，但前提显然是当地统治者的默许。在中国和日本，就像俄罗斯人进入黑龙江流域时发现的那样，欧洲人根本没有机会侵占领土。

至此，我们可以得出这样的结论：在政治领域，正如在经济领域一样，到1763年，欧洲已经走到一个中点。欧洲不再是亚欧大陆上一个相对闭塞、无足轻重的半岛。欧洲人通过海外和陆路扩张，控制了相对空旷、军事力量薄弱的美洲和西伯利亚。但是，直到19世纪，欧洲人才在非洲、中东、南亚和东亚确立起统治地位。

五、全球文化联系

如同欧洲的政治统治一样，向海外推行欧洲文化的方式取决于当地社会的状况。以美洲为例，欧洲文化是以整体移植的方式推行，因为原住民不是被消灭，就

图171　18世纪，欧洲人依靠海军来维持和保护贸易和帝国。海军沿着海上航线巡逻，保护本国船只免遭海盗和走私者的劫掠，抵御敌方的进攻。彼得·莫纳米的这幅画（1735年）描绘了葡萄牙里斯本港的英国帆船队，船队很可能是为了补充给养才停靠于此。英国和葡萄牙是主要的贸易伙伴，英国用羊毛交换葡萄牙的酒。

是被排挤。然而，即使在拉丁美洲，外来游人不经意间也会发现残存下来的印第安文化的痕迹。例如，用土坯建造房屋，用未经切削的松木原木作屋梁。同样，毛披肩（瑟拉佩）起源于印第安人，南美披风也是印第安人发明的，它用两块披肩缝合在一起，正中开领口。当今在拉丁美洲大部分地区流行的罗马天主教混合了基督教与印第安人的信仰和习俗。虽然本土神祇的名称早已湮没无闻，但印第安人把这些
392 神祇的属性赋予了圣母玛利亚和圣徒，期望天主教诸神能够像从前的本土神祇那样治愈疾病、控制天气、保护家人免受伤害。印第安文化影响最大的领域大概要属拉丁美洲的饮食。玉米粽、玉米饼和各式各样的辣椒菜都是以印第安人的两大主食豆类和玉米为原料。

在1763年前的这段时期，除了我们已经提到的最重要的食用植物的传播之外，欧洲人对非洲和亚欧大陆本土文化影响甚微。在西非，土著酋长们基本上把欧洲商人限制在沿海商栈。在中东、印度和中国等古老文明中心，不出人们所料，当地人对欧洲入侵者的文化根本不感兴趣。穆斯林土耳其人与基督教欧洲往来最密切，他们极其看不起欧洲人。即使到十七八世纪，奥斯曼帝国江河日下，土耳其人依然毫

图172 西方船舶抵达天津。

不掩饰对基督教异教徒的蔑视。1666年，奥斯曼宰相对法国大使咆哮道："难道我还不知道你？你就是个异教徒，猪狗不如、吃屎长大的家伙！"[3]

同样，在印度大陆，1560年，在果阿安顿下来的葡萄牙人设立了宗教裁判所，当地人对此极为不屑。1600—1773年间，印度有73名受害者因为异端观点被烧死。印度人不可能看不到天主教徒的两面派嘴脸：欧洲人监禁、拷打并用火刑处死那些唯一罪名是持异端观点的人，却又反对寡妇自焚，而按照当时的印度教观念，自焚是一种道德高尚的行为。此外，欧洲冒险家无法无天和喧嚣闹腾的举止让印 393
度人对西方基督徒更没有好印象。1616年，当地人对英国牧师特里先生说："基督教是魔鬼的宗教，基督徒狂喝滥饮，基督徒总干坏事，基督徒动辄打人，基督徒欺人太甚。"[4]

在中国，来华耶稣会传教士的卓越才能和渊博学识让中国人起初对欧洲人颇有好感（见第十九章第三节）。耶稣会士成功争取到一些皈依者，包括少数学者和一些皇室成员。然而，即便是博学的耶稣会士，连同他们的天文学、数学和地理学知识，并没有打动大多数拒斥西方科学和宗教的中国学者。至于中国老百姓，

图173　印第安人获得欧洲人的武器之后，内部的冲突变得更加致命。这幅1657年的版画中，一个休伦族战士扛着一杆枪，身披用木棍编成的盔甲，这种盔甲几乎无法抵挡火枪子弹。

当时的一句谚语或许准确地反映了他们对于欧洲人的看法：唯有中国人有两只眼睛，欧洲人只有一只眼睛，世上所有其他民族都是盲人。[1]鉴于这种态度，除了天文学等某些专业领域外，1763年之前，欧洲人对中华文明的影响微乎其微，也就不足为奇了。

一方面，这一时期的中国人、印度人和土耳其人对欧洲文化不以为意，另一方面，在君士坦丁堡、德里和北京耳闻目睹的一切让欧洲人叹为观止。欧洲人最早接触到奥斯曼帝国，报之以尊敬、钦佩和忧惧。直到1634年，奥斯曼帝国已经走下坡路之际，一位有思想的英国旅行家依然认为，土耳其人是“唯一长于行动的现代民族”，“谁要想见证这些时代最辉煌的时刻，没有比土耳其更好的地方了”。[5]17世纪，奥斯曼帝国在欧洲人心目中不复昔日的荣光。不过，欧洲知识分子开始着迷于遥远的神话般的华夏文明。欧洲知识分子对中国的历史、艺术、哲学和政治制度推崇备至。中国被奉为文明的典范，欧洲知识分子推崇中国的儒家伦理体系，选拔政府官员的考试制度，尊重学问而不是军事才能，以及瓷器、丝绸和漆器等精美手工艺品。例如，伏尔泰（1694—1778年）在书房悬挂了一幅孔子肖像，德国哲学家莱布尼茨（1646—1716年）则对中国康熙皇帝赞不绝口，称他是“其伟大已超出了人类所能达到的高度的君主，被视为上帝一般的凡人，只要有他的旨意，任何事情都可能发生。然而，这样的君主是通过教育才成为大德大智之人”。[6]

18世纪末，欧洲人对中国的狂热崇拜开始消退，这既有天主教传教士在中国受到迫害的因素，也是因为欧洲人开始对中国的自然资源而不是文化更感兴趣。这
394 种态度转变反映在1776—1814年巴黎出版的16卷《关于中国人历史、科学、艺术、习俗论丛》（又译《中国杂纂》），其中第11卷于1786年刊行，几乎全是只有商人才会感兴趣的资源报告：硼砂、褐煤、水银、氨树胶、马、竹，以及产毛动物。

正如17世纪欧洲人的兴趣从奥斯曼帝国转向中国一样，18世纪后期，欧洲人又先后迷恋上了希腊和印度。古希腊人成为受过教育的欧洲人情有独钟的对象。1778年，一位德国学者写道：“你怎么能认为，在欧洲人的导师希腊人学会阅读以前，未开化的东方民族就产生了编年史和诗歌，拥有完整的宗教和伦理呢？”[7]还有少数欧洲知识分子开始沉迷于印度文化。印度梵学家不愿把神圣知识传授给外国人，但少数欧洲人，主要是耶稣会神父，掌握了梵语语言、文学和哲学知识。就像

[1]　“中国人有两只眼”并非一则中国谚语。启蒙哲人狄德罗在《百科全书》第3卷“中国”条目中最完整地引用了这句话，意指中国人自称是世界上唯一有两只眼的民族，即最聪明智慧的民族，欧洲人等而下之，其余民族则无异于野蛮人。但这句谚语最初产生于中世纪波斯地区，尔后传入欧洲，谚语的表述和含义都发生改变，乃至被近代早期欧洲人视为一则来自中国并代表了中国人傲慢自大习气的谚语。——译者注

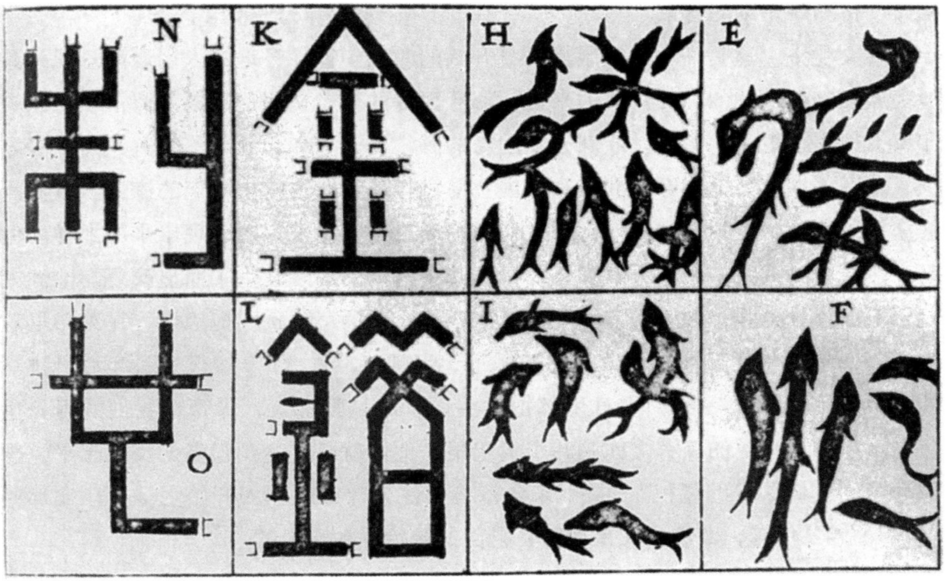

图174　耶稣会士尝试再现的古汉字。

莱布尼茨被中国哲学迷住了一样，德国哲学家叔本华（1788—1860年）迷上了印度哲学。1786年，英国学者威廉·琼斯爵士在孟加拉的亚洲学会宣布：“不论多么古老，梵语有着绝妙的结构，比希腊语更完美，比拉丁语更丰富，比这两种语言更优美。”[8]

六、历史视野中的现代早期

1500年到1763年的现代早期是从之前几个时代的区域性隔绝过渡到19世纪欧洲主宰世界的中间阶段。在经济上，虽然此时欧洲人还不能开发各大陆的内陆地区，却已将贸易活动扩展到世界上几乎每一个角落。洲际贸易达到了前所未有的规模，尽管贸易量远远比不上接下来的几个世纪。

在政治上，全球还远远没有成为一个整体。大规模的七年战争震撼了欧洲，却丝毫没有影响到密西西比河以西的美洲、非洲内陆、中东大部分地区和整个东亚。欧洲人已经牢牢控制了西伯利亚、南美洲以及北美洲东部，在非洲、印度和东印度群岛却只有少数几块飞地。在远东，欧洲人只能以商人身份从事贸易，而且必须服 395

从最严格和最苛刻的管束。

在文化上，这是一个人类眼界日益开阔的时期。世界各地的人们逐渐意识到其他民族和其他文化的存在。总的来说，亚欧大陆的古老文明给欧洲人留下了更深的印象，产生了更大的影响。欧洲人发现新的海洋、大陆和文明时不禁有大开眼界之感。欧洲人在贪婪地抢夺战利品和开展贸易之际还不时流露出一定的谦逊。欧洲人甚至偶尔会感到良知上的不安，如在西属美洲对待印第安人时表现出来的那样。但是，在这个时期终了之前，欧洲人对世界其余地区的态度发生了明显改观。欧洲人变得更加粗暴、强硬和偏执。19世纪中叶，法国汉学家鲍狄埃抱怨说，在莱布尼茨时代，中华文明让欧洲知识分子津津乐道，兴趣盎然，“如今却很少引起百里挑一的少数人的注意……我们平日里都把这些人看成是野蛮人，尽管在我们的祖先生活在高卢和日耳曼的森林之前的几个世纪里，他们就已经达到很高的文化水平，现在却受到我们深深的蔑视”。接下来各章将关注为什么欧洲人开始觉得自己比那些“劣等种族”优越，欧洲人又是如何将自己的统治强加于人的。

[推荐读物]

关于现代早期欧洲扩张的广泛影响，参阅I. Wallerstein的多卷本著作*The Modern World System*（Academic，1974ff.）；W. P. Webb，*The Great Frontier*（Houghton Mifflin，1952）；P. D. Curtin，*Cross Cultural Trade in World History*（Cambridge University，1984）；E. F. Frazier，*Race and Culture Contacts in the Modern World*（Knopf，1957）；L. S. Stavrianos，*Global Rift：The Third World Comes of Age*（William Morrow，1981）。关于欧洲扩张的生态影响，参阅C. Ponting，*A Green History of the World*（St. Martin' s，1991）。

关于欧洲影响的特定方面的研究，参阅E. Reynolds，*Stand the Storm：A History of the Atlantic Slave Trade*（Schocken，1985）；S. J.and B. H. Stein，*The Colonial Heritage of Latin America*（Oxford University，1970）；S. W. Mintz，*Sweetness and Power：The Place of Sugar in Modern History*（Viking，1985）；A. W. Crosby，Jr.，*The Columbian Exchange：Biological and Cultural Consequences of 1492*（Greeenwood，1972）；A. G. Price，*The Western Invasion of the Pacific and Its Continents：A Study of Moving Frontiers and Changing Landscapes 1513–1958*（Clarendon，1963）。

关于相反的进程，即海外扩张对欧洲的影响，参阅F. D. Lach的多卷本著作*Asia in the Making of Europe*（University of Chicago，1965ff.）；J. E. Gillespie，*The Influence of Overseas Expansion on England to 1700*（Vol. 91 in Columbia University Studies in History，Economics and Public Law，1920）；A. I. Hallowell，"The Impact of the American Indian on American Culture"，*American Anthropologist*，LIX（1957），pp. 210–217；L. S. S. O'Malley，ed.，*Modern India and the West*（Oxford University，1941）；A. Reichwein，*China and Europe：Intellectual and Artistic Contacts in the Eighteenth Century*（Knopf，1925）；P. J. Marshall and G. Williams，*The Great Map of Mankind：Perceptions of New Worlds in the Age of Enlightenment*（Harvard University，1982）。

[注释]

1. F. Whyte，*China and Foreign Powers*（Oxford University，1927），p. 38.
2. A. C. Wood，*A History of the Levant Company*（Oxford University，1935），p. 230.
3. L. S. S. O'Malley，ed.，*Modern India and the West*（Oxford University，1941），p. 51.
4. H. Blount，"A Voyage into the Levant，" in J. Pinkerton，ed.，*A General Collection of the Best and Most Interesting Voyages ... X*（London，1808–1814），p. 222.

5. D. Lach, "Leibniz and China," *Journal of the History of Ideas*, VI（October 1945）, p. 440.
6. A. Reichwein, *China and Europe : Intellectual and Artistic Contacts in the Eighteenth Century*（Knopf, 1925）, p. 152.
7. L. S. S. O'Malley, ed., *Modern India and the West*（Oxford University, 1941）, p. 546.
8. A. Reichwein, *China and Europe : Intellectual and Artistic Contacts in the Eighteenth Century*（Knopf, 1925）, p. 151.

历史的启示 396

区域自主性与全球整体化

公元1500年后的这段时期意义重大，因为在这一时期，区域自主性与全球整体化开始发生冲突。在此之前，两者没有冲突，因为几乎不存在全球联系，更不用说全球整体化了。在成千上万年里，人类一直处于区域性的闭塞状态。当最初的人类从祖先的发祥地（大概是非洲）向外扩散，便与昔日的邻人断绝了音讯。早期人类不断向四面八方扩散，直到在除南极洲之外的所有大陆定居下来。例如，蒙古人种穿越西伯利亚东北部到达阿拉斯加，之后向北美洲和南美洲不断推进。他们安顿下来，成为相对闭塞的新种群，在千百年间形成了独特的地方语言和文化，甚至具备了独特的体貌特征。这个过程在全球范围内持续进行，因此，1500年时形成了全球性的种族分离现象。所有的黑人（黑色人种）都生活在非洲，所有的白人（高加索人种）都在欧洲和中东，所有的蒙古人种都在东亚和美洲，所有的澳大利亚人种都在大洋洲。

1500年前后，西方开始海外扩张，这种传统的区域自主性开始让位于全球整体化。各种族彼此隔绝的状况一去不返，不管自愿还是被迫，数百万人迁徙到新的大陆。欧洲人在这一全球性迁徙中一马当先，从而主宰了这个新近融为一体的世界。19世纪，欧洲人的大帝国和股份公司在政治和经济上统治了全球。欧洲人在文化上也处于支配地位，西方文化成为全球仿效的对象。西方文化被等同于文明，非西方文化被视为天生的劣等文化。19世纪，不光是欧洲人，就连非欧洲人也将西方的霸权视为理所当然，几乎视之为出自神的安排并 397
体现了自然秩序。

进入20世纪后，钟摆开始再次摆向区域自主性。欧洲人用了4个世纪（1500—1900年）登上全球霸主地位。而这种霸权的瓦解仅仅用了50年。西方霸权的瓦解过程始于第一次世界大战，第二次世界大战后进一步加速。西方霸权的政治崩溃表现为帝国的终结。文化解体则涉及更为广泛的范围。西方文化不再被视为文明的代名词，非西方文化也不再等同于野蛮。

当前，西方文化在全球范围内受到直接挑战乃至拒斥。1979年11月，美国驻德黑兰大使馆人员被扣为人质，西方记者以书面形式向年轻的劫持者提出了一些问题。劫持者集体做出了答复，其中包括这样的回答：“西方文化是殖民主义者的一种绝佳手段，也是离间一个民族的工具。让一个民族接受西方和美国的价值观，从而使这个民族屈服于西方和美国的统治。”这些劫持者还表达了对受过西方教育或影响的伊朗知识分子的不信任。“我们根本不需要这些堕落的聪明人。让他们去他们想去的地方吧。这些堕落的聪明人是照搬西方模式的知识分子，他们对我们的运动和革命毫无益处可言。”[1]

秉持这样观点的并非只有年轻的激进分子。如今，许多不同政治信仰的非西方人都有同样的想法。印度政治理论家拉吉·梅达在颇具影响的著作《超越马克思主义：走向另一种前景》中认为，西方式民主和苏联式共产主义都不能为印度的发展提供适当指导。梅达反对自由民主，认为它把人降格为生产者和消费者，造就了一盘散沙的利己型社会。他也抵制共产主义，因为它强调经济问题和国家活动，没有给个人选择留下多少空间，破坏了社会生活的丰富性和多样性。因此，梅达得出结论说：“不同民族的社会有自身的发展规律和实现自身潜能的不同方式……要想重建支离破碎的印度社会，不能照搬西方模式。印度必须找到适合本国国情的发展路线和国家建构战略。”[2]

西方的全球统治地位受到拒斥，这实属情理之中。这种统治地位属于历史的偏差，源于各种特定背景的相互作用，因而必然是历时性的。令人惊讶的是，在当今的主流西方国家，区域自主性力量也在觉醒，沉寂了数十年乃至数百年的民族群体或亚群体开始活跃起来，要求获得自治。美国有少数族裔群体：黑人、拉美裔美国人和美洲原住民。在邻国加拿大，法裔魁北克人的分离主义诉求已经威胁到国家统一。同样，英国要应对苏格兰、爱尔兰和威尔士潜在的分离主义者。法国也面临科西嘉、布列塔尼和巴斯克解放阵线的挑战。

398 区域自主性诉求不仅把矛头指向了西方国家的中央权威。在伊朗，民众抵制西方势力的同时，还出现了反德黑兰政府的地方起义：库尔德人、阿拉伯人、俾路支人和土库曼人等少数民族的起义。这些少数民族几乎占到伊朗总人口的半壁江山，伊朗面临的区域自主性诉求的威胁要比任何西方国家大得多。苏联的情况也是如此，戈尔巴乔夫推行“公开性”，放松政治控制，立即就有几十个民族要求自治。因此，20世纪90年代，苏联出人意料地瓦解，被独联体所取代。

我们这个时代的许多动荡都源于两大对立力量的冲突。一方面，随着现代通信媒介、跨国公司、绕地球飞行的宇宙飞船的出现，现代科技正前所未有地将全球连成一个整体。另一方面，各民族从沉睡中觉醒，决心掌握自己的未来，从而使世界陷入分崩离析。追根溯源，这一历史性的现代冲突可以追溯到公元1500年以后的几个世纪，西方探险家和商人第一次把全世界所有民族联系在一起，我们至今仍要面对由此带来的得失参半的重大影响。埃及记者穆罕默德·海凯勒写道："陷入重围的民族主义已经构筑了工事，坚守最后的阵地，为自己的未来而不是过去而战。"[3]

随着时间的推移，这场持续的斗争前途未卜。问题不再像几十年前那样简单。亚洲各国全面采纳和应用西方科学技术，绝不仅仅意味着东方与西方的较量已见分晓。同样，社会主义国家放弃计划经济和一党制政治制度，也绝不仅仅意味着社会主义与资本主义的斗争胜负已定。在第三世界，人们对所有外来模式的幻想日益破灭，这种幻灭留下了一个真空地带，尚没有任何达成共识的目标和战略。中国总理周恩来恰如其分地形容我们这个时代是"天下大乱"的时代。

[推荐读物]

关于对西方统治地位的反抗，上佳的入门书是E. Fischer，*The Passing of the European Age*，rev. ed.（Harvard University，1948）。关于世界范围挑战中央权威的不同问题，参阅L. Kohr，*The Breakdown of Nations*（Routledge & Kegan Paul，1957）；D. Morris and K. Hess，*Neighborhood Power：The New Localism*（Beacon，1975）；C. Bezold，ed.，*Anticipatory Democracy*（Random House，1978）；A. Amalrik，*Will the Soviet Union Survive Until 1984?*（Harper & Row，1979）；H. C. d'Encausse，"Decline of an Empire：The Soviet Socialist Republics in Revolt"（*Newsweek*，1979）；T. G. Verhelst，*No Life Without Roots：Culture and Development*（Zed Books，1990），该书概述了西方发展模式的全球替代方案。关于"天下大乱"的最新论述，参阅Z. Brzezinski，*Out of Control：Global Turmoil on the Eve of the 21st Century*（Scribner's，1993）。关于广大中亚地区的骚乱，参阅A. Rashid，*The Resurgence of Central Asia：Islam or Nationalism?*（Zed Books，1994）。

[注释]

1. *New York Times*，November 30，1979. © 1979 by The New York Times Company. Reprinted by Permission.
2. V. R. Mehta，*Beyond Marxism：Towards an Alternative Perspective*（New Delhi：Manohar，1978），p. 92.
3. *New York Times*，February 4，1980.

第七编

西方主宰的世界

（公元1763—1914年）

A GLOBAL HISTORY

399

统治的基础

在世界历史的进程中，从1763年到1914年的一个半世纪是欧洲统治世界大部分地区的时期。1763年，欧洲还远谈不上主宰世界，在非洲和亚洲仅有一些沿海据点。但是，到1914年，欧洲列强已经瓜分了整个非洲，并且建立起对亚洲的有效控制，这种控制要么是直接的，如印度和东南亚，要么是间接的，如中国和奥斯曼帝国。欧洲的空前扩张乃是持续加速发展的现代化进程使然。这一进程始于文艺复兴、宗教改革、技术进步、资本主义企业、国家建构和海外扩张（见第二十章第一节）。随之而来的科学革命、工业革命和政治革命引发了连锁反应，使欧洲迸发出势不可挡的活力和力量。

关于上述三大革命，有两点需要指出。首先，它们在1763年前就已经启动了。英国内战，即政治革命的一个重要阶段，发生于17世纪40年代。科学革命主要发生在哥白尼发表《天体运行论》（1543年）到牛顿发表《自然哲学的数学原理》（1687年）的一个半世纪。同样，工业革命的源头可以上溯到十六七世纪，当时，西北欧国家“汇聚了名副其实的资本主义现象，如系统性的机械发明、公司组织以及对金融和贸易公
400 司股票的投机”。[1]但直到19世纪，人们才充分感受到这些革命的世界性影响。正因如此，我们才在本编中来考察这些革命。

其次，这三大革命既不是平行的，也不是孤立的。科学、工业和技术活动相互依存，相互影响。牛顿发现的天体运行规律和达尔文的生物进化学说都对政治思想产生了深远影响。同样，离开了印刷术和电报等技术革新，现代民族主义的诞生也就无从谈起。反之，政治也影响了科学，例如，法国大革命有力推动了科学进步。政治还影响了经济，英国制造商约翰·威尔金森直言不讳地指出：“唯有教会和国王干预最少的地方，才有最繁荣的制造业和商业。”[2]

在本编中，我们先来分析欧洲三大革命的性质，分别讲述这些革命的进程，然后考察它们对世界各地的影响。我们将看到，它们使欧洲人得以将美洲和大洋洲“欧化”，瓜分非洲，建立起对亚洲和大洋洲的统治。

[注释]

1. E. J. Hamilton, “American Treasure and the Rise of Capitalism (1500–1700),” *Economica* (November, 1929) p. 356.
2. C. E. Robinson, “The English Philosophies and the French Revolution,” *History Today*, VI (February, 1956) p. 121.

所谓的科学革命……使基督教兴起以来的所有事物相形见绌，使文艺复兴和宗教改革降格为一些插曲，降格为仅仅是中世纪基督教世界体系内部的替代……它作为现代世界和现代精神的真正起源显得异常突出，以至于我们对欧洲历史的惯常分期已经成为一种时代错误和障碍。 401

——赫伯特·巴特菲尔德

大不列颠的制造业体系，以及在这一体系下以令人难以置信的速度建立起来的巨大城镇，在世界历史上是闻所未闻的。

——《曼彻斯特卫报》，1832年11月17日

第二十六章　欧洲的科学革命和工业革命

过去200年来，人类物质文化的变迁超过了之前的5000年。18世纪，人类的生活方式与古代埃及人和美索不达米亚人相差无几。人们仍然用同样的材料建造房屋，用同样的动物运送人和物，用同样的帆和桨推动船只，用同样的织物做衣服，用同样的蜡烛和火把照明。而在200年后的今天，金属和塑料成为石头和木材之外的建筑材料；火车、汽车和飞机取代了牛、马和驴；蒸汽机、柴油机和原子能取代了风力和人力驱动船舶；多种合成纤维与传统的棉、毛和亚麻一争高下；电灯取代了蜡烛；只需轻轻按动开关，电力便可成为多种用途的动力。

这一根本性转变的源头是科学革命和工业革命，这两场革命成为西方文明为人类发展做出的重大贡献。从历史的角度来看，这两场革命的意义似乎还超越了新石 402
器时代的农业革命。农业革命促成了文明的诞生，但迈出这一大步之后，农业就没有进一步的贡献了。反之，科学技术凭借自身的方法论循序渐进地向前迈进，本身就蕴含了无限进步的可能性。只要看看科学技术在过去几个世纪里取得的成就，看看当前不断加快的科技发展步伐，那么，即便不能理解，我们也能意识到科学技术的巨大潜力和意义。此外，科学技术以客观的方法论为基础，从而具有普世性，赢得了广泛的认同。现代科学技术既是西方文明的产物，也成为非西方民族普遍尊重和追求的对象。事实上，正是借助现代科学及其相关技术，欧洲在19世纪一跃成为世界的主宰。如今，为了纠正这种失衡状态，昔日的被征服民族正在努力掌握科学技术，探索西方为人类文明做出的这一独特的重大贡献的奥秘。

很显然，对于世界历史研究来说，科学革命和工业革命具有根本性的意义。本章将追溯这两场革命从现代早期的开端直到第一次世界大战的发展历程。

一、科学革命的起源

追根溯源，古代美索不达米亚、埃及、中国、古典时代的希腊以及中世纪的伊斯兰世界都孕育出了科学。不过，科学革命是西方文明的独特产物。究其原因，只有在西方，科学才成为社会不可或缺的一部分。换言之，只有在西方，哲学家-科学家才与工匠携手合作，相互激励。在西方世界，科学与社会结合，科学家与工匠合作，有力推动了科学的空前繁荣。

迄今所有的人类社会中，工匠们都掌握了相应的狩猎、捕鱼和农耕技术，具备加工木材、石块、金属、草类、纤维、根茎和兽皮的技能。通过观察和实验，能工巧匠们逐步改进技术，有时达到了很高的水平，比如爱斯基摩人。然而，在所有的前现代社会，技术进步都极为有限，因为工匠只关注制作锅碗瓢盆、建造房屋或是建造船只，并不关心深层的化学或机械原理，也不会去探寻因果关系。简而言之，顾名思义，工匠关注的是过程性的技术知识，而不是原理性的科学知识。

哲学家和工匠也有过合作，他们共同创造了精密的历法、导航设备和古老的日常仪式。但不可否认的是，在现代之前，人们始终倾向于将劳心者与劳力者区分开来。西方人的一大成就是将两者合而为一。这种过程性知识与原理性知识的融合，为科学奠定了基础并推动了科学的发展，使科学成为当今世界的主导力量。

为什么西方会出现这一划时代的发展？一个原因在于文艺复兴时期的人文主义学术。欧洲学者和艺术家不仅接触到柏拉图和亚里士多德，还接触到推动物理学和数学发展的欧几里得和阿基米德。古典著作对生物科学的推动尤为显著。医科学生学习希波克拉底和盖伦的著作，博物学家则研究亚里士多德、迪奥斯科里季斯和泰奥弗拉斯托斯的著作。另一方面，前人学术成果之所以能催生出科学革命，也离不开西欧良好的社会氛围。在这种社会氛围里，工匠和学者之间的隔阂逐渐缩小。文艺复兴时期，工匠不再像古典时代和中世纪那样受人轻视。相反，纺织、制陶、玻璃制造等实用工艺备受重视，尤其是日益重要的采矿和冶金工艺。古典时代的手工业都是使用奴隶劳动，而文艺复兴时期的欧洲手工业从业者都是自由人。手工业者的社会地位和经济地位都有所提高，不像中世纪工匠那样与统治阶层有着云泥之
403 别。文艺复兴时期，工匠地位上升，从而得以加强与学者的联系，双方都做出了重大的贡献。工匠传承了古老的古代技术，还运用中世纪发明出来的新装置。学者则提供了重新发现的古代和中世纪科学的资料、推测和程序。这两条路径缓慢地彼此靠拢，最终形成了一种爆炸性的组合。

与工匠和学者的联手相呼应，少数学者或科学家把劳动与思想融为一体。古代人有一种强烈的偏见，把创造性学习与体力劳动截然对立起来。这种偏见大概是起

因于古人将体力劳动与奴隶劳动相提并论，甚至在奴隶制几乎绝迹之后，中世纪欧洲人依然普遍抱有这种偏见。中世纪经院哲学家划分了博雅艺术与粗俗艺术、纯粹的劳心者与改变物体形态的劳力者。举例来说，诗人、逻辑学家和数学家属于劳心者，雕刻家、釉工和制铁工人则属于劳力者。这种阻碍进步的态度在医学领域表现得尤为明显。内科医生的工作没有改变物体形态，因而被认为是“博雅的”，反之，外科医生的工作则被视为是“粗俗的”。因此，实验不受重视，活体解剖被看成是非法的和令人反感的。

威廉·哈维（1578—1657年）毅然抛弃了轻视体力劳动的旧观念，取得了关于心脏和血液循环的重大发现。哈维数十年如一日埋头做实验，切开从大动物到小昆虫等各种生物的动脉和静脉，耐心细致地观察和记录血液的流动和心脏的跳动。哈维还用新发明的放大镜来观察胡蜂、黄蜂和苍蝇。在今天看来，这样的步骤是正确的和理所当然的，在哈维的时代却绝非如此，需要很大勇气才能采用如今很常规的科学方法。

探险家的发现和海外领土的开拓也推动了科学发展。欧洲人相继发现了新的植物、动物、恒星乃至新的人类种群和新的人类社会，这些新发现挑战了传统的观念

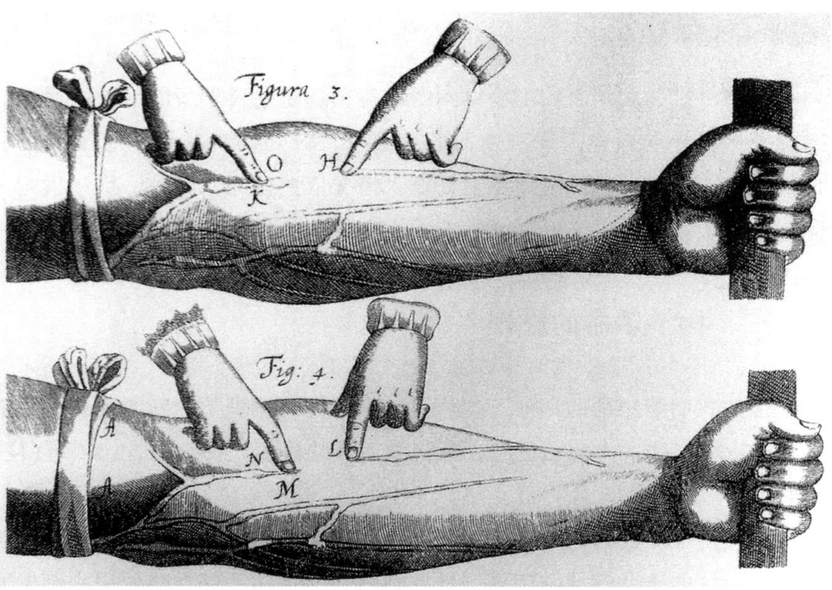

图175　哈维的《心血运动论：关于动物心脏与血液运动的解剖研究》（1628年）的插图。

和假说。商业和工业的发展同样推动了技术进步，而技术进步既促进了科学发展，又反过来被科学发展所推动。远洋贸易带来了对造船业和航海业的巨大需求。受过数学训练的新工匠制作指南针、地图和仪器。葡萄牙、西班牙、荷兰和法国相继开办航海学校，具有突出实用价值的天文学备受重视。同样，采矿业的需求推动了动力传输和水泵技术的进步，人们开始对机械和液压原理产生新的兴趣。冶金业的需求成为推动化学领域长足进步的主要动因。随着采矿业规模不断扩大，发现了新矿石，甚至是铋、锌、钴等新金属。分离和处理矿石的相关技术的发明和完善势必要经历一个艰难的探索过程，但这个过程孕育出化学反应的基本原理，包括氧化与还原、蒸馏与混合。最后，大学和印刷术促进和传播了所有领域的新知识。印刷术在提高识字率和传播新思想方面发挥了尤为重要的作用。

这些成就让科学家或者说哲学家有了成竹在胸的自信，相信自己成为一个新时代的标志。1662年，英国国王查理二世颁发特许状，成立“伦敦皇家自然知识促进学会”。皇家学会意识到技术人员和科学家通力合作的益处，发动全国各行各业共同努力，收集能够促进科学知识的资料。

> 如今，在每一个地方和每一个角落，人们忙碌而热情地从事这项工作：
> 404 我们发现，每天都有许多稀世珍品交到［皇家学会］，它们来自学识渊博的
> 哲学家，来自工场的技工、航海的商人、耕地的农夫，来自野外运动、养鱼
> 塘、公园和绅士的花园……[1]

起初，科学从矿山和工场得到的助益远远超过科学所能给予的回报。在这个早期阶段，科学尚未成为经济生活的一部分，只是偶尔和零星地投入实用。即便到18世纪末、19世纪初的工业革命初期，情况依然如此。但是，到19世纪末，局面已彻底改观。科学摆脱了从属地位，开始改造旧工业甚至创造新工业。

二、科学革命的进程

正如我们能想到的那样，现代科学率先在与地理学和航海密切相关的天文学领域取得重大突破。十六七世纪，天文学突破的代表人物有尼古拉·哥白尼（1473—1543年）、伽利略·伽利雷（1564—1642年）和艾萨克·牛顿（1643—1727年）。哥白尼接受了一些古代哲学家的观点，认为宇宙的中心是太阳而不是地球，证明日心说比传统的托勒密地心说更好地解释了天体运动。伽利略使用刚刚发明的望远镜观测天体，为哥白尼学说提供了经验证据。伽利略报告说：“任何人借助望远镜都

图176　1609年后伽利略使用的望远镜。伽利略观测了月亮和金星的周期相位，发现了木星最大的卫星。这些观测结果在17世纪具有革命性的思想意义和神学意义。

能看到……银河系不过是由无数颗恒星组成的星团。无论把望远镜对准银河系的哪个方位，都会看到一大群恒星……”[2]

牛顿是早期科学界最卓越的人物，也是堪比欧几里得和爱因斯坦的卓越天才。牛顿在光学、流体力学和数学上做出了开创性贡献，还发现了万有引力定律：“自然界中任何物体都是相互吸引的，引力的大小跟这两个物体的质量乘积成正比，跟它们的距离的二次方成反比。”

这个突破性的绝佳定律揭开了天体的神秘面纱。牛顿发现了宇宙的基本规律， 405
这个规律可以用数学方法加以证明，并且适用于从最微小的物体到整个宇宙的所有物质。自然界犹如一个巨大的机械体，遵循某些自然法则运行，而人类通过观察、实验和计算就可以揭示这些法则。人类知识的每个分支都可以分解成若干简单而统一的规律，人类能够运用理性揭示这些规律。人们开始把牛顿物理学的分析方法应用到所有的思想和知识领域，不仅用于研究物质宇宙，而且用来考察人类社会。

18世纪晚期开始的工业革命推动了科学革命，反过来也从科学革命中受益。蒸汽机的改良就是一个例子，它为机器和蒸汽机车提供了必备的动力，起初还用于矿井排水。詹姆斯·瓦特把技术独创性和科学知识结合起来，不断改进蒸汽机，提升了蒸汽机的效能。1769年，瓦特设置了一个与汽缸分离的冷凝缸，不久又发明了曲轴，将活塞的往复直线运动转换为旋转运动。如果不是蒸汽机提供了相对无限的动力，工业革命很可能会无疾而终。那样的话，它可能只是加速了纺织业的发展，就像中国几个世纪前就取得的类似技术进步一样。

化学是19世纪上半叶进步最大的一门学科，这部分要归因于这几十年间蓬勃发展的纺织业的推动。安东尼·拉瓦锡（1743—1794年）被誉为化学界的牛顿，他提出了堪与牛顿的万有引力定律媲美的质量守恒定律："虽然物质可以通过一系列化学反应改变其形态，但其质量不变；每次化学反应前后的物质质量是一样的，并且可以通过称量来追溯。"19世纪，拉瓦锡的后继者们做出了一个又一个具有重大应用价值的发现：尤斯图斯·冯·李比希发明了化肥，W. H. 珀金发明了合成染料，路易·巴斯德创立了细菌致病理论，促使人们采取卫生预防措施，从而控制了伤寒、白喉、霍乱和疟疾等古老的瘟疫。

图177 艾萨克·牛顿爵士发现了万有引力的数学和物理定律。牛顿认为，宗教与科学并行不悖，研究自然界可以让人更好地认识造物主。图为戈弗雷·内勒爵士所绘的牛顿肖像。

正如牛顿发现了支配宇宙万物的规律并主宰了17世纪的科学，达尔文发现了支配人类进化的规律并主宰了19世纪的科学。达尔文进化论认为，动植物的多样化形态并不是上帝分别创造出来的恒定不变的结果。相反，它们是与众不同的和可变 406
的；它们是源于一个共同初始源的自然演化的结果。达尔文认为物种的主要变异途径是自然选择，并将这一过程定义如下：

> 由于任何物种产生的个体超过其所能存活的个体，遂产生了经常性的生存斗争，所以任一生物的变异，无论多么细微，只要能通过任何方式在复杂多变的生存条件下对自身有利，就会获得更好的生存机会，从而被自然选择。由于强大的遗传定律，所有被选择下来的变种都倾向于繁殖已变异的新类型。[3]

人们也许很难想象，自然界的所有变异都是自然选择使然，都是这种显然十分缓慢的演化过程的产物。然而，统计结果表明，即使某种突变只增加了1%的存活几率，那么在100代之内，一个物种的一半个体都会带有这种变异。换言之，每101个个体中，只要有一个携带特定变异的个体存活下来，那么从生物学角度来说，这种变异将在很短时间内在整个物种中传播。日后的研究修正了达尔文理论的一些细节，但如今几乎所有科学家都认可进化论的基本观点。有些人强烈抨击进化论，尤其是神职人员。个中原因不难理解，达尔文学说推翻了神创论。正如哥白尼的天文学体系推翻了地球在宇宙中的中心地位，达尔文学说推翻了人类在地球历史上的中心地位。

尽管遭到宗教界和其他圈子的敌视，达尔文学说对西方社会产生了深远影响，它强调适者生存和生存斗争，与当时的时代精神非常契合。在这一时期的政治领域，俾斯麦正在凭借“铁与血”统一德国。各国民族主义者把达尔文学说当作自身事业的理论依据和正当理由。在他们看来，如同自然界一样，在政治领域，人类社会也是强者为王，尚武品质决定了能否在国际“生存斗争”中胜出。在经济生活领域，这一时期是自由企业和粗犷个人主义大行其道的时代。惬意安乐的上层阶级和中产阶级坚决反对任何旨在实现更大社会平等的国家干预。他们声称自己配得上幸福和成功，因为他们已经证明自己比无能的穷人更“适应生存”。此外，大鱼吃小鱼，大公司吞并小公司，也是出于“生存斗争”的需要。19世纪晚期也是殖民扩张的黄金时代，达尔文学说被用来为帝国主义辩护。在帝国主义者看来，大国要维持繁荣和生存，就必须拥有殖民地。此外，以世俗成就的标准来评判，弱小而劣等的原住民离不开优越而强大的欧洲人的保护和指导。

图178 查尔斯·达尔文在两部开创性著作《物种起源》（1859年）和《人类的起源》（1871年）中提出了自然选择的进化论，并将这一理论应用于人类。这一学说引发了轩然大波，不仅直接影响了生物学，而且对宗教、哲学、社会学乃至政治产生了重大影响。

407 这种用达尔文学说来解释人类社会现象的理论称为社会达尔文主义。达尔文做梦也没有想到，更不用说打算，以这种方式来利用自己的发现。但事实就是如此，原因很简单，达尔文学说似乎为当时欧洲盛行的物质主义提供了科学依据。简而言之，达尔文主义与吉卜林的名言不谋而合：

> 谁有力量就能够猎取，
> 谁能够占有就去占有。

三、科学革命的意义

19世纪，科学在西方社会的地位蒸蒸日上。这个世纪之初，科学还处于经济和社会生活的边缘。到这个世纪末，科学不仅有力推动了现有成熟产业的发展，还创造出全新产业，深刻地影响了西方社会的生活方式和思维方式。不仅如此，科学革命带来的变革直接或间接地影响了全世界。它使欧洲人得以凭借技术统治世界，并且在很大程度上决定了这种统治的性质和影响。它还为19世纪西方的知识优势奠定了基础。欧洲的艺术、宗教或哲学对非西方民族影响甚微，因为非西方民族在这些领域同样成就斐然。但双方在科学技术领域却彻底拉开了差距。只有西方人掌握了大自然的奥秘，进而取得了物质进步。这个事实既不容否认，也很有说服力。非西方人不再轻视欧洲人，不再认为欧洲人只是碰巧在坚船利炮方面有一定的优势。非西方人最终意识到欧洲科学革命的重要意义。如今，摆在前殖民地人民面前的首要任务就是亲身经历这场独特的革命。正是由于这些原因，著名英国历史学家赫伯特·巴特菲尔德指出，

> [科学革命]……被证明非常易于生长，又能在多个方面发挥作用，因而从一开始就有意识地扮演了指导性角色，可以说开始支配其他因素，就像中世纪基督教开始支配其他一切事物，向生活和思想的各个角落渗透一样。当我们谈到西方文明在最近几代人的时间里传入日本等东方国家，我们并不是指希腊-罗马哲学和人文主义理想，也不是指日本的基督教化，而是指17世纪下半叶正在开始改变西方面貌的科学、思维方式以及整个文明的组织形式。[4]

四、工业革命的起源

“工业革命”一词经常受到质疑，因为它并非一场一蹴而就的迅速变革，而是一场18世纪前就已经启动并且一直持续至今的“革命”。很显然，这场革命并非通常意义上突如其来又戛然而止的重大变革。

不过，无可置辩的是，18世纪80年代，西方率先实现了生产力突破，用当今经济学家的话来说，“实现了自我持续增长的经济起飞”。具体来说，西方建立起机械化生产的工厂制度，以迅速降低的成本进行大规模生产，从而不再依赖现有的需求，而是能够创造新的需求。这种现象现在很普遍，但此前却鲜为人知，汽车工业就是一个例子。并不是19世纪与20世纪之交人们对汽车的需求创造了庞大的汽车产业，而是大规模生产廉价的福特T型车的现代工业刺激了民众对汽车的需求。

我们在考察工业革命时首先要回答的一个问题是工业革命发生的时间。为什么它发生在18世纪晚期，而不是100年前或1000年前呢？从很大程度上说，答案在于 408
大规模海外扩张带来的显著经济增长。这种经济增长如此强劲，乃至人们通常称之为“商业革命”。

早期的铁路旅行

1825年，世界上第一条铁路开通，1830年，第二条铁路开通，这两条铁路将利物浦与曼彻斯特连接起来。女演员弗朗西丝（芬妮）· 金布尔记述了第二条铁路开通时的情况，当年她还是个小女孩。*

我父亲认识几位对这项工程（利物浦至曼彻斯特的铁路）很感兴趣的先生，斯蒂芬森提议乘车试行到15英里处的高架桥，承蒙他们的好意，不但邀请了我父亲，还同意带我一起去。此外，我还能坐在斯蒂芬森身边，我觉得这是无上的荣耀……他是个不苟言笑的人，面色黝黑，满脸皱纹……

有人向我们介绍了将要拖着我们在铁轨上行驶的小火车头……这个扑哧扑哧的小东西接下来就套在了我们的车厢上，让我忍不住想去拍拍它，斯蒂芬森先生带我坐到火车头的凳子上，我们以大约每小时10英里的速度开始了旅程。由于蒸汽马儿不适合上下坡，这条路一直保持在平坦的水平上，有时似乎降到地面以下，有时又高出地面。刚一出发，铁路就从坚硬的山石中穿过，两边形成了一堵大约60英尺高的墙。你无法想象这段旅程有多么奇特，除了那神奇的机器，它喷出的白烟和有节奏的、恒定的速度，看不出是什么原因让火车前行……我们只走了15英里，这段距离足以展示火车头的速度……穿过这段岩石峡谷之后，我们行驶在10英尺到12英尺高的路堤上，然后是一大片苔藓地或沼泽地，人踩上去都会陷下去，却能够承载着我们的路……我们走了15英里，在穿越一座又宽又深的山谷时停了下来。斯蒂芬森让我下车，带我走到峡谷底部，为了保持道路的水平，他在那里建造了一座有9个桥拱的宏伟高架桥，正中一个桥拱有70英尺高，我们可以从桥拱中看到整个美丽的小山谷……然后，我们和其他人会合，火车头已经加满了水；因为火车头不能掉头，车厢被挂在后面，并以最快的每小时30英里速度行驶，它比鸟儿飞得还要快（他们用一只鹬鸟测试过）。你想象不出划破空气是什么样的感觉，运行也尽可能地平稳。

* F. A. Kimble, *Record of a Girlhood*, 3rd ed.（Richard Bentley, 1879）, pp. 158-160.

商业革命的首要特征是世界贸易商品发生了变化。16世纪前，最重要的贸易商品是从东方运往西方的香料以及反方向流动的金银。此时，新兴的海外产品逐
409 渐成为欧洲的主要消费品，占据了越来越大的贸易份额。这些产品包括新的饮料（可可、茶和咖啡）、染料（靛蓝、胭脂红和巴西苏木）、香料（多香果和香草）和

食物（珍珠鸡、火鸡以及产量大幅提高的纽芬兰鳕鱼）。商业革命的另一个重要特征是贸易额显著增长。1715—1787年间，法国从海外领土的进口增长了10倍，出口增长了七八倍。英国的贸易增长几乎同样显著，1698—1775年间的进口和出口贸易都增长了五六倍。在欧洲贸易总体增长的同时，殖民地贸易的比重日益提升。例如，1698年，殖民地贸易占英国海上贸易的比重约为15%，1775年时这一比重已上升到33%。此外，殖民地商品的转口贸易成为英法两国与其他欧洲国家贸易增长的主要来源。

商业革命从几个重要方面推动了工业革命。首先，它为欧洲工业带来了日趋扩大的庞大市场需求，尤其是纺织品、火器、五金制品、船舶，以及木材、绳索、帆、锚、滑轮和航海仪器等船用设备。新兴的市场需求推动了工业组织和工业技术的改进。商业革命还贡献了大量资本，为工业革命的工厂和机器提供了资金。资本以利润的形式从世界各地涌入欧洲，西伯利亚和北美的毛皮贸易，墨西哥和秘鲁的银矿，非洲的奴隶贸易，东印度公司、西印度公司、黎凡特公司、非洲公司以及莫斯科公司、哈德逊湾公司、美洲的殖民地公司等其他公司。据估计，18世纪，英国

图179　18世纪英国煤矿的坑口。左边有一台蒸汽机为设备提供动力，可以将开采的煤炭运到地面，或是为矿井排水。丰富的煤炭资源是推动英国早期工业化的因素之一。

从印度和西印度蔗糖殖民地获取的资本大体上相当于1800年英国工业的投资。

营利性商业企业以及相应的技术进步和制度变革，解释了为什么工业革命在18世纪晚期达到了“起飞”阶段。接下来的问题是：为什么经济“起飞”首先发生在英国？这是因为英国具备一些重大的优势，首先，英国在煤炭和炼铁等基础工业领域处于领先地位。由于森林资源枯竭，英国很早就开始用煤炭充当燃料和冶铁。法
410 国大革命爆发（1789年）时，英国每年生产大约1000万吨煤，而法国的煤产量仅有70万吨。英国还率先发明了高炉，与老式锻炉不同，高炉可以大幅提高铁产量。1780年，英国铁产量是法国的三分之一，1840年，英国铁产量已是法国的三倍多。所有这些都意味着英国正在推进大众消费品的生产。这些商品有稳定的大规模市场需求，而法国更注重生产需求有限、波动很大的奢侈品。

英国还拥有充足的流动资本，从而为工业革命提供了资金。英国从贸易中获得的利润超过其他任何国家。英国的宫廷和军事开支低于法国，因此税负较轻，政府财政状况也比较健康。此外，英国的银行业起步早、效率高，为个人企业和股份制企业提供了集中资金。

另外值得一提的是，英国的管理人才非常充足。这在一定程度上要归功于非国教徒的重大贡献，如炼铁业的达比家族、制陶业的库克沃西、棉纺业和政坛的布赖特家族，以及科学领域的道尔顿家族和爱丁顿家族。非国教徒摆脱了传统的桎梏，强调个人责任，涌现出与其人数不成比例的实验家和发明家，他们禀性节俭，将利润重新投入经营而不是用于奢侈生活的挥霍。欧洲大陆同一教派信徒涌入英国，扩大了非国教徒在英国的影响力。例如，1685年，法国废除了《南特敕令》，大批法国管理人才出走英国，尤其是纺织业人才。

英国还有劳动力自由流动和劳动力充足的优势。英国的行会瓦解得比较早，加之传统的条田被大量圈占，为工业革命提供了大量劳动力。由于消除了行会带来的种种束缚，引入外包制和工厂配备动力机械时较少受到阻碍。始于16世纪的圈地运动持续了三个世纪，在18世纪末、19世纪初达到高潮。自耕农往往被迫变卖土地，因为公共土地和荒地被圈占，他们失去了放牧和获取燃料的土地。早期圈地的直接动因是羊毛价格上涨，圈地主要用于养羊。后期圈地主要是因为新兴城市的粮食需求日益迫切，圈地都是采用最先进和高效的方法种植粮食作物。轮作制取代了过去浪费土地的休耕制。通过科学育种，培育出优良种子和牲畜品种。一些农业机械也发明出来，如马拉的锄地机和自动播种机。

1714年至1820年间，英国有242多万公顷土地被圈占，这造成了严重的混乱和痛苦。贫苦农民失去了部分或全部土地，沦为佃农和散工，或者进城务工。社会人士对于英国自耕农阶层的大规模消失感到震惊，公开反对圈地。圈地的过程令人不

安和反感，却为工业革命创造了两个基本条件，即为工厂提供劳动力，为城市提供粮食。因此，可以说圈地运动为19世纪英国工业的全球领先地位立下了汗马功劳。其他一些欧洲国家也发生了圈地现象，但规模要小得多。以法国为例，法国大革命时期，农民获得了更多土地，因而对家乡更加依恋，不愿意收拾行囊背井离乡。

五、工业革命的进程

只有在强烈需求的刺激下，发明家才会从事发明创造。工业革命新发明的许 411
多原理在18世纪前就已经为人所知，只是由于缺乏激励机制，这些原理并没有应用于工业领域。蒸汽动力就是一个例子。早在希腊化时代的埃及，人们就已经知道使用蒸汽动力，但只是用来打开和关闭寺庙的大门。然而，在英国，急需新动力来抽水和驱动新机械。这种需求刺激了一系列发明和改进，最终开发出实用的商用蒸汽机。

这种需求刺激发明的模式在工业革命的进程中表现得十分明显。一个领域的发明打破了原有均衡，刺激了其他领域的发明来恢复平衡。例如，棉纺织业首先实现了机械化，因为最初从印度进口的棉纺织品很受英国公众的青睐。事实上，棉纺

图180 珍妮纺纱机。

织品的用途十分广泛，威胁到强大的毛纺业集团的利益，于是它们设法在1700年颁布了禁止进口棉布或棉纺织品的法律。但这项法律并没有禁止英国人生产棉布，这就为本国工业带来了千载难逢的机会，有进取心的中间商立即抓住了这个商机。为了满足受保护的国内市场的巨大需求，必须提高纺纱和织布的效率。人们设立奖金，鼓励提高产量的发明。到1830年，一系列发明已经使棉纺织业完全实现了机械化。

纺织业的重大新发明主要有：约翰·凯伊发明的飞梭（1733年）、理查德·阿克莱特发明的水力纺纱机（1769年）、詹姆斯·哈格里夫斯发明的珍妮纺纱机（1770年）以及塞缪尔·克朗普顿发明的走锭精纺机（1779年）。飞梭极大地提高了织布速度；水力纺纱机能用卷轴纺出结实的细纱；珍妮纺纱机能同时纺8根棉纱，后来提高到16根，最终可以同时纺100多根棉纱；走锭精纺机也称骡机，因为它兼具水力纺纱机和珍妮纺纱机的优点。这些新型纺纱机生产的棉纱很快就大大超过了织工的生产能力。牧师埃德蒙·卡特赖特试图改变这种状况，1785年，他申请了一种动力织布机专利，这种织布机最初用马来带动，1789年后改用蒸汽动力。这种织布机起初效率很低，无法大规模投入商用，经过20年不断改进，逐一攻克了技术难关。19世纪20年代，棉纺织业基本上用动力织布机取代了手工织布机。

412 正如纺纱机的发明刺激了织布机的发明，一个行业的发展推动人们发明新机器，让其他行业能够跟上发展步伐。例如，新式棉纺机需要比传统水车和马匹更强大的稳定动力源。詹姆斯·瓦特对托马斯·纽科门于1702年前后制造的原始蒸汽机进行了多项改进。1800年，投入运行的瓦特蒸汽机约有500台，其中38%的蒸汽机用于矿井抽水，其余的则为纺织厂、冶铁高炉、面粉厂和其他行业提供动力。

蒸汽机的历史意义再怎么强调也不为过。蒸汽机通过控制和利用热能，提供了源源不断的机械动力，人类摆脱了长期以来对畜力、风力和水力的依赖，拥有了一种巨大的新能源。不久，人们就能开采埋藏在地下的石油和天然气等其他化石燃料，从而开启现代工业化国家大规模开发和利用化石能源的浪潮。例如，1975年，西欧和北美的人均能源消耗分别是工业化程度较低的亚洲的11.5倍和29倍。在一个经济和军事实力直接取决于可用能源的世界，这些数据的意义是不言而喻的。可以说，欧洲人在19世纪称霸全球主要就是靠蒸汽机，而不是其他任何单一的设备或力量。

新型棉纺机和蒸汽机带动了对铁、钢和煤的更大需求。为了满足这种需求，采
413 矿业和冶金业出现了一系列技术改良，亚伯拉罕·达比用焦煤替代木炭冶炼铁矿石，亨利·科特用搅炼法去除铁水中的杂质，瓦特蒸汽机不仅用于驱动风箱和锻锤，还用于轧制和切割钢铁。在这些新的技术进步推动下，1800年，英国生产的煤

图181 19世纪初英国的动力织布机。

和铁超过世界其他地区的总和。英国的煤产量从1770年的600万吨增加到1800年的1200万吨，1861年的5700万吨。英国的铁产量也从1770年的5万吨增加到1800年的13万吨，1861年的380万吨。钢铁供应充足、价格低廉，可以用于普通建筑，人类社会不仅进入蒸汽时代，也进入到钢铁时代。

纺织、采矿和冶金工业的发展需要运输大量煤炭和矿石，从而推动了交通运输设施的改善。英国兴起了运河建设热潮，1830年，英国运河里程已达4023千米。与运河时代同步，道路建设也进入鼎盛时期。1750年后，约翰·梅特卡夫、托马斯·泰尔福德和约翰·麦克亚当等一批道路工程师发明了新方法，修筑了可全年通行的硬质路面道路。长途马车的速度从每小时6.4千米提升到9.7千米、13千米甚至16千米。1830年后，公路和水路运输开始面临铁路的竞争。这个领域的领军人物是采矿工程师乔治·斯蒂芬森。1830年，斯蒂芬森制造的蒸汽机车“火箭”号把一列火车从利物浦拉到曼彻斯特，以平均23千米的时速跑完了全程50千米。短短数年间，铁路运输就成为长途运输的主力，相比公路和运河，铁路运送乘客和货物的速度更快、价格更低。1838年，英国有805千米铁路，1850年，英国铁路里程达到10622千米，1870年，英国拥有24945千米铁路。

蒸汽机还应用于水上运输。这方面的先驱是罗伯特·富尔顿。1807年，富尔顿的“克莱蒙特”号汽船在美国哈德逊河下水。1833年，“皇家威廉”号汽船从新斯科舍驶往英国。5年后，“天狼星”号和“大西”号汽船相向横渡大西洋，分别用时16天半和13天半，大约是最快帆船所需时间的一半。1840年，塞缪尔·丘纳德开通了跨大西洋定期航线，已经能够预订出发和到达时间。

工业革命不仅带来了交通运输革命，还引发了一场通信革命。此前，信息的远程传递只能通过马车、邮差或船舶。19世纪中叶，发明了电报。1866年，铺设了第一条跨大西洋电缆，新大陆与旧大陆之间建立起即时通信。

工业革命并未随着铁路、跨大西洋轮船和电报通信的兴起而结束，而是一直延续至今，工业革命的发展进程可以分为几个主要阶段。19世纪中叶前为第一阶段，如前所述，这一时期的主要成就包括棉纺织业、采矿业和冶金业的机械化，蒸汽机

414

图182　1845年英国的广告单。

的发明及其在工业和运输业的广泛应用。第二阶段为19世纪下半叶，这一阶段的特征是科学更直接地应用于工业以及大规模生产方式的发展。虽然科学起初对工业影响不大，却逐渐成为所有大型工业企业不可或缺的要素。在工业研究的产业化方面，一个突出例证是开发了大量煤炭衍生品。除了焦炭和照明用的煤气，煤还能提炼出液体的煤焦油。化学家们发现，煤焦油堪称一个名副其实的宝藏，能够提炼出数百种染料、阿司匹林、糖精、水杨酸甲酯、消毒剂、泻药、香水、感光化学品、烈性炸药和橙花精华。

19世纪，德国在科学产业化方面处于世界领先地位，美国则是大规模生产方式的先驱。这种生产方式可分为两大类。一是制造可互换的标准零配件，然后用最少的手工劳动将这些零件组装成成品。这方面的典型例子是亨利·福特的环形流水线。汽车零件沿着传送带移动，工人们将其装配成T型汽车，工人成为机器生产过程的一个环节。另一种生产方式是借助先进机械设备处理大量原材料，这方面的主 *415* 要例子是钢铁工业，工业巨头安德鲁·卡耐基用一种情有可原的炫耀口气描述了钢铁工业的生产力：

> 从苏必利尔湖开采两磅铁矿石运往900英里外的匹兹堡；开采一磅半的煤并制成焦炭运往匹兹堡；开采半磅石灰运往匹兹堡；在弗吉尼亚开采少量锰矿运往匹兹堡；最后用这四磅原料炼成一磅钢，而消费者购买这一磅钢只需花一美分。[5]

六、工业革命对欧洲的影响

工业革命的扩散

19世纪，工业革命从英国逐步向欧洲大陆扩散。扩散的途径取决于多种因素，如自然资源状况，是否具备摆脱了行会限制或封建义务束缚的自由劳动力。比利时是欧洲大陆上第一个工业化国家，到1870年，这个国家的大部分人口居住在城市，直接以贸易或工业为生。比利时之后，法国、德国、奥匈帝国、意大利和俄国相继实现了工业化。与此同时，欧洲之外的国家也在开展工业化，先是美国，随后是英国自治领和日本。后起的工业化国家拥有新型高效工厂的优势，因此，英国丧失了最初的“世界工厂”地位。

下页表1是按照工业生产能力排序的工业强国，反映了世界工业实力格局的演变。

表 1 世界工业实力格局的变化（公元 1860—1980 年）

1860 年	英国	法国	美国	德国
1880 年	美国	英国	德国	法国
1900 年	美国	德国	英国	法国
1980 年	美国	日本	苏联	德国

直到20世纪90年代，世界经济格局仍在演变。1995年，世界经济增长了3.7%，但增长主要来自欧洲之外的国家。1995年，美国和欧洲经济增长率在2.6% ~ 3.0%之间，而亚洲经济增长率达到了8.7%。1995年，亚洲有关国家的经济增长率为：中国10.2%，韩国9.7%，越南9%，印尼7.5%。[6]

人口增长

工业革命对欧洲的影响之一是人口持续增长，而人口增长起因于农业生产力的提高。尽管19世纪有数百万欧洲人移民海外，1914年欧洲大陆人口仍达到1750年的三倍多。人口爆炸的原因首先是经济发展，其次是医学进步。在之前几个世纪，传染病是导致死亡的主要原因，而传染病发病率在很大程度上取决于生活水平。19世纪，欧洲大面积种植马铃薯，人们的营养水平提高，对疾病的自然抵抗力增强，
416 从而降低了死亡率。在俄国以西的欧洲大部分地区，饥荒已经一去不返。即使农作物歉收，新兴的铁路网也能及时从其他地方运来充足的粮食。与此同时，工业革命还改进了污水处理系统，供应洁净的饮用水，从而进一步降低了死亡率。因此，死亡率统计显示，在主要化学药物发明前的大约30年里，重大传染病导致的死亡率已经有所下降。

此外，由于采取了疫苗接种和隔离感染者等新医学手段，进一步降低了西欧的死亡率。西欧人口死亡率从1800年的超过30‰下降到1914年的15‰左右。欧洲人口从1750年的1.4亿迅速上升到1800年的1.88亿、1850年的2.66亿、1900年的4.01亿和1914年的4.63亿。欧洲的人口增长远远高于世界其他地区，改变了全球人口分布格局（见表2）。

城市化

工业革命还导致全球社会出现了前所未有的城市化。过去，城市的规模受制于周边地区的粮食产量。因此，人口最稠密的城市都位于大河流域和泛滥平原，如尼罗河流域、新月沃地、印度河流域和黄河流域。随着工业革命和工厂制度的发展，

表 2　公元 1650—1990 年的世界人口 *

	欧洲	美国和加拿大	拉丁美洲	大洋洲	非洲	亚洲	总计（百万人）
1650 年	100	1	12	2	100	330	545
1750 年	140	1	11	2	95	479	728
1850 年	266	26	33	2	95	749	1171
1900 年	401	81	63	6	120	937	1608
1950 年	572	166	164	13	219	1368	2502
1990 年	787	276	448	27	642	3113	5293
	欧洲	美国和加拿大	拉丁美洲	大洋洲	非洲	亚洲	总计（%）
1650 年	18.3	0.2	2.2	0.4	18.3	60.6	100
1750 年	19.2	0.1	1.5	0.3	13.1	65.8	100
1850 年	22.7	2.3	2.8	0.2	8.1	63.9	100
1900 年	24.9	5.1	3.9	0.4	7.4	58.3	100
1950 年	23.0	6.7	6.3	0.5	8.8	54.7	100
1990 年	15.0	5.0	8.5	0.5	12.0	59.0	100

* 这些数据表明，欧洲人口占世界总人口的比例从1650年的18.3%上升到1900年的24.9%，1977年下降到18%。不过，20世纪，美国、加拿大和大洋洲的人口大多是欧洲裔，拉丁美洲至少有一半人口也是欧洲裔。因此，更有意义的说法是，在20世纪，欧洲人和欧洲裔人口所占比例已上升到世界总人口的三分之一左右。Adapted from A. M. Carr-Saunders，*World Population*（Clarendon，1936），p.42，and *United Nations Demographic Yearbooks*.

大量人口涌入新兴的工业中心。新兴城市可以从世界各地获得粮食供应，足以维持大量新增人口。随着科技和医学进步，昔日肆虐城市的瘟疫销声匿迹，城市生活变得更加舒适惬意。最重大的进步有供应洁净饮水、改善污水和垃圾集中处理系统、保障充足粮食供应、预防和控制传染病。世界各地城市蓬勃发展，到1930年，全球 417
城市人口已达4.15亿，占到世界总人口的五分之一。城市化是人类历史上最重大的社会变迁之一，因为居住在城市意味着一种全新的生活方式。1914年，在英国、比利时、德国和美国等许多西方国家，大多数人口都生活在城市里。

财富增长

工业革命在世界范围内高效开发了人力资源和自然资源，带来了史无前例的生产力增长。首先受益的是英国，英国资本总额从1750年的5亿英镑增长到1800年的15亿英镑、1833年的25亿英镑和1865年的60亿英镑。19世纪下半叶，全世界出现了普遍的生产力增长。新西兰的羊毛、加拿大的小麦、缅甸的水稻、马来西亚的橡胶、孟加拉的黄麻以及西欧和美国东部繁忙的工厂，所有这些资源都融入到生机勃勃、不断扩张的全球经济中。表3反映了19世纪下半叶欧洲和世界各国工业生产的发展速度。

表3　工业生产的增长（1913年=100）*

	德国	英国	法国	俄国	意大利	美国	世界
1860年	14	34	26	8	—	8	14
1870年	18	44	34	13	17	11	19
1880年	25	53	43	17	23	17	26
1890年	40	62	56	27	40	39	43
1900年	65	79	66	61	56	54	60
1910年	89	85	89	84	99	89	88
1913年	100	100	100	100	100	100	100

* F. Sternberg, *Capitalism and Socialism on Trial*（Day, 1951）, p.21. Translated by Edward Fitzgerald. Copyright 1950 by Fritz Sternberg. Copyright renewed. Reprinted by permission of Harper Collins Publishers, Inc.

近年来，围绕工业革命创造的财富的分配问题，权威人士分歧巨大。一种观点认为所有阶层都不同程度地受益，另一种观点则认为少数人攫取了巨额财富，而多数人受到残酷剥削，生活水平不断下降。

毋庸置疑，工业化初期出现了大肆剥削和社会混乱现象。佃农被赶尽杀绝，织工和其他工匠被新机器生产的无情竞争淘汰。这些人以及像他们一样的人不得不进城找工作，承受陌生的环境、陌生的生活和工作方式带来的压力。他们没有土地、房屋、工具和资本，生活完全依赖于雇主。简言之，他们变成了纯粹的雇佣劳动者，除了自己的劳动力之外一无所有。

即使找到工作，工人们发现工作时间很长，一天工作16个小时也是家常便饭。当工人们最终争取到两班制的12小时工作制，他们视之为值得庆幸的改进。如果只是工作时间长，工人们还能忍受，因为以前在外包制下居家工作的时间更长。真正难适应的是机械化工厂的纪律和单调工作。工人们按照工厂的汽笛声上下班，工作时必须跟上机器的节奏，时刻受到工头的严密监视。工厂工作单调乏味，工人们操作机器，保持机器清洁，接上织机的断线。雇主自然把工人工资看成是开支，总是千方百计压低工资。因此，许多雇主，尤其是纺织业雇主，更愿意雇用妇女和儿童，因为女工和童工愿意接受更低的工资，也更听管束。剥削女工和童工的现象十分普遍，议会委员会在调查中发现女工和童工的劳动条件极端恶劣。 418

然而，在分析工业革命对工人阶级的影响时，我们还要看到问题的另一面。首先，议会委员会只调查了采矿业和纺织业等条件最差的行业。证人在委员会做证时令人震惊的证词当然是实情，但这些事实并不能代表英国工业的整体状况。此外，我们必须以当时而不是现在的标准来看待19世纪初英国工人的困境。事实上，这些工人原来居住的村庄在许多方面像城市一样肮脏。在当时的农村，草褥子里有老鼠和虱子出没，风呼啸着钻进薄薄的茅草屋顶和破烂不堪的灰泥墙。农村短工收入微薄，所以才不断涌入新兴的工业城市。成千上万爱尔兰人也来到英国城市，填补了新工厂的劳动力缺口。此外，工业革命早期，英国人口激增，这一事实与通常所说的水深火热和过度劳累的苦难景象并不相符。早期工厂里的工人很可能比他们的先辈有更高的实际收入。

尽管我们无法确定，18世纪末、19世纪初，工业革命对工人阶级生活水平究竟带来了什么样的影响，但可以肯定的是，19世纪下半叶，工人阶级的生活水平有了显著提高。随着生产力大幅提升和海外投资利润增长，西欧的下层阶级逐渐从中受益。在“饥饿的40年代”，失业带来了很大痛苦，但从那以后直到第一次世界大战，西欧工人分享了普遍繁荣和日益提高的生活水平。表4表明，1850年至1913年间，英国和法国的实际工资几乎增长了一倍。

表4　实际工资的增长（公元1850—1913年）（1913年=100）*

	1850年	1860年	1870年	1880年	1890年	1900年
英国	57	64	70	81	90	100
法国	59.5	63	69	74.5	89.5	100

* F. Sternberg, *Capitalism and Socialism on Trial* (Day, 1951), p.27. Translated by Edward Fitzgerald. Copyright 1950 by Fritz Sternberg. Copyright renewed. Reprinted by permission of Harper Collins Publishers, Inc.

新消费主义

随着社会顶层少数人和社会底层多数人的收入同步增长，英国成为人类历史
上第一个消费社会。消费欲望并不是什么新鲜事，莎士比亚就曾在《无事生非》中
提到：“衣服过时的多，穿破的少。”因此，18世纪英国的独特之处并不在于消费欲
419 望，而是在于大多数人有了消费能力。在以往所有的人类社会中，大众的收入微
薄，光食物就要花掉收入的一半到四分之三。所剩无几的钱还要购买其他生活必需
品，因此人们负担不起任何心血来潮或时兴的消费。这解释了为什么过去的时尚不
像如今这样随着季节更迭而变化，也解释了日本和服、印度腰布、一些伊斯兰国家
的宽松裤、拉丁美洲的南美披风为何会历经百年不变。

18世纪的英国成为第一个打破这一传统模式的国家。究其原因，由于圈地运动后的农业革命、海外经营的滚滚利润以及工业革命带来的生产力飞跃，国民收入节节攀升。日益增长的国民收入中有一部分向下渗透到大众手中，带来了比过去任何时候都大得多的国内市场需求，而过去只有极少数上层精英才有购买力。

商人们很快开发出新的经营手段，开拓利润丰厚的新兴国内市场。早在18世

图183　18世纪，各种消费品的消费有了很大增长。这幅版画描绘的是一家商店，可能是在巴黎。画中的妇女显然在为一位女经理工作，制作服装和帽子以满足时装业需求。

纪，商人们就已经采用了如今被认为是现代销售技术的各种手段，包括市场调查、信贷、折扣、传单、商品目录、报纸和杂志广告，以及不满意就退货的促销方法。420 大众营销的先驱是陶艺大师约书亚·韦奇伍德，他直言不讳地宣称，“时髦胜过品质”。他开展了促销活动，韦奇伍德瓷器成为世界上最有名和最畅销的瓷器，尽管它们往往不是最优质和最便宜的瓷器。

有学者总结说，这种新消费主义“使各个阶层都能买到以前无缘购买的商品，提供了比以往任何时候都丰富的商品种类……在社会模仿效应的作用下，人们在以前只顾及‘体面’的地方追求‘奢华’，在以前只满足‘必需’的地方追求‘体面’……事实上，时尚及其开发者提升了人们‘金钱至上’的水平。”[7]18世纪英国就是以这种方式催生出大众消费主义，而这种消费主义已成为20世纪全球社会的标志。

妇女的新角色

工业革命不仅催生出新消费主义，还塑造了妇女的新角色。像几千年前的农业革命一样，工业革命对妇女产生了深远影响。总体而言，工业革命使妇女脱离了生活和劳作的家庭经济，进入到家庭之外的新兴工薪经济。

在前工业化时代，家庭经济是以家庭为中心，妻子、丈夫甚至年幼的孩子在家中共同劳动。这看上去似乎意味着惬意而有益的家庭活动，实际情况却往往远非如此。妇女要承担许多单调重复的工作，如纺纱、织布和架设织机。她们通常要为父亲或丈夫的工作打下手或是做准备，像男人一样长时间劳作。此外，妇女还要兼顾家务和照看孩子等其他繁重事务。

随着工业革命的到来，主要工作场所从家庭转变为工厂和车间，女工充当雇佣劳动者，被纳入到货币经济之中。这无疑带来了一些好处，比如工作比较稳定，因为工业家在厂房和设备上投入了大量资金，会尽量避免停工。工厂女工全年就业，有更高的年收入，此外，女工工资也大大高于以前在家中从事计件工作的收入。例如，1914年，曼彻斯特棉纺厂的已婚女工每周收入是在家缝制手帕的已婚妇女的两倍多。

另一方面，新工厂的工作确实有一些男女工人都很抵触的负面问题。如前所述，这些问题包括工作时间长、工作环境恶劣以及多如牛毛的规章制度和处罚。女工尤其容易受到虐待和剥削，因为她们多半比较温顺，不太可能组织工会。工会男性领导人很少支持女工，还极力阻挠女工加入工会。此外，女工通常缺乏参加工会所需的时间和金钱。因此，到19世纪末，女工的平均工资还不到男工的一半。

大多数女工结婚生子后就放弃了工厂工作。但是，由于丈夫的工资多半不够养家，所以妇女会尽量承揽居家工作。这类临时性工作包括收留寄宿者、缝纫衣物、制作人造花、替人洗衣服以及替上班族母亲照顾孩子。

19世纪晚期，西欧的婴儿死亡率大幅下降，中产阶级妇女的地位也有了变化。出生率的相应下降意味着妇女摆脱了频繁怀孕的负担。此外，新型节省劳力的设施减轻了妇女的家务劳动负担。从理论上说，这本应大大减轻家庭主妇的担子和工作
421 量，实际情况却远非如此。这些省力的小玩意儿并没有像预期的那样减轻家庭主妇的负担，因为廉价的佣人日渐减少。因此，家庭主妇们发现，虽然有了新洗衣机和电熨斗，自己反而要比过去雇佣洗衣女工时做得更多。

同样重要的是，人们越来越期望中产阶级妻子的主要责任不是做家务，而是做母亲。书籍、杂志和布道都在宣扬一种观念：母亲既要照顾好全家人的衣食住行，还要满足家人的情感需求。专家们传授如何当一名合格的现代母亲的新型“科学”技术。另一方面，母亲还要恪守传统价值观，保持自身的女性特征。难怪许多中产阶级妇女感到身心俱疲。一些妇女开始挑战要求她们从属于丈夫和孩子的婚姻观念，女权主义运动应运而生，要求妇女在家庭内外享有平等地位和更多机会。

另一方面，工人阶级妇女没有时间、财力和精力像中产阶级妇女那样纠结于家务劳动与母亲角色。现实中的工人阶级妇女不可能渴望成为一个完美的妻子、母亲

图184　在电话交换机前工作的妇女。电话的发明为妇女提供了新的就业机会。

和主妇，她们时刻要面对失业、遗弃、疾病以及工资入不敷出所带来的日常生活危机。始终占妇女大多数的工人阶级妇女被生活的重担压得喘不过气来，对于她们而言，生活说到底为的是养家糊口，等着她们的只有没完没了的劳作。

七、工业革命对欧洲之外世界的影响

早期帝国的欧化

1763年前，欧洲列强在亚洲和非洲仅有为数不多的立足点，海外领土基本上仅限于美洲。1763年后，欧洲列强建立起对亚洲大部分地区和几乎整个非洲的政治控 422
制。在美洲和英国自治领，欧洲人更是大展拳脚，借助这些地区人口稀少、相对空旷等有利条件，数以百万计的欧洲移民涌入这些地区。

工业革命是大规模移民的主要动因。我们已经讲过，由于生产力提高和医学进

图185　《贝列耶一家》。对于中产阶级而言，家庭成为稳定而体面的社会生活的中心。这幅贝列耶一家的肖像是德加的作品。画中的丈夫/父亲坐在桌前，表明与事业和家庭之外世界的联系，妻子/母亲则与孩子们站在一起，表明了她的家庭主妇角色。

步，19世纪欧洲人口急速增长。这就带来了人口压力，这种压力以海外移民的方式释放出来。火车和轮船可以运送大量人口跨越大洋和大陆，更多的人为了逃避这样那样的迫害移民海外，爱尔兰马铃薯饥荒等天灾也引发了移民潮。这些不同因素叠加在一起，引发了人类历史上前所未有的大规模移民浪潮。人口迁徙浪潮在每一个十年都呈增长态势。19世纪20年代，有14.5万人离开欧洲；19世纪50年代，大约260万人离开欧洲；1900—1910年，移民人数达到900万人的顶峰，也就是每年有将近100万人移民（见地图26）。

423 以1885年为界，之前的移民大部分来自北欧和西欧，之后的移民主要来自南欧和东欧。总体上看，英国人移民到英国自治领和美国，意大利人移民到美国和拉丁美洲，西班牙人和葡萄牙人移民到拉丁美洲，德国人大多移民到美国，少数移民到阿根廷和巴西。从世界历史的角度来看，这股非同寻常的移民浪潮意义重大，除了大量流向亚洲俄罗斯和少量流向南非的移民外，其余移民都流向了新大陆和大洋洲。这就带来了一个后果，即西伯利亚、美洲以及除南非外的英国自治领在种族上

图186 1906年，前往美国途中的欧洲移民。1846—1932年，5000多万欧洲人移居美国、加拿大、南美洲、澳大利亚和南非。

几乎彻底欧化了。拉丁美洲印第安人设法生存下来，却沦为了少数民族。

海外领土的种族欧化势必带来政治、经济和文化的欧化。我们将在第三十五章中讲述这一进程。

新帝国主义征服新帝国

工业革命不仅在很大程度上造成了海外领土的欧化，也是欧洲人攫取庞大的亚洲和非洲殖民地的主要原因。1870年后的帝国主义狂潮被称为新帝国主义。少数欧洲强国从此占据了地球上大部分地区。新帝国主义与工业革命息息相关，欧洲人攫取殖民地的野心与日俱增，意欲将殖民地作为不断增长的制造业产品市场。19世纪实现了工业化的几个欧洲国家和海外国家很快就开始争夺市场，为了阻止别国产品进入本国，各国纷纷提高关税。很快就有人提出，每个工业化国家都应当拥有殖民地，为本国制造业提供“受保护的市场”。

工业革命产生了剩余资本，列强寻求建立殖民地，以之作为资本输出的对象。国内积累的资本越多，利润就越低，也就越是需要寻找更好的海外投资市场。事实上，欧洲各国都有大量资本输出海外，尤其是英国、法国和德国。例如，1914年，英国海外投资额达40亿英镑，相当于国民财富的四分之一。1914年，欧洲成为世界的银行家。19世纪上半叶，海外投资大多流向美洲和澳大利亚，也就是白人的世界。到19世纪下半叶，海外投资大多流向局势不那么稳定的亚洲和非洲非白人 424
国家。这些海外投资的背后是成千上万的私人投资者和大银行机构，他们自然想保障投资的安全，希望资本输出地区有“开明的”管理，最好是由他们本国政府来管理。这样，维护剩余资本投资安全的需要推动了新帝国主义的诞生。

工业革命还带来了对机器生产原材料的需求。许多原材料，如黄麻、橡胶、石油和各种金属矿产，都来自世界上“未开化”地区。在大多数情况下，为了保障这些原材料的充足供应，需要投入大量资本。我们已经指出，这种投资通常会促成欧洲列强对这些地区施加政治控制。

新帝国主义不全是经济因素使然，也并非只与工业革命相关，其他许多因素也起到了作用。首先，英国希望通过马耳他和新加坡这样的战略海军基地来保障国家安全。其次，获取额外的劳动力来源，法国在北非的所作所为就是出于这一目的。然后是19世纪特别活跃的传教士的影响。传教士试图让原住民皈依基督教，有时会受到当地人虐待乃至被杀害。尽管传教士为了自己的事业甘愿承担这种风险，但公众舆论强烈要求政府采取行动，欧洲列强屡屡以这类事件为借口进行军事干涉。最后，社会达尔文主义及其生存斗争、适者生存的主张大行其道，势必催生出种族优越论思想。白人的“负担”是统治地球上“劣等”的有色人种。在这个问题上，著名帝国主义者塞西尔·罗兹将自己的想法和盘托出："我认为我们是世界上最优秀的种族，我们在世界上占据的地方越多，对人类就越有益……如果真有上帝的话，我想，他希望我做的就是尽可能多地把非洲地图涂上英国红色[1]。"8

上述经济、政治和智识心理上的因素最终导致了世界历史上最大规模的领土吞并浪潮，即便是成吉思汗的征服也望尘莫及。1871—1900年的30年间，英国攫取了1101万平方千米领土和6600万人口，法国掠夺了906万平方千米的领土和2600万人口，俄国在亚洲吞并了129万平方千米领土和650万人口，德国夺取了259万平方千米领土和1300万人口，就连小小的比利时也抢占了233万平方千米领土和850万人口。1914年，地球上大部分地区和世界上大多数人口都直接或间接地被包括俄国在内的少数欧洲国家和美国所统治。这是人类历史上前所未有的一个事态发展。在20世纪末的今天，全球动荡在很大程度上是这种欧洲主宰地位带来的必然结果。

新帝国主义的影响

那么，为什么要把19世纪末欧洲的大规模扩张称为新帝国主义呢？毕竟，帝国主义并不是什么新鲜事。如果将帝国主义定义为"一个国家、民族或种族从政治或经济上对同类群体实施直接或间接的统治或控制"，那么帝国主义的历史与人类文明一样古老。9罗马人肯定属于帝国主义的范畴，他们征服并统治了欧洲和近东大部分地区几个世纪之久。在罗马人之前和之后，世界各地许多民族都曾经建立起帝国。

然而，"新帝国主义"一词持之有故，言之成理，这是因为19世纪末的欧洲扩张对殖民地和附属国造成了非常独特的影响。罗马人用简单直接的方式剥削领地，即掠夺和收取贡物，主要是粮食，这种剥削并没有从根本上改变领地的经济生活和经济结构。这些领地仍然一如往昔，像过去那样生产几乎相同的粮食和手工艺品。
425 打个比方说，罗马的帝国主义与日后征服和改造整个大洲的帝国主义的关系，犹如铁锹与挖掘机的对比。传统的帝国主义意味着剥削，却不涉及根本性的经济和社会变迁。对于被征服地区来说，无非是换了一个收取贡物的统治集团。反之，新帝国主义将被征服国家进行彻底改造。这种结果与其说是出自有意为之的政策，不如说是西欧蒸蒸日上的工业主义注定要给非洲和亚洲停滞的、自给自足的农业制度带来的冲击。换言之，工业资本主义的成熟和扩张主义决定了西欧不可能仅仅满足于与殖民地维持一种单纯的朝贡关系。

---

[1] 19世纪，英国出版的世界地图中习惯用红色或粉红色标注英帝国领土。——译者注

早期的欧洲征服者明火执仗地大肆掠夺和搜刮。英国人在印度，西班牙人起初在墨西哥和秘鲁，莫不是如此。但经过这个初期阶段之后，繁荣兴旺的欧洲经济开始以不同的方式控制和重塑殖民地的经济和社会结构。我们已经谈到，这是因为工业化的欧洲需要为剩余资本和制造业开辟原材料产地和产品市场。因此，新帝国主义的历史作用在于将工业革命推向一个必然结局，即工业化国家或工业资本主义能够在全球范围内运作。工业资本主义的全球运作要求更加广泛、协调和有效地利用全世界的人力物力资源。欧洲的资本和技术与欠发达地区的原材料和劳动力相结合，极大地提高了全球生产力水平，从而在人类历史上第一次形成了一体化的世界经济。事实上，世界工业生产在1860—1890年间增长了三倍，在1860—1913年间增长了7倍。世界贸易额从1851年的6.41亿英镑增长到1880年的30.24亿英镑、1900年的40.25亿英镑和1913年的78.4亿英镑。

人们普遍认为，做大世界“经济蛋糕”有百利而无一害。但如何分蛋糕的问题引起了很大的争议。殖民地人民认为自己没有分得应有的份额。他们所得的总额显然是增加的，否则不可能养活持续增长的人口。例如，有英国经济学家指出，

图187　欧洲人对非洲的剥削。照片所示为南非金矿公司的白人工头和黑人劳工（未标注日期）。

1949年，在矿产资源丰富的北罗得西亚（津巴布韦），欧洲矿业公司总计售出了
426 3670万英镑的产品，在北罗得西亚的支出却仅为1250万英镑，这意味着有三分之二的资金流出境外。此外，在北罗得西亚花费的1250万英镑中，有410万英镑付给了在当地生活和工作的欧洲人，只有200万英镑给了在矿井工作的非洲人。不过，这些工人的平均年收入为41英镑，而殖民地成年非洲男性的年均收入只有27英镑。[10]

在这种情况下，不难想见的是，殖民地人民对生产力的提高或外国公司支付的工资并没有什么没齿难忘的印象。相反，他们对自己悲惨的生活状况难以释怀，尤其是自己的生活远远比不上西方人的生活。他们总是被分派干伐木工和抽水工等最苦最累的活，即使在那些拥有发展工业所需的人力物力的地区也是如此。

在这个问题上，西方工人对工业资本主义的反应与殖民地人民对新帝国主义的反应不谋而合。两者都对自身的命运不满，也都拥护旨在推行彻底变革的运动。但两者之间有一个根本区别，殖民地人民反抗的不是本国雇主，而是外国统治者。因此，至少在初期阶段，殖民地人民反抗运动的指导思想不是社会主义，而是一系列西方政治学说：自由主义、民主主义，尤其是民族主义。

我们接下来将考察这些奠定了欧洲政治革命基础的“主义”。从世界历史的角度来看，政治革命与工业革命有着不分伯仲的重要性。我们将会看到，由于欧洲的政治革命，世界不仅受到西方的棉纺织品、铁路和银行的影响，还受到西方思想、口号和政治制度的影响。

[推荐读物]

关于科学革命的优秀读物是M. Boas, *History of Science*(*Service* Center for Teachers of History, 1958), No.13。优秀的科学史著作都有平装本，尤其是W. C. Dampier, *A Shorter History of Science*(Harcourt Brace Jovanovich, 1957); A. R. and M. B. Hall, *A Brief History of Science*(New American Library, 1964); F. S. Taylor, *A Short History of Science and Scientific Thought*(W. W. Norton, 1949)。一本值得一读的论文集是W. C. Dampier Whetham and M.Dampier, *Cambridge Readings in the Literature of Science*(Cambridge University, 1928)。

关于工业革命的解释和文献的深入分析，参阅E. E. Lampard, *Industrial Revolution: Interpretations and Perspectives*(Service Center for Teachers of History, 1957), No.4。上佳的通史著作是D. S. Landes, *The Unbound Prometheus: Technological Change and Industrial Development in Western Europe from 1750 to the Present*(Cambridge University, 1969)。一部富有启发的诠释性著作是：A. Thompson, *The Dynamics of the Industrial Revolution*(Edward Arnold, 1973)。关于工业革命从英国向外的扩散，参阅W. D. Henderson, *The Industrial Revolution on the Continent*(Cass, 1961)。关于工业革命的社会和政治影响，参阅E. J. Hobshawn, *The Age of Revolution: Europe, 1789–1848*(Weidenfeld, 1962); E. P. Thompson, *The Making of the English Working Class*(Gollancz, 1963); T. McKeowan, *The Modern Rise of Population*(Academic, 1977); N. McKendrick et al., *The Birth of a Consumer Society: The Commercialization of Eighteenth-Century England*(Indiana University1982); L. Brockway, *Science and Colonial Expansion*(Academic, 1979); D. R. Headrick, *The Tools of Empire: Technology and European Imperialism in the 19th Century*(Oxford University, 1981); H. Magdoff, *Imperialism from the Colonial Age to the Present*(Monthly Review, 1978)。

R. Bridenthal and C. Koonz, eds., *Becoming Visible: Women in European History*(Houghton Mifflin, 1977), 第11—14章总结了工业革命对妇女的影响。更深入的讨论，参阅L. A. Tilly and J. W. Scott, *Women Work and Family*(Holt, Rinehart and Winston, 1978); E. S. Riemer and J. C. Fout, eds., *European Women: A Documentary History, 1789–1945*(Schocken, 1980); J. Rendall, *The Origins of Modern Feminism: Women in Britain, France and the United States, 1780–1860*(Macmillan, 1985)。

[注释]

1. T. Sprat，*The History of the Royal Society of London*，*for Improving of General Knowledge*（London，1734）p. 72.

427 2. *Siderius nuncius*，trans. E. S. Carolos（1880）. Cited by M. Nicolson，*Science and Imagination*（Cornell University，1956），p. 15.

3. Charles Darwin，*Origin of Species*，Vol.I（New York，1872），p. 3.

4. H. Butterfield，*The Origins of Modern Science*，*1300–1800*（Bell，1957），p. 179.

5. L. Huberman，*We*，*the People*，rev. ed.（Harper & Row，1947），p. 218.

6. L. R. Brown，*Vital Signs 1996*（W. W. Norton，1996），p. 74.

7. N. McKendrick，*The Birth of a Consumer Society*（Indiana University，1982），p. 98.

8. L. Huberman，*We*，*the People*，rev. ed.（Harper & Row，1947），p. 263.

9. W. L. Langer，*Diplomacy of Imperialism 1890–1902*，2nd ed.（Knopf，1935），p. 67.

10. P. Deane，*Colonial Social Accounting*（Cambridge University，1953），p. 37.

> 个人和民族一旦在思想上把握了自为存在的自由这 428
> 一抽象概念，那除此之外就没有什么别的东西会拥有这种不可制胜的力量。
>
> ——G. W. F. 黑格尔

第二十七章　欧洲的政治革命

奠定19世纪欧洲主宰世界基石的，除了工业革命和科学革命，还有政治革命。政治革命的要义在于推翻了一种观念，即统治者与被统治者之分乃是出于上帝的旨意。人们不再认为政府凌驾于人民之上，人民臣服于政府。相反，有史以来第一次，政治革命在比城邦更大的范围内要求政府认同于人民。民众被唤醒和动员起来，他们不仅参与政府，而且把参政权视为一种与生俱来的权利。本章将分析英国革命、美国革命和法国大革命所形成的政治革命的普遍模式，考察这一模式在19世纪的具体表现形式及其在世界范围内的影响。

一、政治革命的模式

像经济革命一样，政治革命也经历了不同的发展阶段。我们已经谈到，经济革命始于英国，接着扩散到欧洲大陆和美国，随后又扩散到世界其他地区。同样，政
治革命始于17世纪的英国革命，在美国革命和法国大革命的进一步推动下，在19世 429
纪遍及整个欧洲，最终在20世纪席卷了全球。

经济革命与政治革命同步发展，这并非偶然。事实上，两者息息相关、相辅相成。经济革命在很大程度上成为推动政治革命的动因，因为它孕育出新兴的阶级，这些新兴阶级不仅有新的利益，而且形成了对这些利益做出合理解释的新兴意识形态。为了更清晰地阐明这一点，不妨先简要回顾一下经济革命和政治革命的总体进程。

中世纪初期，西欧有三个界限分明的社会群体，即军事贵族阶层的贵族，教会和知识精英的教士，以及靠劳动养活了两个上层阶级的农民。随着商业的发展，中

世纪社会秩序的面貌逐渐发生变化，出现了一个新兴阶层：城市资产阶级。这个阶层财富不断增长、人数日益壮大，越来越不满于封建社会阶层的特权和阻碍自由市场经济发展的种种束缚。因此，资产阶级与民族君主结成了互惠互利的联盟。各国君主依靠资产阶级的财政支持维护自身权威，压制封建阶层。皇家领地建立起法律和秩序，也反过来让资产阶级从中获益。中产阶级日益发展壮大，最终改变了对君主的态度，双方的联盟宣告破裂。中产阶级与国王分道扬镳，要求摆脱王室对商业的束缚、日益沉重的税收负担以及对宗教自由的限制。这些要求成为英国、美国和法国革命的重要目标。这些革命的成功也标志着古典自由主义的胜利，这一新兴意识形态将资产阶级的利益和目标合理化。从这个意义上说，可以将自由主义定义为一种特殊的纲领，不断壮大的中产阶级以此提出了自己争取的利益和追求的主导权。

秉持自由主义纲领的中产阶级反过来受到城市工人或无产阶级的挑战。随着18世纪晚期开始的工业革命逐步推进，城市中的工人逐渐形成了阶级意识。他们逐步意识到自身利益与雇主的利益水火不容，只有团结起来采取行动，才能改善自身的状况。因此，工人阶级，确切地说是领导工人阶级的知识分子，发展出一种新的意识形态：社会主义。社会主义向资产阶级的自由主义发起了直接挑战，不仅要求政治改革，还要求推行社会和经济改革。我们将要看到，社会主义将成为影响19世纪末欧洲事务和20世纪世界事务的主力军。

欧洲政治革命的动力不仅来自振奋人心的自由主义和社会主义纲领，还来自能够动员不同社会阶层广大民众的民族主义意识形态。过去，欧洲民众首先效忠的是地区或教会。到现代早期，民众开始效忠于新兴的民族君主。然而，从英国革命开始，尤其是法国大革命期间，越来越多的欧洲人开始忠于新兴的民族事业。随着民族教会、民族王朝、民族军队和民族教育的兴起，昔日的公国臣民、封建农奴和城镇市民转变成涵盖了所有社会阶层的民族。19世纪，新兴的民族主义意识形态从西欧发源地传遍整个欧洲大陆。在20世纪的今天，民族主义成为唤起遍布全球的昔日殖民地人民觉醒的推动力量。

自由主义、社会主义和民族主义构成了欧洲政治革命的核心。在这三大纲领的激励下，欧洲日益广泛的民众阶层行动起来，迸发出世界上任何其他地区都罕有其匹的活力和凝聚力。因此，就像科学革命和经济革命一样，政治革命对欧洲的世界统治地位做出了至关重要的贡献。欧洲人开始海外扩张后，遭遇到统治者与被统治
430 者离心离德的社会。这些社会的民众麻木不仁，而且对政府不认同，这成为欧洲人轻而易举地在一个又一个地区建立并维持统治的原因。印度就是一个典型例子，那里的统治者与被统治者的离心离德在很大程度上导致整个社会脆弱不堪。印度社会

犹如一盘散沙，不同的民族、宗教和彼此水火不容的地方忠诚使其很容易沦为外来势力的猎物。在长达一个半世纪的时间里，英国仅凭为数不多的军人和官员，得心应手地统治着地域广袤、人口众多、拥有灿烂文明和悠久历史传统的印度次大陆。1857年，印度爆发反英起义，却不仅遭到英国军队镇压，而且遭到印度军队镇压。《泰晤士报》记者惊讶地报道了当时的情况："我惊奇不已地观察着在我面前和周围奔腾的战争浪潮的巨大支流。不论男女老少，所有人都兴高采烈地奔向勒克瑙，帮助欧洲白人制服他们自己的同胞。"[1]

然而，欧洲人的政治和经济统治势必会带来欧洲政治观念的传播。就像斯蒂芬森的火车头、富尔顿的轮船和加特林的机枪一样，《独立宣言》《人权和公民权宣言》和《共产党宣言》也给全世界带来了冲击。这些震撼人心的文献直接引发了作为我们这个时代标志的全球动荡。

二、英国革命

17世纪的英国革命揭开了欧洲政治革命的序幕。英国的这场剧变起因于议会与斯图亚特王朝的冲突。这场冲突演变成一场公开的内战，议会最终获得了胜利。斯图亚特王朝之前的都铎王朝颇得民心，尤其是得到了中产阶级和乡绅的拥戴。都铎王朝把相互杀伐的贵族家族置于中央控制之下；建立起英国国教会，断绝了与罗马教廷的关系，没收和分配了天主教会的大量土地和其他财产；建立了海军，推行民众拥护的反天主教外交政策。

斯图亚特王朝的第一代国王詹姆斯一世（1603—1625年在位）以及他的儿子和继承人查理一世（1625—1649年在位），很快就将前朝积攒下来的好名声消耗殆尽。他们强制推行英国国教教义和仪式，从而疏远了不从国教的新教徒（即清教徒）。他们还抛开议会进行统治，但陷入了困境，因为财政权掌握在议会手中。于是，为了绕过议会的阻碍，他们出售进出口贸易、国内商业和许多制造业行业的特许经营权。此举虽然带来了可观的收入，却招致了资产阶级的反对，因为资产阶级要求"所有自由的臣民都可以自由地经营各自的产业"。[2]

查理试图在苏格兰强制推行英国国教，苏格兰人奋起反抗，由此酿成了王朝危机。为了筹措镇压起义的资金，查理被迫召集议会，1640年召开的"长期议会"没有理会查理的拨款要求，反而提出了许多影响深远的主张。他们要求处决国王的首席顾问，彻底改组英国国教会。查理拒绝妥协，1642年，保皇派"骑士党"与清教徒"圆颅党"爆发了战争。

直到1688年所谓的"光荣革命"，英国才在将近半个世纪的动荡之后恢复了稳定。这几十年间惊心动魄的事件汇聚成英国革命，这场革命可以分为五个阶段。第一阶段是1642年到1645年的内战。奥利弗·克伦威尔组建了著名的新模范军，打败了保皇党军队。第二阶段从1645年到1649年，这一时期英国革命的局势在日后1792年的法国大革命和1917年的俄国革命中重演，只不过细节有所不同。获胜的清教徒分裂为温和派和激进派。克伦威尔领导的温和派压倒了约翰·利尔本为首的激
431 进派。1649年，国王查理被处死，英国建立了共和国，史称“英吉利共和国”，克伦威尔成为共和国的领导人。

第三阶段从1649年到1660年，克伦威尔及其清教追随者虔诚高效地统治着英国，废除了封建特权，解决了宗教问题。1658年，克伦威尔去世，他的儿子理查德继任共和国的护国公，但理查德是个无能之辈，国民也厌倦了清教徒统治下循规蹈矩的俭朴生活。结果，斯图亚特王朝复辟，1660年到1688年的第四阶段即所谓的复辟时期。

图188 英国内战中，奥利弗·克伦威尔的新模范军打败了保皇党军队。1649年处死国王查理一世后，克伦威尔统治了短命的英吉利共和国，征服了爱尔兰和苏格兰，1653年起成为护国公，1658年去世。

斯图亚特王朝复辟后，国王查理二世（1660—1685年在位）和詹姆斯二世（1685—1688年在位）并没有推翻、实际上也无力推翻共和国时期的改革。但他们力图恢复个人统治，迎合法国王室，扶持天主教，因而越来越不得人心。最终，1688年的光荣革命推翻了詹姆斯二世，英国革命进入到第五个也是最后一个阶段。新统治者是詹姆斯二世的女婿、奥兰治的威廉。1689年，威廉接受了《权利法案》，该法案确立了议会至上的基本原则。法案规定国王不得废止法律，未经议会同意不得征税或征兵，未经法律程序不得逮捕和拘留臣民。这些规定并不意味着英国成为一个民主国家，直到19世纪末实行普选制，这一目标才得以实现。但是，1689年的解决方案最终确立起议会的最高权威，为将近半个世纪前开始的英国革命画上了句号。

从世界历史的角度来看，英国革命的意义主要在于确立起自由主义原则并将其付诸实施。这是水到渠成的事情，因为英国革命本质上是一场中产阶级革命。站在议会一边的商人和小乡绅有两个主要目标，一是维护宗教宽容，二是保障人身自由和财产安全。然而，清教徒在这两个问题上并没有达成共识，而是发表了许多彼此对立的观点并展开了激烈争论。例如，在宗教领域，涌现出许多新教派，包括公理会、浸信会和贵格会。另一方面，长老会派力图将自己的教会发展成面向全体公民的全国性组织。这些宗教分歧显然必须调和，否则议会的胜利将前功 432
尽弃，国家也可能崩溃。正是在这种背景下，人们阐释并确立了自由主义的宗教宽容原则。人们普遍认为，强迫人接受某种信仰既不道德，也徒劳无功，这种观点并非权宜之计，而是基于宗教宽容原则。诚然，英国国教仍然是国家支持的官方教会，国教徒在担任政府职位等方面享有优先权。但总的来说，英国确立起这样的原则：在不危害公共秩序或是干涉他人信仰的前提下，所有基督徒都享有信仰自由。

人身自由和财产权问题也引发了尖锐冲突。清教徒左翼和右翼在这个问题上的分歧甚至比宗教问题还要大。当新模范军的普通士兵开始感到自身利益受到军官和议会的忽视，分裂随之而来。他们的代言人是“平等派”，“平等派”本是对主要由中下层阶级和乡村佃农发起的群众运动的蔑称。事实上，下院为建立英吉利共和国通过的立法中已经纳入了“平等派”的基本主张：“在上帝的庇佑下，人民是一切公正权力的源头”，下院“由人民选出并代表人民，在这个国家拥有最高权力”。[3]

既然议会愿意承认人民主权原则，那么议会与“平等派”分歧的源头何在呢？答案就在于对“人民”的不同界定。克伦威尔及其追随者认为，参加下院选举的“人民”是指“在王国中拥有真正或永久利益”的那些人，也就是有产者，而平等派则认为，“任何出生在英格兰的男子……都应当在议员选举中有发言权”。[4]由此可见，问题的症结其实在于立宪议会政体与民主政体的分歧。许多人拥护民主政体，想用手中的选票来推进社会改革。克伦威尔及其追随者则畏惧社会改革，坚决反对平等派。

事实上，17世纪英国发生了两场革命。第一场革命是小乡绅和资产阶级的政治革命，旨在赢得大展拳脚所需的公民自由和宗教自由。第二场革命是中下阶层和佃农的社会革命，旨在建立一个小所有者的社会，实现彻底的宗教和政治平等，为穷人提供慷慨的救济。社会革命在17世纪的英国失败了，在18世纪的法国也未能成功。在这两个国家，社会革命的倡导者都缺乏必要的人力、组织和成熟度。要到19世纪末，工业革命孕育出人数众多且形成了阶级意识的城市无产阶级，社会革命的时代才真正到来。无产阶级将发展出自己的意识形态：社会主义，它有别于并且对立于资产阶级的自由主义。

三、启蒙运动

17世纪英国的剧变之后，欧洲政治革命的下一个阶段是1789年法国大革命前一个世纪里出现的“启蒙运动”。启蒙运动之名源于这场运动的领袖们认为自己生活在一个启蒙的时代。在他们看来，过去的时代在很大程度上是迷信和蒙昧的时代，只有在他们那个时代，人类才最终从黑暗走向光明。因此，进步观念成为启蒙时代的一个基本特征，这种观念始于启蒙运动，一直延续到20世纪。人们从此普遍认为，人类的状况将持续改善，每一代人都会比上一代人过得幸福。

那么，如何实现这种持续进步呢？答案简单而又自信：运用人类的理性。对理
433 性的信念是启蒙运动的另一个基本特征。事实上，进步和理性成为启蒙运动的两大核心概念，这两个概念的倡导者是一群能言善辩之人，即所谓的启蒙哲人。启蒙哲人不能与通常意义上的哲学家混为一谈，启蒙哲人并非某个特定领域深刻系统的思想家。他们大多是文人或普及者，更多是撰稿人而不是哲学家。他们普遍反对现行秩序，通过撰写戏剧、小说、散文和历史来传播自己的观念，阐明变革的必要性。

启蒙哲人深受牛顿发明的万有引力定律的影响，他们认为自然法既支配了物质宇宙，也支配着人类社会。根据这一假说，他们用理性来审视一切领域，寻找各个领域中发挥作用的自然法，还用理性来检验一切事物，重新评估所有的人物、制度和传统。对于任何时代的社会来说，这都意味着严峻的考验，对于法国的旧制度来说尤其如此，因为它早已经开始走下坡路，许多方面已是千疮百孔。因此，启蒙哲

图189 约翰·洛克（1632—1704年）捍卫人民的权利，反对那些声称拥有绝对权力的统治者。

人对法国和整个欧洲的旧制度展开了口诛笔伐。更重要的是，他们阐述了一整套革命性原则，并在这些原则的基础上提出了大规模社会改造方案。启蒙哲人在经济、宗教和政府等三个领域提出的具体方案尤为值得关注。

启蒙哲人在经济领域的核心主张是“自由放任”：让人民自由地做他们想做的事情，听任其自然发展。启蒙哲人反对政府干预，针对的是通常所称的重商主义，这种学说主张对经济生活实行严格管制。在早期的国家建构阶段，重商主义被视为维护国家安全的必要手段。但是，到18世纪，重商主义已变得过时和有害。在名著《国富论》（1776年）中，苏格兰人亚当·斯密对自由放任学说做了经典阐释。他指出，个人的经济活动受自身利益驱动，个人利益的总和构成了一个国家的福祉，个人比任何政治家更懂得自身的利益所在。

在宗教领域，核心的启蒙主张是“铲除败类”，即铲除宗教狂热和不容异说。启蒙哲人摒弃了上帝主宰宇宙、任意决定人类命运的传统信念，转而寻求一种遵循理性指令的自然宗教，从而与宗教正统观念分道扬镳。有些启蒙哲人属于不折不扣的无神论者，彻底否认上帝的存在，斥责宗教是教士和政客的工具。另一些启蒙哲

图190 让-雅克·卢梭（1712—1778年）阐释了启蒙运动的一些最深刻的社会和伦理问题。

人则是不可知论者，既不承认、也不否认上帝的存在。大多数启蒙哲人是自然神论
434 者，他们愿意承认上帝以及上帝创造了宇宙，同时坚持认为上帝创世之后便不再干涉，听任宇宙按照某些自然法运行。这样，自然神论者便可以鱼与熊掌兼得，在接受上帝和基督教教义的同时，摒弃基督教的超自然元素，如圣灵感孕、基督复活、基督的神性以及《圣经》的神启。这里要指出的一个关键点是，不论是无神论还是不可知论和自然神论，这些新信念都构成了对“启示”或“超自然”宗教的前所未有的挑战。这意味着自基督教在欧洲取得精神统治地位以来，人们第一次明确打破了基督教传统。

在政府领域，启蒙哲人也有一个关键词：社会契约。政府的契约理论并不是什么新学说。英国政治理论家约翰·洛克在《政府论》（1690年）中已经系统阐述了这一理论，洛克将政府定义为统治者与被统治者订立的政治契约。然而，法国哲学家让-雅克·卢梭认为，政府并非政治契约，而是人民之间的协议，从而将政府转变成一种社会契约。卢梭在代表性政治著作《社会契约论》（1762年）中指出，人民与政府的关系完全是“委托”与“受托”的关系，从而论证了旨在恢复主权人民

合法权力的革命是正当的。

上述简略考察表明了启蒙运动对于欧洲政治革命的意义。“铲除败类”“自由放任”“社会契约”的主张颠覆了传统的制度和习俗，挑战了既定的社会秩序，不仅是法国的秩序，而且是整个欧洲乃至海外领土的秩序。事实上，启蒙哲人不是站在法国人或欧洲人的立场，而是把自己视为人类的一员，以全球视角而非西方视角来思考和行动。启蒙哲人试图寻找一种普遍适用的社会法则，就像牛顿发现的自然规律适用于整个物质世界一样。

虽然启蒙哲人没有找到支配全人类的固有法则，但他们通过著书立说影响了世界各地的许多有识之士。启蒙哲人最直接的成果是，一些欧洲君主至少部分采纳了他们的学说。这些君主仍然坚持君权神授理论，但改变了统治目标的观念，他们依然认为政府权力是属于君主的特权，但承认政府权力的目的是造福人民。因此，这些统治者被称为开明专制君主。

最著名的开明专制君主有普鲁士的腓特烈大帝（1740—1786年在位）、俄国的叶卡捷琳娜大帝（1762—1796年在位）以及哈布斯堡王朝的约瑟夫二世（1765—1790年在位）。叶卡捷琳娜大概是这些人中最能言善辩的，她经常把启蒙运动的独 435
特话语挂在嘴边，比如“法律面前人人平等”“君主应当服务于人民”“国家若是分割成少数大庄园是很危险的”等等。不过，叶卡捷琳娜和其他开明专制君主并不是单纯地坐而论道，而是推行了一系列改革。叶卡捷琳娜极大地改善了国家的行政和教育制度，腓特烈为普鲁士的农业发展做了大量工作，最真诚尽责的开明专制君主约瑟夫二世更是殚精竭虑地按照新原则改造帝国。然而，这些统治者虽然大权在握，影响却十分有限。他们的继承人往往会开倒车，而教士和贵族则坚决反对任何威胁到自身既得利益的改革。

四、美国革命

我们不应夸大开明专制君主在将启蒙思想付诸实践方面所起的作用，因为要到1789年法国大革命爆发，启蒙学说才对欧洲民众产生了很大影响。不过，在那之前，13个英属北美殖民地爆发了一场革命，成为将新兴的启蒙学说付诸实践的活生生的榜样。

我们在前文（第二十五章第三节）中讲过，政治独立是英属北美殖民地的一个主要特征。殖民地的民选议会经常与总督和伦敦委任的其他官员发生冲突。我们还曾讲到，英国在七年战争中彻底打败法国，通过1763年的《巴黎条约》夺取了北至北极、西到密西西比河的法国殖民地。英国人和殖民地居民为共同赢得的巨大胜利

图191 为了抵制1774年的《强制法案》，第一届大陆会议号召美洲殖民地居民加入大陆协会，立誓与英国断绝商业往来。这幅于次年在伦敦出版的印刷品描绘了弗吉尼亚人拒绝加入大陆协会可能有的下场。画中背景是一具绞刑架，上面挂着一袋羽毛和一桶沥青。

而欢欣鼓舞。然而，这场胜利在解决了老问题的同时，也带来了新问题。首先，由于法国人不再对殖民地构成威胁，殖民地居民的反抗精神日益高涨。其次，由于获取了广大的新殖民地，英国政府决定强化帝国组织。若是在早先，这种强化控制之举可能还行得通，但如今法国人的威胁已不复存在，殖民地居民相信自己能够、也完全有权独立自主。因此，英国强化帝国权威的愿望与北美殖民地的自治主张背道而驰，成为引发美国革命的主要原因。

殖民地居民也并非全都赞成暴力革命，有这种想法的人甚至不占多数。事实上，殖民地居民分裂成两个对立阵营。保守派只想恢复1763年前宗主国与殖民地的
437 松散关系，激进派则希望改变与英帝国的关系，由殖民地掌握自身事务的控制权。激进派还希望殖民地的政治权力向普通民众倾斜，这遭到了保守派的强烈反对，保守派并不想搞民主，而是希望维持上层阶级的领导权，就像1688年英国的光荣革命一样。最终，由于无能的英国政府一错再错，激进派占据了上风。

托马斯·潘恩论美国革命 436

托马斯·潘恩发表《人的权利》(1791年),雄辩地捍卫了美国革命,回击了埃德蒙·伯克在《反思法国大革命》中对革命的消极评价。潘恩是那个时代的典型代表,期待爆发更多的革命,开启"人类的新时代"。*

阿基米德关于机械功率的话,同样适用于理性和自由:"如果给我们一个支点,我们就可以撬起地球。"

美国革命在政治上展示了在力学中还只是理论的东西。旧世界的一切政府如此根深蒂固,暴政与古老的习俗如此操纵自如地控制着人们的头脑,乃至无法在亚洲、非洲或欧洲着手改革人类的政治状况。自由在全球范围内遭到围捕,理性被视为叛逆,人们在恐惧的挟持下不敢思考。

可是,真理有不可抗拒的特性,它的全部要求和全部需要在于自由表达。太阳无须用任何铭文让自己有别于黑暗。美国政府向全世界宣告成立,专制主义大为震惊,人们也开始思考如何改革社会了。

美国的独立如果不曾伴随一场对政府的原则和实践的革命,而单从它脱离英国这一点来考虑,那就微不足道了……

倘若普世和平、文明和通商终将是人类的福祉,那就非经过一场政府制度的革命不可。所有的君主制政府都是好战的。它们以战争为业,以掠夺和征税为目标。只要这种政府继续存在下去,就没有一天太平的日子。所有君主制政府的历史不就是一幅人类悲惨生活的画面,难得有几年让民众休养生息吗?统治者被战争搞得筋疲力尽,杀人如麻之后坐下来休息一会儿,就管这叫"和平"。这肯定不是上天为人类安排的……

以前世界上发生的革命吸引不了大多数人的注意。这些革命只限于角色和手段的更迭,而不是原则立场的改变,而且只是在当时的社会环境下此起彼落。我们现在所看到的革命,不妨称之为"反革命"。早些时候的征服与暴政剥夺了人们的一切权利,现在人们正在收回这些权利。正如一切人类世界都有盛衰起落,革命亦是如此。基于伦理学说、普世和平体制以及不可剥夺的固有人权的政府,借助比依靠暴力由东方卷向西方的政府更强大的推动力,正由西方卷向东方。它不会引起个别人的兴趣,却会引起进步中的各国国民的兴趣。它正向人类许下诺言:新时代即将来临。

* Thomas Paine, *Rights of Man* (London, 1972), pp. 1–5.

图192 1773年12月16日的波士顿倾茶事件。1773年，为了阻止英国东印度公司运到美国的茶叶纳税，“自由之子”社成员装扮成印第安人，将船上的茶叶倒入海中。

美国革命的进程早已是尽人皆知，在此只需简要回顾。1763年，英国政府颁布公告，禁止殖民地居民向西翻越阿巴拉契亚山。这本来是一项临时性举措，为的是在出台有序的土地政策前维持稳定，但在潜在的移民和投机者看来，这一政策是为了少数英国毛皮商人的利益而永远禁止殖民地居民进入阿巴拉契亚地区。英国政府随后又出台了一系列财政措施，包括《糖税法案》《驻营条例》《印花税法案》和《汤森税法》，这些法案旨在让美洲殖民地居民分担英国的部分财政负担。在英国人看来，这些征税是合情合理的，尤其是考虑到英国在前不久打败法国人的战争中投入了大量资金，估计将来还要花更多的钱来保护殖民地边境。但是，这些强制措施影响到所有的殖民地居民，遭到殖民地居民的一致反对。殖民地居民召集了殖民地会议，组织抵制英国商品，要求英国撤销这些金融措施。英国政府又出台了一系列考虑不周的措施，掀起了一场新的风暴，最终引发了革命。

随后发生了我们熟知的一连串戏剧性事件：东印度公司垄断殖民地的茶叶贸易，引发了波士顿倾茶事件，为了惩罚波士顿港口的破坏行为，英国颁布了《强制法案》，又叫“不可容忍法令”。另一方面，1774年，英国议会通过了《魁北克法案》，该法案确定了从法国夺取的法属加拿大的政府制度，还划定了魁北克省的疆界，将俄亥俄河以北的所有土地划归魁北克省，范围包括今天的威斯康星州、密歇根州、伊利诺伊州、印第安纳州和俄亥俄州。英国出台《魁北克法案》本是出于多重考虑，但北美殖民地居民斥之为新的“不可容忍法令”，认为这一法案旨在保护法裔加拿大天主教徒的利益，阻止殖民地居民向西扩张。1774年9月，第一届大陆会议在费城召开，再次发起抵制英货活动。第二年，英国军队从波士顿前往康科德夺取一座民兵私自设立的武器库，双方爆发了战斗。这次行动导致在列克星敦 438
绿地打响了“震撼世界的枪声”。结果，英军被围困在波士顿。一个月后，也就是1775年5月，第二届大陆会议召开，殖民地居民面临着一场全面战争，着手组建自己的军队。

大陆会议仍然不愿与宗主国彻底决裂，但随着战火的蔓延，要求独立的呼声日益高涨。1776年1月，托马斯·潘恩发表了极具鼓动性的小册子《常识》。这本书在殖民地广泛流传，在很大程度上推动了1776年7月4日大陆会议通过《独立宣言》。战争全面打响后，法国对革命者的援助成为关键因素。在战争的头两年里，法国虽然没有正式参战，却向殖民地输送了大量军火。1777年，关键的萨拉托加战役中，美国人使用的武器有90%是来自法国。第二年，法国与殖民地起义者签订了同盟协议，随即向英国宣战。荷兰和西班牙也加入到法国一边，其他欧洲强国组成了武装中立同盟，以保护本国贸易不受英国海上力量的影响。在法国海军和6000人的法国

图193　1779年的一幅漫画描绘了美国革命的最终结果。

远征军帮助下，乔治·华盛顿领导的大陆军队赢得了胜利。1781年，英军最终在约克镇投降。1783年，在巴黎签署了和平条约，承认美利坚合众国独立，美国的疆界向西延伸到密西西比河。

439 从世界历史的角度来看，美国革命的重大意义不在于建立了一个独立国家，而是在于创建了一个与众不同的崭新国家。《独立宣言》宣布："我们认为这些真理是不言而喻的：人人生而平等。"无论是革命时期还是建国之后，美国人民在法律上确认了宣言的精神，并在现实中加以贯彻落实：夺取并分配了托利党人名下的大庄园；扩大了选举权，所有成年男子（不包括妇女）都有投票权；多个州的政府通过了禁止输入奴隶的法律；禁止设立国教，国家法律保障宗教自由；所有13个州都通过了宪法，其中包括保障公民自然权利的《权利法案》。

上述这些变革没有日后的法国大革命和俄国革命那么广泛深刻。日后的这两场革命，尤其是俄国革命，涉及更广泛的社会和经济重组。然而，美国革命在当时产生了巨大影响。新大陆建立起一个独立共和国，欧洲人普遍将其看成是启蒙思想结出的硕果，即有可能建立一个以个人权利为基础的国家和切实可行的政府体制。可以说，美国成为自由和机遇的象征，这个新生国家挣脱了过去的负担和枷锁，成为欧洲人羡慕不已的对象。

五、法国大革命

革命的根源

在世界历史的舞台上，法国大革命要比英国革命和美国革命重要得多。与之前的两场剧变相比，法国大革命推行了更广泛的经济和社会变革，影响到世界上更广大的地区。法国大革命既是资产阶级的胜利，也标志着民众的全面觉醒。中产阶级的自由主义崭露头角，能够动员所有社会阶层的民族主义也走上前台。事实上，在这场革命中，长期被排斥在历史舞台之外的"人民"大步登上舞台中央，从此一直扮演着历史的主角。

为什么法国会发生这样的巨变？根本原因在于，法国虽然是启蒙运动的发源地，在拿破仑登上历史舞台前，它并不是由开明专制君主统治的。因此，法国是一个极其低效、极不平等的国家，政府体制千疮百孔，抱残守缺。政府的瘫痪使野心勃勃、心怀不满的资产阶级成功夺权成为可能。

法国的旧制度有着贵族式的社会结构。所有法国人在法律上划分为不同的社会"等级"，等级身份决定了不同的法律权利和特权。第一等级是教士，法国2450万总人口中约有10万名教士。第二等级是贵族，总计约有40万人。其他所有人为第三等级，包括2000多万农民以及大约400万城市商人和工匠。前两个等级占总人口的2%左右，却占有了大约35%的土地，把持了大部分政府职位。前两个等级虽然攫取了与其人数不成比例的利益，却几乎不用缴纳任何赋税，事实上，他们认为纳税有失身份。

于是，赋税的负担就落在了第三等级尤其是农民身上。农民占人口的80%以上，却只拥有30%的土地。此外，农民还要向教会缴纳什一税，向贵族缴纳封建税，向国家缴纳土地税、所得税、人头税和名目繁多的其他税费。1720—1789年，法国一般商品的总体价格水平上涨了65%，而农产品（农民收入的来源）价格的涨幅却远远落后，这意味着农民的负担变得尤为沉重。

城市里的工匠也很不满，因为他们的工资在这几十年里只上涨了22%。资产阶级在税收上的境况没有那么糟糕，因为相比工匠和农民，资产阶级能更好地维护自 440
身利益。此外，节节攀升的物价以及1713—1789年增长了5倍的贸易，让大多数商人从中受益。然而，资产阶级同样对旧制度十分不满。他们受到贵族的鄙视，被王室视为二等臣民，而且不得担任官僚机构、教会和军队的高级职位。简而言之，资产阶级想要获得与自身日益提升的经济地位相称的政治权力和社会声望。

图194　这幅18世纪晚期的讽刺漫画描绘了法国的社会结构。戴着镣铐的穷人代表绝大多数法国人，被贵族、主教和穿袍贵族压在身下。贵族拥有封建权利，主教手里拿着有关宗教迫害和教士特权的文书，穿袍贵族拿着有关贵族主导的议会权利的文件。

贵族革命

以上简要分析了大革命爆发之际法国旧制度的实质。如同之前和之后的其他革命一样，法国大革命一开始比较温和，随后变得日益激进。事实上，它不是作为一场资产阶级革命开始于1789年，而是作为一场贵族革命开始于1787年。随后，这场革命经历了资产阶级革命和民众革命阶段，变得越来越“左倾”，直到发生了一场反动，最终导致拿破仑上台。

贵族们发动革命是为了夺回十六七世纪时丧失的政治权力。当时，国王委任的监察官取代了贵族总督，王室官僚机构控制了全国各级政府。国王大权独揽有一个
441 标志，即1614年后，法国再没有召集过三级会议。因此，不难想见，当路易十六因为援助美国革命的巨额开支而陷入财政困境，贵族们试图趁机重新掌权。

1787年，贵族和教士率先起来发难，因为路易打算一视同仁地向所有土地统一征税。特权阶层认为新税收是非法的，表示只有代表整个国家的三级会议才能决定如此重大的改变。国王迫于手头拮据，最终做出让步，1789年春，路易召集了三级会议。贵族们打算通过掌控三级会议，重新确立起在政府中的主导地位。事实证明，他们的如意算盘完全落空了。三级会议的召开带来的并不是贵族的胜利，而是引发了一场汹涌的革命浪潮，这股浪潮将席卷法国和欧洲大部分地区的现行制度和统治阶级。

资产阶级革命

1789年5月5日，三级会议在凡尔赛宫召开。这个机构并不代表法国人民，确切地说，它代表的是传统上划分的三个等级。从一开始，第三等级代表就表现出活力和果敢。第三等级共有600名代表，因而有人数上的优势，其他两个等级各有300名代表。事实上，第三等级代表的人数超过了其他两个等级之和，因为第三等级的阵营还包括一定数量的教士以及一些思想开明的贵族，像拉法耶特侯爵这样的贵族还曾为美国的革命事业而战。中产阶级代表也形成了一些旨在改造旧制度的改良思想，他们读过启蒙哲人的著作，对于如何推行改良至少大致上心里有数。他们还有政府急需的资金，并且毅然决然地使用这一有力武器来逼迫政府让步。

平民代表向国王路易施压，要求把三级会议改为国民议会，从而赢得了第一个胜利。这是关键的一步，因为只要是以等级为单位进行表决，第三等级势必处于以一敌二的劣势。如果召开三个等级的代表共同组成的国民议会，平民代表和另外两个阵营中的盟友就能发挥人数上的优势。国王路易愚蠢又缺乏远见，起初在这个关键问题上举棋不定。平民代表勇敢地违抗国王的旨意，宣布自行召开国民议会，迫

使路易屈服，6月23日，路易指示三个等级合并开会。

国王虽然让步，却并不打算从此改弦更张，他继续听从所谓的“王后党”，即王后玛丽·安托瓦内特的反动顾问们的建议。7月11日，国王罢免了被认为主张改革最力的大臣雅克·内克，这一举动暴露出国王的真实意图。与此同时，保皇派的几个团奉命秘密调往凡尔赛。一时间谣言四起，说国王准备用武力解散国民议会。糟糕的是，似乎没有什么办法能阻止国王。国王掌握着枪杆子，而平民议员除了决心之外手无寸铁。危急关头，巴黎民众发动起义，拯救了国民议会的平民议员。民众的果断介入标志着革命进入第三个阶段，即民众革命阶段。

民众革命

拯救法国革命的民众并非街头的乌合之众。事实上，他们是店主和作坊主为主体的小资产阶级。他们传递消息，组织示威，指挥手下不识字的雇工和职员。内克被解职后，革命爆发，民众涌上街头，抗议面包价格上涨，抬着裹着丧服的内克半身像游行。7月14日，民众袭击并捣毁了巴士底狱，这是巴黎一座古老的皇家城堡， 442

图195　1789年7月14日，民众攻入巴黎的巴士底监狱。从实际效果看，这次行动只是释放了少量囚犯，但标志着巴黎民众第一次改变了革命的方向。

曾被用作监狱。事实上，这个事件没有什么实际意义，因为当时巴士底狱已经基本上闲置不用了。然而，巴士底狱在民众心目中是压迫的象征，如今这个象征被摧毁了。正因如此，法国将国庆节定在“巴士底日”，就像美国将国庆节定在“独立日”一样。

攻陷巴士底狱标志着民众登上了历史舞台。民众的介入挽救了资产阶级，中产阶级从此不得不依靠群众走上街头，在关键时刻提供“一剂革命良药”。在之后的革命年代里，当资产阶级为夺取权力与国王和特权等级作斗争，最终与全欧洲的旧秩序作斗争，还会一再出现这样的时刻。

民众革命从巴黎蔓延到农村。在长期的积怨和攻占巴士底狱这一激动人心的消息激励下，农民也拿起了武器。许多地方的农民推倒栅栏，夺取土地，烧毁庄园。
443 在革命形势的推动下，国民议会的贵族和教士被迫与平民议员一起投票废除了封建制度。在著名的1789年“八月四日之夜”，国民议会通过一项法令，宣布废除所有封建义务，取消贵族地主的免税特权、教会征收什一税的权利以及贵族担任公职的特权。国民议会还推行了许多其他重大举措，其中最重要的是没收教会土地、改革司法和行政制度以及颁布《人权和公民权宣言》。

《人权宣言》阐明了自由、财产和人身安全的基本原则：“人生来就是而且始终是自由的，在权利方面一律平等……整个主权的本原根本上乃存在于国民……法律是公意的表达……自由是指能从事一切无害于他人的行为。”宣言的最后一条表明资产阶级并没有失去对革命方向的掌控：“财产是不可侵犯与神圣的权利，除非合法认定的公共需要对它明白地提出要求，同时基于公正和预先补偿的条件，任何人的财产皆不可受到剥夺。”这份宣言阐明了革命的根本宗旨，印制成不计其数的传单、小册子和书籍，并翻译成各种语言，把“自由、平等、博爱”的革命口号传遍整个欧洲，最终传遍了全世界。

国王路易不愿接受8月4日提出的全面改革，也不愿承认《人权宣言》所阐发的革命原则。巴黎民众再一次战胜了王室的反扑。10月初，以妇女为主的饥民袭击了巴黎的面包店，然后游行到凡尔赛的皇宫。迫于群众的压力，路易将宫廷迁到巴黎。王室成员住进杜伊勒里宫（巴黎的一座宫殿），几乎沦为了阶下囚，国民议会就设在附近一所马术学校里。十月的骚动确保了“八月法令”获得批准，也极大地扩大了巴黎群众的影响力。面对民众的斗争，王室和国民议会完全无计可施。

战争和恐怖

虽然身陷巴黎的国王几乎丧失了所有的权力，但许多教士和贵族决心夺回失去的财产和特权。他们中一些人逃往国外，争取外国势力的干涉，向法国革命政权开战。他们的努力得到了响应。另一方面，国民议会中的激进派吉伦特派也主张发动战争，他们认为可以借此在法国建立共和国，将革命主张传遍欧洲。1792年4月，战争爆发，奥地利和普鲁士联手向法国开战。起初，仓促应战的法国人被击溃，但爱国浪潮席卷全国，成千上万志愿者在三色旗的号召下奔赴战场。同时，巴黎群众对不得人心的路易和可憎的奥地利籍王后玛丽·安托瓦内特采取了行动。在群众的压力下，8月10日，国民议会通过决议，停止国王一切职权并举行国民公会选举。

1792年9月21日，由男子普选产生的国民公会召开，国民公会非常成功地解决了最紧迫的问题，即保卫国家、抵御奥地利和普鲁士入侵者。革命军队有高涨的革命热忱并得到民众的大力支持，从而成为一支不可战胜的力量。普奥联军被赶出了法国国土。1793年，英国、荷兰和西班牙加入反法同盟。革命者的回应是发布“全民皆兵法令”。人民奋起保卫自己的国家。在从基层晋升上来的年轻将军指挥下，先后有14支由公民组成的军队奔赴战场。在“自由、平等、博爱”的革命口号鼓舞下，法国军队节节胜利。1795年，革命者粉碎了敌人的联盟。

与此同时，国民公会日益“左倾”，这既是因为国民公会是由普选产生，也是
战争激发的革命热情使然。1793年6月，更激进的雅各宾派取代了吉伦特派，公安 444
委员会成为主要的政府机关。公安委员会表现出高昂的革命热情和强烈的爱国主义，它任命和罢免将军，鼓励群众的英勇行动，制定外交政策，颁布大批法令，采取无情的恐怖手段镇压反对派。成千上万人被指控犯有叛国罪，或仅仅是因为缺乏爱国精神，就被送上了有“国家剃刀”之称的断头台。

恐怖统治如脱缰之马，一发不可收拾，革命开始“吞噬自己的儿女”。在接连不断的权力斗争中，一个又一个革命领袖继路易十六和玛丽·安托瓦内特之后被送上了断头台。同样令资产阶级惶恐不安的是，在革命进程中，社会激进主义日益高涨。无套裤汉（字面意思是指没有穿上流社会长及膝盖的套裤的人）正致力于建立一个更平等的国家，无套裤汉相当于英国革命中的平等派，他们要求公平分配土地、政府监管价格和工资、建立社会保障体系。这些诉求完全超出了法国资产阶级的预想。因此，像英国革命一样，法国资产阶级极力阻挠革命的“左倾”进程。在
英国，平等派被镇压，克伦威尔上台。在法国，无套裤汉也遭到镇压，先后上台的 445
是1795年的五人督政府和1799年的拿破仑·波拿巴。

拿破仑

拿破仑凭借在意大利立下的赫赫战功而声名鹊起，他利用自己的声望和知名度推翻了督政府。拿破仑统治法国15年，1799—1804年为第一执政，1804—1814年

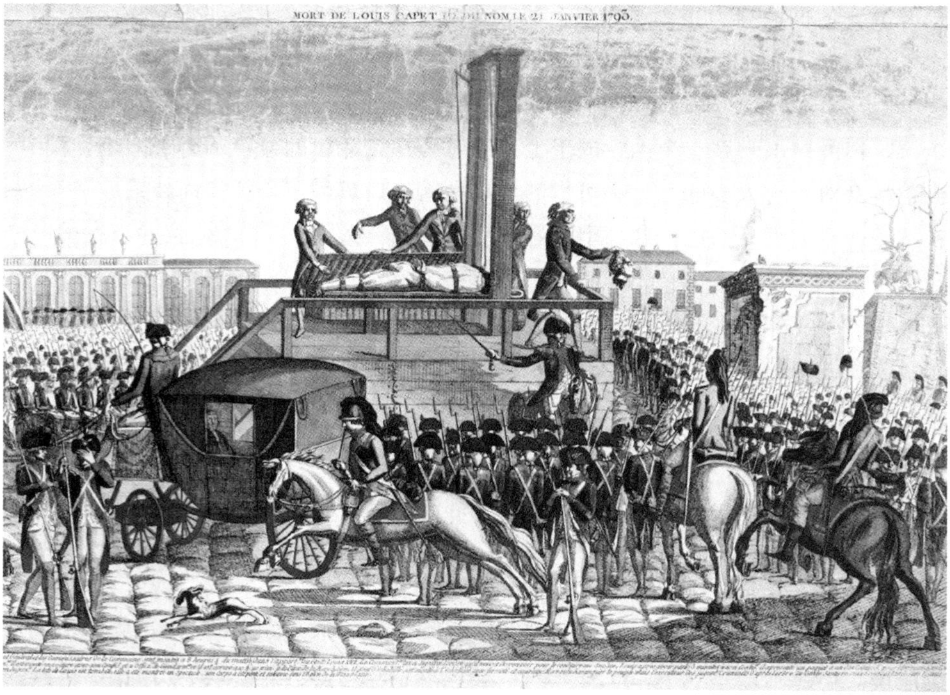

图196 1793年1月21日，路易十六被处死。

为皇帝。拿破仑统治时期有两条主线：一是国内改革，这巩固了大革命的成果；二是对外战争，这激发起邻国的民族主义，最终导致拿破仑垮台。

在国内政策上，可以将拿破仑看成是一个开明专制君主。他关注的是技术效率，而不是抽象观念。他专制而高效地统治了这个国家。他编纂了法典，推行中央集权体制，建立了国民教育系统，创办了法兰西银行，还与教皇就法国的政教关系达成协议。这些实实在在的成就使拿破仑深得民心。有些顽固分子渴望恢复旧制度，还有些人认为拿破仑背叛了革命。但大多数人都称赞拿破仑结束了动荡，建立了一个充满活力的廉洁政府。

拿破仑连年发动战争，这让他的声誉大打了折扣。他是个军事天才，在战场上所向披靡。1810年，拿破仑登上了成功的顶峰，把法国边界从莱茵河扩展到吕贝克，从阿尔卑斯山扩展到罗马。欧洲国家要么沦为法国的附属国，要么成为法国的盟友。只有英国维持了独立，并且与法国势不两立。

拿破仑将法国大革命的基本原则推行到所有征服地区。他废除了封建制和农奴制，宣布全体公民一律平等，颁布了著名的《拿破仑法典》。这些变革冲击和触犯了各地的既得利益集团，也在很多方面赢得了广泛的支持。资产阶级和许多知识分子都积极响应，但这些举措终究是异族统治，有时甚至是靠武力强加的。拿破仑的非法国臣民最终厌倦了没完没了的征用、征税、征兵、战争以及战争传闻。法国的统治通常意味着更高的行政效率，但时代不同了，人们更在意的不是法国统治的效率，而是它的异族统治性质。

换言之，人们已经形成了民族情感，这种民族主义发展成反抗拿破仑统治的运动。意大利的骚动，西班牙的武装抵抗，德国日益增强的民族团结，都可以归结为这个原因。对于拿破仑来说，最致命的是1812年入侵俄国，结果遭到俄国各阶层的顽强抵抗。俄国人的抵抗以及俄罗斯的冰天雪地，使拿破仑大军遭受了灭顶之灾。正是从冰封的俄罗斯平原开始，拿破仑的命运急转直下，最终在劫难逃地在厄尔巴岛黯然收场。因此，法国大革命的意识形态对其始作俑者造成了适得其反的效果。拿破仑“冒犯”了“自由、平等、博爱”口号所唤醒和激励的人们。当拿破仑背叛了自己所倡导的原则，人们起来反抗他们的导师。

1814年9月至1815年6月，维也纳会议召开，这次会议旨在拿破仑垮台后重新划定欧洲版图，它有三项指导原则，即正统原则、遏制原则和补偿原则。根据正统原则，法国、西班牙、荷兰和意大利的君主相继复辟。遏制原则要求尽可能加强法国周边国家的力量。因此，荷兰得到了比利时，奥地利得到了伦巴第和威尼斯，普鲁士得到了莱茵河沿岸地区以及萨克森的一部分。补偿原则即获胜的盟国攫取领土作为补偿，挪威被划归瑞典，马耳他、锡兰和好望角划归英国，芬兰、比萨拉比亚和波兰大部分地区划归俄国，达尔马提亚和加利西亚（以及伦巴第和威尼斯）划归奥地利。考虑到日后的局势，这里要指出的是，德国和意大利仍然处于 446
分裂状态。德国是由39个邦国组成的松散的德意志邦联。意大利完全是个“地理概念”，它由9个邦国组成，奥地利凭借在伦巴第和威尼斯的统治地位，控制着所有这些邦国。

六、民族主义

对于世界历史来说，前文所考察的英国革命、美国革命和法国大革命有什么样的意义？1821年，一位率领同胞反抗土耳其统治者的目不识丁的希腊游击队领袖做出了最佳回答：

> 依我看，法国革命和拿破仑干的事情让世上的人睁开了眼睛。各民族

过去什么都不懂，人民把国王当成世上的神，他们总说国王做的每件事都是对的。这场革命之后，统治人民更难了。[5]

这位游击队领袖用朴素的语言道出了法国大革命的真谛，也揭示了英国革命和美国革命的实质。我们已经看到英国的平等派、美国的民兵和法国的无套裤汉是如何打开了人们的眼界。这种政治觉醒代表了一场深刻的社会革命，标志着民众有史以来第一次有组织地积极参与政治。到19世纪，各种不同的“主义”蓬勃兴起，成为这场社会革命的缩影。我们接下来看一看对欧洲和世界历史进程影响最大的三种“主义”：民族主义、自由主义和社会主义。

民族主义是一个现代欧洲历史现象。中世纪时期，欧洲没有清晰可辨的民族主义。当时的欧洲依然是罗马帝国普世主义的天下，这种普世主义表现为所有西方基督徒都属于天主教会，所有受过教育的人都使用拉丁语，还表现为神圣罗马帝国，尽管它已处于风雨飘摇之中。因此，中世纪的民众不知国家忠诚为何物。反之，在大多数人心目中，自己首先是基督徒，其次是某个地方的居民，比如勃艮第人或康沃尔人，最后才是法兰西人或英格兰人。

三个事态发展逐渐改变了人们效忠的对象。首先是本土语言的兴起，以及使用这些语言进行文学表达。其次是一些国家的教会脱离了罗马天主教会。最后，西欧的王朝建立并巩固了几个同质性的独立大国：英国、法国、西班牙、葡萄牙和丹麦。这些新发展为民族主义的勃兴奠定了基础，尽管直到18世纪晚期，人们一直把国家与君主混为一谈。例如，路德把“主教和诸侯”等同于“德意志”，路易十四更是声称“朕即国家”。

直到18世纪，现代民族主义才应运而生，当时，西欧资产阶级开始以国家的名义分享乃至掌握了权力，因此国家不再意味着国王、国王的领土和国王的臣民。相反，国家是由公民（直到19世纪末，仅指有产者）组成，“他们在共同的领土上生活，在共同的政府中拥有发言权，并且意识到他们的（想象的或现实的）共同遗产和共同利益”。[6]

法国大革命和拿破仑最有力地推动了现代民族主义的形成。为了在欧洲旧制度的反扑中求得生存，法国革命领袖不得不动员国民军队，这支军队由有政治觉悟的公民组成，随时准备并渴望为祖国而战。法国大革命还在其他几个方面推动了民族主义的发展。革命政府要求法国公民一律说法语，而不是众多的地区方言，法语成为“核心的或者说民族的语言”。政府建立了大量公立小学，旨在教授法语
447 和灌输爱国精神。法国大革命还促进了报纸、小册子和期刊的出版，这些读物价格低廉、通俗易懂，对全体国民进行教化。大革命还开创了国旗、国歌和国家节

日等民族主义仪式和象征。所有这些新发展使民族主义取代了传统的宗教和地方忠诚。

我们已经在前文中看到，这种热切认同自己国家的观念从法国传播到了邻国。这种传播既是民族主义意识形态的自然扩散，也是法国入侵和统治所激起的反应。工业革命进一步推动了民族主义，新兴的大众传播媒介（廉价报纸、书籍和传单）对公民进行了更有效和更广泛的教化。因此，民族主义成为影响19世纪欧洲历史和20世纪世界历史的一支生力军。然而，在19世纪的进程中，民族主义的性质发生了蜕变。民族主义起初是一种人道和宽容的信条，这种信条的基础是手足情谊的观念而不是彼此势不两立的民族主义运动。但是，到19世纪下半叶，由于社会达尔文主义的影响，由于俾斯麦成功地通过马基雅维利式的外交和战争，用他本人的话说，凭借“铁与血”统一了德国，民族主义日益蜕变为沙文主义和军国主义。

1815年后，民族主义迅速登上了欧洲政治舞台，因为维也纳会议的领土划分使数百万人要么陷入分裂，要么遭受异族统治。不论是德国人、意大利人、比利时

图197　关于维也纳会议的政治漫画。法国外交大臣塔列朗在观察风向，英国外交大臣卡斯尔雷在犹豫，而俄国、普鲁士和奥地利的君主因缔结了神圣同盟而手舞足蹈。萨克森国王扶着王冠，日内瓦共和国向撒丁王国致敬。

人、挪威人，还是哈布斯堡帝国和奥斯曼帝国境内的许多民族，莫不如此。这势必
448 带来一个后果：1815年后，欧洲各地相继爆发了民族起义。1821年，希腊人发动起义，成功摆脱了土耳其人统治赢得独立。1830年，比利时人起义，摆脱了荷兰的统治。历经1820年、1830年和1848年三次失败的起义后，1859—1871年，意大利人建立起统一的独立国家。在普鲁士的领导下，1866年和1870—1871年，德国人先后战胜奥地利和法国，建立起德意志帝国。

1871年，民族主义原则在西欧大获全胜。但中欧和东欧的哈布斯堡帝国、沙皇俄国和奥斯曼帝国仍然是“民族牢笼”。然而，随着周边国家民族主义运动相继胜利，这些牢笼中的民族变得越来越难以驾驭。三个帝国的统治者意识到民族主义对自身多民族国家的冲击，千方百计地压制民族主义，蓄意挑拨各主体民族之间的对立。这些措施最初收到了成效，但绝非长久之计。土耳其的巴尔干臣民率先冲破了帝国的桎梏。1878年，塞尔维亚、罗马尼亚和黑山赢得独立，1908年，保加利亚也赢得了独立。更重要的是，1914年6月，哈布斯堡王朝的弗朗茨·斐迪南大公被年轻的塞尔维亚爱国者加夫里洛·普林西普刺杀。这个重大事件引发了第一次世界大战，最终摧毁了中欧和东欧的所有帝国：德意志帝国、奥匈帝国、俄罗斯帝国和土耳其帝国。结束这场大战的和平条约（见第三十六章第六节）大体上遵循了民族主义原则，在此基础上建立了几个新的国家：波兰、捷克斯洛伐克、南斯拉夫和阿尔巴尼亚，这表明一些臣属民族能够自立于世。无论是好是坏，到第一次世界大战结束时，民族主义在全欧洲取得了胜利。我们将在后面的章节中看到，在接下来的几十年里，民族主义思想开始唤醒和激励欧洲海外殖民地的亿万臣属民族揭竿而起。

七、自由主义

自由主义是传遍全球的第二大欧洲学说，自由主义的核心要义是将个人从阶级、集团或政府的束缚中解放出来。自由主义的兴起与中产阶级的崛起息息相关，在中产阶级力量薄弱的中欧和东欧，自由主义得到了开明贵族的拥护。尽管如此，古典自由主义是在西欧兴起的，从其理论来源和支持者来说，自由主义运动本质上是一场中产阶级运动。

英国革命时期，自由主义信条首次得到明确阐释和落实。当时，自由主义信条的主要内容是捍卫宗教宽容、人身自由和财产安全，反对君主专制。具体而言，在实践中，自由主义信条涉及议会对政府的控制，允许独立政党存在，承认反对党的必要性和权利。另一方面，选举权有财产资格限制，占人口大多数的中下层阶级和

工人没有投票权。因此，17世纪的英国自由主义旨在维护中产阶级的利益。

美国革命在限制奴隶制、实现宗教宽容、扩大选举权和建立宪政政府方面迈出了实质性步伐，标志着自由主义进一步明确和发展。1791年生效的《联邦宪法》以三权分立原则为基础，通过行政权、立法权和司法权的相互制衡来防止暴政。《权利法案》保障了宗教、言论、出版和集会自由。如同英国革命后的解决方案一样，美国宪法小心翼翼地维护有产阶级的利益，如限制选举权，规定总统和参议员由间接选举产生，错开时间举行政府各分支部门的选举。这些安排旨在防止激进的民众运动完全左右政府，或是引入危险的变革。449

法国大革命奉行比美国革命更进步的自由主义原则。《人权和公民权宣言》成为18世纪自由主义的经典文献，它用铿锵有力的语言宣告了个人的自由权利。但是，法国的自由主义运动也主要是一场资产阶级运动。像法国革命者通过的其他几部宪法一样，《人权宣言》强调财产权“神圣不可侵犯”。著名的《拿破仑法典》是大革命最持久和最有影响力的成果，其中明文禁止组织工会和发动罢工。

至此，我们可以得出这样的结论：英国、美国和法国革命孕育的自由主义，在制度上是建立议会制立宪政府，关注的是平等的公民权利而不是平等的政治和社会

图198　公民平等是革命时代的标志之一。图为手持《人权和公民权宣言》的平等女神。

权利。像其他历史运动一样，自由主义运动的性质在19世纪的进程中发生了显著变化。随着教育和工会组织的发展，群众变得坚定自信，自由主义无法再一味维护资产阶级利益。因此，早期古典自由主义逐步转变为一种更加民主化的自由主义，除了强调法律面前人人平等，还要辅以投票箱前人人平等。19世纪末，大多数西欧国家都实现了男子普选权。即便是历来被奉为圭臬的自由放任原则也逐渐有所松动。此前，人们一直认为，政府干预经济和社会事务意味着干涉自然法则的运行，有害无益而又徒劳无功。然而，对于工人来说，这一理论命题脱离了现实生活。即便有了公民自由和投票权，工人们却并未摆脱失业、疾病、残疾和年老所带来的贫困和不安全感。因此，工人们依靠手中的选票和工会来推动社会改革。在这种压力下，一种新兴的民主自由主义应运而生，它承认国家对全体公民的福利负有责任。因此，以德国为首的西欧国家推行了社会改革计划，包括养老金、最低工资立法、事故和失业保险以及对工作时间和工作条件的规定。这些民主自由主义改革拉开了作为我们这个时代标志的福利国家的序幕。

八、社会主义

社会主义与18世纪到19世纪初的古典自由主义截然对立。自由主义强调个人
450 和个人权利，社会主义则重视社群和集体福利。自由主义将社会视为自然法的产物，对于以立法方式人为地促进人类福利持怀疑态度。反之，社会主义认为，通过理性思考和行动，人们可以决定自己的社会制度和社会关系。此外，社会主义还认为，人性主要是社会环境的产物，因此，只要建立一种旨在促进集体福祉而不是个人利益，灌输合作而不是竞争的社会态度和行为模式的社会，就可以消除当代的社会弊病。简而言之，社会主义强调社会集体和有计划的社会变革，而不是个人和自由放任。

改造社会的纲领绝非现代社会独有的发明。文明兴起以后，政治和经济权力一直把持在少数人手中。因此，每一个历史时期都不乏预言家和改革家倡导促进社会正义和平等的纲领。例如，在古典时代，柏拉图在《理想国》中呼吁实行贵族共产主义，建立共产主义哲学家的统治。中世纪时期，英国农民领袖约翰·保尔向追随者宣布："我善良的人们，在英格兰，事情总是一团糟，也永远不会变好，除非所有财产都是共同占有，除非不再有农奴和绅士，除非我们人人平等。"[7]英国革命和法国革命波澜壮阔，激情澎湃，自然催生出更多促进公共福利的计划，但正如我们所看到的那样，最终结果却是相对保守的克伦威尔和拿破仑上台。

19世纪初，欧洲兴起了一个初露锋芒的社会改革派别：空想社会主义者。这个

派别的代表人物有法国的圣西门（1760—1825年）、傅立叶（1772—1837年）以及英国实业家罗伯特·欧文（1771—1858年）。这些人所提的方案大相径庭，但有一个共同的基本特点，即只关注拟议中的模范社群的原则和具体运作，却从未认真考虑过这些社群如何取代现行社会的问题。例如，圣西门试图争取教皇和路易十八的支持。在12年里，傅立叶每天中午都在房间里徒劳地等待人们对他在报纸上刊登的启事做出回应。这些改革者没有从革命或阶级斗争的角度思考问题。事实上，他们从未想过如何将精心规划的蓝图付诸实践。正因如此，他们被称为“空想”社会主义者。

现代社会主义之父马克思（1818—1883年）几乎在所有方面都有别于空想社会主义者。马克思是唯物主义者，而空想社会主义者是唯心主义者。马克思一生中大部分时间都在研究现行资本主义社会的历史演变和运行机制，而空想社会主义者则忙于规划模范社群的蓝图。马克思通过对历史的考察得出结论，即阶级斗争将推翻资本主义，建立一种新型的社会主义社会。马克思的这一结论有着如下的推论：首先，工人所得工资不足以购买自己生产的产品。购买力不足必然造成工厂倒闭、失业和购买力进一步下降，最终导致全面萧条。马克思还认为，萧条将变得日益频繁和严重，失业的无产阶级被迫起来革命。于是，资本主义被社会主义取代，就像以前的封建主义被资本主义取代一样。新的社会主义社会不会发生萧条，因为生产资料掌握在政府手中，没有私人雇主，也不追求利润，因此不会出现购买力不足现象。

马克思并不只是在书斋里埋头理论研究和写作。终其一生，马克思始终将理论思考与组织和激励工人相结合。1848年，马克思发表《共产党宣言》，宣言的最后一句话是：“全世界无产者，联合起来！”马克思对于1864年成立的国际工人协会发挥了重要作用。这个组织通常称为第一国际，它致力于实现马克思关于工人夺取政权的纲领，以便按照社会主义路线改造社会。第一国际开展宣传，参与罢工，引 451
起了相当大的反响。但是，1873年，第一国际发生了分裂，这主要是因为第一国际成分十分复杂，除了社会主义者之外，它的成员还包括缺乏纪律和不断内讧的浪漫派、民族主义者和无政府主义者。

1889年，社会党国际在巴黎成立，又称第二国际。这是个松散的组织，由当时各国涌现出来的众多社会主义政党组成。第二国际发展迅速，到1914年时已有27个国家的社会党加入，代表1200万工人。第二国际在理论和行动上要比第一国际温和得多，因为主要成员政党正在从真正的马克思主义转向所谓的修正主义。这种转向是多重原因使然。首先，西欧国家逐步扩大了选举权，这意味着工人可以用选票而不是枪杆子来实现自己的目标。其次，1850年后，欧洲生活水平稳步提高，工人

图199 卡尔·马克思的社会主义哲学最终战胜了欧洲其他流派的社会主义学说，时至今日，他的不朽著作一直受到不同的诠释、批评和修订。

往往更倾向于接受资本主义。德国修正主义领袖爱德华·伯恩斯坦表达了这种新观点，他宣称社会主义者“与其为更美好的未来工作，不如为更美好的现在工作”。换言之，新战略是推行渐进改革，争取立竿见影的好处，而不是发动革命，争取建立社会主义社会。这种修正主义并未得到所有社会主义者赞同。

有些人仍然忠于他们所信奉的马克思学说，因此大多数社会党分裂为“正统”派和“修正主义”派。不过，修正主义者更能顺应当时的潮流，往往控制了各国的社会主义政党。他们发动强大的工会运动，在选举中赢得数百万张选票。事实上，1914年，德国、法国和意大利社会党在民选议会中拥有的席位超过了其他所有政党。

1914年，第一次世界大战爆发，第二国际为修正主义付出了代价。事实表明，大多数成员首先是民族主义者，然后才是社会主义者。各国社会党响应本国政府的战争号召，数百万工人在敌对的战壕里阵亡。这样，第二国际四分五裂，虽然战后又重新开始活动，但已不复昔日的声势和威望。

然而，社会主义并未随着第二国际解体而消亡。事实上，第一次世界大战期间，俄国社会主义者，即通常所称的布尔什维克，成功夺取了政权，建立起历史上

第一个无产阶级政权。不仅如此，布尔什维克创立了第三国际（共产国际），以挑 452
战第二国际（社会党国际）。由于欠发达国家的农民和工人没有像发达国家工人那样分享富庶和自由，马克思主义在前殖民地赢得了很多追随者，两次世界大战的浩劫和苦难之后尤其如此。

九、政治革命中的妇女

妇女在政治革命中发挥了积极作用，结果却喜忧参半。究其原因，主要是因为妇女没有坚决要求革命纲领正式接纳和反映妇女的诉求。相反，妇女甘愿在男性主导的政治运动中充当配角。在权力斗争中，妇女的支持自然受到欢迎，但革命成功后，妇女却备受冷落，不得不退回到革命前的从属地位。所有的现代革命都明显表现出这一模式，从17世纪的英国革命到20世纪的俄国革命莫不如此。

法国大革命的发展历程清楚表明了这种模式是如何逐步形成的。革命前的法国妇女像欧洲各地妇女一样，婚前受制于父权，婚后受制于夫权。大革命期间，孔多塞侯爵公开呼吁允许妇女拥有财产和投票权并担任公职，妇女与男性同等接受免费公共教育。但孔多塞侯爵远远走在了时代的前面，像他这样的革命领导人少之又

图200 1789年10月5日，巴黎妇女向凡尔赛进发。第二天，国王一家被迫与她们一道回到巴黎。此后法国政府将持续面临群众暴力的威胁。

少。反之，卢梭的观点更容易被人们所接受，虽然卢梭在《社会契约论》中阐述了
进步的政治观念，但他在小说《爱弥儿》（1761年）中认为，妇女应当“衣着朴素，
453 勤劳持家，永远不要为了发言去参加公共集会……母亲被孩子们簇拥着，指挥仆人
们干活，为丈夫带来幸福，把家里收拾得井井有条，世上还有比这更感人和更可敬
的景象吗？”

革命爆发后，中产阶级妇女用书面形式向三级会议提出了自己的诉求，其中包括保障女子的嫁妆不被丈夫肆意挥霍，保护妻子不受虐待，国家为迫于生计被迫卖淫的妇女提供工作，建立公共教育系统以扩大妇女就业机会。但是，妇女们没有将自己的要求坚持到底，因此，1789年8月26日国民议会通过的《人权宣言》对妇女权利只字未提。工人阶级妇女更加坚定，因为巴黎没有面包，而她们在挨饿。1789年10月，她们向凡尔赛宫进发，将国王一家带回了巴黎，她们将国王一家人称作“面包师、面包师妻子和面包师的孩子”。

1790年，妇女开始出版自己的报纸，呼吁给予妇女选举权以及参加集会、担任陪审员和离婚的权利。1791年，妇女领袖发表的《女权宣言》纳入了这些要求。1793年春，国王以叛国罪被处死，5支外国军队入侵法国，妇女表现得最为踊跃。内外交困的巴黎政府号召法国妇女加入保卫国家的行列。她们热烈响应，在医院里卷绷带，为士兵制作衬衫、裤子、帽子、手套、长筒袜。有些妇女甚至志愿加入革命军队作战。

共和国政府赞赏妇女的贡献，颁布了离婚合法化的法律，规定婚姻属于民事契约，承认妻子有权分享家庭财产，为女孩和男孩提供免费的义务小学教育。在妇女活动高峰期，“革命共和派女公民俱乐部”的成员上街游行，她们身着长裤，头戴红帽，腰间别着手枪。

一年后，当外国入侵危险过去，随即出现了针对妇女革命者的反动。导火索是结束价格管制和削减面包配额。投机商炫耀新挣来的财富，而工人家庭却在忍饥挨饿。数千名绝望的男人和妇女拿起武器，国民公会召集正规军，包围了起义街区。结果，1793年的民主宪法被废除，刚刚得到承认的妇女权利也大多被撤销。拿破仑在法典中纳入重新确立父亲和丈夫绝对权威的条款，从而在法律上确认了妇女权益的倒退。

这种倒退的根本原因在于妇女本身未能全力以赴地投入争取妇女权利的事业。革命期间，妇女争取的主要是自身阶级的权利，而不是自身性别的权利。她们走上街头主要是为了争取社会改革和经济救济，而不是妇女权利。当法国大革命像之前的英国革命一样拒绝社会改组并转向保守，她们作为女性的斗争成果，连同作为工人的斗争成果被一笔勾销。除了孔多塞之外，高层革命领导人都赞同卢梭的观点，

认为妇女应该待在家里。妇女为革命做出的贡献得到承认和赞扬，但革命之后的政治领导人都公开表示妇女的角色应当定位于家庭而不是社会。

法国大革命时期形成的女权主义在革命后的岁月里并没有就此沉寂。19世纪，欧洲中产阶级和上层阶级妇女重新开展了妇女运动。女权运动领导人出版书籍和刊物，建立了各国和国际性的妇女协会。这些组织倡导妇女教育，反对国家管制的卖淫，要求援助遗弃儿童和未婚母亲，反对酗酒，还发起和平运动，将战争视为男权政治的终极表达。然而，这些努力的成果十分有限，到19世纪末，女权运动活动家认识到，妇女只有争取到与男性同等的政治权力，才有可能实现自身目标。从此，争取妇女投票权成为各国妇女参政论者的主要目标。进入20世纪后，妇女在选举权问题上取得了很大进展，妇女拥有选举权的国家从1900年的1个增加到1910年的 454
3个、1920年的15个、1930年的21个、1940年的30个、1950年的69个、1960年的92个、1970年的127个和1975年的129个。

正如人们预料的那样，选举权并非解决妇女问题的万灵药。在选举日投票也不意味着妇女自动享有了政治权力。代表机构中鲜有妇女的身影，担任行政职务的妇女更如凤毛麟角。事实上，妇女赢得选举权之后，国际妇女运动从此沉寂下去。这

图201 20世纪初的妇女参政论者。

种低迷状态一直持续到第二次世界大战，当时出现了几个新的决定性因素，为女权运动注入了活力。我们将在最后一章分析这些新因素的根源、性质及其对全球妇女的影响。

[推荐读物]

将英国、法国和俄国革命进行比较研究的著作有C. Brinton，*The Anatomy of Revolution*（Random House，1958），相关文献集有R. W. Postgate，*Revolution from 1789 to 1906*（Harper & Row，1962）。

关于英国革命，参阅P. Zagorin，*A History of Political Thought in the English Revolution*（Routledge & Kegan Paul，1954）；C. Hill，*Intellectual Origins of the English Revolution* 455
（Clarendon，1962），*The World Turned Upside Down*：*Radical Ideas During the English Revolution*（Viking，1972）。关于启蒙运动，参阅R. B. Mowat，*The Age of Reason*（Houghton Mifflin，1934）；E. Cassirer，*The Philosophy of the Enlightenment*（Princeton University，1951）；相关文献，参阅F. E. Manuel，ed.，*The Enlightenment*（Prentice Hall，1965）。

关于美国革命，参阅P. Maier，*From Resistance to Revolution*（Routledge & Kegan Paul，1973）；L. H. Gipson，*The Coming of the Revolution*，*1763–1775* and J. R. Alden，*The American Revolution*，*1775–1783*，后两部著作收入“New American Nation” series（Harper & Row，1954）。关于美国革命对欧洲的影响，参阅M. Kraus，*The North Atlantic Civilization*（D. Van Nostrand，1957）；G. D. Lillibridge，ed.，*The American Image Past and Present*（D. C. Heath，1968）。

关于法国大革命的著作不胜枚举，值得关注的有：J. M. Thompson，*The French Revolution*，2nd ed.（Blackwell，1966）；文献集有J. H. Stewart，*A Documentary Survey of the French Revolution*（Macmillan，1951）。R. R. Palmer，*The Age of the Democratic Revolution*：*A Political History of Europe and America*，*1760–1800*，2 vols.（Princeton University，1959，1964）对分析1760—1800年间西方世界的革命运动具有特殊意义。晚近的研究著作有：O. Connelly，*French Revolution-Napoleonic Era*（Holt，Rinehart & Winston，1979）；L. Hunt，*Politics*，*Culture and Class in the French Revolution*（University of California，1986）；G. Rude，*The Crowd in History*：*Popular Disturbances in France and England*（Lawrence and Wishart，1981）。

坊间有大量有关民族主义的文献，宏观分析这一问题的著作有：B. C. Shafer，*Nationalism*：*Myth and Reality*（Harcourt Brace Jovanovich，1955）；K. R. Minogue，*Nationalism*（Basic Books，1967）。关于自由主义的著作也数量庞大，尽管很少有综合性研究著作。其中代表性著作有：H. J. Laski，*The Rise of Liberalism*（Harper & Row，1936）；J. R. Pennock，*Liberal Democracy*：*Its Merits and Prospects*（Holt，Rinehart & Winston，1950）；J. Sigmann，*1848*：*The Romantic and Democratic Revolutions in Europe*（Harper & Row，1973）；J. S. Schapiro，*Liberalism*：*Its Meaning and History*（D. Van Nostrand，1958）

简明扼要，且带有参考书目。

有关社会主义的著作汗牛充栋，多数都有争议。晚近对马克思影响的评价，参阅D. McLellan, ed., *Marx: The First Hundred Years*（St. Martin's, 1983）; A. S. Lindemann, *A History of European Socialism*（Yale University, 1983）；有用的工具书有T. Bottomore, ed., *A Dictionary of Marxist Thought*（Harvard University, 1983），以及平装本文献集C. Wright Mills, *The Marxists*（Dell, 1982）。

最后，关于妇女作用的通史性著作，参阅R. Bridenthal and C. Koonz, *Becoming Visible: Women in European History*（Houghton Mifflin, 1977）的相关章节。涉及具体问题的著作有：R. J. Evans, *The Feminists: Women's Emancipation Movements in Europe, America and Australia 1840–1920*（Barnes & Noble, 1978）; P. Stock, *Better Than Rubies: A History of Women's Education*（Putnam's, 1978）; C. Banks, *Faces of Feminism: A Study of Feminism as a Social Movement*（Oxford University, 1981）; J. Kelly, *Women, History and Theory*（University of Chicago, 1985）。

[注释]

1. G. Wint, *The British in Asia*（Institute of Pacific Relations, 1954）, p. 18.
2. Sir Edwin Sandys, in a speech in Parliament. Cited by J. L. Laski, *The Rise of Liberalism*（Harper & Row, 1936）, p. 117.
3. P. Zagorin, The English Revolution, 1640–1660, *Journal of World History*, II（1955）, p. 903.
4. A. S. P. Woodhouse, *Puritanism and Liberty*（Dent, 1938）, p. 55.
5. T. Kolokotrones and E. M. Edmonds, *Kolokotrones, Klepht and Warrior*（London, 1892）, pp. 127–128.
6. B. C. Shafer, *Nationalism: Myth and Reality*（Harcourt Brace Jovanovich, 1955）, p. 105.
7. D. W. Morris, *The Christian Origins of Social Revolt*（George Allen & Unwin, 1949）, p. 34.

三百年来，俄国一直渴望与西欧交往；三百年来，她从后者那里获得了最严肃的思想、最富有成果的学说和最生动的乐趣。 456

——彼得·Y. 恰达耶夫

第二十八章　俄国

谈论欧洲对俄国的影响，这听上去有些自相矛盾，毕竟俄国是欧洲的一部分，俄罗斯人是欧洲的一个民族。但是，俄国位于欧洲的边缘，成为欧洲与亚洲之间巨大的缓冲带。由于地理位置的原因，俄罗斯人有着与其他欧洲人大相径庭的历史经历，发展出迥然有别的文化。于是，一代又一代俄国思想家苦苦探寻民族定位和国家目标的根本问题。

俄国在与西方的交往中通常扮演了被动接受者的角色。只是在近来这一个半世纪，俄国才能够给予西方回报，先是伟大作家和作曲家的作品，然后是布尔什维克革命带来的社会刺激。不过，直到20世纪，欧洲对俄国的影响远远超过俄国对欧洲的影响，而且这种影响始终是俄国历史发展的关键因素。

一、俄国与欧洲（公元1856年前）

9世纪，俄罗斯人在基辅公国的基础上建立了最早的国家（见第二十四章第二节）。这个早期的俄罗斯国家与欧洲其他国家有着千丝万缕的联系，在黑海与拜占庭、在波罗的海与西北欧有频繁的贸易往来。值得一提的是，11世纪，雅罗斯拉夫大公与欧洲主要王朝联姻，他的妹妹嫁给了波兰国王卡西米尔一世，儿子娶了一位拜占庭公主，两个女儿分别嫁给了法国国王亨利一世和挪威国王哈拉尔二世。

在接下来的几个世纪里，两个重大事件造成了俄国的闭塞。一个事件是，990年前后，弗拉基米尔大公决定皈依拜占庭东正教而不是罗马天主教。当时这两种宗教并没有多大差异，但在随后几十年里，罗马天主教的教皇至上论日臻成熟，并且 457
越来越多地见诸行动，最终导致1054年东西方教会分裂。俄国不可避免地卷入了天主教与东正教之争，尤其是君士坦丁堡被土耳其人攻陷（1453年）后，俄国成为硕果仅存的东正教大本营。从此，俄国人陷入自鸣得意、自以为是和自我闭塞之中，忽视和蔑视正在改变欧洲其他国家面貌的重大变革。

切断俄国与西方联系的另一个事件是1237年蒙古人的入侵。蒙古人不干涉俄罗斯臣民的事务，只要他们承认可汗的统治并每年进贡。然而，蒙古人的统治基本上切断了俄国与其他欧洲国家之间本已不多的联系。在蒙古人统治俄罗斯的两个世纪里，西方经历了文艺复兴、宗教改革、海外扩张和商业革命，但这些影响深远的经济和文化运动基本上没有波及与欧洲隔绝的俄罗斯。此外，蒙古人给俄罗斯社会打上了自己的烙印。蒙古人的观念和行政惯例为后来莫斯科公国沙皇建立半东方绝对主义铺平了道路。蒙古人对俄罗斯种族构成的影响也很大，例如，17世纪末，大约17%的莫斯科上层阶级是非俄罗斯血统或东方血统。

15世纪，俄罗斯人摆脱了蒙古人的统治，重见天日的莫斯科公国文明迥然有别于西欧的文明。它是一种同质化的文明，因为东正教塑造和影响了人们的观念和行为。另外，它在很大程度上也是一种缺乏商业、工业和科学元素的文明，而正是这些元素使得西方成为充满活力和扩张主义的文明。开明和有远见的俄国领导人很快意识到，经济和技术落后对国家安全构成了威胁。因此，如同几个世纪之后的土耳

图202 彼得大帝。

其人、日本人和中国人一样，16世纪，俄国人开始学习西方以求自保。他们最感兴趣的是借用西方的军事技术。

沙皇彼得大帝（1682—1725年在位）大大加快了向西方学习的步伐。彼得意志坚强、精力过人，先后颁布了3000多项法令，这些法令几乎都是出自他的授意，其中许多甚至是由他亲自起草。彼得按照西方模式改组了行政部门和军队，建立工业以供应军队，引入成千上万名各类外国专家，派遣大批俄国青年到国外学习，创办了多所实用型学校，如数学和航海学校、海军学校、陆军学校、密码学校以及最高级别的科学院。彼得大帝还破天荒地游历了西欧，亲身了解外国制度和风俗。

彼得在很大程度上成功实现了他的目标，即打开一扇“面向西方的窗口”。此外，彼得打败了瑞典，攫取了波罗的海沿岸地区，建立了新都圣彼得堡，从而打开 *458*
了一扇真正意义上面向西方的窗口。圣彼得堡成为新俄国的象征，就像莫斯科是旧俄国的象征一样。然而，这些变革招致了广泛质疑和强烈反对。除了民众的冷漠和怀疑，彼得还要与守旧的领主和教士公开或隐蔽的抵制作斗争。即便是成功推行的变革也有两个重大的局限性，一是它们只涉及军事、经济和技术领域，二是仅限于少数支持改革的上层阶级。

图203 圣彼得堡：沙皇彼得建立的“面向西方的窗口”。

才华横溢、多姿多彩的叶卡捷琳娜大帝（1762—1796年在位）延续了彼得大帝的事业。叶卡捷琳娜身体力行，将宫廷当作在俄国推行欧化的媒介。她比务实的彼得要聪慧得多，大力赞助文学、艺术、戏剧和出版。她谈不上是有独到见解的思想家，却乐于将他人观念为己所用，尤其是启蒙哲人的思想。事实上，她以身为开明专制君主为荣，经常引用启蒙哲人的格言。在叶卡捷琳娜统治时期，俄国高层贵族开始欧化。彼得时期的贵族蓄长胡须，身着松垂的东方长袍，而叶卡捷琳娜统治时期，贵族在语言、衣着、住宅和社交上都模仿凡尔赛宫廷。贵族子女由法国女家庭教师教育，以法语为母语，俄语只用来使唤仆人。因此，俄国的欧化不再停留在技术层面，虽然仍然局限于上层阶级。事实上，俄国社会的一头是欧化的上层阶级，另一头是以农奴身份被束缚在庄园的农民大众，两者之间的鸿沟日益加深，日趋危险。

战胜拿破仑大军后，俄国社会鸿沟的严重性凸显出来。1815—1818年，一支俄国占领军驻扎在法国。许多俄军军官在法国生活了4年，相对自由的西方社会给他们留下了深刻印象，他们接触到当时法国的自由主义和激进主义思想并且深受影响。1818年，他们回到俄国，发现沙皇的独裁统治令人窒息。

在这种背景下，1825年12月，亚历山大一世死后，爆发了所谓的十二月党人起义。起义领导人大多是军官，他们希望废除农奴制，推翻独裁统治，使俄国走上西方化道路。由于缺乏群众支持，起义以惨败告终。当时的俄国人生活在与西欧完全不同的环境中，根本没有准备好接受西方政治观念和制度。更确切地说，
459 俄国缺乏曾在西方的政治演进中发挥了决定性作用的商业、工业和中产阶级。反之，俄国社会的上层是贵族和宫廷，底层是备受禁锢、麻木不仁的农奴，即通常所说的“黑人”[1]。因此，推行改良以及十二月党人所期望的西方式社会得不到民众的支持。

围绕如何看待俄国与西方的根本差异，俄国思想家分成了西方派和斯拉夫派两个阵营。西方派对这种差异深感无奈，认为这是俄国发展落后所致。因此，他们推崇彼得大帝，敦促统治者效仿彼得大帝追赶西方的英勇壮举。反之，斯拉夫派拒斥西方派关于人类文明同质性的基本假设。在他们看来，俄国与西方有着本质的和内在的差异，这种差异反映的是民族精神的深层分歧，而不是进步程度的差距。因此，斯拉夫派将彼得之前莫斯科公国时期的同质化社会加以理想化，把彼得看成是

[1] “黑人”（черные люди）本是指12—17世纪（农奴制确立之前）生活在“黑地”（自由农的土地，相对于王公贵族拥有的“白地”）上的农村居民。17世纪末，农奴制确立，大部分“黑人”身份和地位下降，沦为农奴。——译者注

俄罗斯文明和民族团结的大敌。斯拉夫派非但不承认西方社会优越，反而认为西方社会堕入物质主义、无宗教信仰的泥淖，被纷争和革命所撕裂。

二、俄国与欧洲（公元1856—1905年）

斯拉夫派与西方派之争最终还是分出了胜负，但不是通过说服，而是由于迅速发展和扩张的西方社会带来了无法抗拒的压力。这种压力集中体现为俄国与西方列强（主要是英国和法国）之间的克里米亚战争（1854—1856年）。这场战争是在俄国领土克里米亚半岛进行的，俄国战败，被迫接受屈辱的《巴黎条约》。该条约规定俄国不得在黑海拥有海军，拆除黑海沿岸的防御工事。

克里米亚战争的战败沉重打击了俄国民族主义者和斯拉夫派。战前，许多西方派人士警告说，由于没有跟上西方的步伐，俄国将遭到失败，斯拉夫派却预言俄国专制制度的优越性将带来可与1812年打败拿破仑相媲美的胜利。最终，俄国在克里米亚战败，暴露出旧制度的腐朽和落后。1855年，俄国士兵像1812年时一样英勇作

图204　沙皇亚历山大一世（1801—1825年在位）。亚历山大继位之初是个温和的改良派，1815年之后日趋反动。

战，却胜算渺茫：俄军的步枪射程只有西方军队的三分之一。俄军只能用帆船来对抗英国和法国的汽船，同时缺乏充足的医疗和后勤保障。

旧制度的弊端暴露无遗，从而引发了对这一制度的改良。第一个变革是农奴解放，事实上，克里米亚战争之前，农奴就已经揭竿而起。从1825年到1855年，即尼
460 古拉一世在位的30年里，俄国发生了500多起农民暴动。克里米亚惨败后，农奴带来的压力越来越大，统治者再也无法回避农奴制问题，尼古拉一世死后，继位的亚历山大二世意识到避免爆发革命的唯一途径是解放农奴。《解放法令》（1861年3月1日）宣布解放农奴，将农奴耕种的土地在农奴和贵族地主之间重新分配。这是俄国历史的一个重大转折点，意义甚至超过了美国历史上的1863年《解放黑人奴隶宣言》。美国解放奴隶只涉及占人口少数的黑人，而俄国农奴的解放事关绝大多数人口。农奴制改革的影响至为深远，因而必然伴随着其他一系列改革，其中包括改组司法系统和地方政府。

克里米亚战争后的几十年里，西欧对俄国的工业化做出了重大贡献，从而进一步削弱了俄国的旧制度。1917年，俄国工业投资总额为5亿英镑，其中外国投资占三分之一。工厂工人从1865年的38.1万人增加到1890年的162万人、1898年的300万人。1913年，俄国的铁产量和法国持平，煤炭产量达到法国的四分之三。

这些发展意味着1914年的俄国比1825年十二月党人的俄国更像一个欧洲国家。但是，正如斯拉夫派警告的那样，日益向欧洲靠拢势必会造成俄国社会内部的分裂和冲突。一个表现是农民骚动与日俱增，农民的政治觉悟不断提高。农民对《解放法令》的具体规定非常不满，认为将太多土地分给了贵族。在接下来的几十年里，农民人数迅速增长，对土地的渴望不断加深，随之而来的不满情绪日趋强烈。农民的另一个不满是不堪重负的苛捐杂税。除了要为1861年获得的土地缴纳赎金，农民还要缴纳五花八门的地方税。此外，俄国工业化的大部分成本也落到农民身上，因为保护性高关税意味着农民要花更多钱来购买工业品。农民起来反抗地主和不得人心的政府官员，暴力事件日益频繁，表明农民的不满情绪日益高涨。

1901年成立的社会革命党从政治上表达了农民的不满。该党的主要纲领是要求把国家和贵族的土地分配给农民。另一方面，与农民骚动相呼应，随着工业发展而来的城市无产阶级也掀起了骚动。像其他欧洲国家一样，俄国早期工业化也是建立在对劳动力的残酷剥削之上：16小时工作日、低工资、童工以及恶劣的工作和生活环境。在这种情况下，俄国工人像中欧和西欧工人一样受到马克思主义学说的影响。1898年，俄国成立了社会民主党，这个党的性质类似于其他欧洲国家的社会党，而且像其他国家的社会党一样，俄国社会民主党也分裂为修正主义派和正统派，分别称为孟什维克和布尔什维克。

在世纪之交的俄国，不仅农民和城市工人，中产阶级也对沙皇政权日益不满。代表这一群体观点的政治组织是1905年成立的立宪民主党。这个政党的纲领类似于英国自由党：要求实行君主立宪制，设立英国下院那样的议会机构来制衡君主。许多著名的俄国知识分子和商人都是立宪民主党人。1905年革命期间，沙皇被迫接受由选举产生的议会（杜马），立宪民主党人在杜马发挥了主导作用，因为他们很熟悉议会程序。不过，立宪民主党人从未像社会民主党人或社会革命党人那样赢得大批追随者。原因之一是俄国工商业发展缓慢，中产阶级势单力孤。由于国民经济大部分掌握在外国利益集团手中，进一步制约了本土中产阶级的发展。此外，立宪民主党人尤其容易受到沙皇专制制度的压制，而中产阶级背景又使他们不太愿意以暴 461
制暴。

以上简要分析了19世纪与20世纪之交西方对俄国的影响。由于西方势力的侵入，独特的同质性俄国社会遭到破坏，由此产生的压力和冲突最终引发了1905年和1917年的大革命。在考察这两场剧变之前，我们先来看看日俄战争前俄国在亚洲的政策，因为这场战争成为1905年革命的导火索。

图205 19世纪70年代，俄国乡村十分贫困。1861年，沙皇亚历山大二世废除了农奴制，但农民必须向政府缴纳49年的赎金，农民始终生活在困厄之中。画中描绘了农民们等候在政府机关门外，而官员们却在里面不慌不忙地吃午餐。

三、俄国与亚洲（公元 1905 年前）

如果说欧洲的经济和技术优势在很大程度上决定了俄国与欧洲的关系，那么俄国的优势则决定了俄国与亚洲的关系。16—18世纪，俄国凭借这种优势征服了西伯利亚的部落民，向东一直扩张到太平洋。但在东南方向，俄国人受阻于强大的中华帝国，被迫接受了将其限制在黑龙江流域以北地区的《尼布楚条约》（1689年）（见第二十四章第三节）。

十八九世纪，俄国人继续向东和向南推进，夺取了阿拉斯加、黑龙江流域和中亚，进一步扩张了帝国版图。俄国吞并阿拉斯加，延续了早期俄罗斯人穿越西伯利亚向相对空旷地区的推进。在黑龙江流域，俄国战胜了中华帝国；在中亚，俄国把自己的统治强加给古老的穆斯林汗国。俄国成功征服的基础是持续的技术进步。俄国的技术实际上是源自西方，虽然难以与西方一争高下，却足以让俄国人与东亚的中国人和中亚的穆斯林打交道时占据决定性优势。因此，俄国人不断扩张帝国疆界，直到受阻于技术上旗鼓相当乃至更胜一筹的列强，具体来说，在阿拉斯加受阻于美国人，在印度和波斯受阻于英国人，在中国东北受阻于日本人。

阿拉斯加

早在彼得大帝时期，俄国就开始向阿拉斯加推进。这位推行西方化的沙皇对远东和对欧洲一样感兴趣，1728年和1740年，彼得派遣丹麦裔海军军官维图斯·白令船长率领探险队前往美洲大陆。白令向东穿越日后以他的名字命名的海洋，勘察了阿留申群岛，最后在阿拉斯加海岸登陆。白令探险队的主要成就是发现了北美大陆与亚洲在北太平洋的海峡隔水相望。

462 俄罗斯商人紧随探险者的足迹，被利润丰厚的海獭皮贸易吸引而来。商人们剥削阿留申群岛的岛民，沿阿拉斯加海岸建立起据点。手无寸铁的阿留申人难以抵挡俄国人的攻击和无情剥削。1761年，乌姆纳克岛上愤怒的居民攻击俄国商人，杀死了许多人，活下来的俄国人被迫逃离。阿留申人赢得了5年的独立，重新过上了自给自足的渔猎生活。1766年，俄国人派出雇佣军对阿留申岛民进行报复，摧毁他们的村庄，杀害了3000多人。在俄国统治者威逼下，阿留申人重新开始捕猎海獭，俄国人贪得无厌地掠夺海獭皮，因为海獭皮可以以4倍于进价的价格销往中国。俄国人的长期掠夺导致阿留申人和海獭都遭受了灭顶之灾。

1799年，各家私人贸易公司联合组成了“俄美公司”。俄国人在阿拉斯加的首脑人物是亚历山大·巴拉诺夫，在整整一代人的时间里，巴拉诺夫独断专行地指挥俄国人主动出击。巴拉诺夫面对的一个主要难题是如何从西伯利亚运送物资穿越世界上风暴最大、浓雾最多的海洋。为此，巴拉诺夫派出探险队沿美洲海岸建立定居点，为阿拉斯加的哨所提供新鲜补给品。1811年11月，俄国人在旧金山北部的罗斯河上建立了罗斯堡，到1819年，俄国人已经在美洲海岸建立了19个定居点。

俄国的扩张引发了与西班牙和美国的摩擦。事实上，1823年，美国出台门罗主义的部分动因正是为了抵御俄国在西北太平洋的扩张。最终，俄国决定放弃在美洲的领地。随着毛皮贸易衰落，俄美公司濒临破产，俄国人担心阿拉斯加离本土太过遥远，无力抵御领土扩张的美国。由于预计迟早会失去这块土地，1867年，俄国以720万美元（每英亩不到2美分）的价格将阿拉斯加卖给了美国，这堪称有史以来最划算的一笔地产交易。

黑龙江流域

在北美的行动重新唤起了俄国人对黑龙江流域的兴趣。俄国人希望夺取太平洋出海口，以之作为向美洲定居点供应物资的基地。俄国在远东已经有了鄂霍次克港，但完全不够用，因为鄂霍次克属于结冻港，每年6月后才解冻，而且几乎常年大雾弥漫。因此，俄国人再度将觊觎的目光投向宽阔的通航河流黑龙江，1689年的

图206　原俄属阿拉斯加首府锡特卡的圣米歇尔东正教堂。

《尼布楚条约》曾将他们赶出了这条河流。

1839—1842年，英国与中国爆发了所谓的“鸦片战争”（见第三十一章第一节），进一步刺激了俄国对黑龙江流域的野心。这场战争的结果，英国割占香港，在长江流域获得了举足轻重的影响力。俄国人决心在黑龙江流域建立自己的据点，防范英国人接下来控制黑龙江入海口，封锁俄国通往太平洋的天然通道。在短短10年左右的时间里，俄国人在这个重要地区实现了所有目标。这首先要归因于野心勃勃、干劲十足的尼古拉·穆拉维约夫伯爵，1847年，年仅38岁的穆拉维约夫被任命
463 为东西伯利亚总督。另一个原因是中国的孱弱，17世纪时，强盛的中华帝国曾将俄国人赶出黑龙江流域，而此时的中国已是徒有其表，外强中干。

穆拉维约夫伯爵掌握了广泛的总督权力，却越权派出探险队把俄国国旗插到外国领土上。穆拉维约夫手下的军官涅韦尔斯科伊上校（后来当上了海军上将）在堪察加半岛建立了彼得罗巴甫洛夫斯克要塞。涅韦尔斯科伊驱逐了库页岛的日本移民，勘察并占领了这座岛屿，他还让俄国轮船驶入黑龙江，鼓励俄国殖民者在黑龙江流域定居，在黑龙江入海口到朝鲜边境的海岸建立了许多哨所。俄国人的扩张如此顺利的原因是整个地区都人迹罕至。事实上，中国朝廷对于俄国人的举动一直蒙在鼓里，是俄国政府在1851年5月将所发生的事情告知了中国当局。

5年后的1856年，中英两国再次爆发战争。中国又一次大败，被迫签订《天津条约》（1858年），向西方商人开放更多港口，并做出其他让步。穆拉维约夫乘机警告中国人提防英国控制黑龙江流域的危险，建议俄中两国共同防御这一地区。随后，双方签订了《瑷珲条约》（1858年），俄国获得了黑龙江左岸到乌苏里江的地区。乌苏里江两岸直到太平洋的乌苏里江以东地区则由俄中两国共管。[1]

穆拉维约夫勘察了新攫取的地区，他发现，由于黑龙江下游冬季封冻，控制黑龙江两岸地区就显得至关重要。他还在靠近朝鲜边境的海岸找到了一个良港。于是，穆拉维约夫无视《瑷珲条约》的规定，在当地建立了一座城市（1860年），并且别有深意地命名为符拉迪沃斯托克（海参崴），意思是“统治东方”。与此同时，中国进一步卷入了与西方列强的冲突，1860年，英法联军占领了北京。俄国驻北京公使尼古拉·伊格纳季耶夫伯爵扮演了调停人的角色，成功地让英法联军以对中国不太苛刻的条件撤出了北京。为了回报俄国人的帮助，中国政府签订了《中俄北京条约》（1860年），将乌苏里江到大海的黑龙江两岸地区以及从黑龙江入海口到朝鲜边境的整个沿海地区割让给俄国。攫取这些广袤的新边疆（它们至今仍

---

[1]　当时清政府拒绝批准该条约。1860年签订《中俄北京条约》时清政府始予认可。——译者注

图207　1904年，日俄战争的一场主要战役之后，日军占领了旅顺要塞。日军在这场战役中阵亡15000人，十倍于俄军的损失。

属于俄国的版图）之后，俄国停止了在远东的扩张。20世纪纪初，俄国再度向远东扩张，沙皇尼古拉二世企图向南渗透到朝鲜半岛和中国东北地区，最终与日本爆发了一场灾难性战争。

中 亚

464

俄国还夺取了中亚，虽然俄国人直到19世纪下半叶才开始向中亚推进。究其原因，中亚不像北方那样有利润丰厚的毛皮贸易的经济刺激，此外还有其他一些因素，如中亚的气候和植被与俄国人习惯的气候和植被截然不同。西伯利亚南端紧邻哈萨克游牧民族生活的草原地区，再往南就是大沙漠，其间散布着肥沃的绿洲，养育了布哈拉、希瓦和浩罕等古老的穆斯林汗国。与零散的西伯利亚部落相比，这些汗国的军事实力要强大得多，在19世纪末之前始终将俄国人拒之门外。

1827—1854年的将近30年间，俄国人征服了哈萨克大草原，直抵锡尔河，首次进抵中亚。俄国人原本希望把锡尔河当作永久自然边界，但事态的发展超出了预期。野心勃勃的当地指挥官热衷于追名逐利，依靠天高皇帝远的有利条件，经常自作主张，用造成既成事实的方式来迫使政府就范。劫匪团伙的频繁骚扰也使得当地俄国人不顾圣彼得堡的担忧和英国的抗议，在中亚不断推进。

闻名遐迩的中亚穆斯林文明中心一个接一个地落入俄国人囊中：1865年的塔什干，1868年的布哈拉，1873年的希瓦，1881年的盖奥克泰佩，1884年的梅尔夫。俄国人的攻势让印度的英国人大为惊恐，一时间传闻四起，战争危机频发。但在这个世纪里，英俄双方并没有发生公开冲突，这主要是因为路途遥远，交通运输手段又十分有限。英国和俄国没有直接开战，而是争相控制中间地带的国家，尤其是波斯和阿富汗。

俄国人的统治极大地改变了中亚地区的面貌。从积极方面看，俄国人废除了中亚地区普遍存在的奴隶制和奴隶贸易，仅撒马尔罕及其周边地区就解放了1万名奴隶。俄国人还修建了铁路，尤其是奥伦堡—塔什干铁路，铁路既有助于俄国的征服，也推动了中东地区的现代化。由于廉价的运输和俄国纺织业日益增长的需求，中东地区的棉花种植大幅增长。1884年，在俄国人倡议下，棉花种植面积为300俄亩（1俄亩约合16市亩），到1899年，棉花种植面积猛增到9万俄亩。俄国人还进行了一些土地改革，包括减轻农民税收以及为国家和地主所服的劳役。

另一方面，俄国人有计划有步骤地征用哈萨克人的牧场，造成牧群规模下降，饥荒蔓延。俄国人没有为当地教育做任何事情，把这项任务几乎完全甩给了穆斯林毛拉。在司法和地方政府等其他领域，俄国人也不像英国人在印度那么积极。因此，在布尔什维克革命给中亚和沙皇帝国其他地区带来重大变革之前，哈萨克人、吉尔吉斯人、土库曼人、乌兹别克人和塔吉克人几乎没有受到俄国人到来的影响。除了修建铁路和推广棉花种植，征服者和被征服者在语言、宗教和习俗上有很大差异，双方彼此隔阂，犹如生活在两个世界。

中国东北与日俄战争

19世纪90年代，俄国人的注意力从中亚转向远东。西伯利亚大铁路慢慢接近完工，为俄国经济和政治扩张提供了新的机遇。新任财政大臣谢尔盖·维特伯爵向亚历山大三世提交了一份报告（1892年11月6日），报告认为横贯西伯利亚的铁路线将取代苏伊士运河，成为通往中国的贸易干线。维特预言俄国将成为亚洲与西方世界的仲裁者，主张建立俄中联盟作为谋求这一地位的最佳手段。

1894年，中日战争爆发（见第三十一章第一节），为维特倡导的俄中联盟铺平
465 了道路。中国再次一败涂地，多次请求英国和美国出面斡旋。英美两国拒绝调停，中国被迫签订《马关条约》（1895年4月17日）。根据条约，中国割让台湾、澎湖列岛和辽东半岛给日本。但是，俄国与德国和法国联手进行干涉，迫使日本归还了辽东半岛。

这次帮助打动了中国人，第二年，中国与俄国签订了一项秘密条约。条约规定两国在遭受日本侵略时相互援助，授予一家俄中合股银行特许权，修筑中国东北直达符拉迪沃斯托克（海参崴）的中东铁路。这家银行名义上是私人企业，实际上由俄国政府拥有和经营。1904年，日俄战争爆发时，俄国人已在中国东北修建了2569千米铁路。

1898年，俄国在远东采取进一步行动，与中国达成了租借辽东半岛25年的租约，其中包括战略要地旅顺港。两年后，俄国人趁义和团运动造成的混乱，控制了整个中国东北地区。俄国对中国的入侵屡屡得手，让日本人坐立难安，因为日本人一直对亚洲大陆有领土野心。日本无法凭借一己之力阻止俄国，便决定以结盟方式来提升实力。1902年1月30日，日本与英国缔结了军事同盟（详见第三十一章第四节），日本依托英日同盟，决定向俄国摊牌。1903年7月，日本向俄国提议，俄国承认日本在朝鲜的“优势利益”，日本也承认俄国“在中国东北地区铁路企业的特殊权益”。

俄国高层对日本的提议意见不一。财政大臣维特伯爵倾向于接受日本的提议，他感兴趣的是经济渗透，而不是有战争危险的政治吞并。但有权有势的俄国冒险家们手握朝鲜北部大片森林的采伐特许权，为了保障自己的财富，他们想让俄国政府介入这一地区。俄国军方则希望在朝鲜海岸建立一个基地，因为旅顺港和符拉迪沃斯托克（海参崴）基地相距甚远。一些俄国政治家对国内日益高涨的革命浪潮忧心忡忡，因此倾向于打一场“小规模的胜仗”，作为平息民众骚乱的避雷针。在这些政治家和军方看来，俄国完全有把握打赢一场对日战争。

这群恣意妄为的冒险家、军国主义者和政治家设法罢免了维特，等于是回绝了日本的提议。日本人有了英国盟友的靠山，加上担心西伯利亚铁路即将竣工，于是当机立断发动了战争。1904年2月5日，日本中止了与俄国的谈判。三天后，日军未经正式宣战便袭击了旅顺港的俄国舰队。

在接下来的战争中，日本人屡次击败俄罗斯巨人。事实证明，横贯西伯利亚的单线铁路根本无力为离欧洲俄国工业中心数千英里之遥的远东俄军运送充足的物资。在战争的初期阶段，日军包围了旅顺港，经过148天的围攻后，于1904年12月19日占领了这座要塞。战争的第二个阶段是中国东北平原上的一系列战役，日军也取得了胜利，把俄军赶到奉天（今沈阳）以北。但这些战役并非决定性的，因为俄军损失不大，随着交通状况的改善，俄军还得到增援和加强。但是，日军在海上取得了压倒性胜利，迫使俄国人坐到谈判桌前。1905年5月27日，俄国波罗的海舰队经过相当于地球周长三分之二的航程，抵达日本与朝鲜之间的对马海峡。在数量和战斗力上都占优势的日本舰队随即向俄国舰队发起攻击。短短几个小时，俄国舰队

图208　俄国战列舰“博罗季诺”号在对马海战中被日军鱼雷击沉。

466

全军覆没，几乎悉数被击沉或俘获，而日军仅损失了几艘驱逐舰。

这场惨败让俄国人准备开展和谈，尤其是因为这场战争在国内很不得人心，而且1905年革命已经爆发。日本人也愿意和谈，他们虽然赢得了胜利，但战争使得贫乏的资源越发捉襟见肘。1905年9月5日，两国签订《朴茨茅斯条约》，俄国承认日本在朝鲜半岛享有“最高的政治、军事和经济权益”，放弃了俄国在中国东北的所有特权和专属特许权，将萨哈林岛（库页岛）南部和辽东半岛的租借权割让给日本。这样，日本阻止了俄国在远东的扩张。直到40年后，日本在第二次世界大战中惨败，俄国才收复了因《朴茨茅斯条约》失去的领土。

四、第一次俄国革命及其后果（公元1905—1914年）

正当日俄战争在远东如火如荼之际，革命在俄国后方蔓延开来。这场革命起因于农民、城市工人和中产阶级积蓄已久的不满。对日战争让这种不满情绪最终爆发，这场战争从一开始就不得人心，俄军在战场上迭遭败绩更是造成民怨沸腾。最终，1905年1月22日发生了所谓的“流血星期日”事件。数千人和平地在圣彼得堡冬宫广场递交请愿书，沙皇禁卫军向手无寸铁的人群开枪。

“流血星期日”无可挽回地打破了许多俄国人历来珍视的沙皇仁慈的“小父亲”形象。整个帝国的公民都起来反对沙皇政权，引爆了1905年的俄国大革命。这场剧变经历了三个阶段，帝国政府才最终重新确立起权威。第一个阶段从1905年1月到10月，革命浪潮风起云涌，所有阶层和团体都起来反对沙皇专制制度。臣属民族要求自治；农民洗劫地主的房屋，夺取庄园；城市工人组织代表会议（“苏维埃”），开展革命行动；各地大学生走出校园；黑海舰队水手发动兵变，夺取舰船。沙皇无可奈何之下只能屈服，颁布了著名的《十月诏书》（10月30日）。沙皇在诏书中承诺给予言论、出版和集会自由，制定宪法，召开由选举产生的国民议会（杜马）。

1905年10月到1906年1月为革命的第二个阶段，起义依然如火如荼，但革命者失去了团结。中产阶级为主的温和派接受了《十月诏书》，而社会民主党和社会革命党等激进派则认为应当由制宪会议而不是沙皇大臣来制定新宪法。为此，激进派进一步发动罢工和骚动，试图将革命继续进行下去。然而，政府逐渐恢复了元气，伺机进行反扑。1905年9月5日，俄国与日本签订《朴茨茅斯条约》，政府因此可以抽调前线俄军回国恢复秩序。巴黎和伦敦及时提供了4亿美元贷款，给摇摇欲坠的沙皇政府打了一针强心剂。因此，12月22日到来年元旦，政府镇压了莫斯科爆发的一场危险的工人起义。另一方面，温和派因为持续的暴力而疏远了革命，转而倒向政府一边。因此，到1906年初，革命高潮过去了。

革命的第三个阶段从1906年1月到7月21日，这是沙皇政府巩固统治的阶段。政府军追捕激进分子和造反的农民，有时甚至将整座村庄付之一炬。5月6日，政府颁布所谓的《基本法》，宣布沙皇为独裁者，全权控制行政、军队和外交政策。选

图209　1905年1月22日的“流血星期日”事件，沙皇尼古拉二世的军队向圣彼得堡冬宫前和平游行请愿的工人队伍开枪。这个事件后，沙皇政府与俄国工人阶级的矛盾已不可调和。

举产生的杜马与御前会议分享立法权，杜马制定预算的权力也受到很大限制。5月10日召开的杜马拒绝接受《基本法》，同时猛烈抨击政府。双方僵持不下，7月21日，沙皇解散了杜马。针对沙皇的举动，自由派杜马议员号召国民拒绝纳税，但没有得到多少响应。事实上，革命已经退潮，第一次俄国革命走到了尽头。

这场革命虽然失败了，却对俄国历史进程产生了深远影响。俄国从此建立起宪政体制，尽管杜马几乎没有任何权力。1907年2月，经选举产生了第二届杜马，它
467 比第一届杜马更加桀骜不驯。于是，政府对选举权进行了严格限制，1907年和1912年的第三届和第四届杜马都变得保守和温顺。尽管如此，《十月诏书》终结了绝对主义的沙皇专制制度，第一次世界大战爆发后，杜马的力量日益壮大，直到最终在布尔什维克革命中被取缔。

1905年革命事件的重要意义还在于丰富了俄国革命的经验和传统。城市中建立的苏维埃证明了自身作为革命执行机关的价值。诚然，1906年后，俄国似乎出现了一段平静时期，但这只是风暴来临前的平静。罢工工人人数从1905年的100万人下降到1910年的4000人，但1912年，罢工人数再次上升到100万人，随后两年里一直保持在这个水平。第一次世界大战爆发后，俄国国内的冲突戛然而止。然而，随着俄军在前线接连惨败，国内又形成了新的乌云，沙皇政权再度陷入四面楚歌之中，而这一次它未能化险为夷，最终被1917年革命推翻。可以说，1905年俄国革命是震惊世界的1917年革命的预演。

[推荐读物]

关于俄国与西方关系的有关问题，参阅D. W. Treadgold，*The West in Russia and China*，Vol. I，*Russia*，*1472–1917*（Cambridge University，1973）；W. L. Blackwell，*The Beginnings of Russian Industrialization*，*1800–1860*（Princeton University，1968）；T. H. Von Laue，*Sergei Witte and the Industrialization of Russia*（Columbia University，1963）；M. Malia，*Russia Under Western Eyes*：*From Peter the Great to Khrushchev*（Whiley，1964）以及新近出版的L. Hughes，*Russia in the Age of Peter the Great*（Yale University，1998）。

关于俄国在中亚的扩张，参阅G. V. Lantzeff and R. A. Pierce，*Eastward to Empire*：*Exploration and Conquest on the Russian Open Frontier to 1750*（McGill University，1973）；E. E. Bacon，*Central Asia Under Russian Rule*：*A Study in Cultural Change*（Cornell University，1966）；S. Becker，*Russia's Protectorates in Central Asia*：*Bukhara and Khiva*，*1865–1924*（Harvard University，1968）。

毋庸置疑，过去一个世纪左右的时间里，近东所有的社会变迁都是直接或间接地源于我们西方社会的冲击以及西方技术和思想的渗透。 468

——H. A. R. 吉布

第二十九章　中东

西方对中东的影响迥然有别于对俄国的影响，中东各民族的反应也大相径庭。可以肯定的是，西方对中东的影响既涉及新的民族、宗教和文化群体，也涉及不同的政治和社会组织。19世纪，奥斯曼帝国依然统治着中东大部分地区，这个帝国历来是不同民族、宗教和相互冲突的归属感的大杂烩。我们在第十八章中讲到，奥斯曼帝国是建立在宗教社群而不是种族群体基础上的神权政治国家。最重要的宗教社群有希腊东正教徒、罗马天主教徒和犹太人，他们获准在各自教会首脑的领导下享有相当大的自治权。因此，几个世纪以来，各穆斯林民族（例如，土耳其人、阿拉伯人、阿尔巴尼亚人和库尔德人）与各基督教民族（例如，塞尔维亚人、希腊人、保加利亚人和罗马尼亚人）一直在半自治和自给自足的社群中共同生活。个别非穆斯林民族在衣着、行为、居住区域和税收等方面确实受到了歧视。不过，每个社群只要承认苏丹政权并向帝国国库纳税，便可以拥有自己的教堂、语言、学校和地方政府。

这种松散的帝国结构意味着西方观念和压力会遭遇奥斯曼帝国境内各种不同的文化和环境。因此，西方对奥斯曼帝国各地区的影响因地而异，我们在分析这种影响的性质时必须考虑到帝国不同地区有着明显不同的环境和反应。有鉴于此，我们接下来不是着眼于整个奥斯曼帝国，而是分别考察帝国的三个主要地区：人口以基督教徒为主的巴尔干半岛，穆斯林土耳其人居统治地位的小亚细亚，以及穆斯林阿 469
拉伯人占主体的南部小亚细亚省份。

一、巴尔干基督教民族

4个多世纪以来，巴尔干各民族一直受到土耳其人的统治。人们通常认为，土耳其人的暴政在这几个世纪里变本加厉，受压迫的基督徒渴望自由，迫不及待地相机而动以挣脱枷锁。这种说法并不符合历史事实。巴尔干半岛只有少量土耳其人，而基督教民族在人数上远远超过土耳其人。各基督教民族都是聚居的社群，并且保留了本民族的语言和宗教。如果他们反抗心切，势必会给土耳其人带来更多的麻烦。然而，几个世纪以来，土耳其人在统治巴尔干半岛的基督教臣民时所遇到的麻烦并不比统治亚洲的穆斯林臣民多。

究其原因，相比之前相继统治巴尔干地区的拜占庭皇帝、法兰克贵族、威尼斯领主、保加利亚和塞尔维亚君主，土耳其征服者反而是高效而仁慈的。奥斯曼帝国的统治严厉而公正，税收很轻，非穆斯林享有基督教欧洲望尘莫及的一定程度的宽容。但是，十八九世纪，形势已彻底改观。奥斯曼帝国的实力和效率一落千丈，而土耳其人的腐败和压榨日甚一日，在这种情况下，愤恨的被压迫巴尔干基督徒拿起武器自卫。与此同时，由于多方面的原因，西方通过各种方式影响并唤醒了巴尔干民族。

相比奥斯曼帝国治下的其他民族，巴尔干民族更早也更深刻地感受到西方影响。巴尔干民族大多是基督徒，比穆斯林土耳其人和阿拉伯人更容易接受基督教西方。由于毗邻欧洲其他地区，西方的人员、货物和观念经由多瑙河、亚得里亚海、地中海和黑海汇聚到巴尔干半岛。西欧对进口粮食的需求日益增长，促进了巴尔干半岛农业的发展，尤其是引入了新的殖民地作物棉花和玉米。这些商品的出口反过来又推动了巴尔干半岛本土商人和水手阶层的壮大。随着贸易的发展，手工业产品的需求和产量扩大。半岛各地出现了一些重要的制造业中心，这些制造业中心通常位于偏远山区，工匠们可以在很少受到土耳其人打扰的情况下从事生产。最后，商业和工业的兴起，促进了往返于亚得里亚海沿岸和爱琴海岛屿的商船队的发展。新兴的巴尔干商船队出口棉花、玉米、染料、酒、油和水果等产品，输入的主要是殖民地产品和制成品，如香料、糖、毛织品、玻璃、手表、枪炮和火药。

巴尔干半岛经济复兴的意义在于催生出一个中产阶级，这个由商人、工匠、船主和水手构成的阶层特别容易接受和赞同西方观念和制度。这些人发自内心地对奥斯曼帝国的统治不满，因为此时的帝国江河日下、腐败无能。商人和水手频繁前往异国他乡，时常还在外国居留，难免将国外的安全和开明与国内的悲惨状况做一番对比。许多人自然会得出结论：为了自己和巴尔干同胞的前途，要尽快摆脱土耳其人的统治。

匈牙利南部的塞尔维亚商人、俄国南部的保加利亚商人、散布在欧洲各大城市的希腊商人，都以实际行动来启迪同胞的智识。他们用本民族语言出版书籍和报纸，在家乡城镇和村庄创办学校和图书馆，资助年轻人到外国大学求学。所有这一切不仅意味着更多的教育，而且是新型的教育。这种教育不再以宗教为中心，而是深受当时西欧启蒙运动的影响。

在法国大革命和拿破仑时代，西方对巴尔干半岛有了更为直接的影响，而且政治性和鼓动性也更强。巴黎的起义，“自由、平等、博爱”的口号，拿破仑推翻一个又一个王朝的壮举，深深打动了有政治觉悟的巴尔干人。当时的一位希腊革命家表示：“总的来说，法国革命唤醒了所有人的心灵……近东的所有基督徒都向上帝祈祷，法国应该向土耳其开战，他们相信自己将获得自由……当拿破仑按兵不动时，他们行动起来，争取自由。”[1] 470

巴尔干各民族觉醒的时间早晚相差很大。希腊人最先觉醒，这是因为他们具备一些有利条件，如与西方交往频繁，辉煌的古典文明和拜占庭的遗产激发了民族自豪感，希腊东正教体现并维护了民族意识。希腊人之后是塞尔维亚人，他们享有很

图210　俄土战争中的沙皇哥萨克禁卫军骑兵，19世纪的线雕画。

大的地方自治，同时得到了匈牙利南部大规模塞尔维亚人定居点的支持。希腊人和塞尔维亚人的这些有利条件，从一个侧面解释了巴尔干其他地区民族意识的复兴姗姗来迟的原因。保加利亚人与西方没有直接联系，反而毗邻奥斯曼帝国首都和土耳其人在色雷斯和马其顿东部稳固的定居点。罗马尼亚人深陷巴尔干地区特有的社会两极分化的泥淖，整个社会分裂为有教养的上层阶级和麻木不仁的农民群众。阿尔巴尼亚人的处境最为糟糕，除了有原始的部落组织，还有东正教、天主教和伊斯兰教等三种信仰造成的社会分裂。

因此，从19世纪初到20世纪初，巴尔干地区没有发生各民族齐心协力反抗奥斯曼统治的革命，而是各地相继发动起义。1821—1829年，希腊人经过旷日持久的独立战争，最终摆脱了土耳其统治，赢得了完全独立。早在1804年，塞尔维亚人就发动了起义，但直到1815年才在奥斯曼帝国内部获得自治地位。1878年，塞尔维亚公国完全独立，建立起塞尔维亚王国。接着是罗马尼亚，1859年获得自治，1878年
471 完全独立。1878年，保加利亚人获得自治，1908年独立。1912年，三个巴尔干民族塞尔维亚人、希腊人和保加利亚人联合起来，将土耳其人彻底赶出了巴尔干半岛。巴尔干各国打败了土耳其，尽管战胜国之间随即发生了一场自相残杀的战争，1913年，土耳其还是被迫交出了巴尔干半岛的所有剩余领土，仅剩下从君士坦丁堡到阿德里安堡的黑海海峡周边的一块飞地。

奥斯曼帝国的边界就这样一步步退缩，从1683年的维也纳城下，到1815年的多瑙河，1878年的巴尔干半岛中部，再到1913年的君士坦丁堡周边地区。随着帝国的衰落，巴尔干半岛建立了独立国家：希腊、塞尔维亚、罗马尼亚、保加利亚和1912年独立的阿尔巴尼亚。西方提供了革命性的民族主义意识形态，促进了准备在这种意识形态旗帜下行动的中产阶级的成长，为巴尔干民族的复兴做出了重要贡献。

二、土耳其人

相比西方对巴尔干基督教民族的影响，西方对土耳其人的影响要小得多，也晚得多。这是多种原因使然，最重要的因素大概是土耳其人信奉伊斯兰教，另外，土耳其没有形成一个本土中产阶级。

如果说基督教信仰成为将巴尔干民族与西方联系起来的纽带，那么伊斯兰教信仰则成为横亘在土耳其人与西方之间的障碍，这是一道几乎无法逾越的障碍，因为基督教与伊斯兰教在历史上长期对峙和冲突。土耳其人很少受到西方影响还有一个原因，即土耳其始终未能形成本土的中产阶级。土耳其人对经商毫无兴趣，还看不起商业活动，所以奥斯曼帝国的中产阶级主要是希腊人、亚美尼亚人和犹太人。反

图211　贝尔格莱德卫戍部队的巴尔干基督徒向国王米兰一世宣誓效忠。

之，土耳其人要么是农民，他们基本上是麻木不仁的；要么是伊斯兰教会组织的教师和法官，他们几乎总是强烈反对西方；要么是帝国官僚机构的官员，他们通常只关心如何保住乌纱帽和向上爬。只要看一看希腊、塞尔维亚和保加利亚商人在各自国家扮演的重要角色，也就不难想见土耳其的这种状况会带来什么样的后果了。由于土耳其没有类似的商人群体，寥寥可数的改革倡导者发现自己找不到任何追随者。换言之，他们面临的困境与1825年的俄国十二月党人如出一辙，并且是出于完全相同的原因。

不过，在19世纪的进程中，奥斯曼帝国也像俄国那样直接或间接地受到西方的渗透、影响和控制。军队成为西方影响最早、从某种程度上说也是最有效的渗透 472
渠道。像俄国人一样，土耳其人发现唯有采用欧洲军事技术才能自保。19世纪下半叶，为了阻止俄国向中东扩张，西方列强大力支持土耳其军队现代化。许多年轻人被派往国外军事院校学习，其中一些人势必在学习西方军事技术的同时还吸收了西方的意识形态。有鉴于此，也就不难明白，为什么1908年最终推翻奥斯曼帝国旧制 473
度的不是政党或群众运动，而是一小撮军人发动的政变。

472

欧洲病夫

19世纪的奥斯曼帝国被称为“欧洲病夫”。英国商人兼外交家查尔斯·艾略特爵士的记述清楚表明了土耳其的病症所在。他讲述了如何想方设法让卡拉奎伊省的瓦利（总督）对发展项目感兴趣，以及瓦利消极的答复。*

我想我算得上是个特许权猎人或者说佣金代理商。说到底，我这个行当就是让东方人购买他们不想要的东西，从火柴到铁路，应有尽有。我贿赂他们买我的商品，他们贿赂我开出比我实际收到的金额高得多的账单（由奥斯曼政府支付）。所以我们双方都能从中获利……

（我告诉他说）“只要开发你的帝国的商业和物质资源，基督徒和土耳其人就会有共同的利益。基督徒会支持你的帝国，因为这将给他们带来财富。”

（瓦利回答说）“我们土耳其人从来不懂怎么赚钱，我们只知道怎么花钱。你说想要引进一种制度，那基督徒就能凭借这种制度从我们身上和我们国家榨取所有的钱财，然后放进自己的口袋里。是谁从铁路、港口和码头的特许权中获利？是法兰克人、犹太人、希腊人和亚美尼亚人，从来没有穆斯林的份儿。你还记得我帮你修建的从杜罗格勒到莫罗波利斯的那条铁路吗？法兰克人乘火车旅行，希腊人和亚美尼亚人卖票，最后所有的钱都流进了犹太人的腰包。但有哪个土耳其人会想要这条铁路呢？土耳其人又能从中赚到多少钱呢？”

我本来想说，“和当初商定特许权时跑到阁下口袋里的钱一样多”，但我忍住了，没有这样直截了当地反驳，而是让瓦利继续说下去。“这个国家就像一盆汤，”他接着说道，“人人都想喝这盆汤，除此之外再不会有别的念头。我们喝汤是用大汤勺，这种古老的法子一直很好使。你们是在汤盆底部钻几个小孔，然后用管子吸着喝。然后你们硬说用勺子喝汤的习俗不文明，应该废除，因为你们知道我们没有螺丝钻，也搞不懂这种用管子喝汤的把戏。”

“但是，阁下亲身体验过奥斯曼人可以从商业活动中获得的好处，而且……”

“哦，我是用管子喝过汤，”瓦利说道，“但我还是喜欢用勺子。”

* Charles Eliot，*Turkey in Europe*，2nd ed.（Edward Arnold，1908），pp. 94–97.

西方在宗教上也影响了中东的穆斯林。基督教传教士在帝国各地布道和创办学校。1875年，仅美国传教士就开办了240所学校，有8000名学生。学生大多是亚美尼亚人和其他基督徒，因为穆斯林被禁止改变信仰。不过，外国人在帝国各地开办

图212　1877年，第一届奥斯曼帝国议会召开，图片取自1877年4月14日的《伦敦新闻画报》。

的大学里也有不少土耳其学生。

西方还对奥斯曼帝国进行了经济渗透，其影响不亚于文化渗透。1869年，法国外交官和项目发起人斐迪南·德·雷赛布为首的欧洲财团历经10年，开凿了苏伊士运河。这条运河使得奥斯曼帝国重新处于亚欧两大洲的主要贸易路线上。另一方面，奥斯曼帝国政府无可救药地欠下了欧洲各国政府和私人金融家的巨额债务。1854年，土耳其人签下了第一笔贷款合同，到1875年，土耳其的债务总额已达2亿英镑。每年要偿付的年金、利息和偿债基金为1200万英镑左右，相当于帝国总收入的一半还多。外国利益集团除了控制奥斯曼帝国的公共财政，还控制了土耳其的银行和铁路系统、灌溉工程、矿业企业和市政公用事业。

我们很难准确判断西方压力和控制究竟对土耳其产生了多大的影响，但可以肯定的是，这种影响逐渐动摇了之前坚不可摧和铁板一块的伊斯兰社会结构。到西方学习过的土耳其军官最终彻底颠覆了这种社会结构，在西方的所见所闻让他们意识到，苏丹阿卜杜勒·哈米德抵制所有变革的做法过时而危险。1908年7月，这些军官威胁说，除非苏丹接受一部宪法，否则他们就要向君士坦丁堡进军，苏

图213　开凿苏伊士运河。

丹只得妥协，接受了宪法。

第一次世界大战爆发前的几年里，土耳其军队领导人试图巩固帝国，但收效甚微。他们本想强化臣民对奥斯曼帝国和奥斯曼苏丹的忠诚，结果适得其反，引发了更大的反对浪潮。阿尔巴尼亚人、阿拉伯人、希腊人、保加利亚人和其他臣属民族不可阻挡地相继觉醒，奥斯曼帝国试图镇压，但无异于螳臂当车。结果，奥斯曼帝
474 国陷入了反叛和镇压的恶性循环，整个国家深陷动荡之中，1914年，土耳其做出了加入同盟国阵营的重大决定，从而注定了奥斯曼帝国的灭亡。

三、阿拉伯人

可以说，西方对现代阿拉伯世界的影响始于1798年拿破仑率大军登陆埃及的那一天。拿破仑进军埃及，本是为了打击英国在东方的地位，但英国海军上将纳尔逊在亚历山大港附近摧毁了拿破仑舰队，于是拿破仑放弃了原定计划，返回了法国。然而，拿破仑的远征对埃及产生了持久的影响，因为这不单纯是一场军事行动，也是西方对阿拉伯世界心脏地带的一次文化入侵。拿破仑给埃及带去了第

一台印刷机，随行的还有准备破译古代象形文字的科学家以及计划打通地中海和红海的工程师。

拿破仑的远征虽然来去匆匆，却摧毁了埃及统治阶级的势力，从而为天才的阿尔巴尼亚冒险家穆罕默德·阿里的崛起铺平了道路。穆罕默德·阿里是一个有重要历史意义的人物，他是最早意识到西方技术的重要性，并且将其作为富国强兵的有效手段的中东君主。穆罕默德·阿里的成就不胜枚举，这些具有革命性意义的成就主要有：兴建现代灌溉系统；引进棉花种植，棉花很快成为埃及最重要的资源；重新开放亚历山大港；鼓励对外贸易；派学生出国留学；开办各类学校，尽管他 475
本人是个文盲；建立一所翻译学校，1835—1848年间将大约2000本欧洲书籍翻译成阿拉伯语。他还聘请外国专家，在他们的协助下建立了中东第一支现代陆军和海军。他甚至大胆尝试在埃及建立现代工业结构，在开罗和亚历山大兴建了许多工厂，但由于内部缺陷以及欧洲列强阻挠埃及的扩张和工业化，这些企业最终都以失败而告终。

这些成就足以使埃及成为一个强国，穆罕默德·阿里轻而易举地征服了阿拉伯半岛、苏丹、克里特岛以及包括现今以色列、黎巴嫩和叙利亚在内的整个黎凡特沿

图214 穆罕默德·阿里（1769—1849年）。这位著名埃及总督被描绘成一个骑马者。

岸地区。他原本打算在小亚细亚以南的奥斯曼帝国行省建立起一个阿拉伯帝国，这对于英国来说是无法接受的，英国宁愿扶持孱弱的奥斯曼帝国，也不愿有一个强大的阿拉伯帝国控制通往印度的咽喉要道。穆罕默德被迫交出除埃及外的所有属地，但他仍然是世袭和自治的埃及统治者。大国利益阻碍了阿拉伯人实现统一和独立，一个多世纪后，这一幕将再次重演。

[推荐读物]

相关文献指南有：R. H. Davison，*The Near and Middle East：An Introduction to History and Bibliography*（Service Center for Teachers of History，1959）；B. Lewis and P. M. Holt，*Historians of the Middle East*（Oxford University，1962）。

巴尔干和近东的通史著作有：L. S. Stavrianos，*The Balkans Since 1453*（Holt，Rinehart and Winston，1958）；B. Jelavich，2 vols.，*History of the Balkans*（Cambridge University，1983）；B. Lewis，*The Middle East：A Brief History of the Last 2000 Years*（Scribner，1996）。关于西方文化对中东的影响，参阅D. Lerner，*The Passing of Traditional Society：Modernizing the Middle East*（Free，1958）；B. Lewis，*The Middle East and the West*（University of Indiana，1964），and *Muslim Discovery of Europe*（Norton，1982）。关于西方的经济影响，参阅C. Issawi，ed.，*The Economic History of the Middle East ，1800–1914*（University of Chicago，1966）；J. R. Lampe and M. R. Jackson，*Balkan Economic History：1550–1950*（Indiana University，1982）。

[注释]

1. Ch. Photios，*Apomnemoneumata peri tes Hellenikes Epanastaseos* [Memoirs on the Greek Revolution]，Vol.I（Athens，1899），p. 1.

作为一个重要的非西方社会，印度不仅遭受西方军队的进攻和袭击，而且被占领和彻底征服；不仅被西方军队征服，此后又被西方行政官员统治……因此，印度与西方打交道的经历要比中国和土耳其更痛苦、更屈辱，与俄国和日本相比就更是如此。 476

——阿诺德·J. 汤因比

第三十章 印度

英国人到来之前，印度曾相继遭到雅利安人、希腊人、西徐亚人、突厥人和莫卧儿人的入侵。每一波入侵者都在这片广袤的次大陆留下了自己的印记，在不同程度上推动了印度传统社会的演变。英国人的历史作用在于瓦解并重塑了这个传统社会。其他入侵者带来的变化大多局限于社会上层，而英国人的影响一直渗透到村庄。之所以英国人的影响有别于先前的入侵者，原因在于英国社会的活力和扩张性，这种活力和扩张性最终破坏了相对停滞和自给自足的印度社会。为了理解这种渗透和转变，我们首先要剖析传统印度社会的特性，然后再来考察英国人影响的性质和印度人的反应。

一、印度的传统社会

村庄是传统印度社会的基本单位，前工业化时代的欧洲和世界其他地区莫不如此。在村庄里，重要的不是个人，而是几代同堂的大家庭和种姓。这种集体组织形式构成了社会稳定的基石，同时也是国家衰弱的根源。人们把对家庭、种姓和村庄的忠诚放在第一位，势必阻碍了民族精神的形成。

根据古老的习俗，土地被视为君主的财产，君主有权收取一部分收成或等价 477
物。这种土地税成为国家收入的主要来源，也是耕种者的主要负担。上缴国家的税收占收成的比重因时而异，从收成的六分之一到三分之一不等，有时甚至要占到收成的一半。无论是以实物还是货币形式，土地税通常都是以村庄为单位缴纳。农户只需缴纳自己的那一份赋税，就可以拥有世袭的土地使用权。

由于交通和通信设施十分原始，村庄趋于自给自足的经济和社会生活。每个村

图215 印度班贾拉族的族人正在与村中长者商议事情。

庄都有陶工、木匠、铁匠、书吏、牧人、祭司、教书先生和占星家。陶工用陶轮制作农民所需的简单器具；木匠负责建造维修房屋和犁具；铁匠打造斧头和其他必备工具；书吏负责处理法律文书和代写信件；牧人白天照看牲畜，晚上再把畜群归还给各自的主人；祭司和教书先生通常由一人兼任；占星家择定播种、收获、结婚和其他重要事项的良辰吉日。这些工匠和专业人士以类似物物交换的方式为村庄服务，报酬是农户提供的粮食，或是由村庄提供免税的土地。种姓制度则将这些世袭的传统职业和职能转化为义务。

村庄的政治结构由每年选举产生的五人或五人以上的村务委员会组成，村务委员会如今称作“潘查耶特”（“潘查”的意思是“五”），通常由种姓首领和村中长者组成，村委会定期召开会议，负责主持地方司法，征收赋税，维修村里的水井、道路和灌溉系统，保障工匠和其他专业人员的生计，款待路过的旅客并提供向导。除了缴纳土地税和不定期的强迫劳动外，村庄与外界几乎没有任何交集。每个村庄都有自己的农业和手工业，除了盐、铁等少数必需品之外，基本上无须外界提供任何东西。因此，传统的印度城镇并不是工业城镇。相反，它们要么是宗教中心，如贝拿勒斯、普里和阿拉哈巴德；要么是政治中心，如普纳、坦焦尔和德里；要么是商业中心，如印度中部到孟加拉的贸易路线上的米尔扎布尔。 478

一些印度作家将这个传统社会浪漫化，描绘了田园诗般的乡村生活图景，生活节奏舒缓怡人，一代又一代人平静地延续着这种生活方式。几世同堂的大家庭、种姓制度和村务委员会等集体性制度为农民带来了心理和经济上的安全感。村中每个人都有明确的义务、权利和地位。如果中央政府足够强大，能够维持秩序，土地税降到收成的六分之一，那么普通农民确实能过上安宁惬意的生活。但通常情况下，中央政府软弱不堪，根本无力维持秩序，村民们受到贪婪的税吏和强盗的无情掠夺。17世纪，莫卧儿帝国土崩瓦解，印度社会陷入混乱。然而，即便是这样的乱世，印度村庄的基本结构也纹丝未动。个别地方遭受重创，但耕种者最终会回来恢复传统的制度和生活方式。

二、英国人的征服

英国人到来之前，印度村庄始终处于相对稳定和自给自足的状态。然而，在考察西方入侵者的影响之前，我们不妨思考一个问题：为什么18世纪末和19世纪的西方人能不费吹灰之力地征服整个印度？这个问题很重要。16世纪初，葡萄牙人阿尔布克尔克占领果阿，在接下来的250年里，欧洲人只能在沿海地区维持寥寥可数的几个据点。然而，随后短短数十年间，局势发生了天翻地覆的变化，整个印度次大陆彻底沦为了英国统治下的殖民地。

究其原因，首先是莫卧儿帝国没落，实力和声望江河日下（见第十八章第三节）。于是，穆斯林军阀和地方总督纷纷宣布独立，建立起个人王朝。与此同时，印度教徒为了维护自身利益，建立起以普纳为中心的强大的马拉塔联盟。马拉塔人夺取了整个德干高原的控制权，1740年前后又开始入侵北印度，意欲取代日益衰微的莫卧儿人。因此，18世纪的印度陷入无政府状态，形形色色的官员争先恐后地想当上世袭的王公，他们为了实现个人野心，不惜勾结印度或外国的任何势力。英国人乘机挑起印度土邦王公内讧，最终成为整个印度半岛的主宰。反之，中国的情况截然不同，清帝国的结构始终保持完整，所有外国人不得不直接与北京的皇帝打交道。

强大的本土商人阶层崛起，成为印度脆弱不堪的另一个重要因素，印度商人阶层与西方人的公司形成了一荣俱荣、一损俱损的利益共同体。西方人的公司能够自由地在印度经商（在中国几乎处处受到排斥）。16世纪，印度经济几乎没有受到海外贸易的影响，因为当时的海外贸易主要限于香料和纺织品。17世纪，印度大量出口靛蓝、芥菜籽、大麻等商业作物和硝石。孟加拉成为海外贸易的中心，富有的本土商人控制了当地的经济命脉，由于莫卧儿官员腐败无能，这些商人的势力日益膨胀，变得越来越难以驾驭。比如，一个叫贾加特·赛特的商人收买了本应听命于孟加拉纳瓦布（总督）的将军。1757年的普拉西战役中，这些将军没有参加对英国人作战，英国人在这场决定性战斗中只损失了65人。无怪乎有印度历史学家指出，普拉西之战是“一笔交易，而不是一场战斗”。

普拉西战役后，英国人成为孟加拉的实际统治者，只是表面上仍然扶持纳瓦布
479 傀儡政权。1764年，东印度公司打败了莫卧儿军队，攫取了富庶的孟加拉、比哈尔和奥里萨等地的征税权（称作“迪万尼”）。这就给英国代理人带来了大肆搜刮和公然勒索的良机。英国人决不放过任何一个雁过拔毛的机会，通过提高税收，控制贸易，大量收受当地官员的“礼物”，为自己和伦敦的上司攫取了巨额财富。

英国人在孟加拉站稳了脚跟，从而掌握了在印度进一步扩张所需的基地和资源，于是开始向北推进，寻求建立自然边界。在印度东北部，英国人降伏了喜马拉雅山麓的尼泊尔廓尔喀人，廓尔喀人从此跟随英国人作战。在西北部，英国人最终击败了自负的旁遮普锡克教徒。这样，到19世纪中叶，英国人成为全印度的主宰。

图216 印度艺术家笔下乘坐皇家大象参加仪式的詹姆士·托德（约1880年）。

三、英国人的统治

我们已经指出，东印度公司起初对印度领地进行了残酷剥削。这些越轨行为引发了英国公众舆论的关注，促使议会于1773年和1784年通过法案，将东印度公司置于英国政府的监督之下。新体制下的东印度公司仍然从事贸易，公司雇员和士兵也继续在印度进行统治和作战，但公司本身受到英国议会和英国政府的监督。此后，这种体制不断完善，一直沿用到1857年印度兵变爆发。

印度兵变并非如一些印度作家所说的那样是一场民族运动或独立战争。确切地说，它主要是一场军队哗变，而一些心怀不满的土邦王公和地主则在背后推波助澜，因为英国人损害了他们的利益。1848—1856年间，印度总督达尔豪西勋爵剥夺了许多土邦王公的财产，引起其余土邦王公的不安和猜忌。印度其他社会群体也对英国人不满：英国人推行的一系列举措让印度保守势力惊恐不已，如引进铁路和电报，开办西式学校，基督教传教士积极活动，寡妇再婚合法化，以及废除杀婴和萨蒂（寡妇在丈夫的火葬堆上自焚）等习俗。在英军中服役的印度人称作“印度兵”，他们长年在偏远地区作战，当局却不肯加饷，从而招致了他们的不满。兵变的导火索是当局发放涂有牛油和猪油的子弹，触犯了印度教徒和穆斯林的禁忌。所有这些因素叠加在一起，导致一些零星地区的兵变演变成一场民众起义。 *480*

1857年5月10日，兵变爆发，英国人措手不及，被迫采取守势。但叛乱主要局限在北方地区，并没有蔓延到全国。即使在北方，大多数重要土邦仍然效忠英国人，为英国人提供了宝贵的援助。大约4个月后，英国人开始反攻，于1858年7月彻底镇压了兵变。双方都犯下了残暴的罪行。印度人杀害了许多俘虏，英国人将村庄付之一炬，不分青红皂白地杀害村民。

兵变平息后一个月，英国议会通过了《印度法案》，结束了东印度公司对印度的统治，代之以英国王室的统治。从此，印度由一个庞大的统治集团统治，这个统治集团的基础在印度，首脑则是伦敦的印度事务大臣。印度官僚机构的构成反映了英国统治印度的效率：1900年，印度的英国行政人员有4000人，印度文职人员有50万人。1910年，英印军队由6.9万人的英军和13万名印度士兵组成。为数不多的英国军队和官僚统治着这个人口众多、幅员辽阔的次大陆。

四、英国人的影响

不难想见，英国人对印度的影响首先反映在经济领域，因为英国人来到印度就是为了寻找市场和商品。19世纪，英国对黄麻、油籽、小麦和棉花等印度原材料

图217 英国茶叶种植园主巡视茶园。在斯里兰卡和印度东北部，尤其是阿萨姆，大茶园是英国统治者的主要财源，也是英国统治印度的象征之一。这些茶园在一定程度上造成了19世纪英国殖民统治时期印度次大陆大部分地区的乱砍滥伐。

的需求非常旺盛。这些商品通过新建的铁路网运到海港；1870年，印度铁路里程为6437千米，1939年达到65983千米。苏伊士运河的开通也推动了印度原材料的出口，伦敦到卡拉奇的航程从17381千米缩短到9817千米。因此，印度成为世界重要
481 的原材料产地之一。由于这些原材料价格昂贵，印度在整个19世纪始终保持了贸易顺差。

贸易顺差带来的资本盈余本可用于发展印度的现代工业，实际情况却截然相反，从而注定了印度至今仍处于欠发达的边缘。英国人不但没有推动、反而极力阻挠印度本土制造业的发展，尤其是纺织业等关键领域。因此，印度无法对英国商品征收关税来保护新兴的本土工业，英国工厂的廉价机制品源源而来，严重冲击了印度本土工业。印度经济史家将这种现象称为“流产的现代化”。印度产品进入到世界市场，赚取了大量资本，却没有给落后的国民经济带来结构性变化。印度没有像欧洲那样实现经济现代化，反而是英国人及其同伙“从一个僵化的农业社会的土地上掠夺经济作物”。[1]

另一方面，由于推行了西式医疗卫生措施和饥荒救济，印度人口从1872年的2.55亿增加到1921年的3.05亿。早先时候欧洲也出现过类似的人口增长，但城市里的新工厂吸纳了新增人口。印度没有实现工业化，成百上千万新增人口只能以务农为生，这势必给土地带来难以承受的巨大压力。直到今天，这仍然是印度面临的最严峻的经济问题之一，事实上也是大多数第三世界经济体面临的最严峻的问题之

图218　印度的统治者。1894年前后旁遮普省卡普卡拉的网球聚会。

一，因为出于相同的原因，广大第三世界国家也经历了“流产的现代化”。

除经济领域外，英国人的统治在文化领域也产生了深远影响。这种影响始于1823年，当年，英国成立了一个公共教育委员会，负责制定印度的教育政策。在接下来的几十年里，印度建立起一个全国性的教育体系，这个体系由大学、教师培训学院、中学和面向大众的乡村小学组成。1885年到1900年，印度高等院校在校人数从1.1万人增加到2.3万人，中学生人数从42.9万人增加到63.3万人。与此同时，印刷机的引进极大地促进了印度的文化生活。梵文著作变成公共资源，婆罗门阶层无法再戒备森严地据为己有，此外还出版了各种现代印度语言和英语的报纸。

这些事态发展深刻地影响了印度的文化氛围。不过，普通民众并没有从中受益，绝大多数印度人都是文盲。穆斯林起初也没有受益，他们仍然普遍敌视新学校 482
和新书籍。因此，英式教育几乎成为少数印度教上层阶级的专利。然而，这足以引发一种持续至今的连锁反应。英式教育在印度造就了一个新阶层，他们熟悉外国语言和文化，信奉自由主义和理性主义的意识形态。这个受过西方教育的阶层利用欧洲的意识形态抨击英国人的统治，发动了一场民族主义运动，最终领导印度赢得了独立。

五、印度的民族主义

英国人在文化领域的影响激发起印度思想和文化的热潮和创造力，催生出一场通常所说的印度复兴运动。在评估这一运动的意义时，我们不要忘了，英国人到来时印度教正处于一种长期低迷和混乱状态。在长达700年的穆斯林统治时期，印度教一直备受轻视，被看成是一个被征服民族的偶像崇拜宗教，印度教徒既没有地位，也缺乏组织和有力的领导。但是，英国人推翻了莫卧儿王朝的统治，700年来印度教第一次能够与伊斯兰教平起平坐。印度教徒不像穆斯林那样抵触英国人开办的学校，而是踊跃进入这些学校学习。这就使印度教徒从两个方面受益：他们不仅得以进入新的官僚机构，而且由于接触到西方文化而兴起了一场思想复兴运动。

面对西方的冲击，印度教徒有三种反应或者说形成了三个思想流派，当然，这三者之间并没有泾渭分明的界限，反而有不少共通之处。第一种反应是不假思索和一边倒地亲西方和反传统，将西方的一切都看成是好的和可取的。

第二种反应是完全拒斥西方。这一派观点认为，西方固然强大，但西方观念具有颠覆性，西方习俗令人反感。不论是印度教徒还是穆斯林，真正的印度人不应该

图219　19世纪初的印度人纺织。

向邪恶的西方妥协。相反，印度人应该尽量避免与外国人接触，坚持传统的生活方式。这种观点的支持者主张维护种姓制度，毫无保留地承认印度教经典的权威，反对废除杀婴、萨蒂等习俗。

第三种也是最普遍的反应是既不一边倒推崇西方，也不全然拒斥西方，而是在两者之间折中。这派人主张接受西方世俗主义和文化的精髓，同时寻求从内部改革印度教，在捍卫印度教基本真理的前提下消除腐败，取缔极不人道的习俗。这一思想流派的杰出领袖是被尊奉为“现代印度之父”的罗姆·莫罕·罗易。1772年，罗易生于孟加拉一个虔诚的婆罗门家庭，他亲眼目睹了姐姐在丈夫的火葬堆上被烧死，从此与父母决裂。罗易有着永无止境的求知欲，不仅懂波斯语、阿拉伯语和梵语，还学会了英语，因此能够进入政府部门任职。罗易孜孜不倦地探究西方思想和 483
宗教，为了阅读原文《圣经》，他还专门学习了希腊语和希伯来语。罗易不接受正统的基督教教义，但认可这些教义中蕴含的人道主义。罗易还创立了印度教改革团体“梵社”，试图对印度教做出重新诠释，他的思想融合了欧洲启蒙学说与《奥义书》的哲学观点。

罗姆·莫罕·罗易既是印度宗教复兴的先驱，也是印度政治觉醒和民族主义运动的先行者。民族主义在印度是个新生事物。在此之前，印度有文化上的统一和地方性忠诚，却没有形成全印度的爱国主义情怀。印度民族主义在英国统治下萌生和发展，这有几个方面的原因。首先是英国人的“优越感”，英国人坚信自己是优秀 484
民族，受上帝委派永久统治印度。印度兵变后，英国人的种族主义倾向在各个领域表现得更加赤裸裸，在军队和官僚机构中，印度人不论有什么样的资历，升迁都受到限制；在社会生活中，印度人不得进入一些酒店、俱乐部和公园。在这种情况下，印度人逐渐形成了反抗的文化意识和民族意识。

英国人实现了印度半岛前所未有的统一，这也促进了民族主义的发展。有史以来第一次，整个印度次大陆处于统一的统治之下。英国人还建设铁路、电报和邮政，在印度实现了有形的统一。同样重要的是，当英语成为受教育者的通用语言，语言的统一也随之而来。

英国人建立的教育体系将西方文学和政治观念全盘引入印度，推动了印度民族主义的发展。印度人势必用西方的自由主义和民族主义、个人自由和民族自决原则来反抗外来的英国统治。印度领导人采纳了西方的政治学说，运用西方的政治技巧。报纸、演说、小册子、群众集会和参与人数众多的请愿书，都成为民族主义运动的手段。

483

印度人的印度

B. G. 提拉克是早期的印度民族主义者，他要求英国人离开印度，提出了“印度人的印度”的口号。1906年，提拉克在一次演说中清晰表达了这种民族主义情绪。*

事实上，这个外来政府摧毁了这个国家。一开始，我们所有人都目瞪口呆。我们几乎晕头转向。我们认为统治者所做的一切都是为了我们好，英国人的政府从天而降，把我们从帖木儿和成吉思汗的入侵中拯救出来，如他们所说，不仅从异族入侵中拯救出来，而且从自相残杀的（内战）中拯救出来。我们高兴了一段时间，但我们很快就发现，这个国家建立的和平……不让我们互相残杀，这样异族人就可以杀害我们所有人。这个国家建立起不列颠统治下的和平，为的是让异族政府可以剥削这个国家。近年来，人们逐渐认识到不列颠统治下的和平的后果。不幸的是，我们没能更早地认清这一点……英式教育、日益加剧的贫困以及更了解我们的统治者之后，我们和我们的领袖睁开了眼睛……你们的工业被彻底摧毁了，被异族统治摧毁了；你们的财富正在外流，你们的生活降低到任何人类都无法忍受的最低水平。在这种情况下，你们还有什么别的办法来自救吗？自救之道不是请愿，而是抵制。我们要说，把你们的军队准备好，把你们的力量组织起来，然后开始干吧，这样他们才无力拒绝你们的要求……每个英国人都知道，他们在这个国家只是一小撮；他们每个人的职责就是欺骗你们，让你们相信自己是弱者，而他们是强者。这就是政治。我们被这种把戏欺骗了太久。新党希望你们认识到，你们的未来完全掌握在自己手中……我们不会帮助他们征税和维持和平。我们不会用印度人的鲜血和金钱帮助他们在边境以外或印度以外作战。我们不会协助他们执法。我们会有自己的法庭，时机成熟时，我们不用再交税。你们能齐心协力做到这一点吗？如果你们今天能做到，那么从明天开始你们就自由了……

* B. G. Tilak, *His Writings and Speeches*（Ganesh and Co., 1923），pp. 55–67.

罗姆·莫罕·罗易呼吁推行政治和社会改革，为印度民族主义奠定了基础。第一代印度民族主义者发自内心地推崇英国，提倡与英国人合作。1890年后，这些“温和派”受到了“印度革命之父”巴尔·甘加达尔·提拉克（1856—1920年）为首的激进派的挑战。提拉克是一位激进的斗士，力图将民族主义事业从上层阶级运动转变为一场民众运动。这也许可以解释为什么他会武断地支持许多印度教社会习俗。他甚至还成立了一个圣牛保护协会并且支持童婚。然而，提拉克也为劳工的最低工资、组织工会的自由、建立公民军队、实行普选权、男女平等的免费义务教育而斗争。提拉克提出的口号有“教育、鼓动、组织”“战斗而不是乞求”“自由是我与生俱来的权利，我终将自由”，在举国上下赢得了广泛的追随者。

19世纪90年代，印度爆发了一连串饥荒和瘟疫，人们的不满情绪日益高涨，推动了提拉克的改革运动。1905年的俄国革命以及日本战胜俄国，也激发起印度人的斗争精神。日本战胜俄国尤其振奋人心，被视为是对西方优越论的有力驳斥。印度的民族主义运动虽然涉及面很广，但几乎完全是律师、记者、教师和商人的中产阶级运动。这些人很熟悉约翰·斯图亚特·穆勒、赫伯特·斯宾塞和查尔斯·达尔文的学说，却几乎不了解印度村庄里普通民众的疾苦、不满和渴望。很显然，民族主义领袖与目不识丁的农民之间关系并不融洽。直到第一次世界大战后，莫罕达斯·甘地才弥合了双方的隔阂。甘地意识到印度人民基本的宗教意识，因此他不是倡导抽象的政治概念，而是宣扬他赋予了政治意义的宗教观念（见第三十八章第四节）。

总之，西方对印度的影响全然不同于对俄国或中东的影响。就俄国而言，西方施加了决定性的文化和经济影响，但俄国在政治和军事上依然是强大而独立的。反之，近东在经济和军事上都被西方控制，只是西方出于战略上的考虑，奥斯曼帝国才得以在第一次世界大战前维持独立。相比之下，18世纪末和19世纪，印度被英国彻底征服。英国人统治孟加拉将近两个世纪，统治旁遮普一个多世纪。因此，印度自始至终无权选择欧洲文明中最具吸引力的成分。与亚洲其他主要地区相比，印度更容易受到西方势力和文化的冲击。

485 ［推荐读物］

关于印度历史文献的概览，参阅R. I. Crane的小册子*The History of India：Its Study and Interpretation*（Service Center for Teachers of History，1958）。原始资料集有W. T. de Bary，ed.，*Sources of Indian Tradition*（Columbia University，1950）。有用的参考书有J. E. Schwartzberg，ed.，*A Historical Atlas of South Asia*（University of Chicago，1978）。

一流的印度通史有：P. Spear，*A History of India*（Penguin，1965）；S. Wolpert，*A New History of India*（Oxford University，1982）。关于英国在印度的统治，宏观研究著作有：R. P. Masani，*Britain in India*（Oxford University，1961）；P. Woodruff，*The Men Who Ruled India*，2vols（Jonathan Cape，1954–1955）；H. Furber，*John Company at Work*（Harvard University，1951）；M. D. Lewis所编的资料集*The British in India：Imperialism or Trusteeship*（D. C. Heath，1962）包含了各种观点。

关于欧洲对印度的影响，最全面的研究著作是L. S. S. O'Malley，*Modern India and the West*（Oxford University，1941）。关于印度知识分子和民族主义者的倾向，见A. Seal，*The Emergence of Indian Nationalism*（Cambridge University，1968）；B. T. McCully，*English Education and the Origins of Indian Nationalism*（Columbia University，1940）；A. Ward，*Our Bones Are Scattered：The Cawnpore Massacres and the Indian Mutiny of 1857*（Henry Holt，1997）；J. R. McLane，*Indian Nationalism and Early Congress*（Princeton University，1977），以及同一作者的文献集*The Political Awakening in India*（Prentice Hall，1970）。

［注释］

1. E. Stokes，"The First Century of British Colonial Rule in India：Social Revolution or Social Stagnation，" *Past & Present*（February，1973），p. 153.

解开了日本迅速成功实现西方化的真正秘密，历史学家就掌握了开启现代远东历史的钥匙。 486

——费正清

第三十一章　中国与日本

远东是亚欧大陆最后受到欧洲扩张影响的主要地区。在俄国、近东和印度之后，中国和日本才受到西方的冲击，这有着多方面的原因。首先也是最为一目了然的原因是，顾名思义，远东离亚欧大陆另一端的欧洲最远。中国和日本不像俄国和奥斯曼帝国那样与欧洲毗邻，又在印度的东面和北面。另外，除了地理上的闭塞，这两个远东国家的政治统一发挥了更重要的作用。在中国和日本，欧洲入侵者无法推行在印度行之有效的分而治之政策。这两个国家没有割据一方、西方人可以唆使其对抗北京和东京中央政府的地方统治者。两国政府实行严格的闭关锁国政策，本土商人不愿与欧洲人合作。

因此，远东国家关上了与欧洲往来的大门，只剩下严密管制下的零星贸易。然而，到19世纪中叶，形势突如其来地发生了逆转。中国和日本相继被迫打开国门，西方商人、传教士、领事和炮舰接踵而至。西方对这两个远东国家产生了重大影响，只不过这种影响带来了截然不同的后果。日本接纳并采用了西方列强的手段，不仅以之自卫，日后还用于对外扩张。反之，面对西方的挑战，中国未能进行自我重组。然而，中国从来没有完全屈服，由于幅员辽阔、凝聚力强，中国不会像印度 487
和其他东南亚国家那样被彻底征服。因此，直到第一次世界大战乃至战后几十年里，中国始终处于动荡之中。

一、中国打开国门

在长达4000年的时间里，中国人在亚欧大陆最东端发展出一个独树一帜、自给自足的社会。像其他亚洲国家一样，中国社会的基础是农业而不是商业，由地主和官僚而不是商人和政治家统治。这个社会表现出明显的唯我独尊和自满自足的倾向，把世界其他地方的人都看成是低等民族和藩属。

488 1514年，葡萄牙人来到中国东南沿海，中国人第一次直接接触到西方。葡萄牙人之后，荷兰人和英国人从海路接踵而至。北方的俄国人从陆路进入黑龙江流域。中国人决意与所有这些闯入者保持距离（见第十九章第三节），将对外通商限制在屈指可数的几座港口，不愿与西方建立全面平等的外交关系。

三场灾难性战争打醒了闭关自守、志得意满的中国人：第一场战争是1839—1842年与英国的战争，第二场是1856—1858年与英国和法国的战争，第三场是1895年与日本的战争。中国人在这些战争中全都屈辱战败，被迫打开国门，收起对西方人高高在上的屈尊态度，重新审视自己的传统文明。西方入侵和中国回应的连锁反应催生出一个新的中国，其结果至今仍影响着远东和全世界。

图220 1840年的鸦片战争。中国的武装帆船完全不是英国战舰的对手。这场战争以1842年签订的《南京条约》而告终。

火攻船和猴子[1]

487

在1839年爆发的鸦片战争中，只有老式武器的中国人根本无力抵御英国人的蒸汽战舰和火炮。中国人试图夺回宁波城的战斗就是一个例子。英国历史学家亚瑟·韦利用当时的中国史料描述了这场惨败。*

开兵前十日（1月30日），（将军）命拟作露布（捷报），共得三十余篇，将军甲乙之（评定名次）。首推举人缪嘉谷，详叙战功，有声有色。次同知（官名）何士祁（知名书法家），洋洋巨篇，典丽谲皇。

夷船最忌火攻，故将军令……特备火攻船以烧之。每船用桐油二百斤，硝磺四十斤，草柴三十担，连五船为一排，期于退潮时连樯并进，一船火起，五船并发，围烧夷船，付之一炬。并令城内伏勇、城外正兵均以船上火起为号，奋力开战……县丞李维镛等帅火攻船二百五十只从李碶渡结队出江。时将二鼓，东南风陡作，夜潮方涨，我船不能顺流而下。船勇又畏惧夷炮，不敢驶近，相距十余里，火已先发。时同知舒恭受帅火攻船二百八十只甫行至樟市小港，瞭见火起，遂亦举发。夷人惊起，驾船来扑。两路乡勇逃窜一空，故火攻船用不及十之三四，其余均被劫去。夜反以我船纵火来烧。

或曰："用大猴猻多缚花爆（花炮）于背，然（燃）放之而抛入夷船。火星四迸，或可巧值火药，则一船齑粉矣。"……于是购得猴猻十九头，进兵时以数夫舁（抬）至骆驼桥，兵败又舁归慈溪举人冯熔家。盖无人敢近夷船，故虽有此策而未之行也……遂相率弃城同走，粮饷、文册抛弃无存。而猴猻十九头，皆饿死于冯氏前厅。

* A. Waley, *The Opium War Through Chinese Eyes*（George Allen & Unwin, 1958), pp. 165, 169, 170.

英国人率先打开了中国的大门，因为他们不仅控制了海洋，还在印度拥有强大的基地。英国人的主要目标是消除中国人设置的诸多贸易障碍。鸦片贸易问题成为引爆中英两国战争的导火索。17世纪，欧洲水手将吸食鸦片的恶习带到中国，此后

[1] 原文此处所引汉学家韦利对火攻船的描述，系根据晚清诗人贝青乔在《咄咄吟》中对1842年浙东之战的相关记述改写而成，加之本书作者节录转引，不仅有些语焉不详，也不够准确。译者增补了《咄咄吟》相关原文，以便让读者一窥全貌。这几段文字比较浅显，为节约篇幅，不再文白对照，仅在括号内注明个别字词的含义。——译者注

这种毒瘾从各港口迅速蔓延开来。中国人对鸦片的需求解决了英国对华贸易的逆差问题。此前英国人只能用黄金和白银购买中国产品，因为中国人对西方商品基本不感兴趣。鸦片贸易扭转了双方的贸易差额，英国变成了贸易入超的一方。1729年和1799年，北京政府曾颁布法令禁止鸦片进口，但鸦片贸易利润丰厚，受贿的中国官员放纵鸦片走私。

第一次英中战争，即人们常说的鸦片战争，直接起因是中国人试图查禁走私鸦片。皇帝任命刚直不阿的林则徐为钦差大臣。林则徐缴获了价值600万美元的两万箱鸦片，在一次公开仪式上销毁。这一举措引发了复杂的局势，导致中国战船与英国护卫舰发生冲突，战斗于1839年11月打响。随后的战争进程暴露出中国人无可救药的军事劣势。相比之前的西班牙征服者和阿兹特克人，如今英国人对中国人的胜算更大。从16世纪到19世纪，欧洲的战舰和火炮有了突飞猛进的发展，而中国的军
489 事技术却停滞不前，比阿兹特克人好不了多少。1842年，清政府宣布投降，签订了《南京条约》，这是清政府签订的第一份不平等条约，而此后的一系列不平等条约将蚕食中国的大部分主权。

根据《南京条约》，中国割让香港岛给英国，开放五个对外通商口岸。《南京

图221 掌握清政府大权的慈禧太后（1835—1908年）。

条约》并没有解决中国人与欧洲人之间的冲突。欧洲人为了拓展贸易，想让中国人做出更大让步，而中国人认为条约已经给予欧洲人太多的特权。因此，1856年，双方再度爆发战争，也就在情理之中了。这场战争的起因是中国官员关押了一艘悬挂英国国旗的中国船只上的中国船员。清政府拒绝释放这些船员，于是英国人炮轰了广州城。法国人也以一名法国牧师被杀为借口加入了战争。英法联军长驱直入，结果，1858年和1860年，中国被迫签订更多的“不平等条约”。

中国的第三次战败最为屈辱，因为这次是败于邻近的小国日本。我们将在本章后半部分讲到，与中国人不同，日本人根据自己的需要采用了西方技术，建立起高效的军事体制。因此，日本实现了当时其他东方国家无法企及的目标。日本对朝鲜提出了一些模糊的要求，中国也声称对朝鲜拥有宗主权。双方军队发生冲突，1894年8月，中国与日本正式宣战。中国军队再次一败涂地。1895年4月，北京被迫签署《马关条约》，条约规定中国赔款，承认朝鲜独立，割让部分领土给日本。

对日战争给骄傲自满的中国人带来了致命打击。面对以往不放在眼里、却装备了现代兵器的邻国日本，老大的中华帝国毫无招架之力。雪上加霜的是，中国的孱弱给了欧洲列强以可乘之机，欧洲列强多年来一直不断蚕食传统上承认北京宗主权的边远地区。西方列强不仅攫取中国领土，还瓜分了中国。列强划分在华“势力范围”，承认彼此在各自势力范围内享有政治和经济特权。因此，云南和毗邻印度支那的地区被划为法国的势力范围，广东、长江流域以及其间的广大地区属于英国势力范围，东北、山东和福建分别沦为俄国、德国和日本的势力范围。

中国在19世纪下半叶所遭受的屈辱和灾难，迫使这个传统上唯我独尊的“中央王国”进行痛苦的反省和重组。接下来，我们将追溯这一进程，看看中国是如何缓慢而不情愿地走上改良和革命之路的。

二、中国的改良与革命 490

对日战争的失败触动了年轻的光绪皇帝，他意识到有必要推行全面变法。1898年夏，光绪帝颁布了一系列变法诏令，统称为“戊戌变法”。这些诏令的内容包括加强北京对各省的中央控制，创办以欧洲知识为基础的新学校，鼓励西式生产方法，仿效西方模式组建新式兵役制军队。这些举措完全停留在纸面上，因为致力于维护旧秩序的慈禧太后在军方支持下废黜了年轻的皇帝，宣布自己重新摄政，撤销了所有变法诏令，处决了6名改良派领导人。

“戊戌变法”失败后，大权在握的保守派热衷于把民众对于社会和政治的不满引向外国人。在朝廷中的保守派和地方督抚的煽动下，排外的秘密社团组织了地方民兵来抗击外国侵略。这些社团中最重要的是义和团，俗称“义和拳”。在官方的纵容下，义和团开始袭击外国人，1900年，中国北方有许多教民和外国人遭到杀害。当
491 欧洲人的海军分遣队在天津登陆时，义和团向所有外国人宣战，并围攻北京的外国公使馆。[1]几个月后，一支国际联军解救了公使馆，帝国朝廷逃离了首都。中国再次被迫接受丧权辱国的和约，内容包括给予列强更多的商业特权，赔款3.33亿美元。

“戊戌变法”和义和团运动的彻底失败清楚表明，中国无法走出一条通过自上而下的改良来实现现代化的道路。另一条道路是自下而上的革命。最终，1911年，革命爆发，推翻了清王朝，建立了共和国。

革命派的领袖和思想家是孙中山博士（1866—1925年）。与当时著名的改良派领导人相比，孙中山是个一反常态的奇特人物。他不是上流社会的文人，事实上，他既受过传统教育，也接受了西式教育。孙中山的出生地在珠江三角洲，这个地区比中国其他地方更早受到外来影响。13岁那年，孙中山前往檀香山，与胞兄一起生活了5年，在当地英国国教会开办的寄宿学校完成了高中学业。[2]之后，孙中山相继就读于香港的皇仁书院和西医书院，1892年获得医学学位。因此，孙中山接受过良好的科学教育，但他并未以此来谋取个人名利，而是心系劳苦大众，立志要为民众谋幸福。

图222 广东监狱中即将被处决的义和团拳民。

[1] 原文如此。1900年6月21日，清廷向英、美、法、德、日、俄等十一国同时宣战。——译者注

[2] 原文如此。孙中山在檀香山就读于英国国教会开办的小学，在美国教会学校继续高中学业。——译者注

图223　1911年中国共和革命之父孙中山。

怀着这样的远大志向，孙中山很快放弃了行医生涯。1895年，中国败于日本之手，这让孙中山深信这个国家的政府已经腐朽不堪，唯有革命才是救世良方。孙中山的支持者主要是海外华商。在国内，只有少数学生和商人受到他的思想的影响，广大民众依然是目不识丁、麻木不仁。共和派在广州发动了一次小规模起义，但遭到镇压。1911年10月10日，革命党人在汉口配制炸弹时不慎引起爆炸，附近的帝国军队随即发动兵变。尽管缺乏统一行动，革命浪潮仍然迅速席卷全国。当时正在美国的孙中山立即启程回国，1911年12月29日，南方各省代表选举孙中山为中华民国临时大总统。

尽管孙中山是名义上的国家领导人，却未能控制整个国家。他建立了一个新的政党“国民党”，在1913年4月的国会选举中，国民党赢得了多数席位。但是，掌握实权的官僚和军队将领无视名义上由北京统治的共和政府，在农村地区大肆搜刮，把中国拖入到野蛮的无政府状态。1926年前的民国初期是中国历史上最黑暗的时期之一。

中国改良运动的悲惨结局是几个因素使然。首先，中国幅员辽阔，多年来与西方接触所带来的影响并未深入到中国内陆。几十年来，内陆地区犹如一个大蓄水池，依然源源不断地为这个国家输出恪守传统观念的文官候选人。官僚机构就由这些深受儒家典籍熏陶的知识分子组成，这个阶层更注重伦理原则，而不是手工艺 492
或战争技术。其次，这个统治阶层还受到其他因素的制约，除了佛教之外，中国鲜有借鉴国外经验的传统，甚至可以说完全缺乏这种传统。因此，为了回应西方的冲击，19世纪下半叶，中国确实推行了一些改良，但力度远远比不上其他国家。最后，接受西方教育的年轻一代也有部分责任。他们当中一些人在民国初年登上领导地位，试图照搬在国外、尤其是在美国观察到的制度，对于中国人民来说，这样建立起来的体制当然于事无补，很快就在中国的政治现实面前土崩瓦解了。

三、日本的现代化

关于中日两国应对西方冲击时的不同表现，历史学家提出了几种解释。日本列岛地域狭小，这既有利于民族团结以及新价值观和新学说在全国范围内传播，也使这个国家容易受到并且意识到外来压力的影响。反观中国，长期以来，西方影响很难深入到辽阔的内陆省份。此外，日本有借鉴辉煌的中华文化的悠久传统，因此，日本在19世纪借鉴西方世界时感受到的震撼更小，痛苦也要更轻。过去日本人打着“和魂汉才”的旗号，改造中国文化的元素以为己用；现在则打着“和魂洋才”的旗号，向西方借鉴称心如意的事物。此外，与大一统的中华帝国相比，日本的政府和社会具有多元化特征。日本境内崎岖多山，各地之间关山阻隔，强化了日本的宗族传统和地域独特性。日本的商人阶层拥有更大的自主权和经济实力，我们将要看到，在西方入侵的关键时刻，这个阶层的势力正在迅速壮大。在日本，武士处于社会等级的顶端，而不是像中国那样处于底层。[1]这意味着日本的统治阶级对西方军事技术要远比中国的士大夫阶层敏感，反应也更加积极。总之，地理环境、文化传统和多元化体制等诸多因素决定了日本比中国更容易遭受西方入侵，同时也能更快地对西方入侵做出反应。

尽管中国和日本有这些根本性差异，但19世纪中叶，两国都处于闭关锁国状态。德川幕府相继切断了与几乎所有西方国家的往来。到17世纪中叶，唯一有往来的西方人是被限制在出岛的少量荷兰商人（见第十九章第六节）。德川幕府领导人意图以这种方式来维持日本的与世隔绝和安常守故，从而延续幕府的统治。但是，尽管幕府千方百计推行锁国政策，日本的一些事态发展逐渐改变了日本社会的结构，打破了现状。在德川幕府统治下，日本出现了长期和平，推动了人口增长、经济扩张和商人阶层的壮大。日本人口从1600年的1800万猛增到1725年的2600万。城市人口更是大幅增长，1700年，江户（东京）人口接近百万大关，大阪和京都的

[1]　原文如此。中国没有日本那样的职业武士阶层。——译者注

居民也都达到30万人。人口激增刺激了商品需求，商人和富裕农民将剩余资本投入到家庭手工业（即外包制）等新兴生产方式。他们为农民和工匠提供原材料和设备，然后将成品拿到市场上销售。生产发展促进了大规模商品交换，进而推动了货币经济的发展。

因此，日本社会进入到一个转型期，正在经历深刻的经济和社会变革，也引发了政治紧张局势。当佩里准将强迫日本打开贸易大门时，这种紧张局势达到了临界点。事实表明，面对西方的冲击，日本人表现出强烈的社会重组意愿，因为许多人 493
已经充分意识到这种社会重组的必要性。

1853年7月8日，美国海军准将马休·佩里率领舰队直抵江户湾并递交了美国总统菲尔莫尔的一封信，要求在日本获得贸易特权、设立加煤站以及保护美国失事船员。不到一个星期，佩里就启程离开了，临行前佩里警告说，来年春天再来听答复。1854年2月，佩里舰队重访江户湾，佩里明确表示要么签约，要么开战。日本人屈服了，3月31日，日美签订了《神奈川条约》。条约规定，日本开放港口供美国船只进行维修和补给，为失事船只的美国船员提供适当的治疗和安全遣返，两国任何一

图224　1853年，佩里与幕府官员会面，递交菲尔莫尔总统的国书。

方认为有必要时即可派驻领事代表，承诺给予美国最惠国待遇。

根据条约规定，美国派遣非常干练的汤森·哈里斯担任首任驻日领事。哈里斯凭借过人的机智和耐心，逐步赢得了日本人的信任，1858年，双方签订了《通商条约》。条约规定，日本新增4个通商口岸，双方互派外交代表，在日美国人享有民事和刑事治外法权，禁止鸦片贸易，给予外国人宗教信仰自由。此后，日本又相继与荷兰、俄国、英国和法国签订了类似条约。这样，像之前的中国一样，日本遭到了西方的入侵。但是，日本对西方入侵的反应与中国有着天壤之别。

西方入侵的直接后果是酿成了一场危机，加速了德川幕府的垮台。条约签订后，幕府将军陷入内外交困之中：一方面是外国列强要求日本履行条约，另一方面是日本民众强烈的排外情绪。反对德川幕府的诸藩，即通常所称的“萨长同盟”，利用了民众的排外情绪。1858—1865年，倒幕派以“尊王攘夷”为口号，攻击欧洲人及其雇员。1867年，天皇和德川幕府将军去世，为所谓的“明治维新”铺平了道
494 路。德川家族被剥夺了权力和封地，萨摩藩和长洲藩家族取而代之，以新天皇明治的名义控制了政府。为这些家族效力的青年武士展现出非凡的领导才能，带领日本成功实现了现代化。与中国的士大夫阶层不同，日本新领导人意识到日本在一些领域停滞不前，愿意并且能够采取实际行动来改变现状。

图225　1890年，在山县有朋主政期间，日本召开了第一届国会。画面右侧，明治天皇手持长剑，坐在华盖下。左上方可以看到皇后和侍女。这座两层建筑位于日比谷公园西角，1891年1月毁于火灾。同年10月，建造了新的国会大厦。

事实上，日本的这种反应有迹可循，我们注意到，即使在闭关锁国的几个世纪里，日本领导人也密切关注着欧洲的动态。事实上，日本允许荷兰人继续留在日本经商，主要是为了通过他们了解外部世界的情况。幕府和各藩都发展军事工业，开办学习外语和外国教科书的学校。日本社会的总体知识水平已经达到相当高的程度，在自然科学领域，物理从化学中分离出来，在医学领域，学生们接受外科、儿科、产科和内科等专科培训。在长崎海军学校，先给学生打下坚实的数学、天文学和物理学基础，然后才开始教授航海术和炮术。换言之，日本人要比中国人更欣赏西方文化，更积极地对西方文化做出回应。在这样的背景下，我们就不难理解，同样是被西方强行打开国门，日本的反应何以会与中国截然不同。

日本新领导人感兴趣的只是那些能增强国家实力的西方文明元素。例如，在宗教领域，明治时期的领导人支持把神道教奉为国教，因为神道教把天皇奉为太阳女神的后裔，从而把国民性与天皇直接挂钩。换言之，在这些领导人看来，神道教能促进民族团结和爱国主义，日本要在现代世界占有一席之地，这两者是缺一不可的条件。在教育领域，政府明确规定教育的目标是促进国家利益而不是个人发展。国家需要有文化的公民，所以国民必须接受初等义务教育。日本引入大批外国教育工作者来创办学校和大学，成千上万日本人出国留学，回国后到新学校任教。但是，495
为了统一思想和管理，国家对整个教育系统进行严密监督。

在军事领域，日本废除了旧的封建兵役制，仿效最先进的欧洲模式组建现代军队。日本在德国军事顾问团的帮助下建立了义务兵役制的陆军，在英国人的指导下组建了规模不大的海军。明治时期的领导人认识到，只有发展现代经济才能满足新式军队的需求。因此，政府采取发放补贴、购买股份、创办国有公司等方式大力发展军事工业。政府领导人不仅扶持纺织业等轻工业，还大力扶持重工业发展，尤其是满足军事需要的采矿、钢铁和造船等行业。政府在这些领域创办的企业往往以极低的价格转让给享有特权的私人利益集团。少数豪门家族，即通常所称的财阀，通过这种方式掌握了国家经济命脉，这种局面一直延续至今。

日本还彻底改造了法律制度。同时，日本推行了政治改革，日本的政治体制至少具备了议会政府的外观。日本成立了内阁和枢密院，1889年颁布了首部宪法。这部宪法规定不得任意逮捕公民，保护财产权，公民享有宗教、言论和结社自由。但宪法还规定政府有权在必要时限制公民的这些权利。这部宪法为日本提供了议会制的门面，同时保留了寡头统治体制和天皇崇拜。宪法第一条规定："大日本帝国由万世一系之天皇统治。"第三条规定："天皇神圣而不可侵犯。"

随着宪法的颁布和司法改革的推进，日本人能够理直气壮地要求废除不平等条约。他们认为日本已经跻身于文明国家的行列，不应再有治外法权和其他对日本主权的侵犯。经过长期的外交努力，1894年，英国和美国同意在5年内放弃治外法权和领事裁判权。同年，日本出人意料地赢得了战胜中华帝国的巨大胜利。从此，日本不再被视为一个末流国家，其他列强也仿效英国和美国，相继放弃了在日本的特权。1899年，日本获得了对境内所有外国人的法律管辖权，成为第一个打破西方控制枷锁的亚洲国家。

四、日本的扩张

日本实现了现代化后，开始向亚洲大陆扩张。考虑到日本的好战传统和军事领导人自古以来享有的崇高威望，这并不出人意料。此外，当时远东是列强竞相角逐的竞技场，现实的日本领导人得出了一个显而易见的结论：每个民族都要强取豪夺。日本首先把扩张矛头指向了朝鲜，本章前面已经讲到，日本打败了中国，随后于1910年吞并了朝鲜。

战胜中国之后，日本人遇到的对手是强大得多的俄国，此时俄国人正向南推进到中国东北和朝鲜。我们在前面的章节（第二十八章第三节）讲到，日本向俄国提出了和解方案，但遭到俄国拒绝；日本发动进攻并打败了俄国；根据《朴茨茅斯条约》（1905年9月5日），日本获得了库页岛南部和俄属辽东半岛租借地，日本在朝鲜的特殊利益也得到承认。

从历史上来看，日俄战争是远东历史乃至世界历史的一个重大转折点，日本从此确立起大国地位，打破了远东地区的力量对比格局。更重要的是，这是亚洲国家
496 第一次战胜一个欧洲国家，而且是一个欧洲大帝国。这一事件对整个亚洲产生了振奋人心的反响，向千百万殖民地人民表明欧洲人的统治并非天命所归。自西班牙征服者时代以来，白种人第一次被打败，这让世界上所有的非白人种族看到了希望。从这个意义上说，日俄战争是现代历史的一个里程碑，拉开了非欧洲民族大觉醒的序幕。

[推荐读物]

有关背景参考资料，参见第二十一章的参考书目。概述西方对东亚影响的佳作有：E. O. Reischauer，J. K. Fairbank，A. M. Craig，*East Asia*：*Tradition and Civilization*，rev. ed.（Houghton Mifflin，1978）；J. K. Fairbank，*China*，*A New History*（Harvard，1992）。参阅G. M. Beckmann的力作*The Modernization of China and Japan*（Harper & Row，1962）；J. K. Fairbank，*The Great Chinese Revolution，1800–1985*（Harper & Row，1986）。关于西方对中国的影响，最重要的是一部带有评述文章的文献集：Ssu-ye Teng and J. K. Fairbank，*China's Response to the West*：*A Documentary Survey，1839–1923*（Harvard University，1954）。

关于西方对日本的影响的力作有：R. Tsunoda的文献集*Sources of the Japanese Tradition*（Columbia University，1958）；G. B. Sansom的专著*The Western World and Japan*（Knopf，1950）。同样值得一读的著作有：E. O. Reischauer，*Japan*：*The Story of a Nation*，rev. ed.（Knopf，1970）；J. Halliday，*A Political History of Japanese Capitalism*（Pantheon，1975）；W. W. Lockwood，*The Economic Development of Japan*：*Growth and Structural Change，1868–1938*（Princeton University，1954）。

关于西方在远东的外交，参阅W. L. Langer，*The Diplomacy of Imperialism*，*1890–1902*，rev. ed.（Knopf，1956）。关于中国和日本对西方入侵的不同反应，参阅N. Jacobs，*The Origin of Modern Capitalism and Eastern Asia*（Hong Kong University，1958）；F. V. Maulder，*Japan*，*China and the Modern World Economy*（Cambridge University，1977）。

*不管是好是坏，旧非洲已经一去不返，白种人必须 497
面对他们自己造就的新局面。*

——扬·克里斯蒂安·史末资

第三十二章　非洲

欧洲对撒哈拉以南非洲的影响要远远晚于对亚欧大陆的影响。欧洲列强向撒哈拉以南非洲扩张之前，就已经牢牢控制了印度、东印度群岛和北非的大部分地区。1830年和1881年，法国相继攫取了阿尔及利亚和突尼斯；1882年，英国占领了埃及。在非洲，欧洲人通常很晚才开始向南渗透，这是多种原因使然，既有气候恶劣、疫病盛行、地势险峻的因素，也因为非洲人比美洲印第安人或大洋洲原住民有更好的组织和抵抗能力。此外，与贵金属资源丰富的墨西哥和秘鲁不同，非洲没有可开发的资源吸引欧洲人进入内陆地区。因此，直到19世纪晚期，除了一些沿海地区之外，撒哈拉以南非洲基本上见不到欧洲人的踪影。然而，在19世纪最后20年，欧洲列强后发先至，为了掠夺非洲的人力物力资源，几乎将整个非洲大陆瓜分殆尽。到1914年，欧洲对非洲的影响在许多方面甚至超过了对亚洲的影响，尽管非洲内陆地区的许多村民依然过着和从前一样的生活，几乎没有受到欧洲入侵者的影响。

一、奴隶贸易

几个世纪以来，奴隶是欧洲人眼中非洲最有价值的资源，而奴隶在非洲沿海港口即可获得，无须向内陆地区渗透。奴隶制在非洲早已是一种既定的和公认的制度，不仅战俘被卖作奴隶，债务人和犯下重罪的人也会沦为奴隶。但是，这些奴隶 498
通常被视为家庭的一分子，他们不仅有明确的权利，奴隶身份也不一定是世袭制的。因此，人们普遍认为，与欧洲人从事的跨大西洋奴隶贸易相比，传统的非洲奴隶贸易比较温和。然而，这种说法可能过分美化了非洲的奴隶制。爱德华·雷诺兹教授告诫说，不要误以为“唯有西方才有残酷和不人道的奴隶制。非洲和西方都广

图226 这幅18世纪末的版画描绘了非洲海岸的欧洲奴隶贩子，生动展示了残酷和不人道的奴隶贸易的第一个环节。

泛存在极端的奴隶制，包括杀害奴隶……虽然非洲的奴隶制有着不同的起源，造成了不同的后果，但我们不应由此否认其实质是对人的剥削和压迫”。[1]同样不容否认的是，非洲酋长直接参与了将非洲人大规模运往美洲奴隶种植园的跨大西洋奴隶贸易。为了赚取丰厚的利润，这些酋长围捕自己的非洲同胞，然后卖给等在海边的欧洲船长。

尽管如此，不论从规模还是性质上说，欧洲人从事的跨大西洋奴隶贸易与非洲传统的奴隶制有着根本的差异。欧洲的奴隶制自始至终主要是一种经济制度，而不是像非洲那样的社会制度。西方奴隶贩子和奴隶主完全是在经济利益的驱使下从事奴隶贸易，随时准备逼迫奴隶劳作至死，因为这样做比仁慈对待奴隶更有利可图。当欧洲人开始从事大规模非洲奴隶贸易，种族主义进一步强化了奴隶贸易的去人性化特征。欧洲人也许是出于一种骨子里的自我辩解，逐渐开始贬低黑人，认为黑人天生就低人一等，注定要为白人主子效劳。欧洲人还用宗教来为贩卖人口的行径辩护。有人辩解说，贩卖黑奴为的是让非洲异教徒皈依真正的信仰和文明。

葡萄牙人就是以这种自鸣得意的态度，把成千上万的非洲奴隶运回本土。然而，葡萄牙人的奴隶贸易只不过是新兴的大规模奴隶贸易的一个小小前奏。大规模奴隶贸易始于1510年，当年向新大陆运送了第一船非洲奴隶。这次投机活动大获成功，因为美洲急需劳动力，尤其是甘蔗种植园。奴隶市场几乎是无限大的，其他几个欧洲国家也想从中分一杯羹，便争先恐后地加入到奴隶贸易中来。16世纪的奴隶
贸易掌握在葡萄牙人手中，荷兰人在17世纪的大部分时间占据了主导地位，英国人 499
则主宰了18世纪的奴隶贸易。欧洲人在西非海岸建立了大约40座要塞，用来防范奴隶贸易的竞争对手，关押等待横渡大西洋的奴隶。

典型的大西洋奴隶贸易的航程分为三段，这些航程在大西洋上画了一个巨大的三角形。第一段航程从欧洲母港前往非洲，所载货物有盐、布匹、火器、五金、珠子和朗姆酒。奴隶贩子用这些货物换取非洲当地人从内陆带到沿海的奴隶。然后是所谓的“中段航程”，不幸的受害者被塞进条件恶劣的贩奴船，横渡大西洋。贩奴船到达新大陆的目的地后，奴隶要么整船出售，要么被关进栅栏进行零售。最后一段航程是贩奴船带着糖、糖浆、烟草或大米等种植园产品从美洲返回欧洲母港。

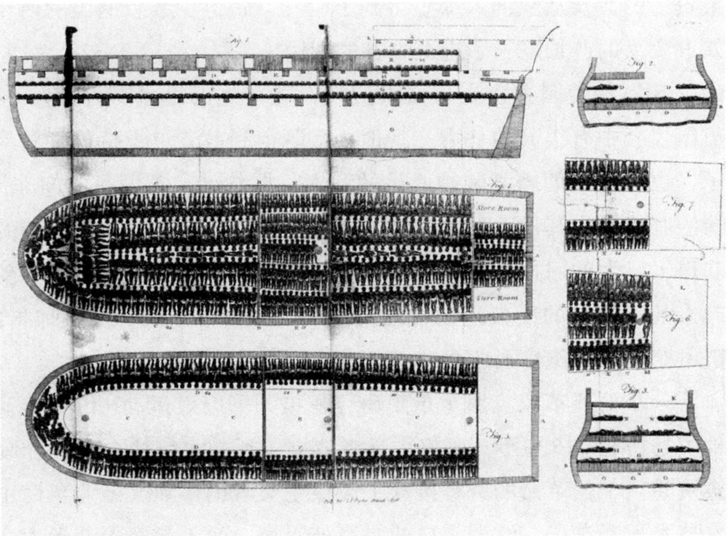

图227　美国内战之前往返于非洲和美洲的贩奴船剖面图。

在“中段航程”中，贩奴船顺着盛行风航行，通常速度快、耗时短，平均航行时间为60天。尽管如此，奴隶的死亡率高达10% ~ 55%不等，具体则取决于航行时间、传染病发病率以及奴隶的待遇。奴隶几乎总是遭受了非人的待遇，船舱内极度拥挤，高温令人窒息，食物恶劣。奴隶贸易的前一个阶段，即在非洲内陆捕获奴隶并押往沿海的贩奴中转站，造成了更高的死亡率。猎奴队洗劫村庄，拆散家庭，
500 捕捉强壮的青年男女。俘虏们被驱赶着昼夜兼程，一路上冒着酷热和倾盆大雨，穿越茂密的丛林或是干旱的平原。抵达海岸贩奴中转站之后，赤身裸体的幸存者像牲口一样被赶进交易市场，然后烙上公司或买主的名字，赶进要塞，等着被运往大洋彼岸。因此，据估计，虽然输入美洲种植园的奴隶人数在1200万 ~ 2000万之间，非洲损失的人口却高达这一数字的4倍（见第二十五章第三节，奴隶贸易对非洲人口的总体影响）。

尽管奴隶贸易如此骇人听闻，欧洲人却持续贩卖非洲人长达4个多世纪。奴隶贸易利润惊人，强大的既得利益集团坚决反对任何限制或取缔奴隶贸易的企图。非洲酋长首先就跳出来反对，每个健康强壮的奴隶可以为这些酋长带来20 ~ 36英镑不等的收入。这些非洲首领在奴隶贸易中起到了关键作用，欧洲奴隶贩子离不开他们的合作，因为欧洲人只能待在沿海地区，而且死亡率高达25% ~ 50%。这些非洲中间商从奴隶贸易中获取了丰厚利润，因而强烈反对所有废除奴隶制的提议。事实上，为了抵制废奴运动，非洲大地上发生过针对欧洲人的骚乱！诚然，少数酋长曾试图阻止这种贩卖非洲同胞的罪恶勾当，却完全无济于事，因为那些想继续从事奴隶贸易的酋长从欧洲人那里得到了枪支，胁迫少数想退出的酋长。因此，少数反对奴隶贸易的酋长陷入了进退维谷的困境。

美洲种植园主也支持奴隶贸易，尤其是巴巴多斯种植园主，他们在18世纪的英国议会中有很大的势力。其他一些既得利益者也支持奴隶贸易，其中既有奴隶贩子，也有提供朗姆酒和制成品的商人。据估计，英国每年向非洲运送价值100万英镑的制成品，其他欧洲国家为了贩奴也向非洲运送了同等数量的制成品。奴隶贸易获得了巨大的回报，18世纪的利物浦和布里斯托尔等城市主要就是靠奴隶贸易繁荣起来的。著名的废奴运动领袖威廉·威尔伯福斯一针见血地指出：“若是被利益蒙蔽了双眼，就比盲人还要分不清青红皂白。”[2]

一小群改革家克服重重阻碍，积极开展废奴运动。1787年，英国成立了废除奴隶贸易协会。1823年，废奴主义者成立了反奴隶制协会，呼吁废除奴隶制，取缔奴隶贸易。工业革命的进程推动了废奴主义者的事业。工业革命正在淘汰奴隶制，随着技术不断进步，欧洲需要的是海外市场，而不是廉价劳动力。事实上，废奴主义者认为奴隶贸易效率低下，非洲可以发展利润更大的“合法”贸易。

1833年，英国议会通过一项法令，彻底废除英国领土上的奴隶制，并为奴隶主提供2000万英镑的补偿。英国政府进而说服其他欧洲国家效仿英国的做法，允许英国军舰扣押悬挂别国旗帜的贩奴船。英国海军一度投入了四分之一的兵力在非洲、古巴和巴西海岸巡逻，参与巡逻的有56艘舰船和9000名水兵。但是，直到新大陆各国相继废除奴隶制，废奴运动才最终取得胜利：1803年、1863年和1888年，海地、美国和巴西相继废除了奴隶制，古巴也在同一时期废除了奴隶制，其他一些国家随后也废除了奴隶制。

尽管非洲西海岸的奴隶贸易被取缔，阿拉伯人却在中非和东非继续从事奴隶贸易，只是规模要小得多。在欧洲人来到非洲之前，阿拉伯人就已经从事奴隶贸易，直到19世纪乃至20世纪，阿拉伯人仍在从事这一贸易。阿拉伯人押着俘获的非洲人穿越撒哈拉沙漠，前往北非集市或是非洲东海岸港口，然后用船运到桑给巴尔、马达加斯加、阿拉伯半岛、土耳其、波斯乃至印度。印度洋岛屿上的丁香和甘蔗种

图228　星期五清真寺，位于肯尼亚拉姆岛东南海岸的希拉。这座清真寺建于19世纪初，属于典型的斯瓦希里晚期建筑。它是该地区现存唯一建于20世纪之前的有叫拜塔的清真寺。斯瓦希里人在拉姆岛上的定居点可以追溯到15世纪前后，在19世纪的繁荣时期，这些定居点十分富庶。

植园大量使用奴隶劳动。查禁这种非法贸易要比取缔非洲西海岸的奴隶贸易困难得
501 多。尽管英国海军在红海和印度洋巡逻，这种贸易仍然持续到第一次世界大战和战后一段时期。

二、探险时代

废奴运动浪潮直接推动了对“黑暗大陆”非洲的探险和开发。废奴主义者希望深入到捕猎奴隶的非洲内陆，从源头上遏制奴隶贸易。他们试图在内陆地区开展“合法”贸易或者说常规贸易，以取代贩卖奴隶。同时，欧洲人对地理学的热情日益高涨，对未开发地区产生了强烈的好奇心。在所有这些因素的推动下，19世纪，非洲迎来了一批个性鲜明的著名探险家。

1788年，“非洲协会”成立，拉开了对非洲大陆进行全面勘探的序幕。非洲协会由英国著名科学家约瑟夫·班克斯领导，宗旨是“促进科学和人类事业，探索神秘的地理，勘查资源，改善这个命运多舛的大陆的状况”。协会首先集中力量对尼日尔盆地和西非进行了勘探。

前往尼日尔河上游的商业探险队损失惨重，结果证明当地没有多少商业机会。人们的兴趣随即转向了东非，最热门的项目是探寻尼罗河源头。欧洲人多次尝试沿着尼罗河上溯到源头，然而，充满敌意的原住民、一望无际的沼泽和不计其数的激流险滩让许多探险队都铩羽而归。1856年，英国人约翰·斯皮克和理查德·伯顿从非洲东海岸出发，深入到非洲内陆地区。他们相继发现了坦噶尼喀湖和维多利亚湖，最后顺尼罗河而下，穿越埃及，到达地中海。

最著名的非洲探险家是戴维·利文斯通和新闻记者亨利·斯坦利。利文斯通的足迹遍及整个非洲大陆，斯坦利则于1877年到达非洲西海岸的刚果河河口。两年后，斯坦利重返刚果河，只不过他的身份不再是探险家，而是比利时国王利奥波德的代理人。非洲探险的时代让位于瓜分非洲的时代。

三、瓜分非洲

1870年前，欧洲列强在非洲只有很少的领地，主要是一些海港、设防的贸易站以及少许周边地区，占领这些地区主要是为了方便贸易，而不是当作领土扩张的基
502 地。欧洲取缔奴隶贸易后，大多数沿海据点都被放弃了，因为它们无法靠合法贸易维持下去。在这个早期阶段，欧洲国家领导人一再表示反对攫取殖民地。

1870年后，由于相互交织的多种因素（见第二十六章第七节），这种反殖民主

义的态度发生了逆转。此时，殖民地被视为宗主国的资产，而未被占领、毫无防御的非洲大陆就成为帝国主义争夺的焦点。比利时国王利奥波德成为帝国主义侵略非洲的领头羊。利奥波德起初主要对东非感兴趣，1876—1877年，斯坦利成功勘探了刚果盆地，利奥波德立刻意识到广袤的中非地区的潜力。事实上，斯坦利本人也看到了机会，但未能在英国争取到支持。1878年，斯坦利转而为利奥波德效力，并于次年重返刚果。1879—1880年，斯坦利与土著酋长签订了许多条约，将至少233万平方千米土地转让给了利奥波德领导的“国际刚果协会”。被蒙在鼓里的酋长们哪里知道，签订这些文件并接受象征性的钱款即意味着永远失去了部落的土地。传统上，每个非洲酋长是受托掌管自己族人的土地，因而无权转让“自己的”土地，就像一个市长无权转让“自己的”市政厅一样。然而，这却是欧洲人在非洲大陆攫取领土的标准程序，直到今天，仍可以看到这种做法的影响。

欧洲列强纷纷采用利奥波德的诡计，在非洲展开了激烈角逐，1884—1885年，欧洲列强在柏林召开国际会议，为进一步瓜分非洲领土制定规则。与会各国一致同意：各国如欲在非洲吞并土地或建立保护国，须事先通知其他国家；领土要求的承认取决于有效占领；通过仲裁来解决列强在非洲的争端。列强就领土扩张的国际准则达成共识后，在不到20年时间里就将整个非洲大陆瓜分殆尽。在刚果，为了杜绝可能的批评意见，1887年，利奥波德买下了所有非比利时人的产业，将刚果完全变成其个人财产。利奥波德在刚果无比残暴地推行强迫劳动，在其统治刚果的1885—1908年间，刚果人口下降了一半（从2000万人锐减至1000万人）。刚果的暴行曝光之后，1908年，利奥波德被迫将刚果领地移交给比利时政府。这样，刚果从私人财产变成比利时的殖民地。比利时政府采取措施制止了暴行，却继续推行变相的强迫劳动。

在西非地区，法国人冲在了最前面。法国人构建了一个宏大计划，从科特迪瓦、达荷美和刚果河北岸的法国贸易站向内陆推进，建立一个从阿尔及利亚到刚果、从塞内加尔到尼罗河乃至红海的法属西非帝国。由于德国和英国也在非洲西海岸有据点，法国在争夺非洲腹地时不得不迂回绕过竞争对手。总的来说，法国实现了当初定下的目标。只有尼日利亚的英国人和喀麦隆的德国人能向内陆进行大规模扩张。西非其余所有地区，连同辽阔的撒哈拉沙漠，成为巴黎统治下庞大的法属殖民地。

1886年和1890年，英国和德国签署协议，协调了两国在东非的领土主张。德国保留了被称为德属东非保护地的广大地区，1919年后更名为坦噶尼喀。英国则保留了英属东非保护地（即后来的肯尼亚殖民地）和乌干达保护地。

与此同时，姗姗来迟的意大利人也加入了争夺非洲的行列。意大利人设法在红

图229　这张照片拍摄于1890年的法属刚果。当地黑人按照摄影师的要求扛着象牙拍照，后来这张照片被制成明信片。

海沿岸夺取了两个贫瘠的殖民地：厄立特里亚和索马里兰。1896年，意大利人采取了孤注一掷的冒险行动，出兵征服埃塞俄比亚王国。埃塞俄比亚人信奉基督教，比非洲大多数地区的民族更有力地进行了抵抗。埃塞俄比亚皇帝梅内利克拥有一支8万人的军队，由法国军官训练并装备法国武器。梅内利克打败了1万人的意大利军队，使自己的王国免于欧洲人统治。到1914年，除了非洲西海岸的小共和国利比里
503 亚之外，埃塞俄比亚成为非洲大陆唯一的独立国家。就连1822年为安置美国解放黑奴而设立的利比里亚（得名于拉丁语liber，意思是自由之邦），也在1911年因为财政破产和内部动乱，实质上沦为了美国的保护国。

欧洲人史无前例的领土扩张最终导致整个非洲大陆瓜分殆尽，仅有的例外是两个弱小国家利比里亚和埃塞俄比亚。欧洲人如此轻而易举地瓜分非洲，一个原因在于挑拨非洲人打非洲人（就像在征服美洲时利用印第安人打印第安人一样）。另一个原因是，非洲人作战时总是向欧洲人发起正面攻击，从而成为欧洲人致命火力的活靶子。非洲人在战场上被击溃后，通常撤退到有城墙的城镇，结果很容易遭受欧洲人的炮火攻击。如果非洲人开展游击战，凭借熟悉地形和民众支持的有利条件，本可坚持足够长的时间，使征服的代价高得让欧洲人望而却步。事实上，

图230 莱索托王国开国君主莫舒舒。并非所有班图人都仿效恰卡的尚武主义。莫舒舒是班图人亚族索托人的酋长，带领族人击退了祖鲁人的进攻，迁到南部非洲的一座山寨，他凭借外交手段和坚定意志建立了一个延续至今的小国。1868年，这个王国成为英国的巴苏陀兰保护国。1966年，在莫舒舒的曾孙、国王莫舒舒二世领导下，莱索托王国获得独立。

非洲人无力抵挡内河炮艇、近海战舰以及射速超过每秒十发的加特林机枪和马克沁机枪。

尽管欧洲人占有压倒性优势，但非洲人绝不是任人宰割的羔羊。一些地区的非洲人进行了有力抵抗，极大地阻滞了“欧洲”军队的推进。欧洲人征服西非花了25年，而科特迪瓦、马里、尼日尔、尼日利亚东部和北部以及毛里塔尼亚部分地区，直到20世纪第二个十年才被彻底征服。非洲抵抗运动领袖如今已成为非洲新兴独立国家的民族英雄。

四、欧洲的影响

经济影响

瓜分非洲是出于强烈的经济动机，由此我们不难理解为什么非洲经济会发生巨变。欧洲人并不满足于在非洲沿海港口贩奴，工业化的西方不再需要奴隶，因为随着技术的发展，机器大量取代了奴隶劳动。相反，西方需要的是非洲内陆发现的原材料，而且西方已经掌握了获取这些原材料的技术手段。

开发非洲资源的第一个重大步骤是金伯利发现钻石（1867年）、威特沃特斯兰德发现黄金（1884年）。罗得西亚和刚果也探明了丰富的矿产资源，罗得西亚是黄金和铜，刚果是黄金、铜和钻石。非洲西海岸许多地区盛产热带森林产品，如棕榈油、

504

医师与法师

西方传教士给非洲带来了新的文化和宗教。戴维·利文斯通（医师）和当地祈雨法师的争论表明了新旧之间的冲突。*

法师：你不要看不起我们的小知识，其实你根本不了解它。

医师：我不会看不起我不懂的东西，我只是觉得，你说你有祈雨的药物，根本就是不可能的。

法师：人们在谈论自己不懂的事情时，就会用你这样的方式说话。当我们第一次睁开眼睛时，就发现我们的祖先在祈雨，我们不过是在追随他们的足迹。你们把玉米带到库鲁曼，你们的园子是浇水，可以不靠下雨；我们却不能这样做。如果我们没有雨，牛就没有草吃，奶牛就不下奶，孩子就会饿死，妻子就会跑去能祈来雨、有玉米吃的其他部落，整个部落就散架了、毁掉了，我们的火种就会熄灭。

医师：说到雨水的作用，我很同意你的看法，但你不可能用药物对云朵施魔法。你是等到乌云来了才用你的药，把那只属于上帝的功劳占为己有。

法师：我用我的药，你用你的药，你和我都是医生，医生可不是骗子。你给病人吃药，有时上帝很乐意用你的药来治好病人，有时上帝不乐意，病人就死了。病人治好了，你就把上帝的功劳算在自己身上。我也是一样。上帝有时赐给我们雨水，有时不赐。当他赐雨时，我们就把它当成法术的功劳。病人死掉的时候，你不会对你的药失去信心，不下雨的时候，我也不会对我的药失去信心。如果你让我不再用我的药，为什么你还继续用你的呢?

医师：我只给我够得着的活人吃药，即使没有治好，我也能看到效果；你假装对头顶的云朵施法术，但你的药根本够不着它们。云朵通常在一个方向，而你的烟却飘向另一个方向。只有上帝才能指挥云朵。只要耐心等待，上帝就会给我们降雨，用不着你的药。

法师：玛哈啦—玛咔啪—咔—咔！！哎，直到今天早晨，我还以为白人很聪明。谁会想用饥饿来考验人呢？难道死人是什么好事吗?

医师：你能让雨只下在一个地方而不下在另一个地方吗?

法师：我可不想这么做。我愿意看到遍地都是绿油油的，人人都很开心，女人们

拍着手，高兴得大喊大叫，还用她们的首饰来谢我。

医师：我认为你欺骗了他们，也欺骗了你自己。

法师：嗯，要这么说的话，那我们俩是一对（意思是两人都是无赖）。

以上只是他们理解事物方式的一个例子，从这个例子可以看出，如果能完全懂得所说的语言，他们可以说是非常敏锐的。这些理由在当地人人皆知，我想尽了一切办法，却从未成功说服过任何人相信它们是错误的。他们无比相信药物的魔力。争来争去，最后给人一种你根本不盼着下雨的印象；让人认为你对他们的福祉不太关心，这是很不可取的。

* D. Livingstone, *Missionary Travels and Researches in South Africa* (J. Murray, 1857), pp. 22–25.

橡胶和象牙。根据探险家的报告，一些内陆高原土壤肥沃、气候宜人。因此，欧洲移民蜂拥而至，尤其是罗得西亚南部和东非。不久，欧洲移民就占据了这些地区最优质的农业土地。 505

为了运输矿产品和农产品，欧洲人开始在非洲修建铁路网，就像他们早先在亚洲时一样，修建铁路是为了便利产品出口，而不是为了推动当地经济的全面发展。生产扩大和交通设施建设推动了贸易的发展，传统的易货贸易被货币体系所取代。非洲人不再用奴隶、砂金、羽毛和象牙来换取欧洲人的盐、玻璃器皿、布料、朗姆酒和杜松子酒。19世纪末，非洲已经广泛使用英国银币、奥地利元和美元。

这些经济发展势必对原住民产生深远影响。白人移民侵占土地，对温带高原地区的原住民影响最大。有时整片地区被划为白人的保留地，即便土地闲置，也不准非洲人耕种。非洲人为了养家糊口，不得不到白人种植园工作；为了争取一小块耕地的权利，有些人甚至“擅自占用”他们为之工作的白人农场主的土地。在其他地区，非洲人不得不背井离乡，到矿山里干活。如果非洲人不去种植园和矿山充当劳动力，白人就会采取五花八门的手段来推行强迫劳动。最常见的办法是征收人头税，逼迫非洲人为了挣钱交税而工作。在这样的情况下，非洲传统的自给自足经济逐渐瓦解。非洲的男人和妇女不再是为了养活自己和家人而工作，而是逐渐被卷入货币经济，进而受到世界经济状况的影响。因此，欧洲对非洲经济的影响造成了双重后果：一是将非洲人纳入世界性的货币经济之中，二是使非洲人直接或间接地从属于在所有地方都是“老板”的白人。

图231　传教士造访祖鲁人的栅栏村庄。19世纪，欧美人热衷于“在我们这一代将福音传遍全世界”，到非洲传教成为这种热情的主要宣泄渠道。

文化影响

欧洲传教士与商人、投资者和移民一起来到非洲。传教士是最早有意识地试图改变非洲文化的欧洲人，因而对非洲文化产生了深远影响。其他欧洲人只是间接和偶然地影响非洲文化，比如强迫非洲人离开祖先的村庄，到城市或矿山工作。但传教士们却宣称要改变非洲人的生活方式。为了实现这一目标，传教士采取了三种手段：教育、医疗和宗教。

每个传教站都配备了进行西式教育和灌输西方观念的学校。这些学校的作用特别重要，因为大多数殖民地政府都把教育工作交给了传教士。教会学校在许多方面
506 发挥了建设性作用：传教士经常教学生如何建造更好的房子，改进农业方法，保持基本的个人卫生和环境卫生。传教士还教授读写非洲语言和欧洲语言，有的传教士还将非洲语言转化为文字，从而为非洲本土文学奠定了基础。那些走上文学道路的非洲人，绝大多数都是在教会学校接受教育。

另一方面，这些学校势必会对非洲人产生颠覆性影响，传教士们经常灌输说，非洲人的传统生活方式是原始的和错误的。随着时间的推移，学生们越来越不听父母和长辈的话，而是听从他们已经学会尊重的欧洲老师。此外，教会学校用欧洲书籍做教材，内容更多是关于欧洲而不是非洲。例如，在法国殖民地，早期历史教

科书的第一课是“我们的祖先高卢人”。教会教育灌输个人主义，从而与非洲人的集体生活方式背道而驰。因此，非洲人接受过几年教会教育后，通常不愿意回到原来的村庄，而是到殖民地政府、传教团或私人企业工作，也就进一步疏远了传统文化。

传教团还带来了医学知识和医疗器材，挽救了许多非洲人的生命。但是，除了治病救人之外，欧洲医学也使得非洲人质疑关于疾病和死亡原因的传统观念。非洲人即便虔诚地祈求神灵也不奏效，白人却有能力让病人康复。因此，人们不再指望用传统宗教来应对突发事件和解惑答疑。大多数非洲人依然秉持从前的信仰，但传统宗教无法再像过去那样有效维系非洲人的生活方式。

政治影响

所有非洲殖民地几乎都形成了一个受过西方教育的非洲人阶层，这个阶层构成了对传统部落权威最严重和最直接的挑战。这些人往往既质疑当地酋长，也挑战欧洲官员，因为他们在西方学校里接受了个人自由和政治自由等政治观念，在他们看来，自由主义和民族主义原则不应只适用于欧洲，而不适用于非洲。他们在政府和私营部门里经常受到歧视，这也促使他们参与政治活动。通常情况下，他们只能在欧洲人公司做薪水微薄的职员，或是在殖民地政府担任最低级的官员。这让他们十分不解，既然他们具备必要的教育和经验，为什么仅仅因为自己的肤色就必须听命于人。基督教，尤其是新教教派强调个人判断和主动性，从而激发了非洲人的民族主义。一家安哥拉杂志的作者说得很明白：“告诉一个人可以不受限制地解读《圣经》，等于是暗示他有一种过分的自主权，这就把他变成了一个叛逆者……皈依新教的原住民已经倾向于，虽然不能说是积极投身于，反抗文明的民族。”[3]

[推荐读物]

非洲通史相关著作，参见第二十二章的参考书目，以及对非洲历史文献的全面评述，P. D. Curtin，*African History*，No.56（Service Center for Teachers of History，1964）。关于奴隶贸易的最新著作是E. Reynolds，*Stand the Storm：A History of Atlantic Slave Trade*（Shocken，1985），该书富有见地，还提供了注释详尽的参考书目。*Journal of African History*（1989，Vol.30，No.1）有专题研究“Atlantic Slave Trade：Scale，Structure and Supply”。关于公元1500年以后1000万非洲人如何离开故乡及其对新环境的反应，参阅M. L. Kilson and R. I. Rotberg，eds.，*The African Diaspora：Interpretative Essays*（Harvard University，1976）；G. W. Irwin，*Africans Abroad：A Documentary History of the Black Diaspora in Asia，Latin America and the Caribbean During the Age of Slavery*（Columbia University，1977）。关于废奴运动，参阅E. Williams，*Capitalism and Slavery*（University of North Carolina，1944）；R. Anstey，*The Atlantic Slavery Trade and British Abolition，1760–1810*（Humanities，1975）；S. Miers，*Britain and the Ending of the Slave Trade*（Longman，1975）。

507 有关非洲大陆的开发，探险家传记是一个丰富的资料来源。M. Perham and J. Simmons，*African Discovery：An Anthology of Exploration*（Faber & Faber，1942）收集了不少这方面的资料。C. Hibbert，*Africa Explored：Europeans in the Dark Continent*（Penguin，1985）生动讲述了非洲探险的历史。

关于瓜分非洲，参阅A. Boahen，*African Perspectives on Colonialism*（John Hopkins University，1987）；T. Pakenham，*The Scramble for Africa*（Random House，1991）。最后，关于西方对非洲的影响，参阅P. D. Curtin，ed.，*Africa and the West：Intellectual Responses to European Culture*（University of Wisconsin，1972）；R. W. July，*The Origins of Modern African Thought*（Praeger，1968）；A. D. Roberts ed.，*The Colonial Movement in Africa*（Cambridge University，1986）。

[注释]

1. E. Reynolds，*Stand the Storm：A History of the Atlantic Slave Trade*（Schocken，1985），p. 13.
2. H. Russell，*Human Cargoes*（Longman，1948），p. 36.
3. T. Hodgkin，*Nationalism in Colonial Africa*（New York University，1957），p. 98.

后来，西班牙人决定去猎杀（古巴）山区的印第安人，他们在那里进行了骇人听闻的大屠杀。就这样，他们完全摧毁了我们不久前还到过的岛屿，岛上的人都死绝了；看到岛上变得荒无人烟，让人无比痛惜。 508

——巴托洛梅·德拉斯·卡萨斯，1552年

这些人（澳大利亚原住民）在白人入侵者到来后灭绝了，就像狼从一个人口稠密的文明国度里彻底绝迹一样。

——詹姆斯·斯蒂芬，1841年

第三十三章　美洲和英国自治领

19世纪，欧洲对美洲和英国自治领的影响甚至超过了对亚洲和非洲的影响。事实上，这种“影响”是如此广泛而深刻，所以更为恰当的是称之为全面的欧化。

欧化不仅意味着欧洲人的政治统治和文化渗透，还涉及有形的替代，即一个民族取代另一个民族。在西半球和南太平洋上人烟稀少的地区，不时上演这样的一幕：成千上万的欧洲移民蜂拥而至，占据了原住民的土地，而势单力薄的原住民要么被消灭，要么被驱逐。欧洲人带来了新的政治制度、谋生方式和文化传统。因此，海外领土的种族欧化必然伴随着政治、经济和文化的欧化。

一、种族的欧化 509

在第二十六章第七节中，我们解释了为什么欧洲能够提供如此多的移民，千百万欧洲人为什么甘愿离开祖先的家园，踏上前途未卜的危险旅程，前往遥远的大陆。1763年时，欧洲人的殖民地呈狭长带状分布；到1914年，欧洲人的殖民地遍布每一个大陆，包括前一个时期欧洲人尚未涉足的澳大利亚和新西兰。

大多数欧洲移民去了美洲。这是情理之中的事情，因为最早的欧洲殖民地就是在美洲，而且美洲大陆有丰富的自然资源和经济机会。不过，考虑到第一批欧洲殖民地是在中美洲和南美洲，最后却有如此多的移民在北美洲定居，这不能不说有些出人意料。

北美吸引了更多移民的原因在于英国殖民地有着与西班牙和葡萄牙殖民地截然不同的特征。西班牙人和葡萄牙人定居在印第安人比较稠密的地区。关于欧洲人到来前美洲印第安人的人口数量，不同的估计相差很大，但人们一致认为，印第安人

表 1 美洲大陆的种族分布（单位：百万人）

	白人		黑人		印第安人
	1835 年	1935 年	1835 年	1935 年	1935 年
北美洲	13.8	124.3	2.6	12.4	1.8
中美洲	1.9	6.9	2.7	8.4	21.4
南美洲	2.9	40.9	4.5	18.7	29.2
合 计	18.6	172.1	9.8	39.5	52.4

主要集中在日后所称的拉丁美洲。这些原住民提供了殖民地所需的全部劳动力，无须再输入充当劳动力的欧洲移民。因此，前往西属和葡属美洲殖民地的移民大多是军人、神职人员、政府官员以及少量不可或缺的工匠。

反之，在格兰德河以北地区，印第安人口比较稀少，无法提供劳动力储备。大西洋沿岸地区的英国移民和圣劳伦斯河两岸的法国移民只得自己动手砍伐森林、开垦土地、下海捕鱼。在这种情况下，北美对移民的需求是多多益善，英属北美殖民地向所有种族、语言和信仰的移民开放。1835年，整个中美洲和南美洲有480万欧洲移民，北美洲却有1380万欧洲移民。

19世纪下半叶，欧洲对外移民稳步增长，1900—1910年达到顶峰，每年有将近100万人离开欧洲。这场史无前例的移民浪潮涌入每一个大陆，因此如今的澳大利亚、南非和南美洲都有大量欧洲人后裔，但北美仍然是主要的移民目的地。

数以百万计的人口迁徙到美洲，直接造成数以百万计的土著印第安人流离失所。直到最近，人们才意识到印第安人流离失所的严重程度，人口学家和历史学家发现，长期以来认为新大陆人烟稀少、可供其他大陆的殖民者拓殖的说法真是大错特错。最新研究表明，1500年前后，新大陆与旧大陆的人口密度大致相当：[1]中国
510 大约有1亿人，地中海地区大约有6000万～7000万人，美洲大约有8000万人（未受黑死病和当时亚欧大陆其他流行病影响）。哥伦布到达美洲时，美洲绝对不是杳无人迹。据估计，1492年，在今天的美国所在地区有500万美洲印第安人，到1809年，这一地区的印第安人已经锐减至60万人。

印第安人有些是死于暴力和过度劳累，但主要是死于欧洲移民无意中带到新大陆的亚欧大陆和非洲的疾病。科学家们列举了一系列致命疾病，这些疾病对于脆弱

图232　1900年前后，抵达纽约埃利斯岛的意大利移民。这些来自意大利南部的新移民脸上流露出迁徙到异国他乡时的焦虑和期盼。到1900年，意大利向西半球输出的移民数量超过了其他欧洲国家。

的美洲印第安人来说是致命的，危害性不亚于14世纪造成亚欧大陆居民大批死亡的黑死病。从很大程度上说，这些可怕的疾病才是造成人类历史上最具毁灭性的一场浩劫的罪魁祸首（尽管不是唯一的原因）。这些疾病有：天花、麻疹、白喉、沙眼、百日咳、水痘、黑死病、疟疾、伤寒、霍乱、黄热病、登革热、猩红热、阿米巴痢疾、流感和各种结核病。

有人可能要问：美洲印第安人最初也是来自亚欧大陆的移民，为什么到达美洲后对这些疾病没有免疫力？对此的解释是，在那些久远的年代，处于食物采集阶段的早期移民当中尚未出现这些疾病。此外，早期移民来自西伯利亚，那里人口稀少、气候严寒，阻碍了流行性传染病的传播。因此，来到新大陆的移民没有先天免疫力，到达空旷的新大陆后又无法获得这样的免疫力。于是，当欧洲人将欧洲本土疾病和黑人奴隶的非洲疾病带到新大陆，就给印第安人带来了灭顶之灾。

至于移民的具体来源，不难想见，拉丁美洲国家的移民主要来自伊比利亚半岛，尽管19世纪末时也有相当数量的移民来自意大利和德国。1890年前，北美的绝大多数移民来自西北欧。1890年后，北美大约三分之一的移民来自西北欧，三分之二来自东欧和南欧。英属自治领的移民主要来源于英伦三岛。第一次世界大战后，尤其是第二次世界大战后，各自治领放宽了移民政策，以吸引更多移民前来开发广袤的土地。

这种大规模移民最终造成了美洲和英国自治领在种族上欧化。欧洲人成为这些地区人口的主体，当然也有一些重要的例外，例如，土著印第安人在中美洲依然占人口多数（占总人口的58%），在南美洲人口中所占的比例也很高（33%）。
511 种族欧化的另一个例外是奴隶贸易引入美洲的大量黑人。如前所述，估计有1200万～2000万非洲奴隶在横渡大西洋的航程中幸存下来，到达了新大陆。如今他们的后裔占北美总人口的10%，中美洲人口的30%，南美洲人口的21%。南非是种族欧化的又一个例外，非洲原住民的数量是白人（无论是布尔人还是英国人）的三倍多。

最后，19世纪，欧洲建立起热带病医学院，降低了热带地区欧洲人的死亡率，

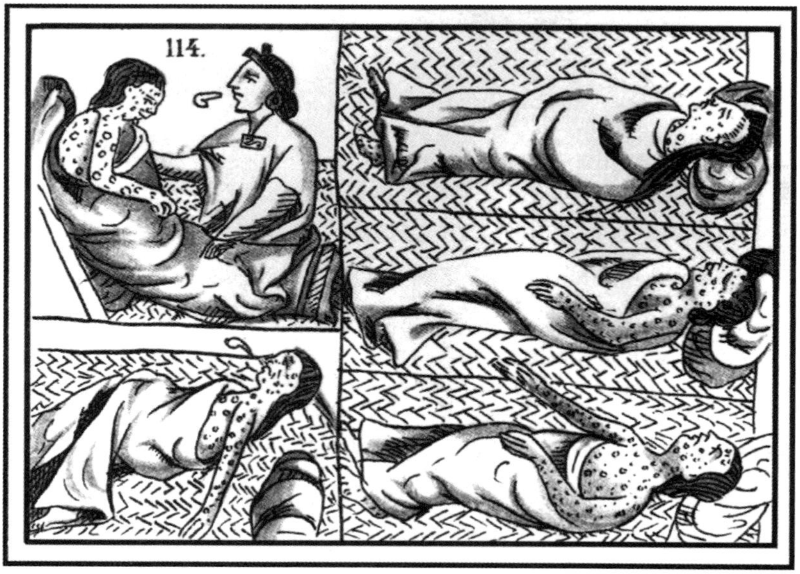

图233 美洲原住民对欧洲疾病没有免疫力，因而深受天花之害。阿兹特克插画家描绘了1520年特诺奇蒂特兰暴发天花疫情时感染的阿兹特克人。历史学家估计，一年之内，墨西哥中部地区死亡人口比例高达40%。由于人口的灾难性下降，阿兹特克人难以抵抗西班牙人的征服。

推动了海外的种族欧化。罗伯特·科赫、路易·巴斯德和其他微生物学家的研究，以及给热带地区军人看病的军医的临床观察，为热带病医学院的研究奠定了基础。人们经过反复试验，找到了预防热带病的方法，包括为部队提供洁净饮水，用卫生方法处理污水，使用蚊帐防止热带蚊虫叮咬。美国人在古巴和巴拿马率先实施了这些措施，有效遏制了疟疾和黄热病的肆虐。

二、政治的欧化

伴随种族欧化而来的是政治欧化。政治欧化有多种表现形式，这种多样性反映了欧洲宗主国的差异和海外领土的不同环境。例如，18世纪末到19世纪初，拉丁美洲和英属北美13个殖民地通过武装革命赢得了政治独立。19世纪末，英国自治领通过英国议会的法案获得了自治，这些国家至今仍留在英联邦内，在承认英国王室主权的同时，享有充分的自治权利。

政治欧化多样性的另一个表现是，北美13个殖民地成功整合为美利坚合众国，
最终从大西洋扩张到太平洋，而拉丁美洲却深陷政治分裂之中。政治欧化多样性的 512
最后一个表现是，美国和英国自治领保持了政治稳定，而拉丁美洲持续不断地发生政变。美国至今还在沿用1787年的宪法，而平均下来每个拉丁美洲国家制定了10部宪法。

俄克拉荷马土地哄抢热

1893年，俄克拉荷马的切罗基地带向白人开放定居，随即出现了土地哄抢热，这股热潮生动说明了欧洲人是如何大量涌入印第安人的土地的。以下是土地哄抢参与者比利·麦金蒂的讲述。*

我事先溜进了切罗基地带，选好了我看中的地块：坎普溪边一块160英亩的地。那真是好得不得了的一块坡地，你可以犁出像缎带一样平整笔直的犁沟。挖掉灌木丛，你就可以种上足够供应全国的桃树。我会播下种子，收获金钱。然后找个活泼的女孩，在这片地上生养一大群孩子……

跑马圈地的当天，我起得比公鸡还要早……8点钟的时候，离出发还有4个小时，人和马已经挤作一团，连闪电都无法把它们分开。

人们像狗一样互相咒骂和咆哮，因为人人都想把马车插到别人前面。有人动手打了起来，狗子们也咬作一团。

11点50分。还有10分钟就要天下大乱了，每一分钟简直有一年那么长。11点55分，趁着看守的士兵没留神，我让马的前蹄越过了起跑线两英寸。

11点59分。官方发令员走上起跑线，叽叽喳喳的说话声就像成群的野蜂一样嗡嗡作响。他一手拿着表，一手拿着枪。他看了看表，举起了枪。

他朝天开了一枪。车轮飞转！鞭子噼啪作响！蹄声如打雷一般！抢购开始了……

到处是轮子挨着轮子，马鞍挨着马鞍，人挨着人。马车猛地撞到了一起。为了让马跑得更快些，鞭子都快把马儿抽出血来。不管是四轮马车还是轻便马车，人全都站在马车上，用鞭子狠命抽打自己的马，要是别人的马车挨得太近，还抽打别人的马……

快到溪边的时候，我嗖的一下跳下马车，刚好跳到我选好的那块地上。

我抓起石头和木棍，在我的160英亩土地上做记号……做完最后一个记号，我从一棵棉白杨上砍下一根树枝，把一块大手帕绑在上面。因为法律规定，当你用木桩圈好了一块地之后，你还得竖起一面旗子。

我直起身，望着这块地，这可是我的第一块地。我的心怦怦直跳，就像刚才的蹄声一样响。

“你现在是个人物了，比尔，”我自言自语道，“你有最好的马，你圈了一块最好的地。你骑得比所有人都快，妈的，你将来种地也会比所有人都强。”

* Bill McGinty, “Plow Fever”, in Harold Preece, *Living Pioneers* (Thomas Y. Crowell, 1952), pp. 190–201.

513 总之，政治欧化意味着将欧洲的政治制度移植到海外领土。不过，移植过程中也会出现调整和改变。如今，如果让一个加拿大或澳大利亚的政治领袖来领导一个美国政党，要在部门利益、种族集团和大城市体制之间维持岌岌可危的平衡，他肯定会完全迷失方向；如果要面对拉丁美洲的政局、频繁更迭的宪法和考迪罗，想必他会越发不知所措。

三、经济和文化的欧化

经济领域也像政治领域那样出现了全面的欧化。欧洲为海外领土的经济发展提供了大量劳动力、资本、技术和市场。1820—1830年间，美国36%的出口产品销往英国，43%的进口产品来自英国。19世纪，欧洲资本，主要是英国、荷兰和德国的资本，源源不断地涌入美国，尤其集中在铁路建设领域。1914年，美国的外国投资

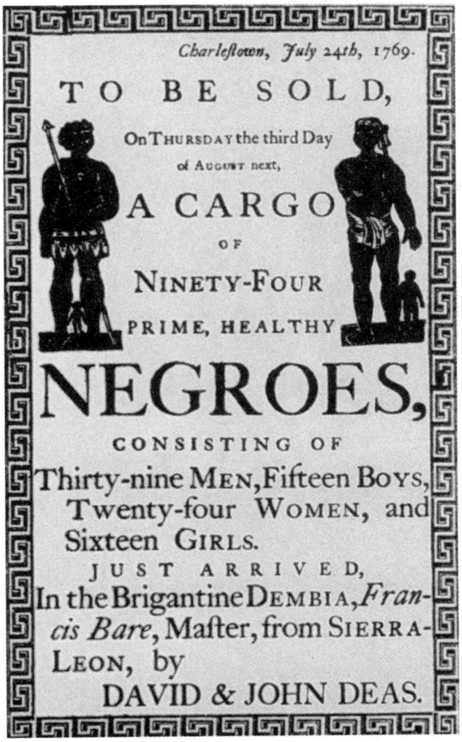

图234　1769年（7月24日）的招贴广告，宣布有一批西非奴隶运抵南卡罗来纳的查尔斯顿。到那一年为止，奴隶占殖民地移民的三分之二以上。请注意输入的奴隶几乎男女各占一半。这种做法最终促成了奴隶家庭和社群的形成。

总额达到72亿美元。在相对欠发达的拉丁美洲，欧洲资本对这些国家经济的控制更是远远超过美国。

伴随种族、政治和经济欧化而来的必然是文化欧化，不管是赢得独立的国家，还是留在英联邦内的国家，几乎都是如此。在拉丁美洲，除葡属巴西外，西班牙文化成为主流文化模式，最明显的标志是大多数人说西班牙语、信奉罗马天主教。建筑样式也反映出西班牙文化的影响，如西班牙式露台、带有铁条的窗户以及与人行道齐平的房屋正面。城市布局同样很能说明问题，主要街道从中心广场辐射开来。拉美服饰大多也是西班牙式的，包括男人的宽边毡帽和宽边草帽，女人的头巾、头纱、披肩等。家庭生活也遵循典型的西班牙模式，男人在家中说一不二，年轻女子受到严格管束，普遍认为有身份的人干体力活有失体面。

拉丁美洲文化虽然基本上属于西班牙文化或葡萄牙文化，但仍然普遍带有浓厚的印第安文化色彩，尤其是印第安人口占很大比重的墨西哥、中美洲和南美洲西北部地区。印第安文化的影响（见第二十五章第五节）在饮食、服饰、建筑材料和宗 *514*

图235 1787年，制宪会议制定了《美国宪法》，1789年得到各州批准（条件是立即修改宪法，纳入一项《权利法案》），从此一个大国开始了共和政体的大胆政治实验。

教习俗中表现得很明显。另外，数百万非洲奴隶输入到拉丁美洲种植园，给拉丁美洲文化带来了大量非洲元素。加勒比海地区的非洲奴隶最多，因此非洲文化的影响最为显著，尽管拉丁美洲大部分地区都可以找到非洲文化的痕迹。

与拉丁美洲文化相比，美国文化较少受到印第安人的影响。这主要是因为印第安人数量较少，发展水平较低。不过，印第安人的影响也并非完全可以忽略不计：25个州的州名来源于印第安语，英语中至少有300个印第安语词汇，鹿皮靴、独木舟、雪橇和雪鞋等许多印第安人的发明被广泛使用。同样，美国受非洲文化的影响也比一些加勒比国家要小。黑人将近占美国总人口的12%，而印第安人仅占0.5%。不过，欧洲是美国文化的主要源头，尽管欧洲文化的特征在移植和适应过程中有了很大改变。

图236　1914年，埃米利阿诺·萨帕塔的部队向霍奇米尔科进军。墨西哥革命期间，妇女和男人并肩战斗，发挥了重要作用。

[推荐读物]

全面考察欧化进程的著作有：E. Fischer，*The Passing of the European Age*（Harvard University，1948）；L. Hartz，*The Founding of New Societies*（Harcourt Brace Jovanovich，1964）；W. B. Hamilton，ed.，*The Transfer of Institutions*（Duke University，1964）；P. D. 515 Curtin从医学角度分析了种族欧化所遇到的阻碍：*Death by Migration：Europe's Encounter with the Tropical World in the Nineteenth Century*（Cambridge University，1989）；A. W. Crosby从生物学角度生动描绘了欧化进程：*Germs，Seeds and Animals：Studies in Ecological History*（M. E. Sharpe，1994）。

[注释]

1. M. Lunenfeld，*1492：Discovery，Invasion，Encounter*（D. C. Heath，1991），pp. 321–326.

我们败坏了他们本已倾向于堕落的道德，我们带给他们的 516
是他们以前从来不知道的欲望，也许还有疾病，这些东西只会扰乱他们和他们的祖先所享有的幸福安宁。如果有人不肯承认这一点，那就让他说说整个美洲的原住民从与欧洲人的贸易中得到了什么。

——詹姆斯·库克

第三十四章　波利尼西亚

一、岛屿和航海者

在15世纪欧洲人偶然发现的美洲大陆的西边，是太平洋上广袤的大洋洲，因其岛屿众多，又被称为波利尼西亚。大洋洲绵延数千英里，从美洲西海岸一直延伸到亚洲大陆。由于太平洋地区离欧洲最远，欧洲人发现和勘探更容易到达的美洲和非洲之后，在很长一段时间里始终对这一地区一无所知。

欧洲人很晚才涉足波利尼西亚，这既是因为它位于世界的另一端，还因为它不像其他地区那样有吸引欧洲人的无尽财富。太平洋上没有孕育出美索不达米亚、埃及、印度和中国等辉煌文明的辽阔草原和富饶河谷。太平洋世界是浩瀚的大洋，星罗棋布地点缀着成千上万座小岛。这些零星分散的岛屿面积很小，除开两个大岛新几内亚岛和新西兰岛，所有小岛的面积加起来只有英国或纽约州那么大。

虽然太平洋岛屿没有亚欧大陆那样丰富的资源，但出产一些主食作物，按照一位澳大利亚权威人士的说法，这里的原住民“吃得要比种植经济作物、吃大量罐头食品的后代好”。[1]

这里出产的主食作物主要有两种乔木作物和两种块茎作物。乔木作物是椰子树
和面包果树。许多小岛上人们的生活离不开椰子，至今当地的人均椰子日消费量至 517
少是5个。椰子既可食用，又可当作饮料，椰子树树干为房屋、独木舟和长矛提供了木材，椰子树叶可制成茅草屋顶、扇子和席子。另一种重要主食是面包果，一棵高产的面包果树每年可结150个大果实，每个重达2～5千克。这些果实可以烤着吃，在地窖里发酵后制成面团可以保存数月之久。

块茎作物是薯蓣和芋头。薯蓣是一种淀粉块茎，通常重达13.6千克以上，可以

图237 西方跨国公司的扩张改变了世界各地的消费模式，破坏了许多传统的生活方式。

煮、烤或是磨成面粉。芋头也是一种含淀粉的块茎，可当作蔬菜、布丁或磨成面粉食用。值得一提的还有香蕉，香蕉既有野生的也有种植的，是一些岛上居民的主食。

古代东南亚移民将这些主食作物引进到这些星罗棋布的岛屿，在人口压力的驱使下，古代移民从东南亚出发向太平洋呈扇形散开。公元前1100—前1000年，他们到达汤加-萨摩亚地区；300年，他们到达了马克萨斯群岛；一两个世纪后，他们向北航行到夏威夷，向东航行到距离南美海岸3219千米的地方，在复活节岛上竖起了9～12米高奇异的巨石像。800年，这些被称为“太平洋上的维京人”的无畏移民抵达了最南端的新西兰。虽然太平洋的移民散布在无比广阔的地域，却仍然保持着显著的文化同质性。18世纪，著名探险家詹姆斯·库克惊奇地发现，他的部下在夏威夷可以用遥远南方的新西兰的语言进行贸易。

二、贸易与殖民地

欧洲与大洋洲的早期接触时断时续，这与欧洲人对非洲和美洲持续的全面探险和殖民形成了鲜明对照。太平洋盆地被视为一条通道，而不是目的地。欧洲人偶尔利用这条通道来进行阿卡普尔科与亚洲之间利润丰厚的贸易（用墨西哥的白银交换丝绸、瓷器等中国产品），或是寻找从北太平洋穿越北美北极地区到哈德逊湾的水道。

18世纪晚期，欧洲人重新发现了太平洋盆地的价值，逐步将其视为具有内在价值的地区。欧洲人看上了这里出产的颇受国际市场欢迎的海产品。在大规模生产植物油以及勘探和开采石油之前，鲸脂油和海豹油一直是珍贵的油脂来源。鲸骨和鲸须质轻、坚韧、富有弹性，可以制作紧身胸衣和裙箍，还能用于如今用塑料代替的许多其他用途。海洋动物的毛皮也很珍贵，名贵的海獭皮尤其深受中国人的青睐。太平洋地区的其他物产还有：在中国很受欢迎的檀香木，这种散发着芬芳的木头可以制成仪式上用的熏香；生猪和咸肉，咸肉可用作船上的给养，出口欧洲，价格远低于欧洲本地猪肉；礁石和潟湖出产的一些次要产品，如珍珠贝、玳瑁壳和海参，海参是中国人喜爱的美味佳肴。 518

如同其他地区一样，在波利尼西亚，欧洲商人的经济渗透之后，接踵而至的是欧洲殖民主义的政治入侵，有时候两者联袂而至。北太平洋地区就是如此。18世纪初，彼得大帝派维图斯·白令前往远东探察亚洲和北美是否相连，此后俄国人在这个地区一直很活跃。俄国人在探险时发现水獭皮和海豹皮带来的财富不亚于西班牙人在阿兹特克和印加帝国找到的金银。为此，1799年，莫斯科特许组建了俄美公司，该公司很快就实现了既定目标。到1818年，该公司共计获取了8万张水獭皮和149.5万张海豹皮，结果，北太平洋水域的这两种动物遭到大量捕杀，就连爱斯基摩人和印第安人也因为受到残酷剥削而大批死亡。在野心勃勃的公司董事领导下，俄美公司试图同时建立贸易站和定居点。1820年，从白令海峡到距旧金山以北仅100千米的罗斯堡的海岸沿线，俄国人建立了大约15个定居点。

然而，这些定居点并没有使美洲太平洋沿岸成为俄国人的地盘，就像美洲大西洋沿岸成为西班牙人、英国人和法国人的地盘一样。根本原因在于北太平洋地区没有大规模的俄国移民，反之，纽芬兰岛到火地岛的整个大西洋海岸有大量西欧移民。在没有喷气式飞机的时代，相比穿越从俄罗斯腹地到太平洋海岸的数千英里西伯利亚荒野，乘帆船横渡大洋要容易得多。因此，俄国人的15个定居点虽然一直延伸到加利福尼亚，却始终是孤零零的小立足点。最大的定居点新阿尔汉格尔斯克（今锡特卡）仅有222名居民。

其他定居点就更小了，因此没有足够的资源扎下根来。定居点的建筑都是海边简陋的临时营房，百无禁忌的西方冒险家定期前来从俄国人手中低价收购货物，然后运到广州高价出售。因此，1867年，莫斯科无奈之下只得将阿拉斯加以极低价格卖给美国，因为美国在太平洋水域有庞大的洋基快船队，而美国拓荒者正一往无前地驾着篷车向西海岸进发。

与功败垂成的俄国人相反，西欧人很快就像控制了大西洋那样控制了太平洋盆地。西欧人拥有强大得多的商业和海军资源，专选那些最具经济价值和战略意义的岛屿下手，逐个吞并了这些岛屿。例如，1874年，英国吞并了斐济，1880年，法国吞并了塔希提岛。美西战争后，1898年，美国吞并了夏威夷、关岛和菲律宾。1914年，第一次世界大战爆发后，新西兰军队占领了萨摩亚群岛，澳大利亚军队占领了德属新几内亚和俾斯麦群岛部分地区。因此，到1914年，像非洲一样，大洋洲也瓜分完毕，被纳入全球性的欧洲帝国。

三、欧洲的影响

欧洲对波利尼西亚的影响要远远大于对非洲或亚欧大陆的影响。个中原因一目
519 了然，这些太平洋小岛人口稀少，以区区数千人之力，无法像拥有上亿人口的千年文明那样进行抵抗。因此，欧洲各国移民如潮水般涌向这些岛屿，很快就淹没了区区数千人的原住民。这些吸引大量移民的岛屿被公认为“太平洋上的天堂岛”，它们还有一个更大的好处，即几乎没有曾造成非洲和加勒比地区欧洲移民大量死亡的热带疾病，尤其是没有致命的疟疾。大多数太平洋岛屿都没有疟疾，原因很简单，岛上没有传播疟疾的按蚊。

像其他地区一样，大洋洲的种群扩散也带来了疾病传播和文化破坏。随着欧洲工具和机织布的输入，本土工艺被抛弃了。被遗忘的还有用树皮制布，建造波利尼西亚人祖先在太平洋上往来穿梭的大型双体舟的技能，甚至连冲浪技能也因为过于消耗体力而被人放弃。波利尼西亚人的完美牙齿曾让早期欧洲探险家十分羡慕，也因为食用欧洲食物而开始龋蚀。

比蛀牙更严重的是在一代又一代人中传播的新疾病，如肺结核、天花、痢疾和性病。因此，就像当年的美洲印第安人一样，波利尼西亚也出现了人口锐减。例如，1769年，库克船长到达塔希提岛时，岛上约有4万居民。18世纪末，传教士们报告说，战争和疾病使居民人数减少到15000人。19世纪30年代，岛上人数下降到9000人，最终仅剩下6000人。

图238 用现代技术制造的波利尼西亚轻舟，类似于曾经在太平洋穿梭往来的波利尼西亚人的大型双体舟。

库克一再表示，对于塔希提人的遭遇，欧洲人难辞其咎。

> 我不能不说出自己的真实想法：如果这些可怜人永远不知道我们在使生活变得舒适的住所和技艺方面的优势，那要好得多……如今让他们回过头去使用他们不太完善的古老发明，可能为时已晚，因为自从引进我们的发明以后，他们已经看不起并且不再使用这些发明了。等到他们手里的铁器用坏的时候，他们自己的知识几乎要完全遗忘了。如今，就像8年前的铁斧一样，石斧在他们当中成了稀罕东西，而骨凿和石凿已经完全看不到了。[2]

值得一提的是，库克船长不仅对太平洋岛民蒙受的苦难感到震惊，还认识到这些苦难是一个世界性进程的重要部分。

> ……我们败坏了他们本已倾向于堕落的道德，我们带给他们的是他们以前从来不知道的欲望，也许还有疾病，这些东西只会扰乱他们和他们的祖先所享有的幸福安宁。如果有人不肯承认这一点，那就让他说说整个美洲的原住民从与欧洲人的贸易中得到了什么。[3]

同样要指出的是，库克同情的对象除了塔希提岛等环境优越的岛屿上富有魅力的居民，还有荒凉的澳洲大陆上欠发达的原住民。库克对这些原住民的第一印象是："有人可能认为他们是地球上最不幸的民族，事实上他们比我们欧洲人要幸福得多。"随同库克环球航行的植物学家约瑟夫·班克斯也持同样的看法："我几乎可以 520
说，这些幸福的人心甘情愿地过着别无长物的生活，不，几乎是一无所有的生活。"[4]

这样的评价向欧洲人展示了一种令人不安的反常现象。一方面，欧洲人对欧洲文明的技术优势及其提供的物质享受充满自信、扬扬得意。另一方面，太平洋岛民和其他原住民虽然技术大为落后，缺乏欧洲人享有的"发明"，却似乎过得很满足，甚至"更幸福"。为了解释这种现象，一些欧洲人提出了"高贵的野蛮人"概念，即原住民摆脱了文明的压力和束缚，过着亲近自然的快乐生活。"高贵的野蛮人"概念尤其吸引了那些出于这样那样的原因对自身社会感到不满的欧洲人。这些人认为罪魁祸首是文明本身，因此他们把波利尼西亚加以浪漫化，把岛屿社群描绘成人间天堂。

这种浪漫化描述不乏羡慕之情，约瑟夫·班克斯注意到，在塔希提岛，"爱情是这里的首要工作"。他还指出，这种愉悦生活源于岛上男人只需做很少的工作来养家糊口，所以有大把的时间来追求爱情。一个塔希提男人"种下4棵面包果树，

图239　库克船长抵达夏威夷的凯阿拉凯夸湾。夏威夷人划着边架艇独木舟在汹涌的波涛中驶向库克的帆船。

这工作用不了一个小时，多出来的闲暇就用来谈情说爱，而欧洲人种庄稼要从年头忙到年尾才能养活家人”。[5]

随着欧洲人对太平洋岛民的了解日渐深入，“高贵的野蛮人”概念势必要被更恰如其分的评价所取代。欧洲人开始认识到大洋洲文明的阴暗面，如战争、杀婴、压迫性的禁忌、活人祭祀和奴隶制等社会弊端，以及飓风和海啸等周期性袭击岛屿的自然灾害。

传教士、艺术家和知识分子对波利尼西亚的不同态度，再清楚不过地反映了欧洲人对波利尼西亚的矛盾心理。传教士很反感波利尼西亚人热衷于婚外性行为、衣着暴露的舞蹈以及在礼拜日玩乐，极力劝说波利尼西亚人不要这么做，但收效甚微。

欧洲艺术家和知识分子的态度更为积极，赫尔曼·梅尔维尔的小说（尤其是《白鲸》），保罗·高更的绘画作品（灵感来自他在塔希提岛的经历），以及罗伯
521 特·路易斯·史蒂文森的生活经历，都是明证。患有慢性病的史蒂文森携家带口，甚至还带上家什用具，先后到过夏威夷、塔希提岛、马克萨斯群岛，最后定居在遥远的萨摩亚。

波利尼西亚及其原住民的这些早期崇拜者也不乏当今时代的同路人，每年都有成群结队的游客涌向这些岛屿，寻求从日常生活的压力中赢得片刻喘息。这似乎是一个双赢的安排，游客们得到了短暂的喘息机会，当地人则有游客带来的丰厚收入。另一方面，即便只是走马观花地游览波利尼西亚，人们也会发现，库克船长对

波利尼西亚文化的长期破坏的忧虑不仅适用于16世纪，也适用于当今时代，而且这种长期破坏造成了同样令人担忧的后果，既有持续的文化破坏，个人健康也受到损害，祖先的岛屿濒临毁灭。

在文化方面，遥远的复活节岛上的波利尼西亚人切身感受到了威胁，他们为此建立了一个文化保护组织。该组织的创始人直截了当地表明了自己的想法："我想睡就睡。我想吃就吃。我可以一个星期不花一分钱。如果我们不小心的话，人们会把这个岛变成另一个夏威夷或塔希提，那里唯一重要的东西就是钱。"[6]

至于个人健康，库克船长曾在日记中写道，波利尼西亚人有完美的牙齿，"行走优雅，奔跑轻盈"。波利尼西亚人的后代却今非昔比，在当今多民族的夏威夷州，他们是健康状况最糟糕的人群。他们的心脏病死亡率比平均水平高出44%，癌症死亡率高出39%，中风死亡率高出31%，糖尿病死亡率高出196%。[7]

波利尼西亚不仅面临文化衰败和身体退化，更让人担忧的是海平面上升带来的物种灭绝的威胁。海平面上升是"温室效应"所导致，温室效应造成地球温度升高，冰川和冰盖融化，海洋在变暖的同时变得膨胀。虽然人们对这种趋势的规模和

图240　面对19世纪末西方社会的加速变化，保罗·高更（1848—1903年）从故乡法国来到南太平洋。当地似乎是永恒的简朴生活方式让高更如痴如醉。1894年，高更创作了油画《上帝之日》，浪漫化地描绘了当地的环境。

速度有不同看法，但有确凿的证据表明，前所未有且不可预测的“涌浪”正在席卷波利尼西亚岛屿。新几内亚附近马绍尔群岛的报纸编辑吉夫·约翰逊写道：“不是风暴潮，而是涌浪。天气很好，突然间海水就灌进了你的起居室。太平洋上显然正在发生一些事情，这些岛屿也感受到了。这里的每个人都关心这件事，因为它事关人的生存。一想到自己的国家可能就这么消失了，让人不寒而栗。”[8]

522 这位马绍尔群岛的编辑并不是唯一担忧自己祖国安危的人。1997年6月26日，美国总统在联合国环境大会上发表讲话，表达了对全球环境的关注：

> 大气中的温室气体浓度达到20多万年来的最高水平，并且还在急剧攀升。科学家们预计，如果这一趋势继续下去，到下个世纪海平面将上升2英尺乃至更高。美国的路易斯安那州和其他沿海地区将被洪水淹没；在亚洲，孟加拉国国土的17%，即目前居住着600万人口的土地将会消失；除非我们能推翻这些预测，否则像马尔代夫这样的岛链将从地图上消失。[9]

图241　7尊巨大庄严的摩艾石像排成一排，矗立在阿基维祭坛的石基上。这些摩艾石像是复活节岛的原住民拉帕努伊人所建。当地人用拉诺-拉拉库火山的火山岩雕刻了600多尊石像，这些石像全都面朝西方。

[注释]

1. D. H. K. Spate, *Paradise Found and Lost*(Australian National University, 1988), p. 34.

2. A. Moorehead, *The Fatal Impact : An Account of the Invasion of the South Pacific 1767–1840*(Harper & Row, 1966), p. 70.

3. A. Moorehead, *The Fatal Impact : An Account of the Invasion of the South Pacific 1767–1840* (Harper & Row, 1966), pp. 55, 56.

4. A. Moorehead, *The Fatal Impact : An Account of the Invasion of the South Pacific 1767–1840* (Harper & Row, 1966), p. 117.

5. D. H. K. Spate, *Paradise Found and Lost*(Australian National University, 1988), p. 35.

6. *New York Times*, February 6, 1993.

7. Kathryn True, "Reclaiming Tradition," *In Context*, No. 39, p. 54.

8. *New York Times*, March 2, 1997.

9. *New York Times*, June 27, 1997.

首先，我要再次向你们强调新觉醒的东方民族的诉求和愿望所带来的巨大困难和潜在危险。这场冲突的最终结果如何……是无法预测的。不过，有一点是确凿无疑的，由于接触到西方思想和西方观念，对所有东方民族产生了复兴的影响。与西方接触最密切的民族已经尤其明显地表现出这种影响的后果。 523

——罗纳谢勋爵，1909年

第三十五章　全球整体化的巩固

在世界历史上，从1763年到1914年的这段时期，欧洲人直接或间接地成为全球的主宰。欧洲人的统治不仅以大殖民帝国的形式体现在政治领域，也体现在经济和文化领域。另一方面，1914年前的十年也见证了欧洲人的统治地位首次受到严重挑战。最大的挑战是日本战胜了俄国。值得注意的还有土耳其和波斯的当代革命以及各殖民地半殖民地的暗流涌动。我们先来看看欧洲在政治、经济和文化上的全球统治地位，然后再讲述这种统治地位受到的早期挑战。

一、欧洲的政治统治地位

1500年至1763年间，欧洲摆脱了蒙昧状态，控制了海洋以及相对空旷的西伯利亚和美洲。不过，直到18世纪末，欧洲对亚洲和非洲的影响仍然微乎其微。在非洲，欧洲人的领地仅限于沿海地区的一系列奴隶中转站以及大陆南端弱小的布尔人定居点。在印度，欧洲人仅有为数不多的沿海贸易站，尚未开始对广阔的次大陆腹地产生实质性影响。在东亚，尽管西方人一再要求更深入的接触，其活动范围却被严格限制在广州和出岛。不妨设想一下，假如18世纪末欧洲突然奇迹般断绝了与非 524
洲和亚洲的联系，那么这三个世纪的交往几乎没有留下什么值得展示的东西，大概只有一些废弃的堡垒和教堂能让人想起那些漂洋过海而来的入侵者。当地人的日常生活将像过去几千年来一样继续按照传统的方式延续下去。

然而，到1914年，形势发生了翻天覆地的变化。无论在广度还是深度上，欧洲的影响力都有了不可估量的增长。从美国、拉丁美洲到西伯利亚和英国自治领，世界上很大一部分地区欧化了。大批欧洲人迁徙到这些地区并在不同程度上取代了原住民。诚然，1914年时，美国和拉丁美洲早已赢得了政治独立，英国自治领也获得了自治。但正如我们所看到的那样，这些欧化地区在种族构成、经济联系和文化制度方面与欧洲有着千丝万缕的联系。

1914年，世界广大地区已经彻底沦为欧洲列强的殖民地，其中包括除利比里亚和埃塞俄比亚以外的整个非洲大陆以及亚洲大部分地区。亚洲4356万平方千米的土地中，至少有2446万平方千米处于欧洲人统治之下，其中，俄国占据了1682万平方千米，英国占据了517万平方千米，荷兰占据了152万平方千米，法国占据了64万平方千米，美国占据了30万平方千米，德国则占据了区区500平方千米。与这些巨大殖民地形成鲜明对照的是，日本作为1914年时唯一真正独立的亚洲国家，国土面积仅有42万平方千米。

除了殖民地和欧化地区外，世界其余部分是那些名义上独立、但事实上沦为了半殖民地的国家。这些半殖民地国家既有中国和奥斯曼帝国这样的大帝国，也有伊朗、阿富汗和尼泊尔等小国。所有这些国家都受到欧洲经济和军事力量的控制，它们之所以维持了名义上的政治独立，完全是因为欧洲列强未能就如何瓜分它们达成一致。

这样，到1914年，欧洲人主宰了全世界。5个世纪前，葡萄牙船长才刚刚开始沿着非洲海岸摸索前行，从此开启的漫长进程达到了令人啧啧称奇的顶峰。亚欧大陆的一个半岛掌握了过去历史上闻所未闻的权力，一举成为世界的中心。

二、欧洲的经济统治地位

1914年，欧洲人登上了在广度上和深度上都史无前例的统治地位，欧洲对世界经济的控制就是一个证明。欧洲人成为世界的银行家，提供了修建横贯大陆的铁路、开凿跨洋运河、开采矿山和建立种植园所需的资金。欧洲不仅成为一个世界银行，而且成为一个世界工厂。1870年，欧洲工业产量占世界工业总产量的64.7%，唯一的竞争对手美国占23.3%。到1913年，美国所占比重提升到35.8%，但欧洲工业产量仍占全球总产量的47.7%。

欧洲大规模输出资本和技术，促成了前所未有的全球经济一体化。1914年，全球陆地已建成了庞大的电报和电话网络，铺设了超过516000千米的海底电缆。同年，3万多艘船舶往返于世界各地，总吨位达到5000万吨。为了促进世界贸易，开凿了几条运河。最重要的是苏伊士运河（1869年）和巴拿马运河（1914年），苏伊士运河将西欧到印度的航程缩短了6437千米，巴拿马运河将纽约到旧金山的航程缩短了将近12875千米。通过修筑几条横贯大陆的铁路，为经济开发打开了大门。

1869年，美国第一条横贯北美大陆的铁路竣工；1885年，加拿大建成第一条横贯全境的铁路；1905年，横穿西伯利亚的铁路竣工。1914年，柏林到巴格达、开普敦到开罗的铁路也基本完工。

各大洲的经济一体化带来了全球生产力的惊人增长。1860—1913年，世界工业生产至少增长了6倍；1851—1913年，世界贸易总额增长了12倍。正如人们所料，欧洲从经济腾飞中受益最大。目前还没有全球各地的统计数据，据估计，1800年，欧洲宗主国与殖民地、半殖民地的人均收入差距大约为3 ∶ 1，到1914年，这一差距拉大到将近7 ∶ 1。 526

三、欧洲的文化统治地位

传统的自然经济向货币经济转型，深刻影响了殖民地农民大众的日常生活。货币很早就已经出现，但只是起到次要作用，农户的生产主要是为了满足家庭需要。

图242　1869年5月10日，联合太平洋铁路公司和中央太平洋铁路公司（如今的南太平洋铁路公司）的铁轨在犹他州普瑞蒙特瑞完成对接。当时有一幕令人难忘的场景，一颗用加利福尼亚纯金制成的道钉打入枕木，标志着第一条横贯北美大陆的铁路竣工。

农民把一些产品拿到当地市场出售，但不是为了牟利，而是为了换一点钱来履行纳税义务，或是购买少量必需品，如盐和少许铁器。交易和纳税通常是通过简单的物物交换方式，完全不涉及货币的易手。但是，当欧洲人带来了铁路、机制商品以及对粮食和工业原材料永无餍足的需求，新兴的市场经济应运而生。农民很快就意识到他们是为国际市场生产，而不是为自己和邻居生产，这反过来意味着他们会受到
527 全球经济波动的影响。这种新兴经济中富裕起来的商人和放债人肆意盘剥农民。从封闭停滞的自然经济过渡到充满活力的货币经济和市场经济，无疑有助于提高生产效率，但起初无疑带来了令人担忧的破坏性影响。

欧洲人的入侵影响了殖民地民族的思维方式和生活方式。不过，转变观念的主要是殖民地世界的少数上层阶级，而不是农民大众。只有少数上流社会人士才懂西方语言，能够阅读西方报纸和书籍，熟悉欧洲历史和当前的政治。接触到外来西方文化后，人们最初的反应往往是不加批判地由衷赞赏西方的一切事物。但是，随之而来的通常是对西方的抵制，人们试图至少部分保全和扶持传统文化。1925年，一位印度知名人士在回忆录中清楚表明了这种对西方文化的矛盾态度：

> 我们的先辈是英式教育的最早成果，他们是极端的亲英派，看不到西方文明或西方文化的任何缺陷。他们被它的新颖和奇特迷住了。个人的解放，个人判断的权利取代了传统权威，责任高于习俗，这一切都是以一种启示的力量突然降临到东方民族身上，而他们此前所理解的约束性义务无非是远古的习惯和古老的传统……英国的一切都是好的，甚至连喝白兰地也成为一件值得赞赏的事情，任何非英国的东西都应该受到怀疑……时候一到，不良反应就来了，而且来得很突然。从崇尚西方的一切，到我们现在陷入一个旋涡之中，这个旋涡将把我们带回到古老的文明、悠久的生活方式和习俗……[1]

四、白人的负担

世纪之交，由于在政治、经济和文化上占据了统治地位，欧洲人情不自禁地认为自己的至高地位是源于自身文明的优越性，这反过来表明了欧洲人作为一个种族的优越性。欧洲人坚信，上帝创造了不同等级的人类，白人被造得更聪明，这样就可以指挥劳工，指导那些四肢发达、头脑简单的劣等种族。因此，“白人的负担”概念应运而生，这样一种说教给当时的帝国主义披上了一层忠于职守的理想主义外衣。拉迪亚德·吉卜林在世纪末（1899年）写下了著名的诗句：

肩负起白人的负担——
派出你们最优秀的后裔——
打发你们的子孙远赴异邦
为手下俘虏的需求服务……[2]

1899年，一位英国诗人满怀自信地写下了“白人的负担”的诗句，而到1992年，英国著名历史学家巴兹尔·戴维森写了一本《黑人的负担》。所谓黑人的负担，是指欧洲人将一些制度和习俗强加给殖民地臣民，这些制度和习俗既不恰当，也行不通，成为黑人的“负担”而不是白人的“负担”。

与当今欧洲人的反省态度相反，吉卜林时代的欧洲统治者几乎被捧上神坛。欧洲人在印度被尊称为“老爷”，在中东被尊称为“大人”，在非洲被尊称为“主人”，在拉丁美洲被尊称为“恩主”。在这种情况下，欧洲人以一种今天看来不可思议的目光短浅和自我中心来看待世界，也就不足为奇了。美国人亦是如此。1904年，西奥多·罗斯福总统在国会咨文中警告拉丁美洲：“像其他地方一样，美洲有许多长期的错误行为，或是导致文明社会纽带全面松动的无能，最终需要一些文明国家的干预。”[3]1904年，美国传教士亨利·W. 卢斯从中国报告说，中国的环境对传教活动很有利，“我们可以一起为上帝、为中国、为耶鲁工作”。[4]最引人注目的是塞西尔·罗兹的极度自信和侵略性，他在梦想征服其他星球方面走在了时代 528
的前面：

世界几乎被瓜分殆尽，剩下的地方正在被瓜分、征服和殖民。想想那些你在夜空中看到的星辰，那些我们永远无法到达的广阔世界。我常常这样想，如果可能的话，我要吞并这些星球。它们近在眼前又遥不可及，真让我感到伤心。[5]

塞西尔·罗兹的话听起来未免过于自大，但这种自大完全是建立在西方的技术优势之上。随着西方技术不断加速发展，当今商界的罗兹后人们甚至更加自大。1987年，花旗集团前董事长乔治·摩尔表示，25年后，少数大型金融机构将主导全世界，为了规避政府监管，这些机构将把总部设在空间站。罗兹因为无法登上其他行星而难过，而在如今罗兹的同路人看来，这些行星将成为他们的私人发射平台。

图243 面对更具活力和侵略性社会带来的威胁，弱势社会以退缩和逃避现实的方式做出反应，1857年的印度兵变就是一个例子。

五、对欧洲统治地位的最初挑战

1914年，欧洲的全球统治地位看上去似乎是坚不可摧和长盛不衰的。但是，站在后见之明的角度来看，人们很容易感受到殖民地世界的潜在威胁，它正在慢慢觉醒，发动对西方统治的第一波打击。

529 纵观历史，面临更有活力和侵略性社会的威胁时，弱势社会通常会做出两种截然相反的反应。第一种反应是彻底切断与入侵势力的联系，退回到闭塞状态，到传统信仰和习俗中寻求慰藉。第二种反应是尽量吸收外来社会的元素，在同一个层面直面外来社会，进而组织起有效的抵抗。第一种反应意味着退缩和逃避，第二种反应则是调整和适应。前者的口号是"回到过去的好时光"，后者的口号是"学习西方人之长以制西方人"。

在19世纪，这两种对于西方入侵的反应有很多实例。逃避现实的典型例子
530 有1857—1858年的印度兵变和1900年的义和团运动（详见第三十章第三节和第三十一章第二节）。印度兵变和义和团运动都是悲惨血腥的事件，但并未对欧洲的

图244 世纪之交的日本丝织厂女工。她们代表了弱势社会面对侵略性的强势社会威胁的第二种反应。她们用机器生产，产品品质上乘。直到20世纪，女工仍占日本产业工人的一半以上。从小学毕业到结婚前的一段时间，日本妇女会参加工作。她们工作时间长，宿舍拥挤不堪，经常感染肺结核。

霸主地位构成严重挑战，因为二者本质上都属于消极的反抗，试图通过武力驱逐可恶的欧洲人，回到过去的美好时光，却根本无力抵挡西方武器的威力和西方经济企业的活力。不过，当本土民族开始采用西方的思想和技术来对抗西方，就完全扭转了局势。

日本人是第一个通过学习西方而成功抵制西方的亚洲民族。1894—1895年，日本战胜了孱弱的中华帝国，1904—1905年，日本又战胜了强大的俄罗斯帝国（详见第三十一章第三节和第四节）。一个亚洲小国战胜一个欧洲大国，标志着现代世界历史的一个转折点。这一事件给整个殖民地世界带来了希望和振奋。此外，在一定程度上由日俄战争引发的俄国大革命（见第二十八章第四节）也带来了重大影响。像来自日俄战场的报道一样，沙皇专制政权即将垮台的消息让世界各地被压迫民族激动不已。当时在波斯的一个英国人感受到殖民地涌动着激荡的情绪和期盼的暗流，1906年8月，他在信中写道：

> 在我看来，东方必将发生一场变革。日本的胜利似乎对整个东方产生了显著影响。即使对波斯也不是没有影响……此外，俄国革命也在此地产生了最显著的影响。俄国发生的事件备受关注，人民似乎已经有了一种新的精神。他们厌倦了自己的统治者，把俄国看成是一个榜样，开始认为有可能建立一种更好的政府形式……东方似乎正在从睡梦中醒来。在中国，发生了一场明显的排外运动，趋向于“中国人的中国”的理想。在波斯，由于靠近俄国，这种觉醒似乎采取了民主改革运动的形式。在埃及和北非，宗教狂热显著增强，加上泛伊斯兰运动的蔓延，都表明了这种觉醒。这些骚动的征兆同时出现，实在太不寻常了，不能完全归因于巧合。谁知道呢？也许东方真的正在从长期的沉睡中觉醒，我们即将见证这逆来顺受的千百万人奋起反抗西方肆无忌惮的剥削。[6]

事实证明，这一分析颇有先见之明。1905年的波斯革命、1908年的青年土耳其党人革命、1911年的中国革命以及印度日益加剧的骚动和恐怖行径，都是明证。我们至此可以得出这样的结论：1914年，虽然欧洲的全球霸权似乎是势不可挡和长盛不衰的，实际上却在许多地方和许多方面受到了挑战。1914年前，欧洲列强尚能镇压殖民地人民的反抗，但这种早期的反抗成为一个开端，标志着民族主义运动的诞生，第一次世界大战后，尤其是第二次世界大战后，这场民族主义运动将不可阻挡地横扫一切。

[推荐读物]

有关1914年前对欧洲全球霸权的挑战，最重要的研究著作有：E. R. Wolf，*Peasant Wars of the Twentieth Century*（Harper & Row，1969）；J. Romein，*The Watershed of Two Eras：Europe in 1900*（Wesleyan University，1978）；L. S. Stavrianos，*Global Rift：The Third World Comes of Age*（William Morrow，1981）；R. Storry，*Japan and the Decline of the West in Asia*（St. Martin's，1979）。

[注释]

1. S. Banerjea，cited in L. S. S. O'Malley，*Modern India and the West*（Oxford University，1941），p. 766.
2. From "The White Man's Burden，" in *Rudyard Kipling's Verse：Definitive Edition*（Doubleday）.
3. R. Emerson，*From Empire to Nation*（Harvard University，1960），p. 403.
4. J. Israel，"'For God，for China and for Yale' -The Open Door in Action，" *American Historical Review*（February，1970），p. 801.
5. W. T. Stead，*The Last Will and Testament of Cecil Joyn Rhodes*（London，1902），p. 190.
6. E. G. Browne，*The Persian Revolution of 1905–1909*（Cambridge University，1910），pp. 120–123.

531 # 历史的启示

马克思的预言与现实的反差

卡尔·马克思认为革命将首先在工业化国家爆发，然后蔓延到殖民地。马克思指出，西方资本家将不断把剩余资本投向可获取更高利润的殖民地。像他那个时代所有的社会主义者一样，马克思认为这种资本输出将不断持续下去，殖民地将像西欧宗主国一样成为工业化的资本主义国家。马克思在名著《资本论》(1867年)中写道："工业较发达的国家向工业较不发达的国家所显示的，只是后者未来的景象。"

马克思还预计，伴随着殖民地的工业化和繁荣，老的西方制造业中心将会落后、出现大规模失业，这反过来最终让受苦受难的西方工人奋起反抗，建立社会主义社会。马克思由此得出结论，革命将首先发生在西方。事实上，1858年10月8日，马克思在给好友恩格斯的信中表达了这样一种担忧：当欧洲成为社会主义社会时，繁荣的殖民地仍将是资本主义社会，并将攻击和"镇压"新生的西方社会主义社会。在一个多世纪后的今天来看，现实情况与马克思的担忧正好相反。革命已经到来，但不是在西方，而是在前殖民地，即如今所称的第三世界。历史就这样颠覆了马克思的预言。那么，个中缘由何在呢？

532 一个原因在于西方工人赢得了选举权和组织工会的权利，并且利用这些权利要求增加工资，建立福利制度，在事故、疾病或失业时提供周济。因此，西方工人比较满足，从而成为改革者而不是革命者。第二个原因是第三世界的殖民地未能实现工业化。西方制造商不希望有来自海外的竞争，因而极力阻挠殖民地建立工业。因此，殖民地仍然是西方工厂所需原材料的产地和西方工业制成品的市场。这种安排的症结在于，1880年后，世界原材料价格持续下跌，而制成品价格稳步上涨。1880—1938年，第三世界国家以一定数量原材料换取的制成品数量下降了40%以上。

经济学家所说的"贸易条件"的这种不利趋势在一定程度上导致第三世界面临严峻的经济问题。其他一些因素也造成了第三世界的困境（见第二十七章第八节）。最终，富国与穷国、发达的第一世界与欠发达的第三世界的差距不断拉大。这两个世界的人均收入比从1800年的3：1，拉大到1914年的7：1，1975年的12：1。

这些数据解释了为什么会出现与马克思的预期截然相反的历史结果。马克思之前的革命都发生在西方：英国革命、美国革命和法国革命。进入20世纪后，大革命都发生在第三世界：1917年的俄国、1949年的中国、1975年的印度支那、1976年的葡属非洲、1979年的伊朗和尼加拉瓜以及1980年的津巴布韦。20世纪90年代发生的出人意料的事件再次与马克思的预言相左。由于计划经济未能取得成功，1917年以来第三世界建立的新革命政权先后消失。因此，正如我们将在最后一章中所看到的，苏联、东欧和其他地方的社会主义政权相继解体。

[推荐读物]

关于当代全球性趋势的许多研究都考察了第一世界和第三世界之间出人意料的相互影响。值得关注的著作有：J. Hough，*The Struggle for the Third World*（Brookings Institution，1985）；L. S. Stavrianos，*Global Rift*：*The Third World Comes of Age*（William Morrow，1981）；P. Worsley，*The Three Worlds*：*Culture and World Development*（University of Chicago，1984）；G. Chaliand，*Revolution in the Third World*：*Myths and Prospects*（Viking，1977）。

第八编

西方衰退与繁荣的世界

（公元1914年至今）

A GLOBAL HISTORY

533 1914年以来的几十年既见证了西方的衰退，也见证了西方的繁荣。这两种趋势看似背道而驰，实则相辅相成。前所未有的全球整体化让西方技术、观念和制度加速传播，但正是这些西方元素的传播削弱了1914年前似乎不可动摇的西方全球霸权。为了更好地抵御西方，殖民地人民有选择地借鉴西方文明的元素。因此，1914年以来的世界历史既是西方繁荣的历史，也是西方衰退的历史。

这两种相互交织的趋势揭示了当今世界动荡的原因。只要看看报纸头条或电视屏幕，人们就会发现，在当今的国际事务中，北京、开罗和新德里与巴黎、伦敦和华盛顿旗鼓相当。在全球每一个地方，此前一直沉默的广大民众正在登上历史舞台，发出几十年前还无法想象的呐喊。

从亚洲人的观点来看，1914—1918年的大战是欧洲 535
国际社会的一场内战。

——K. M. 潘尼迦（印度外交官、历史学家）

第三十六章　第一次世界大战及其全球影响

1914年秋，欧洲国家相继被拖入第一次世界大战的浩劫，英国外交大臣格雷伯爵评论说："全欧洲的灯火都熄灭了。"格雷的这句话颇有见地，但第一次世界大战远远超出了他的预料。这场大战注定要把格雷伯爵熟悉的那个欧洲夷为一片废墟，哈布斯堡王朝、霍亨索伦王朝、罗曼诺夫王朝和奥斯曼王朝彻底覆灭，新的领导人、新的制度和新的意识形态登上舞台，而格雷伯爵这样的贵族对此只有模糊的认识。正如1815年的欧洲不同于1789年的欧洲，1918年的欧洲也有别于1914年的欧洲。

第一次世界大战还宣告了欧洲在19世纪建立起来的如此全面和反常的全球统治地位的终结。到战争结束时，欧洲的霸权大为削弱，在世界范围内受到挑战。随后，欧洲人在世界大多数地区以各种方式成功应对了挑战。但是，这种苟延残喘只维持了短短20年，第二次世界大战完成了第一次世界大战开启的欧洲衰落过程，全球范围内的欧洲帝国从此一蹶不振。

无论从世界历史还是欧洲历史的角度来看，第一次世界大战都是一个历史转折点。本章旨在分析这一重大事件的根源、过程和全球影响。

一、战争的根源 536

宣告第一次世界大战结束的《凡尔赛条约》明确指出，这场战争是"由德国及其盟国的侵略"挑起的。这项"战争罪责"条款远远超出了学术界的范畴，因为协约国将其作为向战败的同盟国索要赔款的依据。因此，这个问题引发了长期的激烈争论，有关国家相继公布了超过6万份文件，坊间发表了成千上万的文章和书籍，所有这些文献都坚持己方的立场，指责对方应当对这场战争负责。直到20世纪30

图245 第一次世界大战爆发时，德国海军的实力已经增强，图为船坞中的“坦恩”号战列舰。

年代中叶，争论才平息下来，出现了更为学术性的研究，更多不是去关注“战争罪责”，而是探讨引发战争的历史背景和因素。如今，大多数历史学家区分了引发战争的深层原因和直接原因，深层原因在战前数十年间一直在起作用，直接原因则在1914年6月28日弗朗茨·斐迪南大公遇刺后紧张忙乱的数周内起作用。这场战争有5个最重要的深层因素：经济竞争、殖民地争端、敌对的同盟体系、绝不妥协的民族诉求以及欲罢不能的战争计划。

经济竞争

首先来看看经济竞争。大多数欧洲大国都卷入了关税战和海外市场争夺，例如，1888—1899年的意大利和法国，1879—1894年的俄国和德国，1906—1910年的奥地利和塞尔维亚，都曾发生过关税战。英德两国的经济竞争最为激烈，因为19世纪末德国的工业化有了突飞猛进的发展。1870年，英国工业产值占世界工业总产值的31.8%，德国仅占13.2%。到1914年，英国所占份额下降到14%，德国所占份
537 额略增，为稍高于英国的14.3%。德国工业的迅猛发展意味着英国在海外市场面临激烈竞争。我们很难准确评估这种经济竞争带来的全部政治影响，但它确实导致英德两国关系紧张，刺激了海军军备竞赛，加剧了国际紧张局势。英德两国都有人极

力鼓吹大力发展海军，保障贸易路线和商船运输。1897年，在海军上将冯·提尔皮茨领导下，德国启动了新的海军建设计划，这导致英德两国关系恶化，却并没有从根本上打破双方的力量平衡。德皇决心拥有一支强大的海军和最强大的陆军，这是最终引发战争的一个重要因素。

殖民地争端

国际经济竞争和国内困境成为殖民地争端的诱因，为了切实保护过剩资本和制造业的海外市场，列强急切地寻求更多的殖民地。德国人直到1871年国家统一后才加入殖民竞争，因而尤其咄咄逼人地要建立一个与自身不断膨胀的经济实力相称的帝国。"泛德意志协会"叫嚣，既然葡萄牙、荷兰和比利时等小国都拥有广大的殖民地，德国也必须拥有"阳光下的地盘"。但是，在几乎每一个地方，德国人都被遍布全球的英国领地挡住了去路，他们痛斥英国人"狗占马槽"的自私。

争夺殖民地的绝非只有英国和德国。19世纪末，几乎所有大国都参与了帝国角逐，在一个又一个地区屡屡发生冲突：英德在东非和西南非洲，英法在暹罗和尼罗河流域，英俄在波斯和阿富汗，德法在摩洛哥和西非。在第一次世界大战前的30年里，这些殖民地争端造成国际局势日益紧张。

图246　德国海军上将阿尔弗雷德·冯·提尔皮茨（1849—1930年）主持发展海军，使之能够挑战英国皇家海军，这表明德皇威廉二世希望提升德国在欧洲列强中的地位。

敌对的同盟体系

殖民竞争进而促成了敌对的同盟体系的形成，而这些体系在很大程度上导致了战争的爆发。欧洲同盟体系始于1879年德国宰相奥托·冯·俾斯麦与奥匈帝国缔结的两国同盟。这本是一项防御性的同盟条约，旨在保护德国免遭法国进攻，因为法国渴望收复1871年失去的阿尔萨斯-洛林。两国同盟还意图保护奥匈帝国不受俄国
538 攻击，因为奥匈帝国频频与俄国在巴尔干半岛发生冲突。1882年，意大利加入，两国同盟发展成三国同盟。三国同盟的目标同样是防御性的：保护意大利不受法国进攻，因为两国在突尼斯发生了激烈冲突。因此，无论是同盟的初衷还是具体规定，三国同盟绝非进攻性的同盟。德国和奥匈帝国都是踌躇满志的大国，主要关心的是维持欧洲大陆的现状。

但是，在其他列强的眼中，三国同盟完全是另外一码事。在法国和俄国看来，三国同盟成为主宰欧洲的压倒性集团，使法俄两国陷入了岌岌可危的孤立境地。此外，在多个地区的殖民地问题上，法俄两国都与英国发生了尖锐冲突。结果，1894年，法俄两国缔结协约，这个协约有双重目的，一是抗衡三国同盟，二是在殖民地争端中对抗英国。随着1904年《英法协约》和1907年《英俄协约》的签订，法俄协约演变为三国协约。这两项协约本质上都是殖民地协定，内容包括英国和法国承认彼此在尼罗河流域和摩洛哥的利益，英国和俄国划分在波斯的势力范围（见地图27）。

至此，所有欧洲大国结成了敌对的同盟集团，从而给欧洲国际关系带来了灾难性后果。不论发生何种重大争端，即便对引发争端的问题持保留态度，结盟的国家都感到有必要支持直接卷入争端的盟友，否则己方的同盟可能会瓦解，从而使自身陷入孤立无援的境地。因此，每次争端都会放大成一场重大危机，无论是否愿意，两个同盟的所有成员都卷入到危机的旋涡之中。

绝不妥协的民族诉求

另一个深层因素是欧洲受压迫少数民族日益强烈的民族诉求。民族主义的压力导致阿尔萨斯-洛林动荡不安，当地的法裔居民始终不愿接受德国人的统治。但是，这种压力在中欧和东欧引发了一场噩梦，当地的多民族帝国面临被日益强烈的民族自决要求撕裂的危险。例如，在哈布斯堡帝国，占统治地位的奥地利人和匈牙利人要面对觉醒的意大利人、罗马尼亚人以及为数众多的斯拉夫民族：捷克人、斯洛伐克人、鲁塞尼亚人、波兰人、斯洛文尼亚人、克罗地亚人和塞尔维亚人。不难想见，哈布斯堡王朝的官员们认为，只有采取强硬措施才能维持帝国的统治，尤其

是要镇压帝国境内好斗的塞尔维亚人，他们坚决要求与多瑙河对岸独立的塞尔维亚国家统一。因此，当斐迪南大公在萨拉热窝被塞尔维亚爱国者刺杀，维也纳向贝尔格莱德提出了苛刻的条件。但是，塞尔维亚的背后是俄国，俄国的背后是法国和英国。同样，奥匈帝国得到了德国的支持，理论上还有意大利的支持。因此，民族自决的诉求和敌对的同盟体系交织在一起，将欧洲列强推向了万劫不复的深渊。

欲罢不能的战争计划

最后一个深层因素是欲罢不能的战争计划，萨拉热窝刺杀事件之后，欧洲列强很难扭转一步步走向战争的势头。19世纪末，由于科学与军事相结合，欧洲的军事技术有了重大飞跃。各国不仅改进了老式武器，还纷纷引进潜艇和飞机等新式武器。英国的阿姆斯特朗公司、德国的克虏伯公司、法国的施耐德-克鲁索公司等私营军火公司煽动起一场全球军备竞赛：它们向一国出售军火，引起了恐慌，刺激邻国也竞相购置军火。大国军事领导人为了保障国家安全，大量购置新式武器。此外，各国用铁路网将日益庞大的军火库连成一个网络，制订详细的动员计划，一旦有爆发战争的危险便可启动计划，在第一时间将大量军用物资和数百万应征士兵运往前线，以抗衡任何可能的敌对同盟。

各国一旦启动动员计划，人员和物资就会分秒不差地开始大规模调动。任何 539
撤销动员的命令都将带来难以承受的损失，因为这将导致人员和物资的流动被堵在半路，由此造成的混乱使国家变得毫无防御能力。因此，无论皇帝还是首相，任何当局都不可能撤销重大的动员令，历史学家称之为“战争计划的内在刚性”，事实证明，1914年6月28日的萨拉热窝刺杀事件后，战争计划一旦启动就无可更改的特性成为寻求和平解决的主要障碍。发人深省的是，1914年8月4日战争全面打响前，当时的外交官们还有几周的缓冲期。如今这种缓冲期实际上一去不返了，现代武器投放技术能在很短时间内将原子弹投放到各个大陆，各国拥有成千上万自主作战系统，每个系统都有独立的决策计算机，留给人类阻止核大战爆发的时间少之又少。

二、萨拉热窝事件

1914年6月28日，弗朗茨·斐迪南大公和妻子在奥地利不久前吞并的波斯尼亚
省首府萨拉热窝遇刺。刺客是波斯尼亚一个名叫加夫里洛·普林西普的塞尔维亚族 540
青年学生。普林西普并非孤身一人行刺，他属于塞尔维亚秘密组织“不统一、毋宁死”，即通常所称的“黑手社”。1911年，这个组织在贝尔格莱德成立，公开宣称的

539

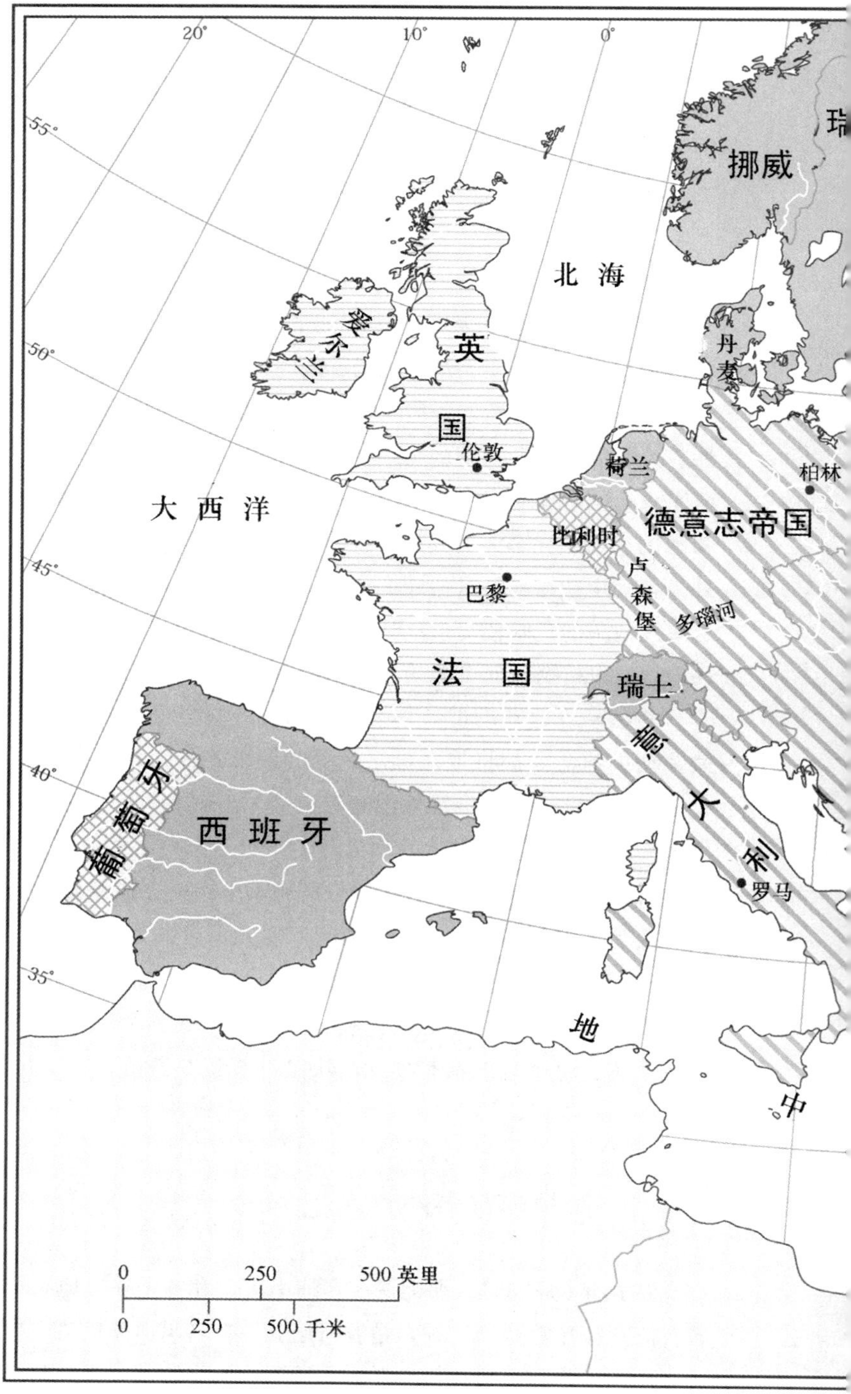

地图27 1914年的欧洲

芬兰
三国同盟*
三国协约
中立国
加入同盟国阵营的交战国
加入协约国阵营的交战国
* 意大利虽是三国同盟缔约国，
却加入协约国阵营作战。
圣彼得堡
（彼得格勒）
波罗的海
俄国
也纳
匈帝国
罗马尼亚
黑海
塞尔维亚
黑山
保加利亚
巴尼亚
希腊
奥斯曼帝国
海

目标是实现“所有塞尔维亚人统一的民族理想”。塞尔维亚政府并非这个秘密组织的幕后支持者，反而将其视为危险的激进派和好战分子。但这并没能阻止黑手社建立地下革命组织，积极开展宣传和恐怖活动。

倒霉的弗朗茨·斐迪南同意对波斯尼亚首府进行正式访问，正中这些塞尔维亚革命者的下怀。6月28日，当大公和公爵夫人在阳光明媚的星期日早晨开始巡游时，至少有6名刺客怀揣炸弹和左轮手枪在巡游路线沿途埋伏。正如命运所安排的那样，巡游队伍在普林西普驻守的街角停了下来，他拔出左轮手枪连开两枪，一枪击中弗朗茨·斐迪南，另一枪射向波斯尼亚总督波蒂奥雷克将军。第二枪打偏了，击中了大公夫人。医生赶到之前，大公夫妇就已经死了。

图247　1914年6月28日，奥地利大公弗朗茨·斐迪南和妻子在萨拉热窝。当天晚些时候，这对皇室夫妇被在塞尔维亚接受训练和补给的年轻革命者刺杀，引发了导致第一次世界大战的危机。刺杀发生后，奥地利警方当场逮捕了一名刺客。

7月23日，奥地利向塞尔维亚发出了强硬的最后通牒。7月25日，塞尔维亚做出了回复，接受了最后通牒提出的几乎所有要求，但拒绝了哈布斯堡官员进入塞尔维亚境内进行调查的要求。奥地利旋即与塞尔维亚断交，7月28日，奥地利对塞尔维亚宣战。

俄国进行反击，于7月30日下令实行总动员。第二天，德国向俄国发出最后通牒，要求俄国停止动员，限12小时内答复。由于没有得到答复，8月1日，德国对俄国宣战，8月3日，德国对俄国的盟国法国宣战。当天，德军入侵比利时，发动了实际的战争行动。德国宣战后，英国也随即参战，但公开理由并不是对法国的秘密军事承诺。相反，英国政府把参战说成是对德国入侵比利时的反应，这更容易为英国公众接受。这样，萨拉热窝刺杀事件5周后，欧洲列强爆发了一场你死我活的全面战争。

三、欧洲战争阶段（公元1914—1917年） 541

1914年：西线的消耗战

第一次世界大战爆发时，交战双方都满怀信心地要在很短时间内打赢这场战争。但他们很快就发现自己陷入了一场旷日持久的浩劫，蒙受了前所未有的物质损失和人员伤亡。西线的战事陷入了血腥的僵持局面，因为战争打响后，防御武器就被证明优于进攻武器。按照传统的进攻战术，进攻方先进行密集的炮火攻击，再由步兵发起大规模冲锋。但是，面对很深的堑壕、带刺铁丝网、地雷区和机枪火力网组成的防御阵地，这种战术并不奏效。因此，战争前4个月里，西线伤亡人数就达德军70万人、法军85万人、英军9万人。各国总参谋部的战争计划全盘落空，西线战事演变成阵地战和消耗战。

俄国和巴尔干战场却是另一番景象，那里战线拉得很长，加之交通设施匮乏，因而是流动作战的运动战。为了减轻法军在西线的压力，俄军一开始就以出人意料的速度向东普鲁士发起强攻。这个战略收到了成效，德军从比利时抽调了4个师前去增援东线。但在增援部队到达之前，东线德军已经速战速决，全歼了攻入东普鲁士的两支俄军。德军指挥官兴登堡和鲁登道夫利用发达的铁路网，集中兵力将两支俄军各个击破。9月中旬，攻入东普鲁士的俄军已被肃清。

与此同时，奥地利人在巴尔干战线遭受了屈辱的挫败。波蒂奥雷克将军在萨拉热窝险些命丧于普林西普的枪下，因而跃跃欲试地要捣毁“毒蛇的巢穴”。8月12日，他率领25万奥军渡过德里纳河向塞尔维亚发起进攻。但奥军面对的是有35万兵力的塞尔维亚军队，其中90%是参加过1912—1913年巴尔干战争的老兵。短短两周之内，奥地利人就损失了三分之一的兵力，被迫撤回河对岸。9月，波蒂奥雷克重新发动攻势，12月2日，奥军成功占领贝尔格莱德。塞尔维亚军队再次发起反击，当月月底，塞尔维亚指挥官踌躇满志地宣布："塞尔维亚领土上没有一名敌军士兵是自由的。"[1]

1915年：俄军的溃败

新任德军总司令埃里希·冯·法金汉指挥了1915年的战役。鉴于西线的僵局，法金汉把兵力调集到东线，意图一举击溃俄军。5月1日，德奥联军发动攻势并取得巨大战果，到夏季结束时，德奥联军平均向前推进了322千米。俄国除了军队伤亡250万人，还损失了15%的领土、10%的铁路、30%的工业以及20%的平民人口。这场打击让沙皇政权从此一蹶不振。

在西线，消耗战仍在继续。法国霞飞将军坚信能凭借密集的炮火和大部队正面突击扭转战局。然而，持续发动的攻势除了造成触目惊心的伤亡，并未改变西线战场态势。

1914年11月2日，土耳其加入第一次世界大战，随即爆发了著名的达达尼尔战役。土耳其加入同盟国阵营后，对协约国关闭了达达尼尔海峡，致使协约国无法向俄国运送急需物资。因此，1915年3月18日，14艘英国战舰和4艘法国战舰冒着炮火驶入海峡。土耳其人用水雷和海岸炮火重创了协约国舰队，迫使舰队撤退。为了夺取海峡，协约国军队在加里波利海滩登陆，但遭遇了土耳其人猛烈的机枪火力，
542 只保住了几个登陆点。土耳其人守住了海滩上的高地，协约国军队最终不得不承认失败，于1916年1月全部撤离。

由于协约国在达达尼尔海峡的挫败和俄国战线的惨败，1915年10月14日，保加利亚加入同盟国阵营参战。保加利亚参战意味着塞尔维亚的末日降临。10月16日，德国、奥地利和保加利亚军队以绝对优势兵力从三面进攻塞尔维亚。当年年底，塞尔维亚全境被占领。

协约国虽然在巴尔干半岛受挫，但由于意大利决定加入协约国阵营，协约国的力量反而得到了加强。严格说来，意大利人一直属于同盟国阵营，但战争爆发后他们决定保持中立。大多数意大利人赞成这一方针，尤其是因为奥地利还占据着亚得里亚海对岸"尚未收复的意大利"[1]。协约国承诺把这些地区无偿划归意大利，还许诺意大利可以从土耳其获得额外领土。这个诱饵很奏效，4月29日，意大利签订了

[1]　即奥匈帝国控制下的特伦蒂诺和的里雅斯特。意大利在1870年统一后一直想收回两地。——译者注

图248 在西线发动进攻的法军。堑壕战是20世纪第一场大规模国际冲突的标志。凭借带刺铁丝网和机枪的保护，战壕里的防御者占据了上风。

《伦敦条约》，同意在一个月内参战，以求兑现这些领土承诺。

1916 年：凡尔登战役和索姆河战役

1916年，同盟国达到了战场态势的顶点。虽然同盟国控制了从汉堡到波斯湾的欧洲大陆，却未能迫使协约国坐下来和谈。为了促成和议，1916年2月，德军对重要的法国要塞凡尔登发动全面进攻。英军则在索姆河向西北方向发起反击。但是，战局再次证明防守方比进攻方更胜一筹。1916年的这两场战役造成德军伤亡85万人，英法军队伤亡95万人。然而，双方推进的距离最远也没有超过11千米。

在东线，勃鲁西洛夫将军指挥俄军发动了一场成功的攻势。德军在凡尔登战役的失败以及勃鲁西洛夫攻势的意外成功，促使罗马尼亚于1916年8月27日加入协约国阵营。同盟国决定杀一儆百，拿罗马尼亚开刀，警告企图效仿罗马尼亚的其他中 543
立国。德国、奥地利、保加利亚和土耳其军队以绝对优势兵力进攻罗马尼亚。当年年底，罗马尼亚人丧失了三分之二的国土，首都也沦陷了。

罗马尼亚参战后，希腊成为巴尔干半岛唯一的中立国。1917年6月27日，希腊加入协约国一方作战，从而为1918年协约国进攻马其顿铺平了道路，这场攻势迫使保加利亚退出了战争。

1917 年：杀戮和失败主义

在西线，可怕的杀戮有增无减。1916年是德军主动向凡尔登进攻，1917年则是协约国率先出击。鲁莽的尼韦勒将军接替了谨慎的霞飞，尼韦勒大肆鼓吹一种新型闪电攻势，宣称可以用很小的伤亡打赢战争。尽管许多法军和英军将领反对，尼韦勒的进攻战术还是被采纳了。

另一方面，德国人用东线的兴登堡和鲁登道夫接替了法金汉。由于前一年在凡尔登和索姆河遭受重大损失，德军决定在西线采取守势，同时在海上发动无限制潜艇战。德国希望以此切断英国的物资供应，迫使英国投降，使欧洲大陆上的法国陷入孤立无援的境地。德国人十分清楚潜艇战有招致美国干涉的风险，却依然孤注一掷，他们认为英国将在美国援助发挥作用前就崩溃。

我们很快就会看到，尽管最后带来了灾难，德国的这场赌博差一点就赢了。但德军在地面战场的防御策略取得了很大成效。为了巩固和加强防线，兴登堡将部队后撤到新的防御阵地（兴登堡防线），这条防线更直、更短，工事也更坚固。德军的撤退彻底打乱了尼韦勒的进攻计划，但他仍一意孤行地执行预定方案。法国、英国和加拿大士兵如期跃出战壕发动攻势，结果遭遇了这场战争中最血腥的失败。兴登堡的防御策略效果显著，协约国军队伤亡40万人，德军只伤亡了25万人。

这个时候，这场历史上最具毁灭性和最血腥的战争已经进入到第4个年头。尽管战争造成了巨大牺牲和痛苦，却看不到结束的迹象。厌战情绪和失败主义在战壕里蔓延，在双方的平民当中也不断抬头。最引人注目的是，1917年7月19日，德国议会以212 ： 126票通过一项“和平决议”。在奥匈帝国，11月21日，德高望重的老皇帝弗朗茨·约瑟夫去世，年轻的皇帝卡尔一世继位后着手进行秘密议和。在英国，前外交大臣兰斯多恩勋爵发表公开信，预言若不设法结束战争，西方文明将会崩溃。

四、全球战争阶段：1917 年俄国革命

1917年是关键的一年，因为这一年发生了两个重大事件：俄国革命和美国参战。这两个事件改变了这场战争的性质，使之从一场主要围绕欧洲问题展开的大陆战争演变成一场全球战争。诚然，早在1914年8月21日，日本就宣布参战，却只是攫取了太平洋上的德国殖民地。但是，美国的参战意味着欧洲之外的一个大国介入战争，很快决定了战争的胜负。

美国参战和俄国革命还把新的意识形态因素引入了大战，并在世界范围内产生

了立竿见影的影响。威尔逊的“十四点和平原则”和列宁的革命口号带来了广泛的颠覆性影响，其意义远非阿尔萨斯-洛林的归属或是哈布斯堡臣属民族的命运等范 544
围有限的欧洲问题可比。可以说，1917年标志着第一次世界大战从一场欧洲战争扩大为一场全球战争。

二月革命

1917年，俄国发生了两场革命：第一场革命发生在3月（俄历二月），推翻了沙皇专制制度，建立起临时政府；第二场革命发生在11月（俄历十月），推翻了临时政府，建立了苏维埃政权。第一场革命是出乎所有人意料的意外事件。3月8日，由于交通设施落后，导致食物和燃料严重短缺，彼得格勒爆发了罢工和骚乱。当局动用军队恢复秩序，士兵们却发生哗变，站到示威者一边。沙皇一向不信任杜马，怀疑杜马是同谋，3月11日，沙皇下令解散杜马。杜马领导人拒不从命，沙皇发现自己束手无策，再也不能强迫人们服从了。沙皇意识到自己的无能为力，这件事本身就具有革命性意义。俄国在法律上和现实中都不再有正常运转的政府：3月15日，沙皇尼古拉二世退位，让位给他的弟弟米哈伊尔，第二天，米哈伊尔宣布放弃皇位。

为了避免街上的激进分子接管政府，必须迅速成立新机构。3月12日，临时政府成立，在选举产生的立宪会议召开前管理国家。新政府由立宪党人格奥尔基·李沃夫亲王领导，立宪民主党领袖保尔·米留可夫教授担任外交部长，唯一入阁的社会党人亚历山大·克伦斯基担任司法部长。这是一个由资产阶级、自由派和中间派组成的内阁，主张推行有限的改革。临时政府宣布公民享有言论、出版和集会自由，对政治犯和宗教犯实行大赦，全体公民在法律上一律平等，废除社会、宗教和种族歧视，颁布了8小时工作制等劳工立法。然而，尽管推行了一系列改革，临时政府始终未能在这个国家站稳脚跟。临时政府苦苦挣扎了8个月，但建立有效政府的努力全都付诸东流。最终，临时政府不是被推翻的，而是像3月时的沙皇政权那样无可奈何地崩溃了。

从二月到十月

1917年3月到11月（俄历二月到十月），是临时政府与民粹主义革命团体（苏维埃）争夺权力的时期。在这场斗争中，临时政府有着致命的软肋，因为它从一开始就不愿给予大多数俄国人想要的两样东西：和平和土地。李沃夫亲王及其内阁成员坚持认为，要实行重新分配土地这样的根本性改革，只有召开真正代表人民并有权决定这种重大问题的立宪会议。临时政府也不愿结束战争，认为俄国对盟国负有不可推卸的义务。临时政府有这样的看法虽然情有可原，但在政治上无异于自杀。

当政府恳求民众保持耐心之际，苏维埃要求立即实现和平和分配土地，从而赢得了群众的支持。

苏维埃的起源可以追溯到1905年革命，当时为了统一组织反对沙皇专制制度的斗争，工人选举产生了工人代表会议，即苏维埃。尽管在1905年革命中遭到镇压，苏维埃证明了作为宣传和直接行动机关的价值。苏维埃恰恰具备临时政府明显缺乏的特质，即与人民群众水乳交融的关系。

战争引发了俄国的危机，苏维埃自然重整旗鼓，卷土重来。鉴于苏维埃的起源和人员构成，他们完全不会像临时政府那样放不开手脚，非要等到选举之后再进行和平谈判和土地分配。相反，苏维埃直截了当、全力以赴地表达民众的诉求，
545 赢得了日益广泛的群众支持。很快，苏维埃不仅在城市，在乡村和军队也如雨后春笋般建立起来。苏维埃运动迅速蔓延到全国各地，事实上发展成为不断挑战彼得格勒（即圣彼得堡，不久后更名为列宁格勒）的基层政府。乡村苏维埃组织农民夺取贵族的财产，城市苏维埃支持人们走上街头举行示威和暴动，军队的士兵苏维埃逐步剥夺了军官的权力，最终控制了所有武器，军官发出的命令须经苏维埃副署后才能生效。

起初，苏维埃的代表主要是社会革命党人和孟什维克。在党的领袖从瑞士回国前，布尔什维克在苏维埃中一直处于次要地位。4月16日，列宁抵达彼得格勒，随

图249 1917年3月23日，彼得格勒为俄国革命死难者举行葬礼，注意参加者举着的各种旗帜。

即发表了著名的“四月提纲”，提出立即媾和、将土地分给农民、一切权力归苏维埃的主张。从日后发生的事情来看，列宁的主张似乎是合情合理、水到渠成的。但在当时，这些主张遭到苏维埃内部的社会革命党人和孟什维克，甚至是一些布尔什维克的强烈反对。“一切权力归苏维埃”的主张尤其引发了争议，被认为是荒谬的和不负责任的。然而，时间站在列宁一边，战争越是拖延，越是引起民怨沸腾，列宁的主张就越是受欢迎。4月份时显得很奇怪的口号，在6个月后听起来就完全合理了。到1917年年底，许多人已经准备为“一切权力归苏维埃”而战，因为只有这样才能摆脱阻碍人们获得渴望已久的和平和土地的临时政府。

5月17日，外交部长米留可夫辞职，这是公众舆论转变的一个早期迹象。米留可夫极力主张俄国继续战争，因此极其不得人心，最终被迫下台。在李沃夫和克伦斯基的领导下，组建了新的临时政府并执政到7月20日。随后，稳步崛起的铁腕人 546
物克伦斯基组织了又一届新政府，他本人担任总理。到这个时候，整个国家已经严重“左倾”，新任部长大多是社会革命党人和孟什维克。立宪民主党人被视为俄国政治激进派的时代一去不复返。为了抗衡列宁和布尔什维克，克伦斯基开始与孟什维克和社会革命党人合作。

布尔什维克革命

克伦斯基宣称自己的主要目标是“从极端分子手中拯救革命”。为了阻止人们进一步夺取土地，他警告说，未来的立宪会议将不承认7月25日之后的土地转手。他还试图恢复军纪，对某些罪行重新判处死刑。这些措施自然让克伦斯基在布尔什维克和其他激进分子当中很不得人心。此外，随着公众舆论日益“左倾”，布尔什维克在苏维埃的影响力日益增强。10月，布尔什维克在彼得格勒和莫斯科的苏维埃都占据了多数。列宁判定，推翻克伦斯基，发动社会主义革命的时机已经成熟。起义时间定在11月7日。

然而，革命的实际过程并没有想象中那么轰轰烈烈。在几乎没有遇到抵抗的情况下，布尔什维克武装占领了彼得格勒的火车站、桥梁、银行和政府大楼等要地。革命中没有发生战斗，因为就像3月时的尼古拉二世一样，11月的克伦斯基实际上成了孤家寡人。易如反掌的胜利并不意味着布尔什维克得到了全体俄国人民，退一步说，大多数俄国人民的支持。11月25日，立宪会议的选举结果揭晓：社会革命党人赢得370个席位，布尔什维克赢得175个席位，左派社会革命党人40席，立宪民主党17席，孟什维克16席，各民族团体86席。1918年1月18日，立宪会议在彼得格勒召开，举行了一次会议之后，掌握军权的布尔什维克驱散了立宪会议。尽管如此，立宪会议的人员构成还是反映了当时各党派追随者的状况。

图250 1919年，莫斯科红场上的列宁和托洛茨基（敬礼者）。图片出自赫尔曼·阿克塞尔班克拍摄的纪录片。托洛茨基的组织才华是红军赢得1918—1920年俄国内战胜利的关键。1921年，战争、革命和内战使得苏俄经济濒临崩溃。

新生的布尔什维克政权采取的首批措施之一就是履行和平承诺。1918年3月3
547 日，布尔什维克政权与德国签订《布列斯特-立陶夫斯克和约》。该条约十分苛刻，要求俄国割让波兰、波罗的海各省、芬兰、乌克兰和高加索部分地区。这些地区有6200万人口，面积324万平方千米。更重要的是这些地区出产了俄国四分之三的铁和煤，此外还有俄国一半的工厂和三分之一的粮食产区（见地图28）。

这样，俄国退出了第一次世界大战，新的布尔什维克统治者着手组建苏维埃社会主义共和国联盟。

五、全球战争阶段：美国参战

第一次世界大战爆发后，威尔逊总统呼吁同胞严守中立。这一立场得到了广泛支持，因为大多数美国人都不愿卷入战争。然而，到1917年，威尔逊却带领这个国家加入了战争。美国从中立转向参战有多重原因，一个原因是政府的备战活动，

548

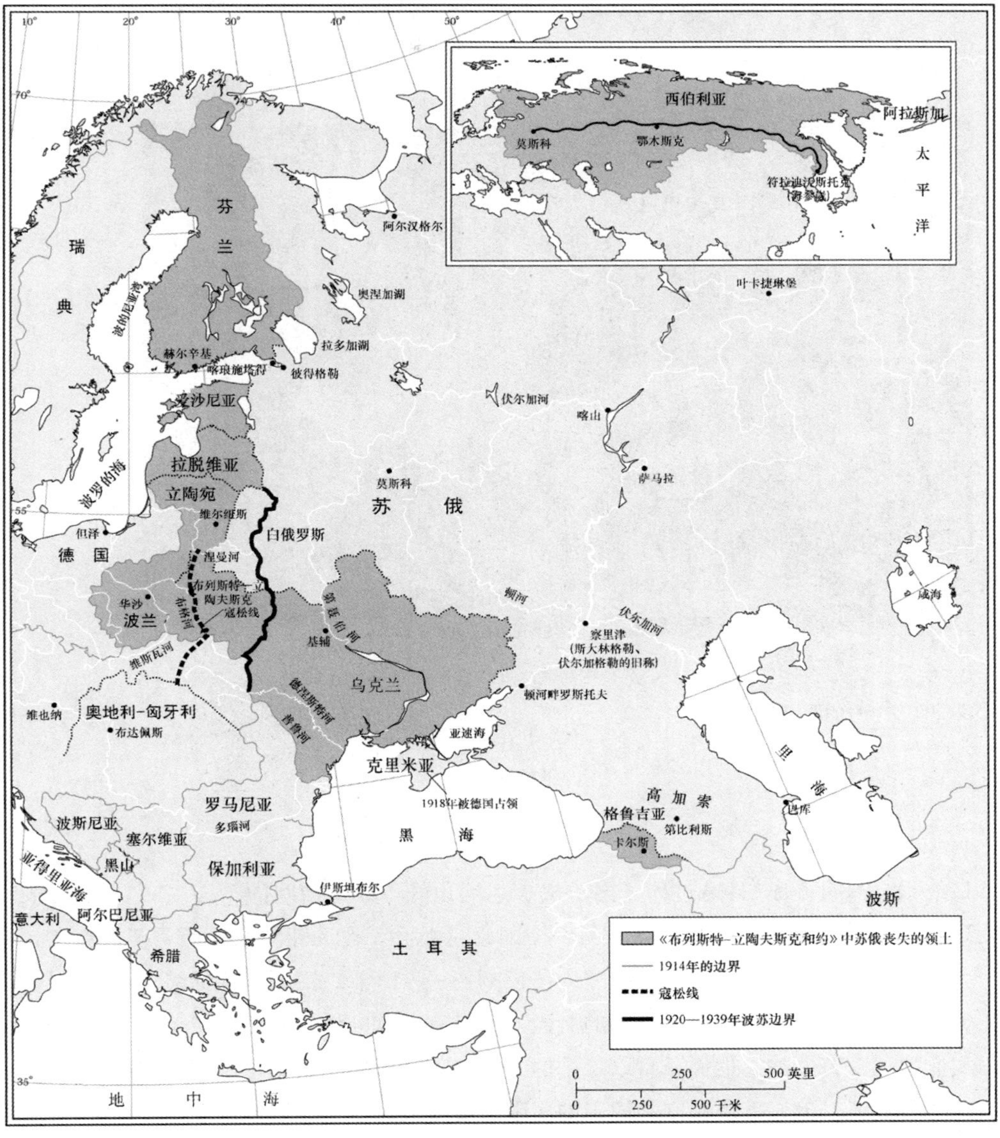

地图28　革命时期的苏俄（1917—1921年）

图251 1917年4月2日，伍德罗·威尔逊总统在国会宣读战争咨文。他预言说："我们将面临许多个月的严峻考验和牺牲。"

最终以1916年6月3日通过的《国防法》达到顶峰。战争期间的军国主义宣传有助于让国民做好参战的心理准备。另一个因素是潘乔·比利亚对新墨西哥州的突袭，引发了美国对墨西哥的武装干涉（1916年3月—1917年2月）。这次武装干涉没有任何实际结果，但带来了军事行动的刺激，又没有太大的伤亡和牺牲。美国金融家和实业家也支持参战，他们一直以赊销的方式向英法两国提供军用物资，如果他们的客户战败了，他们就要破产。德国的无限制潜艇战造成了美国人员和船只损失，加速了美国参战的进程。最后，1917年3月，沙皇政权被推翻，促使美国加入民主国家联盟，与中欧的独裁国家作斗争。

正是由于上述一系列因素，1917年4月，威尔逊总统对德宣战。威尔逊在"十四点原则"中全面阐明了美国的战争目标，其中包括杜绝秘密外交，订立"公
549 开和约"，海上航行自由，消除国际贸易壁垒，裁减军备，根据既要顾及殖民地人民利益、也要考虑殖民列强利益的原则对殖民地的诉求进行公正的仲裁，运用民族自决原则处理中欧和东欧的臣属少数民族问题。

下表1列举了交战双方生产能力的统计数据，清楚表明了美国参战的决定性作用。美国的参战使协约国在人力和军需物资方面占据了压倒性优势。1918年3月，共有84889名美军士兵抵达西线，7月时这一数字上升到306350人。协约国指挥官每个月都能得到一支新的生力军。因此，1918年同盟国的相继投降就是情理之中的事情了。

表1　交战国的工业产量（单位：百万吨）

	1914年8月1日		1914年9月15日		1917年	
	协约国	同盟国	协约国	同盟国	协约国	同盟国
生铁	22	22	16	25	50	15
钢	19	21	16	25	58	16
煤	394	331	346	355	851	340

F. Sternberg, *Capitalism and Socialism on Trial*（Day, 1951）, pp. 166–167. Translated by Edward Fitzgerld. Copyright 1950 by Fritz Sternberg. Copyright renewed, Reprinted by permission of Harper Collins Publishers, Inc.

图252　1918年11月，最后一批英军士兵在西线阵亡。第一次世界大战的大规模杀戮是20世纪二三十年代欧洲衰弱和动荡的主要原因之一。

至此，第一次世界大战结束，这场战争历时4年零3个月，波及30个主权国家，推翻了4个帝国，诞生了7个新国家，夺去了大约850万军人和1000万平民的生命，造成直接经济损失1805亿美元，间接经济损失1516亿美元。

六、和平协议

协约国与同盟国签订了一系列和约：1919年6月28日，与德国签订《凡尔赛和
550 约》；1919年9月10日，与奥地利签订《圣日耳曼条约》；1920年6月4日，与匈牙利签订《特里亚农条约》；1919年11月27日，与保加利亚签订《纳伊条约》；1920年8月10日，与土耳其签订《色佛尔条约》。对于世界历史来说，这一全面和平协议有三个意义重大的要点：国际联盟的建立、民族自决原则在欧洲的应用以及这一原则未能应用于欧洲以外的地区。

国际联盟有两个基本目标。首要目标是维护和平。国际联盟成员国承诺保护彼

图253　为了让土耳其退出战争，协约国推动阿拉伯人摆脱土耳其统治获得独立。英军上校T.E.劳伦斯协助领导了阿拉伯人起义，图为参加1919年巴黎和会的劳伦斯和中东代表。侯赛因国王的三子费萨尔亲王站在最前面，中间一排右二是劳伦斯，左二是陆军准将、巴格达的努里·萨义德帕夏。

此不受侵略，将争端提交仲裁或调查，在提交仲裁后的三个月内不使用战争手段。第二个目标是关注世界范围的卫生、社会、经济和人道主义问题。为此国联设立了专门机构，如国际联盟卫生组织、知识产权合作委员会和国际劳工组织。总的来说，国联在履行第二项职能方面十分成功。事实证明，国联在改善国际劳工条件、促进世界卫生、打击毒品和贩卖奴隶、应对经济危机方面发挥了重大作用。但正如 551
我们将会看到的那样，国联未能维护世界和平，由于这是国联的首要目标，所以这一失败也就意味着整个国联组织的末日。

第一次世界大战后和平协议的另一个要点是在民族自决原则的基础上重新划定了欧洲边界。这一点在“十四点原则”中明确提出，通过各项和平条约得到贯彻落实。最终，欧洲版图发生了重大变更。阿尔萨斯-洛林毫无疑义地归还法国。随着芬兰、拉脱维亚、爱沙尼亚和立陶宛等独立国家建立，俄国被剥夺了大部分波罗的海海岸线。从俄国、德国和哈布斯堡帝国省份中分割出一个独立的波兰，捷克斯洛伐克也从原哈布斯堡帝国中分离出来。南斯拉夫成立，疆域包括战前的塞尔维亚、黑山以及南部斯拉夫人生活的前哈布斯堡帝国领土。罗马尼亚从奥匈帝国、俄国和保加利亚获得了领土，面积扩大了一倍多。最后，在原哈布斯堡帝国的废墟上建立了两个残存国家奥地利和匈牙利。

协约国在划定新疆界时并没有将民族自决原则贯彻始终。波兰和捷克斯洛伐克境内有很多德裔少数民族，南斯拉夫、罗马尼亚和捷克斯洛伐克有匈牙利裔少数民族，波兰、捷克斯洛伐克和罗马尼亚有俄裔少数民族，这些少数民族都曾提出强烈抗议。尽管有这些不足，新的欧洲国家边界要比原边界更符合民族诉求。第一次世界大战后欧洲国家的少数民族要比战前少得多（见地图29）。

虽然战后和平的缔造者在欧洲大体上实施了民族自决原则，却没有将这一原则推行到欧洲以外的地方。威尔逊的“十四点原则”在这个问题上就有明显的区别对待，它具体阐述了如何满足欧洲少数民族的诉求，而关于殖民地的第5条宣布：“既要考虑殖民地人民的利益，也应考虑殖民政府的正当要求。”关键的一点是这里只提殖民地人民的“利益”而不是“诉求”。至于这些“利益”究竟为何物，不用说是由欧洲人说了算，结果就是一种变相的帝国统治，即所谓的委任统治制度。

协约国从同盟国夺取殖民地，把这些殖民地说成是“其居民尚不克自立于今世特别困难状况之中”。《国联盟约》第22条规定：“此等人民由资源、经验或地理位置上足以承担而亦乐于接受此项责任的各先进国家进行托管……这种托管由受委任统治国代表国际联盟实施。”要指出的是，这种由“受委任统治国”对殖民地实行“委任统治”的规定并不涉及胜利的协约国的殖民地，虽然这些殖民地的居民在许多方面也处于相似的发展水平或者说发展不足。

552

地图29　第一次世界大战后的欧洲（1923年）

莱茵兰
波兰走廊
芬
兰
赫尔辛基
彼得格勒
尔摩
爱沙尼亚
拉脱维亚
立陶宛
莫斯科
苏　联
东普鲁士
华沙
波兰
基辅
布达佩斯
牙利
罗马尼亚
布加勒斯特
黑　海
地亚-斯洛文尼亚
保加利亚
索非亚
伊斯坦布尔
尔巴尼亚
土耳其
安卡拉
希腊
叙利亚
（法国托管）
伊拉克
塞浦路斯
克里特
海
巴勒斯坦
（英国托管）
约旦
沙特阿拉伯

七、世界历史上的第一次世界大战

乍看起来，第一次世界大战后的世界与之前相比并没有多大的变化。由于4个帝国的消亡，欧洲国家的边界有所变更，但欧洲在全球的统治地位似乎并未动摇。英国、法国和其他帝国主义列强统治的海外殖民地和1914年前一样多。事实上，帝国主义国家的版图甚至还扩大了，因为从前土耳其苏丹统治下的中东地区沦为了帝国主义国家的囊中物。因此，第一次世界大战后，欧洲似乎建立起比从前更加完整的全球霸权。

然而，在这种表象之下，局势已经发生了深刻变化。事实上，从全球角度来看，第一次世界大战的根本意义恰恰在于开启了欧洲霸业衰落的过程，这个过程在第二次世界大战后宣告完成。欧洲霸业的衰落至少突出表现在三个方面：经济衰退、政治危机以及对殖民地的控制削弱。

552 1914年前，欧洲经济极度依赖能够带来丰厚回报的大规模海外投资。然而，第一次世界大战使英国海外投资损失了四分之一，法国损失了三分之一，德国的海外投资更是丧失殆尽。美国的金融实力扶摇直上，也反映出力量对比格局的逆转。1914年，美国欠欧洲投资者的债务为40亿美元左右，到1919年，美国摇身一变成为债权国，债权总额达37亿美元，1930年时美国对外债权更是高达88亿美元。工业领域也出现了类似情形，大批欧洲工业区毁于战争，美国工业却在战时无限需求的刺激下迅速发展。1929年，美国工业产量占世界总产量的比例高达42.2%，超过了包括俄国在内的所有欧洲国家。因此，第一次世界大战使欧洲和美国的经济实力对比发生了逆转。欧洲丧失了19世纪时世界银行和世界工厂的地位。这两个领域的领头羊宝座转到了大西洋彼岸。

大战不仅摧毁了欧洲的经济，也冲击了欧洲的政治。1914年前，欧洲始终是现
553 代政治观念和制度的源头。我们已经讲过，这些观念和制度的影响波及世界每一个角落。然而，战争的浩劫让欧洲人意志消沉、满腹狐疑。在欧洲大陆所有地区，旧秩序普遍受到质疑和挑战。1919年3月，英国首相大卫·劳合-乔治在秘密备忘录中写道："战前的状况让工人们强烈不满，还激起了愤怒和反抗情绪。欧洲各地现行的政治、社会和经济秩序受到广大民众的质疑。"[2]

这场革命危机使许多欧洲人转而寻求美国的威尔逊和苏俄的列宁等两位非欧洲人的指引。威尔逊的"十四点原则"唤起了对民主的热切向往和期盼。1918年12月，当威尔逊踏上血染的欧洲大地，大批狂热民众向他致敬，称他为"人类之王""救世主""和平之君"。人们热切地倾听威尔逊对未来和平与安全的远景规划。

与此同时，从东方传来了另一种拯救的福音。大战造成数以百万计的伤亡，城市和村庄被夷为平地，广大群众起而响应革命和建立社会新秩序的号召。在布尔什维克革命的激励下，柏林、汉堡和布达佩斯相继建立了苏维埃。伦敦、巴黎和罗马街头的示威游行此起彼伏。1919年3月22日，威尔逊的亲信豪斯上校在日记中写道："每天都能听到不满的声音。人民盼望和平。布尔什维主义正在世界各地蔓延。匈牙利刚刚屈服了。我们正坐在一个打开的火药桶上，总有一天，一个火星就能把它点燃。"[3]

最后，第一次世界大战影响了欧洲的海外殖民地，动摇了欧洲人的殖民统治。两个欧洲列强集团展开的这场殊死搏斗无可挽回地打击了白人统治者的威望。殖民地人不再认为白人几乎是上天注定要统治有色人种臣民。数百万殖民地人以士兵或劳工的身份参战，也对殖民统治带来了颠覆性影响。英军中的印度师在西线和美索不达米亚作战，许多非洲人加入法军在法国北部作战，大批中国人和印度支那人在战场后方的劳动营服役。不用说，海外服役的殖民地人返回家园后，不太可能再像以前那样对欧洲统治者逆来顺受。

战时宣传在殖民地传播了革命思想。诚然，威尔逊的"十四点原则"只提及殖民地人民的"利益"而不是"诉求"。但事实上，这种细微的区分在战争期间没有多大意义。"民族自决"的革命性主张在殖民地世界和欧洲都引起了轰动。社会主义和共产主义意识形态同样激起了强烈反响。第一次世界大战前，西方的自由主义和民族主义激励了亚洲知识分子，他们援引伏尔泰、马志尼和约翰·斯图亚特·穆勒的名言。如今他们的后辈很可能引用马克思和列宁的名言。这种转变的一个代表是孙中山博士，1919年7月25日，他表示："如果中国人民希望自由的话……中国人民在争取民族自由的斗争中唯一的伙伴和兄弟就是苏俄工农红军。"[4]

第一次世界大战对殖民地世界的种种影响势必带来深远的政治后果。当时只有少数人能够清楚认识到这一点，其中之一是美国黑人领袖W. E. B. 杜波依斯，1918年，他写下了对未来世界的非凡预言：

> 这场战争既是一个结束，也是一个开端。世界上深肤色的民族再也不会甘于从前那样的地位。迟早会出现独立的中国，自治的印度，有代表机构的埃及以及非洲人的非洲，而不仅仅是为了商业剥削的非洲。这场战争还将导致拥有选举权、工作权、不受侮辱的生存权的美国黑人的崛起。[5]

[推荐读物]

关于第一次世界大战的起源，坊间有大量新作：G. F. Kennan，*The Fateful Alliance：France，Russia and the Coming of the First World War*（Pantheon，1984）；J. Joll，*The Origins*
554 *of the First World War*（Longman，1985）；G. Barraclough，*From Agadir to Armageddon：Anatomy of a Crisis*（Holmes and Meier，1981），该书强调了阿加迪尔危机到萨拉热窝事件的多米诺效应，阐述了这种多米诺效应对第二次世界大战后冷战的影响。关于第一次世界大战更广泛的意义，参阅H. Holborn，*The Political Collapse of Europe*（Knopf，1951）；M. Ferro，*The Great War 1914–1918*（Routledge & Kegan Paul，1973）；J. Winter，*Sites of Memory，Sites of Mourning：The Great War in European Culture History*（Cambridge University，1995）。

关于俄国革命，最全面的研究著作是E. H. Carr，*The Bolshevik Revolution，1917–1923*，3 vols.（Macmillan，1953）。参阅H. Salisbury翻译的*Black Night，White Snow：Russia's Revolution，1905–1917*（Doubleday，1978）。相关文献资料有J. Bunyan and H. H. Fisher，*The Bolshevik Revolution，1917–1918*（Standford University，1934）；R. P. Browder and A. F. Kerensky，*The Russian Provisional Government，1917*，3 vols.（Stanford University，1961）。另见J. Bradley，*Allied Intervention in Russia 1917–1920*（Basic Books，1968）。P. Dukes，*October and the World：Perspectives on the Russian Revolution*（St. Martin's，1979）分析了俄国革命对全球的影响。

关于《凡尔赛和约》，参阅A. J. Mayer的权威之作*Politics and Diplomacy of Peacemaking：Containment and Counterrevolution at Versailles 1918–1919*（Knopf，1967）；N. G. Levin，Jr. 深入分析了美国的作用，*Woodrow Wilson and World Politics：American's Response to War and Revolution*（Oxford University，1968）；A. Walworth，*Wilson and His Peacemakers*（W. W. Norton，1986）。

[注释]

1. J. C. Adams，*Flight in Winter*（Princeton University，1942），p. 29.
2. R. S. Baker，*Woodrow Wilson and World Settlement*，Vol.3（Doubleday，1922），p. 451.
3. C. Seymour，ed.，*The Intimate Papers of Colonel House*，Vol.4（Houghton Mifflin，1928），p. 389.
4. K. M. Panikkar，*Asia and Western Dominance*（Day，1953），p. 364.

5. R. Emerson and M. Kilson，“The American Dilemma in a Changing World：The Rise of Africa and Negro America，” *Daedalus*，Vol.94（Fall 1965），p. 1057.

> 从日本战胜俄国之日起，亚洲全部民族便想打破欧洲，便发生独立的运动。所以埃及有独立的运动，波斯、土耳其有独立的运动。阿富汗、阿拉伯有独立的运动，印度人也从此生出独立的运动……我们要完全收回我们的权利，便要诉诸武力。 555
>
> ——孙中山，1924年11月28日

第三十七章　殖民地世界的民族起义

第一次世界大战后，广大殖民地掀起了一场革命浪潮。这场浪潮的源头可以追溯到1914年以前，但直接起因正是这场大战本身。各国的革命最终有不同的结果，土耳其人实现了大部分目标，而埃及人、伊拉克人、印度人和其他民族只赢得了有限的宪政让步。这些起义拉开了一场剧变的序幕，这场剧变最终在第二次世界大战后的20年里宣告了欧洲帝国的终结。

一、土耳其

第一次世界大战后反抗欧洲统治的殖民地起义中，最壮观和最成功的是土耳其人的起义。土耳其在大战中遭受了灾难性失败，被迫接受屈辱的停战与和平条约。然而，土耳其人重整旗鼓，在武装冲突中打败了敌人，最终签订了收复权益的新条约。因此，同盟国中唯有落后和受轻视的土耳其能够向获胜的协约国发起挑战，并迫使协约国修订了战后和平协议。为了理解这一非比寻常的事件，有必要先来回顾一下围绕奥斯曼帝国展开的错综复杂的战时外交。第一次世界大战期间，英国是大多数中东外交协定的主要幕后推动者。英国与协约国盟友、阿拉伯人代表和犹太复国主义者达成了往往是相互抵触的三组协议。

协约国列强先后签订了4项秘密协定：1915年3—4月的《君士坦丁堡协定》、 556
1915年4月26日的《伦敦条约》、1916年4月26日的《赛克斯-皮科协定》和1917年4月的《圣让-德莫里耶讷协定》。根据这些协定，列强事实上瓜分了奥斯曼帝国：君士坦丁堡、土耳其海峡和小亚细亚东北部大片地区划归俄国，小亚细亚西南部归意大利，美索不达米亚以及海法和阿卡港附近的一块飞地归英国，叙利亚沿海地区

图254　1922年华盛顿海军裁军会议。

和俄国势力范围以东的内陆地区归法国。这些秘密协定等于宣判了奥斯曼帝国死刑，留给土耳其人的只有5万平方千米的北部国土。更关键的是，这些秘密协定与当时英国与阿拉伯人和犹太人代表达成的协议直接冲突。

1914年11月，土耳其加入同盟国阵营，英国随即与阿拉伯领导人麦加埃米尔侯赛因缔结了军事同盟。为了策动阿拉伯人反抗土耳其，英国承诺战后允许所有阿拉伯领土独立。这一承诺与英国对世界犹太复国主义组织的罗斯柴尔德勋爵所做的承诺相冲突。19世纪末，针对甚嚣尘上的反犹主义，欧洲犹太人掀起了民族主义性质的犹太复国运动。1897年，在巴塞尔成立了世界犹太复国主义组织，该组织曾多次向奥斯曼政府发出呼吁，要求准许犹太人在《圣经》记载的犹太人家园巴勒斯坦建立定居点，但这些努力如石沉大海。土耳其加入第一次世界大战后，英国和美国的犹太复国主义领导人抓住这个机会，敦促协约国承诺允许犹太人在奥斯曼帝国灭亡后在巴勒斯坦建立一个犹太人国家。犹太复国主义者的努力收到了成效，1917年11月2日，英国外交大臣贝尔福勋爵致函罗斯柴尔德勋爵，宣布英国政府同意在巴勒斯坦建立一个“犹太人的民族家园……但应明确理解，不得做任何有损于当前巴勒斯坦非犹太人的公民权利和宗教权利的事情……”很显然，《贝尔福宣言》不但违背 557
了英国政府对侯赛因做出的承诺，也与协约国瓜分奥斯曼帝国的秘密协定相抵触。

战争结束后，协约国与土耳其签订了《色佛尔条约》(1920年8月10日)，根据该条约，法国获得了叙利亚的委任统治权，英国攫取了美索不达米亚和巴勒斯坦，还将埃及作为保护国收入囊中。意大利获得了多德卡尼斯群岛，希腊首相韦尼泽洛斯也凭借娴熟的外交手腕争得了几座爱琴海岛屿、东色雷斯和士麦那地区的5年管辖权，期满后举行公投决定这一地区的最终归属。亚美尼亚和汉志王国被承认为独立国家。最后，苏维埃俄国没有得到君士坦丁堡和黑海海峡，因为苏俄与协约国干涉势力发生了武装冲突，并且已经公布和废除了沙皇的大臣们签订的所有秘密协定。因此，土耳其反而得以保留战略要地君士坦丁堡的主权，尽管黑海海峡将实行非军事化并受到国际监管。

《色佛尔条约》的规定违背了协约国向阿拉伯人做出的承诺，完全与协约国公开宣扬的民族自决原则背道而驰，在整个中东地区引发了武装抵抗浪潮。在各种因素的相互作用下，土耳其最终废除了《色佛尔条约》，而阿拉伯人经过10年的顽强抗争也一点一点争取到让步。

土耳其革命的成功主要归功于领导人穆斯塔法·凯末尔，日后他被授予“阿塔图克”的称号，意思是“土耳其之父”。凯末尔曾在战时率军打退了协约国对达达尼尔海峡的进攻，从此声名鹊起。战后，凯末尔领导了反对《色佛尔条约》的抵抗运动。他同意放弃前奥斯曼帝国的阿拉伯行省，但拒绝割让小亚细亚，反对放弃君士坦丁堡和海峡。1919年10月，凯末尔的追随者在国会选举中赢得了多数席位。1920年1月，国会通过了以凯末尔的纲领为基础的《国民公约》。1920年4月，国会废黜了事实上被协约国囚禁在君士坦丁堡的苏丹，建立了共和国，凯末尔担任总统。

新生的共和国既要与苏丹作斗争，还要与战胜国协约国抗争。土耳其能克服重重困难实现目标，主要归功于凯末尔的英明领导，以及土耳其人民团结一致抵御外侮，尤其是1919年春抗击在士麦那登陆的希腊军队。凯末尔巧妙利用协约国内部的分歧，分别与各协约国缔结条约，从而孤立了士麦那的希腊人。1922年9月，凯末尔凯旋进入士麦那。凯末尔到达之前，不仅是希腊军队，就连自古以来就生活在这一沿海地区的希腊平民也撤离了士麦那。

凯末尔认为时机已经成熟，便向协约国提出修改《色佛尔条约》的要求，经过长期的谈判，1923年7月24日签订了《洛桑条约》，土耳其人实现了自己的目标。凯末尔成功建立新土耳其之后，投身于同样艰巨的塑造新土耳其的任务。他大刀阔

图255 穆斯塔法·凯末尔乘坐专列从伊斯坦布尔前往安哥拉（今安卡拉）。

斧地掀起了一场波澜壮阔的改革浪潮，将过时的制度一扫而空。首都从易受攻击的君士坦丁堡迁至小亚细亚内陆的安卡拉；废除哈里发制度；取缔所有宗教社团和寺
558 院；制定了一部宪法，颁布新的民法、刑法和商法；妇女获得选举权和议会席位。1938年11月10日凯末尔去世时，一个新土耳其已经崭露头角。

二、中东阿拉伯国家

土耳其人成功废除《色佛尔条约》之际，阿拉伯人正在顽强反抗强加给他们的委任统治制度。协约国背弃了当初的“侯赛因协议”，叙利亚-黎巴嫩成为法国的委任统治地，美索不达米亚和巴勒斯坦成为英国的委任统治地，埃及则完全落入英国的控制之下。协约国强行瓜分阿拉伯领土注定要摊上麻烦，因为这场战争已经唤起了阿拉伯人强烈的民族情绪。

战后阿拉伯人争取民族独立的斗争进程形成了普遍的模式。首先，和平条约签订后的几年里，中东各地相继爆发反抗和武装起义。随后，英国人和法国人逐渐恢复秩序，重新确立自身的权威。最后，英法两国给予阿拉伯人不同程度的自治，虽然民族主义者的诉求并未得到充分满足，但直到第二次世界大战爆发，这一地区维

图256　1920年，前往巴勒斯坦定居点的犹太移民。

持了不稳定的和平。

巴勒斯坦的情况比较特殊，当地形势迅速恶化为英国人、阿拉伯人和犹太人三方的激烈斗争。阿拉伯人坚持认为关于犹太人“民族家园”的《贝尔福宣言》违背了先前对阿拉伯人的承诺。1921年，为了安抚阿拉伯人，英国将巴勒斯坦内陆地区分离出来，成立了一个独立的外约旦国。这样英国就摆脱了与建立犹太人家园相关的委任统治条款的束缚。

然而，在巴勒斯坦本土，随着犹太移民不断涌入，阿拉伯人袭击犹太人和英国人，三方冲突愈演愈烈。委任统治条款第六条要求英国为犹太移民“提供便利”，并且“鼓励犹太人在该地集中居住”。但同一条款还规定，保障“居民中其他群体的权利和地位”。英国人显然没有料到这两条规定日后会引发冲突，他们原以为 559
犹太移民的规模永远不会达到威胁阿拉伯人“权利和地位”的程度。他们未能预见1933年希特勒上台所造成的后果。犹太移民从1932年的9553人猛增到1935年的61854人。巴勒斯坦犹太人从1919年的6.5万人增加到1939年的45万人。

阿拉伯人并不反对适度规模的犹太移民，事实上他们一度欢迎有财富、活力和技能的犹太人。犹太人在恢复土壤肥力、建立工业和控制疾病方面的成功也让阿拉伯人受益匪浅。但是，当犹太人移民潮汹涌而来，阿拉伯人反应强烈。阿拉伯人指出，没有任何理由因为西方的反闪族主义而让阿拉伯人失去自己的家园。“反闪族主义是一种可悲的西方病……我们不是反闪族主义者，我们自己也是闪族。然而，为了解决这个西方的问题，如今却要我们付出代价。这就是你们所谓的权利吗？”[1]

阿拉伯人对犹太人的袭击日趋频繁和严重。双方发生了大规模冲突，英国派遣皇家委员会前去调查。第二次世界大战爆发前，英国相继派出了数个皇家委员会调查巴勒斯坦问题，提出的建议忽左忽右，因为这些方案难以同时满足截然不同、相互冲突的三方利益：犹太复国主义的诉求、阿拉伯民族主义的要求以及英帝国的利益。例如，1939年5月的《白皮书》提出，巴勒斯坦应在10年内成为一个独立国家，并对犹太移民和购买土地做出明确限制。阿拉伯人和犹太人都拒绝了英国人的方案，直到第二次世界大战爆发，巴勒斯坦争端仍远未得到解决。

三、印度

19世纪与20世纪之交，英国在印度的统治看上去似乎在可以预见的将来是牢不可破的。1912年，为了庆祝英国国王乔治五世加冕，德里举行了盛大的觐见典礼，乔治国王在富丽堂皇的觐见大厅接受了全印度王公贵族众口一词的宣誓效忠。1914年，印度人在战争中坚定不移地支持英国。王公们提供了慷慨的财政援助，至少有90万印度人在英军中服役，另有30万印度人充当劳工。

然而，第一次世界大战结束后不到30年，英国对印度的统治就彻底终结。这种不同寻常的结果是多重因素使然，既有战争的冲击、民族自决口号的影响，也有海外服役经历对成千上万带着新思想和新态度回国的士兵们产生的令人不安的影响。战后初期发生的一连串灾难也加剧了动荡。1918年，季风降雨不足导致印度许多地区发生了饥荒。1918—1919年的流感大流行至少造成1300万印度人死亡！英国在第一次世界大战后奉行镇压政策，也是激起动乱的因素。

560 战后印度反英运动最杰出的领导人是甘地。1914年前，1885年成立的印度国民大会党并未对英国的统治构成严重威胁（见第三十章第五节），它本质上仍然是一场中产阶级运动，几乎没有得到广大乡村民众的支持。甘地的重大贡献就在于设法打通了与村民的联系，与他们建立起融洽关系，让他们参与到争取独立的斗争中来。甘地的鼓动通俗易懂、富有感染力。他指出，1914年，英国仅凭4000名行政官员和6.9万名士兵就统治了3亿印度人，这完全是因为各阶层印度人以各种方式与英国人合作。只要印度人不再配合英国当局，英国的统治将不可避免地崩溃。因此，关键在于教育民众，提高民众的觉悟，实行“不合作主义”（非暴力的消极抵抗）。甘地还呼吁印度人举行罢市和抵制英货。甘地倡导用自制土布代替进口机制织物，

图257　“圣雄”莫罕达斯·卡拉姆昌德·甘地。

在他看来，这将动摇英国统治的经济基础，同时振兴印度的乡村工业。甘地本人系一件土布腰布当众操作手摇纺车。甘地教导说，不合作主义和罢市并举就能够实现印度自治。只要印度村民理解了这些教诲并付诸行动，英国统治者的日子就屈指可数了。

除甘地外，另一位重要的民族主义领袖是贾瓦哈拉尔·尼赫鲁。尼赫鲁出身富裕律师家庭，曾在哈罗公学和剑桥大学接受教育，1912年获得律师资格。回国后，尼赫鲁投身于争取民族自由的斗争，成为甘地的追随者和崇拜者。但尼赫鲁与神秘主义和禁欲主义的领袖甘地不同，他是一位社会主义者，坚信科技手段能够让人类摆脱长期的苦难和愚昧。

印度民族主义者不仅有甘地派和尼赫鲁派之分，而且分裂为相互敌视的印度教徒和穆斯林两大阵营。全印穆斯林联盟早在1919年就成立了，但直到1935年，在孟买律师穆罕默德·阿里·真纳的领导下，穆斯林联盟才获得举足轻重的地位。真纳用“伊斯兰教处于危险中”的口号来号召穆斯林群众，激起了热烈的响应，许多印度穆斯林认为，相比印度教邻居，他们与伊斯兰世界其他地区更有共同语言。真纳在选举中大获成功，使未来建立一个独立的伊斯兰国家巴基斯坦成为可能。

四、中国

在中国，1911年，孙中山领导建立了共和国，创建了国民党（见第三十一章第二节）。虽然孙中山是民国总统和名义上的国家元首，实权却掌握在官僚和军队将领手中，各派军阀控制了这个国家。1925年，孙中山去世，蒋介石成为国民党和中国的领导人。在他的领导下，中国在建设铁路、公路、工业以及改善公共卫生和教育方面取得了长足进步。

然而，蒋介石的改革方案存在严重缺陷，这些缺陷最终被证明是致命的。人们翘首以盼的土地改革迟迟未能兑现，因为农村地区的国民党组织被反对一切变革的地主所控制。蒋介石的一党制独裁政府阻碍了民主政治的发展，反对派团体无法通过宪政手段来维护自身权利，这样，革命就成为唯一的选择。如果国民党政权能够享有长久的和平，也许可以逐步克服这些缺陷。但它没有这样的机会，因为它有两大死敌：国内的共产党和国外的日本人。

1921年，中国共产党在上海成立，共产党的纲领主张建立一个更公平的社会，吸引了许多学生和知识分子。孙中山曾与共产党密切合作，而蒋介石强烈反对共产党的社会激进主义。蒋介石发动了五次所谓的“围剿”，但共产党人推行“打土豪，分田地”的政策，赢得了农民的支持，从而坚持了下来。杰出的共产党领
561 袖毛泽东无视莫斯科共产国际的命令，提出了一种新的革命战略。毛泽东深入农村考察，摈弃了只有城市无产阶级才能进行革命的传统马克思主义学说，提出占人口70%的贫农是革命的先锋，“没有贫农阶级，决不能造成现时乡村的革命状态……完成民主革命”。在莫斯科看来，毛泽东的路线完全是异端邪说，但毛泽东坚持走自己的道路，发动农民，建立了独立的军队和政府。

毛泽东与蒋介石的“围剿”斗争多年，最终冲出包围圈，到达中国西北地区，在当地建立根据地并站稳了脚跟。共产党的土地改革政策和日本人在东部沿海地区的入侵削弱了蒋介石政府。日本投降后，共产党在内战中节节胜利，最终，蒋介石逃往台湾岛，毛泽东成为中国的领导人。

[推荐读物]

关于第一次世界大战后殖民地革命的通史著作有：H. Kohn，*The Age of Nationalism：The First Era of Global History*（Harper & Row，1962）；M. Edwardes，*Asia in the European Age，1498–1955*（Thames & Hudson，1961）；J. Romein，*The Asian Century*（George Allen & Unwin，1962）。

M. Kent，ed.，*The Great Powers and the End of the Ottoman Empire*（George Allen & Unwin，1984）分析了第一次世界大战期间的中东外交。关于凯末尔领导下土耳其的复兴，参阅S. R. Sonyel，*Turkish Diplomacy，1918–1923：Mustafa Kemal and the Turkish National Movement*（Sage，1975）。

关于阿拉伯民族主义的觉醒，参阅N. Safran，*Egypt in Search of Political Community*（Harvard University，1961）；Z. N. Zeine，*The Struggle for Arab Independence：Western Diplomacy at the Rise and Fall of Feisal's Kingdom in Syria*（Khayat，1960）；A. Hourani，*Arabic Thought in the Liberal Age 1798–1939*（Oxford University，1962）；S. G. Haimed.，*Arab Nationalism：An Anthology*（University of California，1964）。

关于印度的杰出人物，参阅M. K. Gandhi，*An Autobiography：The Story of My Experiments with Truth*（Beacon，1957）；*All Men Are Brothers：Life and Thoughts of Mahatma Gandhi as Told in His Own Words*（UNESCO，1958）；E. Erikson，*Gandhi's Truth*（W. W. Norton，1970）；*Toward Freedom：The Autobiography of Jawaharlal Nehru*（Harper & Row，1941）。

关于中国的杰出人物，参阅H. Z. Schiffrin，*Sun Yat-Sen and the Origins of the 1911 Revolution*（University of California，1969）；E. Hahn，*Chiang Kai-Shek：An Unauthorized Biography*（Doubleday，1955）；M. Meisner，*Mao's China*（Free，1977）。要了解两次世界大战之间的时期，最值得一读的著作有：L. Bianco，*Origins of the Chinese Revolution 1915–1949*（Stanford University，1971）；H. R. Issacs，*The Tragedy of the Chinese Revolution*，2nd rev.ed.（Atheneum，1968）；J. E. Sheridan，*China in Disintegration：The Republican Era in Chinese History，1912–1949*（Free，1975）。

[注释]

1. W. R. Polk，"What the Arabs Think，" *Headline Series*，No. 96，p. 38.

由于未能将布尔什维主义扼杀在萌芽状态，由于未能通过某种手段将当时一蹶不振的俄国纳入普遍的民主制度，导致我们今天面临很大的压力。 562

——温斯顿·丘吉尔，1949年4月1日

第三十八章 欧洲的革命与和解（公元1929年前）

殖民地世界的民族革命风起云涌之际，欧洲正处于社会革命的阵痛之中。世界大战造成的创伤和俄国革命带来的冲击，使得欧洲大陆的旧秩序受到广泛的质疑和挑战。因此，1919—1929年的十年间，革命与反革命的斗争成为贯穿欧洲历史的一条主线。在俄国，历经多年的内战和外来干涉后，共产主义政权站稳了脚跟。在中欧，革命遭到镇压，建立起形形色色的非共产主义政权：从德国的自由派魏玛共和国、匈牙利的右翼霍尔蒂政府，到意大利的墨索里尼法西斯政权。西欧虽然避免了剧烈动荡，但经济凋敝、失业剧增、内阁频繁更迭，削弱了传统议会制度的根基。20世纪20年代末，欧洲社会似乎在一定程度上恢复了秩序。经济持续繁荣，失业率不断下降，“道威斯计划”、《洛迦诺公约》、《凯洛格-白里安公约》以及苏联致力于“五年计划”而不是世界革命，似乎让欧洲的国际问题迎刃而解。欧洲逐步走上正轨，至少表面上看起来是这样，直到“大萧条”爆发，引发了一系列国内和国际危机，最终导致第二次世界大战爆发。

一、共产主义在俄国的胜利 563

1918年3月3日，布尔什维克签订了苛刻的《布列斯特-立陶夫斯克和约》（见第三十六章第四节），希望从此退出战争，致力于一项更令人愉快的工作，即建立新的社会秩序。但事与愿违，布尔什维克注定还要再打三年仗，与反革命势力和外国武装干涉作斗争。有些反革命分子属于有产阶级，如军官、政府官员、地主和商人，他们出于不言自明的原因要推翻布尔什维克的统治。不过，积极从事反革命活动的还有形形色色的非布尔什维克左翼分子，其中最积极的是社会革命党人，社会

图258 苏俄内战期间，饥荒席卷整个农村地区。图为营养不良的苏俄儿童。

革命党人在社会革命的问题上与布尔什维克步调一致，但他们坚决反对布尔什维克在革命最终到来后独占革命成果。在他们看来，1917年11月7日的布尔什维克政变是严重的背叛，尤其是1917年11月25日选出的立宪会议中，布尔什维克只有175个席位，而社会革命党人有370席，其他各党派也有159席。于是，非布尔什维克的左翼分子秘密从事反革命活动，而右翼分子则在哥萨克地区组建军队，发动公开叛乱。

这些反布尔什维克群体得到了西方列强的支持和援助，西方列强的干涉有着多重原因，如布尔什维克发动了咄咄逼人的世界革命运动。此外，布尔什维克将外国人财产收归国有、拒绝偿还外债，势必触犯了强大的境外既得利益集团的利益，这些利益集团利用其影响力支持外国干涉和反革命势力。

在这种情况下，《布列斯特-立陶夫斯克和约》签订后不久，在俄国边境地区，阿尔汉格尔斯克-摩尔曼斯克北部、波罗的海各省、乌克兰、顿河地区、外高加索和西伯利亚，相继建立了反革命政府。西方列强向这些反革命政府提供了大量资金和军需物资，在一些战线上还派出了军事顾问和小股部队。起初，布尔什维克节节败退，这完全是因为旧沙俄军队已经解散，新军队尚未组建。国防人民委员列夫·托洛茨基逐步组建起一支新式的苏维埃红军，到1918年年底，红军已有将近50万兵力。全国各地爆发叛乱，加之协约国军队在沿海地区登陆，红军甚至不得不同时在24条战线上作战。

1921年，内战和外敌入侵使得俄罗斯大地满目疮痍。由于种种原因，红军最终 564
出人意料地赢得了胜利。最重要的原因也许是布尔什维克更成功地赢得了农民群众的支持。这并不意味着马克思主义意识形态把俄国农民争取了过来。事实上，大多数农民受够了红军和白军，宁愿自己的生活不被打扰。但是，如果非要在两者中做出选择，农民往往更倾向于支持红军，因为他们认为红军会允许他们保留从地主手中夺取的土地。

旷日持久的内战和外国武装干涉对相关各方来说都是一场灾难。从波罗的海到太平洋的广大俄罗斯乡村饱受战乱的蹂躏，战争、饥饿和疾病造成俄国人大量死亡。同样严重的是新生的苏维埃国家与西方世界关系恶化。苏维埃领导人对于马克思所说的“资本主义包围”的担忧得到了证实，而西方政治家把1919年成立的共产国际徒劳无功的宣言看得太过严重。这种相互不信任是如此深刻而持久，在接下来的10年里毒化了国际关系，在很大程度上加速了第二次世界大战的爆发。

农民与布尔什维克 565

1920年6月，英国工党书记C. R. 巴克斯顿出访俄国。巴克斯顿记述了俄国农民的态度，揭示了布尔什维克最终能够获胜的原因，尽管布尔什维克仅占俄国总人口的很小一部分。*

我的东道主是个名叫亚历山大·彼得罗维奇·埃米连诺夫的农民。他是“中农”，村里大多数人都属于这个阶层。大约五分之一的人被划为“贫农”。有人告诉我，村子里只有四五个“富农”……

革命前，我的东道主有8英亩地，差不多是当地的平均水平。如今他有不下85英亩土地。这是个引人注目的事实，当我们颠簸前行时，我的脑海里翻来覆去地想着这个事情。当然，这的确很了不起，因为我的东道主代表了一类人，他们的人数不是成千上万，而是数以百万计……

“看那儿，”埃米连诺夫从村头的田边指着村外无边无际、连绵起伏的大草原，“那儿从前都是地主的。”……

“这些土地都是谁的？”我问道。

“都是地主老财的地。一个是哥萨克。两个是萨马拉商人。一个是德国人，叫施密特，他从皇上那儿买的地。有些是僧人的地。还有一个地方是皇后玛丽亚·费奥多罗芙娜的庄园。”

“他们现在怎么样了？”

“他们几乎都跑了，”他用一种就事论事的语气回答道，“有些人还在萨马拉。我想他们大多数人都不在俄国了。”……

“农民们如今对这些事情怎么看？”我问埃米连诺夫。

“革命是件好事。人人都赞成革命。他们不喜欢共产党，但他们喜欢革命。”

“为什么他们不喜欢共产党？”

“因为他们老是来烦我们。他们是城里人，哪里知道乡下的情况。政委们，那可是大人物，没完没了地跑到这儿来。我们不知道该拿他们怎么办。新命令总是换来换去。我们都被搞糊涂了。你刚搞懂一个命令，又跑出来一个命令。”

“这里大多数人属于哪个党派？”

“哪个也不是。他们哪有什么党派。”

据我判断，农民的普遍态度是在土地问题上很感激苏维埃政府，他们赞成“人人平等的原则”；他们经常谈论的“真正的”共产党人是理想中的人物。但是，他们愤愤不平地抱怨生活必需品匮乏，强制捐献，以及接连不断而且常常是难以理解的命令和要求。他们认为政府要对所有这些坏事负责，而且农民的地位在某种程度上要低于城市居民。

然而，尽管有这些抱怨，如果农民有机会在高尔察克和苏维埃政府之间做出选择，他们似乎并没有多少犹豫。

他们拥护革命，当苏维埃政权是革命化身的时候，他们抱怨它，咒骂它，可如果有机会推翻它，他们又说“不”。

* C. R. Buxton, *In a Russian Village*（Labour Publishing Co. 1922），pp. 14–15，19，21，26–27，47–48.

二、共产主义在中欧的失败

魏玛共和国

俄国内战如火如荼之际，欧洲正面临共产主义是否会蔓延到西方的重大关头。列宁及其布尔什维克同志认为，革命必须扩散，否则俄国的革命事业注定要失败。根据马克思主义意识形态，革命很难在单独一个国家取得成功并站稳脚跟，尤其是以农业为主的俄国。因此，布尔什维克密切关注中欧，尤其是德国的事态发展，因为德国显然是个关键国家。如果德国走向共产主义，那么德国的工业实力加上俄国的自然资源，共产主义将成为一支不可战胜的力量，革命的前途也就有了保障。

布尔什维克的愿望一度有望成为现实。柏林等许多欧洲城市都建立起类似于俄国苏维埃的工人和士兵委员会。一时间，革命运动风起云涌，共产主义似乎有望席卷整个欧洲大陆，至少能够蔓延到莱茵河地区。然而，最终建立起来的不是苏维埃德国，而是资产阶级的魏玛共和国。

这一重大结果是当时并不引人注目的几个原因所致。一个原因是战前德国的繁荣，工人阶级相对满足，无意进行革命。诚然，1914年，德国社会民主党成为欧洲最强大的政党，但该党很保守，致力于社会改良而不是社会革命。同样重要的原因是德国农民的富庶，布尔什维克提出的“把土地交给农民”的口号在俄国极具号召力，在德国却没有激起多大的反响。此外，德国革命爆发时，世界大战已经结束，这是德国革命与俄国革命的又一个重大差异。人们对和平的祈盼可能是对布尔什维克助益最大的因素，德国却完全不存在这个因素。另外，德国军队虽然战败，却远不像1917年的俄国军队那样士气低落和哗变。因此，当最后的决战到来时，德国反革命势力能动用可靠的军事力量。

最后一个重要原因是德国社会主义者的分裂，激进派希望通过革命建立一个苏维埃德国，而保守派既反对革命也反对苏维埃。最终，保守派占了上风。所以，1919年1月19日，德国举行的是国民议会选举，而不是苏维埃代表大会选举，德国建立的新国家是民主的魏玛共和国，而不是苏维埃德国。

中欧的革命与反动 566

魏玛共和国的建立，确保了中欧其他国家不会走向共产主义。然而，欧洲的这一地区在许多年里一直动荡不安，革命此起彼伏。从波罗的海到爱琴海的广大地区，农民群众在政治上空前觉悟和活跃。战争经历成为农民骚乱的一个起因，数百万参军的农民极大地开阔了眼界，他们看到了城乡生活的差距以及各国生活水平和社会制度的差异。哈布斯堡王朝、霍亨索伦王朝和罗曼诺夫王朝相继覆灭，也给农民带来了很大的触动。王朝覆灭意味着延续数百年的传统被颠覆，从而促进了民族诉求和阶级意识的形成。最后，漫长的战争带来了空前破坏和深重苦难，各国革命形势一触即发，尤其是那些战败的国家。

中欧革命骚动的具体进程因地而异。各国共产党在革命中并没有发挥中流砥柱的作用，只有匈牙利是一个例外。1919年3月，在共产党人库恩·贝拉领导下，匈牙利成立了苏维埃共和国。由于农民的敌视和罗马尼亚军队的入侵，共和国仅维持了不到一年时间。1920年2月，罗马尼亚军队撤出匈牙利，海军上将霍尔蒂·米克洛什在协约国支持下组建了一个右翼政府。在两次世界大战之间的年代里，霍尔蒂一直牢牢地控制着匈牙利，匈牙利成为中欧地区唯一几乎完全没有实行土地改革和其他改革的国家。

在其他中欧国家，民众的不满主要是通过农民党表达出来。战后，中欧各国农民党先后上台执政，各国农民党的领导人和上台时间分别是：1919年，保加利亚的亚历山大·斯塔姆博利伊斯基；1925年，南斯拉夫的斯捷潘·拉迪奇；1926年，波兰的文森特·维托斯；1928年，罗马尼亚的尤利乌·马纽。然而，这些农民党领导人都未能长期执政，究其原因，首先，他们都奉行和平主义、厌恶暴力，因而很容易沦为相互勾结的军队将领和官僚的牺牲品，这些将领和官僚在自身利益受到威胁时往往肆无忌惮地用武力夺取政权。其次，律师和城市知识分子逐步掌握了农民党的领导权。因此，农民党通常代表的是富农的利益，很少站在广大贫农群众的一边。

农民党领袖相继被赶下台。在保加利亚，1923年，斯塔姆博利伊斯基遭到暗杀，国王鲍里斯建立了独裁政权。在南斯拉夫，1928年，拉迪奇被暗杀，次年，亚

图259　托马斯·马萨里克是捷克斯洛伐克共和国首任总统，捷克斯洛伐克是两次世界大战之间东欧唯一的民主国家。

历山大国王建立了独裁政权。在波兰，维托斯执政数日后就被约瑟夫·毕苏斯基将军赶下台，从此毕苏斯基一直统治着波兰，直到1935年去世。在罗马尼亚，1930年，卡罗尔二世国王罢免了马纽，此后卡罗尔二世多次组建和解散政府，直到10年后被迫逃离罗马尼亚。

奥地利和希腊的政局也大同小异，由于各种原因，农民党始终未能在这两个国 567
家占据主导地位。1934年，奥地利最终建立了陶尔斐斯总理领导的独裁政权，1936年，希腊公然建立了以梅塔克萨斯将军为首的法西斯政权。因此，第二次世界大战爆发时，整个中欧都建立起独裁统治，只有捷克斯洛伐克例外。这个国家有一些独特的优势：国民识字率高，继承了哈布斯堡王朝训练有素的官僚机构，扬·马萨里克和爱德华·贝奈斯强有力的领导，此外，均衡发展的经济带来了比东部农业国家更高的生活水平和更大的安全感。

三、意大利走向法西斯主义

正当布尔什维主义、农本主义和传统的代议制政体争夺东欧和中欧的领导权之际，一种全新的“主义”在意大利崭露头角，这就是战后欧洲一个突出的政治创新：法西斯主义。布尔什维主义的历史至少可以追溯到1848年的《共产党宣言》，而19世纪与20世纪之交，各国相继建立了农民党，标志着农本主义开始登上政治舞台。相比之下，1922年10月，墨索里尼的向罗马进军标志着法西斯主义出人意料而又戏剧性的诞生。

战后意大利的社会状况成为暴力、夸张和反智的法西斯主义运动的温床。直到在两代人之前，意大利才实现民族独立和统一。议会政治实际上蜕变成滋生腐败的泥淖，各政党的“党魁”在幕后操纵着短命的政党联盟。战后，意大利经济严重下滑，进一步动摇了原本就摇摇欲坠的政治结构。上百万退伍军人中有许多人找不到工作，意大利的对外贸易和旅游业也不断下滑。过去十几年以来，意大利海外移民一直起着社会减压阀的作用，并且是海外汇款的来源，此时由于美国和其他国家的限制移民立法而逐渐萎缩。在巴黎和会上，意大利的要求无人理睬，这进一步刺激了经济压力引发的民众骚乱。国际事务带来的挫败感和受伤的自尊心使得意大利的局势一触即发。

这种局势给了贝尼托·墨索里尼以可乘之机。墨索里尼是一个信奉社会主义的铁匠之子，1911年的黎波里战争期间，墨索里尼第一次引起了人们的注意，在一次煽动性演说中，他宣称意大利国旗“不过是一块插在粪堆上的破布”。第二年，墨索里尼当上了社会党机关报《前进报》的主编。1914年8月，第一次世界大战爆发

图260 1939年，意大利总理贝尼托·墨索里尼。

时，墨索里尼还是个革命者和和平主义者，一个月后，急于拉拢意大利成为盟友的法国政府向墨索里尼提供了资助，墨索里尼的立场随即发生了根本转变。墨索里尼在法国人的资助下创办了自己的报纸《意大利人民报》，转而狂热鼓吹意大利参战。

568 1915年9月，墨索里尼应征入伍，在前线作战时负伤，数周后退伍。此后，墨索里尼一直沉寂，1919年，墨索里尼组建了第一支法西斯武装"冲锋队"，成立了法西斯党。针对意大利政坛的无政府状态和社会冲突，墨索里尼提出了"团结是力量"和"一切服从权力"的口号。起初，法西斯党只吸引了少数失意的学生和退伍军人。但到20世纪20年代初，法西斯党的势力急速膨胀，部分原因是社会主义者无所作为，留下了一个政治真空，而墨索里尼迅速填补了这个真空。同样重要的是，墨索里尼得到了实业家、地主和其他有产阶级的大力支持。这些人因为大量工厂和地产被夺走而惶惶不安，于是把目光投向法西斯武装团伙，希望将其作为抵御可怕的社会革命的堡垒。政府和社会富裕阶层不但容忍黑衫军的暴力和恐怖行径，甚至暗中给予援助和支持。

1922年秋天，墨索里尼策划发动政变，他明确承诺维护国王和教会的利益，从而争取到国王和教会的支持。正规军和警察事先就公开表明了不干涉的中立态度，于是，墨索里尼信心十足地动员黑衫军进行了一次大肆宣扬的向罗马进军。黑衫军一路没有遇到任何阻拦，完成了一场象征性的进军，10月27日，墨索里尼乘坐卧铺车抵达罗马，给这场进军画上了一个虎头蛇尾的句号。

随后，墨索里尼通过严格的宪法程序当上了总理，但事情很快就变得明朗，他根本无意遵行宪法。1924年4月6日的议会选举成为各方力量之间的决战。法西斯党徒肆无忌惮地动用黑衫军，最终获得了65%的选票和375个议会席位，而此前法西斯党徒仅有35席。两个月后，著名社会党议员贾科莫·马泰奥蒂被谋杀，墨索里尼面临一场重大危机。人们普遍怀疑马泰奥蒂之死是墨索里尼所为，这种怀疑后来得到了证实。由于反对派的优柔寡断和国王的坚定支持，墨索里尼安然渡过了这场风暴。1926年秋天，墨索里尼感到自己已经羽翼丰满，于是取缔了所有政党，强化新闻审查制度，组建秘密警察组织。意大利成为一个一党制国家，众议院沦为例行公事地通过法西斯法案的橡皮图章。

这个新的法西斯政权逐渐形成了一些突出特征。一个特征是实行法团主义体制，在这种体制下，议员不是地方选区的代表，而是不同行业和专业的代表。从理论上说，这种体制意图将劳资双方置于国家的仁慈保护之下以消弭阶级冲突。墨索里尼统治下的意大利还有一个特征，即有意地建设大规模公共工程，一方面提供就业机会，另一方面通过壮观的建筑来粉饰法西斯统治。昔日的纪念碑得到修复，许多城市都建起新的大型建筑、工人公寓和体育场。“准点运行”的火车和新建的高速公路给来访者留下了尤为深刻的印象。

四、西欧民主国家的困境

西欧没有发生俄国内战和中欧左右两派尖锐冲突那样的剧烈动荡。在西方，民主制度的基础更深厚，主流国家的社会结构更健全，也得到了更广泛的民众支持。此外，西方列强是世界大战的战胜国而不是战败国，显然也有利于维持政治和社会稳定。然而，这并不意味着战后年代西欧的发展一帆风顺。相反，西欧同样面临很多问题，其中最严重的是经济问题，这些经济问题造成了深远的社会和政治影响。不妨来看看英国和法国这两个主要西方国家的经历。

英国面临的一个首要问题是失业率长期居高不下。大战结束后，英国曾出现短暂的繁荣，战时长期压抑的消费需求释放出来，工厂加班加点生产。但1920年英国发生了经济萧条，到1921年3月，英国失业者超过200万人。整个20世纪20年代，英国的失业问题始终未能改善，20世纪30年代的情况变得更糟。可以说，英国的经 569

图261 1926年大罢工期间，保守党人斯坦利·鲍德温担任首相。他坚定沉着的面容向许多选民表明了政府最需要的品质。

济萧条实际上始于1920年而不是1929年，并且一直持续到第二次世界大战。数百万家庭不得不依靠国家救济金（俗称“苦命钱”）维持生计。整整一代人在缺乏就业机会的环境中长大。这种情况对人们的心理和经济都造成了不利影响。最终，失业者意志消沉，只能靠失业救济金过活，看不到任何前途。

这种社会状况势必反映到政治领域。最重大的现象是自由党的没落，工人们越来越多地转向工党，希望工党能够领导英国走出困境。因此，经济危机使英国政治出现了两极分化现象，有产阶层普遍投票给保守党，工人都支持工党，中产阶级则在两者之间摇摆不定。每个政党都宣称掌握了消除国家弊病的灵丹妙药：保守党呼吁实行贸易保护主义，日渐式微的自由党提倡自由贸易，工党则主张征收资本税以及对重工业实行国有化。结果，斯坦利·鲍德温领导的保守党和拉姆齐·麦克唐纳领导的工党轮流执政。但是，历届政府都未能带领国家摆脱颓势。

战后年代法国也受到经济疲弱不振的困扰，尽管法国的境况要好过大多数邻国。法国的国民经济很平衡，不像以农业或工业为主的国家那样脆弱。战后的和平协议给法国带来了萨尔盆地的煤矿、阿尔萨斯-洛林的纺织业以及丰富的钾肥和铁矿，提升了法国的经济实力。与只有两三个大党的英国政坛不同，法国有五六个主要政党，因此政府能否长期稳定执政，关键在于是否能组建政党联盟以获得议会多数的支持。法国的政府更迭比英国更频繁，原因就在于此。从左翼到右翼的主要政党有：共产党和社会党，主要代表城市和农村工人的利益；激进社会党属于中间派，得到中下层阶级支持；共和民主联盟和民主联盟则属于右翼政党，它们通常有浓厚的天主教色彩，代表大企业和大金融机构的利益。

在战后的前5年里，执政的主要是右翼政党组成的民主联盟政府。这一时期的主导人物是雷蒙·普恩加莱，他坚决要求德国支付战争赔款，以便为法国战后重建提供资金，这种政策最终导致1923年法国出兵占领鲁尔区。这次行动代价高昂，却几乎一无所获。1924年年初，法郎对美元的汇率从战前的1法郎兑19.3美分跌至1法郎兑3美分多一点。1926年7月，普恩加莱组建了一个大联合政府，成员包括社会党和共产党之外的所有政党。为了紧缩开支和增加收入，普恩加莱采取了一系列严厉的正统措施。1926年年底，法郎对美元的汇率为1法郎兑4美分，此后一直稳定在这一水平上。由于法郎汇率只有战前的五分之一，等于是免除了政府五分之四的债务。货币贬值吸引了许多游客，尤其是美国人，也刺激了法国商品出口。凭借这一政策的成功，普恩加莱又当了三年总理，创下了两次世界大战之间法国政坛连续执政的纪录。

五、欧洲的稳定与和解 570

大战结束后的年代里，法国及其中欧和东欧盟国主导了欧洲外交。随着奥匈帝国的覆灭以及德国和俄国的削弱，法国成为欧洲大陆的头号强国。很显然，德国和俄国迟早要东山再起，因此法国外交的目标是为国家安全奠定长期可靠的基础。

从理论上说，国际联盟“盟约”第十条为各成员国提供了普遍的安全，该条款要求各成员国“尊重并维持联盟各成员国的领土完整和现行政治独立，以防御外来侵犯”。问题在于国际联盟没有能力来落实这一条款。国联一没有武器，二没有武装力量。法国在不到50年时间里两度遭受德国入侵，当然不愿将自身安全托付给一个没有任何权威可言的联盟。于是，法国转向了欧洲小国，这些国家在维护战后和平协议、反对修改条约方面与法国有着共同利益。1920年9月、1921年和1924年，法国先后与比利时、波兰和捷克斯洛伐克缔结了正式的军事同盟。

这一结盟体系主要是针对德国，旨在通过孤立德国来保护法国及其盟国。不过，1925年前后，法德关系有所改善，这既要归功于道威斯计划的成功实施，也要归功于两国的外交部长：法国的阿里斯蒂德·白里安和德国的古斯塔夫·斯特莱斯曼。两位外长认为，两国直接谈判和达成协议可以更好地保障彼此的安全。这一政策得到英国外交大臣奥斯汀·张伯伦爵士的支持，张伯伦还说服意大利人接受了这一观点。1925年10月，相关各国签订了一系列协议，史称《洛迦诺公约》。

图262　1923年，德国发生严重通货膨胀。纸币变得一文不值，图为孩子们用成捆的纸币垒积木。

这些协议规定，德国加入国际联盟并担任常任理事国，德国不寻求以武力修改条约，和平解决与法国、比利时、捷克斯洛伐克和波兰的争端。德国保留通过和平方式寻求改变东部边界现状的权利，但承诺不改变西部边界现状。德国、法国和比利时承诺永远尊重边界现状，英国和意大利则担任保证国以确保公约得到遵守。

《洛迦诺公约》让欧洲人奔走相告，欣喜不已。张伯伦宣称公约成为“和平年代与战争年代的真正分水岭”，这也是当时的普遍看法。白里安也发表了关于“洛迦诺精神”的雄辩演说，宣布要放弃战争，代之以“和解、仲裁与和平”。在这种
571 乐观的氛围中，美国国务卿弗兰克·凯洛格响应白里安的倡议，建议各国承诺不再将战争作为“国家政策的工具”。这一倡议得到响应，1928年8月27日，各国签署了《凯洛格－白里安公约》。公约只是声明放弃战争，没有对相关制裁做出规定，因此很快有60多个国家签署了公约。尽管这项公约的成败完全取决于世界舆论的道义压力，但许多国家相继签署公约的事实本身就有助于缓解国际紧张局势。

与德国关系的改善同样令人鼓舞。1926年，德国加入国际联盟，成为国联行政院常任理事国。此外，德国赔偿问题也达成了解决方案。1924年，道威斯计划开始

了德国向协约国赔偿第一次世界大战损失的谈判。这一谈判以1930年的杨格计划而告终，该计划规定德国在58年内支付80亿美元赔款。

20世纪20年代末，人们普遍认为欧洲终于回到了正轨：德国似乎与从前的敌人达成了和解；德国加入了国际联盟；赔款问题似乎最终得到解决；60多个国家宣布不再把战争作为推行“国家政策的工具”；经济日趋繁荣，失业率稳步下降。甚至从苏联也传来了令人欣慰的消息，1928年，苏联启动了一项新颖而宏伟的五年计划（见第三十九章第一节）。大多数西方权威人士认为这个计划不切实际，注定要失败，但它至少意味着俄国人把注意力从国际冒险转向国内经济发展。因此，“洛迦诺精神”似乎有了实质性的意义和内容，人们认为欧洲将重现19世纪的好时光，享受几十年的和平与繁荣。

［推荐读物］

关于俄国内战和外国干涉的权威著作有：E. H. Carr, 3 vols.，*The Bolshevik Revolution, 1917–1923*（Macmillan，1951–1953）；J. Bradley，*Allied Intervention in Russia，1917–1920*（Basic Books，1968）；G. F. Kennan，*Russia and the West Under Lenin and Stalin*（Little，Brown，1961）；D. Footman，*Civil War in Russia*（Praeger，1962）。关于俄国革命及随后建立的苏维埃政权，最新的批判性著作是：R. Pipes，*Russia Under the Bolshevik Regime*（Knopf，1993）。

关于1918年及以后德国的重大历史发展，参阅R. G. L. White，*Vanguard of Nazisms：The Free Corps Movement in Post War Germany，1918–1923*（Harvard University，1952）；R. Coper，*Failure of a Revolution：Germany in 1918–1919*（Cambridge University，1955）；W. T. Angress，*Stillborn Revolution：The Communist Bid for Power in Germany，1921–1923*（Princeton University，1964）；C. B. Burdick and R. H. Lutz所编的文献集*The Political Institutions of the German Revolution，1918–1919*（Praeger，1966）。

关于这一时期影响中欧和东欧的势力，有如下佳作：H. Seton-Watson，*Eastern Europe Between the Wars，1918–1941*（Cambridge University，1946）；L. S. Stavrianos，*The Balkans Since 1453*（Holt，Rinehart & Winston，1959）；W. E. Moore，*Economic Demography of Eastern and Southern Europe*（League of Nations，1945）。

关于墨索里尼和法西斯主义的权威著作有：C. Seton-Watson，*Italy from Liberation to Fascism 1870–1925*（Methuen，1967）；I. Kirkpatrick，*Mussolini：A Study in Power*（Hawthorne，1964）；E. Wiskemann，*Fascism in Italy：Its Development and Influence*（Macmillan，1969）；M. Gallo，*Mussolini's Italy*（Macmillan，1973）；D. M. Smith，*Mussolini's Roman Empire*（Viking，1976）；E. R. Tannenbaum，*The Fascist Experience：Italian Society and Culture，1922–1945*（Basic Books，1972）。

Mowat，*Britain Between the Wars，1918–1940*（University of Chicago，1955）严谨地全面分析了英国各方面的发展；A. J. P. Taylor，*English History 1914–1945*（Oxford University，1965）生动叙述了这一时期的英国历史。关于法国，参阅D. W. Brogan，*France Under the Republic，1870–1939*（Harper & Row，1940）；D. Thompson，*Democracy in France*（Oxford University，1952）有更清晰的叙述；见多识广的记者A. Werth有许多相关著作，尤其是*France in Ferment*（Jarrolds，1935）。

1931年的一个显著特征使之既不同于战后年代，也有 572
别于战前年代。1931年，全世界的人都在认真思考和坦率讨论西方社会制度瘫痪和停摆的可能性。

——阿诺德·J. 汤因比

第三十九章 五年计划与大萧条

20世纪20年代末，欧洲似乎要进入到一个和平、安全和相对繁荣的时代。然而，“大萧条”的降临让这种美好前景彻底化为泡影。大萧条造成了经济混乱和大规模失业，动摇了几年前达成的和解的基础。人们的痛苦和不满日益加剧，由此带来的压力使世界各国政府频繁更迭。国内政局的动荡直接影响了国际局势，造成了灾难性后果。一些政府把海外冒险作为化解国内压力的手段，另一些政府疲于应付国内的燃眉之急，对公然的侵略行径袖手旁观。因此，大萧条成为两次世界大战之间年代的“分水岭”。1929年之前是充满希望的年代，欧洲逐步解决了第一次世界大战遗留下来的各种问题；1929年之后的年代则充斥着焦虑和幻灭，危机此起彼伏，最终引发了第二次世界大战。

苏联的五年计划反衬出大萧条的影响和意义。西方经济成为一个名副其实的烂摊子，苏联却正在进行独特的经济发展实验。尽管伴随着严厉的镇压和大规模贫困，五年计划使苏联从一个农业国迅速崛起为世界第二大工业国。这一史无前例的成就产生了广泛的国际影响，尤其是因为当时西方正深陷经济危机的泥潭。

有鉴于此，在两次大战之间的年代，五年计划和大萧条尤为引人注目，两者相 573
互衬托，产生了延续至今的影响。

一、五年计划

战时共产主义

成为俄国主宰的布尔什维克面临着一个新的挑战，即如何建立他们长期宣扬的社会主义新社会。他们很快发现，这是一个他们还没有做好准备的挑战。历史上没有现成的先例可循。列宁本人也承认："我们在夺取政权后便知道，不存在将资本主义制度具体改造成社会主义制度的现成方法……我不知道哪位社会主义者处理过这些问题……我们必须进行实验。"[1]

起初，布尔什维克几乎无暇进行这种实验，因为生存斗争压倒一切。1917—1921年，为了供应前线所需的物资和人力，布尔什维克采取了一系列非常措施，即所谓的"战时共产主义"。战时共产主义的一项政策是将土地、银行、对外贸易和重工业收归国有，另一项政策是强制征用剩余农产品，以供应军队和城市居民。按照最初的计划，政府用工业品来补偿农民，但事实证明这根本行不通，因为几乎所有工厂都要为前线而生产。

内战的结束意味着无须再采取这种权宜之计，因此"战时共产主义"很快就被放弃了。农民们拿起武器反对无偿的征粮。由于1914—1921年连绵不断的战争，国家经济濒临崩溃。俄国工业生产仅为战前的十分之一，粮食产量从1916年的7400万吨下降到1919年的3000万吨。1920年到1921年，发生了最严重的旱灾，造成俄国历史上最大规模的饥荒，数百万人死于饥饿，很多人完全是靠美国救济署运送的物资才活了下来。

新经济政策

务实的列宁意识到必须做出让步，1921年，列宁开始实施著名的"新经济政策"，即允许部分恢复资本主义。政府准许农民在公开市场上出售自己的产品，还允许个人经营小商店和小工厂。农民和新商人都可以雇佣劳动力，保留经营所得的利润。然而，列宁要求确保国家掌握土地所有权、控制他所说的"制高点"（银行、对外贸易、重工业和运输业）。在列宁看来，新经济政策并不意味着俄国社会主义的终结，而是一种暂时的退却，为的是"退一步，进两步"。

新经济政策的实施缓解了战争年代遗留下来的迫在眉睫的危机。1926年，俄国工农业生产恢复到1914年前的水平。但是，1914年以来，俄国人口增加了800万，因此工农业生产仍然没有达到战前的人均水平。布尔什维克领导人面临的一个根本问题在于如何实现所设想的"进两步"。1925年，列宁在逝世前不久似乎认为，继续实行新经济政策是通往社会主义的最佳途径。列宁逝世后，尼古拉·布哈林成为新经济政策的主要拥护者。布哈林为人诚挚热情，对体育、科学、艺术和政治都有浓厚的兴趣。布哈林认为新经济政策的市场关系可以"发展成社会主义"，他主张走这样一条发展道路，因为它几乎无须采取强制措施，而且遵循了他最拥护的原则："我们的经济是为消费者而存在，而不是消费者为经济而存在。"[2]

布哈林是列宁最欣赏的人，也是最受欢迎的布尔什维克领导人，但他的主张并没有被采纳。布哈林不是“缔造官僚体制的大师”[3]约瑟夫·斯大林的对手。斯大林清楚地认识到共产党是这个国家唯一的掌权者，于是利用所担任的布尔什维克党总 574 书记的职位成为了党和国家的主人。经过一番摇摆不定后，斯大林决定放弃新经济政策，转而建立一种中央集权的经济体制，由莫斯科对工农业实施管理和监督。这意味着政府要像战时共产主义时期那样经营企业，并通过农民土地的集体化来控制农业。

苏联计划经济

1928年，斯大林推出了国家计划委员会制订的第一个五年计划。国家计划委员会的成员由政府任命，根据莫斯科提出的总方针和全国各地的统计数据来制订各行各业的具体计划。虽然与日后用计算机编制的计划相比，第一个五年计划比较简单，但也有三大卷、1600页。

在农业方面，五年计划要求实行土地集体化。许多农民不愿加入集体农庄，尤其是富农，因为他们加入集体农庄后只能享受与贫农同等的待遇，而贫农对集体农庄几乎没有任何贡献。一些富农烧毁集体农庄的房舍，毒死牲畜，散布谣言来吓跑

图263　列宁的接班人约瑟夫·斯大林。

其他农民。苏联政府采取报复措施，将成千上万富农赶出村庄，送进监狱和西伯利亚劳改营。在付出许多生命的代价后，政府最终如愿以偿地实现了集体化。到1938年，几乎所有农民的土地都并入24.24万个集体农庄和4000个国营农场。

尽管苏联政府几乎将所有私人农场消灭殆尽，集体化农业的产量却远远低于预期。苏联的耕地面积比美国大一半，农业人口是美国的10倍，农业产量却仅为美国的四分之三。苏联农业落后有多重原因，一是气候条件远不如美国那样利于农业生产。二是苏联政府集中发展工业，因此农业所需的各种物资十分匮乏。苏联农民每英亩使用的机械和化肥只及美国农民的一半。但苏联农业发展的主要障碍在于莫斯科的过度控制。农民种什么，什么时候种，什么时候耕地，施多少肥，什么时候收割，这一切完全由政府官员说了算。农民们宁愿在自留地上辛勤劳作，按照自己认为最好的方式耕种，然后将农产品拿到公开市场上卖出尽可能高的价格，而集体
575 农庄必须按照政府规定的低价出售农产品。因此，虽然私人土地仅占耕地总面积的3%～5%，产量却占到苏联农业总产量的25%～30%。

在斯大林式计划经济体制下，大多数企业不是像集体农场那样以合作社形式经营，而是由政府拥有和经营。政府向工业企业提供所需的资金，并采用“胡萝卜

图264　苏联农民举行集会，庆祝新拖拉机到达集体农庄。

加大棒”的方式来开足马力生产。工人和经理都要完成定额，完不成任务将被罚款乃至开除，超额完成任务就能获得奖金。工会得到许可和承认，但被剥夺了罢工的基本权利。苏联工业发展迅速的原因在于政府将大约三分之一的国民收入用于再投资，而美国再投资的比例仅为苏联的一半左右。此外，在计划经济体制下，政府能够随心所欲地配置投资资本。因此，生产资料生产大约占到苏联工业总产值的70%，日用消费品仅占30%，而二者在美国的比重基本上反过来。1932年，第一个五年计划结束，苏联的工业产值从世界第五位上升到第二位。这一显著进步既是 576
因为苏联的生产力提高，也有大萧条造成西方生产力下降的因素。不过，1928—1952年的25年间，苏联的国民生产总值（即包括工业产值和落后的农业产值）增长了三倍半，增速超过了同期其他所有国家。从斯大林最看重的全球实力对比的角度来看，苏联占世界工业总产值的比重从1921年的1.5%上升到1939年的10%，1966年的20%。

我们要强调指出的是，苏联的经济增长是以牺牲苏联公民的利益为代价的，他们被迫克制自己的愿望，忍受眼前的匮乏，为未来而努力工作。消费品稀缺、昂贵且质量低劣。苏联的国民生产总值始终徘徊在美国国民生产总值的46% ~ 48%之间。苏联的人均国民生产总值只有美国的五分之二左右，因为苏联的劳动力大约比美国多四分之一。

对世界历史的意义

五年计划对于俄国人民来说可谓是喜忧参半。从积极方面来说，通过实施五年计划，增强了国家的经济和军事实力，为第二次世界大战中击败希特勒做出了重大贡献。此外，俄国从一个落后社会转变成一个现代社会。识字率从1897年的28.4%提高到1926年的56.6%、1939年的87.4%、1959年的98.5%。在医疗卫生方面，1913—1961年，医生人数从2.32万人增加到42.57万人，预期寿命从32岁增至69岁，婴儿死亡率从273‰降到32‰。在社会服务方面，苏联公民享有免费医疗、养老金、疾病和残疾津贴、产假、带薪假期和儿童补助等。

另一方面，俄国人民也承受了五年计划带来的负面效应。最具破坏性的是，使1917年革命成为可能的布尔什维克与农民的联盟一去不返了。土地集体化时期的野蛮镇压让人久久不能释怀。此后，农民干活磨洋工，把集体农庄视为强加给他们的异己物，集体农庄生产力低下，与农民小块自留地的高生产力形成了明显反差。苏联农业生产力低下反过来拖累了苏联工业的发展。由于农业生产无法满足工业化的需求，工厂工人也受到压榨，被迫承担一系列五年计划的高昂成本。苏联政府每年将三分之一的国民收入用于再投资，这势必会造成低工资和消费品短缺。一位苏联工人的话很有代表性："他们假装付钱给我们，所以我们假装在工作。"

五年计划对苏联和世界带来了复杂的影响。西方世界和欠发达国家对五年计划的态度迥然有别。西方人起初对苏联建立新社会的计划持怀疑态度，许多人认为这些计划注定要失败。随着一系列五年计划的实施，打消了所有的质疑，人们开始对苏联产生真正的兴趣。但是，那些到过苏联的西方人通常没有被打动，反而幻想破灭。苏联人衣衫褴褛、饮食单调、住房简陋、消费品匮乏，让亲历过的西方人触目惊心。苏联缺乏个人自由的状况也让西方人感到震惊，这反映在一党制政治结构、受管制的工会、统一管理的教育以及受到严密控制的传播媒体。虽然五年计划成就斐然，但在大多数西方人看来，苏联社会并不是一个令人向往的社会主义天堂。不过，大多数西方人也承认，如果没有五年计划带来的工业增长，苏联不可能在第二次世界大战中为打败希特勒做出如此巨大的贡献。

577 欠发达世界的前殖民地民族则有不同的看法。在他们看来，这个国家在一代人时间里从一个落后的农业国成功转变为世界上第二大工业国和军事强国。这些民族最关注的是使这种翻天覆地的变化成为可能的制度和技术。同样要指出的是，苏联不但是一个欧洲大国，也是一个亚洲大国。苏联的亚洲边境线从朝鲜开始，经过中国黑龙江、蒙古、中国新疆、阿富汗和伊朗，一直延伸到土耳其。在这条漫长边境线的另一边，几乎没有能与苏联的中亚加盟共和国的重大进步相提并论的成就，包括灌溉工程、纺织厂、机械厂、医疗服务以及教育项目，这些教育项目使识字率从1914年的约2%提高到1940年的75%，1960年更是提高到90%以上。

第二次世界大战后，这种对苏联式社会主义实验的不同观感变成了几乎一边倒的负面看法。我们将会看到（见第四十四章第三节），近几十年来苏联计划经济逐渐落后于西方市场经济，而个人权利和自由的缺失仍然十分突出。因此，苏联这个超级大国最终解体，在20世纪90年代被独立国家联合体取代。

二、大萧条

崩溃的根源

1929年年初，美国经济一派欣欣向荣的景象。1921年，美国工业生产指数只有67（1923—1925年为100），1928年7月已上升到110，1929年6月飙升到126。美国股票市场的行情更是让人叹为观止。1929年夏季的三个月里，西屋电气公司股票从每股151美元上涨到286美元，通用电气公司从每股268美元涨到391美元，美国钢铁公司从每股165美元涨到258美元。商界人士、学院派经济学家和政府领导人纷纷表示对未来充满信心。1929年9月，财政部长安德鲁·W. 梅隆向公众保证："没有理

图265　1929年10月29日，纽约股市崩盘，华尔街聚集的人群。美国大萧条使以前用于投资欧洲的资本损失殆尽。

由担心。繁荣的高潮将持续下去。”[4]

事实证明，这种说法纯属无稽之谈，1929年秋天，股票市场跌至谷底，随即发 579
生了一场有史以来规模最大、持续时间最长的世界性萧条。这种意外结果的一个原因似乎在于，美国在第一次世界大战后成为一个债权大国，进而造成了世界经济的严重失衡。战前，英国一直是债权国，但英国长期处于贸易逆差，要用海外投资和贷款的收益来弥补。反之，美国通常是贸易顺差，而且由于国内政治的原因，关税一直保持在较高水平，从而进一步扩大了贸易顺差。此外，20世纪20年代，各国偿还战争债务，大量资金涌入美国，1913—1924年，美国的黄金储备从19.24亿美元增加到44.49亿美元，占到世界黄金储备的一半。

数年来，美国大规模的海外贷款和投资抵消了这种失衡，1925—1928年间，美国平均每年的对外投资达到11亿美元。长远来看，这势必会加剧世界经济失衡，因为这种状况不可能无限期持续下去。随着债务到期，债务国不得不削减从美国的进口，从而损害了美国经济的一些部门，尤其是农业。此外，一些国家无法按期偿还债务，对美国的一些金融机构造成了冲击。

578

美国繁荣中的贫困

大萧条的烈度、范围和持续时间都是空前的。1932年2月，国会听证会上的证词反映了大萧条给美国带来的冲击。*

过去三个月里，我（俄克拉荷马城的奥斯卡·阿梅林杰）到过这个富饶美丽的国家的大约20个州。以下是我听到和看到的一些事情。在华盛顿州，我听说，整个夏天和秋天在当地肆虐的森林大火是失业的林场工人和破产农民纵火所致，他们想通过当消防员来挣一点正当的钱。离开西雅图的那天晚上，我最后看到的是一群妇女在该市主要市场的垃圾堆里寻找残羹剩饭。蒙大拿州的一些市民告诉我，由于小麦价格太低，农民根本付不起收割的费用，有成千上万蒲式耳的小麦未能收割。在俄勒冈州，我看到成千上万蒲式耳的苹果烂在果园里。只有没有任何瑕疵的苹果还能销售，一箱200个苹果，售价40 ~ 50美分不等。与此同时，数百万儿童由于父母的贫困，这个冬天连一个苹果都吃不到。

我在俄勒冈州的时候，听俄勒冈的波特兰人抱怨说，养羊人杀掉了成千上万只羊，因为把羊送到市场上卖得的钱还不够支付运费。一边是俄勒冈州的牧羊人把羊肉喂秃鹰，一边是我在纽约和芝加哥看到有人在垃圾桶里捡剩菜剩饭。我在芝加哥一家餐馆碰到一个人，他给我讲了他养羊的事情。他说，今年秋天，他杀掉了3000只羊，全都扔进了峡谷，因为一只羊的运费要1.1美元，而一只羊还卖不到1美元。他说自己养不起羊了，又不能眼睁睁看着羊饿死，只好把它们杀了扔进峡谷。

在西部和西南部，公路边随处可见饥肠辘辘的搭便车者。每条铁路旁都能看到无家可归者的篝火。我看到男人、女人和孩子走在石砾路上。他们大多数是佃农，最近的小麦和棉花价格暴跌让他们失去了一切。从克拉克斯维尔到拉塞尔维尔的途中，我让一家人搭了车。那个女人衣衫褴褛，怀里抱着一只死鸡。我问她从哪儿弄到的这只鸡，她告诉我是路上捡的，然后用让人心灰意冷的幽默口吻说："他们向我许诺锅里会有一只鸡，现在我得到了我的那只……"

农民因工业人口的贫困而变得贫困，工业人口也因农民的贫困而变得贫困。双方都没有钱购买对方的产品，因此我们才会看到一个国家同时出现生产过剩和消费不足的现象。

* *Unemployment in the United States... Hearings before a subcommittee of the Committee on Labor*，House of Representatives，72nd Congress，1st Session（Government Printing Office，1932），pp. 98–99.

美国经济也像世界经济一样严重失衡，根本症结在于工资增长远远落后于生产效率的节节攀升。1920—1929年，工人的时薪仅增长了2%，而工厂工人的生产效率却跃升了55%。与此同时，由于农产品价格下降，税收和生活成本上升，导致农民的实际收入下降。1910年，农业工人的人均收入不到非农业工人的40%，1930年，这一比例已降至30%以下。农村的贫困带来了严重的问题，因为当时美国农业人口占总人口的五分之一。

美国银行系统的缺陷是造成1929年经济崩溃的最后一个因素。当时有大量独立的银行机构，一些小银行没有实力抵御金融风暴。一旦有银行倒闭，恐慌就会蔓延开来，储户争相从其他银行提取存款，从而引发了挤兑，破坏了整个银行业的稳定。

全球大萧条

1929年9月，美国股票市场崩溃。一个月之内，股价下跌了40%，除了几次短暂反弹外，股市的下跌持续了三年。在此期间，美国钢铁公司股票从每股262美元跌至22美元，通用汽车公司从每股73美元跌至8美元。1933年，美国工业总产值和国民收入下降了将近一半，商品批发价格下跌了将近三分之一，商品贸易萎缩了三分之二以上。

大萧条是有史以来烈度最大的一场经济危机，造成了最广泛的全球影响。美国金融机构被迫收回在国外的短期贷款，从而引起连锁反应。1931年9月，英国放弃金本位制，两年后，美国和几乎所有主要国家纷纷效仿英国的做法，放弃了金本位制。在金融体系崩溃的同时，工业和贸易也崩溃了：除苏联外，世界工业生产指数从1929年的100下降到1930年的86.5、1931年的74.8、1932年的63.8，降幅高达36.2%。以前历次经济危机的最大降幅仅为7%。全球范围内国际贸易的萎缩更为剧烈，从1929年的686亿美元下降到1930年的556亿美元、1931年的397亿美元、1932年的269亿美元、1933年的242亿美元。仍需指出的是，1907—1908年经济危机期间国际贸易的最大降幅为7%。

社会和政治影响

空前规模的经济灾难势必带来空前严重的社会问题。其中最严重的问题是大规模失业，各国失业率达到了灾难的程度。保守估计，1933年3月，美国失业人数超 580
过1400万，占劳动力总数的四分之一。英国失业人数接近300万，占劳动力总数的比例与美国大致相当。德国的失业最为严重，有超过五分之二的工会会员失业，另有五分之一的人只能从事非全日制工作。

如此大规模的失业势必造成所有国家的生活水平急剧下降。即使是富庶的美国也出现了广泛的苦难和贫困，尤其是大萧条的早期阶段，当时完全是由资金不足的私人机构和地方当局负责救济。在失业更严重的德国，人们的挫折感和冲突尤为严重。这些因素最终使希特勒上台成为可能，因为如此严重的社会混乱不可避免地带来重大的政治恶果。

阿道夫·希特勒是一个奥地利海关小官员的儿子，早年曾去过维也纳，立志要当一名画家。按照他自己的说法（似乎有过分夸大之嫌），他为了挣钱糊口，做过5年最底层的工作。希特勒从维也纳流浪到慕尼黑，1914年入伍，进入巴伐利亚步兵团服役。战争结束后，希特勒加入了民族社会主义德国工人党，很快便成为这个半死不活的组织的领袖或元首。希特勒发表了大量民族主义和反犹主义的煽动性演说，1923年，希特勒与陆军元帅鲁登道夫在慕尼黑发动了一场暴动。警察轻而易举地镇压了暴动，希特勒被监禁了9个月。35岁的希特勒在狱中写下了《我的奋斗》，这是一部冗长和夸夸其谈的自传体回忆录，希特勒在书中发泄了对民主制度、马克思主义和犹太人的仇恨。

希特勒出狱后继续从事煽动活动，结果却大失所望。纳粹党在1924年12月的

图266 1927年，在纽伦堡的纳粹党集会上，阿道夫·希特勒停下车队，接受人群的欢呼。20世纪20年代末，纳粹主义运动只是给魏玛共和国带来冲突的众多运动之一。

选举中只获得14个席位和90.8万张选票，在1928年5月的选举中表现更糟，仅获得12个席位和81万张选票，占总票数的2.6%。转折点是1930年9月的选举，纳粹党赢得了107个席位和640.7万张选票，占总票数的18.3%。为了争取选民支持，希特勒许诺消除失业，打破《凡尔赛和约》的束缚，还把犹太人说成是剥削成性的金融 581 家和信奉唯物主义的共产主义者。多年以来，希特勒一直打着这样的纲领参加竞选，却始终没有激起多大的反响。但是，大萧条带来了大批热切的听众，他们拥戴他为元首，因为他找到了苦难的替罪羊，提供了实现个人抱负和民族诉求的行动纲领。这样，希特勒和纳粹党的势力不断膨胀。在1932年7月的选举中，纳粹党赢得了1379.9万张选票和230个席位。1933年1月，希特勒成为内阁总理，他像墨索里尼一样用宣传和恐怖手段统治德国。

大萧条的爆发使希特勒上台成为可能，尽管绝非不可避免。希特勒上台还有相互交织的其他因素，例如，希特勒具备蛊惑人心的才能，既得利益集团的支持以及缺乏远见的反对派低估了希特勒，未能联合起来对抗希特勒。1934年8月2日，兴登堡总统去世，希特勒将总统和总理职权集于一身。9月，希特勒在纽伦堡召开的纳粹党代表大会上宣布：“德国人下一个千年的生活方式已经彻底注定。”

图267 纳粹一上台就开始排挤德国犹太人，下令非犹太裔的德国公民不得购买犹太人商店的东西。

对国际局势的影响

英国外交大臣奥斯汀·张伯伦爵士指出了1932年的国际局势与洛迦诺时期的反差：

582 过去两年来，由于某种原因，由于某种难以言明的事情，世界出现了倒退，不是彼此接近，不是增进友好，不是走向稳定的和平，而是采取了危及世界和平的怀疑、恐惧和危险的态度。[5]

张伯伦所说的无法言明的事情就是大萧条及其对国际和国内事务的多重影响。洛迦诺时期的国际协议变得难以为继，尤其是关于赔款和战争债务的协议。很显然，由于经济衰退和失业上升，各国政府濒临破产，无力履行几年前做出的承诺。

大萧条的另一个影响是助长了早已有之的经济民族主义，最终扰乱了国际关系。各国纷纷出台自保政策，包括提高关税、实施更严格的进口配额、清算协议、货币管制以及签署双边贸易协定。这些举措势必造成各国的经济摩擦和政治紧张关系。人们一再试图扭转这一趋势，但都以失败而告终。1933年，伦敦召开的世界经济会议最终惨淡收场，没有取得任何成果。"经济独立"，即经济上的自给自足，逐渐成为各国普遍接受的目标。

与经济民族主义一脉相通的是裁军努力戛然而止，继之而起的是大规模重整军备。1932年2月开始，世界裁军会议断断续续开了20个月，最终像世界经济会议一样无果而终。20世纪30年代，各国逐渐加大了重整军备的力度。重整军备的势头不仅没有刹住，反而愈演愈烈，因为军火工业带来了想象中的安全感，还可以提供就业机会。例如，美国直到第二次世界大战前夕开始重整军备，失业率才大幅下降。同样，希特勒通过实施庞大的重整军备计划，迅速解决了德国前所未有的失业问题。

日益庞大的军火储备迟早要投入使用，只是还需要找到某种理由。"生存空间"说应运而生，成为最名正言顺的理由。"生存空间"一词是希特勒的发明，但意大利的墨索里尼和日本的军事将领也曾表达过类似的说法和观点。根据这一说法，失业和普遍苦难的根源在于缺乏生存空间。少数几个幸运国家占据了所有的海外殖民地和人口稀少的土地，使得其他国家缺乏养活人民所需的自然资源。因此，对外扩张成为解决问题的必由之路，为了纠正过去遗留下来的不公正，必要时不惜动用武力。这就是所谓的"穷国"反对"富国"的理由。

这种推论显然站不住脚，因为大萧条在对德国、意大利和日本造成破坏的同时，也对美国、加拿大、英国造成了破坏。尽管如此，“生存空间”的意识形态有助于将“穷国”的人民团结起来，支持本国政府的扩张主义政策。它还为公开宣称旨在为穷人提供食物、为失业者提供就业的侵略行径提供了似是而非的道德幌子。

这就是张伯伦在1932年观察到的“怀疑”“恐惧”和“倒退”背后的势力。在接下来的几年里，这些势力彻底打破了20世纪20年代达成的和解，引发了接二连三的危机，最终导致第二次世界大战爆发。

[推荐读物]

R. Munting, *The Economic Development of the USSR*（St. Martin's, 1982）对五年计划的来龙去脉做了很好的概述。重新评价新经济政策和五年计划的著作有：S. Cohen, *Rethinking the Soviet System*（Oxford University, 1985）; M. Lewin, *The Making of the Soviet System*（Pantheon, 1985）; C. Bettelheim, *Class Struggles in the USSR*, 2 vols.,（Monthly Review, 1976, 1978）; S. Brucan. *The Post-Brezhnev Era : An Insider's View*
583 （Praeger, 1983）。分析五年计划的全球影响的著作有：E. H. Carr, *The Soviet Impact on the Western World*（Macmillan, 1954）; C. K. Wilber, *The Soviet Model and Underdeveloped Countries*（University of North Carolina, 1970）; R. Pipes, *Communism : The Vanished Spectre*（Oxford University, 1994），该书要更具批判色彩。

关于大萧条，参阅J. K. Galbraith, *The Great Crash, 1929*（Houghton Mifflin, 1955）; G. Rees, *The Great Slump : Capitalism in Crisis*（Harper & Row, 1971）; C. P. Kindleberger, *The World in Depression, 1929–1939*（University of California, 1975）; J. A. Garrity, *The Great Depression*（Harcourt Brace Jovanovich, 1986）。关于希特勒的上台，W. L. Shirer, *The Rise and Fall of the Third Reich*（Simon & Schuster, 1960）作了态度鲜明的叙述；出色的希特勒传记有：A. Bullock, *Hitler : A Study in Tyranny*（Harper & Row, 1952）; J. Toland, *Adolf Hitler*（Doubleday, 1976）。关于希特勒上台的背景，参阅R. F. Hamilton, *Who Voted for Hitler?*（Princeton University, 1982）; H. A. Turner, Jr., *German Big Business and the Rise of Hitler*（Oxford University, 1985）; D. Abraham, *The Collapse of the Weimar Republic : Political Economy and Crisis*（Princeton University, 1981），这些著作提出了不同的观点。

[注释]

1. S. and B. Webb, *Soviet Communism : A New Civilization*, Vol. 2（Gollanez, 1937）, p. 605.
2. S. F. Cohen, *Rethinking the Soviet Experience*（Oxford University, 1985）, p. 77.
3. M. Lewin, *Russian Peasants and Soviet Power*（W. W. Norton, 1968）, p. 517.
4. H. E. Salisbury, *New York Times*, September 29, 1953.
5. J. K. Galbraith, *The Great Crash, 1929*（Houghton Mifflin, 1955）, pp. 20, 75.

这不是和平。这是二十年的休战。 584

——福煦元帅，1919年

第四十章　走向战争（公元1929—1939年）

20世纪20年代下半叶是繁荣、稳定与和解的年代；20世纪30年代则是萧条、危机和战争的年代。20世纪30年代，新上台的德国和日本领导人决心修改第一次世界大战后的领土安排，并且具备相应的手段和诉求。德日两国实施大规模重整军备计划，发动了重大的侵略，彻底打破了势力均衡。相对弱小的意大利不再是唯一徒劳地试图挑战现状的修正主义国家。第三帝国和日本帝国也加入到修正主义国家的行列，从而形成了一种新的力量对比格局。英国、法国及其欧洲大陆盟国致力于维护现状，德国、意大利和日本则要求改变现状，苏联通过实施五年计划提升了实力，在国际舞台上发挥了越来越大的作用。这三股力量的相互博弈导致20世纪30年代危机频发，最终引发了第二次世界大战。

一、日本入侵中国东北

日本率先打响了对外侵略的第一枪。长期以来，日本始终对中国抱有领土野心。日本经济和军事领导人一直鼓吹“生存空间”说，他们认为只有征服一个帝国，日本才能繁荣并摆脱对世界其他地区的经济依赖。大萧条的肆虐让希特勒得以凭借“生存空间”说在德国上台，也使得这一说法在日本有了更大的市场。除了经
济因素之外，苏联实力的日益壮大以及蒋介石统一中国的进展也让日本的扩张主义 585
者忧心忡忡。此外，他们还清楚意识到让西方政治家焦头烂额的失业等问题。1931年，日本对中国东北的侵略集中体现了日本扩张主义者的上述盘算。

中国东北成为日本对外扩张的首要目标并非偶然。在日本扩张主义者看来，这个地区具有双重优点：一是与南京中央政府关系松散，二是自然资源丰富，拥有

图268　德国宣布废除《凡尔赛和约》，走上扩军备战的道路，很快以惊人的规模重新武装起来。图为1938年纳粹党集会上的党卫军。

铁、煤等矿产资源和辽阔的肥沃平原。此外，日本凭借以往的条约安排已经在中国东北地区攫取了一些特权，可以用来为发动侵略寻找借口。

1931年9月18日晚，日控南满铁路的一小段铁轨被炸毁。时任外务大臣的币原喜重郎男爵日后（1946年6月）在远东国际军事法庭上作证说，这一事件是由陆军军官策划的，他曾试图阻止但未能成功。发动事变的日军行动迅速、目标明确，证实了币原喜重郎的证词。在未经宣战的情况下，日军在24小时之内占领了奉天（今沈阳）和长春，然后向中国东北全境发动攻击。1932年1月下旬，哈尔滨沦陷，标志着中国人有组织抵抗的结束。1932年3月，侵略者在占领地区扶持了一个“满洲国”。

中国政府向国际联盟提出申诉，国联委派了一个委员会前去调查，并于1932年10月提交了一份报告。报告提出了一个解决方案：中国东北地区成为一个属于中国
587 主权下的自治国家，但由日本控制。1933年2月，国联批准了这份报告。3月，日本退出国联，把“满洲国”变成其傀儡附庸国。

事后看来，日本入侵中国东北是对国际联盟和整个旨在维持现状的外交体制的第一次重大冲击。日本轻而易举地攫取了富饶的新领地，让意大利和德国的修正主义外交领导人蠢蠢欲动，中国东北事件引发了连锁反应，一系列新的侵略接踵而至，最终导致了第二次世界大战的爆发。

希特勒和墨索里尼的生存空间论

希特勒和墨索里尼都宣称需要生存空间，以此来为对外侵略辩护。他们将本国的问题归咎于缺乏拥有资源和市场的帝国。两人的下述言论表达了生存空间论的观点。*

希特勒（1930年）：如果德国人不解决空间不足问题，不为德国工业开拓国内市场，那么两千年的光阴就白白荒废了。届时德国将退出世界舞台，更有活力的民族将继承我们的遗产……

必须为空间而战，必须捍卫空间。那些懒惰的民族无权拥有土地。土地属于耕种和保护它的民族。一个民族如果放弃了土地，就失去了活力。一个国家如果不能保卫自己的国土，那么个人的土地也就不复存在。没有比这更高的正义了，它决定一个民族是否会挨饿。只有权力才能带来正义……

国会并不能带来这个世界上的所有权利，武力同样能带来权利。问题是我们想要生存还是灭亡。我们比其他所有民族更有权拥有土地，因为我们人口稠密。我认为这方面也适用一个原则：天助自助者。

墨索里尼（1933年）：……法西斯主义越是撇开当前的政治考虑来思考和观察人类未来和发展，就越是不相信永久和平的可能性，也不相信永久和平的效用。因此，法西斯主义抛弃了和平主义学说，视之为放弃斗争和不敢牺牲的怯懦行为。只有战争才能把人类的全部精力发挥到极致，才能给有勇气拥抱战争的民族打上高贵的印记……

在法西斯主义看来，帝国的壮大，即民族的扩张，是生命力的本质体现，反之则是衰亡的标志。崛起的民族，或者在衰落一段时间后重新崛起的民族，从来都是帝国主义者。

* Voelkischer Beobachter, May 7, 1930; and Benito Mussolini, “The Political and Social Doctrines of Fascism,” *Political Quarterly* (July September 1933), p. 356.

二、意大利占领埃塞俄比亚

日本侵占中国东北之举悍然挑战了远东地区的现状，更令人不安的是希特勒和
588 墨索里尼致力于打破欧洲的现状。多年以来，法国与捷克斯洛伐克、波兰和南斯拉夫等邻国建立了一个结盟体系以维持欧洲的现状。希特勒当上德国总理后，要求修改《凡尔赛和约》，并与墨索里尼共同致力于摧毁整个凡尔赛体系，最终彻底打破了欧洲的现行体系。

1935年3月16日，希特勒宣布单方面废止《凡尔赛和约》的军事条款，启动大规模重整军备计划。西方列强做出回应，呼吁各国共同采取行动应对德国的威胁。然而，西方列强言行不一，没有采取任何实际行动，反而坐视德国东山再起，发展成一个军事强国。这就从根本上改变了欧洲的力量对比，因为德国的军队和防御工事切断了法国与其中欧和东欧盟友的联系。

图269 墨索里尼决心使意大利实现粮食自给自足。1938年7月，墨索里尼在烈日下赤膊站在农业集会的打谷台上，宣布意大利不再依赖其他国家的粮食。

正如日本侵略中国东北得逞助长了欧洲法西斯的气焰，希特勒畅行无阻地实施重整军备刺激了意大利入侵埃塞俄比亚。1935年10月3日，墨索里尼的军团入侵独立的非洲王国埃塞俄比亚。这次侵略是出于多重动机，墨索里尼渴望重现罗马帝国的荣耀，企图借助殖民扩张来缓解国内经济困境。国际联盟宣布意大利为侵略者，通过了对意大利实施经济制裁的决议。

西方再次表现出致命的言行不一。这一次是在对意经济制裁上未能采取一致行动。国际联盟的支持者希望把对意大利的制裁落到实处，对意大利禁运以石油为核心的原材料。但英国和法国的一些部长表示反对，他们担心实行石油禁运将使墨索里尼像日本那样退出国际联盟，站到希特勒的一边。最终，绥靖主义者占了上风，不幸的埃塞俄比亚人的命运就此注定，他们在意大利军团的攻击下溃不成军。

埃塞俄比亚的部落首领有一种自取灭亡的傲慢和无知，他们看不起游击战，将其视为一种偷偷摸摸和有失身份的战术。于是，埃塞俄比亚人正面迎击敌人，结果遭到无情的轰炸和扫射，意大利军队甚至动用了芥子气。经过7个月的战斗，1936年5月5日，意大利人耀武扬威地进入亚的斯亚贝巴。同日，墨索里尼宣布："罗马的和平可以概括为一句简单明了、斩钉截铁的话：'埃塞俄比亚属于意大利。'"这样，墨索里尼以3000人和10亿美元的代价，赢得了一个拥有91万平方千米土地、1000万人口和丰富自然资源的帝国。

接下来的三年里，墨索里尼和希特勒的冒险一次又一次地获得了成功，首先是干涉西班牙内战。

三、西班牙内战 589

西班牙内战具有重大的意义，它实质上是一场二合一的战争，既是西班牙社会的衰败和紧张局势造成的一场尖锐社会冲突，也是意识形态冲突和大国利益冲突引发的第二次世界大战的一场前哨战。

20世纪的西班牙早已是今非昔比。16世纪，西班牙是欧洲最强大和最令人生畏的国家。1898年的美西战争成为西班牙衰落的象征，美国不费吹灰之力地夺取了西班牙大部分剩余的殖民地。这场战争让西班牙孱弱的军事实力暴露无遗，还揭示了盘根错节的寡头统治集团的腐败和无能。西班牙寡头统治集团主要有三股势力：大地主、军队和教会。

西班牙的地主阶层约有3.5万户，却占有50%左右的耕地。这些人都是在外地主，他们将地产交给代理人管理，自己在马德里恣意挥霍，因此对国家经济毫无贡献。西班牙军队有两个显著的特征，一是官兵比例高得惊人，二是频繁干涉国家政

图270 1936年，弗朗西斯科·佛朗哥将军发动了反对西班牙民选政府的叛乱，引发了血腥的内战。图为佛朗哥在西班牙北部城市布尔戈斯的街上游行。

治。最后，西班牙的罗马天主教会有钱有势，除了控制教育系统，还通过所掌握的报纸、劳工团体和各种非宗教组织发挥了很大影响。教会权势坐大引发了强烈的反教权主义。内战期间，教士、修女和教会财产频频受到袭击，这种情况在西班牙历史上屡见不鲜。

这就是1902年登基的阿方索十三世统治下西班牙社会的状况。阿方索统治时期，内阁频繁更迭，罢工、兵变和暗杀此起彼伏。大萧条使西班牙的局势进一步恶化，最终阿方索决定恢复宪法，1931年4月，西班牙举行市政选举。投票结果表明人们强烈反对现政权，共和党人控制了55个省会中的46个。民心向背已是昭然若揭，于是，就像1789年以来的4位前任国王一样，明哲保身的阿方索离开了这个国家。

1931年4月14日，西班牙宣布成立共和国，举行了立宪会议选举。7月，立宪会议召开，成员分为三大派别：右翼的保守派，共和主义者的中间派，社会主义

590 者、斯大林主义者、托派共产主义者、无政府工团主义者组成的左派。中间派和左

派掌握了立宪会议的绝大多数席位，通过了一部自由主义宪法，这部宪法规定，男女一律享有普选权，实行彻底的宗教自由，政教分离，教育世俗化，教会财产收归国有。

这种“左倾”趋势让西班牙强大的既得利益集团惊恐不已。在德国和意大利的扶持下，以弗朗西斯科·佛朗哥将军为首的西班牙右翼分子发动了反革命叛乱。1936年7月17日，驻摩洛哥军队发动叛乱，次日，西班牙本土的一些将领也发动叛乱。叛军自封为国民军，迅速占领了西班牙南部和西部地区。在叛乱的最初几周，共和派丢失了大约一半的国土，但他们随即重整旗鼓，设法控制了中部的马德里、北部的巴斯克地区，以及包括巴塞罗那和巴伦西亚等大城市在内的发达的东海岸地区。这样，共和派占据了上风，拥有工业中心、人口最稠密的地区和有着巨大黄金储备的首都。尽管有这些优势，共和派最终还是被打败，主要原因是共和派无法从国外获得武器装备，而国民军却得到了德国和意大利援助的大批武器。

双方在两年时间里一直僵持不下，国民军控制了西班牙西部和南部的农业地区，共和派控制着发达的北部和东部地区。1938年年中，一直是共和派主要武器来源的苏联政府决定不再向西班牙运送武器。苏联的撤出使佛朗哥军队得以打破僵局。1938年12月底，叛军占领了巴塞罗那，第二年3月，叛军进入马德里，内战宣告结束。

对于西班牙来说，这场漫长的磨难造成了2500万人口中的75万人伤亡，每7个未受伤的人中就有一人无家可归。对于西方列强来说，这场内战意味着又一次令人震惊的失败。如同埃塞俄比亚遭到入侵时一样，面对轴心国的侵略，西方列强再次表现出软弱和优柔寡断。当德国吞并奥地利和捷克斯洛伐克的时候，同样的一幕将一再重演。

四、奥地利和捷克斯洛伐克的覆灭

1938年，轴心国兵不血刃地接连取得重大胜利。1938年2月12日，希特勒邀请奥地利总理库尔特·冯·许士尼格到贝希特斯加登的阿尔卑斯山别墅会谈。这位元 591
首要求奥地利做出将严重侵犯其独立的让步。许士尼格予以拒绝，宣布于3月13日在奥地利就以下问题举行公投：“你是否支持一个自由、独立、德意志人和基督教的奥地利？”

在随后的危机中，没有一个大国向奥地利伸出援手。2月22日，张伯伦在英国下院表示：“我们不应试图欺骗弱小国家，使其认为国联将保护其免遭侵略，并在我们明知不可能发生此类事情的时候采取相应行动。”[1]3月13日，柏林和维也纳同时颁布法律，宣布奥地利与德国合并。第二天，希特勒耀武扬威地进入他出生的这个国家。希特勒就这样不费一兵一卒地接管了奥地利。国际联盟甚至从头至尾一言不发。

希特勒如愿以偿地吞并奥地利之后，又将下一个目标对准了邻国捷克斯洛伐克。捷克斯洛伐克是个更大更强的国家，拥有一支高效的现代化军队和雄厚的工业实力。但是，苏台德边境地区有300万德意志人少数民族，这使得捷克斯洛伐克很容易成为纳粹分子宣传和颠覆的对象。

奥地利覆灭后，苏台德问题成为捷克斯洛伐克的严重隐患。版图扩大的德意志帝国从三面包围了这个国家。雪上加霜的是，有迹象表明，英法两国政府准备像抛弃奥地利一样抛弃捷克斯洛伐克。1938年9月，捷克斯洛伐克被抛弃了，在慕尼黑会议上，英法两国同意德国获得捷克斯洛伐克的大片边境地区。

590

图271　1938年9月29日至30日，希特勒在慕尼黑与英法两国领导人会谈。这次会谈决定了捷克斯洛伐克的命运，协约国领导人抛弃了这个民主国家，徒劳地试图安抚希特勒以避免战争。图中，希特勒坐在中间，他的右边是英国首相内维尔·张伯伦。

五、战争的爆发

希特勒吞并奥地利和捷克斯洛伐克后，又对波兰提出了强硬要求，德国无止境扩张的可能性摆在了西方列强面前。因此，1939年3月31日，英国和法国向波兰做出承诺，一旦发生“任何明显威胁波兰独立的行动”，两国将共同援助波兰。轴心国把侵略矛头转向阿尔巴尼亚，4月，意大利入侵并占领了阿尔巴尼亚。为此，英国和法国承诺，如果意大利进一步向巴尔干半岛推进，两国将全力援助希腊和罗马尼亚。

除非西方列强与苏联联手，否则对东欧国家的这些承诺完全是纸上谈兵。5月19日，丘吉尔在下院表示：“如果没有强大的东部战线，就不可能保卫我们在西方的利益；而没有俄国，就不可能有一条强大的东部战线。”[2]很显然，西方与苏联在组建“和平阵线”方面有着共同利益。但是，由于彼此之间深刻的不信任，双方未能建立这样的联合阵线。英国和法国担心苏联借助与西方的协议向东欧扩张，而苏联则担心一旦德国入侵苏联，英法两国不会兑现援助承诺，让苏联单枪匹马地对抗希特勒。

就在此时，英国官员向驻伦敦的德国代表试探英德两国签订互不侵犯条约的可能性，从而使英国摆脱对波兰的承诺，这就使得西方与苏联之间的不信任感灾难性地升级了。疑虑重重的苏联人判断，西方的这种策略将一再重演，而且矛头是针对苏联的。为此，斯大林做出了一个重大决定，向迄今为止的死敌轴心国靠拢。8月23日，苏联与德国签订了互不侵犯条约，条约规定，如缔约一方与第三国交战，另一缔约方将保持中立。值得注意的是，该条约没有包含苏联与其他国家签订互不侵犯条约时特有的所谓“免责条款”，即如果缔约一方对第三国发动侵略，条约自动失效。这也许与该条约的秘密议定书有关，该秘密议定书规定，如果发生“领土或政治上的重新安排”，立陶宛和波兰西部将纳入德国势力范围，而波兰其余地区，连同芬兰、爱沙尼亚、拉脱维亚和比萨拉比亚，将划归苏联势力范围。

这样，希特勒的东翼得到了保障，他可以放手发动战争了。1939年9月1日清晨，在未经宣战的情况下，德国军队、坦克和飞机全线越过了波兰边境。9月3日，英国和法国对德宣战。墨索里尼虽然大肆宣扬轴心国的《钢铁盟约》，却宣布保持 592
中立。至此，第二次世界大战拉开了大幕。

[推荐读物]

关于20世纪30年代的外交有两种不同观点，G. L. Weinberg，*Diplomatic Revolution in Europe，1933–1936*；*The Foreign Policy of Hitler's Germany：Starting World War II，1937–1939*（University of Chicago，1970，1980）认为希特勒应对战争负责，因为他意图控制整个中欧和东欧。A. J. P. Taylor，*The Origins of the Second World War*（Hamilton，1961）则认为战争主要是英法的愚蠢错误造成的。J. Remak，*The Origins of the Second World War*（Prentice Hall，1975）简要讲述了战争的进程。

关于日本扩张主义的背景，参阅A. Iriye，*After Imperialism：The Search for a New Order in the Far East，1921–1931*（Harvard University，1965）；D. M. Brown，*Nationalism in Japan*（University of California，1955）；Y. C. Maxon，*Control of Japanese Foreign Policy：A Study of Civil-Military Rivalry，1930–1945*（University of California，1957）；J. B. Crowley，*Japan's quest for Autonomy*（Princeton University，1966）。关于日本扩张的具体情况，参阅 D. Bergamini，*Japan's Imperial Conspiracy*（Morrow，1971）；J. M. Maki，*Conflict and Tension in the Far East：Key Documents，1894–1960*（University of Washington，1961）；D. Borg，*The United States and the Far Eastern Crisis of 1933–1938*（Harvard University，1964）；F. C. Jones，*Japan's New Order in East Asia：Its Rise and Fall，1937–1945*（Oxford University，1954）。

关于意大利入侵埃塞俄比亚，参阅G. W. Baer，*The Coming of Italo-Ethiopian War*（Harvard University，1961）；A. Mockler，*Haile Selassie's War：The Italo-Ethiopian Campaign*（Random House，1985）；G. W. Baer，*Test Case：Italy，Ethiopia and the League of Nations*（Hoover Institution，1976）；A. Sbacchi，*Ethiopia Under Mussolini：Fascism and the Colonial Experience*（Zed Press，1985）。

关于西班牙内战的背景，参阅E. E. Malefakis，*Agrarian Reform and Peasant Revolution in Spain：Origins of the Civil War*（Yale University，1970）；P. Preston，ed.，*Revolution and War in Spain 1931–1939*（Methuen，1985）。从不同角度对内战进行研究的著作有：D. A. Puzzo，*Spain and the Great Powers，1936–1941*（Columbia University，1962）；H. Thomas，*The Spanish Civil War*（Harper & Row，1961）；G. Jackson，*The Spanish Republic and the Civil War 1931–1939*（Princeton University，1965）；B. Bolloten，*The Grand Camouflage*（Hollis and Carter，1961）；S. G. Payne，*Politics and the Military in Modern Spain*（Stanford University，1967），*The Spanish Revolution*（W. W. Norton，1970）。

关于入侵埃塞俄比亚和西班牙内战爆发后欧洲迅速走向战争，不同观点的著作有：F. W. Deakin，*The Brutal Friendship：Mussolini，Hitler and the Fall of Italian Fascism*

（Weidenfeld and Nicolson，1962）；G. F. Kennan，*Russia and the West*（Little，Brown，1960）；E. H. Carr，*German-Soviet Relations Between the Two World Wars*（Hopkins，1951）；M. George，*The Warped Vision：British Foreign Policy 1933–1939*（University of Pittsburgh，1965）；A. A. Offner，*American Appeasement：United States Foreign Policy and Germany 1933–1938*（Harvard University，1969）；T. Taylor，*Munich：The Price of Peace*（Doubleday，1979）。关于走向第二次世界大战的过程，最新的研究著作是D. C. Watt，*How War Came：The Immediate Origins of the Second World War，1938–1939*（Pantheon，1989），该书充分利用了德国外交部的档案资料，并对战争双方领导人做了深入分析。

[注释]

1. *Bulletin of International News*，XV（March 5，1938），p. 9.
2. W. S. Churchill，*The Second World War：The Gathering Storm*（Houghton Mifflin，1948），p. 376.

我不知道第三次世界大战用什么打，但是我知道第 593
四次世界大战一定是用木棍和石头打。

——爱因斯坦

第四十一章　第二次世界大战及其全球影响

希特勒与斯大林签订条约，目的在于让苏联在德国入侵波兰时保持中立。这样，正如事实表明的那样，他就可以在吞并波兰之后，集结军队掉头向英国和法国发起进攻。希特勒曾在私下里表示，“让我们把这个协定看作是为了保护我们的后方”。事实上，苏联也是希特勒计划中的攻击对象：“目前它并不危险，当我们解决了西方后才能腾出手来对付俄国。在未来一两年内，目前的局势将维持不变。”[1]因此，希特勒从一开始就制订了全盘征服计划：先是波兰，然后是西方，最后轮到苏联。希特勒按照这个步骤发动侵略，从而决定了第二次世界大战的进程，直到苏联和西方力量逐步壮大，重新夺回了主动权。

像第一次世界大战一样，第二次世界大战最初是一场由东欧少数民族问题引发的欧洲冲突。在战争的头两年，交战双方是在欧洲战场作战。1941年，日本偷袭珍珠港，美国参战，这场战争演变成一场全球战争，就像1917年美国的参战改变了第一次世界大战的性质一样。然而，这两场战争的相似之处也就到此为止。随着日本以迅雷不及掩耳之势征服了整个东亚和东南亚，第二次世界大战在全球波及的地域范围要远远超出前一次大战。此外，两次大战在战略和武器上也有着天壤之别。第一次世界大战时，建立在战壕和机枪掩体基础上的防御强于进攻。反之，第二次世界大战时，坦克和飞机主导的进攻强于防御。正因如此，第二次世界大战的战线来回拉锯，整个国家甚至整个大陆反复易手，这与1914—1918年西线血腥的僵持战 594
局形成了鲜明对比。

一、欧洲战争阶段

瓜分波兰

在波兰，德军首次展示了新式“闪电战”的致命威力。德军首先出动大批斯图卡式俯冲轰炸机轰炸交通线，制造恐怖和混乱。随后，装甲师将敌军防线撕开一个个缺口，迅速从突破口突入敌军纵深，破坏交通和通信设施，将敌军分割包围。最后，轻型摩托化师和步兵师在空军和炮兵掩护下“肃清”包围圈里遭受重创的敌军。

不幸的波兰地势平坦，军队落后，正是闪电战的“用武之地”。事实上，10天之内，这场战役胜负已分。大批德军坦克和飞机在波兰乡间迅速推进，波兰人的抵抗逐渐减弱。德军的迅猛攻势促使斯大林采取行动，以夺取与希特勒所签协定中划给苏联的土地。9月17日，苏联红军进入波兰东部，两天后，苏军与胜利的德军会师。9月27日，华沙陷落。波兰政府领导人逃到罗马尼亚，接着又逃往法国。两天后，波兰国家被瓜分：德国占领了有2200万人口的9.6万平方千米土地，苏联占领

图272　德国入侵波兰初期，德军摩托化部队横扫波兰。

了有1300万人口的20万平方千米土地。不到一个月，欧洲最大的国家之一的波兰就从地图上消失了（见地图30）。

苏联政府根据《苏德互不侵犯条约》的秘密议定书，在波罗的海地区采取行动，以加强苏联在这一地区的战略地位。1939年9月和10月，苏联迫使爱沙尼亚、拉脱维亚和立陶宛同意在本国境内建立苏联军事基地。作为补偿，立陶宛得到了觊觎已久的维尔纳地区和维尔纽斯城，当时这一地区还属于波兰。随后，苏联向芬兰 595
索要卡累利阿地峡和北冰洋沿岸佩查莫附近的一些领土。芬兰人拒绝了，11月30日，苏联红军向芬兰发起进攻。

芬兰向国际联盟提出申诉，国联开除了苏联的成员国会籍。芬兰人出人意料地挡住了苏军的猛攻，多次击退了苏军对曼纳海姆防线的进攻。严重低估了芬兰实力的苏军调集重炮增援正规部队。3月中旬，苏军突破了曼纳海姆防线，芬兰被迫求和。苏联通过随后签订的条约获得了比当初索要的更大的领土，包括佩查莫地区、维堡港、芬兰湾的几座岛屿和汉科海军基地。

苏联对芬兰和其他波罗的海国家的这些行动，主要意义或许在于反映了苏德合作背后的较量和不信任。一个证据是，苏联坚持要求波罗的海地区的德意志人撤回德国，几个世纪以来，这些德意志人一直控制着梅梅尔和里加等中心城市。

从波兰到法国

与此同时，西线却出奇地安静。波兰遭到瓜分，英国和法国完全束手无策。两
国海军无法进入德国严密封锁的波罗的海，空军无法飞越第三帝国领空，地面部队 596
则要面对希特勒1936年占领莱茵兰后精心构筑的防御工事。因此，法军只能坐守马奇诺防线，而德军也在齐格弗里德防线（西部防线）后面按兵不动。

事实证明，这种表面的平静从来只是假象。1940年4月9日，德国国防军发动突然袭击，横扫丹麦并在挪威海岸登陆。德军的主要目标是控制挪威峡湾，为德国潜艇提供宝贵的基地，保护瑞典铁矿石沿海岸运往德国。丹麦迅速崩溃，挪威则在英国援助下顽强抵抗。但是，到6月初，法国已是自身难保，英法远征军从海上撤离，挪威政府成员随同流亡伦敦。

闪电战的惊人战果很快就让盟军在挪威的挫败变得不值一提。短短7周之内，德军横扫法国和低地国家。5月10日，德军进攻荷兰和比利时，两天后又进攻法国。荷兰的防线不到5天就崩溃了。比利时坚持到5月28日，当天利奥波德国王宣布投降，比利时军队放下了武器。与此同时，德军绕过并未延伸到海岸的马奇诺防线北端，穿越阿登森林，在色当把法军防线撕开了一道80千米宽的缺口。德军装甲师向西直插英吉利海峡，于5月21日抵达英吉利海峡。德军的突破切断了北部的英

595

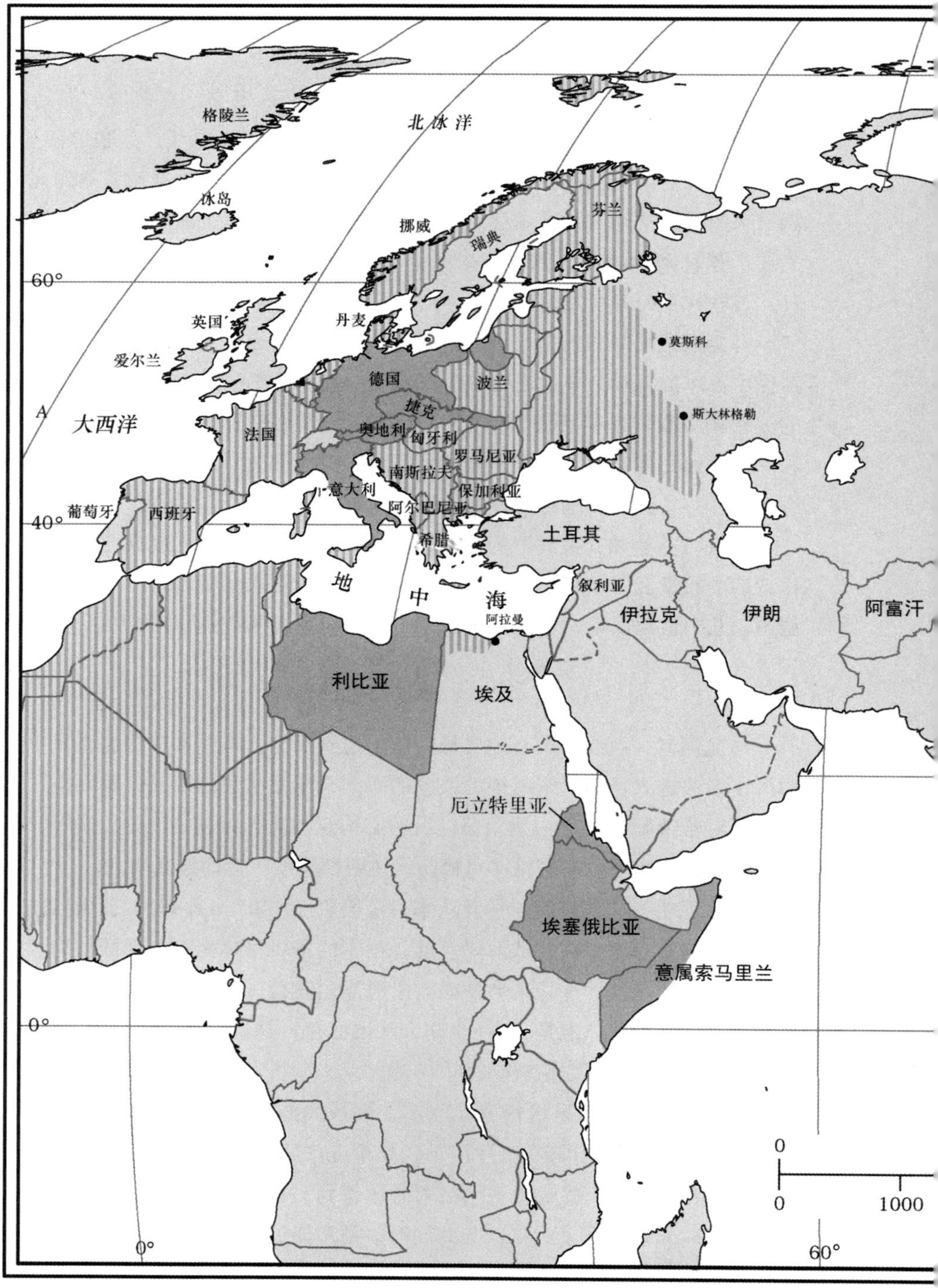

地图30 第二次世界大战：轴心国的征服（1939—1943年）

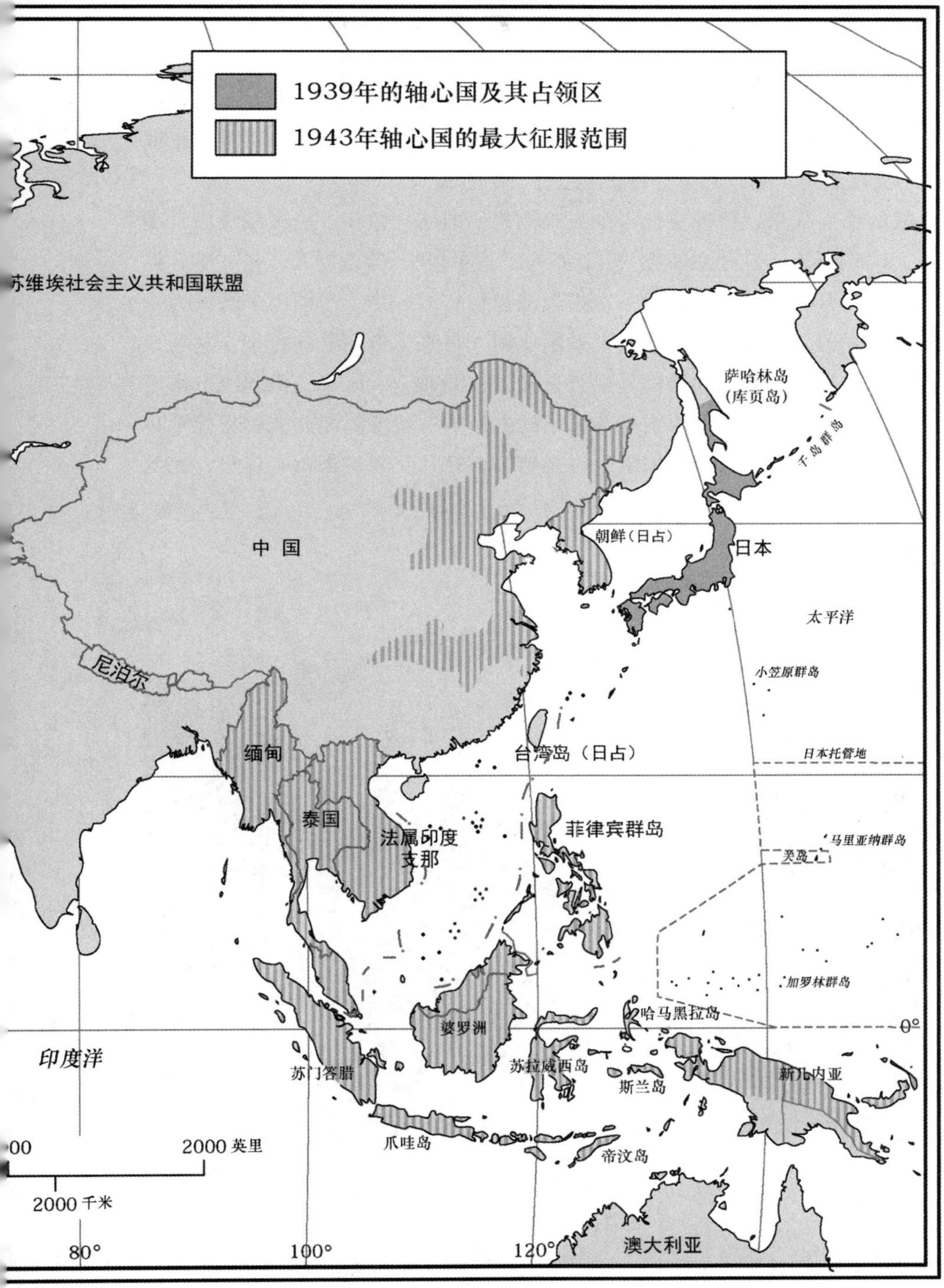
1939年的轴心国及其占领区
1943年轴心国的最大征服范围
苏维埃社会主义共和国联盟
萨哈林岛
(库页岛)
千岛群岛
中 国
朝鲜(日占)
日本
太平洋
尼泊尔
小笠原群岛
缅甸
台湾岛（日占）
日本托管地
泰国
法属印度
支那
菲律宾群岛
马里亚纳群岛
关岛
加罗林群岛
哈马黑拉岛
0°
婆罗洲
印度洋
苏门答腊
苏拉威西岛
斯兰岛
新几内亚
爪哇岛
帝汶岛
2000 英里
2000 千米
澳大利亚
80°
100°
120°

国、法国、比利时军队与法军主力的联系。佛兰德斯的盟军大部分是英军，他们撤退到敦刻尔克，再从那里撤回英国。

敦刻尔克撤退后，德军继续向南推进，6月13日，德军占领了巴黎。士气低落的法国政府接受了德国提出的苛刻的停战条件，其中包括释放所有德国战俘，解散法国军队，交出法国军舰，德军占领法国超过一半的领土。

闪电战的惊人战果还体现在低得令人难以置信的伤亡数字。法国战役中，法军损失了大约10万人，其他盟军损失了2万人，德军损失了4.5万人。各方所有损失加起来还不到第一次世界大战时一次进攻战役伤亡的一半。法国历来被认为是最强大的西方强国，如此迅速的崩溃无疑给法国人带来了最痛苦的打击。这场大灾难的责任人被指控为叛国和怯懦。尽管这些指控并非空穴来风，但起决定作用的似乎是其他一些因素。一个因素是苏德条约的影响，希特勒因此能够将德军兵力集中到一条战线上。最重要的因素也许是德国在好几个领域都占有优势，尤其

图273　1940年9月，德军在巴黎香榭丽舍大街上行进。

是运用了全新的闪电战战术。

不列颠战役

敦刻尔克撤退和法国沦陷后，希特勒想当然地认为英国人会认清形势并做出妥协。但他错误地估计了英国人民和英国新首相温斯顿·丘吉尔。丘吉尔以其特有的决心和胆识向英国人民和全世界宣告：“我们将在海滩上作战，我们将在敌人的登陆地点作战，我们将在田野和街头作战，我们将在山丘上作战，我们决不投降。”

希特勒一时间踌躇不前，对下一步的行动拿不定主意。法国出人意料的迅速崩溃让他措手不及。起初，希特勒试图与英国人达成协议，但英国人对他的提议不予理睬，于是他出动空军轰炸英国，认为单靠空袭就足以制服英国，不需要实施风险很大的渡海作战。

德军的空袭发展成关键的不列颠战役，这是第二次世界大战的重要转折点之一。在这场大规模空战中，德国空军在数量上占优，德军2670架飞机对皇家空军的1475架飞机。但是，英国皇家空军有性能更先进的喷火式战斗机和飓风式战斗机，因为英国比德国晚几年才开始大规模生产飞机。英国人还使用了雷达，这项新发明 597
可以“发现”80 ~ 161千米外的敌机。凭借这些优势，几千名英国和自治领的战斗机飞行员，加上少量波兰、捷克、法国和比利时飞行员，成功击退了德国空军，彻底打消了希特勒入侵英国的念头。

征服巴尔干

不列颠战役失利后，希特勒决定在来年春天入侵苏联。为了做好入侵苏联的准备，希特勒派兵进入罗马尼亚，以便与罗马尼亚军队协同进攻苏联。就在此时，墨索里尼鲁莽地发动了对希腊的入侵。墨索里尼原以为能够一举攻占希腊，结果招致了耻辱的惨败。1940年10月28日，意大利军队从阿尔巴尼亚进入希腊，打算长驱直入到雅典举行凯旋游行。但是，11月11日，越过希腊-阿尔巴尼亚边境的意军在迈措沃战役中遭遇惨败。意大利装甲师在伊庇鲁斯山区行动迟缓，希腊人利用熟悉地形的优势抢占高地，居高临下地分割包围山下的敌人。11月中旬，希腊人已经把意军赶回了阿尔巴尼亚。在接下来的几周里，希腊人相继攻占了几座阿尔巴尼亚大城镇。一时间，墨索里尼似乎要面临一场亚得里亚海的敦刻尔克撤退。

希特勒不能坐视意大利人溃败，尤其是因为英国正在希腊部署空军，将给准备入侵苏联的德军带来麻烦。4月6日，希特勒发动了征服南斯拉夫和希腊的“马里塔行动”。如同波兰和法国战役一样，德军装甲师和空军所向披靡，就连巴尔干半岛的崎岖山地也未能如人们期望的那样有效阻滞德军攻势，英军地面部队和空中力量过于孱弱，根本无力阻挡如潮水般涌来的德军。4月13日，德军攻占贝尔格莱德，10天后，英军从希腊南部撤往克里特岛。德军随即对克里特岛发动空降进攻，英军完全没有料到会遭受来自克里特岛以北290千米的希腊本土的空袭，结果被打了个
598 措手不及。尽管损失惨重，德军于6月初完全占领了该岛。

德军不仅征服了巴尔干半岛，在北非，骁勇善战的埃尔温·隆美尔将军指挥德军长驱直入、大获全胜。彻底控制了巴尔干和北非后，1941年6月22日，希特勒下令德国国防军越过苏联边境（见地图30）。

二、全球战争阶段

入侵苏联

1939年8月，斯大林与希特勒签订了互不侵犯条约，这有多方面的原因。斯大林非常不信任西方领导人，希望通过这项条约来争取时间，以加强苏联的军事和工业设施。斯大林还预计德国和西方列强迟早要发生冲突，双方会打一场消耗战，苏联则可以借助互不侵犯条约置身事外，等到时机成熟再进行干预。斯大林告诉他的同志："如果战争开始，我们不能袖手旁观。我们将不得不投入战斗，但我们必须是最后一个加入战斗的人，我们的加入是为了给天平放上一个举足轻重的砝码，这砝码将发挥决定性作用。"[2]这个策略不可谓不精明，结果却事与愿违，险些导致了苏维埃国家的覆灭。这个策略是基于这样一种假设，即德军和西方军队势均力敌，最终两败俱伤，让红军可以坐收渔翁之利，成为欧洲大陆的主宰力量。结果，德国国防军不费吹灰之力击败了所有对手，德国成为欧洲大陆的主宰，从而使苏联陷入孤立无援的危险境地。

图274 1939年8月，苏德两国在莫斯科签订互不侵犯条约。

苏德战争爆发之初，苏联似乎会像波兰和法国一样迅速崩溃。德军装甲师采取驾轻就熟的战术，迅速突破苏军边境防御，深入苏军后方，包围了整个苏军集群，俘虏了数

十万苏军。到1942年年底，德国国防军向东推进了966千米，占领了苏联工业化程度最高和人口最稠密的地区。

德军之所以在战争初期大获全胜，除了突然袭击外，还有一个重要因素，那就是德军开始时拥有数量上的优势。希特勒入侵苏联时，德军约有300万人，苏军约有200万人。当然，苏联拥有庞大的后备力量，但德国空军的轰炸使苏联难以迅速有效地调集后备力量。德军先后在波兰、法国和巴尔干半岛等不同战场作战，因此作战经验明显优于苏军。此外，斯大林没有对纳粹即将入侵的许多警告引起足够的重视，所以大部分苏军飞机在战争第一天就被摧毁在地面。我们还应该看到，这场战争不仅仅是苏联与德国之间的战争，而是苏联与欧洲大陆之间的战争。换言之，苏联红军不仅要与德军作战，还要与大批芬兰、罗马尼亚和匈牙利军队作战。苏联兵工厂的对手不仅有德国兵工厂，还有法国和捷克斯洛伐克的兵工厂。因此，虽然1941年苏联钢产量将近与德国持平，却不到德国和欧洲大陆其他国家的钢铁总产量的一半。最后，入侵的德军得到了大批苏联公民的协助，其中有些是心怀不满的非俄罗斯少数民族，有些是农民，他们仍然怨恨斯大林强制推行土地集体化以及随之而来的大规模流放西伯利亚。因此，许多苏联公民两害相权取其轻，选择与德国人合作。

正是由于上述原因，德军在苏联领土上长驱直入，几乎彻底包围了莫斯科和列宁格勒。然而，红军岿然不动，甚至还在1941年12月发动了反攻。希特勒功败垂成的一个原因在于失去了占领区大多数人民的支持。占领区居民被迫为德国工农业从事强迫劳动，还有许多人反感希特勒的种族主义政策，希特勒将东欧人划为“劣等民族”，要用优越的北欧德意志人消灭和取代东欧人。希特勒在东欧建立新秩序的计划要消灭3000万斯拉夫人，更邪恶的是希特勒关于“犹太人问题”的 599
“最终解决方案”，即尽一切可能灭绝犹太人。德军占领波兰带来了200万～300万犹太人，西线的胜利增加了50多万犹太人，入侵苏联又增加了300万犹太人。“流动屠杀分队”紧随德国军队执行种族灭绝任务。1941年年底，屠杀分队开始使用流动毒气车。为了处置越来越多的受害者，纳粹建造了5个大规模种族灭绝营。奥斯维辛集中营创下了令人毛骨悚然的流水线杀人纪录：每天杀害12000人。

据估计，总计约有600万犹太人被杀害，占欧洲犹太人的四分之三，世界犹太人的三分之二。不过，犹太人并非唯一的受害者。500万新教徒、300万天主教徒和50万吉卜赛人也在灭绝营里丧生。这是一场世界历史上绝无仅有的大屠杀，为了区别起见，人们用希腊语的genos（种族）加上拉丁语的cide（杀戮），创造了一个新词genocide（种族灭绝）。当然，大屠杀并非20世纪独有的现象，但正如历史学家阿诺德·J. 汤因比指出，20世纪种族灭绝的特殊之处在于，“它是专制政权的当权者通过蓄意颁布的法令犯下的冷血罪行，种族灭绝的始作俑者动用当今技术和组织的

图275　1945年4月，美军解放的诺德豪森集中营的死难者。1933年，纳粹在德国建立了第一批集中营，用来关押反对派。征服波兰后，为了实施灭绝犹太人的“最终解决方案”，在波兰建立了新集中营。大约600万犹太人在这些集中营里被杀害。即使那些不是专门用于种族灭绝的集中营（关押政治犯和“劣等人”，如吉卜赛人、同性恋者和耶和华见证会教徒），条件也极度恶劣，有数以万计的人死亡。纳粹政权犯下了人类历史上史无前例的罪行。

所有资源，系统而完整地实施预谋的大屠杀”。[3]

纳粹有计划有步骤地用囚犯充当劳动力，死后当作“原材料”，把焚化炉里的骨灰做成肥料，把死者的头发做成床垫，把骨头碾碎做成磷酸盐，把脂肪做成肥皂，把金银假牙收入第三帝国银行的金库。

对于第二次世界大战的进程而言，罄竹难书的种族灭绝暴行既是罪恶的，也是目光短浅的。两次世界大战之间的年代里，斯大林主义和欧洲大陆形形色色声名狼藉的政权的暴行使得数百万人离心离德，如果不是受到德国种族主义分子更为残酷
600 的压迫，他们本来会支持希特勒的新秩序。结果，最终只有一小撮意志不坚定的通敌分子支持纳粹到底。占领区绝大多数人都在不同程度上支持抵抗力量，为最终打败希特勒做出了重大贡献。

日本袭击珍珠港

1941年12月7日，日本偷袭珍珠港，标志着第二次世界大战从欧洲战争转变为全球战争。战争爆发后，几乎所有美国人都决心保持中立。但是，希特勒出人意料的胜利，尤其是法国的沦陷，使美国决策者担心中立是否能够保护美国免受战争的殃及。如果希特勒征服了英国，控制了大西洋，难道不会把新大陆当作下一个征服目标吗？

正是基于这样的考虑，美国政府断定，要想避免卷入战争，最好是向那些仍在与德国作战的国家提供除直接参战外的一切援助。因此，美国相继签订了从中立国转变为非交战国的《驱逐舰换基地协议》（1940年9月2日），从非交战国转变为不宣而战状态的《租借法案》（1941年3月11日）和《大西洋宪章》（1941年8月12日）。

罗斯福总统在试图限制轴心国在西方扩张的同时，还试图阻止日本在太平洋地区的侵略。然而，东京政府一届比一届好战，他们认为欧洲的事态发展为日本提供了绝佳机会。由于希特勒的胜利，法国、英国和荷兰在东亚和东南亚的富饶属地的防御形同虚设。只要美国不介入，日本夺取整个东亚和东南亚的时机似乎已经到来。

图276　1941年12月7日，日本袭击夏威夷珍珠港。

日本统治集团在日美关系问题上发生了分歧。陆军意欲直接挑战英国、法国和美国，但海军、外交官和实业家大多有所保留。1941年10月，主张与美国和解的首相近卫文麿辞职，这成为一个转折点。东条英机将军接任首相，组成了由陆海军将
601 领组成的内阁，最终决定向美国发难。正如1904年日本不宣而战地袭击旅顺港，向俄国发难一样，1941年12月7日，日军不宣而战地袭击了珍珠港。短短几个小时，日军击沉了珍珠港内8艘战列舰中的5艘，以及3艘巡洋舰和3艘驱逐舰。同时，日本特遣队在菲律宾摧毁了美军的大部分飞机；德国和意大利对美国宣战。这样，美国在欧洲和亚洲全面卷入了战争。

1942年：轴心国的胜利

1942年，德国、意大利和日本几乎在所有的战场都大获全胜。轴心国发动大规模攻势，席卷了苏联、北非和太平洋的大部分地区，犹如一只巨大的三趾魔爪，攫住了亚欧半球。日军的战果尤其让人触目惊心，在很短时间里征服了一个从阿留申群岛到澳大利亚，从关岛到印度的庞大太平洋帝国。日本的成功有几个原因。首先，日本发动进攻的时机恰到好处，法国和荷兰已被占领，英国正在挣扎求生，而美国刚刚开始从和平经济转向战争经济。其次，日军几年来与中国游击队作战，训练士兵渗透到敌军阵地附近，然后从侧翼和后方发动攻击。日军在东南亚丛林与西方军队作战时，这些战术发挥了重要作用。最后，殖民地人民一直对西方帝国主义列强的剥削怨恨不已，这种情绪让日本人受益。日本侵略者用“亚洲人的亚洲”等口号来利用这种情绪。

正是由于这些因素，日军攻势连连，以惊人的速度推进，从香港到关岛和新加坡，再到东南亚的菲律宾、马来亚、印度尼西亚和缅甸，最终进逼印度边境。在5个月时间里，日本以1.5万人伤亡的代价赢得了一个帝国，拥有1亿多人口、世界上95%的生橡胶、90%的大麻和三分之二的锡。

在苏联战场，1942年6月，希特勒发动了新一轮大规模攻势。前一年苏联红军浴血奋战，守住了莫斯科和列宁格勒，于是希特勒挥师南下，目标是直插伏尔加河和里海，将苏联一分为二，切断红军从高加索的石油供应。像1941年一样，德军装甲师在平坦草原上迅速推进。主力机械化部队随后推进到斯大林格勒北面一点的伏尔加河。

在北非，1942年也是德军节节胜利的一年。1941年3月，骁勇善战的隆美尔将军指挥德国非洲军团将英军从利比亚赶到埃及边境。1942年5月，隆美尔继续发动攻势，越过边境进入埃及，进抵离亚历山大港不到80千米的阿拉曼。隆美尔认为胜利指日可待，便特意挑选了一匹白色纯种马，准备当作凯旋进入开罗的坐骑。

轴心国在每条战线的攻势都达到了顶峰。在北非，隆美尔准备进攻开罗；在苏联，德国国防军已经抵达伏尔加河；在太平洋地区，日本人似乎正准备进攻澳大利亚和印度。

1943年：形势逆转

轴心国在战争的前三年里所向披靡。到1942年年底，苏军在斯大林格勒取得胜利，英军在埃及取得突破，盟军在法属北非登陆，战局开始出现转折。1943年，随着墨索里尼垮台、盟军对德国发动空袭以及日本舰队在太平洋的失败，战争形势进一步扭转。

在斯大林格勒，苏军奉命坚守阵地，誓死保卫城市。8月22日，斯大林格勒战役打响。9月中旬，德军一路攻入市中心，之后便陷入了胶着。双方士兵在地下室、屋顶和下水道短兵相接，同时，两支苏军部队由西向东渡过伏尔加河，从斯大林格勒南北两面发起进攻，这个巨大的钳形攻势将围攻斯大林格勒的德军彻底包围。伏 602
尔加河畔的德军陷入绝境。1943年2月3日，苏军接受了12万德军的投降，33.4万人

图277　苏联士兵英勇保卫斯大林格勒，这座城市的每一栋建筑前都挖掘了战壕。1943年2月，德军在斯大林格勒的失败成为苏联战场的转折点。从此，苏军势不可挡地一路向西推进。

的德军仅剩下这些冻僵的幸存者。随后，苏军发起全线反攻，德军被迫采取防御行动，以防止撤退演变成溃败（见地图31）。

除了在苏联战场被迫后撤外，德军还和意大利盟友一起被赶出了北非。新任英军指挥官伯纳德·蒙哥马利爵士从埃及发起进攻，沿海岸公路击退了德军和意军，1943年1月，英军抵达的黎波里。同时，英美盟军在北非另一端的摩洛哥和阿尔及利亚登陆。盟军向东推进到突尼斯，1943年7月，盟军进入西西里岛。8月，盟军渡过墨西拿海峡向意大利本土进攻。

意军的灾难性失败导致墨索里尼垮台，最终还丢掉了性命。国王维克多·伊曼纽尔三世在君主主义者和法西斯党内反对派的劝说下，罢免并囚禁了墨索里尼。意大利成立了由埃塞俄比亚的征服者彼得罗·巴多格里奥元帅领导的新政府。1943年9月3日，意大利与盟军签订了停战协定。德国人的回应是派兵攻占了罗马，占领了意大利中部和北部地区。纳粹伞兵进行了一次大胆的突袭行动，从监狱里救出了墨索里尼。这位过气的领袖在意大利北部建立了一个“法西斯共和国”，宣称要战斗到底。在接下来的一年半时间里，意大利国家分裂，饱受战争蹂躏，德国人的傀儡墨索里尼控制了北部，盟军和巴多格里奥政府则控制着南部。

与此同时，第三帝国本土遭受越来越频繁的空中轰炸。1943年，盟军开始对德国实施昼夜不间断轰炸，英国空军负责夜间轰炸，美国空军负责白天轰炸。盟军一小时内在德国城市投下的炸弹超过了整个不列颠战役的投弹量。

日本也像欧洲轴心国伙伴一样遭受了战局的逆转。在战争前6个月取得巨大胜利之后，日军的进攻势头终于被阻止，然后越来越快地被击退。战争进程逆转的
604 根本原因在于美国拥有的资源和生产力占据绝对优势。美国经济转入战争状态后，任凭日本人有多么狂热的勇气，都会被美国压垮。例如，尽管战争初期的灾难使美国只剩下三艘主力航空母舰，但珍珠港事件后不到两年，美国主力航母的数量猛增至50艘。同样，海军飞机的数量从1941年的3638架增加到1944年的30070架，潜艇从1941年的11艘增加到1944年的77艘，登陆艇从1941年的123艘增加到1945年的54206艘。

日本人根本无力抵御从美国工厂奔涌而来的［军用物资］洪流。1942年8月7日，美国海军陆战队在瓜达尔卡纳尔岛登陆，开启了通往东京的漫长征途。美军以高昂的代价缓慢地夺取日军在南太平洋的基地。1944年年中，美军占领了马里亚纳群岛的塞班岛和关岛，新式的B29超级空中堡垒轰炸机从此可以轰炸日本本土。日本昙花一现的辉煌时刻就此走向终结。

图278　1942年，美国的战机制造有了惊人增长，图为加州英格尔伍德的飞机制造厂。

欧洲的解放

1944—1945年，欧洲解放，东线的苏联红军和西线在诺曼底登陆的英美盟军成为解放欧洲的主力。1944年6月6日，盟军4000艘商船和700艘战舰组成的庞大舰队从英国出发，在诺曼底登陆。在法国地下游击队的有力支援下，盟军巩固了滩头阵地。8月初，乔治·巴顿将军横扫法国北部的德军，进逼巴黎。8月19日，抵抗力量在法国首都发动起义。8月底，法国和美国军队解放了这座城市，此时已被公认为法国人民领袖的戴高乐将军凯旋进入巴黎，驱车前往巴黎圣母院。605

在西方盟军解放法国的同时，苏联红军在东线节节胜利。1944年春，苏军已将德国国防军赶出了克里米亚和乌克兰，随即开始发起总攻。在北方战线，9月，苏军击败芬兰，迫使其退出了战争。在中部战线，苏军越过了波兰的新老边界，兵临华沙城下。在南部战线，苏军推进到罗马尼亚心脏地带的多瑙河河口。9月，年轻的罗马尼亚国王米哈伊不失时机地宣布退出战争，为苏联红军打开了通往巴尔干半岛的大门。保加利亚仿效这一做法，向苏联求和，随后站在苏联一边重新参战。巴尔干半岛的德军为了避免被包围，开始尽快撤离。与此同时，南斯拉夫和希腊共产党领导的抵抗力量走出山区，接手控制了各自的国家，这一事态发展成为苏联与西

603

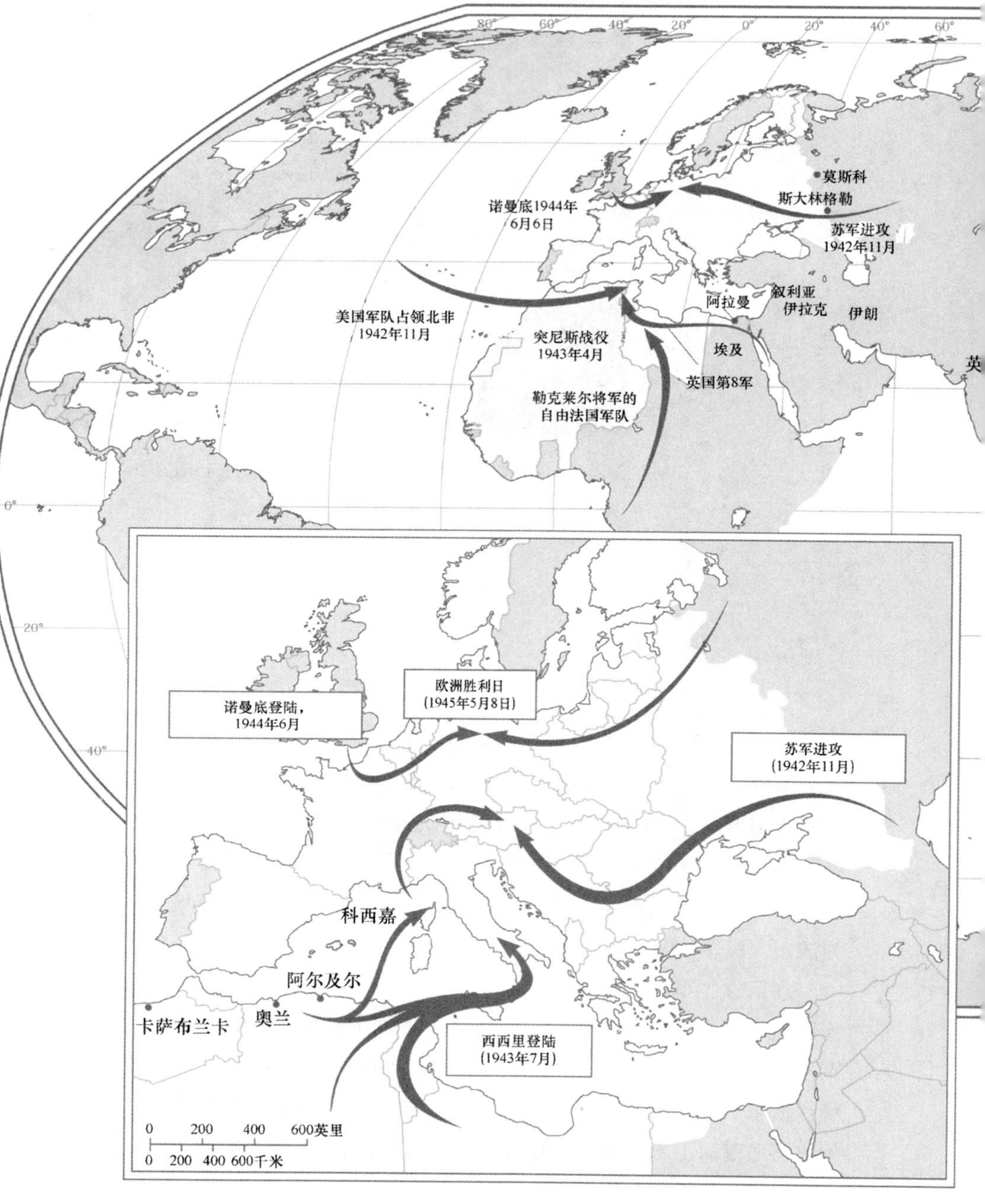

地图31　第二次世界大战：轴心国的败退（1942—1945年）

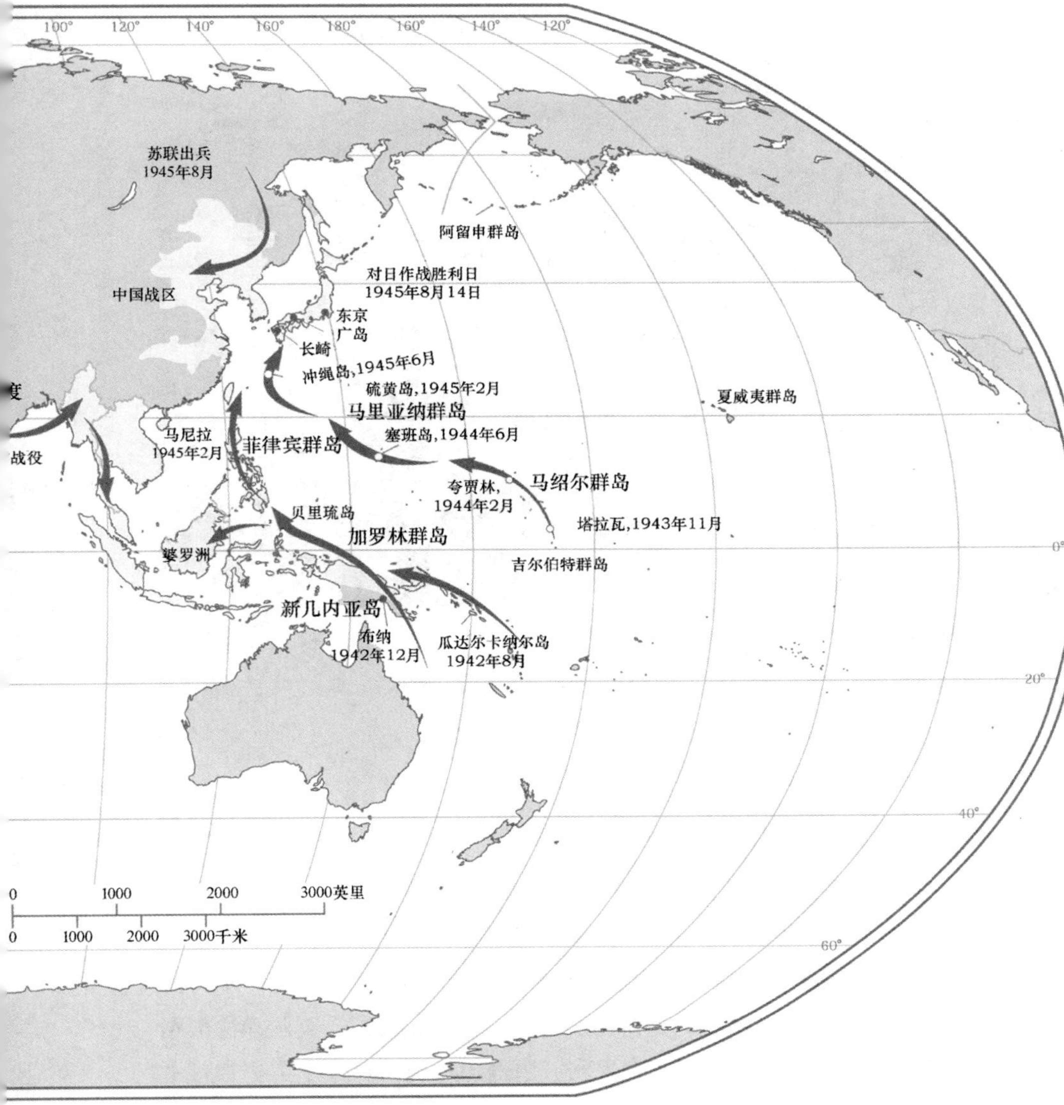

100°
120°
140°
160°
180°
160°
140°
120°
苏联出兵
1945年8月
阿留申群岛
对日作战胜利日
1945年8月14日
中国战区
东京
广岛
长崎
冲绳岛，1945年6月
硫黄岛，1945年2月
度
马里亚纳群岛
夏威夷群岛
马尼拉
1945年2月
菲律宾群岛
塞班岛，1944年6月
战役
马绍尔群岛
夸贾林，
1944年2月
贝里琉岛
塔拉瓦，1943年11月
加罗林群岛
婆罗洲
0°
吉尔伯特群岛
新几内亚岛
布纳
1942年12月
瓜达尔卡纳尔岛
1942年8月
20°
40°
0
1000
2000
3000英里
0
1000
2000
3000千米
60°

图279　1944年6月6日（D日），盟军在诺曼底登陆。这张照片拍摄于登陆日后两天，人员和装备的长龙从海滩向内陆挺进，增援先头部队。

方国家随后爆发的冷战的部分原因。在当地共产党领导的游击队帮助下，加上当年冬天十分温暖的有利条件，苏联红军向西推进到奥地利和德国边境。1945年4月，苏军占领了维也纳，渡过距离柏林64千米的奥得河。同时，美国、英国和法国军
606 队在西线节节挺进。1944年12月，德军在比利时阿登山区发起反攻，盟军被打了个措手不及。盟军从这场挫折中恢复过来，奋力推进到莱茵河，他们惊讶地发现，德军撤退时竟然忘了炸毁波恩南面雷马根的鲁登道夫铁路大桥。盟军蜂拥而至，只用了不到一个月时间就占领了莱茵兰（又叫莱茵河左岸地带），俘虏了25万德军。7支盟军部队在土崩瓦解的第三帝国迅速推进，他们本可以直捣柏林，因为苏联红军此时仍在奥得河一线，而且德国人把兵力全部调到东线阻击苏军，西线通往首都的道路几乎毫无防御。出于战略和外交上的考虑，盟军最高指挥官艾森豪威尔将军决定不去夺取柏林这个战利品。

4月16日，朱可夫率军对柏林发动了最后的总攻，盟军作壁上观。9天后，朱可夫的部队包围了柏林。4月25日，一支美军侦查队在易北河的托尔高村与苏军先头部队会师，从此将德军一分为二。4月的最后一天，希特勒和伴侣爱娃·布劳恩在四周炮火轰鸣的混凝土掩体里自杀。5月2日，柏林向苏军投降。随后的一周里，纳粹特使在兰斯向西方国家、在柏林向苏联无条件投降。驻意大利的德军指挥官也签署了无条件投降书。墨索里尼企图逃往瑞士，被游击队逮捕并当场处决。在米兰，墨索里尼和情妇的尸体被吊起来示众。

日本投降

德国和意大利投降后，日本在太平洋的前景更加黯淡。1944年年中，日本本土遭到从硫磺岛和冲绳起飞的超级空中堡垒轰炸机的轰炸。美国空军以这两个岛屿为基地，对人口稠密的日本城市展开了曾经摧毁德国的饱和式轰炸。日本人更经不起轰炸，因为他们的木质和纸质房屋犹如大量引火物，很容易燃起熊熊大火。

将日本拖入战争的军国主义者死不悔改，也不愿开始认真的和平谈判。日本政府犹豫不决之际，一连串前所未有的打击突然降临，打破了军国主义者的幻想。

图280　麦克阿瑟将军在美国军舰“密苏里”号上主持日本正式投降的签字仪式。

1945年8月6日，一架美军超级空中堡垒轰炸机向广岛投下了一颗原子弹，将广岛五分之三的城区夷为平地，造成14万居民死亡。两天后，苏联对日宣战，苏联红军迅速越过边境进入中国东北。最后一击是8月9日，美军轰炸机在长崎投下第二颗原子弹，造成7万人死亡。日本的极端军国主义分子仍然想负隅顽抗，一时间战争有可能要恶化为由顽固派军官领导的游击战。但天皇在内阁和政界元老的建议下决定投降，8月14日，日本接受了盟军的最后通牒。9月2日，在东京湾的"密苏里"号战舰甲板上举行了正式投降仪式。

至此，第二次世界大战画上了句号。这场战争比第一次世界大战更野蛮也更具破坏性。第一次世界大战造成了2840万人伤亡，而这场战争的死亡人数超过5000万，其中包括2000多万苏联人、1500万中国人、500万德国人、250万日本人、100万英国人和法国人以及30万美国人。更令人发指的是，这5000多万死者中至少有五分之一是死于冷血的屠杀。这1000万受害者因为种族、宗教、政治或其他原因，被当作"不受欢迎的人"而遭到"灭绝"。

三、世界历史上的第二次世界大战

第二次世界大战完成了始于第一次世界大战的欧洲全球霸权的崩塌过程，因此这两场战争在世界历史上具有同等的意义。对于当代世界来说，这两场战争也有着
607 至关重要的差异。纳粹分子和日本军国主义者对欧洲和亚洲旧秩序的破坏远远超过了霍亨索伦王朝和哈布斯堡王朝。德国人一度占领了整个欧洲大陆，而日本人一度占领了整个东亚和东南亚。但是，这两个庞大帝国只是昙花一现，到1945年时都已彻底覆灭，从而在具有重大经济和战略意义的地区留下了两个巨大的权力真空。正是这些真空地带的存在，加上意识形态上的因素，导致了冷战的爆发以及1945年后未能立即达成全面的和平协议。

两次大战的战后时期还有一个不同：1945年后，各殖民地民族成功崛起，这与1918年后帝国统治的加强形成了鲜明对比。不到20年时间，幅员辽阔的欧洲帝国几乎彻底销声匿迹。因此，在第二次世界大战后的年代里，两个重大的全球性事件是世界性殖民地革命和冷战。这也是我们接下来两章的主题。

[推荐读物]

最引人入胜和发人深省地讲述第二次世界大战的著作是S. Terkel，*"The Good War"：An Oral History of World War II*（Pantheon，1984）。L. Morton，*Writings on World War II*（Service Center for Teachers of History，1967）是一部有用的文献指南。最全面的二战史 608
有B. H. Liddell Hart，*History of the Second World War*（Putnam's，1970）；G. Wright，*The Ordeal of Total War 1939–1945*（Harper & Row，1969）；M. B. Hoyle，*A World in Flames：A History of World War II*（Atheneum，1970）；R. A. Divine，*Causes and Consequences of World War II*（Quadrangle Books，1969）。

W. L. Shirer，*The Collapse of the Third Republic*（Simon & Schuster，1969）对法国的沦陷作了生动描述。有关苏德战争各个阶段，参阅B. Whaley，*Codeword Barbarossa*（MIT，1973）；G. I. Zhukov，*Marshal Zhukov's Greatest Battles*（Harper & Row，1969）；A. Werth，*Russia at War，1941–1945*（E. P. Dutton，1964）；W. Craig，*Enemy at the Gates：The Battle for Stalingrad*（E. P. Dutton，1973）；H. E. Salisbury，*The 900 Days：The Siege of Leningrad*（Harper & Row，1969）。关于希特勒在东欧实施的种族灭绝政策和行动，参阅M. Gilbert，*The Holocaust*（Holt，Rinehart and Winston，1985）；G. Fleming，*Hitler and the Final Solution*（University of California，1984）；D. J. Goldhagen，*Hitler's Willing Executioners*（Knopf，1996），该书作者认为，很多德国人不是在服从屠杀犹太人的命令，而是认为自己在做"正确的事"。

关于导致日本加入战争的外交，参阅H. Feis，*The Road to Pearl Harbor*（Princeton University，1950）；J. M. Meskill，*Hitler and Japan：The Hollow Alliance*（Atherton，1966）。R. Wohlsetter，*Pearl Harbor：Warning and Decision*（Stanford University，1964）对日本偷袭珍珠港的背景作了权威的分析。D. Congdon，ed.，*Combat：The Pacific Theater：World War II*（Dell paper，1959）是一部关于太平洋战争的优秀论文集。J. Toland，*The Rising Sun：The Decline and Fall of the Japanese Empire*（Bantam Books，1970）从日本人视角描述了这场战争。H. Feis，*The Atomic Bomb and the End of World War II*（Princeton University，1970）为美国使用原子弹辩护，G. Alperowitz，*Atomic Diplomacy：Hiroshima and Potsdam*（Random House，1965），*Decision to Use the Atomic Bomb*（Knopf，1995）则批评了美国使用原子弹是反苏的一个步骤。关于原子弹对于人类的影响，见R. J. Lifton，*Death in Life：Survivors of Hiroshima*（Random House，1968）。J. Dower，*War without Mercy*（Pantheon，1986）在揭露太平洋战争期间美国和日本兵营都盛行种族主义方面做出了重要贡献。R. Overy，*Why the Allies Won*（Norton，1996）认为战争直到最后仍是一场势均力敌的冲突，同盟国的胜利并非势在必然。

最后，1985年8月号的*Bulletin of the Atomic Scientists*值得一读，因为它整期刊载了解释第二次世界大战的性质、后果及当代人类前途的重要文章。

[注释]

1. A. Dallin，“The Fateful Pact：Prelude to World War II，” *New York Times Magazine*（August 21，1948），p. 40.
2. A. Dallin，“The Fateful Pact：Prelude to World War II，” *New York Times Magazine*（August 21，1948），p. 163.
3. A. J. Toynbee，*Experiences*（Oxford University，1969），p. 241.

此后，这些地方（海外）的人们也许会日渐强大，欧洲人 609
也许会日渐衰落，世界各地人们的勇气和实力达到相同水平。只有这样才能产生相互恐惧，从而压制独立国家的不公正行为，使其能彼此尊重对方的权利。但最有可能建立这种实力平衡的，似乎就是互相交流知识和各种土地改良技术，这自然是（或者不如说必然是）世界各国广泛贸易带来的。

——亚当·斯密

第四十二章　帝国的终结

两次世界大战的一大差异在于战后殖民地的不同命运。第一次世界大战削弱了欧洲对殖民帝国的控制，但并未彻底打破这种控制；事实上，由于获得了阿拉伯地区的委任统治权，殖民统治的地域反而扩大了。相反，第二次世界大战后，势不可挡的革命浪潮席卷了殖民帝国，以惊人的速度终结了欧洲人的统治。欧洲的殖民地大多是在19世纪最后20年里迅速获得的，在第二次世界大战后同样短暂的时间内，欧洲丧失了大部分殖民地。从1944年到1985年，全世界共有90多个国家赢得独立，这些国家的人口约占世界总人口的三分之一（见表1）。欧洲人曾经在海外取得了如此多划时代的胜利和成就，到20世纪中叶，欧洲人似乎又回到500年前的起点，退回到亚欧大陆的那个小小半岛。此外，表1还表明，除了海外的亚非殖民地相继脱离欧洲宗主国，欧洲一些多民族国家也分裂成若干单一民族的后继国家。如表1所示，1991年和1992年，苏联分裂为15个后继国，南斯拉夫分裂为5个后继国，捷克斯洛伐克分裂为两个后继国。

一、殖民地革命的根源 611

第二次世界大战期间，帝国主义国家领导人信誓旦旦地表示要捍卫殖民地。然而，事实胜于雄辩，战后10年之内，几乎所有的亚洲殖民地都赢得了独立，战后20年之内，几乎所有的非洲殖民地都获得了自由。这一意外结果主要是因为第二次世界大战极大地削弱了最大的殖民国家，法国和荷兰被占领，英国在经济和军事上都元气大伤。同样重要的是，帝国主义国家内部民主反帝意识日益浓厚。过去，殖民地白人志得意满地宣称：“我们来到这里，因为我们是更优秀的民族”；如今这样

610 **表 1　殖民地独立进程**

赢得独立的国家	原属国	年份*
黎巴嫩	法国	1943
约旦	英国	1946
叙利亚	法国	1946
菲律宾	美国	1946
印度	英国	1947
巴基斯坦	英国	1947
缅甸	英国	1948
朝鲜	日本	1948
以色列	英国	1948
锡兰（今斯里兰卡）	英国	1948
印度尼西亚	荷兰	1949
利比亚	意大利	1951
柬埔寨	法国	1953
老挝	法国	1954
北越	法国	1954
南越	法国	1954
苏丹	英国 - 埃及	1956
摩洛哥	法国	1956
突尼斯	法国	1956
加纳	英国	1957
马来亚[a]	英国	1957
几内亚	法国	1958
刚果民主共和国	比利时	1960
索马里	意大利	1960
尼日利亚	英国	1960
喀麦隆	法国	1960
马里	法国	1960
塞内加尔	法国	1960
马达加斯加	法国	1960
多哥	法国	1960
塞浦路斯	英国	1960
象牙海岸（今科特迪瓦）	法国	1960

* 表中个别国家独立年份原书有误，经核查修改。——译者注

（续表）

赢得独立的国家	原属国	年份
上沃尔特（今布基纳法索）	法国	1960
尼日尔	法国	1960
达荷美（今贝宁）	法国	1960
刚果	法国	1960
中非共和国	法国	1960
乍得	法国	1960
加蓬	法国	1960
毛里塔尼亚	法国	1960
塞拉利昂	英国	1961
坦噶尼喀[b]	英国	1961
阿尔及利亚	法国	1962
布隆迪	比利时	1962
牙买加	英国	1962
卢旺达	比利时	1962
特立尼达和多巴哥	英国	1962
乌干达	英国	1962
西萨摩亚（今萨摩亚）	新西兰	1962
肯尼亚	英国	1963
桑给巴尔[b]	英国	1963
马耳他	英国	1964
马拉维	英国	1964
赞比亚	英国	1964
冈比亚	英国	1965
马尔代夫群岛	英国	1965
新加坡	英国	1965
圭亚那	英国	1966
博茨瓦纳	英国	1966
莱索托	英国	1966
巴巴多斯	英国	1966
南也门	英国	1967
毛里求斯	英国	1968
斯威士兰	英国	1968
赤道几内亚	西班牙	1968
瑙鲁	澳大利亚	1968
斐济	英国	1970

（续表）

赢得独立的国家	原属国	年份
汤加	英国	1970
孟加拉国	巴基斯坦	1971
巴林	英国	1971
不丹	英国	1971
阿曼	英国	1971
卡塔尔	英国	1971
阿联酋	英国	1971
巴哈马	英国	1973
格林纳达	英国	1974
几内亚比绍	葡萄牙	1974
圣多美和普林西比	葡萄牙	1975
莫桑比克	葡萄牙	1975
佛得角群岛	葡萄牙	1975
科摩罗群岛	法国	1975
塞舌尔	英国	1976
吉布提	法国	1977
所罗门群岛	英国	1978
图瓦卢	英国	1978
圣卢西亚	英国	1979
基里巴斯	英国	1979
圣文森特和格林纳丁斯	英国	1979
罗得西亚（今津巴布韦）	英国	1980
安提瓜和巴布达	英国	1981
伯利兹	英国	1981
瓦努阿图	英法共管地	1981
圣基茨和尼维斯	英国	1983
文莱	英国	1984
纳米比亚	南非	1990
马绍尔群岛	美国托管地	1991
俄罗斯联邦	苏联	1991
立陶宛	苏联	1991
格鲁吉亚	苏联	1991
爱沙尼亚	苏联	1991
拉脱维亚	苏联	1991
乌克兰	苏联	1991

（续表）

赢得独立的国家	原属国	年份
白俄罗斯	苏联	1991
摩尔多瓦	苏联	1991
吉尔吉斯斯坦	苏联	1991
乌兹别克斯坦	苏联	1991
塔吉克斯坦	苏联	1991
亚美尼亚	苏联	1991
阿塞拜疆	苏联	1991
土库曼斯坦	苏联	1991
哈萨克斯坦	苏联	1991
斯洛文尼亚	南斯拉夫	1991
克罗地亚	南斯拉夫	1991
马其顿	南斯拉夫	1991
波黑共和国	南斯拉夫	1992
南联盟	南斯拉夫	1992
捷克共和国	捷克斯洛伐克	（1992 年 12 月 31 日解体）
斯洛伐克共和国	捷克斯洛伐克	（1992 年 12 月 31 日解体）

a. 1963年，马来亚联合邦同新加坡、沙捞越和沙巴（英属北婆罗洲）联合组成马来西亚，人口1000万。

b. 1964年，坦噶尼喀和桑给巴尔联合组成坦噶尼喀和桑给巴尔联合共和国，即坦桑尼亚。

的日子一去不复返，殖民主义者受到殖民地臣民的挑战，也受到欧洲同胞的质疑。1935年，墨索里尼占领埃塞俄比亚，西欧人普遍视之为令人发指的倒行逆施。西方帝国的覆灭既是实力不济所致，也是统治意志不足使然。

日本帝国虽然昙花一现，却极大地促进了亚洲的殖民地革命。日本人轻而易举地把英国人赶出了马来亚和缅甸，把法国人赶出了印度支那，把荷兰人赶出了印度尼西亚，把美国人赶出了菲律宾，从而沉重打击了西方的军事威望。日本大肆宣扬“亚洲人的亚洲”的口号，动摇了西方帝国主义的政治基础。日本人最终被迫放弃占领区时有意识地设置障碍，尽量让西方人难以恢复统治，他们将武器交给当地民族主义组织，承认这些组织为独立政府，如印度支那胡志明的“越盟”、印度尼西亚苏加诺的“人民力量中心”。

然而，我们也看到，即便是未曾遭受日本侵略的非洲人，也和亚洲人一样赢得了自由，这表明日本的作用虽然重要，也只不过是推动了20世纪初以来愈演愈烈的大动荡和大觉醒。第一次世界大战后此起彼伏的殖民地起义成为这种日益高涨的民族主义运动的缩影（见第三十七章）。两次世界大战之间的年代里，随着受过西方教育的本土知识分子的成长，民族主义力量不断壮大，目标日益明确。各国民族主义领袖，如甘地、尼赫鲁、苏加诺、恩克鲁玛、阿兹克韦和布尔吉巴，都曾在西方大学里求学，观察西方的现行制度，这种现象并非偶然。

第二次世界大战期间，数以百万计的殖民地人在同盟国和日本的军队和劳工营中服役，进一步促进了世界范围的殖民地觉醒。许多非洲人曾在英国、法国和意大利的旗帜下作战。超过200万印度人自愿加入英国军队，另有在香港、新加坡和缅甸被俘的4万名印度俘虏加入了日本人扶持的印度国民军。这些人返乡后，难免会对当地殖民官员和土著领袖冷眼相看。最后，像第一次世界大战时一样，盟军关于自由和民族自决的宣传也对殖民地的平民百姓产生了影响。

二、印度和巴基斯坦

迄今为止的殖民地革命中，最重大的事件是印度和巴基斯坦赢得独立。1939年9月3日，英国对德国宣战，当天，印度总督林利思戈侯爵宣布印度进入战争状态。国大党领导人强烈抗议殖民当局没有就这个重大决定征求他们的意见，1942年8月7日，国大党通过一项决议，要求英国“退出印度”，印度立即获得独立，这“既是为了印度，也是为了联合国家事业的成功”。英国殖民当局大肆镇压，包括全体国大党领导人在内有6万多人被捕。在接下来的几年里，英国当局始终拒绝释放国大党领导人，除非他们改变要求英国“退出印度”的立场。

1945年7月，工党在英国大选中获胜，给印度事务带来了新的重大转机。工党
613 历来主张印度独立，新任首相艾德礼迅速采取行动，兑现工党的承诺。除了工党的承诺和同情外，艾德礼其实别无选择，只能接受印度独立。事实上，英国再也无法无视印度人民的意愿，维持在印度的统治。英国也不再有太多的意愿一条道走到黑。战争期间，印度行政机构进一步本土化，英国在印度的投资急剧萎缩。此外，英国公众也对没完没了的印度问题感到厌倦。因此，艾德礼能够在没有遭到国内太大反对的情况下与这个昔日的“帝国明珠”断绝关系。

英国与彼此长期不和的国大党和穆斯林联盟领导人举行了仓促的会谈，会谈结果表明，独立后的印度不可能成为一个统一的国家。1947年7月，英国议会通过了《印度独立法案》，8月14日、15日，巴基斯坦和印度联邦相继成为英联邦内的独立国家。

图281　印度村庄包着头巾的妇女在投票。

三、东南亚

与印度不同，东南亚在战争期间被日本占领。在1942—1945年短暂的日占时期，整个东南亚地区出现了一种常见的模式，即在几乎所有的国家，当地人对西方统治的广泛不满在很大程度上促成了日本的迅速征服（见第四十一章第二节）。日本人像德国人一样，宣称他们的征服是“新秩序”的开端。亚洲“新秩序”的口号是“亚洲人的亚洲”“大东亚共荣圈”和“没有征服、没有压迫、没有剥削”。

如果日本人落实了这些原则，原本可以在东南亚大部分地区得到民众的大力支持。但日本军方另有图谋，这些宣传口号始终停留在纸面上，很快就显得空洞乏力。日本军国主义领导人并没有把大东亚视为一个“共荣圈”，而是视为由日本不同程度控制的卫星国。日军尽可能依靠当地补给，经常造成占领区严重的粮食和物资短缺。此外，日军在占领区肆意搜刮日本本土所需的粮食和工业原料。而日本能为占领区提供的东西少之又少，因为日本经济不够强大，无力生产充足的战争物资和消费品。

最初的蜜月期过后，日本占领当局与当地民族主义者的关系迅速恶化。如果占领持续下去，日本人肯定要面对大规模的起义。对日本人来说幸运的是，1945年他们被迫撤离。他们在撤离时尽量给西方人恢复统治制造障碍。在印度支那，他们推 614

图282 最后一批英军撤离印度。

翻了当地的维希政权，承认胡志明的临时政府；在印度尼西亚，他们把政权移交给民族主义领袖苏加诺；在其他许多地区，他们向当地革命组织分发武器。

因此，日本人撤离后的10年内，所有东南亚国家相继独立，也就是水到渠成的事情。各国赢得独立的方式不一，具体进程则取决于帝国统治者的不同政策。英国既然不得不面对印度的现实，因此在处理东南亚民族主义问题时采取了最务实的政策。1948年1月，英国承认缅甸是英联邦之外的独立共和国，2月，英国给予锡兰（今斯里兰卡）在英联邦内的完全自治地位。但马来亚直到1957年2月才独立，这主要是因为这个国家民族构成复杂，马来人和华人分别占总人口40%多，此外还有印度人、巴基斯坦人和少量欧洲人。

同样是面对殖民地的独立呼声，法国和荷兰由于未能及时改弦更张，下场要悲惨得多。荷兰愿意给予苏加诺为首的民族主义者一定程度的自治，这当然无法满足民族主义者的要求。双方的谈判破裂后，荷兰当局用武力来维护自己的统治。战争一直持续到1947年，荷兰最终承认了独立的印度尼西亚联邦。这场武装冲突的后遗症导致两国关系恶化。以荷兰女王为国家元首的荷兰-印度尼西亚联邦又存在了几年，1954年，苏加诺宣布退出荷印联邦。两国关系在随后几年里变得更加紧张，因为荷兰拒绝将荷属新几内亚移交给这个新生的共和国。1957年，印度尼西亚针锋相对地进行回击，扣押了超过10亿美元的荷兰资产，1960年，印度尼西亚断绝了与海牙的外交关系。三年后，苏加诺夺取了西伊里安，至此，比大英帝国大部分殖民地更古老的荷兰帝国丧失了最后一块殖民地。

法国人极力保住印度支那殖民地，进行了更长时间的战争，最终还是被赶出了印度支那。印度支那由越南、老挝和柬埔寨三个国家组成。战后，越南独立同盟（简称“越盟”）领导了反对法国恢复统治的抵抗运动。虽然越盟成员有多种成分，但领导人是曾在巴黎、莫斯科和中国生活过的共产党人胡志明。1945年，大战结束后，胡志明宣布成立越南民主共和国临时政府。法国不承认这个新政权，双 615
方随即爆发战争。法军很快重新占领了老挝和柬埔寨，但越南的战争发展成一场旷日持久的消耗战。

冷战爆发后，为了实施“遏制”政策，美国向法国提供了财政援助。1954年，越盟已经控制了越南北部的大部分地区，同年，法军在奠边府遭到惨败。随后的《日内瓦协议》承认了越南独立，协议规定以北纬17度线作为临时军事分界线，将越南一分为二，1956年举行国际监督下的选举以实现国家统一。这一解决方案实际上让胡志明拥有了半个国家，并有望在两年内得到另外半个国家，因为胡志明的抵抗运动经历使他成为越南的民族英雄。

为了避免这一结果，美国在南越扶持反共的天主教领导人吴庭艳。吴庭艳的政

图283　1954年，抗法战争期间，胡志明（1890—1969年，居中者）与顾问们开会。

策激起了农民和势力强大的佛教徒的强烈不满，1963年，吴庭艳政权被推翻，随后又发生了一连串政变，阮高祺和阮文绍在华盛顿的支持下先后上台。西贡政权之所以能苟延残喘，完全是因为美国的干涉不断升级，美国从提供资金和武器逐步发展到派遣“顾问”、作战部队以及对北越实施轰炸。尽管美军轰炸的投弹量远远超过第二次世界大战的水平，还陆续投入50多万人的地面部队，但胜利仍然遥遥无期。随着战争的拖延，美国国内的反战运动愈演愈烈。

为了打破僵局，尼克松总统开展与中国和苏联的秘密外交，这种秘密外交最终发展成大肆宣传的1972年尼克松对北京和莫斯科的公开访问。最终，1973年1月27日，相关各方在巴黎签署了停火协议，停火条款与1954年的日内瓦协定基本一致。这两项协议都规定将越南临时划分为共产主义的北方和非共产主义的南方，举行选举来决定南越的未来，老挝和柬埔寨中立化，外国军队撤出印度支那（1954年的法国，1973年的美国），由基本上没有实权的国际委员会来监督协议执行。

1973年，美国得到了自己在1954年时反对的东西，代价是美国历史上持续时间最长的战争，越南战争造成4.6万名美军死亡，南越60万平民和军人死亡，北越
616 估计有90万人死亡。此外，这场战争对美国社会造成了无法估量的损害，包括士兵吸毒成瘾，国内矛盾激化，以及1460亿美元的军费开支导致财政困难，进而忽视了国家日益严重的问题。1973年的巴黎协定并未彻底结束战争。战争一直持续到1975年4月，北越军队展开大规模攻势，士气低落的阮文绍政权像纸牌屋一样崩塌了。

四、热带非洲

非洲的殖民地革命甚至比亚洲殖民地革命更富戏剧性。在亚洲，民族主义的胜利并不完全出人意料，那里不仅有悠久的文化，而且过去几十年来当地政治组织一直在进行民族主义鼓动。相比之下，非洲民族主义运动不成熟，力量也更薄弱。此外，非洲大陆没有像亚洲那样受到日本占领的冲击并由此唤醒民族意识。然而，战后第一个十年见证了亚洲的解放，第二个十年则迎来了非洲的解放。在这十年里，至少有31个非洲国家赢得了独立，剩下的少数殖民地也在随后一些年里相继摆脱了异族统治。由于非洲各地有着不同的历史背景，民族觉醒进程表现出很大的地区差异。有鉴于此，我们不应从整个大陆的角度来考察非洲的殖民地革命，而是分别考察热带非洲、南非以及中东的殖民地革命。

即便是非洲热带地区，各地的殖民地革命也有很大不同。例如，在西非，炎热潮湿的气候成为一个关键因素，因为这阻碍了欧洲人在这一地区大规模定居。由于当地鲜有与帝国保持联系的欧洲殖民者，宗主国政府更容易承认殖民地独立。

图284　加纳阿克拉市的波纹铁皮棚屋，它们与这座城市的现代建筑形成了巨大反差。

黄金海岸就是一个例子，杰出的非洲政治领导人克瓦米·恩克鲁玛曾在美国和英国的大学学习，回国后创建了人民大会党，作为当地唯一真正有群众基础的政党，人民大会党在1951年的选举中赢得了绝大多数席位，英国政府允许恩克鲁玛在黄金海岸的行政机构中发挥越来越大的作用。1957年，这个殖民地成为独立的英联邦国家加纳。

加纳的殖民统治堤坝崩塌后，热带非洲其他地方的殖民堤坝也相继决堤。最重要的是1960年尼日利亚赢得独立，它是非洲人口最多的国家。非殖民化浪潮也波及周边法属殖民地。1960年年底，法属西非和法属赤道非洲的所有殖民地都成为独立 617
的非洲国家。

东非则完全是另一番情况。东非通常被称为“白人的国度”，因为当地气候宜人，吸引了大量欧洲殖民者前来定居。白人很快就侵占了最好的耕地，失去土地的非洲人组织了秘密恐怖组织“茅茅”。在随后的战争中，殖民者大力支持政府打击茅茅运动。战争旷日持久，双方都损失惨重，英国人最终意识到，在西非寻求和解的同时又在东非发动战争，这种做法既荒唐又徒劳。

图285 布干达的穆特萨及其朝臣。穆特萨以狡猾和外交手腕著称，也以专制和往往是残暴的行径闻名。他是少数能够维持强大而成功的军队和宫廷的非洲统治者之一，因而有效阻止了埃及和英国蚕食其势力范围。

于是，英国人释放了著名的东非领导人乔莫·肯雅塔。肯雅塔在伦敦受过教育，出版过有关东非人的人类学著作，他因涉嫌支持茅茅运动而被捕入狱，尽管从未证实他与茅茅运动有过实际合作。肯雅塔获释后，和恩克鲁玛一样在选举中赢得了多数选票，1963年成为肯尼亚总理。同年，肯尼亚成为独立国家，内罗毕人为来之不易的解放而欢呼雀跃。

五、南非

像东非一样，南非的殖民地革命以动荡和暴力著称，而且是出于同样的原因，即当地有大量的欧洲移民。1652年，荷兰殖民者在好望角登陆，南非从此成为一个殖民地。荷兰人在此地建立殖民地，是为了向绕好望角前往东印度群岛的荷兰船队提供长途航行所需的给养（水、肉类和蔬菜）。荷兰衰落后，1814年，英国接管了荷兰在好望角的孤立前哨。但是，被称作布尔人的荷兰殖民者不愿接受新的帝国当局统治，他们向北迁徙到内陆地区，在当地建立了独立的德兰士瓦共和国和奥兰治自由邦。1871年，这两个共和国境内发现了钻石，1886年又发现黄金，于是英国出兵吞并了这两个共和国，由此引发了布尔战争（1899—1902年），布尔人最终接受了英国主权，同时英国政府承诺将给予布尔人自治。1909年，英国兑现了承诺，南非成为英联邦中的自治领。

半个多世纪后，1961年5月，南非脱离英联邦，成为独立的共和国。种族隔离 618
问题是导致南非脱离英联邦的主要原因，在这个问题上，南非与尼日利亚和印度等新兴的非洲和亚洲英联邦成员国发生了冲突。南非有两项基本的种族隔离政策：一是禁止所有非白人居民参与政治生活，二是将非洲人限制在被称为班图斯坦的隔离区，即班图人的保留地。班图斯坦的面积仅占南非土地面积的14%，而非洲人占南非3170万总人口的73.8%（1984年）。白人仅占总人口的14.8%，南非白人占到白人人口的五分之三。其他种族为混血人种（9.3%）和亚裔（2.9%）。

少数南非白人能够控制南非，部分原因在于议会代表权向南非白人为主的农村地区倾斜，此外，许多说英语的白人出于经济考虑支持种族隔离。白人劳工尤其如此，他们担心一旦非白人居民获得平等的机会，自己将面临就业竞争。事实上，1924年，第一届南非白人（南非国民党）政府正是靠南非工党的支持才得以上台。

人们普遍认为，种族隔离方案在经济和政治上都是行不通的。如果真的将非洲人隔离在拟议中的班图斯坦，南非经济势必会崩溃。无论是农业、商业还是采矿业和其他产业，都离不开黑人以及混血人种和印第安人的劳动。此外，班图斯坦根本无法养活那么多非洲人口，政府又不愿意投入大笔资金来提高其接收能力。最重要的是，绝大多数非洲人不愿被当成独立的“部落”实体而隔离。相反，他们要求在统一的南非中获得公平的份额，因为他们是南非不可分割的一部分，这一要求得到了非洲大陆其他地区日益强大的非洲民族主义力量的声援。

种族隔离制度在南非长期延续，主要原因是南非政府拥有非洲大陆最强大的军事力量，并且不惜直接动用军队镇压黑人，在沙佩维尔（1960年）和索韦托（1976年）对黑人示威者的大屠杀即是明证。20世纪80年代前，南非白人当局依靠血腥镇压维持了统治。此后，国内外的抗议浪潮日益高涨，对这种制度构成了真正的冲击，第一次威胁到种族隔离制度的存亡。有几股力量致力于推翻种族隔离制度，其中最重要的是“愤怒的一代”，即在种族隔离制度下长大的非洲年轻一代，他们决心不惜一切代价推翻种族隔离制度。另一股重要力量是黑人工会，黑人争取到与雇主谈判的权利，他们将组织起来的力量投入到反对种族隔离的政治斗争，由此引发了骚乱，促使南非商界领袖公开呼吁废除种族隔离制度，甚至要求会见被取缔的非洲人国民大会领袖。另外，诺贝尔和平奖得主德斯蒙德·图图大主教等南非宗教领袖也抗议种族隔离制度，抨击政府打着“法律与秩序”和防范共产主义幽灵的幌子，实则是压制黑人的政治诉求。

最后，比勒陀利亚政府第一次在国际上遭遇强烈的抗议浪潮，尤其是教会、学生和工会界。这场声势浩大的国际性运动迫使美国政府于1985年9月宣布对南非实施经济制裁，包括禁止向南非提供贷款和销售计算机，禁止进口克鲁格金币。在巨大的国际压力下，1989年，南非总统彼得·W. 博塔宣布辞职。

博塔的策略是依靠政府掌握的绝对军事力量，对占人口绝大多数的没有选举权的非洲人实施强制性的"大"种族隔离。相反，博塔的继任者弗雷德里克·W. 德克勒克认为，应当设法协调非洲人"一人一票"的要求与南非白人"决不同意"的态度。1990年2月，德克勒克采取了备受瞩目的举措，宣布非洲人国民大会合法化，
619 释放被关押了28年的非洲人国民大会领袖纳尔逊·曼德拉。德克勒克进一步公开表示，在未来的南非，所有成年人都应当拥有投票权，但他又补充说，必须通过"制衡机制"来平衡选举权，以保护少数群体，包括迄今为止占统治地位的白人。

尽管种族隔离社会有强大的意识形态支撑和经济基础，事实证明，只需4天基于普选权的自由选举，就可以实现向不分种族的民主化新南非的和平过渡。1994年4月下旬举行的选举中，曼德拉领导的非洲人国民大会获得62.7%的选票（在新议会中占据252个席位），德克勒克领导的南非国民党获得30.4%的选票（82个席位），

图286 1994年5月10日，纳尔逊·曼德拉宣誓就任南非总统，宣告了将他关押28年之久的种族隔离的少数白人政权的终结。

曼戈苏图·布特莱齐领导的以祖鲁人为主的因卡塔自由党获得5.8%的选票，前陆军参谋长康斯坦德·维尔乔恩领导的支持白人家园的自由阵线获得2.8%的选票。曼德拉作为第一大党的领袖担任南非总统，德克勒克作为第二大党的领袖任副总统。

新宪法突出表明了新南非与种族隔离的旧南非的不同，新宪法明确规定："必须建立一种新秩序，使所有南非人都有权在一个主权和民主的宪政国家享有共同的南非公民身份，在这个国家，男女平等，各种族人民平等，所有公民都享有和行使基本权利和自由。"

鉴于南非种族隔离制度是南非白人仿照美国南方种族隔离的《吉姆·克劳法》建立起来的，南非新宪法的意义变得一目了然。南非公民彻底摆脱了种族歧视和种族隔离的传统，而在同一时间的美国，罗德尼·金遭到殴打的事件引发了洛杉矶暴乱，他提出了一个令人痛心的问题："我们还能和睦相处吗？"

此时此刻，南非人还不能说已经回答了这个问题，但黑人与白人双方都有卓越的领导人，已经朝着回答这个问题迈出了第一步。前面还有很长的路要走，因为新南非继承的是一个世界上最不平等的社会。1990年，白人控制了87%的土地和95%的生产资料。1990年，政府用于白人社会需求的人均支出比用于非洲人的支出高出五六倍。可以预料，那些从中受益之人不会轻易善罢甘休，他们多半要坚决维护这种惬意的安排。

六、中东

中东的动荡和暴力比非洲有过之而无不及。不过，中东冲突的症结不在于外国殖民者的入侵，而是两种对立的古老宗教持续千年的冲突。

在巴勒斯坦，双方的矛盾尤其尖锐。我们在前面已经讲到，第一次世界大战后，巴勒斯坦有三种相互冲突的利益：犹太复国主义者的诉求、阿拉伯民族主义者 620
的要求以及英帝国的利益。第二次世界大战期间，希特勒在欧洲大肆屠杀犹太人，结果却导致巴勒斯坦的利益冲突进一步加剧。纳粹的种族灭绝政策造成了向绝望的犹太幸存者开放巴勒斯坦的强大压力。1945年8月，杜鲁门总统提议允许10万名犹太人进入巴勒斯坦托管地。阿拉伯人立即表示反对，但是，1947年11月29日，联合国大会投票通过了巴勒斯坦分治方案。第二年，犹太人在巴勒斯坦宣布建立一个犹太人国家，定国名为以色列。杜鲁门立刻承认了这个新国家，而阿拉伯人则迅速派兵攻入以色列。

然而，战争进程出乎所有人的预料。以色列人在击退入侵的阿拉伯国家军队后乘胜追击，占领了联合国划定的以色列版图之外的阿拉伯领土。阿拉伯人要求以色

图287 1993年，以色列和巴勒斯坦解放组织领导人在华盛顿签署了和平协议。在美国总统比尔·克林顿主持的签字仪式上，以色列总理伊扎克·拉宾和巴解组织主席亚西尔·阿拉法特握手。

列归还被占领土，以色列人拒不归还，声称这片领土是他们在阿拉伯人挑起的战争中赢得的，而且从世界各地涌入的犹太移民需要额外的土地。

被占领土问题陷入僵局，阿以双方围绕被占领土反复拉锯，中东局势陷入恶性循环，直到1993年9月13日，以色列总理伊扎克·拉宾和巴勒斯坦解放组织主席亚西尔·阿拉法特签署了一项协议，至少暂时遏止了局势进一步恶化。该协议要求成立民选的巴勒斯坦临时委员会代表加沙和约旦河西岸地区，“过渡期不超过5年，最终实现永久解决”。

协议的反对者和支持者都举行了声势浩大的集会。以色列利库德集团领导人本雅明·内塔尼亚胡反对协议，他的慷慨陈词很有代表性：“拉宾先生，你对希伯伦的四百个犹太人不屑一顾。我告诉你，在希伯伦的绝不仅仅是四百个犹太人。四千年的历史将我们与这片土地联系在一起。你说《圣经》不能作为财产契据。但我要说的恰恰相反，《圣经》就是我们的授权书，《圣经》就是我们的契据。”[2]

另一方的伊斯兰宗教激进主义组织也如法炮制，将宗教戒律表述为政治原则，

伊斯兰抵抗运动（哈马斯）、伊斯兰圣战组织和真主党等宗教激进主义组织比世俗 621
化的巴解组织更好战，他们从宗教立场出发，反对巴解组织承认以色列国家。哈马斯的纲领指出，“所有巴勒斯坦领土永远是属于穆斯林的瓦克夫（宗教公产）”，这显然是内塔尼亚胡所说的《圣经》是“我们的授权书”“我们的契据”的伊斯兰翻版。

1995年11月4日，犹太学生伊加尔·阿米尔在特拉维夫枪杀了拉宾总理，这一事件充分揭示了把宗教和政治混为一谈的后果。阿米尔反复声明，此举为的是阻止拉宾执行与巴解组织达成的协议，以免危及以色列。“我所做的一切都是为了以色列人的上帝……[与巴解组织的协议]将造成无法弥补的伤害……我只是遵照上帝的旨意行事，我无怨无悔。”[3]

“无怨无悔”也是阿比尔·阿尔-韦海迪的回答，她参与了杀害一名犹太定居者的袭击行动，被巴勒斯坦人视为女英雄。获释后，她被问及是否为杀害犹太人而感到后悔，她回答说：“当然不。他是个定居者，这里是被占领土。他们在这里的存在是非法的，这是对占领的合法抵抗。我别无选择。”[4]

[推荐读物]

从不同角度分析第二次世界大战后殖民地革命的著作有：R. Emerson，*From Empire to Nation：The Rise to Self Assertion of Asian and African Peoples*（Harvard University，1960）；D. Horowitz，*Imperialism and Revolution*（Penguin，1969）；L. Kaplan，ed.，*Revolutions：A Comparative Study*（Vintage，1973）；R. J. Barnet，*Intervention and Revolution*（World，1968）。

关于印度独立，参阅M. J. Akbar，*Nehru：The Making of India*（Viking，1989）；V. P. Menon，*The Transfer of Power in India*（Princeton University，1957）。关于漫长的越南战争有大量的研究著作，最新和最值得一读的有：General B.Palmer，Jr.，*The 25-Year War：America's Role in Vietnam*（Simon & Schuster，1985）；G. M. Kahin，*Intervention：How America Became Involved in Vietnam*（Knopf，1986）；G. Kolko，*Anatomy of a War：Vietnam，the United States and the Modern Historical Experience*（Pantheon，1986）。

关于非洲觉醒的宏观研究，参阅I. Wallerstein，*Africa：the Politics of Independence*（Random House，1963）；P. Gifford and W. R. Louis，eds.，*The Transfer of Power in Africa：Decolonization，1940–1960*（Yale University，1982）；R. Emerson and M. Kilson，eds.，*The Political Awakening of Africa*（Prentice Hall，1965）；R. I. Rotberg and A. A. Mazrui，*Protest and Power in Black Africa*（Oxford University，1972）。

关于中东民族主义的崛起，参阅G. Lenczowski，ed.，*The Political Awakening in the Middle East*（Prentice Hall；1970）；A. Home，*A Savage War of Peace：Algeria 1954–1962*（Viking，1977）；P. J. Vatikiotis，*Nasser and His Generation*（St. Martin's，1978）；A. Hourani，*A History of the Arab Peoples*（Harvard University，1991）。对阿以冲突做出不同解释的著作有：T. Draper，*Israel and World Politics*（Viking，1967），*The Israeli-Arab Reader*（Bantam Books，1969）；E. W. Said，*The Question of Palestine*（Times Books，1980）；M. Benvenisti，*Conflicts and Contradictions*（Villard，1986）；D. K. Shipler，*Arab and Jew：Wounded Spirits in a Promised Land*（Times Books，1986）；Y. Harkabi，*Israel's Fateful Hour*（Harper & Row，1988）；T. L. Friedman，*From Beirut to Jerusalem*（Farrar，Straus and Giroux，1989）。

[注释]

1. *Los Angeles Times*, July 1, 1990.

2. *New York Times*, October 6, 1995.

3. *New York Times*, November 6, 1995; March 28, 1996.

4. *New York Times*, February 13, 1997.

盟国在战时保持团结并不难，因为大家都很清楚彼此 622
有着打败共同敌人的共同目标。战争结束后，当不同的利益倾向于分裂盟国时，艰巨的任务就会到来。

——斯大林于雅尔塔会议

第四十三章　大同盟、冷战及其后果

第一次世界大战后，中欧和东欧爆发了革命，西欧也面临革命的威胁。第二次世界大战却没有引发类似的动荡。尽管第二次世界大战造成了比第一次世界大战更大的物质损失和政治混乱，战后的欧洲没有发生震撼整个大陆的革命。究其原因，平民百姓早已身心俱瘁。6年来，平民遭受了持续轰炸，大规模地面战争，逃难、强迫劳动或监禁造成大量平民流离失所。这场战争导致1500多万士兵阵亡，1000万平民丧生，其中包括600万犹太人。第二次世界大战造成的伤亡和物质损失大约是第一次世界大战的2倍和13倍。

战争的幸存者遭受了前所未有的贫困和流离失所。仅在战争的前三年半，就有3000万欧洲人逃离或被赶出了家园。战争结束后，盟军和国际救援机构将1200多万“难民”遣返回家，但有100多万骨干分子不愿被遣返，其中大多数是来自东欧的反共产主义者。大范围的民族重组以及寒冷、饥饿和疾病的侵袭，让大多数欧洲人精疲力尽、心灰意冷，丧失了革命的动力。

同样有决定意义的是全欧洲都被胜利的盟军占领。苏联红军的实力不亚于美军和英军，镇压了反对派，消除了混乱。诚然，东欧发生了颠覆社会结构的革命，但
这是一场莫斯科指挥下的从外部强加的革命。欧洲各国共产党顺从地成为苏联外交 623
政策的工具，而不是本土革命的推动者。希特勒垮台后，苏联、英国和美国牢牢控制了欧洲的局势。因此，这三个大国决定了逐步导致战时大同盟破裂和冷战爆发的政策和事件。

一、战时的团结

战时，为了抵御不共戴天的共同敌人，西方强国和苏联建立了统一战线。希特勒入侵苏联的当天，丘吉尔宣布："俄国的危险就是……我国的危险，就是美国的危险；每一个俄国人为自己的家园而战的事业就是世界上每一个自由人和自由民族的事业。"[1]

两个月后，1941年8月14日，丘吉尔和罗斯福发表了《大西洋宪章》，用理想化的措辞阐明了共同的目标和原则。盟国合作的具体步骤有：1942年5月，英国与苏联签订为期20年的互助条约；一个月后，美苏两国签订《租借协定》。这种合作精神的另一个体现是，1943年5月，苏联决定解散1919年成立的旨在推翻世界资本主义的共产国际。鉴于与西方国家的友好关系，苏联认为共产国际已经没有存在的必要。不过，这个举措并没有多大的实际意义，因为共产国际的高级官员早已调到党中央书记处工作。盟国战时合作的另一个成果是1943年11月成立的联合国善后救济总署。救济总署紧随盟军行动，向被解放的国家提供救济物资，直到新的国家行政当局能够有效运转。善后救济总署于1944年春正式启动，1948年9月解散，累计发放了食品、衣物和药品等2200万吨物资，这些物资大部分来自美国。救济总署的主要活动范围包括希腊、南斯拉夫、波兰、捷克斯洛伐克、奥地利和意大利。救济总署的努力在很大程度上缓解了战后欧洲的贫困和苦难。

随着战争临近尾声，共同的危险所促成的盟国合作开始出现裂痕。战时伙伴越来越倾向于为了战后的国家利益而牺牲盟国的团结。因此，和平到来后，战时大同盟因为内部分歧而破裂，短短两三年内就爆发了随时有可能升级为热战的冷战。

盟国领导人在战时未能制定正式的战后安排，加速了大同盟的解体。1944年秋，战后的政治安排问题已到了刻不容缓的地步。苏联红军在多瑙河流域步步推进，德军被迫撤离巴尔干半岛，共产党领导的抵抗力量迅速填补了真空地带。1944年10月，共产主义统治巴尔干半岛的前景促使丘吉尔与斯大林在莫斯科举行会晤。两位领导人很快对有争议的巴尔干半岛势力范围达成一致。保加利亚和罗马尼亚划归苏联势力范围，希腊划归英国势力范围，南斯拉夫则属于两国共同控制的缓冲地带。因此，在不利的战略形势下，为了保持英国在希腊的传统优势，丘吉尔不得不承认苏联在巴尔干半岛北部的主导地位。

丘吉尔与斯大林在莫斯科讨价还价之际，英军开始在希腊登陆，他们追击撤退的德军向北推进时发现，希腊抵抗军已经抢先占领了所有城镇。纪律严明的共产党人领导的抵抗军顺从地执行了克里姆林宫的方针，让出了这些城镇。希腊抵抗军接应了小股英军部队，如果不是执行莫斯科的命令，他们本来可以轻而易举地阻止英军，例如在南斯拉夫，民族主义意识浓厚的铁托就将英军拒之门外。

丘吉尔和斯大林瓜分巴尔干 624

1944年10月9日晚，英国首相温斯顿·丘吉尔和苏联共产党总书记约瑟夫·斯大林在莫斯科举行会晤。丘吉尔绘声绘色地描述了两人划分英国和苏联在巴尔干半岛势力范围的经过。*

当时的时机适于商谈问题，于是我便说："我们来解决一下巴尔干地区的事情吧。你们的军队在罗马尼亚和保加利亚。我们在这些地方也有我们的利益、使团和代理机构。不要为了枝节问题让我们意见相左。就英国和俄国而论，怎样才能使你们在罗马尼亚占90%的优势，我们在希腊也有90%的发言权，而在南斯拉夫方面则平分秋色呢？"我乘着正在翻译这段话的时间，在半张纸上写出：

罗马尼亚	
俄国	90%
其他国家	10%
希腊	
英国（与美国一致）	90%
俄国	10%
南斯拉夫	50%—50%
匈牙利	50%—50%
保加利亚	
俄国	75%
其他国家	25%

我把字条递过去给斯大林，此时他正在听翻译。稍停片刻，他拿起蓝铅笔在纸上打了一个大勾表示同意，然后把字条递回给我们。一切就这样解决了，比把它写下来还要快……

这之后沉默了一阵儿。铅笔画过的纸条就放在桌子中央。最后我说："我们如此草率地处理这些与千百万人生死攸关的问题，不至于被人说是玩世不恭吧？我们把这张字条烧了算了。""不，你留着它。"斯大林说。

* W. S. Churchill, *The Second World War: Triumph and Tragedy* (Houghton Mifflin, 1953), pp. 227–228.

尽管希腊抵抗军服从命令让出了地盘，但德军撤离后，他们事实上成为希腊的头号军事力量。这种局面对于丘吉尔来说是无法接受的。为了落实和斯大林在莫斯科达成的协议，确保英国在希腊的主导地位，势必要解除抵抗军的武装，将国家权力移交给英国支持的希腊王室流亡政府。当时提出了多种解除武装的方案，但都不能使双方满意。双方的争端引发了武装冲突，进而演变成惨烈的雅典战役。英国和印度军队从意大利紧急驰援，经过一个月的战斗，抵抗军撤出了雅典。

1945年2月12日，双方签订了一项和平协议（《瓦尔基扎协定》），抵抗军交出
625 武器，英国承诺在希腊举行选举，就国王归国问题举行全民投票。这样，丘吉尔保住了莫斯科会晤时划给英国的势力范围，希腊在战后年代一直属于西方阵营。同样重要的是，当丘吉尔驱散左翼抵抗战士时，斯大林意味深长地保持了沉默。英苏两国关于巴尔干半岛的协议付诸实施并发挥了作用。

1945年2月，雅典战役刚刚结束，罗斯福、丘吉尔和斯大林在雅尔塔举行了战时最后一次首脑会晤。随着盟军从各个方向向德国挺进，必须立即就战后的具体安排展开明智的磋商。三国首脑在远东问题上顺利达成了共识。斯大林同意在欧洲战争结束后的60天内对日本宣战。作为回报，苏联将夺回千岛群岛以及1905年割让给日本的特许权和领土。关于如何处置德国，会议将大多数问题留待日后解决，包括赔款和边界划定问题。不过，三国首脑同意将德国划分为四个占领区（其中一个属于法国），由盟国管制委员会管辖。苏联占领区的柏林将由四国共同占领和管制。

雅尔塔会议的谈判主要是围绕新解放的东欧国家。斯大林在这个问题上掌握了主动权，因为苏联军队已经解放并且实际占领了东欧。在这种背景下，从西方的观点来看，会议就东欧达成的协议在纸面上是令人满意的。苏联同意把局部调整的寇松线作为波兰东部领土的分界线，寇松线原本是第一次世界大战后划定的波苏战争停火线，但后来被搁置了。波兰将得到德国东部领土作为补偿。关于波兰和南斯拉夫的政府组成，斯大林同意扩大苏联主导下建立的共产党政权，接纳亲西方的流亡
626 政府代表。流亡政府代表对这种安排感到担忧，这是情有可原的，因为这种安排让苏联红军和共产党政府在事实上和法律上控制了整个国家。雅尔塔会议通过了一项笼统的政策声明，即《关于被解放的欧洲的宣言》，足以打消流亡政府的顾虑。苏、美、英三国在宣言中承诺，协助被解放的欧洲各国人民“组成广泛代表所有民主成分的临时政府机构，尽早通过自由选举建立符合人民意愿的政府……”

表面上看，这份宣言意味着斯大林做出了重大让步。斯大林虽然控制了东欧，却依然同意举行很可能会导致反苏政府上台的自由选举。然而，这一让步其实无关紧要。事实证明，这份宣言成为一纸空文，也始终是引发摩擦的根源，因为各方对声明的解读大相径庭。美国人照字面意思来理解宣言，即实行自由选举，在东欧不

625

图288 1945年，在雅尔塔举行最后一次会晤的“三巨头”：斯大林、罗斯福和丘吉尔。

存在所谓的势力范围。美国人可以毫无顾虑地坚持这一立场，因为上一年10月丘吉尔和斯大林在莫斯科达成的协议对美国没有约束力。

斯大林坚决要求履行莫斯科协议，认为宣言不过是装点门面而已。英国镇压希腊抵抗军时，斯大林按照协议保持了沉默。因此，斯大林希望西方大国礼尚往来，尊重苏联在巴尔干半岛北部的主导权。当英国逐步站到美国一边，要求严格履行宣言条款，斯大林感到惊讶和愤怒，拒绝做出任何让步，坚持把东欧国家的“友好”政府作为保障苏联安全的先决条件。在三国首脑召开的波茨坦会议（1945年7月～8月）上，斯大林在这个问题上寸步不让。美国国务卿詹姆斯·伯恩斯要求东欧国家自由选举政府，斯大林回答说：“这些国家当中的任何一个国家，自由选举产生的政府都将是反苏的，这是我们不能允许的。”[2]东欧的“友好”政府与“自由选举”政府之争，成为战时大同盟在随后几个月解体的主要原因之一。

尽管雅尔塔会议埋下了不和的种子，这次会议还是受到普遍的欢迎，被视为盟国战时合作的顶峰。联合国的成立也是盟国合作的成果。1945年4月～6月的旧金山会议上，50个国家的代表签署了《联合国宪章》。到1990年，联合国成员国增加了两倍多。联合国的一些新成员是战时的敌人或中立国家，但大多数是新独立的亚洲和非洲国家。像其前身国际联盟一样，联合国旨在达成两项基本目标：维护和平 627

与安全，应对国际经济、社会和文化问题。联合国和国际联盟都属于主权国家的联盟，《联合国宪章》规定该组织不得“干涉本质上属于任何国家国内管辖范围内的事务”。

维持和平的任务主要由安全理事会负责，安理会的组成是美国、苏联、英国、法国和中国等5个常任理事国外加6个非常任理事国，非常任理事国是根据安理会的提名，由联合国大会选举产生，任期两年。[1]联合国涉及重大问题的决议必须得到常任理事国的一致同意（以及两个非常任理事国的赞成），因为人们认识到，只有大国达成一致才能维持和平。

联合国的第二项任务是与饥饿、疾病和无知作斗争，这项任务由经济及社会理事会负责。经社理事会制定了计划，为世界上一半的饥饿人口提供更多粮食，治愈世界上八分之一的疟疾患者，将不满周岁婴儿的死亡率降低40%，让世界上50%的成人文盲学会读写。

像国际联盟一样，联合国在非政治性活动方面非常成功，在维持和平这一首要

图289　联合国安理会举行会议。

[1]　1965年开始，安理会非常任理事国增加到10个。——译者注

任务上的表现差强人意。联合国提供了维持国与国之间良好关系的平台，有助于防止大国爆发全面战争，还制止了不涉及大国切身利益的印度尼西亚和克什米尔等地区的冲突。但是，联合国未能阻止朝鲜、阿尔及利亚、中东和越南等一系列局部战争。不论是千钧一发的1962年古巴导弹危机，还是旷日持久的越南战争期间，联合国也没有发挥任何作用。像国际联盟一样，联合国面临一个根本性的困境：在一个由主权国家组成的世界，联合国虽然提供了解决争端的机制，联合国的决议却得不到有效执行。

联合国成立两个月后，日本投降，远东战争宣告结束。胜利的盟国可以全力以赴地缔造和平。1947年2月10日，各国外长与意大利、罗马尼亚、匈牙利、保加利亚和芬兰签署了和平条约。所有条约都规定战败国进行赔偿、限制军备以及重新划定边界。

二、欧洲的冷战

和平条约签署后，东西方的分歧不断加深，这在很大程度上要归因于第三帝国和日本帝国崩溃后欧洲和亚洲出现了巨大的权力真空。这些真空地带的存在，意味着要对权力格局做出全面调整。即便是在最理想的情况下，这种重新调整也困难重重，拿破仑战争和第一次世界大战后的危机都证明了这一点。第二次世界大战后，传统的权力斗争中注入了意识形态因素，权力格局的调整变得更加复杂和危险。冷战一触即发，备受瞩目的事件是1947年3月杜鲁门总统干涉希腊内战。前一年秋天，希腊北部山区就已经有共产党领导的游击队出没。希腊内战再次爆发的一个原因是糟糕的经济状况，许多贫困农民加入了起义队伍。另一个原因是不断恶化的国际局势，苏联集团煽动和援助游击队反对英国支持的雅典政府。

在这种情况下，起义从北部山区蔓延到伯罗奔尼撒半岛和一些大岛，而且得到了民众的广泛支持。雅典政府几乎无力迅速镇压起义，因此，希腊面临旷日持久的内战，有可能导致共产党最终获胜。为了应对这种紧急情况，杜鲁门总统宣布了以 628
他的名字命名的指导原则。他表示，“希腊这个国家的生存受到威胁”，要求国会拨款4亿美元援助希腊和土耳其。于是，英国放弃了在希腊的百年霸主地位，美国承担起阻止共产主义势力扩张到东地中海的责任。

事实证明，这项任务的花费大大超出预期。1947年3月到1949年6月，美国为希腊提供了大约4亿美元的军事援助和3亿美元的经济援助。即便如此，1947年和1948年，内战双方依然没有分出胜负。1949年，胜利的天平彻底倒向了雅典政府。一方面，南斯拉夫的铁托元帅与斯大林决裂，关闭了南斯拉夫边境，不再向支持斯

图290 哈里·杜鲁门总统迎接从欧洲归来的国务卿乔治·马歇尔。杜鲁门和马歇尔是冷战初期美国外交政策的缔造者。

大林的希腊游击队提供援助。另一方面，经过美国军官重新训练，雅典政府军发起机动作战，而不是驻守主要城镇和交通要道。1949年秋天，政府军把游击队赶出了山区据点，进抵并封锁了北部边境。

与杜鲁门主义遥相呼应，美国在经济领域推出了欧洲复兴计划，即通常所称的马歇尔计划。1951年12月31日，马歇尔计划结束，美国总计投入了125亿美元。这一巨大的投资加上欧洲的人力和物力资源，使欧洲经济迅速复苏，生产和生活水平很快超过了战前。但是，从东西方关系的角度来看，马歇尔计划成为走向冷战的最后一步。1949年1月，为了抗衡马歇尔计划，莫斯科成立了经济互助委员会（莫洛托夫计划）。

至此，共产党世界与西方世界彻底分道扬镳，冷战全面爆发。在接下来的5年里，一场又一场危机接踵而至，双方的行动和反击逐步升级，最终形成了两大对立的军事集团：美国、加拿大和西欧国家组成的北大西洋公约组织（1949年4月4日），苏联及其东欧盟国组成的华沙条约组织（1955年5月）。这样，除了德国一分为二，全欧洲也因为冷战而分裂。

三、远东的冷战 629

1950年，冷战的焦点从欧洲转到了远东。此时，东西方阵营在欧洲已经形成了均势格局，但共产党人在中国取得胜利，打破了远东的力量对比。正如布尔什维克革命是第一次世界大战的重要产物，中国共产党人的革命成为第二次世界大战的重要产物。

1928年，蒋介石成为中国政府的首脑，但国民党政权从一开始就面临两大死敌的威胁：国内的共产党人和国外的日本人。第二次世界大战期间，蒋介石的处境尤为艰难。

1945年8月，日本投降，国民党和共产党为了接管日军占领区展开激烈争夺。共产党人向部队发出接管日军控制地区的命令，蒋介石立即撤销了这些命令，严令共产党人没有他的指示不得轻举妄动。共产党人对蒋介石的命令置之不理，国共军队发生了冲突。共产党人占领了大城市周边的农村，而且得到了苏联的帮助，苏联把在中国东北缴获的日军武器交给了共产党军队。国民党则得到了美国的援助，美国海空军帮助国民党运送军队，国民党因此得以占领大城市。

共产党军队从东北地区出发，横扫北方的大城市。1949年4月，共产党军队渡过长江，在南方地区展开扇形攻势。共产党军队势如破竹，在南方的推进速度甚至比北方还快。1949年年底，共产党人已经占领了整个中国大陆。蒋介石逃往台湾，1949年10月1日，共产党领导人毛泽东在北京宣布中华人民共和国成立。

图291　青年革命军官时期的蒋介石（1887—1975年）。

第二次世界大战后，远东也像欧洲一样爆发了冷战。不同的是，在远东地区，1950年，朝鲜战争爆发，冷战升级为热战。

朝鲜战争的进程分为两个阶段，中国干预之前为第一个阶段，之后则是第二个阶段。第一个阶段初期，北朝鲜军队势如破竹，迅速南下，到达离半岛最南端的釜山港不到80千米的地方。随后，1950年9月14日，美军在三八线附近的仁川登陆，在12天之内夺回了南朝鲜首都汉城（今首尔）。由于交通线被切断，北朝鲜军队仓促撤退，溃退的速度就像当初的攻势一样快。到9月底，"联合国军"已经抵达三八线。

对于美国人来说，接下来的问题是要不要越过三八线。这个问题提交到联合国
630 大会，因为拥有否决权的苏联已经回到了安理会。1950年10月7日，联合国大会通过决议，"为在朝鲜这个主权国家建立统一、独立和民主的政府，必须采取一切相关行动"。第二天，美军越过三八线，迅速占领了北朝鲜首都平壤。11月22日，美军到达中朝分界线鸭绿江。

此时，中国志愿军在苏制战斗机的掩护下发起大规模进攻，朝鲜战争进入到第二个阶段。中国军队迅速向南推进，似乎要重演战争第一个阶段的进程。1951年1月初，中国军队夺取了汉城，但"联合国军"从最初的打击中恢复过来，守住了阵线。3月，汉城再次易手，6月，战线大致稳定在三八线一带。

1951年年中，朝鲜半岛的战事显然陷入了僵局。经过两年激烈争吵、频繁中断的谈判，1953年7月27日，交战各方达成了停火协议。停火协议的条款反映了战场上的僵局。南北朝鲜的分界线仍然大体上维持在战前的位置。西方国家成功遏制了

图292 在朝鲜，酷暑和严寒也成了"联合国军"的敌人。

朝鲜的共产主义。中国则确保了中国与西方势力之间的缓冲区。另一方面，朝鲜大 631
片农村被夷为平地，大约十分之一的朝鲜人死于战乱。

四、冷战的终结

第二次世界大战结束后，西欧和东欧都不得不依靠美国和苏联这两个新兴的超级大国。在军事上，西欧依靠美国发起成立的北约，东欧依靠苏联发起成立的华约。在经济上，西欧依赖美国提供援助的马歇尔计划，东欧依赖经济互助理事会，后者在理论上由苏联提供援助，实际情况则正好相反。

华盛顿和莫斯科的领导地位得到认可，因为在冷战压力下，西欧和东欧离不开美苏两国的支持。1953年后，冷战开始趋于缓和。究其原因，1953年4月，晚年日益多疑和固执的约瑟夫·斯大林去世，接班的年轻一辈领导人意图缓和国际冷战和国内的独裁统治。另一方面，在美国，艾森豪威尔政府取代了杜鲁门政府，也推动了国际局势的“解冻”，因为艾森豪威尔能够为实现朝鲜半岛和平做出妥协，而杜鲁门出于国内政治的考虑很难做到这一点。1953年7月，朝鲜战争宣告结束，从而消除了国际紧张局势的最大根源。

1953年8月，苏联政府宣布苏联也拥有了氢弹。吊诡的是，这反而推动了和解

图293　美国发现苏联在古巴部署导弹，肯尼迪总统和顾问们举行了漫长而煎熬的会议，苦苦思索对策。在这张照片中，肯尼迪（右二）俯身站在桌旁，图左，他的弟弟、司法部长罗伯特·肯尼迪在踱步。

的进程。众所周知，美国在比基尼岛爆炸的氢弹的威力是广岛原子弹的750倍，而
632 广岛原子弹造成了7.8万人当场死亡。[1]除了最狂热的冷战斗士，所有人都意识到战争不再是可行的国家政策工具。

1962年，古巴导弹危机验证了氢弹的威慑作用。当时，美国的空中侦察发现苏联正在古巴建造导弹基地，这些基地建成后，美国大部分地区将处于苏联导弹的射程之内。1962年10月22日，肯尼迪总统发表了备受瞩目的广播讲话，宣布对古巴实施“封锁”，拦截向古巴运送进攻性武器的苏联船只，要求苏联撤走战略导弹。但是，肯尼迪没有要求古巴的卡斯特罗政权下台，甚至没有要求古巴拆除防御性导弹。美苏两国显然都不希望发生战争，驶往古巴的苏联船只最终改变了航向，而美国方面在确认一艘苏联油轮没有携带进攻性武器后，允许其继续驶往古巴。10月28日，赫鲁晓夫宣布将苏联导弹撤出古巴，在联合国监督下拆除苏联在古巴的导弹基地。美国相应结束了对古巴的封锁，并承诺不入侵古巴。

虽然古巴导弹危机最终和平解决，但这场危机差一点引发了核战争。核战争的危险一触即发，最终促成相关各方达成了一系列限制核武器协定：部分禁止核试验（1963年），禁止在太空部署核武器（1967年），在拉丁美洲建立无核区（1967年），不将核武器扩散到无核国家（1968年），禁止在海底试验核武器（1971年），以及西方与苏联签订的《第一阶段限制战略武器条约》（1972年）。这些协定从根本上有助于缓解冷战时期的国际紧张局势。

事后来看，古巴导弹危机是一场死里逃生的事件，爆发核战争的危险比当时惊恐不安的世界所意识到的还要千钧一发。25年后，1989年1月，美苏两国官员在莫斯科会晤，回顾和反思当年发生的一切，双方都清楚地认识到这一点。莫斯科会晤后，古巴危机时担任美国国防部长的罗伯特·S. 麦克纳马拉表示：

> 导弹危机充斥着错误的信息、错误的判断和错误的估计……这必然让我们得出这样一个结论，即在可以实现的范围内，我们必须寻求回到一个无核世界。[3]

20世纪六七十年代，冷战缓慢而艰难地逐步缓解。20世纪80年代，冷战出人意料地突然结束了，原因既简单又富有戏剧性。冷战对峙的背后是两个超级大国，即第二次世界大战后的美国和苏联。但是，20世纪80年代，苏联这个超级大国迅速衰

[1] 第四十一章第三节，广岛死亡人数为14万人，除当场死亡的7.8万人外，还包括受伤后陆续死去的6.2万人。——译者注

落，濒临解体。全世界目瞪口呆地见证了苏联从世界地图上消失，取而代之的是独立国家联合体。我们将在下一章来分析苏联是如何以及为什么被独联体取代的。

除了苏联解体外，同样引人注目的是中苏同盟的破裂。1949年，胜利的中国共产党人建立了中华人民共和国，并且很快得到苏联的承认，英国和印度等其他许多国家也相继承认。然而，美国继续把流亡台湾的蒋介石政权视为中国的合法政府。因此，北京转向了莫斯科，1950年，双方签署了为期30年的“友好、同盟和互助” *633*
条约。根据该条约，中国在苏联的帮助下建立大规模的现代化军队，并启动了雄心勃勃的工业化计划。

20世纪50年代末，中苏同盟开始出现裂痕。共产党世界发生戏剧性的致命分裂，原因似乎既有国家利益的冲突，也有意识形态上的分歧。国家利益的冲突起因于边界划分等传统的现实因素。中苏两国有长达3219千米的边境线，这些边境线在苏联地图上已有明确标示，而在中国的地图上，有些地段被标注为“未划界”，其中包括帕米尔高原东部边缘，黑龙江和乌苏里江交汇处的一些岛屿，以及中蒙交界的几乎整个边境线。这些领土过去曾属于中国，19世纪时被沙皇俄国吞并，现在共产党中国提出了主权要求。两国在这些有争议的边界地区发生了冲突。

中苏争端初期，双方的意识形态之争似乎比边界问题更尖锐。在中国，多年的革命斗争激发起一种关于人类和社会关系的新观念，希望建立一种人人平等的共产主义秩序，在这种秩序中，个人努力的源头是服务社会的渴望而不是个人利益。因此，虽然中国实行苏联式五年计划，在推进工业化和提高生产力方面取得了成功，但毛泽东不愿接受这些计划所造成的日益突出的收入分化和官僚精英主义。这解释了1958年的“大跃进”和1966年的“文化大革命”的起因，这两场运动的口号是“打倒官僚主义”和“为人民服务”。苏联人认为这是注定要失败的浪漫主义乌托邦，这也是苏联停止援助中国的原因之一。

1976年毛泽东逝世后，中国和苏联（如今是独联体）的意识形态差异变得越来越模糊。毛泽东的继任者们发起了一场“现代化”运动，采取了以前被谴责为“修正主义”的措施，而且在这条道路上越走越远，最终走向了“社会主义市场经济”。这些措施包括：在农村恢复包产到户，取消人民公社，在工厂用管理人员代替革命委员会，实行奖优罚劣的制度，从强调工业的自力更生转向大规模引进设备和技术。

后毛泽东时代中国的发展从根本上改变了世界冷战格局。在与西方资本主义的全球斗争中，苏联和中国这两个共产党大国不再是亲密盟友，而是相互竞争，寻求一种切实可行的战略，以满足本国人民日益增长的消费愿望。这样，冷战世界逐步让位于一个迥然不同的世界，这个世界在20世纪90年代逐渐成型并延续到21世纪。

[推荐读物]

第二次世界大战期间的外交和随后爆发的冷战，成为许多历史学家激烈争论的主题。传统观点认为苏联要对冷战爆发负主要责任，这派观点的代表作有：H. Thomas，*Armed Truce：The Beginnings of the Cold War 1945–1946*（Atheneum，1987）；R. J. Maddox，*The New Left and the Origins of the Cold War*（Princeton University，1973）；J. L. Gaddis，*The United States and the Origins of the Cold War，1941–1947*（Columbia University，1973）。修正派史学则认为西方更应该对冷战负责，或者说比苏联责任更大。最早提出这种观点的是D. F. Fleming，*The Cold War and its Origins*，*1917–1960*，2 vols.（George Allen & Unwin，1961）。其他学者详尽讨论了这一论点，例如：G. Kolko，*The Politics of War：The World and U. S. Foreign Policy 1943–1945*（Random House，1969）；W. La Feber，*America*，*Russia and the Cold War*（John Wiley，1968）；T. G. Paterson，ed.，*Cold War Critics：Alternatives to American Policy in the Truman Years*（Quadrangle Books，1972）；N. D. Houghton，ed.，*Struggle against History：U. S. Foreign Policy in an Age of Revolution*（Simon & Schuster，1972）；B. A. Weisberger，*Cold War，Cold Peace：The United States and Russia since 1945*（Houghton Mifflin，1984）。关于杜鲁门主义和近东，参阅B. Kuniholm，*The Origins of the*
634 *Cold War in the Near East*（Princeton University，1980）；L. S.Wittner，*American Intervention in Greece*（Columbia University，1982）。最后，R. L. Garthoff，*Detente and Confrontation：American Soviet Relations from Nixon to Reagan*（Brookings，1985）考察了1966年以来的美苏关系。

有关远东的外交，下列著作持不同的看法：Y. Nagai and A. Iriye，*The Origins of the Cold War in Asia*（Columbia University，1977）；Tang Tsou，*American's Failure in China 1941–1950*（University of Chicago，1964）；W. I. Cohen，*America's Response to China*（John Wiley，1971）；B. Cumings，*The Origins of the Korean War*（Princeton University，1984）；J. Halliday and B. Cumings，*Korea：The Unknown War*（Pantheon，1988）。

关于两极格局的终结，参阅W. S. Vucinich，ed.，*At the Brink of War and Peace：The Tito-Stalin Split in a Historic Perspective*（Columbia University，1982）；W. G. Rosenberg and M. B. Young，*Transforming Russia and China：Revolutionary Struggle in the Twentieth Century*（Oxford University，1982）；R. J. Barnet，*The Alliance：America*，*Europe and Japan*（Simon & Schuster，1983）。

[注释]

1. W. S. Churchill，*The Second World War：The Grand Alliance*（Houghton Mifflin，1950），p. 373.
2. P. E. Mosely，"Face to Face with Russia，" *Headline Series*，No.70（July-August 1948），p. 23.
3. *New York Times*，October 26，1989.

我们正在迎来人类所知的最大的一场技术革命，相比新石器时代的农业革命或早先的工业革命，这场技术革命与我们日常生活的关系要密切得多，当然也要迅猛得多……

——C. P. 斯诺，1966年

第四十四章　第二次工业革命及其全球影响

当今人类共同面临着重大的全球性问题。1985年，世界各国不惜代价地寻求安全，总计在军备上投入了大约1万亿美元。然而，在军备上花的钱越多，不安全感反而越大。截至目前，两个超级大国建立了当代最大规模的军火库，但美国人和苏联人并不比瑞士和斯里兰卡等小国的人民更安全。同样，失业和贫困通常是欠发达的第三世界国家的灾祸，但如今它们不仅在亚洲、非洲和拉丁美洲肆虐，也困扰着西欧和北美的千百万人。生态恶化通常被归因于第三世界国家缺乏远见的政策，这些国家的热带森林遭到滥砍滥伐，耕地变成荒漠。然而，美国中西部的表层土壤仍像“尘暴”年代[1]一样继续侵蚀，肥沃的加利福尼亚中央谷地部分地区正在变成盐漠，而在美国东北部、加拿大东部和北欧，酸雨把森林变成棕色，把湖泊变成死气沉沉的暗蓝色，还对伦敦、巴黎和科隆闻名遐迩的名胜古迹造成了腐蚀。

究竟是什么原因导致这些灾难肆虐全球的所有社会？这些灾难的背后当然有着各种各样的因素，但最根本的原因也许是始于第二次世界大战的第二次工业革命。我们在第二十六章中提到，第一次工业革命对欧洲和非欧洲国家产生了决定性影响。当今时代第二次工业革命的影响则要深刻、迅猛和广泛得多。本章将考察这场新工业革命的起源和性质，分析这场革命对世界各地以及我们生活的方方面面的影响。

[1]　20世纪30年代，美国出现了席卷全国的沙尘暴。——译者注

636

一、第二次工业革命的起源和性质

第二次世界大战促成了一些领域的技术突破，这些技术突破的规模和意义之大，足以让我们称之为第二次工业革命。

原子能 第一次工业革命发明了蒸汽机、电力和内燃机等新能源。第二次世界大战期间，美国在新墨西哥州沙漠进行了人类历史上第一次核爆炸，标志着人类开始利用原子能。原子能最初应用于军事目的，在广岛和长崎投下了原子弹。今天，原子能广泛应用于民用领域，如核动力船舶、生物医学研究、医学诊断和治疗以及核电站。

替代人力的机器 第一次工业革命发明了节省人力的机器，第二次工业革命则发明了替代人力的机器。这些新机器的源头可以追溯到第二次世界大战中英国建立的防空炮台，这些炮台配置了集电子存储器和指令机器处理存储数据的程序于一体的计算机。随着微导体或者说硅芯片的发展，计算机体积大大缩小，运算速度大幅提升。计算机如今已经成为现代经济的支柱，广泛应用于发电站、商界、超市收银台、纺织厂、电话交换机和工厂生产线。计算机是机器人的"大脑"，如今的工业机器人用于焊接、喷漆和搬运材料，未来还会有家用机器人。

航天科学 第二次世界大战期间，德国人用V-2火箭轰炸伦敦，这种武器成为数年后开启的太空时代的先声。1957年10月4日，苏联成功发射了世界上第一颗人造地球卫星"卫星1号"。人类第一次打破了地球引力的束缚，从此可以自由地探索外层空间。目前尚无法准确预测太空时代的前景。外层空间没有重力，能无限提供真空、超高温和超低温环境，从而为制造商提供了许多有利条件。目前正在进行的研究项目包括：自动化的太空制药厂，生产疫苗和纯净的酶组培物；制造集成电路所需的近乎完美的晶体的自动化太空工厂；通过微波将太阳能传输到地面接收站的巨型太阳能集热器。一些更具前瞻性的科学家，如美国物理学家杰拉尔德·K. 奥尼尔和苏联天体物理学家约瑟夫·S. 什克洛夫斯基，预测人类将在外层空间建造巨大的平台或太空岛，最终生活在太空的人类将超过地球。

基因工程 1953年，科学家们发现了DNA（脱氧核糖核酸）结构，DNA是携带生物遗传密码的化学物质。科学家们掌握了从DNA中读取基因信息的方法，还学会了切割和拼接基因，用细菌来培养动物和人类基因，甚至在试管中制造全新的人工基因，编制新的遗传信息。科学家们如今可以读取和修改遗传密码，还能够编制新的遗传密码。自从大约1万年前开始驯化动植物以来，人类一直在干扰基因，但如今的基因干扰是直接的和即时的。今天的科学家们无须在植物和动物中进行多代选择，而是直接选择单个基因进行操作。这种基因工程为新一轮农业革命开辟了道路。在医学领域，基因工程已经能制造胰岛素、生长激素以及若干新疫苗，包括预防传染性极强的牛口蹄疫疫苗。

信息革命　这场革命包含信息积累和信息传播两个方面。当今人类面临空前的知识爆炸，世界各地每24小时发表的科学信息足以填满7部24卷本的《不列颠百科全书》。信息的传播速度同样空前和惊人，信息通过计算机存储和检索，以光速 *637*（尤其是通过卫星）传播到世界各地。任何国家的任何人都可以通过报纸、杂志、收音机、电视机或电脑接收这些信息。

新农业革命　第一次工业革命伴随着以圈地、改良种子、科学养殖和新型农业机械为特征的农业革命（见第二十七章第四节）。同样，第二次工业革命伴随着第二次世界大战期间农产品需求和价格急剧上升所促成的新农业革命（“绿色革命”）。主要粮食作物培育出新杂交品种，配合灌溉、化肥和农药，大大提高了农作物产量。在基因工程的推动下，20世纪90年代开始，又启动了新一轮“绿色革命”。科学家们将来自不同生物的遗传物质进行混合和匹配。这项技术制造出人工胰岛素和干扰素等有用物质，还应用到农业生产领域，培育出适合盐碱地或干旱土壤的作物，能自行合成氮肥的作物，能有效抵御病毒、细菌、真菌和蠕虫引起的各种病害的作物，以及产量更高、营养更丰富的作物。第二次世界大战以来，第三世界粮食产量的增长超过了人口增长，其中一个原因就是广泛使用了新型农业技术。

第一次工业革命对发源地欧洲大陆和世界其他地区都产生了深远影响。第二次工业革命亦是如此。但是，第二次工业革命具有无与伦比的力量和活力，给世界带来了更具颠覆性和广泛性的影响。

图294　科学家们对大病的遗传因子了解日益深入。如果有机会的话，你会做一次基因筛查来预测自己未来的健康状况吗？

二、对第一世界发达国家的影响

战后的繁荣与衰退

第二次世界大战后的25年是资本主义的黄金时代。在这个时期，世界工业的年增长率达到前所未有的5.6%，世界贸易的年增长率达到7.3%。这种长期繁荣是多重因素使然，包括战后重建的推动，战争期间被压抑的对商品和服务的巨大需求释放出来，电子设备和喷气式飞机等领域的军用技术转化为民用，以及朝鲜战争、越南战争和整个冷战时期的大规模军事采购。

在这个经济繁荣时期，跨国公司引领了全球经济的增长。借助第二次工业革命的创新，如集装箱运输、卫星通信以及计算机资金管理系统，跨国公司首次拥有了全球运营所需的技术手段。这些手段使得中等规模的跨国公司能在11个国家生产22种产品。跨国公司除了向第三世界国家出口制成品，还在第三世界国家设立工厂，因为第三世界国家的日工资通常不高于、有时甚至低于发达国家的时薪。因此，在战后25年的繁荣时期，跨国公司的年平均增长率达到了10%，而非跨国公司的年平均增长率仅为4%。

638 全球经济繁荣的好处向下渗透到工人阶级，至少在工业化国家是如此。实际工资大幅增长，人们能负担得起周末郊游、年假旅行以及贷款购买私人住宅、汽车和其他耐用消费品。许多经济学家相信，他们提出的货币政策和财政政策创造了必要的购买力，足以摆脱过去从繁荣到萧条的商业周期。事实证明，他们的乐观与1929年美国股市大崩盘前夕的经济学家一样毫无根据。

20世纪70年代中叶，西方国家经济由繁荣走向“滞胀”，即令人不安地同时出现经济停滞和通货膨胀。战后重建早已完成，战时被抑制的消费需求也得到了满足，工业生产能力持续扩大最终导致产能过剩。产能过剩意味着生产出来的商品超出了社会需求，因为第三世界国家的大多数人并没有从全球性繁荣中受益，至少没有作为消费者享受到繁荣的成果。海外工厂的低工资限制了当地人的购买力。世界银行的统计数字表明，1950年，工业化国家的人均收入是欠发达国家的10倍。1965年，这一比例为15 ： 1，世界银行预测，到20世纪末这一比例将达到30 ： 1。

第二次世界大战后的经济繁荣存在一个最大的结构性缺陷，即全球一体化生产的同时，全球消费不足。第三世界国家出口的原材料价格不成比例地下跌，加上沉重的外债负担，进一步加剧了这种不平衡。1986年，第三世界国家债务总额接近1万亿美元，债务利息占到这些国家出口收入的四分之一到二分之一。沉重的债务负担迫使第三世界国家的政府不得不削减社会支出和进口。但是，工业化国家出口产品的三分之一是流向第三世界国家，因此，第三世界国家进口下降很快导致第一世

图295　1954年1月，《生活》杂志报道了美国郊区生活方式的先行者。报道反映出美国种族隔离的居住模式，所报道的家庭都是白人家庭，这些家庭过着“舒适安全的生活，其基础是五位数的收入，这似乎是许多美国人的终极经济目标”。图中这个家庭年收入12291美元，能在丹佛买下一幢有6个房间的房子，还有自己动手做的扩建部分，还可以花389美元买下一台电视机。

界国家的失业率上升。在经济合作与发展组织的15个成员国中，1973年平均失业率为3.4%，1979年为5%，1983年为8.3%，1995年为11.3%。失业率节节攀升，反过来引发了实施保护性关税的呼声，令人联想到20世纪20年代导致大萧条爆发的贸易保护主义。

经济的严重滑坡让第二次世界大战后形成的信心和乐观情绪荡然无存。经济学家们原以为彻底摆脱了繁荣和萧条的周期，如今却流露出困惑和忧虑。1983年6月，在国际高等研究院联合会的会议上，15个国家的学者一致认为，资本主义经济和社会主义经济都不能令人满意。“我们生活在一个失序的星球上，它是基于与当今现实脱节的经济观念……我们试图质疑这些基本原则，看看能否对其做出修正或调 639
整。”[1]1996年，联合国国际劳工组织的报告表明了这种修正或调整的必要性，该报告指出，失业或未充分就业者占世界总劳动力的30%。

经济衰退的社会影响

20世纪70年代中叶以来的经济低迷给经济学家们带来了精神焦虑，但对于许多习惯了富裕生活的人来说，经济低迷的危害要大得多。20世纪70年代，为了减少节节攀升的贸易逆差，美国联邦政府鼓励农民扩大对海外市场出口。农民们反应热烈，农产品出口从1971年的80亿美元猛增到1981年的438亿美元。然而，国外市场骤然萎缩，这有多重原因：苏联入侵阿富汗后，华盛顿禁止对苏联出口；美元高估（这相当于在1984年对所有美国出口商品征收了32%的附加税）；第三世界国家政府由于财政拮据全面削减进口。1981—1983年，美国出口农产品的价格下跌了21%，出口额下降了20%。

美国农民发现自己陷入了困境，尤其是许多人响应政府的增产号召，为了购买更多的土地和设备以很高利息大量借贷。破产的农民变得一无所有，美国家庭农场的数量从1980年峰值的680万户减少到1994年的190万户。美国人口普查局发现，1985年，农业家庭的收入仅为非农业家庭的四分之三，农业居民的贫困率为24%，而非农业居民的贫困率为15%。高自杀率折射出由此造成的心理冲击和社会混乱，1984年，爱荷华州农村地区的自杀率是全国平均水平的两倍。

由于失业率居高不下，城市社群和农村社群都深陷困境。尽管20世纪八九十

图296 加州圣巴巴拉的富裕家庭与无家可归者。20世纪80年代，由于房价上涨和大多数精神病院关闭，流落街头的美国人越来越多。20世纪80年代末，美国无家可归者人数估计在30万～300万人之间，确切数字取决于如何定义无家可归者以及评估者的政治目的。

年代的失业率远低于大萧条时期，但许多城市工人认为当下的境况更糟。20世纪30年代，人们认为失业是典型的周期性现象，会随着从萧条走向繁荣而减少。如今人们意识到这种假说并不成立。这有几方面的原因，首先，随着工厂从劳动力成本高 640 的国家转移到劳动力成本低的国家，西方国家的工人无法再要求和获得过去习以为常的高工资。其次，自动化生产线和机器人日益普及，正在取代办公室白领工人和工厂蓝领工人。西方世界的失业人数从1970年1月的1000万人上升到1983年1月的3100万人。诚然，在工厂的工作岗位减少的同时，第三产业的工作岗位（例如，银行出纳、快餐店员工、酒店职员、娱乐和卫生服务人员）迅速增加。但是，第三产业的工资水平要大大低于制造业。

1985年的一份报告清楚表明了这些统计数据对社会的影响，这份报告来自于由哈佛大学公共卫生学院院长J. 拉里・布朗领导的美国饥饿问题医生特别工作组。这个工作组由22名医生组成，旨在探寻“饥饿的面孔”，他们探访饥饿人群，还采访了州长、教师、牧师和社会工作者。调查人员得出结论，大约有2000万美国公民正在遭受饥饿，具体来说，这意味着他们买不起充足的食物，周期性地面临断粮。医生们表示：“饥饿成为美国的一种全国性卫生流行病。我们判断，美国的饥饿问题比过去10 ～ 15年来更为普遍和严重……我们认为，如今全国各地都出现了严重的饥饿和营养不良问题。事实上，我们所到的每一座城市和每一个州都存在广泛的饥饿现象。”[2]

除了这份关于美国饥饿状况的报告，同样发人深省的还有1993年10月福特汉姆大学发布的报告，该大学的社会科学家每年发布《社会健康指数》报告。该报告根据美国人口普查局关于16个主要社会问题的数据，监测美国社会的幸福指数，这些问题包括失业、青少年自杀、高中辍学率和保障性住房的供应。据该报告估计，幸福指数最高的一年是1973年，当时的指数为77.5。但是，1993年，也就是有完整数据可查的最近一年，该指数降到38.8，该项目的主持人称，情况“糟透了”。[3]

三、对社会主义世界的影响

第二次工业革命不仅对资本主义世界，对社会主义世界也产生了深远影响，以至于社会主义世界分崩离析。我们已经在前文（第四十章第一节）中谈到，斯大林的五年计划加速了苏联经济发展，使苏联在1932年成为世界第二大工业国。随后，由于第二次世界大战中遭受了惊人的人力和物力损失，苏联经济大幅下挫。但苏联经济很快复苏，在20世纪五六十年代实现了迅猛增长。1961年，赫鲁晓夫夸口说苏联工业生产将在1980年赶超美国。然而，事与愿违，到20世纪70年代，苏联经济增速放缓，苏联经济不仅没有赶上和超越美国经济，反而进一步拉大了与美国经济的差距。

苏联经济显著放缓的一个原因是劳动力和自然资源的供应不断萎缩，而在斯大林时期这两者都很充足。另一个原因是经济规模日益扩大和日趋复杂，中央指挥一切的做法越来越低效。苏联经济放缓的主要原因大概还是政治上的，苏联工人、技术人员和科学家只是被动地执行上级下达的指令，完全不能参与决策。这种偏颇的安排在早期尚能行得通，因为当时斯大林主要是与刚刚走出乡村的目不识丁的农民打交道。但是，如今苏联劳动者中有许多受过高等教育的工程师、管理人员和专业人士。如果要积极参与进行中的第二次工业革命，就必须激发这些人的创造力。著名苏联物理学家和持不同政见者安德烈·萨哈罗夫一针见血地指出，苏联未能做到
641 这一点，从而带来了灾难性后果。1970年3月，萨哈罗夫与一位物理学家-历史学家联名发表了《苏联科学家向苏联党政领导人的呼吁》。这封公开信对苏联的弊病做了鞭辟入里的分析，值得大段引用：

> 为什么我们未能成为第二次工业革命的先行者，而且如事实表明的那样，我们甚至无法在这场革命中赶上发达的资本主义国家呢？难道社会主义制度不能像资本主义制度一样提供发展生产力的机会吗？难道资本主义将在与社会主义的经济竞争中获胜吗？
>
> 当然不是。我们所面临的困难，症结完全不在于社会主义制度，而是在于我们生活中那些与社会主义背道而驰、格格不入的特征和状况。它的根源在于斯大林时期确立起来、至今仍未根除的反民主的传统和公共行为规范……
>
> 阻碍我国经济发展的症结在于社会政治领域，如果不消除这些症结，任何措施注定都是无效的……
>
> 我们经常会听说有国外朋友把苏联比作一辆大卡车，司机一只脚使劲踩油门而另一只脚踩住了刹车。是时候明智地松开刹车了！……
>
> 如果不走民主化道路，我们国家能有什么前途可言？在第二次工业革命中，我们国家将落后于资本主义国家，逐步回落到二流地区大国的地位。[4]

1964—1982年，列昂尼德·勃列日涅夫长期执政期间，萨哈罗夫“明智地松开刹车”的呼吁被置之不理。相反，刹车被死死踩住。苏联官僚机构压制了人们陆续提出的建议，如下放经济管理权限，允许地方工厂和行政机构发挥主动性。就连

复印机也被视为潜在的颠覆工具，复印机被锁进柜子并受到严格管制，每次使用都要进行登记。

踩死刹车的后果一如萨哈罗夫所料。严密控制和思想僵化与第二次工业革命背道而驰。在当今全球经济的背景下，技术创新加速发展，消费者的偏好瞬息万变，一体化的世界市场竞争激烈。所有这一切都要求灵活性、高效率和适应性，而苏联各级党政官僚机构显然不具备这些品质。因此，苏联国民生产总值的年平均增长率从1950—1970年的5% ~ 6%下降到1971—1975年的3.7%和1976—1980年的2.7%。苏联没有像赫鲁晓夫预期的那样超越美国，反而是日本超越了苏联，成为世界第二大工业强国。

随着勃列日涅夫以及在任很短的继任者们（尤里·安德罗波夫和康斯坦丁·契尔年科）相继去世，苏联开国一代领导人都离开了历史舞台。1985年，年轻一代的米哈伊尔·戈尔巴乔夫上台，这一代人意识到，在第二次工业革命的时代，如果还一只脚踩刹车另一只脚踩油门，苏联这辆“卡车”就会被甩在后面。1986年2月25日，苏联共产党召开了第二十七次代表大会，戈尔巴乔夫批评了勃列日涅夫时代的失败，他的话让人想起并且证实了萨哈罗夫在1970年发出的警告：

> 我们的行政机关无所作为，工作缺乏活力，官僚主义抬头，这些都造成了不小的损害……20世纪70年代，经济开始出现困难，经济增速显著下滑……随后，科教、卫生、文化、生活等基础设施变得落后，遗憾的是，当时普遍存在一种观点，即认为经济体制的任何变革都意味着在实际工作中背离了社会主义原则……形势要求我们做出改变，但一种奇特的心理占了上风，即如何才能在不做任何改变的情况下改变现状？[5]

戈尔巴乔夫上台后，以一种让人联想起彼得大帝的热忱来扭转前任的政策。1987年6月，戈尔巴乔夫在苏共中央委员会上直言不讳地表明了与过去彻底决裂的决心：“我们的社会正在迅速变化……我们遇到了十分复杂的新问题。我们不能保证不犯错误……但我相信，最大的错误是怕犯错误。”[6] *642*

戈尔巴乔夫所说的“最大的错误是怕犯错误”，听上去很像罗斯福总统所说的“唯一值得恐惧的只有恐惧本身”。事实上，我们不妨将20世纪30年代的罗斯福新政和20世纪80年代的戈尔巴乔夫改革相提并论。两者都旨在应对痛苦的严重危机：胡佛时期的大萧条和勃列日涅夫时期的经济大停滞。两位领导人都并非出身底层，而是来自上层，属于国家精英阶层。罗斯福和戈尔巴乔夫都无意发动推翻本国社会制度的革命，而是致力于推行旨在重振和维护这些制度的重大改革。尽管他们的改革计划是出于保守的宗旨，两位领导人都遭到来自保守派和激进派双方的强烈反对，保守派担心未来的不确定性，激进派则要求对社会施行外科手术而不是急救。因此，罗斯福被右翼人士斥为本阶级的叛徒，而左翼的激进分子，如路易斯安那州的休伊·朗，则提出了“分享财富”计划。

最后，第二次世界大战挽救了罗斯福和新政，为了满足战争需要，工厂开足马力生产，创造了就业机会，从而结束了大萧条的噩梦。没有爆发第三次世界大战，对于世界来说当然是幸运的，对于戈尔巴乔夫来说也许是不幸的，因为没有大战把他从困境中解救出来。因此，他别无选择，只能直面一系列问题，而这些问题要比罗斯福所面对的问题更为棘手，其中包括苏联15个加盟共和国中难以驾驭的少数民族。由于苏联经济危机的严重程度不亚于20世纪30年代美国的大萧条，这些少数民族日益离心离德。戈尔巴乔夫提出经济改革计划，提高了人们对改善经济状况的期望值。但事与愿违，经济形势进一步恶化。效率低下的企业被迫裁员甚至倒闭，失业率急剧上升。由此造成的社会困境加剧了族群的骚动和冲突，美国和西欧也是如此，少数族裔移民被归咎为失业和低工资的罪魁祸首。

戈尔巴乔夫根本无力解决这些积重难返的问题。1991年，戈尔巴乔夫被鲍里

图297 1991年8月的政变失败后，鲍里斯·叶利钦很快取代了米哈伊尔·戈尔巴乔夫，成为新成立的独联体的领导人。图为两人出席即将解体的苏联议会。

斯·N. 叶利钦取代，苏联也解体了，取而代之的是一种更为松散的政治结构，称为独立国家联合体。列宁格勒市民决定恢复这座城市在沙皇时期的旧名圣彼得堡，这 643
也从一个侧面表明了民众对旧日秩序的不满。

叶利钦试图推行远比戈尔巴乔夫激进的改革，废除过去的共产主义制度，让独联体有一个崭新开端。在农业方面，叶利钦废除了国营农场和集体农庄。在工业方面，到1993年，叶利钦将三分之一的国有企业转为私营企业。另一个不幸的意外变化是大批训练有素的科学家移居国外，他们在经济危机期间失业，没有任何收入。随着移民限制解除，1987年有3.9万名公民离开苏联，1991年有60万人，1992年达到100万人。过去的移民大多是心怀不满的少数民族，如犹太人、伏尔加德意志人和亚美尼亚人。如今许多顶尖科学家都移居国外，这不禁让人担心留下来的人才难以培养下一代科学家。

对于许多俄国人来说，当前出现的意识形态真空同样令人担忧。过去，官方的斯大林主义意识形态提供了所有问题的答案。人们从小就被教导，真正的社会主义要求政府掌握生产资料，由中央计划委员会负责制订并监督执行经济计划。这一战略起初似乎取得了令人满意的效果。但是，到20世纪90年代，俄国人不得不正视这

图298　1990年，立陶宛人举行要求独立的示威集会。随着戈尔巴乔夫改革时代的终结，苏联各加盟共和国纷纷要求独立。

样一个事实：正如萨哈罗夫在1970年警告的那样，他们的国家似乎正在下滑到“二
644 流地区大国的地位”。因此，尽管过去曾夸口要“赶超”美国，俄国人如今陷入了毁灭性的经济衰退和令人尴尬的意识形态困境。

第二次工业革命突飞猛进之际，世界各地的人们都面临一项根本任务，即如何构建与这个高科技时代相适应的社会制度。这是一项任重道远的任务，需要仔细鉴别众多水火不容的社会制度的优劣。这就把我们带回到从一开始就困扰着人类的关键问题（见第一章第一节），这个长期存在的问题就是社会变革滞后于技术革新。我们认为，解决这个问题的关键在于如何让人类不断增长的知识与驾驭这些知识的智慧齐头并进。

如果人类能够幸运地完成这项任务，那么20世纪在见证了如此多野蛮行径之后，仍有望以创新之火而告终。反之，如果20世纪以厄运而非好运收场，那么第二次工业革命很可能会有一个阴森黯淡的结局，鉴于北爱尔兰、卢旺达、波斯尼亚以及在苏联的废墟上建立的独联体所发生的野蛮行径，结局真有可能一发不可收拾。

图299 近年来，原苏联地区朝着市场经济迈进。经济改革让一部分人富裕起来，另一些人则沦落到变卖家庭用品来换取食物。

四、对第三世界欠发达国家的影响

第二次世界大战以来，第三世界既赢得了政治胜利，也遭受了经济灾难。随着殖民帝国土崩瓦解，在帝国废墟上建立起新兴的独立国家（见第四十三章），第三世界的政治胜利达到顶峰。但是，接踵而至的经济灾难导致第三世界国家生活水平下降。第二次工业革命对第三世界人民日常生活的影响成为经济恶化的一个重要原因。

农业领域的绿色革命带来了新种子和新技术，提高了农业生产力。但大多数农民并没有从绿色革命中获益，因为他们缺乏必要的资金，无力购买杂交种子、化肥和灌溉设备。只有大中型农场的农场主才能参与绿色革命，但他们只愿种植利润高的出口作物，而不是国内所需的主要粮食作物。此外，随着节省人力机器的引进，645
本已就业不足的农民不得不背井离乡，到城市贫民窟里讨生活，他们通常会发现在城市里一样找不到工作。墨西哥就是这方面的典型，当地的先进农场为美国市场生产冬季水果和蔬菜，而玉米和豆类主食则从美国进口，数百万背井离乡的农民走投无路，冒险翻越边境，偷渡到美国寻找生路。另一方面，1980年，首都墨西哥城的人口增长到几乎失控的1400万人，预计未来20年将再增加1400万人。

各大洲都出现了失控的城市化，预计到2000年，第三世界将出现40个人口在500万人以上的大都市，而第一世界只有12个。1900年，最大的大都市从大到小依次是伦敦、纽约、巴黎、柏林、芝加哥、维也纳、东京、圣彼得堡、费城和曼彻斯特。2000年，预计将是墨西哥城、圣保罗、东京、纽约、上海、北京、里约热内卢、孟买、加尔各答和雅加达。全球城市化有一个重大缺陷，即没有相应的工业化。因此，城市的新来者只能从事对国家经济几乎毫无贡献的边缘性工作，为了有口饭吃，他们一辈子干着街头小贩、擦鞋、跑腿、推车或蹬人力车等工作。

五、第二次工业革命的全球性影响

第二次工业革命不仅对第一、第二和第三世界的社会产生了特定影响，而且对所有社会的所有人产生了广泛深远的影响。纵观人类历史，我们已经看到技术革新深刻影响着人类的日常生活。人类从狩猎采集发展到农业，生活方式随之从游牧生活转变为定居的乡村生活。第一次工业革命同样彻底改变了人类生活方式。由于新技术的空前威力，方兴未艾的第二次工业革命产生了无远弗届、同时也更具破坏性的影响。让我们来看看这种全球性影响最重要的4个方面：生态环境、种族关系、性别关系和战争形态。

对生态环境的影响

第二次工业革命的浪潮席卷而来，不仅给地球上的居民，而且给这个星球本身打上了烙印。第二次工业革命给作为人类家园的地球带来了巨大的生态冲击。以往任何一个时代的任何一个人类种群都在不同程度上对环境造成了影响，原因不言而喻，哪怕只懂得使用石器和火，他们也是有着人类需求和人类技术的人。但是，科技的蓬勃发展和人口爆炸无限放大了当今人类对环境的影响。

来看看塞芒人的生活方式，它清楚表明了过去和现在的人类对生态的不同影响。塞芒人是马来西亚的游牧丛林觅食者，人数大约有两三千人。塞芒人在日常生活中似乎完全不顾及生态，他们在河里洗澡、洗衣、排泄、捕鱼和取水。他们的耕作方式是刀耕火种，随意放火焚烧附近的森林，用火清理过土地之后撒上种子，然后继续游牧觅食，最后返回来收集没有任何保护的小块土地上被动物吃剩下的东西。

这种生活方式使得塞芒人人均日消耗能量不到5000千卡（40%来自人力，60%来自烧柴），而典型的美国公民人均日消耗能量为25万千卡。因此，寥寥无几的塞芒人对周边河流和森林没有任何大的影响，反之，我们的世界不是数千人口，而是数十亿人口，此外还有不计其数的机器，如果像塞芒人那样生活，无疑将带来灾难性后果。[7]

由于全球的机器和人口都在加速增长，生态环境很可能进一步恶化。世界人口
646 一直在快速增长，这一方面是工农业生产力不断提高，可以养活更多人口，另一方面是医学和公共卫生设施不断改善，降低了死亡率。因此，人类历经数百万年，才在1830年达到十亿人口，第二个十亿仅需一个世纪，第三个十亿仅需30年，第四个十亿仅需15年，而第五个十亿只花了11年。

两次工业革命为地球上数十亿新增人口提供了大量新机器。这势必使得人类地球家园承受的压力远远超过我们祖先的时代。即便是资源丰富、人口压力不大的美国，也随处可见这种生态压力的迹象，例如，为内布拉斯加到得克萨斯狭长地带大平原提供灌溉水源的奥加拉拉蓄水层日渐枯竭，加利福尼亚的果园和长岛的马铃薯田被改造成住宅区，西北部的原始森林被砍伐殆尽，99%的已知有毒废弃物倾倒场尚未清理，正在污染全国各地的水源。

生态绝境并不只出现在美国。随着第二次工业革命的扩散，它已经成为一个世界性问题。中国就是一个突出例子，它如今是第二大工业国，而且增长速度最快。中国的快速工业化主要是以储量巨大的煤炭为能源。但煤炭是碳排放量最高的燃料，因此中国目前的碳排放量位居世界第二，2025年时很可能成为第一。中国消

费者（超过10亿人）无疑会像其他地方的消费者一样追求更高的生活水平，拥有更多的汽车、冰箱、家用暖气和更丰富的消费品，这些东西的生产和运转需要耗费更多的能源。一些环保主义者质疑“穷国”水涨船高的消费期望，但挪威前首相G. H. 布伦特兰指出，西欧人是工业革命和随之而来的生态问题的始作俑者，现在不应把“穷国”钉在“永远贫穷”的地位上。[8]

对种族关系的影响

纵观历史，人类技术深刻影响了种族关系，决定着人口的增长和流动。例如，当非洲大草原上最早的人类祖先开发出取火用火、织布做衣和建造房屋的技术，就能够从非洲扩散到欧洲和亚洲，最终到达美洲和澳洲。同样，在第一次工业革命和工农业技术进步的推动下，欧洲人口从1650年的1亿猛增至1914年的4.63亿，使得十八九世纪欧洲人大量移民到人烟稀少的西伯利亚和美洲成为可能。如今，随着第二次工业革命的推进，同样引发了移民浪潮，只不过移民迁徙的方向反了过来，即移民从欠发达国家迁徙到发达国家。粮食产量的提高和医疗卫生技术的改

图300　咸海横跨原苏联西南部的哈萨克斯坦和乌兹别克斯坦，曾经有丰富的水资源和鱼类资源。由于过度开采水资源，如今咸海几乎彻底干涸了。

善（强化免疫、杀虫剂和口服补液疗法）大大降低了欠发达国家的死亡率，而出
647 生率仍然居高不下。因此，1950—1970年，发达国家和欠发达国家的年均人口增长率分别为1.1%和2.2%。如今，第三世界的人口增长率是发达地区的两倍，这种新的人口格局将很难扭转，因为第三世界人口主要是年轻人。表1清楚表明了这种人口结构对于未来的含义：世界人口正在加速增长，而欠发达国家占据了人口增长的大头。

表 1　人口状况与预测：1950—2100 年（单位：百万人）

	1950 年[a]	1980 年[a]	2000 年[b]	2025 年[b]	2050 年[b]	2100 年[b]
欠发达国家	1670	3284	4922	7061	8548	9741
发达国家	834	1140	1284	1393	1425	1454
全世界	2504	4424	6206	8454	9973	11195

a 估计数。b 预测数。

如上所述，由于大多数第三世界经济体陷入困境，第三世界很难养活迅速增长的人口。因此，贫穷国家生活拮据的人们千方百计移民到发达国家，从事任何能找到的工作。第二次世界大战后的经济繁荣时期，许多工作岗位都有空缺，因此，西北欧的德国、英国、法国和斯堪的纳维亚国家涌入了大约1500万～2000万移民。这些移民大多来自西班牙、葡萄牙、意大利、希腊、南斯拉夫、土耳其等南欧国家。其余的来自海外，主要是北非、巴基斯坦、印度和西印度群岛。

欧洲人起初很欢迎这些移民，认为这些“客籍劳工”几年后就会带着积蓄返乡。但是，外来者出乎意料地并未返回祖国，而是在第二故乡扎下根来，不愿再次迁徙。第二代移民出生在移民国家，认为自己是德国人、法国人或瑞典人，而不是土耳其人、巴基斯坦人或西印度群岛人。然而，随着战后的经济繁荣终结，欧洲面临严重的失业问题，以前的“客籍劳工”发现自己不再被当成“客人”，反而受到失业者的憎恨，有时甚至是攻击。为了摆脱困境，一些国家的政府为想回国的移民提供路费，但没有多少移民愿意接受。

欧洲人不情愿地逐渐认识到，他们面对的不是暂时性的外来少数民族问题，而是欧洲成为一个新的多民族、多文化和多宗教大陆的长期现实。对于此前一直杜门
648 谢客的欧洲人来说，看到清真寺的宣礼塔在城市中拔地而起，听到清真寺每天数次响起祈祷声，电视台和广播电台全天用外语播出节目，公立学校因为教穆斯林学童

图301　欠发达国家对自然环境的影响主要在于人口数量，发达国家则是高生活水平给环境带来重负。在这张照片的年代，大多数中国人出行是靠人力而不是化石燃料。等到这个拥有10多亿人口的国家富裕起来，将会对环境造成什么样的影响呢？

唱“基督精兵前进”的赞美诗而遭到抗议，无疑是一种令人不快的体验。

美国也出现了类似的不和谐声音，人口普查局的调查显示，1995年，非美国本土出生的人口占全美人口的8.7%（2260万人）。海外出生的人口占到加利福尼亚州人口的25%、纽约人口的16%。有关专家认为，如果种族混合以目前的速度持续下去，几代人之后，大多数美国人的肤色将从白色变成棕色。美国跨种族家庭的儿童数量从1970年的50万人增加到1990年的200万人。

如此大规模的种族变迁对美国和其他国家都产生了影响。1994年，美国路易斯·哈里斯民意调查显示，非白人认为自己得到的机会比白人少。但这次民意调查还显示，非白人族群也相互怨恨，而且程度几乎不亚于对白人的共同怨恨。民调机构得出了让人不寒而栗的结论：“我们的少数族裔群体越是多样化和迅速扩大，我们需要克服的偏见也就越多。”[9]

这确实是个严峻的问题，因为大规模移民正在世界各地形成少数群体，偏见和冲突接踵而来。不过，高尔夫大师赛冠军泰格·伍兹的职业生涯表明，最终的结果也未必就一定是“全球敌意”，伍兹身上有泰国人、美国黑人、美国白人和美国印第安人的血统。

对性别关系的影响

纵观历史，性别关系和种族关系一样深受技术发展的影响。在采集食物时代的千百万年里，妇女享有平等地位，因为她们采集来的食物对于家庭的重要性丝毫不逊色于丈夫。农业革命来临后，妇女从游牧生活转为村社生活，她们大部分时间都在家里带孩子和做家务，无法再为家庭食物需求做出同等贡献。第一次工业革命为妇女打开了新天地，因为工厂和有薪工作为妇女提供了带孩子和做家务之外的选择（见第二十六章第六节）。

649 此后，随着公立学校的建立，妇女能够像男性一样接受教育。20世纪初，妇女开始赢得选举权。1900年，只有一个国家的妇女赢得了选举权，1950年，69个国家的妇女有投票权，1975年，妇女享有投票权的国家已达129个。如今，除了极少数阿拉伯国家（阿曼、卡塔尔、沙特阿拉伯和阿拉伯联合酋长国），几乎所有国家的妇女都有投票权。

第二次工业革命对妇女的深刻影响不亚于第一次工业革命。医疗技术的进步为妇女提供了避孕手段，她们能自行控制生育，从而摆脱了女性社会角色是“自然需要”的传统观念的束缚。妇女可以自行决定是否生育，而计划生育使妇女能够在生育后重操旧业，甚至从事新职业。不过，全球大约只有一半的妇女能采取避孕措施。另外一半妇女由于种种原因做不到节育，其中包括政府、教会或丈夫的反对，丈夫想证明自己的男子气概，或是要生儿子来传宗接代和继承家族产业。

当今妇女地位提升的另一个重要标志是向妇女打开了教育的大门。全球妇女和男子的文盲率都在迅速下降。1960年，世界上只有59%的妇女识字，1985年，识字妇女的比例上升到68%。不过，妇女也面临教育内容和质量不同的问题，在所有国家，女孩上学后倾向于选择那些在厨房和客厅里比在社会上更有用的科目。女生被鼓励学习艺术、文学、家政和缝纫，而男生则学习工程、数学、物理和机械。

教育内容上的差异是导致日后男女薪酬歧视的重要因素。近年来，妇女大量涌入全球劳动力市场，这成为妇女社会角色最显著的变化。1890年，美国只有18.9%的成年妇女参加工作；1940年，这一比例上升到25.8%，第二次世界大战结束时（1945年）上升到35%，1984年上升到54%。

对于妇女来说，走出家门参与经济活动是一件喜忧参半的事情。妇女由此减少了依赖性，为实现自身潜能打开了新视野和新机会。妇女日益广泛地参与社会经

图302　日本妇女在第二次世界大战后获得了选举权。图为正在投票的日本妇女。

济，相应提高了国家的生产力和财富。例如，在美国，许多双职工家庭拥有更大的房子、更豪华的汽车、更多的定期度假和更好的子女教育。

另一方面，妇女的新角色在带来好处的同时也带来了不满。其中一个不满是，上班族妇女发现自己超负荷地承担了家庭和事业两份工作。除了上班之外，美国妇女平均每周要花24.2小时做家务，而她们的丈夫每周只做12.6小时家务。在苏联，已婚男女在家务劳动上的差距更大，妇女每周做家务25 ~ 28小时，而男人每周只有4 ~ 6小时。在日本，即使妻子外出工作，男人每天做家务的时间也不到半小时。

除了经济上的从属地位之外，世界各地妇女还在不同程度上遭受从未间断的暴 *650*
力威胁。在几乎所有的文化中，打老婆和打女人都有悠久的历史渊源，因而被视为公认的行为规范而得到宽恕。如果有人因为政治立场遭到杀害，通常会被谴责为侵犯人权。但是，如果女性遭到殴打乃至杀害，却常常被看成是“文化传统”而遭到漠视。这种现象并非仅仅是变态的文化或欠发达地区文化所特有的缺陷。在美国，每15秒就有一名妇女遭到殴打，每5分钟就有一名妇女被强奸。[10]

在许多文化中，女性甚至在出生前就遭受了暴力。在印度，由于重男轻女的强大社会压力，人们使用原本是为了筛查遗传缺陷的羊水穿刺术来鉴定胎儿性别。如果检查结果是女婴，通常会将胎儿流产。例如，孟买一家诊所做的8000例堕胎手术中，7999例为女婴。这家性别鉴定诊所的广告揭示了这门兴旺生意背后的动机：花38美元堕胎一个女婴，好过日后花3800美元给她买嫁妆。一些国家的人口控制政策造成大量女婴被堕胎，出生婴儿的男女比例正常值为106 ∶ 100，而在一些地方，尤其是在乡下，这一比例严重失调。

据估计，这种杀女婴现象最终导致全世界少了1亿女婴。她们要么是因为堕胎，要么刚一出生就被杀掉，要么因为所得食物比男婴少而死亡，要么因为疏于照顾而死亡，例如，家长把女儿腹泻看成麻烦事，而把儿子腹泻当作需要看医生的头等
651 大事。有官员在接受媒体记者采访时承认："家中男孩病了，父母会立即送去医院。如果是女孩病了，父母很可能会自我安慰说：'没事，等到明天再说，没准她自己就好了。'"

在非洲和中东部分地区，妇女还深受女性割礼的荼毒，这种特殊形式的暴力是全部或部分切除女孩的外生殖器。这种残害方式不仅手术本身和日后分娩时有可能危及受害者生命，还剥夺了受害者所有的性感受。这种习俗的根源是为了抑制年轻

图303 《女士》杂志创刊于1972年。该杂志的主编是格洛丽亚·斯泰纳姆，旨在向广大读者传达激进的女权主义。《女士》杂志强调妇女应当获得与男子平等的教育、医疗和就业机会，推动美国人重新思考传统的性别角色。

女性的性欲，让她们在婚前保持贞操。取缔女性割礼陋习的努力遭到抵制，理由是外国组织和意识形态正在损害“一项重要的非洲传统”。肯尼亚妇女杂志《VIA》回应称：“无论是虐待妻子、母亲，还是贫民窟或割礼，不公正和暴力都与‘非洲特色’无关。恰恰是那些穿着三件套细条纹西装和锃亮皮鞋的男人……经常用‘这是非洲特色’来为虐待妇女辩解。”

1997年12月，埃及妇女赢得了胜利，埃及高等法院裁定，女性割礼不属于《古兰经》认可的伊斯兰教习俗。这一裁决鼓舞了全非洲的反割礼运动，那里每年有200万妇女遭受这一陋习的戕害。

对战争形态的影响

第二次工业革命的影响在军事领域表现得最为显著，这自然是因为第二次工业革命的技术直接源于第二次世界大战的军事发明。战时的技术突破有雷达（英国）、原子弹（美国）、弹道导弹（德国）和电子计算机（美国）。

除了这些技术进步外，同样重要的是实现了军人、科学家和实业家的整合。事实证明，这种高效的组合催生出所谓的“按需发明”。战场需求推动了现有武器的改进和新式武器的发明，如第一次世界大战时发明的坦克、毒气和潜艇。新兴的科学家-军人-实业家三方组合通常对反馈来的需求迅速做出反应，使得军事技术在两次世界大战期间有了突破性发展。

第二次世界大战后，这种三方组合发展成一种制度化模式，以至于艾森豪威尔总统警告人们提防“军工复合体”的危险。1983年，“战略防御计划”（又称“星球大战计划”）获得通过，国会开始批准拨款，让人们得以一窥这个军工复合体的规 *652*
模。1987年，先后有80所大学（以麻省理工学院为首，获得3.5亿美元拨款）和460家公司（以洛克希德为首，获得10亿美元合同）签订了相关合同。

第二次世界大战后的冷战年代，这种体制源源不断地催生出“按需”发明的成果。尽管爱因斯坦曾在第一颗原子弹爆炸时警告说，“我们正在滑向前所未有的灾难”，但军备竞赛日趋升级，每一项新发明都会引发对方针锋相对的发明。1945年，美国爆炸了原子弹，1949年，苏联也研制出原子弹；1952年，美国发明氢弹，1953年，苏联也拥有了氢弹；1968年，苏联成功发射反弹道导弹，1972年，美国也发射了反弹道导弹。这场军备竞赛最终导致全球核武库积聚了5万枚核武器。

1983年11月，一个多国科学家联盟清楚解释了这种核对峙的后果，他们警告说，现有核武库中哪怕只有一小部分被引爆，也将直接导致“核冬天”。漫天大火和大量浓烟、油烟尘和粉尘将遮蔽太阳，使地球在三个月到一年，甚至更长时间里笼罩在严寒和黑暗之中。“全球环境的变化足以导致地球上大部分动植物灭绝。在这种情况下，不排除人类灭绝的可能性。”

这一令人震惊的声明促使一些国家的科学家展开了后续研究。一些人质疑全球寒潮是否会严重到足以用“核冬天”形容，并提议用“核秋天”来代替。但他们也一致认为，核战争将使保护人类免受太阳紫外线辐射的臭氧层消失殆尽。他们还
653 警告说，核战争一旦爆发，核爆炸的冲击波和辐射可能直接造成数亿人丧生，更可怕的是，全世界50亿人口中可能将有10亿～40亿人因全球农作物歉收而死于饥荒。因此，像印度这样人口众多、依赖粮食进口的国家，即使境内没有遭受核武攻击，也可能遭受最严重的生命损失。这就是人类每年花费6500亿美元（每分钟100万美元）用于军备（1982年）所面临的悲惨前景。因此，天文数字的军费开支带来的不是梦寐以求的安全，而是黯淡悲惨的结局，最好的情况是核秋天，最坏的情况是核冬天。

人们广泛讨论了人类自我毁灭的可能性，尤其讽刺的是，当今的人类技术似乎能够将人类心灵所能想象的一切变为现实。然而，这一悖论与我们对人类发展历程

图304　盟军的空中轰炸对德国城市造成了可怕破坏。图为遭受轰炸后的莱茵河畔的科隆市。

的考察不谋而合，我们的历史考察表明，正是过去的技术进步使人类的暴力从个人仇杀升级为全面战争（见第一编“历史的启示：人性的本质”）。作为食物采集者，人类既没有动机，也没有手段进行大规模的战斗。随着人类的技术进步，积累起引人觊觎的财富，人类才具备了发动战争的手段和动机。这种结果是农业革命和工业革命使然，这两场革命极大地提高了生产力，创造出与之前的生存型社会截然不同的富庶文明。文明社会有肥沃的良田、充实的粮仓和满是奇珍异宝的城市中心，成为让掠食者垂涎不已的宝贵战利品。因此，战争变得有利可图和司空见惯：游牧民族从沙漠和草原蜂拥而出，罗马元老院掠夺新的行省，西班牙征服者用火枪和十字架征服了整个大陆，他们的后人用炮舰和机枪、最近还用直升机和计算机建立起世界性帝国。

我们这个时代最大的吊诡是，正如农业革命和工业革命使战争变得有利可图和合理化，第二次工业革命使战争变得无利可图和自取灭亡。这就是为什么爱因斯坦告诫说，如果不能建立起新的“思维方式”，人类就将遭受“前所未有的灾难”。人

图305　近年来，两个核超级大国美国和俄罗斯联邦削减了各自的核武库，但全球安全仍然受到核扩散的威胁。21世纪初，可能将有50个国家拥有核武器，其中许多国家都卷入了地区冲突。

类并非唯一面临这种挑战的物种。无数其他物种也曾面临类似威胁的挑战，它们通
654 常都未能成功应对，所以灭绝了，因为它们的基因适应模式反应太慢，无法适应突然变化的环境，如冰河时代的到来。人类则完全不同，迄今为止，人类能运用聪明才智来创造自身环境（通过取火用火、织布做衣和建造房屋等技术）以满足自身需求。然而，第二次工业革命如火如荼，日新月异的强大技术正在加速创造和改变环境，这就需要人类快速和持续地加以适应。所以，当前最重要的问题是人类能否再次充分发挥自身聪明才智，这一次是为了适应人类自己创造的新世界。与所有已经灭绝的物种不同，人类在应对这一挑战时拥有一个重大优势，即不会受到像冰河时代等神秘和未知事物的冲击。与以往灭绝的物种不同，人类的问题不是如何适应无法控制和未能认知的环境，而是如何适应人类自身创造的环境。

最近，《原子科学家公报》将“末日时钟”的分针从距零点3分钟调整为14分钟，这似乎让人看到了一线希望，伯特兰·罗素所说的“人类的消亡将比预想的要快”可能过于悲观。但是，只要想想过去100年来千百万人的无谓死亡，任何历史学家都不可能轻率地无视罗素之言。我们无法预测“末日时钟”的分针在21世纪将朝哪个方向移动，它是否还会滴答作响，甚至它是否会像那座指针熔化和凝固的广岛时钟一样，永远停留在8时15分。

[推荐读物]

像其他所有转型时期一样，当今的转型时期也引发了大量讨论人类前景的著作。最新和最发人深省的是生物学家M. E. Clark的跨学科分析*Adriadne's Thread：The Search for New Modes of Thinking*（St. Martin's，1989）。这项研究在提供解释和指导原则方面特别有用，因为作者对新的人类思维方式做了认真和深入的探讨。同样值得注意的是对当代人类前景提出各种解释的著作：A. Toffler，*Previews and Premises*（South End，1984）；L. S. Stavrianos，*Lifelines from Our Past*（M. E. Sharpe，1992）；M. G. Raskin，*The Common Good：Its Politics，Policies and Philosophy*（Routledge and Kegan Paul，1986）；F. M. Lappé，*Rediscovering America's Values*（Ballantine Books，1989）；R. N. Bellah et al.，*Habits of the Heart：Individualism and Commitment in American Life*（Harper & Row，1986）。特别有用的和富于启迪的是联合国的报告*Human Development Report 1993*（Oxford University，1993）。

[注释]

1. *New York Times*，February 20，1985.
2. *New York Times*，November 20 and December 11，1984；March 3，1986；*Los Angeles Times*，January 10，1986.
3. *New York Times*，October 14，1996.
4. *New York Times*，April，1970.
5. *New York Times*，February 26，1986.
6. *Los Angeles Times*，June 27，1987.
7. *UN World Economic Survey 1985*，p. 31，Table 3/2.
8. *New Perspectives Quarterly*（Spring 1989），p. 4.
9. L. Heise，"Crimes of Gender，" *World-Watch*，March-April 1989，p. 19.
10. *New York Times*，March 3，1994.

655 # 历史的启示

至此，我们对人类过去的考察已接近尾声。在每个主要历史阶段结束时，我们都要停下来盘点一番。我们提出这样一个问题："历史给今天的我们带来了什么样的启示？"在本书每一编的末尾，我们都尝试回答这个问题。最后一编的回答要长一些，因为当今一年所发生的历史事件超过了过去几十年甚至几百年，何况我们正处于21世纪的前夕，有必要回顾千万年来人类的行为和不当行为。

这种长时段的考察让人有一种强烈印象，即人类取得了超乎想象的巨大成就。很久很久以前，也许是在非洲大陆，首次亮相的人类不过是一种弱小、数量稀少、似乎毫无防卫能力的生物，初生的人类置身于一个竞争激烈的竞技场，似乎未来一片渺茫。人类没有大象的体型、狮子的力量和羚羊的速度，也没有臭鼬、豪猪和乌龟等生物的自卫机能。然而，如今人类已经凌驾于所有其他物种之上，这主要是因为只有人类懂得驾驭自然环境来满足自身需求，让环境适应人类的基因，而不是像其他物种那样通过基因去适应环境。

656 因此，人类是独一无二的，人类不是命运的造物，而是命运的创造者。已故太空科学家卡尔·萨根指出了人类这种特性的意义所在。[1]他认为当今的高科技让人类摆脱了双重威胁：一是小行星撞击所导致的灭绝，二是新的冰河时代所导致的灭绝。人类能够追踪小行星的飞行轨迹，一旦发现有可能与地球碰撞的小行星，人类可以发射核导弹，使其偏离原有轨道或是将其炸碎。同样，用巨型行星太阳反射镜聚焦太阳能，使冰冻的地球升温，可以阻止生成新的冰河时代，或是缓解其危害。行星伞和行星加热器为人类提供了保护措施，可以防止人类沦为想象中可能会在未来某个时刻扼杀地球生命的宇宙蝇拍的牺牲品。人类即将在其他星球上建立殖民地，这将使人类成为第一个多星球物种，也意味着人类有了更大的安全保障，一旦未来发生灾难，这一特性可以提供理想的双保险。

人类的主宰地位似乎稳如泰山，一些科学家预言了乌托邦式的人类未来。斯坦福大学工程学教授、系统论专家威利斯·哈曼宣称："我注意到，世界各地正在发生形形色色奇妙和富于创造力的事情，人们创造了替代发展、替代经济、新的企业家精神和新型社群。一个崭新社会的所有元素正在成形，它们不会威胁到任何人。这是水到渠成的……当今时代是人类存在的伟大时代之一，我们正在经历一次进化飞跃，人将在有限的一生之内实现这一飞跃。我对此充满信心。”[2]加州理工大学地球化学家哈里森·布朗也热情洋溢地表示：“我坚信今天的人类更有能力创造一个世界，在这个世界里，全世界的人都能过上自由、富足甚至是富于创造力的生活……我相信我们可以创造一个使伯利克里的黄金时代相形见绌的世界。”[3]

与这些鼓舞人心的展望相反，时下坊间流行的国际畅销书有着令人沮丧的标题，例如《世界的末日》《未来的尽头》《历史的终结》等。并不是只有书店里才能看到对人类前景的担忧。一个国际研究小组在美国、加拿大、意大利、德国、法国、黎巴嫩和新西兰随机调查了3万名男女，发现有严重心理抑郁者的比例是其祖父母的三倍。[4]

这就让我们面对当今时代的一个巨大谜团：人类成功登上了珠穆朗玛峰，同时又因为自我怀疑而变得步履蹒跚，害怕最终不能登顶，反而坠入万丈深渊。这种自我怀疑是不难理解的，因为在哈曼和布朗展望未来乌托邦的同时，报纸头条和电视屏幕上明显反映出人类所面临的反乌托邦。福特汉姆大学发布的《社会健康指数》年度报告清晰揭示了人类潜能与现实之间的巨大反差。该报告根据美国人口普查局关于青少年自杀、失业、吸毒、高中辍学率以及保障性住房的统计数据，监测美国社会的幸福指数。这一指数从1970年的75下降到1991年的36，年度报告的主持人称情况“糟透了”。 657

为什么一些科学家展望的乌托邦会与现实中的反乌托邦背道而驰？答案就在于人类的文化。所有民族的文化都包含旨在规范社会成员行为的控制机制。在人类社会的历史演进过程中，文化逐渐演变，代表了社会的生存智慧。构成不同文化的价值观旨在增强社群的凝聚力和存续能力。因此，文化中普遍包含的价值观倾向于维护最大限度的繁殖力以延续物种生存，最大限度的生产力以维持经济生存，最大限度的武力以保障民族生存。

千百年来，文化已经成为人类社会的基石。只有通过文化，人才知道自己可以做什么以及如何去做。因此，任何对文化价值观的威胁无异于对食物和水等基本必需品的威胁。所以，人们极端不能容忍对传统价值观做出任何实质性改变或修正。因此，人类历史上的文化刚性经久不衰，即使在当今这样的时代，飞速发展的技术革新势必带来相应的社会变革。人们通常认可和欢迎技术革新，因为它往往意味着生活水平的提升，而文化变革则引发了担忧和抵制，因为它威胁到传统和安逸的价值观和习俗。

这种二元对立贯穿了整个人类历史，人类社会在人类自己制造的技术风暴中停滞不前。技术革新与社会变革脱节乃是人类历史上许多长期暴力和流血事件的罪魁祸首。这种脱节一直持续至今，正如电视屏幕和报纸头条每每表明的那样，对我们生活的许多方面产生了直接和不祥的影响。

工作

人类学家普遍认为，旧石器时代采集食物的人类祖先比今天的我们拥有更多的闲暇时光。无论是澳洲的原住民，还是南非卡拉哈里沙漠的昆人，如今的食物采集者平均每周只花15～20个小时来采集食物。这样的生活方式为经营社会关系留下了充足时间，包括举行适当仪式来准备和享用食物。在人类历史的大部分时间里，这是一种普遍存在的生活方式，但是，大约1万年前，随着农业革命的到来，这种生活方式一去不返了。

农业革命引发了一系列技术突破的连锁反应，如冶金、车轮、纺织、陶器和铸币，进入现代以后，则是18世纪晚期开始的节省人力的工业革命，以及第二次世界大战以来替代人力的高科技革命。每一次技术革新都提高了人类生产力，但吊诡的是，人们的劳动时间也随之延长。农业需要更多的劳动来播种、耕耘、收获和饲养牲畜。同样，工业革命到来后，工厂工人每周工
658 作6天，每天工作10～16个小时。随后，工作时间逐渐减少，1900年，美国人平均每周工作时间是60小时，1935年，按照法律规定，每周工作时间减少到40小时。

第二次世界大战后，随着机器人和其他替代人力设备的发明，人们期望进一步缩短工作时间。1992年，美国劳工联合会前主席威廉·格林断言："唯一的选择是要工作还是要闲暇。"[5]人们做出了选择，选的是工作。企业高管通常拒绝缩短工作时间，理由是这样会提高劳动力成本，使企业在国内外竞争对手面前不堪一击。因此，在机器人和计算机时代，美国出版了名为《过劳的美国人》的书籍。而日本人发明了"过劳死"一词，它指的是一种过度工作引发的致命疾病，按照日本国立公共卫生研究所的说法，这种疾病会导致"原有的高血压症状恶化，最终导致致命的崩溃"。[6]事实上，"过劳死"在日本已成为仅次于癌症的第二大死因。

659 与此同时，有关全球性失业危机的报道证实了格林关于闲暇和失业二者必

图306 菲律宾的陶巴图人没有技术手段来影响自然界，而是与自然和谐相处，他们的社会小而简单。生活在复杂社会中的我们总是自认为比这些人优越，其实我们可以、也应当向他们学习。

居其一的不祥预言。全世界28亿劳动力中，至少有1.2亿人失业。另有5亿人被归为“就业不足”，也就是说，这些人只能找到收入难以满足基本需求的边缘性工作。[7]

社会不公

技术革新与社会变革的历史性脱节既是机器人时代的“过劳死”的原因，也造成了全球性营养不良这一全球供应过剩时代的社会不公。长期以来，人们一直认为，社会不公是人类基因预先设定的占有欲和攻击性的必然结果。然而，心理学家阿尔伯特·班杜拉最近的研究表明，人类的天性既没有合作精神，也没有攻击性。确切地说，它是一种“巨大的潜能”，可以被主流文化塑造成各种形式。[8]因此，旧石器时代的食物采集−游牧文化会自然而然地抑制占有欲，因为每隔几周或数月，游牧群就要迁移到新营地，根本无法积聚起私人财产。

随着农业革命以及从游牧生活转变为定居的村落生活，物质占有变得可行和可取。这一转变造成了无地农民与有地士绅、世袭精英与平民百姓的巨大落差。有社会学家总结说：“技术和经济越是发达，社会不平等就越是严重。”[9]

在我们这个技术和生产力日新月异的时代，各种不平等现象却愈演愈烈，证实了上述论断。1994年，联合国《人类发展报告》显示，过去半个世纪以来，世界收入增长了7倍，人均收入增长了3倍。但是，这一重大成果在国内和国际范围内的分配并不平等。报告指出：“1960—1991年，世界上最富有的20%人口在世界收入中所占的份额从70%上升到85%……而最贫穷的20%人口所占的微薄份额从2.3%降至1.4%。”[10]

这种社会不公不仅体现为全球范围内的不平等，而且体现为富裕社会内部的不平等，1985年，哈佛大学公共卫生学院院长J. 拉里·布朗为首的美国饥饿问题医生特别工作组为我们提供了一个佐证。这个工作组探访饥饿人群，还采访了州长、教师、牧师和社会工作者。调查人员得出的结论是，大约有2000万美国公民正在遭受饥饿，具体来说，这意味着买不起充足的食物，周期性发生断粮。医生们表示：“饥饿成为美国的一种全国性卫生流行病。我们判断，美国的饥饿问题比过去10～15年来更为普遍和严重……我们认为，如今全国各地都出现了严重的饥饿和营养不良问题。事实上，我们所到的每一座城市和每一个州都存在广泛的饥饿现象。”[11]

日本的“过劳死”和美国的广泛饥饿，不禁让人想起哲学家伯特兰·罗素的一个令人不寒而栗的论断：“人类的消亡要比预想的快。”20世纪，千百万人
660 的无谓死亡证明罗素所言非虚。如果我们把人类看成是物种长链中的一环，前景就更加黯淡了。如今地球上大约有4000万种动植物，而地球上曾经存在过大约50亿～400亿个物种。换言之，每一千个物种里面只有一个存活下来，其余99.9%的物种都灭绝了。

尽管人类如今在地球上居于主宰地位，但这个星球上灭绝的物种如此之多，不禁让我们对自身的命运产生了疑虑。对于这种怀疑论调，人们可以做出一个直截了当的反驳，即那些灭绝物种之所以灭绝，是因为未能适应环境变化，比如冰河时代的到来。与所有其他物种不同，人类凭借卓越的智力，具备了独一无二的能力，能够驾驭环境来满足自身需求，这就是人类有别于99.9%的物种的地方。因此，人类，也只有人类，成为自身命运的创造者而不是造物。但是，人类的智力并不一定带来驾驭自身的智慧。人类凭借技术

图307 虽然少数民族更有可能成为弱势群体，但美国的穷人大多是白人。此外，尽管内城区的贫困人口最集中，但农村居民比城市居民更容易陷入贫困。

能够打造自己想要的世界，但到目前为止，人类创造出一个令人向往的世界吗？更确切地说，是否如环保人士警告的那样，人类正在让自己生活的这个星球变得不适合居住呢？

如果是这样的话，人类是否将重蹈天体物理学家加来道雄提出的自我毁灭的星系模式的覆辙呢？加来道雄推断，银河系的2000亿颗恒星中肯定有成千上万颗星球存在智慧生命形式。然而，虽然我们持续对离地球100光年内的恒星进行了大量探测，却一无所获。有科学家推测，某些星球上的智慧生命可能在进化过程中达到了临界点，他们能够提纯铀，并且由于吓坏了地球人的“核冬天”而自我毁灭。加来道雄总结说：“也许其他文明都毁灭了自己，具体如何我们无从得知，但我们所处的银河系这一区域的明显贫瘠可能指向了这个方向。如今也许轮到我们了……地球文明可能会成为一个死亡的文明，成为别人思考的对象。”[12] 661

这种推测让人惶惶不安，因为迄今为止人类几乎从来没有避免过任何原本能够避免的不当行为。不过，我们也要看到事情的另外一面，即今天的人类享有我们的祖先所不具备的优势，这意味着如今人类的视野更开阔。一个优势是人类技术和生产力水平日新月异，第一次造成了全球性的供过于求。人类祖先依赖有限的自然资源，因此长期处于贫困状态。相反，今天人类的财富更多是来自数千年间积累起来的技术诀窍和科学知识，而不是自然资源。因此，人类能用来分配的蛋糕不再是有限的，不再注定要进行冷酷的生存斗争，不再注定要实行“人不为己，天诛地灭”的现实政治。然而，正如揭示了全球普遍的社会不公的统计数据所表明的那样，传统的现实政治远未销声匿迹。

通信革命是当今人类掌握的第二个优势，它使人类的所有进步都迅速为所有人所知，为所有人所用。在过去几个世纪甚至几千年里，农业和冶金术等基础性进步纯属地方性的成就和活动。这样的成就通常只在少数孤立地区为人们所了解，然后才缓慢扩散到更广大的地域。因此，不同民族从石器时代、铜器时代到铁器时代的发展速度千差万别，在其他很多方面亦是如此。

如今，人类不再局限于利用本地的天然原料。人类无须先从地下挖掘石料、铜矿石或是铁矿石等原料，然后以高昂的成本运到一些加工中心。相反，这个过程如今始于实验室里科学家们的头脑，他们根据需要设计新材料，着手制造新型的“人造材料”。因此，人类从传统的石器、青铜和铁器时代，加速发展到今天基于塑料、陶瓷、复合材料和其他定制材料的人工材料时代。

源源不断涌现出来的人工材料奠定了人类新时代的基础。科学家们在分子级别上量身定制各种材料，由于是量身定制，新材料可以根据需要造得比金属更坚固、更便宜，用于制造飞机、汽车以及可用于制造髋关节、骨植入体、人工动脉甚至人工心脏的所谓“生物材料”（塑料、陶瓷和复合材料）。

人类与生命世界和无机物世界的关系发生了根本性转变。人类与天花病毒的关系戏剧性地体现了这一点。天花是所有疾病中传播最广的一种可怕疾病，至少2000年前它就出现在远东，8世纪时传播到欧洲，哥伦布航行之后又流传

662 到美洲。随着欧洲人扩散到其他大陆，天花病毒造成没有免疫力的海外人口大批死亡。美洲印第安人、澳洲原住民以及波利尼西亚和加勒比的岛民都因此遭受了灭顶之灾。在欧洲，天花病毒反复肆虐，造成的危害不亚于鼠疫，最终夺走了欧洲大陆三分之一的人口。

人类对天花病毒的征服始于1796年，那一年，英国医生爱德华·詹纳发现，接种和感染了牛痘的人对天花有免疫力。如今，天花与人类的关系完全颠倒过来，只有美国和俄国的实验室里储存有少量天花病毒样本。1977年，在索马里发现最后一例天花病例，1980年，人类宣布根除天花。

图308 一个世纪前，工业革命将劳动力集中到工厂里，那里有大型机械和所需能源。如今出现了一种相反的趋势，因为通信革命使人们几乎能够在任何地方创新思维和处理信息。

科学家们一直提议销毁存储的天花病毒样本，以防止其泄漏扩散，但最终的裁定一再延期，人们担心销毁这些样本可能不利于将来的研究。之后，这种担忧有所缓解，因为科学家们已经合成出无害的天花病毒基因片段，在拥有完整的天花病毒基因蓝图的情况下，即便销毁病毒样本，也能进行科学研究。1996年1月，世界卫生组织执行委员会商定，1999年6月30日为销毁剩余的天花病毒的最后期限。至此，这种长期为祸人间的致命病毒已被锁定，等待其昔日的受害者择日销毁（灭绝）。由此可见， 663
人类是生物界和非生物界的最高主宰。

物理学家维尔纳·海森堡断言："有史以来第一次，地球上的人类孑然独立，再也没有任何伙伴或天敌。"对于我们这个时代来说，最讽刺的是，人类的至高地位恰恰成为当今全球性隐忧和恐慌的根源。在淘汰了所有可能的竞争对手之后，人类再也没有任何天敌。我们面对的只有人类自身。

与人类的内在自我而不是外部世界对抗，这是一项艰巨的新任务。它需要掌握更多的知识和技术，事实证明人类在这方面的能力是无与伦比的；它还需要用伦理规范为这种知识指明方向和目标，使之臻于完善。在科学革命兴起的17世纪，英国哲学家弗朗西斯·培根指出了知识的潜能，提醒人们提防其危险。他真诚地赞同用科学来追求"知识和技艺"，同时也告诫人们要秉持 664
"谦逊和仁慈"，这种追求不应是"为了自得其乐、逞强好胜、出人头地，以及谋求利益、名望、权力和其他低级趣味；而是为了造福于人类生活"。[13]

福特汉姆大学发布的《社会健康指数》年度报告和电视上曝光的现象清楚地表明，迄今为止人们一直对培根提出的远离"低级趣味"的告诫置若罔闻。这里的关键词是"迄今为止"。这个关键词蕴含着全人类面临的一个基本问

图309 弗朗西斯·培根爵士（1561—1626年）是经验主义和科学实验之父。他认为科学是“造福人类社会”的工具，应该用于改善人类状况。

题：人类当下的困境，究竟是像人类曾经克服过的许多障碍一样，属于一时的障碍，还是植根于人类基因决定的攻击性和占有欲，从而是人类永远无法克服的障碍？

如果接受这种遗传宿命论的假说，那么全球性的忧郁症就变得可以理解了。但这个假说未必正确，因为最近的研究对迄今为止公认的宿命论前提提出了挑战。生物学家玛丽·克拉克是这项研究的先驱，她批驳了基于基因的人类攻击性和占有欲假说，提出了“人类需求理论”。这一理论认为：“一个社会内部的冲突几乎总是起因于这样那样的社会安排阻碍了人与人之间建立联系的生物性需求。”[14]

有一个生动的故事佐证了这种认为更自然的人性倾向是人与人的情谊而非冲突的看法。1992年，美国中西部发生了洪灾，在伊利诺伊州密西西比河畔的小镇奈奥塔，附近劳教营服刑的黑人和西班牙裔毒贩被派来加固堤坝。快到镇上的时候，一个犯人担心地说：“等着瞧吧，很快就有人叫我们黑鬼。”几个月后，这名犯人在回忆这段经历时说：“我们一直留意着，但没有人这么叫过我们。”不但没有人看不起他们，反而发生了相反的事情。犯人们从早到晚工作了9天，赢得了镇上居民的尊重和感激。一名犯人回忆说：“他们送来了百事可乐，让我们坐在阴凉地方，用自来水龙头喝水。他们是好人，给我们送烤牛肉和鸡肉晚餐。有烤肉糕、苹果派，你想吃多少都行。他们每晚都来向我们表示感谢。”参与者并没有忽视这种经历的意义，虽然媒体在每小时一次的水位播报中忽略了这一点。犯人们在运送沙包时唱着一个犯人写的歌：

> 他们说在奈奥塔
> 吃得非常棒，
> 每天让我吃两顿
> 他们是我的好哥们。
> 噢，上帝，我们不许你发大水
> 因为这里有很多爱。
> 他们说在奈奥塔
> 人人都很善良，
> 我们的肤色不一样
> 他们却没放在心上。[15]

双方都改变了对彼此的看法，灾后清理时证明了这一点。镇上居民可以选 665
择是继续用犯人，还是用一群学生志愿者进行清理工作。居民们一致决定选择犯人。因此，一群中西部人在很短时间里用相互了解和相互尊重取代了旧有的恐惧和成见。

怀疑论者也许要反驳说，这种转变是因为整个社群迫于不断上涨的洪水才不得不共同努力，才能摆脱旧有的恐惧和成见。这固然没错，但同样正确的是，全球的“水位”都在上涨，将推动世界各地的人们摆脱旧有的恐惧和成见。主宰这个世界的大机构日渐衰落，推动了这一转变，个人被迫接替日益失灵的体制。人们再也不能安心地将责任和职能交给控制中心了，无论是白宫、克里姆林宫还是唐宁街10号。世界各地的人们势必要收回权限和管理权，为改造社会大厦添砖加瓦。

图310 21世纪的一个挑战在于实现新旧观念的转变，从丢弃“废弃物”转向以创造性方式回收材料。今年用来装饮料的容器，来年也许会成为时装面料。

苏联

苏联各加盟共和国的基层环保主义者与克里姆林宫当局因为广泛的生态退化发生了分歧。环保主义者发起了一场环保运动，推动了苏联帝国的民主转型。如今，环保人士仍在通过“社会生态协会”发挥作用，寻求让后继国家独联体对广泛的环境和人权问题承担起责任。

666

瑞典

广泛参与的公民运动致力于把瑞典改造成一个可持续发展的模范社会。在顶尖科学家的支持下，公民领袖们正在寻求界定可持续发展的性质和细节。他们的意见被分发到瑞典的每家每户和每一所学校，还附上了国王的一封信。49个地方政府、瑞典农民联合会的成员、22家瑞典大企业参加了此次全国性的重新评估和结构调整。

肯尼亚

在肯尼亚的“绿带运动”中，妇女们开设了1500家基层托儿所，种植了1000多万棵树。她们的榜样激励了其他非洲国家妇女发起类似的行动。

以色列

在以色列和约旦河西岸之间的一个山头，有一座有140人的村庄，希伯来语和阿拉伯语的名称分别叫Neve Shalom和Wahat al-Salam，意思是“和平绿洲”。这座村庄由两名阿拉伯人和两名犹太人组成的理事会管理，这个村庄收到许多落户申请，而且正筹建一所传授解决冲突课程的大学。一位早期的定居者和村民说：“在这个国家，和平与共存是如此的不切实际。要教这两样东西，你需要（“和平绿洲”）这样实实在在的东西，来表明它们在现实中是切实可行的。”[16]

美国

美国正在掀起一场如火如荼的“自助”和“互助”运动。这场运动的参与者是面临共同关切或境遇的人士，他们自发聚会，寻求情感支持和现实互助。这场运动的灵感部分来自于“嗜酒者互诫协会”，这个组织是20世纪30年代中叶由两名酗酒者发起的，旨在互助戒酒。美国自助组织的成员人数从20世纪70年代的500万～800万人猛增到80年代的1200万～1500万人。这些组织包括“毒瘾者互诫协会”“暴食者互诫协会”“阳痿者互诫协会”“精神病患者互诫协会”“抑郁症患者互诫协会”“虐妻者互诫协会”“性瘾者互诫协会”“同性恋者互诫协会”“工作狂互诫协会”以及其他许多类似协会。一名参与的学生解释说：“人们总是想要控制生活中的某些事情，他们无法控制国际问题，但也许可以控制抑郁症、邻里问题或是哮喘病。人们不想仅仅成为消费者，也想成为社会的参与者。”[17]

这场群众性活动让人想起托马斯·杰斐逊的名言，他在1776年签署《独立宣言》时欢欣鼓舞地宣布：“所有人都睁开了眼睛或者说正在睁开眼睛，去关注人的权利……人类大众并不是生来就背负着马鞍，也没有几个受宠的人生来就穿着靴子和马刺，靠着上帝的恩典准备合法地骑上马鞍。”[18]如果杰斐逊泉下有知，想必会惊讶地看到，21世纪前夕，人类已经睁开了眼睛，在各个大洲而不仅仅是少数西方国家，在各个社会阶层而不仅仅是少数受过教育的有产者。

这一方兴未艾的全球觉醒，加上现代高科技的巨大潜力，让我们没有必要杞人忧天。当然，现在不应有自欺欺人的幻想，但也不应沉溺于悲观预感。相反，当下应当冷静地重新评估现行的习俗和制度，取其精华，去其糟粕。这正是当下正在发生的事情，在中国，人们正在探索“具有中国特色的社会主义”；在东欧，人们正在抛弃过去的计划经济，同时试图保留过去的“安全网”。

人们正在进行的实验并不局限于调和计划经济与自由市场，还包括其他形式的资本主义（如强调不受约束的自由企业的美国式资本主义，以及重视福利国家和工人参与决策的德国和斯堪的纳维亚式的资本主义），以及其他形式的社会主义（如自由市场经济与人民民主专政相结合的中国式社会主义，以及原苏联不稳定和不一致的状态，经济学家尼古拉·什梅廖夫呼吁同胞不要害怕丧失“意识形态的纯洁”[19]）。

这番沸腾景象表明，21世纪既危机重重，也潜力无限。历史学家并没有预卜未来的水晶球，无法准确地预知后事。但是，他们能够做出一个合理的预测，21世纪既不会是乌托邦、也不会是反乌托邦的世纪，而是一个充满各种可能性的世纪。至于无数可能性中的哪一种将成为现实，将取决于人类自己，毕竟，人是智慧的物种，凭借智慧成为命运的创造者而不是命运的造物。然而，当前人们对弗朗西斯·培根所说的“低级趣味”趋之若鹜，表明创造力的天赋并不能自动赋予所创造的事物以价值。在即将到来的世纪里，这种倾向似乎证实了伯特兰·罗素所说的“大多数人宁愿死，也不愿思考”。这不禁让人想起另一位英国哲学家埃德蒙·伯克的至理名言：“欲使恶人得逞，只需好人袖手旁观。”

如果好人不再袖手旁观，而是想做些什么，那么又应该如何做呢？在这个问题上，我们依然可以求助于当代著名科学家阿尔伯特·爱因斯坦智慧之言的指导。爱因斯坦晚年越来越关注他所热爱的科学存在的理由。要指出的是，20世纪50年代，爱因斯坦得出的结论重申了弗朗西斯·培根几个世纪前就已经阐明的基本伦理前提。在培根看来，科学是用来“造福人类生活”的工具。同样，爱因斯坦坚持认为“我们心灵的创造物应该给人类带来幸福，而不是灾难”。

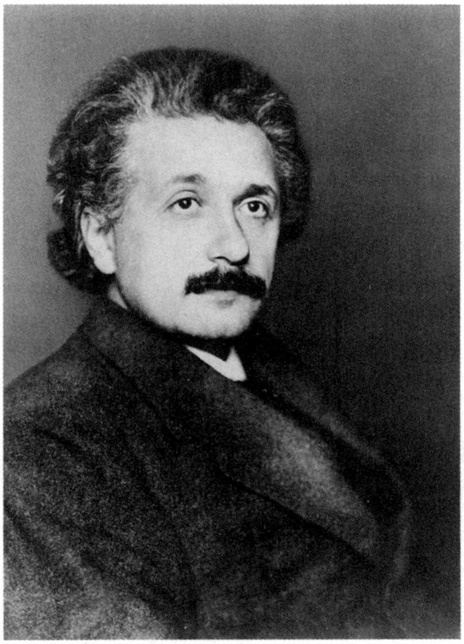

图311 20世纪50年代，爱因斯坦重申了弗朗西斯·培根阐明的基本伦理前提。爱因斯坦认为“我们心灵的创造物应该给人类带来幸福，而不是灾难”。

> 为了使你们的工作能够增进人类的福祉，仅仅了解应用科学是不够的。一切技术努力的主要注意力必须始终放在关切人类自身及其命运，关切劳动组织和产品分配等悬而未决的重大问题，以便使 668
> 我们心灵的创造物给人类带来幸福，而不是灾难。当你埋头于图表和方程时，须时刻牢记这一点。[20]

爱因斯坦发自内心地相信科学“造福”人类的可行性，坚决反对基因注定了人类厄运的主张：“人类不会因为其生理构造而注定彼此毁灭，或是任由自作自受的残酷命运摆布。”[21]

即便如爱因斯坦坚称的那样，人类并非在基因上具有自我毁灭的倾向，人类失控的科技也正在带来一连串社会问题。种种社会不公就是明证，在美国，头号杀手是暴饮暴食和肥胖，而在世界其他地方，头号杀手是营养不良和饥饿。下面两张照片表明了这种社会不公对于人类而言意味着什么。在贫穷的苏 669
丹，一个小女孩被秃鹫盯上，当她无力自保的时候就会被秃鹫吃掉；而美国孩子则受到母亲的宠爱。

图312 苏丹大饥荒中，秃鹫正盯着因饥饿而瘫倒的小女孩。

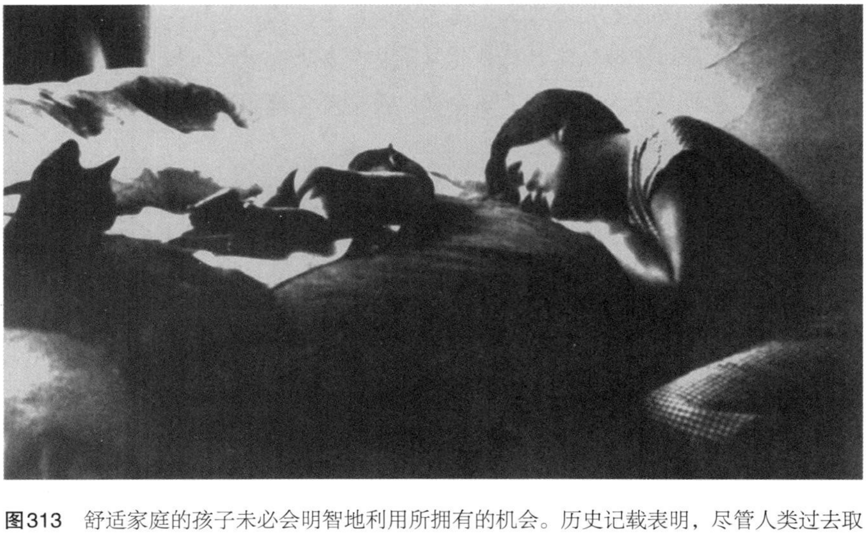

图313 舒适家庭的孩子未必会明智地利用所拥有的机会。历史记载表明，尽管人类过去取得了成就，却很少能克制自身的愚行。然而，由于人类的基因和技术，今天的人类能够成为掌握自身命运的创造者，而不是任由命运的摆布。

在当今的核时代，人类还面临严峻的战争问题。1998年5月，印度连续进行了5次地下核试验，巴基斯坦马上针锋相对地开展了同样次数的核试验。南亚的核军备竞赛受到全世界的关注和声讨。不过，一个令人鼓舞的副产品是，两国就核试验的利弊展开了激烈争论，示威者所举的标语牌上相互矛盾的信息说明了这一点（见图317和图318）。 670

标语牌上的信息表明了印度人对政府核试验的不同态度。这种不同态度证实了爱因斯坦的观点，即人类不会“任由自作自受的残酷命运摆布”。换言之，21世纪的人类前途并非命中注定，而是掌握在人类自己手中。1998年9月，在示威者的压力下，印度和巴基斯坦政府宣布签署禁止核试验的国际条约。[22]

图314　1998年5月20日，印度总理瓦杰帕伊视察5次核试验的波卡兰核试验场，印度妇女欢呼雀跃。瓦杰帕伊表示，印度将“不惜一切代价”保卫国家安全。（图中标语为：核试验让我们倍感自豪。——译者注）

671

图315 1998年5月29日，新德里举行了反核示威游行，人们对印度的新实力表示怀疑，此前巴基斯坦进行了5次核试验，以反击印度本月早些时候进行的5次核试验。（图中标语为：没有水，没有电，没有工作：没问题，我们有原子弹。——译者注）

［注释］

1. C. Sagan，*Pale Blue Dot*（Random House，1994）；*The Demon-Haunted World*（Random House，1995）.
2. *Business Ethics*（March-April 1992），p. 30.
3. CBS Television Network，“The Twenty-First Century，” May 21，1967.
4. *Los Angeles Times*，November 5，1989；*New York Times*，December 8，1992.
5. J. Rifkin，*The End of Work*（Putnam，1995），p. 222.
6. J. Rifkin，*The End of Work*（Putnam，1995），p. 186.
7. *Worldwatch Institute Report*，*State of the World*，1997（W. W. Norton，1997），
672 p. 123
8. A. Bandura，*Aggression*（Prentice Hall，1973），pp. 113，322.

9. G. Lenski, *Human Societies: An Introduction to Macrosociology* (McGraw-Hill, 1974).

10. *United Nations Human Development Report 1994* (Oxford University, 1994), p. 35.

11. *Hunger in America. The Growing Epidemic* (Harvard University School of Public Health, 1985), pp. xiii, xiv.

12. M. Kaku, "Apocalypse When?" *Guardian* (November 20, 1991), p. 11.

13. A. Pacey, *The Culture of Technology* (MIT, 1983), pp. 114–115, 178–179.

14. M. E. Clark, "Meaningful Social Bonding as a Universal Human Need," in J. Burton, ed., *Human Needs Theory and Conflict Prevention*, [sic] (St. Martin's). 关于这个问题的更多细节，参阅 M. E. Clark, *Ariadne's Thread* (St. Martin's, 1989)。

15. *New York Times*, July 29, 1993.

16. *Los Angeles Times*, August 31, 1997.

17. Frank Riessman, Director of National Self-Help Clearinghouse, cited in the *New York Times*, July 16, 1988.

18. H. S. Commager, "The Revolution as a World Ideal," *Saturday Review* (December 13, 1975), p. 13.

19. *New York Times*, June 25, 1987.

20. 1985 年 8 月 22 日至 23 日，肯塔基州列克星敦的肯塔基大学举行的"1985 年卡纳汉技术与社会和谐会议"的主题就是爱因斯坦的这句话。

21. Albert Einstein, *Out of My Later Years* (Philosophical Library, 1950), p. 127.

22. *New York Times*, September 25, 1998.

索 引

（索引页码为英文版页码，即本书边码）

（苏联）共产党第二十七次代表大会 Twenty-Seventh Congress of the Communist Party, 641
1763年公告，Proclamation of 1763, 437
1787年美国制宪会议 Constitutional Convention（1787）, 514
1789年“八月四日之夜”“August Days” of 1789, 443
1939年5月的《白皮书》White Paper of May 1939, 559
19世纪中产阶级的母亲角色 Motherhood in nineteenth century middle class, 421
21世纪的潜力与危机 Twenty-first century, potentiality and peril of, 667
D日（1944年6月6日）D-Day（June 6, 1944）, 605
R. B. 李 Lee, R. B., 9
V-2火箭 V-2 rockets, 636

A

阿拔斯王朝哈里发 Abbasid Caliphate, 179-180, 183-186, 189, 190, 193, 202, 255. 另见伊斯兰教 See also Islam
阿拔斯一世 Abbas I, 289
阿比尔·阿尔－韦海迪 Wehaidi, Abir al-, 621
阿庇亚大道 Appian Way, 75, 104
阿卜杜勒·哈米德 Hamid, Abdul, 473
阿布·阿里·侯赛因·本·西拿（阿维森纳）Abu Ali al-Husein ibn Sina（Avicenna）, 185
阿布·伯克尔 Abu Bakr, 179-180
阿布胡赖拉遗址（叙利亚）Abu Hureyre（Syria）, 30
阿道夫·希特勒 Hitler, Adolf, 559, 582, 587, 600, 620; 另见第二次世界大战 See also World War II
　大萧条与希特勒 Great Depression and, 580, 581
　墨索里尼与希特勒 Mussolini and, 588
　希特勒的崛起 rise of, 580-581
　希特勒的新秩序 New Order of, 598-600
　希特勒自杀 suicide of, 606
　应对希特勒的外交政策 diplomatic reactions to, 588, 590-591
　与苏联的协定 pact with Soviet Union, 591, 593, 594, 598
　占领莱茵兰 occupation of Rhineland, 596
　种族政策 racial policy, 598-599
阿德里安堡 Adrianople, 196
阿尔·法扎里 Fazari, Al, 255
阿尔巴尼亚 Albania, 591, 597
阿尔巴尼亚人 Albanians, 470
阿尔伯特·爱因斯坦 Einstein, Albert, 6, 593, 652, 653, 667-668, 670
阿尔伯特·班杜拉 Bandura, Albert, 38, 659
阿尔布雷希特·丢勒 Diirer, Albrecht, 277, 308
阿尔罕布拉宫 Alhambra（palace）, 197
阿尔及利亚的塔西里岩画 Fresco of Tassili n’Ajjer, Algeria, 8
阿尔摩哈德王朝 Almarovids, 259
阿尔萨斯－洛林 Alsace-Lorraine, 537, 538, 551
阿尔泰山 Altai mountains, 64
阿尔希塔斯 Archytas, 114
阿方索·德·阿尔布克尔克 Alburquerque, Alfonso de, 347
阿基米德 Archimedes, 103, 114, 402
阿卡德 Akkad, 48
阿卡德国王萨尔贡大帝 Sargon the Great, king of Addad, 48, 52
阿卡迪亚 Acadia, 363
阿克巴 Akbar, 290-291, 292, 364

阿拉伯半岛和阿拉伯人 Arabia and Arabs, 177；另见伊斯兰教 See also Islam
阿拉伯酋长 Sheikhs, 179
阿拉伯人 Arabs, 202, 285-286；另见伊斯兰教 See also Islam
  阿拉伯部落的扩张 expansion of Arab tribes, 180-182
  民族主义 nationalism of, 558-559, 619-621
  奴隶贸易 slave trade and, 500-501
  西方对阿拉伯人的影响 Western influence on, 474-475
阿拉伯数字 Arabic numerals, 127
阿拉伯语 Arabic language, 177, 185-186
阿拉贡的凯瑟琳 Catherine of Aragon, 314
阿拉里克二世 Alaric II, 143, 149
阿拉米人 Arameans, 67
阿拉斯加 Alaska, 263
  阿拉斯加出售给美国 sale to U. S., 518
  俄国向阿拉斯加的推进 Russian advance to, 461-462
阿雷纳尔湖（哥斯达黎加）Arenal, Lake（Costa Rica）, 3
阿里不哥 Arikboga, 195
阿里斯蒂德·白里安 Briand, Aristide, 570
阿里斯托芬 Aristophanes, 95-96
阿利斯塔克 Aristarchus, 102
阿留申人 Aleuts, 462
阿米阿努斯·马塞利努斯 Ammianus Marcellinus, 149
阿那克西美尼 Anaximenes, 97
阿诺德·J. 汤因比 Toynbee, Arnold J., 276, 476, 572, 599
阿散蒂联邦 Ashanti Confederacy, 389
阿什利·蒙塔古 Montagu, Ashley, 38-39
阿斯基亚·穆罕默德 Mohammed, Askia, 257
阿斯帕西娅 Aspasia, 52
阿斯特拉罕汗国 Astrakhan, 373
阿塔尔·比哈里·瓦杰帕伊 Vajpayee, Atal Bihari, 670
阿塔瓦尔帕 Atahuallpa, 271, 272, 351
阿提拉 Attila, 149, 150
阿瓦尔人 Avars, 152, 153, 202
阿维尼翁教皇 Avignon papacy, 235, 311
阿维森纳 Avicenna, 185
阿耶波多 Aryabhata, 127
阿伊努人 Ainu, 224, 225, 301, 302
阿育王 Ashoka, 117, 123, 124
阿兹克韦 Azikwe, 611
阿兹特克帝国 Aztec Empire, 265, 266-268, 345, 346, 349-351, 511
埃德蒙·伯克 Burke, Edmund, 436, 667
埃德蒙·卡特赖特 Cartwright, Edmund, 411
埃德萨伯国 Edessa, 187
埃尔南·德索托 de Soto, Hernando, 351
埃尔南·科尔特斯 Cortes, Hernando, 266, 272, 335, 349-351
埃尔温·隆美尔 Rommel, Erwin, 598, 601
埃及 Egypt, 94, 474-475, 558；另见中东 See also Middle East
  埃及的社会阶层 social class in, 49-50
  埃及文明的风格 style of civilization, 56-58
  埃及文明的兴起 emergence of civilization in, 50
  奥斯曼对埃及的征服 Ottoman conquest of, 288
  壁画 wall painting, 49
  早期文明的稳定性 stability of early civilization, 56-57
埃及的化妆品 Cosmetics, Egyptian, 58
埃及开罗 Cairo, Egypt, 260
埃及人的美容用品 Beauty aids, Egyptian, 58
埃拉托色尼 Eratosthenes, 102-103
埃里希·冯·法金汉 Falkenhayn, Erich von, 541
埃里希·弗雷德里克·鲁登道夫 Ludendorff, Erich Friedrich Wilhelm, 541, 543, 580
埃莉诺·利科克 Leacock, Eleanor, 8
埃米尔侯赛因 Hussein, Emir, 556, 557
埃米利阿诺·萨帕塔 Zapata, Emiliano, 515
埃塞俄比亚 Ethiopia, 502-503, 611
  意大利占领埃塞俄比亚 Italian conquest of, 587-588
埃塞俄比亚皇帝梅内利克 Menelik, Emperor of Ethiopia, 502
埃斯科拉庇俄斯（医神）Aesculapius（god）, 95
埃斯库罗斯 Aeschylus, 95
埃托利亚同盟 Aetolian Federation, 100, 103
矮黑人 Negritos, 17, 18
矮子丕平 Pepin the Short, 152
艾德礼 Attlee, Clement Richard, 613
艾蒂安·布瓦洛 Boileau, Etienne, 244
爱奥尼亚 Ionia, 68
爱德华·贝奈斯 Benes, Eduard, 567
爱德华·伯恩斯坦 Bernstein, Eduard, 451
爱德华·雷诺兹 Reynolds, Edward, 498
爱德华·曼德尔·豪斯上校 House, Edward Mandell（Colonel）, 553
《爱的优雅艺术》*Art of Courtly Love, The*, 245
《爱弥儿》（卢梭）*Emile*（Rousseau）, 452
爱琴海盆地 Aegean basin, 88
爱沙尼亚 Estonia, 594
爱斯基摩人 Eskimos, 263
爱娃·布劳恩 Braun, Eva, 606
爱筵 Agape, 113
《瑷珲条约》（1858年）Aigun Treaty（1858）, 463
安达曼岛以及安达曼岛民 Andaman Islands and islanders, 10-11, 381
安德烈·萨哈罗夫 Sakharov, Andrei, 640-641, 643
安德鲁·W. 梅隆 Mellon, Andrew W., 577
安德鲁·卡耐基 Carnegie, Andrew, 415
安东尼·拉瓦锡 Lavoisier, Antoine, 405
安敦尼·庇护 Pius, Antoninus, 108

安拉（真主）Allah（god）, 178；另见伊斯兰教 See also Islam
安乐死 Euthanasia, 14
安妮女王之战（1701—1713年）Queen Anne's War（1701-1713）, 365
安条克 Antioch, 187
盎格鲁人 Angles, 150
奥达戈斯特 Awdaghust, 260
《奥德赛》（荷马）*Odyssey*（Homer）, 68, 75
奥地利 Austria, 443, 445, 567
  希特勒吞并奥地利 Hitler's annexation of, 590-591
奥地利的唐·胡安 John of Austria, Don, 293
奥地利王位继承战争（1740—1748年）War of the Austrian Succession（1740-1748）, 365
奥地利总理陶尔斐斯 Dollfuss, Chancellor（Austria）, 567
奥多亚克 Odoacer, 114, 150
奥格斯堡同盟战争（1689—1697年）War of the League of Augsburg（1689-1697）, 365
《奥格斯堡宗教和约》（1555年）Augsburg, Peace of（1555）, 313
奥古斯都（屋大维）Augustus（Octavian）, 108
奥加拉拉蓄水层 Ogallala Aquifer, 646
奥兰治的威廉 William of Orange, 431
奥兰治自由邦 Orange Free State, 617
奥朗则布 Aurangzeb, 290
奥利弗·克伦威尔 Cromwell, Oliver, 430-431
奥林匹克运动会 Olympic games, 99
奥斯卡·阿梅林杰 Ameringer, Oscar, 578
奥斯曼 Uthman, 196, 288
奥斯曼帝国 Ottoman Empire, 196, 208, 238-239, 286-289, 378
  关于奥斯曼帝国的战时外交 wartime diplomacy concerning, 555-556
  教育 education in, 238-239, 310, 473
  经济 economy, 292, 473
  军事实力 military strength, 291-292
  民族主义 nationalism and, 448
  欧洲人对奥斯曼帝国的兴趣 European interest in, 393
  欧洲文艺复兴与奥斯曼帝国 European Renaissance and, 310
  神权组织 theocratic organization, 468
  衰落 in decline, 294
  西方对奥斯曼帝国的影响 Western influence on, 468-475
  行政制度 administrative system, 292
  征服拜占庭帝国 conquest of Byzantine Empire, 86-89
奥斯曼帝国的神权结构 Theocratic organization of Ottoman Empire, 468
奥斯曼土耳其人 Ottoman Turks, 195, 196, 201, 277, 286-289
奥斯汀·张伯伦 Chamberlain, Austen, 570, 581-582
奥斯维辛集中营 Auschwitz, 599
《奥义书》Upanishads,122
澳大利亚的阿伦塔人部落 Arunta of Australia, 13
澳大利亚人种 Australoids, 17, 34, 396
澳门 Macao, 300
澳洲 Australia, 17, 273-275, 381, 383-385
  澳洲原住民 aborigines of, 13, 262, 274-275, 280, 281
澳洲原住民 Aborigines, Australian, 13, 262, 274-275, 280, 281

B

“巴比伦之囚”“Babylonian Captivity”311
巴布尔 Babur, 242, 277, 290
巴布亚人 Papuans, 63
巴尔·甘加达尔·提拉克 Tilak, Bal Gangadhar, 483, 484
巴尔干Balkans
  第二次世界大战中的巴尔干 in World War II, 597-598, 605
  西方对巴尔干基督教民族的影响 Christians, Western influence on, 469-471
  英俄划分巴尔干势力范围 division between Britain and Russia, 623, 624
巴尔托洛梅乌·迪亚士 Dias, Bartholomeu, 345
巴尔沃亚 Balboa, Vasco Nunez de, 333
巴格达 Baghdad, 183, 185, 202
  巴格达的“智慧宫”“House of Wisdom”in, 185
巴基斯坦 Pakistan, 190, 560, 611-613
  巴基斯坦的核试验 nuclear testing in, 670-671
巴克斯顿 Buxton, C. R., C. R. 565
巴勒斯坦 Palestine, 556-559, 619-621
巴勒斯坦解放组织 Palestine Liberation Organization（PLO）, 620, 621
《巴黎和约》（1783年）Paris, Treaty of（1783）, 438
《巴黎条约》（1763年）Paris, Treaty of（1763）, 366, 367, 435
《巴黎条约》（1856年）Paris, Treaty of（1856）, 459
巴林岛 Bahrain Islands, 77
巴拿马运河 Panama Canal, 524
巴苏陀兰 Basutoland, 503
巴托洛梅·德拉斯·卡萨斯 De Las Casas, Bartolome, 352, 508
巴西 Brazil, 348, 389
巴西尔·戴维森 Davidson, Basil, 527
巴西尔二世 Basil II, 204, 205
拔都 Batu, 194
罢市 Hartal, 560
白人的负担 White Man's Burden, 527-528

"白匈奴""White Huns," 148
"百家争鸣"时代"Hundred Schools" period, 130
百年战争 Hundred Years' War, 232, 288, 320
百日维新 Hundred Days' Reform, 490-491
柏柏尔人 Berbers, 187, 258, 259
柏拉图 Plato, 43, 94, 97-98, 114, 402, 450
拜占庭帝国 Byzantine Empire, 151, 152, 155, 200-210
  奥斯曼人的征服 Ottoman conquest of, 286-289
  拜占庭帝国的衰落 decline of, 200, 201, 204-207
  帝国的灭亡 end of, 207-208
  帝国的稳定 stability of, 204
  帝国的兴起 emergence of, 200-203
  帝国的遗产 legacy of, 208-210
  黄金时代 golden age, 203-204
  教会法 ecclesiastical law, 209
  经济 economy of, 203-208
  贸易 trade, 203-204, 208-209
  突厥的入侵 Turkish invasion of, 190
  文化 culture of, 204, 209
  艺术 art of, 209
  与穆斯林帝国共存 coexistence with Moslem Empire, 202
  宗教 religion, 204, 208, 209-210
拜占庭东正教 Orthodox Christianity, Byzantine, 208, 209-210, 456-457
班固 Pan Ku, 147
班图人 Bantu, the, 252-253, 503
班图斯坦 Bantustans, 618
半殖民地国家 Semicolonial countries, 524
包税人 Tax farmers, 108, 186
《薄伽梵歌》*Bhagavad Gita*, 127
保尔·米留可夫 Miliukov, Paul, 544, 545
保加利亚 Bulgaria, 288, 542, 566, 605, 623, 627
保加利亚国王鲍里斯 Boris of Bulgaria, King, 566
保加利亚人（保加尔人）Bulgars, 202, 204, 208, 470-471
保罗·高更 Gauguin, Paul, 520, 521
保罗·勒琼 le Jeune, Paul, 7
鲍狄埃 Pauthier, Guillaume, 395
鲍里斯·叶利钦 Yeltsin, Boris, 642-643
鲍里斯大公 Boris, Khan, 204
北大西洋公约组织 NATO, 628, 631
北方针叶林带 Taiga, 370
北非 North Africa, 598
  第二次世界大战的北非战场 World War II in, 601, 602
《北京条约》(1860年) Peking, Treaty of (1860), 463
北罗得西亚（津巴布韦）本巴部落 Bemba tribe of Northern Rhodesia (Zimbabwe), 33
北欧人Norsemen；见维京人 See Vikings
贝都因人 Bedouins, 179, 180, 181
《贝尔福宣言》Balfour Declaration, 557, 558
贝尔纳尔·迪亚斯 Diaz, Bernal, 241, 268
贝利萨留 Belisarius, 152
贝尼托·墨索里尼 Mussolini, Benito, 562, 582, 587, 592；另见第二次世界大战 See also World War II
  墨索里尼崛起 rise of, 567-568
  墨索里尼失势 decline of, 602
  墨索里尼之死 death of, 606
  入侵希腊 Greece, invasion of, 597
  希特勒与墨索里尼 Hitler and, 588
  征服埃塞俄比亚 Ethiopia, conquest of, 587-588, 611
贝宁文明 Benin civilization, 389
《被人遗忘的非洲作物》的系列报告（1996年）*Lost Crops of Africa* reports (1996), 25
本地治里 Pondichery, 366, 367
本都国王米特里达梯 Mithridates, king of Pontus, 76
本雅明·内塔尼亚胡 Netanyahu, Binyamin, 620, 621
比尔·克林顿 Clinton, Bill, 620
比利·麦金蒂 McGinty, Billy, 512
比利时 Belgium, 314, 415, 424, 502, 540, 570, 596, 606
比利时革命（1830年）Belgian revolution (1830), 448
比利时国王利奥波德 Leopold of Belgium, King, 501, 502, 596
比鲁尼 Biruni, al-, 184-185
彼得·W. 博塔 Botha, Pieter W., 618
彼得·Y. 恰达耶夫 Chaadayev, Peter Y., 456
彼得·范·霍恩 Van Hoorn, Pieter, 386
彼得·莫纳米 Monamy, Peter, 391
彼得罗·巴多格里奥 Badoglio, Pietro, 602
彼得罗巴甫洛夫斯克要塞 Petropavlovsk, fortress of, 463
俾格米人 Pygmies, 17, 18, 34, 253
俾斯麦 Bismarck, Otto von, 406, 447, 537
俾斯麦群岛 Bismarck Archipelago, 518
币原喜重郎男爵 Shidehara, Baron, 585
庇西特拉图 Pisistratus, 90-91
避孕手段 Contraceptives, 649
表意文字 Ideographic script, 62
冰河时代 Ice Age, 15, 17, 263, 656
波茨坦会议（1945年）Potsdam Conference (1945), 625
波蒂奥雷克将军 Potiorek, General, 540, 541
波河流域 Po Valley, 105
波兰 Poland, 388, 566, 570
  第二次世界大战与波兰 World War II and, 591, 594-595, 605, 625
波兰的卡西米尔一世 Casimir I of Poland, 456
波利比乌斯 Polybius, 71, 76
波利尼西亚 Polynesia, 516-522
  波利尼西亚人的航海活动 oceanic navigation by Polynesians, 13
  贸易与殖民地 commerce and colonies in, 517-518
  欧洲的影响 Europe's impact on, 518-522
  文化 culture, 520, 521

文化同质性 homogeneity of, 517
主食 staples of, 516-517
波旁王朝 Bourbon dynasty, 328
波士顿倾茶事件 Boston Tea Party, 437
波斯 Persia, 289, 523
波斯波利斯 Persepolis, 99
波斯帝国 Persian Empire, 111
拜占庭战胜波斯帝国（627年）Byzantine victory over（627）, 202
波斯帝国的御道 Royal Road of, 75
波斯帝国的战败 defeat of, 91-92
对中东的征服 conquests of Middle East, 67
海上远征 maritime expeditions, 78
萨珊王朝 Sassanian dynasty, 155, 200
波斯革命（1905年）Persian Revolution（1905）, 530
波斯尼亚与萨拉热窝事件（1914年）Bosnia, Sarajevo crisis（1914）and, 538, 539-540
《波斯人》（埃斯库罗斯）*Persians*（Aeschylus）, 95
波斯湾 Persian Gulf, 45, 169, 355
伯利克里 Pericles, 91-92, 93, 99
伯罗奔尼撒战争 Peloponnesian War, 98
伯纳德・蒙哥马利 Montgomery, Bernard, 602
伯特兰・罗素 Russell, Bertrand, 654, 659, 667
勃艮第的玛丽 Mary of Burgundy, 328
勃艮第人 Burgundians, 150
勃鲁西洛夫将军 Brusilov, General, 542
《博洛尼亚协定》（1516年）Bologna, Concordat of（1516）, 315
哺乳期禁忌 Taboos, lactation, 21
不从国教者 Nonconformists, 410
不合作主义 Satyagraha, 560
不可容忍法令 Intolerable Acts, 437
不列颠战役（1940年）Britain, Battle of（1940）, 596-597
不列颠战役 Battle of Britain, 596-597
不杀生 Ahimsa, 117
“不统一、毋宁死”Ujedinjenje ili Smrt（Union or Death）, 540
布尔吉巴 Bourguiba, 611
布尔人 Boers, 362, 511, 523, 617
布尔什维克革命 Bolshevik Revolution, 379, 467, 545-546
布尔什维克与布尔什维主义 Bolsheviks and Bolshevism, 451-452, 460, 545-546, 563-564, 565, 576
布尔战争（1899—1902年）Boer War（1899-1902）, 617
布干达的穆特萨 Mutesa of Buganda, 617
布朗特 Blount, H., H., 285
《布列斯特-立托夫斯克和约》（1918年）Brest-Litovsk Treaty（1918）, 546-547, 563
布伦特兰 Brundtland, G. H., G. H. 646
布匿战争（公元前264—前146年）Punic Wars（264-146 B. C. E.）, 105-106
部落社会 Tribal societies, 30-32, 33
个人的从属地位 subordination of individual in, 13-14
向文明的过渡 transition to civilization, 43-50
部落文化 Tribal culture, 159, 160

C

财阀 Zaibatsu, 495
裁军会议（1932年）Disarmament Conference（1932）, 582
采矿 Mining, 232, 412-413
采邑 Fiefs, 229
藏族 Tibetan people, 281
查尔斯・艾略特爵士 Eliot, Sir Charles, 472
查尔斯・达尔文 Darwin, Charles, 400, 405-406, 484
查理・马特 Martel, Charles, 152, 181
查理曼 Charlemagne, 152-153, 203, 229, 230, 328
查士丁尼大帝 Justinian the Great, 151, 152, 202
查士丁尼大帝编纂的法律 laws codified by, 209
禅宗 Ch'an sect, 215
禅宗 Zen, 215
缠足 Footbinding, 62
长江流域 Yangtze basin, 129
长期议会（1640年）“Long Parliament”（1640）, 430
长崎 Nagasaki, 606
《常识》（潘恩）*Common Sense*（Paine）, 438
《超越马克思主义：走向另一种前景》（梅达）*Beyond Marxism: Towards an Alternative Perspective*（Mehta）, 397
超自然力量 Supernatural, the, 11-13；另见宗教 See also Religion
朝鲜 Korea, 212, 465, 489, 496, 629-631
朝鲜战争 Korean War, 629-631
成吉思汗 Genghis Khan, 191-193, 194
城邦 City-states,
非洲 African, 255
美洲 in the Americas, 268
苏美尔 Sumerian, 52
希腊 Greek, 68, 78, 88, 90, 92-93, 94, 100
印度 Indian, 94
城邦 Polis, 88, 94, 95；另见希腊-罗马文明 See also Greco-Roman civilization
城市 Cities, 43
城市化 urbanization, 15, 43, 109, 416-417, 645
玛雅人的城市 Mayan, 265-266
西欧的城市 Western European, 232-234
早期罗马帝国的城市 of early Roman Empire, 109
城市革命 Urban revolution, 46, 142
城市化 Urbanization, 15, 43, 109, 416-417
第三世界的城市化 Third World, 645
城市特许状 Charters for cities, 233

城市同盟 Leagues of cities, 233-234
城镇的兴起 Towns, rise of, 324；另见城市 See also Cities
冲绳 Okinawa, 606
传教士 Missionaries, 316, 424, 473；另见耶稣会士 See also Jesuits
非洲的传教士 in Africa, 505-506
佛教传教士 Buddhist, 124, 215
基督教传教士 Christian, 83, 85, 172
波利尼西亚的基督教传教士 in Polynesia, 520
耶稣会传教士 Jesuit, 241
船只与船舶 Boats and ships,
船舶的基本类型 basic types, 15
帆船 sails, 170
腓尼基人的船舶 Phoenician, 77-78
古代亚欧大陆文明的船舶 of ancient Eurasian civilization, 45
海外殖民与船舶 overseas colonization and, 74-75
克里特人的船舶 Cretan, 58
造船 shipbuilding, 241, 242, 306, 322, 362
创世神话 Creation myths, 10-11
瓷器 Porcelain, 137, 217, 255
慈禧太后 Tz'u-hsi, empress dowager, 489
磁铁的发明 Magnet, invention of, 170
村务委员会 Panchayat, 477

D

达·伽马 da Gama, Vasco, 170, 172, 235, 241, 243, 259, 308, 324, 328, 345, 346, 391
达达尼尔战役 Dardanelles campaign, 541
达尔豪西勋爵 Dalhousie, Lord, 479
达荷美王国 Dahomey Kingdom, 389
达罗毗荼语（雅利安人到来之前）Dravidian（pre-Aryan）languages, 125
达萨 Dasas, 119, 120
怛罗斯战役（751年）Talas, battle of（751）, 79
鞑靼人 Tatars, 195, 373, 378
打老婆 Wife beating, 245
大草原 Steppe, 370-372
大乘佛教与小乘佛教 Mahayana vs. Hinayana Buddhism, 82, 83, 84
大地产（“拉蒂芬丁”）Latifundia, 107
大规模生产技术 Mass-production techniques,
大规模生产技术的发展 development of, 413
古代亚欧大陆文明 in ancient Eurasian civilization, 47-48
大河文明 Valley civilizations, 29-30, 41, 44
大湖地区（非洲）Great Lakes（Africa）, 253
大化改新（645年）Taika Reform（645）, 224, 225, 301-302
大家庭 Extended family, 31
大马士革 Damascus, 180, 183, 202
大马士革钢刀 Damascus blades, 255
大名 Daimyo, 225-226, 302
大同盟 Grand Alliance, 623, 626
大屠杀 Holocaust, 599
《大西洋宪章》（1941年）Atlantic Charter（1941）, 600, 623
“大希腊” Magna Graecia（Greater Greece）, 78
大萧条 Great Depression, 568-569, 572, 577-583, 642
国际影响 international repercussions, 581-582
起源 origins of, 577-579
社会和政治影响 social and political repercussions, 579-581
世界性大萧条 worldwide, 579
大型复合弓 Compound large bow, 193
大学 Universities, 236, 255
大洋洲 Oceania, 516-522
戴高乐 de Gaulle, Charles, 604-605
戴克里先 Diocletian, 109, 111, 112, 113, 115
戴维·利文斯通 Livingstone, David, 501, 504
丹麦 Denmark, 596
“刀耕火种”农业 Slash-and-burn agriculture, 27-28, 266
道家/道教 Taoism, 132, 299
道路 Roads
道路的发展 development of, 75-76
工业革命 industrial revolution and, 413
罗马 Roman, 104, 110
印加 Incan, 269, 271
中国 Chinese, 75-76, 134, 212
道威斯计划 Dawes Plan, 562, 570, 571
德川家康 Ieyasu, Tokugawa, 302, 303
德川幕府 Tokugawa Shogunate, 229, 302-303, 492, 493
德国 Germany
德国的新帝国主义 new imperialism of, 423, 424
德国宗教改革 Reformation in, 310-313
第二次世界大战中的德国 in World War II, 593-606
发动侵略（1930—1939年）aggression（1930-1939）, 586
泛德意志协会 Pan-German League, 537
非洲的据点 African holdings, 502
加入国际联盟 admission into League of Nations, 571
经济 economy, 552
与英国的经济竞争 competition with Britain, 536-537
撕毁《凡尔赛和约》renunciation of Versailles Treaty, 588
第二次世界大战中的德国 in World War II, 593-606
第一次世界大战中的德国 in World War I, 536-538, 541-543, 547-548

赔款 reparations, 571, 582
失业 unemployment in, 580
魏玛共和国 Weimar Republic, 562, 564
政党 political parties, 564
德国柏林 Berlin, Germany, 606, 625
德国空军 Luftwaffe, 596-597, 598
德国社会民主党 German Social Democratic party, 564
德黑兰人质危机（1979年）Hostage crisis, Teheran（1979）, 397
德黑兰人质危机（1979年）Teheran hostage crisis（1979）, 397
德怀特·D. 艾森豪威尔 Eisenhower, Dwight D., 606, 631, 651
德军占领巴黎 Paris, German occupation of, 597
德克勒克 de Klerk, Frederick W., 618-619
德兰士瓦 Transvaal, 617
德摩斯梯尼 Demosthenes, 99
德属新几内亚 German New Guinea, 518
德斯蒙德·图图 Tutu, Desmond, 618
德意志邦联 Germanic Confederation, 446
德意志帝国 German Empire, 448
低级文化 Low culture, 159-160
地理环境 Geography
俄国扩张的地理环境 of Russian expansion, 368-372
非洲 of Africa, 251-252
美洲 of the Americas, 262
欧洲 of Europe, 230-231, 324
葡萄牙 Portugal, 340
日本 of Japan, 223-224, 301, 492
希腊 of Greece, 88, 94
意大利半岛 of Italian peninsula, 104
印度 of India, 118, 125
中国 of China, 61, 297
地质史 Geologic history, 1, 4
地中海盆地 Mediterranean basin, 88
的黎波里伯国 Tripoli, 187
的黎波里战争（1911年）Tripolitan War of 1911, 567
狄俄尼索斯（神祇）Dionysus（god）, 95
迪奥斯科里季斯 Dioscorides, 402
“迪万尼”（征税权）Diwani（right of tax collection）, 479
敌对的同盟体系，第一次世界大战的根源 Alliance systems, roots of World War I and conflicting, 537-538
底比斯 Thebes, 92
底格里斯河 Tigris River, 43
底格里斯河和幼发拉底河每年的洪水泛滥 Tigris-Euphrates, annual flooding of, 54
帝国 Empire（s）
帝国的终结end of, 397, 609-621; 另见殖民地与殖民地世界 See also Colonies and colonial world
区域主义的终结与帝国 end of regionalism and, 165-166; 另见各帝国 See also specific empires
帝国主义 Imperialism
达尔文主义和帝国主义 Darwinism and, 406
新帝国主义（1870年之后）new（after 1870）, 423-426
雅典 Athenian, 92
第二次工业革命 Second industrial revolution, 635-654
对第三世界的影响 in Third World, 644-645
对社会主义世界的影响 in Socialist world, 640-644
两性关系 gender relations and, 648-651
起源和性质 origins and nature, 635-637
社会影响 social repercussions, 639-640
生态 ecology and, 635, 645-646
战后的繁荣与衰退 post World War II prosperity and recession, 637-639
战争 war and, 651-654
种族关系 race relations and, 646-648
第二次工业革命的全球性影响 Global repercussions of second industrial revolution; 见第二次工业革命 See Second industrial revolution
第二次工业革命与种族关系 Race relations, second industrial revolution and, 646-648
第二次世界大战 World War II, 591, 593-608
第二次世界大战的欧洲战争阶段 European phase of, 594-98
第二次世界大战中的英国 Britain in, 591-592, 596-597, 602
盟国的战时团结 Allied wartime unity, 623-627
伤亡 casualties, 38, 606, 622
轴心国的征服（1939—1943年）Axis conquests（1939-1943）, 595
第二次世界大战后的和平条约 Peace treaties after World War II, 627
第二次世界大战中的挪威 Norway in World War II, 596
第二等级 Second Estate, 439
第二国际 Second（Socialist）International, 451
第二届大陆会议（1778年）Second Continental Congress（1778）, 438
第二亚述帝国 Assyrian Empire, Second, 67
第三等级 Third Estate, 439, 441
第三国际（共产国际）Third（Communist）International, 452
第三世界 Third World, 638, 644-645. 另见相关国家 See also specific countries
第二次工业革命对第三世界的影响 second industrial revolution in, 644-645
第三世界的革命 revolution in, 531-532
人口增长 population growth, 647
第一次世界大战 World War I, 451, 467, 535-554
第一次世界大战期间英国对中东的政策 British

Middle East policy during, 555-557
杀戮和失败主义 bloodletting and defeatism, 543
协约国的胜利 Allied victory, 549
第一次世界大战后的赔偿 Reparations after World War I, 571, 582
第一次世界大战与萨拉热窝事件 Sarajevo, World War I and, 538, 539-540
第一等级 First Estate, 439
第一国际 First International, 450-451
《第一阶段限制战略武器条约》(1972年) Western-Soviet Strategic Arms Limitation Treaty (1972), 632
第一届大陆会议（1774年）First Continental Congress (1774), 437
蒂卡尔（危地马拉）Tikal (Guatemala), 51
癫痫 Epilepsy, 95
电报 Telegraph, 413, 414, 524
电话 Telephone, 524
奠边府 Dien Bien Phu, 616
雕版印刷术 Block printing, 170
“丁-伊-伊拉希”（神圣宗教）Din Ilahi (Divine Faith), 290
东非 East Africa, 501, 502, 505, 617
东非保护国 East Africa Protectorate, 502
东非的索法拉 Sofala, East Africa, 324
东哥特人 Ostrogoths, 114, 148, 149, 152
东南亚殖民地的独立 Southeast Asia, independence of colonies in, 613-616
东条英机 Tojo, Hideki, 600
东印度公司 East India Companies, 326
法国东印度公司 French, 364
荷兰东印度公司 Dutch, 361
英国东印度公司 British, 361, 364, 478-480
东周时期（公元前770—前256年）Eastern Zhou (770-256 B.C.E.) period, 129
动物 Animals
动物在全球的扩散 global diffusion of, 383-385
驯养动物 domesticated, 22, 28-30, 64-65
动植物的驯化 Domestication of plants and animals, 22, 23, 25-30, 64-65, 171, 264-265, 273
洞穴壁画 Cave paintings, 11-13
都铎王朝 Tudor dynasty, 430
独立国家联合体 Commonwealth of Independent States (CIS), 632, 633, 666; 另见苏联 See also Soviet Union
《独立宣言》Declaration of Independence, 430, 438, 439
独木舟 Canoe, 263
杜波依斯 Du Bois, W. E. B., 553
杜卡斯（历史学家）Ducas (historian), 208
杜鲁门主义 Truman Doctrine, 628
杜马 Duma, the, 460, 466-467, 544
渡槽 Aqueduct, 108
渡过卢比孔河 Rubicon, crossing of, 108
断奶 Lactation taboos, 21
对波利尼西亚原住民的浪漫化描述 Romanticization of Polynesian natives, 520
对妇女的暴力 Violence against women, 650
对马海战（1905年）Tsushima, battle of (1905), 241, 324
敦刻尔克 Dunkirk, 596
多德卡尼斯群岛 Dodecanese Islands, 557
多里安人 Dorians, 68, 77, 87-88, 90
多物种农业 Multiple-species agriculture, 23
夺取休达（1415年）Ceuta, capture of (1415), 340
堕胎 Abortion, 21, 650

E

俄狄浦斯 Oedipus, 95
俄国 Russia, 424, 456-467；另见苏联 See also Soviet Union
1905年前亚洲与俄国 Asia and, to 1905, 300, 368-72, 461-466, 561
从落后社会向现代社会转变 transformed from primitive to modern society, 576
地图（1917—1921年）map of (1917-1921), 548
抵抗拿破仑 resistance against Napoleon, 445
第一次俄国革命及其后果（1905—1914年）first Russian revolution and aftermath (1905-1914), 466-467
第一次世界大战中的俄国 in World War I, 540, 541-542
俄国的扩张 expansion of, 368-379
地理环境 geography of, 368-372
地图 map of, 369
西伯利亚 Siberia, 368, 370, 373-378
早期扩张 early, 372-373
征服乌克兰 Ukraine, conquest of, 368, 378-379
工业化 industrialization, 460
共产主义在俄国的胜利 Communist triumph in, 562, 563-564
临时政府 Provisional Government, 544
蒙古人的入侵 Mongol invasions of, 194, 199
欧洲与俄国 Europe and, 456-461
沙皇专制政权 Tsarist, 50, 379, 530, 544
沙皇专制政权的垮台 end of, 530, 544
苏维埃 Soviets and, 544-545
在北太平洋 in North Pacific, 518
中俄关系 China and, 300, 375, 462-463, 629, 632-633
俄国的尼古拉一世 Nicholas I of Russia, 459-460, 544
俄国的土壤-植被带 Soil-vegetation zones across Russia, 370, 371
俄国东正教 Russian Orthodoxy, 209-210

俄国革命（1917年）Russian Revolution（1917），530, 543-547
布尔什维克革命 Bolshevik Revolution, 379, 467, 545-546
二月革命 March Revolution, 544
革命的根源 roots of, 544
俄国革命 Russian Revolution and, 543-547
俄国在东线的败退 Russian retreat in East, 541-542
凡尔登战役与索姆河战役 Verdun and the Somme, 542-543
和平解决 peace settlement, 549-551
萨拉热窝事件与第一次世界大战 Sarajevo and, 538, 539-540
世界历史上的第一次世界大战 in world history, 551-553
消耗战 as war of attrition, 541
引发第一次世界大战的事件 precipitating event, 448
战后的民族起义 nationalist uprisings after, 555-561
战后赔偿 reparations after, 571, 582
战争的根源 roots of, 536-539
作为历史转折点的第一次世界大战 as historic turning point, 535
俄国列宁格勒 Leningrad, Russia, 598
俄国圣彼得堡 St. Petersburg, Russia, 458
俄国亚历山大二世 Alexander II of Russia, 460
俄国亚历山大三世 Alexander III of Russia, 464
俄国亚历山大一世 Alexander I of Russia, 458, 459
俄国叶卡捷琳娜大帝 Catherine the Great of Russia, 378, 434-435, 458
俄克拉荷马的切罗基地带 Oklahoma Cherokee Strip, 512
俄克拉荷马土地哄抢热 Oklahoma Land Rush, 512
俄国鄂霍次克 Okhotsk, Russia, 374, 462
俄国基辅 Kiev, Russia, 194, 209, 372, 456
俄美公司 Russian-America Company, 462, 518
俄土战争 Russo-Turkish wars, 470
俄中合股银行 Russo-Chinese Bank, 465
厄立特里亚 Eritrea, 502
恩格斯 Engels, Friedrich, 531
二月革命（1917年）March Revolution（1917），544

F

发明 Inventions; 见技术 See Technology
法俄协约 Franco-Russian Alliance, 538
法国 France
第二次世界大战中的法国 in World War II, 591-592, 595-596, 604-605
第一次世界大战后的法国经济 economy after World War I, 569
第一次世界大战后法国的实力 post-World War I power of, 570
俄国占领军 Russian army of occupation in, 458
法国的新帝国主义 new imperialism of, 423, 424
分离主义者 secessionists in, 397
克里米亚战争 Crimean War, 459
美国革命与法国 American Revolution and, 438
英国与法国 Britain and,
18世纪英法争霸 rivalry in eighteenth century, 363-367
英法战争（1793年）war（1793），443
政党 political parties, 569
殖民地 colonies, 363-364
非洲的据点 African holdings, 502
法国殖民地的独立 independence of, 614-617
法属北美殖民地 North American, 363-364
在大洋洲的领土兼并 in Oceania, annexations, 518
宗教改革 Reformation in, 314-315
法国大革命 French Revolution, 400, 410, 439-446, 449, 452-453, 470
妇女与法国大革命 women and, 452-453
根源 roots of, 439-440
贵族革命 aristocratic revolution, 440-441
民众革命 mass revolution, 441-443
民族主义与法国大革命 nationalism and, 446-447
拿破仑与法国大革命 Napoleon and, 445-446
战争与恐怖 war and terror in, 443-445
资产阶级革命 bourgeois revolution, 441
法国的腓力六世 Philip VI of France, 229
法国的腓力四世 Philip IV of France, 173, 311, 328
法国的民众革命 Mass revolution in France, 441-443
法国东印度公司 French East India Company, 364
法国弗朗索瓦一世 Francis I of France, 289, 291, 315, 327, 328, 357
法国占领鲁尔区 Ruhr, French occupancy of the, 570
法国战役 France, 595-596
法家学说 Legalist doctrines, 132, 133
法兰克人 Franks, 148, 150-151, 152, 230
法兰西学院 Académie Francaise, 309
法兰西银行 Bank of France, 445
法老胡夫 Khufu, Pharaoh, 57
法律 Law（s）
埃及 Egyptian, 57
查士丁尼编纂的法典 codified by Justinian, 209
《汉谟拉比法典》Hammurabi Code, 55-56
罗马法 Roman, 105, 110-111, 115
苏美尔法典 Sumerian codes of, 55-56
文化优势定律 of Cultural Dominance, 15
伊斯兰教法 Islamic, 178-179, 184
印度古典时代 in classical India, 123
法王亨利二世 Henry II of France, 315
法显 Fa-hien, 125-127

凡尔登 Verdun, 542
《凡尔赛条约》（1919年）Versailles Treaty（1919）, 536, 549, 581, 588
《凡尔赛条约》中的“战争罪责”条款“War-guilt” clause of Versailles Treaty, 536
反奴隶制协会 Anti-Slavery Society, 500
反闪族主义 Anti-Semitism, 559
反宗教改革 Counter-Reformation, 315-316
　印度的反宗教改革 Indian, 121-122
泛德意志协会 Pan-German League, 537
“梵社” Brahmo Samaj, 483
梵天（主神）Brahma（god）, 121, 122
梵语 Sanskrit, 125, 127, 394, 481
方阵 Phalanx, 90, 104
纺纱机 Spinning machines, 411-412
纺织和纺织工业 Textiles and textile industries, 386
　日本 in Japan, 529
　新石器时代 Neolithic, 31
　意大利 Italian, 308
放射性碳年代测定 Radiocarbon dating, 50
非暴力消极抵抗 Resistance, nonviolent passive, 560
非农业商品 Non-agricultural commodities, 47-48
非洲 Africa, 251-261, 497-507
　城邦 city-states, 255
　地理环境 geography, 251-252
　非洲农业 agriculture in, 25, 27, 253-254
　非洲与全球经济 global economy and, 388-389
　感知上的孤立 isolation, perceived, 251, 252
　瓜分非洲 partition of, 501-503
　国家 states, 259-260
　贸易 trade, 253, 254-259, 260
　民族主义 nationalism in, 506, 616
　奴隶贸易 slave trade and, 388-389, 497-501
　欧洲的影响 Europe’s impact on, 392, 503-506
　　经济影响 economy, 503-505
　　文化影响 culture, 392, 505-506
　　政治组织影响 political organization, 506, 524
　葡萄牙人在非洲 Portuguese in, 169, 259-260
　社会阶层 social class in, 253, 257
　探险时代 age of exploration, 340, 501
　王国 kingdoms in, 259-260
　西非帝国 Sudanese empires, 255-259
　冶铁术 iron metallurgy in, 252-253
　与伊斯兰教 Islam and, 254-259
　政治组织 political organization, 252, 255, 506, 524
　殖民地革命 colonial revolution in, 616-617
非洲的穆斯林学校 Koranic schools in Africa, 255
非洲的热带草原地区 Savannas of Africa, 5, 25, 252, 254
非洲的种族构成 Ethnic composition of Africa, 253
非洲军团 Afrika Korps, 601
非洲奴隶 African slaves, 255, 277, 363, 381-383, 497-498
“非洲起源说”“Out-of-Africa” theory, 5, 17
非洲热带草原 African savannas, 5, 25, 252, 254
非洲人国民大会 African National Congress, 618, 619
非洲协会 African Association, 501
菲狄亚斯 Phidias, 96
菲利普·梅兰希通 Melanchthon, Philip, 312
菲律宾 Philippines, 518, 601, 611, 658
　麦哲伦在菲律宾登陆 Magellan’s landing at, 348-349
　在菲律宾的华人 Chinese in, 222
菲律宾的陶巴图人 Tanit Batu of Philippines, 658
菲律宾马尼拉 Manila, Philippines, 222
菲律宾棉兰老岛 Mindanao Island in the Philippines, 37
腓尼基人 Phoenicians, 67, 68, 75, 80, 334
　船舶和贸易 ships and trade of, 77-78
斐迪南·德·雷赛布 Lesseps, Ferdinand de, 473
斐迪南和伊莎贝拉 Ferdinand and Isabella, 327, 328
斐济 Fiji, 518
吠舍 Vaishyas, 120, 121
吠陀 Vedas, 69, 121
废除奴隶贸易协会 Society for the Abolition of the Slave Trade, 500
废奴主义者 Abolitionists, 500
费萨尔亲王 Feisal, Prince, 550
费正清 Fairbank, John K., 486
“分享财富”计划 “Share-Our-Wealth” program, 642
芬兰 Finland, 595, 627
芬图族（新几内亚）Fentou, the（New Guinea）, 38
“焚书”（中国）“Burning of the Books”（China）, 134
“奋进”号（航天飞机）*Endeavor*（space shuttle）, 4
粪化石 Coprolites, diet revealed in, 9
丰产女神崇拜 Fertility-goddess cults, 6, 32
风车 Windmill, 232, 321
风力的利用 Wind, harnessed as power, 45
封臣 Vassals, 229, 268
封建主义 Feudalism, 148, 324, 443
　日本 Japanese, 225-226, 302-303
　西方文明的封建主义 in Western civilization, 229
　中国 Chinese, 135
冯·提尔皮茨 Tirpitz, Alfred von, 537
弗吉尼亚殖民地 Virginia, colony of, 363
弗拉基米尔·列宁 Lenin, Vladimir, 460, 543, 545, 546, 553, 564, 573
弗拉基米尔大公 Vladimir, Prince, 456-457
弗兰克·凯洛格 Kellogg, Frank, 570
弗朗茨·斐迪南大公 Francis Ferdinand, Archduke, 448, 536, 539-540
弗朗齐斯科·彼得拉克 Petrarca（Petrarch）, Francesco, 237, 307
弗朗索瓦·杜布瓦 Dubois, Francois, 314
弗朗索瓦·拉伯雷 Rabelais, Francois, 309
弗朗西丝（芬妮）·金布尔 Kimble, Frances（Fanny）, 408

弗朗西斯·德雷克 Drake, Francis, 359
弗朗西斯·培根 Bacon, Francis, 170, 228, 663-664, 667
弗朗西斯科·佛朗哥 Franco, Francisco, 590
弗朗西斯科·科罗纳多 Coronado, Francisco de, 351
弗朗西斯科·皮萨罗 Pizarro, Francisco, 272, 351
弗朗兹·博厄斯 Boas, Franz, 280
弗鲁特商船 *Fluyt*（flyboat）, 360-361
伏尔加河 Volga River, 370
伏尔泰 Voltaire, 296, 393
佛得角 Cape Verde, 340, 353
佛教 Buddhism, 81, 82, 301
　传教士 missionaries, 124, 215
　大乘佛教与小乘佛教 Mahayana vs. Hinayana, 82, 83, 84
　佛教传入日本 in Japan, 224
　佛教传入中国 in China, 84, 85, 213, 215
　佛教的传播 spread of, 84
　佛教的发展 evolution of, 84
　佛教的衰落 decline of, 122, 190
　佛教的衰落 decline of, 84-85
　佛教在印度 in India, 84, 85, 122, 124
　涅槃 Nirvana, 84
　四谛 four great truths, 84
佛教的中国化 Sinicization of Buddhism, 215
佛兰德斯的鲍德温 Baldwin of Flanders, 206
佛罗伦萨大公会议（1439年）Union of Florence（1439）, 208
佛陀 Buddha, 76
符拉迪沃斯托克（海参崴）Vladivostok, 463
福特汉姆大学 Fordham University, 656, 664
福煦元帅 Foch, Marshal, 584
妇女 Women, 另见两性关系 See also Sex relations
　19世纪中产阶级妇女 middle-class, of nineteenth century, 420-421, 422
　部落社会中的妇女 in tribal society, 32
　财产与妇女 property and, 52, 99, 111, 149, 244
　第二次工业革命与两性关系 second industrial revolution and gender relations, 648-651
　对妇女性行为的控制 sexuality of, controlled, 52
　封建社会与妇女 feudal society and, 244-245
　妇女的权利 rights of, 452-454
　　投票权 voting, 649
　割礼 clitoridectomy, 52
　工人阶级妇女 working class, 421, 453
　工业革命与妇女的角色 industrial revolution and roles for, 418, 420-421
　工作负荷 workloads, 649
　古代亚欧大陆文明的男尊女卑 inequity in ancient Eurasian civilization of, 51-52, 56
　古希腊的妇女in classical Greece, 98-99
　寡妇 widows, 244
　教育 education of, 244, 648-649
　克里特妇女 Cretan, 59-60
　罗马帝国时期的妇女 during Roman Empire, 111
　日耳曼部落的妇女 in German tribes, 149
　杀女婴 female infanticide, 62, 650-651
　食物采集社会的妇女 in food gathering society, 7-8
　天主教会论妇女地位 Catholic church on status of, 243-244
　突破性西方文明中的妇女 in revolutionary Western civilization, 243-246
　新石器时代社会的妇女 in Neolithic society, 32
　政治革命中的妇女 in political revolutions, 452-454
　宗教改革与妇女的地位 Reformation and status of, 316
妇女参政论者 Suffragists, 453-454
妇女的权利 Rights of women, 452-454
　妇女的投票权 voting, 649
妇女与财产 Property, women and, 52, 99, 111, 149, 244
复活节岛 Easter Island, 517, 521, 522
复活节岛的摩艾石像 Moai statues of Easter Island, 522
复式簿记 Double-entry bookkeeping, 241
傅立叶 Fourier, Charles, 450
傅孟吉 Fu Meng-chi, 197
富兰克林·D. 罗斯福 Roosevelt, Franklin D., 600, 623, 625, 642
富农 Kulaks, 574

G

盖伦 Galen, 103, 402
盖丘亚族 Quechua, 269
盖尤斯·维勒斯 Verras, Gaius, 106-7
盖约·格拉古 Gracchus, Gaius, 107
刚果 Congo, the, 502
刚果河 Congo River, 501
刚果盆地 Congo basin, 253
刚果王国 Congo Kingdom, 389
钢铁工业 Steel industry, 415
“高贵的野蛮人”概念 “Noble savage,” idea of, 520
高级文化 High culture, 159-160
高加索人种 Caucasoids, 17, 18, 34, 64, 381, 396
高卢 Gaul, 106, 152
高炉 Blast furnace, 410
戈特弗里德·威廉·冯·莱布尼茨 Leibniz, Gottfried Wilhelm von, 393, 394
哥白尼 Copernicus, 399, 404
哥萨克人 Cossacks, 373-376
割礼 Clitoridectomy, 52
革命 Revolution
　第三世界的革命 in Third World, 531-532
　技术革命 technological；见技术革命 See

Technological revolution
农业革命 agricultural, 15, 32-35, 38, 41, 637, 657
社会革命 social, 446
通信革命 communications, 413, 414, 661, 662
政治革命 political；见政治革命 See Political revolutions
殖民地革命 colonial；见殖民地与殖民地世界 See under Colonies and colonial world
格奥尔基·李沃夫亲王 Lvov, Prince Georgi, 544, 545
格拉纳达 Granada, 340
格雷伯爵 Grey, Earl, 535
格洛丽亚·斯泰纳姆 Steinem, Gloria, 651
个体灵魂（阿特曼）Atman, 122
耕种 Farming; 见农业 See Agriculture
更新世 Pleistocene epoch,4
工厂劳动 Factory work, 417-418, 420
工程 Engineering
罗马帝国早期的工程 in early Roman Empire, 110
基因工程 genetic, 636
工党（英国）Labour party（Britain）, 569
工会 Unions, 420
工匠 Craftmakers
埃及 Egyptian, 58
拜占庭 Byzantine, 203
美索不达米亚 Mesopotamian, 52
学者与工匠的合作 union of scholar and, 403
亚欧大陆 Eurasian, 74, 75
工具 Tools, 另见技术 See also Technology
非洲 in Africa, 253, 255
美洲印第安人的工具 of American Indians, 270
食物采集者的工具 of food gatherers, 6
新石器时代 of Neolithic age, 21
亚欧大陆 in Eurasia, 74
中国 in China, 129
中世纪 medieval, 321-322
工人阶级 Working class, 417-418, 421
工人阶级妇女 women, 421, 453
工业革命 Industrial revolution, 405, 407-426, 657
第二次工业革命 second; 见第二次工业革命 See Second industrial revolution
工业革命的根源 roots of, 407-410
工业革命的进程 course of, 410-415
工业革命对欧洲之外世界的影响 in non-European world, effect of, 421-426
工业革命在欧洲的影响 in Europe, effect of, 415-421
新帝国主义与工业革命 new imperialism and, 423-426
工业革命与财富增长 Wealth, industrial revolution and increase in, 417-418
工业化 Industrialization
第三世界国家未能工业化 in Third World, lack of, 644-645
俄国 Russian, 460, 575-576
全球生产力的增长 increase in world’s production, 526
印度未能工业化 in India, lack of, 481
中国 in China, 646
工资歧视 Discrimination, wage, 649
工资歧视 Wage discrimination, 649
工作模式的改变 Work, changing patterns of, 657-659
《工作与时日》（赫西俄德）*Works and Days*（Hesiod）, 68
公安委员会（法国）Committee of Public Safety（France）, 444
公开性 Perestroika, 642
攻击性 Aggression, 38
攻陷巴士底狱 Bastille, fall of, 442
《共产党宣言》（马克思）*Communist Manifesto*（Marx）, 430, 450
共产国际 Communist International, 564, 623
共产主义 Communism, 563-567; 另见苏联 See also Soviet Union
俄国的共产主义 in Russia, 562, 563-564
共产主义在中欧的失败 failure in central Europe, 564-567
冷战 cold war, 607, 616, 623, 627-633
战时共产主义 War Communism, 573
中国共产主义革命 Chinese Communist Revolution, 629
古巴导弹危机（1962年）Cuban missile crisis（1962）, 632
古代文明 Ancient civilizations, 见亚欧大陆文明（公元前3500—前1000年）See Eurasian civilizations（3500-1000 B, C. E.）
古代文明的风格 Styles of ancient civilization, 50-63
埃及文明 Egypt, 56-58
克里特文明 Crete, 58-60
美索不达米亚文明 Mesopotamia, 52-56
商文明 Shang, 61-63
印度河文明 Indus, 60-61
古代亚欧大陆文明的大众市场 Mass market in ancient Eurasian civilization,74
《古登堡圣经》Gutenberg’s Bible, 170, 309
古典文明 Classical civilizations, 41
古典文明的例外 exception to, 155-157
古典文明的衰落 decline of, 64, 142-144
开启亚欧大陆整体化的古典文明（公元前1000—公元500年）beginnings of Eurasian unification（100 B. C. E.-500 C. E.）, 71-86
蛮族的入侵 barbarian invasions of, 145-155
希腊-罗马的古典文明 Greco-Roman, 87-116
印度的古典文明 Indian civilization, 117-127
中国的古典文明 Chinese civilization, 128-140

最初的亚欧大陆文明（公元前3500—前1000年） first Eurasian civilizations（3500-1000 B. C. E.），4，3-70
《古兰经》Koran, 177, 178
古斯塔夫·斯特莱斯曼 Stresemann, Gustav, 570
股份公司 Joint stock companies, 242, 326
雇佣兵 Mercenaries
拜占庭的雇佣兵 in Byzantium, 205, 206
中国的雇佣兵 in China, 216
瓜达尔卡纳尔岛 Guadalcanal, 604
瓜分波兰 partitioning of Poland, 594-595
导致第二次世界大战的事件 events leading to, 584-591
第二次世界大战的全球战争阶段 global phase of, 598-606
和平条约 peace treaties, 627
欧洲的解放 liberation of Europe, 604-606
日本投降 surrender of Japan, 606, 607
世界历史上的第二次世界大战 in world history, 606-607
战后的繁荣与衰退 postwar prosperity and recession, 637-639
战争期间印度的骚动 unrest in India during, 611-613
战争推动技术突破 technological breakthroughs stimulated by, 636-637
寡头统治集团 Oligarchies, 90
关岛 Guam, 349, 518, 601, 604
关税 Tariffs, 423, 536, 579, 638
《关于中国人历史、科学、艺术、习俗论丛》（又译《中国杂纂》）*Memoirs on the History, Sciences, Arts, Etc., of the Chinese*, 394
官僚机构 Bureaucracy
非洲的官僚机构 African, 258
古埃及的官僚机构 ancient Egyptian, 57
罗马帝国晚期的官僚机构 in late Roman Empire, 115
伊斯兰的官僚机构 Islamic, 183
印度的官僚机构 Indian, 292, 480, 482
中国的官僚机构 Chinese, 129, 136-137, 172, 213-215, 220-222, 297-298, 491-492
灌溉农业 Irrigation agriculture, 30, 44, 129, 269-270
光荣革命（1688年）Glorious Revolution（1688），430, 431
光绪 Kuang-hsii, 490
广岛 Hiroshima, 606
圭亚那 Guiana, 366
贵霜帝国 Kushan Empire, 119, 124
贵族 Aristocracy, 302-303, 439, 440-441；另见社会阶层 See also Class, social
法国的贵族革命 revolution in France, 440-441
贵族 Patricians, 104
《国防法》（1916年）National Defense Act（1916），547
《国富论》（亚当·斯密）*Wealth of Nations*（Smith），387, 433
国际分工 International division of labor, 386
国际刚果协会 International Association of the Congo, 502
国际科学理事会 International Council of Scientific Unions, 38
国际联盟 League of Nations, 550-551, 570, 571, 585-587, 588, 595
国际战争罪法庭 International War Crimes Tribunal, 585
国家计划委员会 State Planning Commission（Gosplan），574
《国联盟约》League Covenant, 551
国民党 Kuomintang, 491, 560, 629
国王 Kings；另见君主国 See also Monarchies
贵族与国王的斗争 struggle between nobles and, 229
国王的产生 emergence of, 47
国王的神性 divinity of, 57
突破性西方文明中的新君主国 new monarchies of revolutionary Western civilization, 235, 311, 327-328
国王居鲁士 Cyrus, King, 67
国王米兰一世 Milan I, King, 471
国王莫舒舒 Mosheshwe, King, 503
国王莫舒舒二世 Mosheshwe II, King, 503
国王乔治三世 George III, King, 390
国王乔治五世 George V King, 559
国王维克多·伊曼纽尔三世 Victor Emmanuel III, King, 602
国营农场 Sovkhozy, 574
果阿 Goa, 347
《过劳的美国人》*The Overworked American*, 658

H

哈布斯堡帝国 Hapsburg Empire, 289-290, 291, 328, 448, 538
哈德良 Hadrian, 108
哈德逊海峡 Hudson Strait, 359
哈德逊湾 Hudson Bay, 359
哈德逊湾地区 Hudson Bay territories, 365
哈德逊湾公司 Hudson's Bay Company, 326
哈喇契丹 Kara-Khitai, 193
哈里·杜鲁门 Truman, Harry, 520, 627, 628, 631
哈里发国家 Caliphate; 另见伊斯兰教 See also Islam
阿拔斯王朝 Abbasid, 179-180, 183-186, 189, 190, 193, 202, 255
哈里发国家的衰落 decline of, 186-187
倭马亚王朝 Umayyad, 183, 185, 187
宗教宽容 religious tolerance and, 184
哈里发马蒙 Mamun, Caliph al-, 198
哈里发曼苏尔 Mansur, Caliph, 183

哈里发欧默尔 Omar, Caliph, 180, 181, 182
哈里森·布朗 Brown, Harrison, 656
哈伦·赖世德 Harun al-Rashid, 184, 186
哈马斯 Hamas, 621
《哈默手稿》Codex Hammer, 308
哈萨克人 Kazakhs, 464
哈特派 Hutterites, 313
海盗与海盗活动 Pirates and piracy, 75, 78, 88, 169, 229, 303, 324
海都 Kaidu, 195
海军装备和物资 Naval armaments and stores, 232, 241, 323-324
海上力量 Sea power, 295, 340, 347
海外探险 Exploration, overseas, 13, 222-223, 226, 235, 239-241, 242, 243, 277
海外探险 Overseas exploration, 235, 239-241, 242, 243, 277
  基督教与海外探险 Christianity and, 239-241, 277
  日本 Japanese, 226
  史前时代 prehistoric, 13
  中国 Chinese, 222-223
海洋文明 Thalassocracy（sea civilization）, 58
汉朝 Han Empire, 50, 134, 135-138, 145, 147, 211, 299
汉谟拉比 Hammurabi, 52, 55
汉谟拉比法典 Hammurabi Code, 55-56
汉尼拔 Hannibal, 105, 106
汉萨同盟 Hanseatic League, 234, 235, 353, 354
汉武帝 Wu Ti, 135, 139
翰林院 Hanlin Academy, 213
航海 Navigation, 241, 322-323, 403
"航海家"亨利王子 Henry the Navigator, Prince, 309-310, 340, 342
航天技术 Space technology, 3, 636
好望角 Cape of Good Hope, 259, 345, 362
"和平决议"（1917年）Peace Resolution（1917）, 543
荷兰 Holland, 300, 303, 314, 443, 596, 614
  荷兰的黄金世纪 golden century of, 360-363
荷兰东印度公司 Dutch East India Company, 361
荷兰人 Dutch, the; 见荷兰 See Holland
荷兰-印度尼西亚联邦 Dutch-Indonesian Union, 614
荷马 Homer, 68, 95
"核冬天"Nuclear winter, 38, 652-653
核军备竞赛 Nuclear arms race, 670-671
核武器 Nuclear weapons, 631-632, 652-653, 670
核心家庭 Nuclear family, 31
赫伯特·巴特菲尔德 Butterfield, Herbert, 401, 407
赫伯特·斯宾塞 Spencer, Herbert, 484
赫尔曼·梅尔维尔 Melville, Herman, 520
赫拉克利特 Heraclitus, 97
赫鲁晓夫 Khrushchev, Nikita, 632, 640, 641
赫梯人 Hittites, 66-67
赫西俄德 Hesiod, 68, 95, 158
"黑暗时代"Dark Age
  欧洲的"黑暗时代"in Europe, 235-236
  希腊的"黑暗时代"in Greece, 68, 87-88
黑格尔 Hegel, G. W. F., 428
黑海 Black Sea, 78, 79, 88
黑龙江（阿穆尔河）流域 Amur valley, 375, 462-463
黑人 Negroes,
  黑人在非洲的主导地位 African, predominance of, 253
  开放程度与发展水平 accessibility and development of, 280, 281
《黑人的负担》（戴维森）*Black Man's Burden*（Davidson）, 527
黑色人种 Negroids, 17, 18, 34, 381, 396
黑衫军 Blackshirts, 568
"黑石"Black Stone, 179
黑手社 Black Hand, 540
黑死病 Black Death, 161, 232, 288, 320
亨利·W. 卢斯 Luce, Henry W., 527
亨利·福特 Ford, Henry, 413
亨利·哈德逊 Hudson, Henry, 358
亨利·科特 Cort, Henry, 413
亨利·圣西门 Saint-Simon, Henri de, 450
亨利·斯坦利 Stanley, Henry M., 501, 502
亨利八世 Henry VIII, 313-314, 327, 328
亨利七世 Henry VII, 358
亨利四世 Henry IV, 315
亨利一世 Henry I, 456
恒河流域的季风气候 Ganges valley, monsoon climate of, 118
横帆 Square sail, 170
红海 Red Sea, 78
红军 Red Army, 563, 564, 594, 598, 601, 604, 605, 622
红衣主教贝萨里翁 Bessarion, Cardinal, 322
侯奈因·伊本·伊斯哈格 Hunain ibn-Ishaq, 185
忽必烈 Kublai Khan, 169, 172, 176, 194, 195, 218, 219
胡安·迪亚斯·德索利斯 Diaz de Solis, Juan, 348
胡安·费尔南德斯 Fernandez, Juan, 348
胡佛 Hoover, Herbert, 642
胡格诺派 Huguenots, 314-315
胡里人 Hurrians, 67
胡志明 Ho Chi Minh, 611, 614, 615
湖田 Chinampas, 266
花剌子模 Khorezm, 193
华沙条约组织（1955年）Warsaw Pact（1955）, 628, 631
华盛顿海军裁军会议（1922年）Washington Naval Disarmament Conference（1922）, 556
华氏城 Pataliputra, 123, 127
化石燃料 Fossil fuels, 412
化学 Chemistry, 403, 405

怀疑主义 Skepticism, 95, 101
环境 Environment, 635, 645-646
环境卫生 Sanitation, 59
早期罗马帝国的环境卫生 in Rome of early Empire, 109
皇帝查理五世 Charles V Emperor, 289, 291, 312-313, 314, 328, 353
皇帝大流士 Darius, Emperor, 91, 99, 100, 122
皇帝狄奥多西 Theodosius, Emperor, 113
皇帝弗朗茨・约瑟夫 Francis Joseph, Emperor, 543
皇帝君士坦丁 Constantine, Emperor, 83, 111-112, 113, 115, 200-201, 208
皇帝卡尔一世 Charles, Emperor, 543
皇帝罗曼努斯四世 Romanus IV Emperor, 190
皇帝韦斯巴芗 Vespasian, Emperor, 114, 143
皇帝希拉克略 Heraclius, Emperor, 180-181, 202, 203
皇家大道 Royal Highway, 76
黄金 Gold, 254-255, 257, 259, 260, 324, 353, 503, 617
黄金海岸 Gold Coast, 616
《回忆录》(巴布尔) *Memoirs* of Babur, 277
婚姻Marriage, 另见妇女 See also Women
美索不达米亚法律对于婚姻的规定 Mesopotamian law on, 56
商朝的婚姻 in Shang dynasty, 62-63
活人献祭 Human sacrifice, 268
活字 Movable type, 170, 171
火地岛上的雅甘人 Yahgans of Tierra del Fuego, 264
火药的发明 Gunpowder, invention of, 170, 228, 286
货币 Money,
货币日益普及 growing use of, 241
纸币 paper, 219
铸币 coin, 74, 88, 92, 118, 125, 129, 241, 257, 324-325
货币经济 Money economy, 74, 226, 324-326, 505, 526-527
霍尔蒂・米克洛什 Horthy, Miklos, 566
霍尔木兹 Hormuz, 347
霍亨斯陶芬王朝的皇帝 Hohenstaufen emperors, 233
霍勒斯・沃波尔 Walpole, Horace, 367

J

饥饿 Hunger, 659, 660
饥荒 Famine, 161, 232, 415-416, 559, 573
机器取代人力 Machines, labor-replacing, 636；另见技术 See also Technology
机械 Mechanics；另见技术 See also Technology
罗马 Roman, 114
希腊化时代 of Hellenistic Age, 103
基督教 Christianity, 80, 81; 另见宗教改革 See also Reformation
巴尔干基督教民族 Balkan Christians, 469-471
拜占庭帝国 in Byzantine Empire, 204
拜占庭东正教与罗马天主教 Byzantine Orthodox vs. Roman Catholic, 208, 209-210, 456-457
传教士 missionaries, 83, 85, 172, 241, 520
基督教的人道主义伦理观 humanitarian ethic of, 231
基督教与海外扩张 overseas expansion and, 239-241, 277
教会论种族主义 Church on racism, 280
日本 in Japan, 301, 303
十字军东征与十字军 crusades and crusaders, 187, 205, 206, 207, 208, 239, 277, 321
天主教会论妇女地位 Catholic church on status of women, 243-244
突破性西方文明中独立的教会 independence of Church in revolutionary Western civilization, 230
晚期罗马帝国 in late Roman Empire, 83, 112-113
印度 in India, 124
中国 in China, 300
基督教的人道主义伦理 Humanitarian ethic of Christianity, 231
基督教和佛教中的平等主义 Egalitarianism in Christianity and Buddhism, 82
基克拉迪群岛 Cyclades Islands, 68
基卢瓦城市国家 Kilwa city-state, 259
基因工程 Genetic engineering, 636
基因进化 Genetic evolution, 6
基因与种族差异 Genes, racial differences and, 279-280
吉布 Gibb, H. A. R., 468
吉尔吉斯人 Kirghizes, 464
吉夫・约翰逊 Johnson, Giff, 521
吉洛特派 Girondists, 443, 444
吉洛特派 Zealots, 208
笈多王朝 Gupta Empire, 118, 119, 124-127
疾病 Disease, 388, 415, 416, 559
波利尼西亚 in Polynesia, 519
美洲 in the Americas, 14, 272-273, 510, 511
天花 smallpox, 14, 511, 661-663
新石器时代村落 in Neolithic village, 30-31
集市 Fairs, 233
集体化 Collectivization, 574-575, 576
《几何原本》(欧几里得) *Elements of Geometry* (Euclid), 102
脊椎动物 Vertebrates, 4
计划生育 Family planning, 649
记事 Record keeping, 46, 53
技术 Technology
澳洲原住民 of Australian aborigines, 274
非洲 in Africa, 253
古代埃及 ancient Egyptian, 57, 58

古典文明的衰落与技术停滞 decline of classical civilizations and stagnant, 141, 142-144
罗马帝国的衰落与技术 fall of Roman Empire and, 114-115
汉帝国 of Han Empire, 137
航天技术 space, 3, 636
环境与技术 environment and, 645-646
技术带来的变革 change due to, 6
技术发明 inventions
磁铁 magnet, 170
火药 gunpowder, 170, 228, 286
犁 plow, 21, 44-45
轮子 wheel, 21, 45-46
马蹄铁 horseshoes, 231-232, 320
陶轮 potter's wheel, 46
印刷术 printing, 170, 217, 228, 238
蒸汽机 steam engine, 405, 411, 412-413
纸 paper, 171
指南针 compass, 228
技术交流 interchange of, 76, 170-171
技术进步的悖论 paradox of advances in, 653
旧石器时代的技术 Paleolithic, 7, 13, 15
军事技术 military, 488-489, 495, 503, 538-539
科学革命 scientific revolution, 399-407
美洲印第安人的技术落后 of American Indians, lag in, 270-271
欧洲技术的发展 European, development of, 321-324, 327
社会变革与技术 social change and, 46
生产力与技术 productivity and, 326
世界整体化与技术 global unity and, 398
苏联对技术的钳制 Soviet brake slamming on, 641
突厥化蒙古人的入侵与技术 Turco-Mongol invasions and, 197
突破性的西方文明与技术 revolutionary Western civilization and, 231-232
西方的技术优势 Western superiority, 277
希腊化时代 in Hellenistic Age, 101
新石器时代村落的技术 of Neolithic village, 31
亚欧大陆文明与技术的起源 Eurasian civilization and beginnings of, 44-46
亚欧大陆整体化与技术 Eurasian unification and, 74-76, 170-171
用技术找回失落的历史 history uncovered through, 3-4
战争与技术 war and, 141, 651-654
中世纪欧洲的技术 in medieval Europe, 231-232
庄园的技术 manorial, 230, 231
技术革命 Technological revolution
不公平现象与技术革命 inequity and, 659-671
工作模式与技术革命 work patterns and, 657-659
全球人种分布与技术革命 global race distribution and, 17
人口爆炸与技术革命 population explosions and, 15
文化价值观与技术革命 cultural values and, 657-671
季风 Monsoon winds, 79, 155
季风气候 Monsoon climate, 118, 155
祭牲剖肝占卜术 Hepatoscopy, 54
祭司王约翰 Prester（or Priest）John, 239-241
加布里埃尔·桑切斯 Sanchez, Gabriel, 343
加尔文宗 Calvinism, 313, 314-315
加夫里洛·普林西普 Princip, Gavrilo, 448, 540
加来道雄 Kaku, Michio, 660-661
加里波利 Gallipoli, 196, 288, 541-542
加利福尼亚印第安人 California, Indians of, 14
伽利略·伽利雷 Galilei, Galileo, 323, 404
加洛林王朝 Carolingian dynasty, 152-153
加拿大 Canada, 377, 397, 437
加那利群岛 Canaries, 340, 353
加纳 Ghana, 616
加纳帝国 Ghana Empire, 255-257
加沙地带 Gaza Strip, 620
加泰土丘遗址 Catal Huyuk, 32
加喜特人 Kassites, 67
加扎利 Ghazzali, al-, 198
迦勒底人 Chaldeans, 101
迦梨陀娑 Kalidasa, 127
迦太基与布匿战争 Carthage, Punic Wars and, 105-106
家父权 Patriapostestas, principle of, 111
家庭 Family
大家庭 extended, 31
核心家庭 nuclear, 31
孔子论家庭 Confucius on, 131
罗马帝国时期的家庭 during Roman Empire, 111
日本的家庭 of Japanese, 303
食物采集者的家庭 of food gatherers, 8
中国社会中家庭的首要地位 in Chinese society, primary role of, 61
家庭暴力 Domestic violence, 650
家庭经济 Family economy, 420
嘉布遣会 Capuchins, 315
贾加特·赛特 Seth, Jagat, 478
贾科莫·马泰奥蒂 Matteoti, Giacomo, 568
嫁妆 Dowry, 244
监护主 Encomenderos, 352-353
柬埔寨 Cambodia, 614, 615
贱民 Untouchables, 120-121
江户 Edo, 229
将军 *Strategoi*（generals）, 203, 205
蒋介石 Chiang Kai-shek, 132, 560, 561, 585, 629, 632
交通 Transportation

船只，见船只与船舶 See Boats and ships
道路 roads
道路的发展 development of, 75-76
工业革命与道路 industrial revolution and, 413
罗马的道路 Roman, 104, 110
印加的道路 Incan, 269, 271
中国的道路 Chinese, 75-76, 134, 212
骆驼 camels, 64, 65-66, 180, 254, 260
马的驯化 horse, domestication of, 64, 65
美洲印第安人 of American Indians, 270, 271
水路运输 by water, 15, 45, 413
美洲的水网 waterways of the Americas, 263
铁路 railroads, 408, 413, 464, 465, 505, 513, 524, 525
角斗士 Gladiators, 109
教皇 Papacy, the, 203, 208, 209, 230, 235, 311；另见各教皇 See also specific popes
阿维农的教皇 Avignon, 235, 311
教皇 Popes, 230
西欧的皇帝与教皇 emperors in western Europe and, 235
教皇保罗二世 Paul II, Pope, 280
教皇保罗三世 Paul III, Pope, 315
教皇庇护二世 Pius II, Pope, 236
教皇卜尼法斯八世 Boniface VIII, Pope, 235, 311
教皇格里高利七世 Gregory VII, Pope, 235
教皇基拉西乌斯 Gelasius, Pope, 230
教皇利奥三世 Leo III, Pope, 153, 230
教皇利奥十世 Leo X, Pope, 237, 312
教皇利奥一世 Leo I, Pope, 150
教皇尼古拉五世 Nicholas V Pope, 348
教皇尼古拉一世 Nicholas I, Pope, 236
教皇亚历山大六世 Alexander VI, Pope, 348
教皇英诺森三世 Innocent III, Pope, 235
教皇尤利乌斯二世 Julius II, Pope, 236-237
教皇约翰·保罗二世 John Paul II, Pope, 86
教皇约翰二世 John II, Pope, 280
教皇至上 Papal supremacy, 235
教会法 Ecclesiastical law, 209
教阶体制 Ecclesiastical hierarchy, 159, 209-210
教士 Priests, 46；另见佛教，基督教，宗教 See also Buddhism; Christianity; Religion
教育 Education
奥斯曼帝国的教育 in Ottoman Empire, 238-239, 310, 473
大学 universities, 236, 255
非洲的教育 in Africa, 505-506
伊斯兰教与非洲教育 Islam and, 255
妇女的教育 of women, 244, 648-649
孔子论教育 Confucius on, 131
文艺复兴时期的教育 in Renaissance, 236, 237, 307
西方对日本教育的影响 in Japan, Western influence on, 494-495
印度的教育 in India, 481-482, 484
主教座堂学校 Cathedral schools, 236
杰拉德·温斯坦利 Winstanley, Gerrard, 316
杰拉尔德·K. 奥尼尔 O'Neill, Gerald K., 636
捷克斯洛伐克 Czechoslovakia, 566, 567, 570, 590, 591
羯陵伽 Kalinga, 123
《解放法令》（1861年）Emancipation Decree（1861）, 460
金角湾 Golden Horn, 202
金帐汗国 Golden Horde, 194, 195, 372, 373
金字塔 Pyramids, 57
埃及金字塔与中美洲金字塔 Egyptian vs. Mesoamerican, 334
津巴布韦（罗得西亚）Zimbabwe（Rhodesia）, 425-426, 503, 505
津巴布韦大神庙 Great Temple of Zimbabwe, 259
进化 Evolution, 1, 4-6
基因进化 genetic, 6
进化论 doctrine of, 405-406
文化进化 cultural, 6
近亲繁殖 Inbreeding, 269
近卫文麿 Konoye, Fumimaro,600
禁卫军 Praetorian Guard, 111
禁欲主义与印度宗教改革 Asceticism, reformation in India and, 121-122
经济 Economy; 另见工业革命，贸易，相关各国 See also Industrial revolution; Trade; specific countries
阿拔斯帝国 Abbasid Empire, 183-184
埃及的经济 Egyptian, 57-58
奥斯曼帝国经济 Ottoman Empire, 292, 473
拜占庭帝国的经济 in Byzantine Empire, 203-208
拜占庭帝国经济的衰落 decline of, 205-206
拜占庭的灭亡与经济 end of Byzantium and, 207-208
拜占庭经济发展的黄金时代 golden age, 203-204
大萧条 Great Depression, 568-569, 572, 577-582, 642
德国经济 German, 536-537, 552
第二次世界大战后的经济繁荣与衰退 post World War II prosperity and recession, 637-640
第三世界经济 Third World, 644-645
第一次世界大战的经济根源 World War I and, roots of, 536-537
第一次世界大战后的法国经济 French, after World War I, 552, 569
非洲 African, 252
欧洲对非洲经济的影响 Europe's impact on, 503-505
货币 money, 74, 226, 324-326, 505, 526-527
家庭经济 family, 420

克里特人的经济 Cretan, 58
罗马帝国的经济 of Roman Empire,
罗马帝国的衰落与经济 fall of empire and, 115
罗马帝国早期经济 early, 107, 109
美国经济 U. S.; 见美国 See under United States
穆斯林帝国的经济发展 Moslem Empire, development of, 292-293
欧洲的经济 European, 320-321, 324-327, 390, 415-421
欧洲的经济统治地位 European dominance in, 524-526
葡萄牙的经济依赖 Portuguese economic dependence, 353-354
全球经济联系（1500—1763年）global economic relations（1500-1763）, 385-390, 394
日本的经济 Japanese, 229, 492
市场 market, 526-527
苏联经济 Soviet, 572-577, 640-644
文明对于经济的影响 Civilization's impact on, 158-159
西方经济扩张 of the West, expanding, 320-321
西欧经济的发展 in Western Europe, development of, 232-234
希腊化时代的经济 in Hellenistic age, 101
新帝国主义与全球经济 global, new imperialism and, 425
印度经济 of India, 118, 292-293, 480-481
笈多时代的经济 Gupta age, 125
英国的经济 British, 409-410, 536-537, 552, 568-569
政治革命与经济 political revolutions and, 428-430
中国经济 Chinese
明朝 of Ming dynasty, 220-223
秦帝国 of Ch' in Empire, 133
宋朝 of Sung dynasty, 217-218
元朝蒙古人统治时期 Yuan Mongol rule, 219
转型时期 in transition age, 129
铸币 coin money, 74, 88, 92, 118, 125, 129, 241, 257, 324-325
庄园制度 manorialism, 229-230, 231
资本主义 capitalism, 324-327, 358, 425-426, 450, 667
自由放任经济学 laissez-faire economics, 433, 449
经济合作与发展组织 Organization for Economic Cooperation and Development, 638
经济互助委员会（莫洛托夫计划）Council for Mutual Economic Assistance（Molotov Plan）, 628, 631
经济欧化 Economic Europeanization, 513
经院哲学 Scholasticism, 198
旧石器时代社会 Paleolithic society, 7-15, 20
大洋洲的旧石器时代社会 in Australia, 274-275
技术 technology of, 7, 13, 15
局限 constraints of, 13-14
平等关系 equality in, 7-8
艺术 art of, 11-13
军备竞赛 Arms race, 635
第一次世界大战前的军备竞赛 pre-World War I, 538
核军备竞赛 nuclear, 670-671
"军工复合体""Military-industrial complex", 651
军火公司 Armament companies, 538
军区 Themes（provinces）, 203, 205
军事 Military, the
阿兹特克人 Aztec, 268
拜占庭黄金时代的军事 of Byzantine golden age, 204
拜占庭黄金时代军事实力的削弱 undermining of, 205
封建制度下的军事 under feudalism, 229
罗马 Roman, 104-105, 107, 115
蒙古人的策略 Mongol strategy, 192-193
穆斯林帝国 of Moslem empires, 291-292
日本 Japanese, 225, 302, 496
西方对土耳其的影响 Turkish, Western influence on, 472-473
希腊 Greek, 88-90
印度 Indian, 190-191, 291-292
游牧民族 power of nomads, 64-66
欲罢不能的战争计划 irreversible military timetables, 538-539
早期亚欧大陆 early Eurasian, 47, 48
中国 Chinese, 212, 488-489, 490
中国商朝 in Shang China, 62
军事技术 Military technology, 488-489, 495, 503, 538-539
均田制 Equal-field system, 212, 216
君士坦丁堡 Constantinople, 112, 180, 190, 196, 200-202
被十字军洗劫（1204年）looting by crusaders（1204）, 206, 207
君士坦丁堡的陷落（1453年）fall of（1453）, 208, 288, 457
拉丁人征服君士坦丁堡（1261年）capture by Latins（1261）, 206
《君士坦丁堡协定》（1915年）Constantinople Agreement（1915）, 556
君主国 Monarchies,
开明专制君主 benevolent despots, 434-435
新君主国的崛起 New Monarchies, rise of, 235, 311, 327-328
与资产阶级的联盟 bourgeosie alliance with, 429
宗教改革与君主国 Reformation and, 311, 313-314
《君主论》（马基雅维利）*The Prince*（Machiavelli）, 327, 328

K

咖啡的引种 Coffee, introduction of, 360

喀罗尼亚战役（应为公元前338年）Chaeronea, battle of（388 B.C.）, 93
喀麦隆 Cameroons, 502
喀山汗国 Kazan Khanate, 373
卡迪西亚战役（637年）Qadisiya, battle of（637）, 180, 181
卡尔·马克思 Marx, Karl, 450, 451, 531, 532
卡尔·萨根 Sagan, Carl, 656
卡拉哈里沙漠（南非）的昆人 !Kung of the Kalahari Desert（South Africa）, 9
卡拉哈里沙漠 Kalahari, Desert, 252
卡拉卡拉 Caracalla, 109
卡利古拉 Caligula, 108
卡提卜切莱比 Chelebi, Katib, 238-239, 310
开放程度与人类发展 Human development, accessibility and, 280-281
《凯洛格-白里安公约》（1928年）Kellogg-Briand Pact（1928）, 562, 571
凯末尔·阿塔图克 Ataturk, Kemal, 201
凯瑟琳·德·美第奇Medici, Catherine de, 315
坎尼会战（公元前216年）Cannae, battle of（216 B.C.）, 105
康茂德 Commodus, 111
康斯坦茨大公会议（1415年）Constance, Council of（1415）, 311
康斯坦德·维尔乔恩 Viljoen, Constand, 619
康斯坦丁·契尔年科 Chernenko, Konstantin, 641
考底利耶 Kautilya, 117
科尔特斯对古巴的征服 Cuba, Cortes'conquest of, 349
科尔特斯对尤卡坦半岛的征服 Yucatan, Cortes'conquest of, 349
科索沃战役（1389年）Kossovo, battle of（1389）, 288
科西莫·德·美第奇 Medici, Cosimo de, 325
科学 Science, 295；另见技术 See alsoTechnology
　航天科学 space, 3, 636
　笈多时代 of Gupta age, 127
　玛雅 Mayan, 265
　苏美尔 Sumerian, 53
　希腊 Greek, 97, 101-102
　伊斯兰文明 Islamic, 184-185
　中国宋朝 Sung dynasty, China, 217
科学辩证法 Dialectics, science of, 97
科学方法 Scientific method, 402
科学革命 Scientific revolution, 399-407
　根源 roots of, 402-404
　科学革命的进程 course of, 404-407
　意义 significance of, 407
可继承的私人财产 Inheritable private property, 52, 111, 149
克莱德·克拉克洪 Kluckhohn, Clyde, 3
克劳狄 Claudius, 108
克雷芒五世 Clement V, 235
克里米亚汗国 Crimea, 373
克里米亚战争（1854—1856年）Crimean War（1854-1856）, 459
克里斯提尼 Cleisthenes, 91
克里特岛 Crete
　德军空降进攻 German airborne invasion of, 597-598
　米诺斯文明 style of Minoan civilization of, 58-60
克里特人 Cretans, 77
克丽奥佩特拉女王 Cleopatra, Queen, 52, 108
克利斯托弗·哥伦布 Columbus, Christopher, 172, 235, 243, 262, 319, 324, 328, 333, 340, 342-345, 348
克罗地亚人 Croatians, 202
克洛维 Clovis, 151
克努兹·拉斯穆森 Rasmussen, Knud, 11
克诺索斯 Knossos, 68
克瓦米·恩克鲁玛 Nkrumah, Kwame, 611, 616, 617
肯尼亚 Kenya, 617, 666
肯尼亚拉穆岛 Lamu Island, Kenya, 501
肯尼亚殖民地 Kenya Colony, 502
空气污染 Air pollution, 646
空想社会主义者 Utopian Socialists, 450
孔多塞侯爵 Condorcet, Marquis de, 452
孔雀王朝 Maurya Empire, 118, 119, 122-124
孔子 Confucius, 76, 128, 130-132, 298
恐怖统治 Reign of Terror, 444
恐怖主义 Terrorism, 530
寇松线 Curzon Line, 625
库楚汗 Kuchum, Khan, 373
库恩·贝拉 Kun, Bela, 566
库尔特·冯·许士尼格 Schuschnigg, Kurt von, 590-591
库斯科谷地 Cuzco valley, 269, 272, 351
库页岛 Sakhalin Island, 463, 466, 495
跨国公司 Multinational corporations, 398, 517, 637
跨种族通婚 Intermarriage, 648
块茎种植 Vegetative root farming, 28
魁北克 Quebec, 365, 366
《魁北克法案》（1774年）Quebec Act（1774）, 437
扩张主义 Expansionism; 另见突破性的西方文明 See also Revolutionary Western civilization
　非洲黑人的扩张主义 of Negroes in Africa, 253
　西欧的扩张主义 Western Europe's, 239-243
廓尔喀人 Gurkhas, 479

L

拉班·巴·扫马 Rabban Bar Sauma, 173
拉布拉多的蒙塔格尼-纳斯卡皮印第安人 Montagnais-Naskapi Indians of Labrador, 7-8, 52
拉迪亚德·吉卜林 Kipling, Rudyard, 407, 527
拉丁帝国 Latin Empire, 205, 207-208

拉丁帆 Lateen sail, 170
拉丁美洲文化 Latin America culture, 513-514
拉丁人 Latins, 103-104
拉法耶特侯爵 Lafayette, Marquis de, 441
拉斐尔 Raphael, 238
拉吉・梅达 Mehta, Vrajenda Raj, 397
拉杰普特人 Rajputs, 148
拉里・布朗 Brown, J. Larry, J. 640, 659
拉姆齐・麦克唐纳 MacDonald, Ramsay, 569
拉萨尔 La Salle, 364
拉脱维亚 Latvia, 594
拉乌里翁银矿 Laurium silver lodes, 91
来世信仰 Afterlife, belief in, 57, 82, 101；另见宗教 See also Religion
莱昂・巴蒂斯塔・阿尔贝蒂 Alberti, Leon Battista, 245, 305, 307
莱斯博斯岛 Lesbos, 68
莱斯利・A. 怀特 White, Leslie A., 13
莱索托 Lesotho, 503
莱茵兰 Rhineland
  盟军征服莱茵兰（1945年）Allied conquest （1945）, 606
  希特勒占领莱茵兰 Hitler's occupation of the, 596
兰斯多恩勋爵 Lansdowne, Lord, 543
劳合-乔治 Lloyd George, David, 553
劳伦斯 Lawrence, T. E., 550
老挝 Laos, 614, 615
勒班陀海战（1571年）Lepanto, battle of（1571）, 293
雷达成像系统 Radar imaging systems, 3-4
雷蒙・普恩加莱 Poincare, Raymond, 569
冷战 Cold war, 607, 615, 623, 627-633
  冷战的结束 end of, 631-633
  欧洲的冷战 in Europe, 627-628
  远东的冷战 in Far East, 629-631
离婚 Divorce, 56
《梨俱吠陀》Rigveda, 69
犁 Plow
  犁的发明 invention of, 21, 44-45
  轮式重犁 heavy-wheeled, 231
黎巴嫩 Lebanon, 558
黎凡特公司 Levant Company, 326
里昂大公会议（1274年）Union of Lyons（1274）, 208
里达（叛教）Ridda（apostasy）, 179, 180
里海 Caspian Sea, 169
理查・乔登・加特林 Gatling, Richard Jordan, 430
理查德・M. 尼克松 Nixon, Richard M., 4, 615
理查德・阿克莱特 Arkwright, Richard, 411
理查德・伯顿 Burton, Richard, 501
理查德・钱塞勒 Chancellor, Richard, 358, 359
《理想国》（柏拉图）*Republic*（Plato）, 450
理性主义 Rationalism
  孔子的理性主义 of Confucius, 130-132
  希腊的理性主义 Greek, 94
理学 Neo-Confucianism, 215, 219-220
《历史》（希罗多德）*History*（Herodotus）, 98
历史文献 Historical literature, 137-138
历史与风尚 Fads, history and, 333-336
立法者苏莱曼 Suleyman the Lawgiver, 288
立陶宛 Lithuania, 591, 594
立宪民主党 Constitutional Democratic party（Cadets）, 460-461
利奥・阿非利加努斯 Leo Africanus, 258
利比里亚 Liberia, 502, 503
利玛窦 Ricci, Matteo, 316
联合国 United Nations（UN）, 520, 626-627, 630
  经济及社会理事会 Economic and Social Council, 627
  联合国善后救济总署 UN Relief and Rehabilitation Administration（UNRRA）, 623
联合国《人类发展报告》（1994年）*Human Development Report*, UN（1994）, 659
联合国安理会 Security Council, UN, 626, 627
镰仓幕府 Kamakura Shogunate, 301
粮食歉收 Crop failure, 232
两国同盟 Dual Alliance, 537-538
两性关系 Gender relations; 见性别关系 See Sex relations
两性关系 Sex relations
  部落中的两性关系 tribal, 32
  第二次工业革命与两性关系 second industrial revolution and, 648-651
  古代亚欧大陆文明的男尊女卑 inequity in ancient Eurasian civilizations, 51-52, 56
  古希腊 in classical Greece, 98-99
  罗马帝国 in Roman Empire, 111
  米诺斯文明 Minoan, 59-60
  日耳曼部落 in German tribes, 149
  商文明 in Shang civilization, 62-63
  食物采集社会 in food gathering societies, 7-8
  突破性的西方文明 in revolutionary Western civilization, 243-246
  新石器时代 in Neolithic society, 32
辽东半岛 Liaotung Peninsula, 465
列昂尼德・勃列日涅夫 Brezhnev, Leonid, 641, 642
列奥纳多・达・芬奇 da Vinci, Leonardo, 237, 238, 307, 308
列夫・托洛茨基 Trotsky, Leon, 546, 563
林登・B. 约翰逊 Johnson, Lyndon B., 248
林利思戈侯爵 Linlithgow, Marquis of, 611
林则徐 Tse-hsu, Lin, 488
临时政府（俄国）Provisional Government（Russia）, 544
领先者陷阱 Retarding Lead,
  发展中社会与“领先者陷阱”developing societies

and, 247-248
"领先者陷阱"定律 Law of, 248
流感 Influenza, 559
流体静力学 Hydrostatics, 103
"流血星期日"（1905年1月22日）"Bloody Sunday（January 22, 1905）, 466, 467
硫磺岛 Iwo Jima, 606
陆桥 Land bridges, 15, 263
路德宗异端 Lutheran heretics, 291
路易·巴斯德 Pasteur, Louis, 405, 511
路易十八 Louis XVIII of France, 450
路易十六 Louis XVI, 441, 443, 444
路易十四 Louis XIV, 364, 365
路易斯安那 Louisiana, 364
伦巴第人 Lombards, 148, 152, 153, 202
伦巴第同盟 Lombard League, 233, 235
伦敦皇家自然知识促进学会 Royal Society of London for Promoting Natural Knowledge, 403
《伦敦条约》（1915年）London, treaty of（1915）, 542, 556
轮回说 Reincarnation, 117
轮式重犁 Heavy-wheeled plow, 231
轮子的发明 Wheel, invention of, 21, 45-46
罗贝尔·乔治·尼韦勒 Nivelle, Robert Georges, 543
罗伯特·J. 布雷德伍德 Braidwood, Robert J., 20
罗伯特·S. 麦克纳马拉 McNamara, Robert S., 632
罗伯特·德·诺比利 Nobili, Robert de, 316
罗伯特·富尔顿 Fulton, Robert, 413, 430
罗伯特·科赫 Koch, Robert, 511
罗伯特·克莱武 Clive, Robert, 306, 366
罗伯特·肯尼迪 Kennedy, Robert, 631
罗伯特·路易斯·史蒂文森 Stevenson, Robert Louis, 520-521
罗伯特·洛佩兹 Lopez, Robert, 141
罗伯特·欧文 Owen, Robert, 450
罗得西亚（津巴布韦）Rhodesia（Zimbabwe）, 425-426, 503, 505
罗德尼·金 King, Rodney, 619
罗拉德派 Lollards, 316
罗马大公会议（1369年）Union of Rome（1369）,208
罗马的保民官 Tribunes, Roman, 105
罗马的公共浴场 Baths of Rome, public, 109-110
罗马的圣彼得教堂 St. Peter's Church in Rome, 312
罗马帝国 Roman Empire, 103-115；另见拜占庭帝国 See also Byzantine Empire
帝国边界 imperial frontier, 108-9
帝国边界的收缩 shrinkage of, 115
东罗马帝国 East, 151-152
基督教在罗马帝国的传播 Christianity in, spread of, 83, 112-113
技术落后 technological backwardness of, 143
军事 military of, 104-105, 107, 115
罗马帝国的衰落 fall of, 113-115
罗马帝国的遗产 legacy of, 115
蛮族的入侵 barbarian invasion of, 156
匈人和日耳曼人 Hunnic and German, 114, 148-151
贸易 trade in, 78-79, 109
器质性病变 "organic disease" in, 114, 115
晚期罗马帝国（公元284—476年）late（284-476 C. E.）, 83, 111-115
西罗马帝国 West, 150-151
希腊人的影响 Greek influence on, 81-82, 103, 104
伊特鲁里亚人的影响 Etruscan influence on, 103, 104
早期罗马帝国（公元前27—公元184年）early（27 B. C. E.-184 C. E.）, 108-111
罗马法 Roman law, 105, 110-111, 115
罗马公民权 Citizenship, Roman, 104
罗马共和国 Roman Republic
晚期罗马共和国（公元前265—前27年）late（265-27 B. C. E.）, 105-108
早期罗马共和国（公元前264年之前）early（to 264 B. C. E.）, 103-105
罗马共和国元老院 Senate of Roman Republic, 104
罗马皇帝的地位 Emperor, status of Roman, 113
罗马军团 Legion, Roman, 104
罗马尼亚 Rumania, 542-543, 566, 605, 623, 624, 627
罗马尼亚国王卡罗尔二世 Carol II of Rumania, King, 566
罗马尼亚国王米哈伊 Michael of Rumania, King, 605
罗马尼亚人 Rumanians, 470, 566
罗马天主教会 Roman Catholic church；另见基督教 See also Christianity
拜占庭东正教与罗马天主教 Byzantine Orthodox vs., 208, 209-210, 456-457
西班牙的罗马天主教会 in Spain, 589
罗马统治下的和平 Pax Romana, 78, 108, 115
罗曼语族的语言 Romance languages, 115
《罗摩衍那》Ramayana, 127
罗姆·莫罕·罗易 Roy, Ram Mohan, 482-483
罗慕路斯·奥古斯都 Romulus Augustulus, 114, 150, 202
罗纳谢勋爵 Ronaldshay, Lord, 523
罗斯堡 Ross, Fort, 462
罗斯柴尔德勋爵 Rothschild, Lord, 556
罗斯托 Rostow, W. W., 144
《洛迦诺公约》（1925年）Locarno Pacts（1925）, 562, 570-571
《洛桑条约》（1923年）Lausanne Treaty（1923）, 557
骆驼 Camels, 64, 65-66, 180, 254, 260
吕底亚人 Lydians, 74
吕克昂学园 Lyceum, 98
《吕西斯忒拉忒》（阿里斯托芬）*Lysistrata*（Aristophanes）, 95-96

绿色革命　Green revolution, 637, 644-645

M

马德拉群岛　Madeira, 340, 353
马的利用　Horse, use of, 320
　蒙古部落　by Mongol tribes, 192, 193
　效率　effective, 231-232
　驯养　domestication and, 64, 65
　用于军事　military, 65
马镫　Foot-stirrup, 171
马丁・贝海姆　Behaim, Martin, 344
马丁・路德　Luther, Martin, 305, 309, 310, 312-313, 315, 316
马菲奥・波罗　Polo, Maffeo, 169, 172
《马关条约》（1895年）Shimoneseki, Treaty of（1895）, 465, 489
马哈茂德　Mahmud, 190
马可・奥勒留　Aurelius, Marcus, 108, 111
马可・波罗　Polo, Marco, 79, 166, 169, 172, 173,176, 195, 218, 219, 342, 381
马克・安东尼　Antony, Mark, 52, 108
马克萨斯群岛　Marquesas, 517
马克思主义　Marxism, 460
马拉松　Marathon, 91
马拉塔人　Marathas, 364, 478
马来西亚的塞芒人　Semang of Malaysia, 645
马来亚　Malaya, 601, 611, 614
马里帝国　Mali Empire, 257, 258
马里塔行动　Operation Marita, 597
马铃薯枯萎病（1846年）Potato blight（1846）, 161
马六甲　Malacca, 347
马姆斯伯里的威廉　William of Malmesbury, 276, 277
马穆鲁克军队　Mamelukes, 194
马其顿　Macedon, 99-100, 105, 106
马其顿的腓力五世　Philip V of Macedon, 93, 106
马奇诺防线　Maginot Line, 596
马丘比丘　Machu Picchu, 269
马萨乔　Masaccio, 308
马绍尔群岛　Marshall Islands, 521
马蹄铁的发明　Horseshoes, invention of, 231-232, 320
马瓦里　Mawali, 183
马西利亚（马赛）Massilia（Marseilles）, 78
马歇尔计划　Marshall Plan, 628, 631
马休・佩里　Perry, Matthew, 492, 493
马扎尔人　Magyars, 153, 172, 320
玛丽・安托瓦内特　Marie Antoinette, 441, 444
玛丽・克拉克　Clark, Mary, 664
玛丽女王　Mary, Queen, 314
玛雅历法　Calendar, Mayan, 265
玛雅人堤道（危地马拉）Maya causeways（Guatemala）, 3
玛雅文明　Mayan civilization, 265-266, 281
　玛雅文明的不平等　inequity in, 51
迈措沃战役（1940年）Metsovo, Battle of（1940）, 597
迈加拉　Megara, 201
迈克尔・戴依－阿南　Dei-Anang, Michael, 251
迈锡尼　Mycenae, 67-68
麦加　Mecca, 179
麦加天房　Ka'ba, 179
麦克阿瑟　MacArthur, Douglas, 607
麦哲伦　Magellan, Ferdinand, 324, 333, 348-349
蛮族入侵亚欧大陆　Barbarian invasions in Eurasia
　摧毁古代文明　destruction of ancient civilizations, 66-70
　古典文明的终结　end of classical civilizations, 145-155
　蛮族入侵希腊　Greece, 67-68
　蛮族入侵亚欧大陆地图　map of, 146, 154
　蛮族入侵印度　India, 68-69, 148, 155
　蛮族入侵中东　Middle East, 66-67
　蛮族入侵中国　China, 69-70, 145, 147, 155
　匈人与日耳曼人　Hunnic and German, 114
满族人　Manchus, 299
曼戈苏图・布特莱齐　Buthelezi, Mangosuthu, 619
曼纳海姆防线　Mannerheim Line, 595
曼兹科特战役（1071年）Manzikert, battle of（1071）, 190, 206, 287
毛泽东　Mao Tse Tung, 4, 560-561, 629, 632, 633
茅茅　Mau Mau, 617
贸易　Trade
　拜占庭的贸易　Byzantine, 203-204, 208-209
　古典文明的贸易纽带　commercial bonds in classical civilizations, 76-79
　国际贸易的增长　growth of international, 321
　海上贸易　maritime, 75, 76-79, 166-167
　陆上贸易　overland, 79, 169-170
　罗马帝国的贸易　in Roman Empire, 78-79, 109
　毛皮贸易　fur, 370, 374, 375, 376, 462
　米诺斯人的贸易　Minoan, 58
　农业扩张与盈余　agricultural expansion and surplus and, 74, 253
　奴隶贸易　slave, 324, 359, 388-389, 497-501, 511, 513
　欧洲的贸易增长　growth in Europe of, 232-233
　葡萄牙的贸易　Portuguese, 293, 300, 303, 308, 345-348, 498-499
　日本的对外贸易　with Japan, 226, 303-304
　丝绸贸易　silk, 300
　希腊殖民地的贸易　among Greek colonies, 88, 90
　香料贸易　spice, 169-170, 292, 308, 324, 330, 342, 347
　意大利文艺复兴时期的贸易　in Italian Renaissance, 306, 308

伊斯兰文明的贸易 Islamic, 166, 170, 184, 197, 292-293
印度的贸易 Indian, 118, 123, 125, 292-293
印度古典时代的贸易 in classical India, 124
印度河流域的贸易 Indus, 60-61
印度洋贸易 Indian Ocean, 78, 255, 277
与非洲的贸易 with Africa, 253, 254-259, 260
中俄贸易 Russian-Chinese, 375
中国的贸易 Chinese, 78, 79, 129, 222-223
商人 merchants, 129, 220-223, 330, 491
宋朝的贸易 in Sung dynasty, 166, 217-218
元朝蒙古统治时期的贸易 Yuan Mongol rule and, 219
中世纪的贸易 in medieval age, 166-170
贸易路线 Trade routes, 75, 78-79, 166, 252, 256, 292
梅塔克萨斯将军（希腊）Metaxas, General（Greece）, 567
煤 Coal, 413, 646
美国 United States
第二次世界大战中的美国 in World War II, 600-601, 602-606
第一次世界大战中的美国 in World War I, 547-549
非洲文化 African culture in, 514
经济 economy, 637-640
大规模生产技术 mass-production techniques, 413-414
大萧条之前的经济 before Depression, 577, 579
第一次世界大战后的经济 after World War I, 552
股市崩盘 stock market crash, 577-579
经济欧化 Europeanization and, 513
失业 unemployment, 580, 638, 639-640
冷战 cold war, 607, 615, 623, 627-633
美国的印第安文化 Indian culture in, 514
美国革命 American Revolution, 435-439, 448
贫困 poverty in, 659, 660
入侵墨西哥（1916—1917年）intervention in Mexico（1916-1917）, 547
社会阶层 social class in, 639-640
文化欧化 cultural Europeanization of, 513-514
银行系统 banking system, 579
越南战争 Vietnam War, 615-616
在大洋洲的领土兼并 annexations in Oceania, 518
政治的统一 political unification, 511-512
自助与互助运动 self-help and mutual aid movement in, 666
美国参战 American intervention, 547-49
美国革命 American Revolution, 435-439, 448
美国饥饿问题医生特别工作组 Physician Task Force on Hunger in America, 640, 659
美国救济署 American Relief Administration, 573
美国人类学学会 American Anthropological Association, 281
美国宪法 U. S. Constitution, 448, 514
美索不达米亚 Mesopotamia,94, 95
人生观 view of life, 54
文明的兴起 emergence of civilization in, 43, 50
先驱文明的风格 style of pioneer civilization of, 52-56
遭到入侵 invasions of, 52
美西战争（1898年）Spanish-American War（1898）, 589
美洲 Americas, the, 262-277
大地与人 land and people of, 262-263
地理位置 isolation of, 270
哥伦布发现美洲 Columbus' discovery, 342-345
美洲的农业 agriculture in, 25-27, 264-265, 266, 269-270, 273
美洲的欧化 Europeanization of, 508-515
经济欧化 economic Europeanization, 513
文化欧化 cultural Europeanization, 513-514
政治欧化 political Europeanization, 511-513
种族欧化 ethnic Europeanization, 508, 509-511
美洲的文化 cultures of, 264-265, 513-514
美洲的文明 civilizations in, 265-270
阿兹特克帝国 Aztec Empire, 265, 266-268, 345, 346, 349-351, 511
城邦 city-states, 268
玛雅文化 Mayan, 51, 265-266
美洲文明的弱点 weaknesses of, 270-273
秘鲁印加帝国 Incan Empire of Peru, 265, 269-270, 346, 351
美洲人种分布 racial distribution in, 381-383, 509
美洲征服者 conquistadors in, 270-271, 272, 349-353
奴隶贸易 slave trade and, 498-500
欧洲人带来的疾病对人口的影响 population, impact of European disease on, 14, 272-273, 510, 511
西班牙在美洲的统治 Spain in, 265, 268, 270-273, 349-353
英法在美洲争霸 Anglo-French rivalry in, 363-367
美洲印第安人 American Indians, 262, 263, 333-334, 352-353, 381, 383, 509-510
加利福尼亚印第安人 of California, 14
开放性与发展 accessibility and development of, 280, 281
历史上的美洲印第安人 in history, 270-273
农业的传入 spread of agriculture to, 25, 27
欧洲人带来的疾病对印第安人的影响 European disease and, impact of, 272-273, 510, 511
印第安人保留地 reservations, 273
印第安人的文化影响 influence of, 514

印第安人文化 culture, 263, 264-265
门罗主义（1823年）Monroe Doctrine（1823）, 462
门诺派 Mennonites, 313
蒙古帝国 Mongol Empire, 79, 194-195, 299, 321
成吉思汗的征服 Genghis Khan's conquests, 191-193
军事策略 military strategy of, 192-193
贸易 commerce in, 166-170
蒙古帝国的衰落 decline of, 195
由于文化同化 due to cultural assimilation, 195
蒙古帝国扩大了视野 expanded horizons through, 172-176
蒙古使团 missions to, 172
维持自身的认同 identity of, preservation of, 218
亚欧大陆的视野 Eurasian perspective and, 172
元朝 Yuan dynasty, 166, 218-219, 299
中世纪技术的传播 technological diffusion in medieval age, 170-171
宗教 religion in, 171-172
蒙古哈拉和林 Karakorum, Mongolia, 172
蒙古人 Mongols, 64, 79, 289, 299, 372, 373, 457
蒙古人的间谍活动 Espionage, Mongol, 193
蒙古人的心理战 Psychological warfare, Mongol, 193
蒙古人种 Mongoloids, 17, 18, 34, 64, 128, 224, 263, 301, 381, 396
蒙古统治下的和平 Pax Mongolica, 169, 170, 197, 243
蒙古-突厥游牧民族 Mongol-Turkish nomads, 64, 65
蒙卡尔姆侯爵 Montcalm, Marquis de, 366
蒙特利尔 Montreal, 366
蒙特苏马 Montezuma, 268, 271, 272, 349
盟国管制委员会 Allied Control Council, 625
盟军在诺曼底登陆 Normandy, Allied landings in, 604
孟什维克 Mensheviks, 460, 545, 546
米格尔·德·塞万提斯 Cervantes, Miguel de, 309
米哈伊尔·戈尔巴乔夫 Gorbachev, Mikhail, 641-642, 643
米哈依尔·巴列奥略 Palaeologus, Michael, 207
米开朗琪罗 Michelangelo, 238
《米兰敕令》（313年）Edict of Milan（313）, 83, 113
米兰的斯福尔扎公爵家族 Sforza family of Milan, 236
米诺斯文明 Minoan civilization, 58-60
米诺斯文明被摧毁 destruction of, 67-68
米斯特拉 Mistra, 207
米歇尔·德·蒙田 Montaigne, Michel de, 309
秘鲁（bì lǔ）Peru
秘鲁总督辖区 viceroyalty of, 352
文明的兴起 emergence of civilization in, 50
印加帝国 Incan Empire, 265, 269-270, 346, 351
密迪乐 Meadows, T.T., 221
“密苏里”号战舰 U. S. S. *Missouri*, 606, 607
密特拉教 Mithraism, 101
棉纺织业 Cotton industry, 411-412, 464
缅甸 Burma, 601, 611, 614
面包果 Breadfruit, 517
民间运动 Individuals, grassroots movements of, 665-671
民居 Dwellings; 见艺术与建筑 See Art and architecture
民主 Democracy
西欧民主国家的困境 problems of Western European, 568-569
希腊民主制度 Greek, 90-91, 92, 93
民族社会主义德国工人党 National Socialist German Workers' party, 580
民族主义 Nationalism, 429, 446-448, 529-530；另见相关革命 See also specific revolutions
阿拉伯 Arab, 558-559, 619-621
巴尔干 Balkan, 470-471
第一次世界大战的根源与民族主义 World War I roots and, 538
东南亚 Southeast Asian, 614-615
非洲 in Africa, 506, 616
民族起义 uprisings, 555-561
土耳其人 Turkish, 555-558
新教与民族主义 Protestantism and, 506
印度 Indian, 482-484, 559-560
政治革命与民族主义 political revolutions and, 429, 446-448
中国 in China, 490-491, 560-561
明朝 Ming dynasty, 166-167, 219-223, 277, 299, 328
明朝的士绅统治阶层 Gentry ruling class of Ming dynasty, 220-222
明治维新 Meiji Restoration, 493-494
《摩诃婆罗多》Mahabharata, 127
摩亨佐·达罗 Mohenjo-daro, 61
摩揭陀王国 Magadha, kingdom of, 118, 123
摩鹿加群岛 Moluccas；见香料群岛 See Spice Islands
磨坊的类型 Mills, types of, 137, 142, 232, 321
《末日审判书》*Domesday Book*, 232
莫哈奇战役（1526年）Mohacs Battle（1526）, 288
莫罕达斯·甘地 Gandhi, Mohandas, 484, 559, 560, 611
莫洛托夫计划（经济互助委员会）Molotov Plan（Council for Mutual Economic Assistance）, 628, 631
莫诺莫塔帕帝国 Monomotapa Empire, 259-260
莫桑比克 Mozambique, 347
莫斯科 Moscow, Russia, 373, 457, 598
莫斯科公司 Muscovy Company, 326, 358, 361
《莫斯科条约》Moscow Pact, 591, 593, 594, 598
莫卧儿帝国 Mogul Empire, 277, 286, 290-291, 292, 364, 478
莫卧儿王朝 Mughal dynasty, 196
墨洛温王朝国王 Merovingians, 151
墨西哥 Mexico, 547, 645
墨西哥城 Mexico City, 645
墨西哥的纳瓦特语 Nahuatl of Mexico, 264

墨西哥革命 Mexican Revolution, 515
木材 Timber, 48, 232
木薯 Manioc, 265
墓葬的不平等 Death, inequity in burial after, 50-51
幕府 Shogunates, 225, 226
德川幕府 Tokugawa, 229, 302-303, 492, 493
镰仓幕府 Kamakura, 301
足利幕府 Ashikaga, 225
穆罕默德 Mohammed, 172, 178-179, 285-286
穆罕默德・阿里 Mehemet Ali, 474-475
穆罕默德・阿里・真纳 Jinnah, Mohammed Ali, 560
穆罕默德・海凯勒 Heikel, Mohammed, 398
穆罕默德迁至麦地那 Medina, Mohammed's emigration to, 179
穆萨曼萨 Musa, Mansa, 257
穆斯林帝国 Moslem Empires, 285-295, 339-340；另见伊斯兰教 See also Islam
穆斯林帝国的鼎盛 splendor of, 291-293
经济发展 economic development, 292-293
军事实力 military strength, 291-292
行政效率 administrative efficiency, 292
穆斯林帝国的衰落 decline of, 293-295
现代穆斯林帝国的崛起 rise of modern, 285-291
奥斯曼帝国 Ottoman Empire, 196, 208, 238-239, 286-289, 378
莫卧儿帝国 Mogul Empire, 277, 286, 290-291, 292, 364, 478
萨珊王朝 Safavid Empire, 289-290
印度的葡萄牙人与穆斯林帝国 Portuguese in India and, 345-347
穆斯塔法・凯末尔 Kemal, Mustafa, 557-558

N

拿破仑 Napoleon Bonaparte, 445-446, 458, 474
纳粹党 Nazis, 580-581, 599；另见德国，希特勒，第二次世界大战 See also Germany; Hitler, Adolf; World War II
纳粹党代表大会 Nazi Party Congress, 581
纳粹集中营 Concentration camps, Nazi, 599
纳尔逊・曼德拉 Mandela, Nelson, 619
纳尔逊 Nelson, Horatio, 474
《纳伊条约》(1919年) Neuilly Treaty (1919), 550
南方古猿 Australopithecus, 5, 15
南非 South Africa, 511, 617-619
布尔人 Boers, 362, 511, 523, 617
南非白人 Afrikaners, 618, 619
南非的布须曼人 Bushmen of South Africa, 17, 18, 21, 34
《南京条约》(1842年) Nanking Treaty (1842), 488, 489
南斯拉夫 Yugoslavia, 566, 597, 623, 624
南斯拉夫国王亚历山大 Alexander of Yugoslavia, King, 566
《南特敕令》Nantes, Edict of, 315
《南特敕令》的废除 revocation of, 410
难陀王朝 Nanda dynasty, 118, 123
内维尔・张伯伦 Chamberlain, Neville, 590, 591
《尼布楚条约》(1689年) Nerchinsk, Treaty of (1689), 300, 375, 461, 462
尼德兰 Netherlands, 314；另见比利时，荷兰 See also Belgium; Holland
尼古拉・布哈林 Bukharin, Nikolai, 573
尼古拉・穆拉维约夫 Muraviev, Nikolai, 462-463
尼古拉・伊格纳季耶夫 Ignatiev, Nikolai, 463
尼赫鲁 Nehru, Jawaharlal, 80, 128, 560, 611
尼科洛・波罗 Polo, Nicolo, 169, 172
尼科洛・马基雅维利 Machiavelli, Niccolo, 319, 327
尼禄 Nero, 108, 113
尼罗河 Nile River, 45
尼罗河河谷 Nile valley, 56
尼尼微 Nineveh, 67
尼泊尔 Nepal, 479
尼日尔河 Niger River, 501
尼日利亚 Nigeria,502, 616
尼日利亚的奥戈尼人部落 Ogoni tribe in Nigeria, 281
尼西塔斯・科尼阿特斯 Choniates, Nicetas, 205
尼西亚 Nicaea, 207
涅尔瓦 Nerva, 108
涅槃 Nirvana, 84
涅韦尔斯科伊上校 Nevelskoi, Captain, 463
牛顿 Newton, Isaac, 399, 404-405, 433
"牛耕式转行书写法" *Boustrophedon*, 61
纽芬兰 Newfoundland, 365, 366
渔业 fisheries, 358
纽约埃利斯岛 Ellis Island, New York, 510
纽约北部的易洛魁族 Iroquois of northern New York, 31
农民 Peasantry
德国农民 of Germany, 564
俄国农民 of Russia, 460, 464, 564, 565, 574
农奴与农奴制 Serfs and serfdom, 376, 388, 459
农奴制的基础 basis for institution of, 148
儒家文明 in Confucian civilizations, 220, 225, 302
突破性的西方文明 in revolutionary Western civilization, 229-230, 231
资本主义的诞生与农奴制 emergence of capitalism and, 324
农业 Agriculture, 1；另见食物生产者 See also Food growers, humans as
非洲的农业 in Africa, 25, 27, 253-254
谷物种植区 cereal areas, 27
集体化农业 collectivized, 574-575, 576
块茎种植 vegetative root farming, 28
轮作农业 intermittent cultivation, 23

罗马帝国晚期的农业 in late Roman Empire, 115
绿色革命 green revolution, 637, 644-645
美洲的农业 in the Americas, 25-27, 264-265, 266, 269-270, 273
农产品的交换 interchange of, 76
农业的传播 spread of, 22-27, 32-35
农业的类型 varieties of, 27-30
“刀耕火种”农业 slash-and-burn, 27-28, 266
多物种农业 multiple-species, 23
灌溉农业 irrigation, 30, 44, 129, 269-270
“三圃制”轮耕农业 “three-field” rotation system, 231, 320
台田农业 raised field, 28, 29
梯田农业 terrace, 28
农业的起源 origins of, 21-22
农业扩散 diffusion of, 23, 24
农业与性别不平等 inequality of sex relations and, 51-52
欧洲的农业 in Europe, 23
开垦荒地 cultivation of unused land, 232
中世纪欧洲的农业 medieval, 320-321
圈地 land enclosures and, 410
日本的农业 in Japan, 226
商业性农业 commercial, 88
特色农业的发展 specialized, development of, 74
冶铁术推动农业扩张 expansion with iron technology, 23, 25, 74, 118
印度河流域的农业 Indus, 60, 118
原始农业 incipient, 23
中等农业 intermediate, 264
中东的农业 in the Middle East, 22-23, 27
中国的农业 in China, 23, 129
中美洲的农业 in Mesoamerica, 22-23, 25-27, 264
中世纪西方农业技术 medieval Western technology in, 230, 231-232
自给型农业 subsistence, 88
农业革命 Agricultural revolution, 15, 32-35, 41
工作模式与农业革命 work patterns and, 657
新农业革命 new, 637
战争与农业革命 wars and, 38
奴隶贸易 Slave trade, 324, 359, 388-389, 497-501, 511, 513
奴隶制 Slavery, 231, 464
阿兹特克 Aztec, 268
非洲 African, 255, 277, 363, 381-383, 497-498
技术停滞与奴隶制 technological stagnation and, 143-144
罗马帝国的衰落与奴隶制 fall of Roman Empire and, 114-115
希腊 in Greece, 97, 98, 101
努比亚 Nubia, 196
努里·萨义德帕夏 Said, Nuri Pasha, 550
弩 Crossbow, 136
挪威的哈拉尔二世 Harald II of Norway, 456
诺德豪森集中营 Nordhausen concentration camp, 599
诺夫哥罗德 Novgorod, Russia, 372
诺克文化 Nok culture, 258
诺曼底公爵罗洛 Rollo of Normandy, Duke, 153
诺曼人 Normans, 200, 206, 207
诺曼人征服巴里（1071年）Bari, Norman victory at (1071), 206
诺斯替教 Gnosticism, 101
女工 Employment of women, 649
女皇艾琳 Irene, Empress, 52
女皇武则天 Wu Chao, Empress, 52
《女权宣言》Declaration of the Rights of Women, 453
女权运动 Feminist movements, 421, 452-454
《女士》杂志 *Ms.* magazine, 651
女性割礼 Circumcision, female, 651
女修道院 Nunnery, 244

O

欧多克索斯 Eudoxus, 114
欧化 Europeanization, 524
美洲和英国自治领的欧化 of the Americas and British Dominions, 508-515
经济欧化 economic Europeanization, 513
文化欧化 cultural Europeanization, 391-393, 513-514
政治欧化 political Europeanization, 511-513
种族欧化 ethnic Europeanization, 508, 509-511
早期帝国的欧化 of earlier empires, 421-423
欧吉尔·吉塞林·德·布斯贝克 Busbecq, Ogier Ghiselin de, 291-292, 294
欧几里得 Euclid, 102, 402
欧里庇得斯 Euripides, 95
欧仁·德拉克洛瓦 Delacroix, Eugene, 206
欧洲 Europe
地理环境 geography of, 230-231, 324
第一次世界大战 post-World War I
第一次世界大战后欧洲的稳定与和解 stabilization and settlement in, 570-571
第一次世界大战后欧洲的政治 politics in, 552-553
俄国与欧洲 Russia and, 456-461
1856—1905年 from 1856-1905, 459-461
1856年以前 to 1856, 456-459
技术发展 technological development, 321-324, 327
经济 economy
工业革命与欧洲经济 industrial revolution and, 415-421
欧洲经济的扩张 expanding, 320-321

全球经济与欧洲经济 global economy and, 390
资本主义的诞生 capitalism, emergence of, 324-327, 358
科学革命 scientific revolution, 399-407
扩张前夕的西欧 Western, on eve of expansion, 328-330
贸易 trade
东西欧之间的贸易（1500—1763年）between western and eastern Europe（1500-1763）, 385-386
与亚洲的贸易（1500—1763年）with Asia（1500-1763）, 386
农业 agriculture, 23
荒地开垦 cultivation of unused land, 232
中世纪农业 medieval, 320-321
欧洲的解放 liberation of, in World War II, 604-606
欧洲的冷战 cold war in, 627-628
欧洲的统治地位 dominance of, 523-530
白人的负担 white man's burden and, 527-528
对欧洲统治地位的最初挑战 first challenges to, 528-530
经济统治地位 economic, 524-526
欧洲统治地位的基础（1763—1914年）basis of（1763-1914年）, 399-400
文化统治地位 cultural, 526-527
政治统治地位 political, 523-524
欧洲与波利尼西亚以及影响 Polynesia and, impact on, 518-522
欧洲与非洲的关系以及对非洲的影响 Africa and, impact on, 392, 503-506
人口 population, 320, 321, 415-416
商人阶层 merchant class, 230, 232-233, 235
西北欧的扩张 northwest, expansion of, 357-367
新君主的崛起 New Monarchs, rise of, 311, 327-328
中欧 central
中欧的革命与反动 revolution and reaction in, 562, 566-567
中欧共产主义的失败 failure of communism in, 564-567
欧洲的"客籍劳工" "Guest workers" in Europe, 647
欧洲的自然资源 Resources of Europe, natural, 230-231. 另见农业，地理 See also Agriculture；Geography
欧洲复兴计划 European Recovery Program, 628
欧洲热带病医学院 European Schools of Tropical Medicine, 511
欧洲向边境迁徙的东进运动 Frontiers, European movement eastward into, 232

P

帕济纳克人 Patzinaks, 206
帕特农神庙 Parthenon, 96
帕提亚 Parthia, 106
帕提亚人 Parthians, 124
潘尼迦 Pannikar, K. M., 535
潘诺尼亚 *Pronoia*, 205
潘乔・比利亚 Villa, Pancho, 547
庞培 Pompey, 108
旁遮普 Punjab, 118, 122, 190
澎湖列岛 Pescadores Islands, 465
皮洛士式的胜利 Pyrrhic victory, 105
皮特・勃鲁盖尔 Breughel, Peter, 308-309
毗湿奴（神祇）Vishnu（god）, 121
拼音文字的发明 Alphabetic script, invention of, 80
贫困 Poverty, 635, 640, 644-645；另见经济 See also Economy
大萧条与贫困 Great Depression and, 578
美国的贫困 in U. S., 659, 660
贫困与农民 Farmers, poverty and, 639
平等 Equality
旧石器时代的平等 of Paleolithic ancestors, 7-8
米诺斯文明的平等 in Minoan civilization, 58, 59-60
新石器时代村落的平等 in Neolithic village, 31-32
平等派 Levellers, 316, 432
平民 Plebians,104, 105
平民大会 Plebian Assembly, 105
平民的撤离 Secesio of plebians, 105
婆罗门 Brahmans, 120, 121, 122
婆罗洲中部种植水稻的达雅克人 Siang rice growers of central Borneo, 32
珀金 Perkin, W.H., 405
葡萄牙 Portugal, 277
16世纪晚期的衰落 decline of late sixteenth century, 353-355
地理环境 geography, 340
海上远征 maritime expeditions, 167, 168, 328-330
经济依赖 economic dependence of, 353-354
扩张主义 expansionism, 286, 339-342
领土主张 claims to new territories, 348-349
贸易 trade, 293, 300, 303, 308, 345-348, 498-499
葡萄牙人在非洲 in Africa, 169, 259-260
葡萄牙人在亚洲 in Asia, 345-348
殖民地 colonies, 509
葡萄牙曼努埃尔国王 Manuel, King of Portugal, 345-346
《朴茨茅斯条约》（1905年）Portsmouth, Treaty of（1905）, 465-466, 495
普拉克西特利斯 Praxiteles, 96
普拉西战役（1757年）Plassey, Battle of（1757）, 366, 478
普鲁士 Prussia, 366, 367
对法战争（1792年）war with France（1792）, 443
普鲁士腓特烈大帝 Frederick the Great of Prussia, 365, 366, 434, 435

普鲁塔克 Plutarch, 114
普罗塔戈拉 Protagoras, 97

Q

七年战争（1756—1763年）Seven Years, War（1756-1763）, 366-367, 394, 435
齐阿普斯 Cheops, 57
齐格弗里德防线（西部防线）Siegfried Line（West Wall）, 596
骑兵 Cavalry, 65
《骑士》（阿里斯托芬）*Knights*（Aristophanes）, 96
企业家精神 Entrepreneurialism, 326
启蒙运动 Enlightenment, 432-435, 439, 458
启蒙运动与进步观念 Progress, Enlightenment and idea of, 432-435
启蒙哲人 Philosophes, 433-434, 458
起义 Uprisings；另见殖民地与殖民地世界，民族主义，政治革命555-561. See also Colonies and colonial world; Nationalism; Political revolutions
  土耳其 in Turkey, 555-558
  印度 in India, 559-560
  中东阿拉伯国家 in Arab Middle East, 558-559
  中国 in China, 560-561
气候 Climate
  季风 monsoon, 118, 155
  美洲的气候 in the Americas, 263
  欧洲的气候 in Europe, 231
汽车产业 Automobile industry, 407
《恰克图条约》（1727年）Kiakhta, Treaty of（1727）, 300
千岛群岛 Kuril Islands, 625
铅 Lead, 48
乾隆皇帝 Ch'ien-lung, emperor, 390
潜艇战 Submarine warfare, 543, 547
《强制法令》Coercive Acts, 435, 437
乔莫·肯雅塔 Kenyatta, Jomo, 617
乔托 Giotto, 308
乔治·阿贝尔 Abell, George, 335
乔治·巴顿 Patton, George, 604
乔治·华盛顿 Washington, George, 438
乔治·马歇尔 Marshall, George, 628
乔治·摩尔 Moore, George, 528
乔治·斯蒂芬森 Stephenson, George, 413, 430
乔治王战争（1740—1748年）King George's War（1740-1748）, 365
秦朝 Chin dynasty, 145, 299
秦帝国 Ch'in Empire, 132-135, 212, 218
秦始皇 Chin Shih Huang-ti, 51
青年土耳其党人革命（1908年）Young Turk Revolution（1908）, 530
青铜 Bronze, 44, 62, 64
氢弹 Hydrogen bomb, 631-632
清朝 Ch'ing dynasty, 219, 220, 299
清教徒 Puritans, 430-432
清王朝 Manchu dynasty, 131, 491
区域自主性与世界整体化 Regional autonomy vs. global unity, 396-398
《驱逐舰换基地协议》（1940年）Destroyers-Bases Agreement（1940）, 600
圈地 Land enclosures, 410
《权利法案》Bill of Rights
  美国的《权利法案》U. S., 448, 514
  英国的《权利法案》English, 431
全球力量对比格局（1500—1763年）Balance of power, global（1500-1763）, 390
全球整体化 Global unity
  区域自主性与全球整体化 regional autonomy vs., 396-398
  全球整体化的巩固 consolidation of, 523-530
  全球整体化的开端（1500—1763年）beginning of（1500-1763）, 380-395
    经济联系 economic relations, 385-390, 394
    人类和动植物的全球扩散 diffusion of humans, animals, and plant, 381-385
    视野的扩大 widening of horizons, 380-381
    文化联系 cultural relations, 391-394, 395
    政治联系 political relations, 390-391, 394-395
全印穆斯林联盟 All-India Moslem League, 560
犬儒主义 Cynicism, 101

R

让-雅克·卢梭 Rousseau, Jean-Jacques, 434, 452
热那亚商人 Genoese traders, 169-170, 207-208
《人的权利》（潘恩）*Rights of Man*（Paine）, 436
人工材料 Designer materials, 661
人口 Population
  工业革命时期 during industrial revolution, 415-416
  农业革命与人口 agricultural revolution and, 22, 32-34
  欧洲的人口 of Europe, 320, 321, 415-416
  欧洲经济发展与人口 economic development in Europe and, 232
  人口爆炸 explosions, 15
  人口增长超出资源承受限度 resources outstripped due to growth of, 46
  日本 of Japan, 492
  世界人口 world, 645-47
    人口估算（1650—1990年）estimated（1650-1990）, 416
    人口预测 projections, 648
  希腊 in Greece, 88, 90

亚欧大陆东西两端人口的对比 in western vs. eastern Eurasia, 156
印度 Indian, 481
中国的人口 of China, 136, 297
中世纪欧洲 of medieval Europe, 320, 321
人口模式 Demographic patterns; 见人口 See Population
人类从原始人进化 Hominids, human evolution from, 1, 4-6
《人类的起源》(达尔文) *Descent of Man, The* (Darwin), 406
人类多地起源论 Multiregionalists, 5, 17
人类化石 Fossils, human, 4, 5
人类需求理论 Human needs theory, 664-665
《人权和公民权宣言》Declaration of the Rights of Man and Citizen, 430, 443, 449, 453
人性 Human nature, 37-39
人造地球卫星1号 Sputnick I, 636
人种/种族 Races, 32-35
历史中的人种 in history, 279-281
人种的全球分布 global distribution of, 17, 18, 34, 381-383, 384
美洲的民族欧化 ethnic Europeanization of Americas, 508, 509-511
希特勒的种族政策 Hitler's racial policy, 598-599
形成 appearance of, 15-18
印度种姓与种族 caste and, 119-120
日本 Japan, 223-226, 524
从东南亚撤离 withdrawal from Southeast Asia, 613-614
第二次世界大战 in World War II, 593, 600-601, 602-604, 629
地理环境 geography of, 223-224, 301, 492
反抗欧洲的统治 European dominance, resistance of, 530
纺织业 textile industry in, 529
封建主义 feudalism in, 225, 226
过劳死 karoshi, 658, 659
经济 economy, 229, 492
军事 military of, 225, 302, 496
扩张政策 expansionism, 495-496, 584-587
贸易 trade with, 226, 303-304
农业 agriculture in, 226
侵略(1930—1939年) aggression (1930-1939), 586
侵略中国东北 Manchuria, invasion of, 584-587
人口 population, 492
日本投降 surrender of, 606, 607
日俄战争(1904年) Russo-Japanese War (1904), 464-466, 484, 495-496, 530
儒家文明 Confucian civilization, 223-226
闭关锁国 withdrawal and isolation, 226
商人阶层 merchant class in, 492
锁国政策 isolationist policy, 303-304
西方化 Westernization of, 486, 492-495
现代化 modernization of, 492-495
亚洲的帝国 empire in Asia, 611
早期与西方的关系 early relations with West, 303-304
中华文明传入日本 Chinese civilization in, 223-225
中日关系 China and, 300-302, 463, 489, 561, 584-587
中日战争(1895年) Sino-Japanese War (1895), 464-465, 489
宗教 religion in, 215
佛教 Buddhism, 224
基督教 Christianity, 301, 303
神道教 Shintoism, 224, 302, 494
日本的部落 Clans, Japanese, 301
日本京都 Kyoto, Japan, 224, 225
日耳曼人 Germans, 148-149; 另见蛮族入侵亚欧大陆 See also Barbarian invasions in Eurasia
儒家文明 Confucian civilization, 211-227
日本 Japan, 223-226
日本的闭关锁国 withdrawal and isolation of, 226
日本的封建制度 feudalism in, 225-226, 302-303
中华文明传入日本 Chinese civilization in, 223-225
中国 China, 211-227, 238
黄金时代宋朝 Sung golden age, 216-218
蒙古人统治的元朝 Yuan Mongol rule, 166, 218-219, 299
明朝 Ming dynasty, 166-167, 219-223, 277, 299, 328
隋朝 Sui dynasty, 145, 211, 212, 213
唐朝 T'ang dynasty, 170, 212-216, 299
"五代"时期 Five Dynasties period, 216
儒家学说 Confucianism, 130-132, 137, 215, 229, 238, 296-304; 另见中国，日本 See also China; Japan
阮高祺 Ky, Nguyen Cao, 615
阮文绍 Thieu, Nguyen Van, 615, 616
瑞典 Sweden, 666
若昂·布拉达昂 Bradao, Joao, 277
若奥·里贝罗船长 Ribeiro, Captain Joao, 330

S

撒哈拉地区石器时代岩画 Rock painting, Stone Age Saharan, 8
撒哈拉沙漠 Sahara Desert, 252, 253
撒哈拉以南非洲 Sub-saharan Africa；见非洲 See Africa
撒克逊人 Saxons, 150, 153
撒马尔罕 Samarkand, 195
萨克森选侯弗雷德里克 Fredrick of Saxony, Elector, 312

《萨拉戈萨条约》（1529年）Saragossa, Treaty of (1529), 349
萨拉赫丁（萨拉丁）Salah ad-Din (Saladin), 187
萨拉米海湾 Salamis, 92
萨拉托加战役（1777年）Saratoga, Battle of (1777), 438
萨林斯 Sahlins, M. D., M. D. 15
萨满 Shamans, 11
萨姆纳 Sumner, B.H., 368
萨珊帝国 Sassanian Empire, 155, 200
萨珊王朝 Safavid Empire, 289-290
萨长同盟 Satcho Hito group, 493-494
塞班岛 Saipan, 604
塞尔维亚人与塞尔维亚 Serbs and Serbia, 202, 208, 469, 470, 538, 539-540
塞尔柱帝国 Seljuk Empire, 190, 196, 205-206, 207, 287-288, 289
塞琉古 Seleucus, 123
塞琉古王国 Seleucids, 100
塞缪尔・克朗普顿 Crompton, Samuel, 411
塞缪尔・丘纳德 Cunard, Samuel, 413
塞涅卡 Seneca, 144
塞浦路斯人 Cypriots, 68
塞萨利 Thessaly, 67, 68, 91
塞萨洛尼基 Thessaloniki, 207, 208
塞西尔・罗兹 Rhodes, Cecil, 424, 528
《赛克斯-皮科协定》（1916年）Sykes-Picot Agreement (1916), 556
赛义德・安达卢斯法官 Sa'id al-Andalusi, Judge, 181
三国同盟 Triple Alliance, 538
三国协约 Triple Entente, 538
三级会议 Estates-General, 440, 441
"三圃制"轮耕制度 "Three-field" rotation system of farming, 231, 320
三十年战争 Thirty Years' War, 328
三兄弟洞（法国）Trois-Freres cave (France), 11
桑德罗・波提切利 Botticelli, Sandro, 308
桑海帝国 Songhay Empire, 257-258
桑尼・阿里 Ali, Sunni, 257
桑人 San, 253
《色佛尔条约》Sevres Treaty, 550, 557
色雷斯 Thrace, 91
色雷斯人 Thracians, 201
色诺芬 Xenophanes, 95
瑟维斯 Service, E. R., 15
森林 Forests,
　俄国针叶林 Russian taiga, 370
　森林砍伐 clearing of, 646
　雨林 rain, 252
杀婴 Infanticide, 14, 21, 62, 90, 99
　杀女婴 female, 62, 650-651
沙・贾汗 Jahan, Shah, 291
《沙恭达罗》（迦梨陀娑）*Sakuntala* (Kalidasa), 127
沙皇彼得大帝 Peter the Great, Tsar, 290, 457-458, 461, 518
沙皇俄国 Tsarist Empire, 50, 379, 530, 544；另见俄国 See also Russia
沙皇米哈伊尔 Michael, Tsar, 544
沙皇尼古拉二世 Nicholas II, Tsar, 463
沙皇伊凡四世（伊凡雷帝）Ivan IV (the Terrible), Tsar, 358, 372, 373, 378
沙漠作战 Desert warfare, 180
刹帝利 Kshatriyas, 120, 121, 148, 191
山县有朋 Aritomo, Yamagata, 494
闪电战 Blitzkrieg, 193, 594, 596
闪米特人 Semites, 64-65, 67, 80
伤亡 casualties, 38
　第一次世界大战的欧洲战争阶段 European phase, 541-543
　第一次世界大战的全球战争阶段 global phase, 543-49
商朝 Shang dynasty, 299
　文明的风格 style of civilization, 61-63
　游牧民族入侵 nomadic invasions of, 69-70
商人阶层 Merchant class, 330
　穆斯林帝国 Moslem, 166
　欧洲 European, 230, 232-233, 235
　日本 Japanese, 492
　西班牙 Spanish, 355
　新君主的崛起与商人阶层 rise of New Monarchs and, 327
　亚欧大陆 Eurasian, 75
　印度 Indian, 121, 330, 478
　中国 Chinese, 129, 220-223, 330, 491
　　官僚机构 bureaucracy of, 491-492
商业 Commerce; 另见贸易 See also Trade
　波利尼西亚殖民地与商业 colonies in Polynesia and, 517-518
　荷兰的黄金时代 Holland's golden seventeenth century, 17世纪 360-363
　穆斯林的发展 Moslem development and, 183-184, 292-293
　欧洲的经济扩张 European economic expansion and, 321
　商业纽带 Commercial bonds
　　早期中国 early Chinese, 76
　　亚欧大陆的整体化 Eurasian unification and, 76-79, 166-170
　意大利文艺复兴时期 in Italian Renaissance, 306
　资本主义的兴起 emergence of capitalism and, 324
　资产阶级与商业 bourgeosie and, 429, 439-440, 441
商业革命 Commercial revolution, 408-410
商业性农业 Commercial agriculture, 88

少数民族与区域自主性 Minorities, regional autonomy and, 397
邵雍 Shao Yung, 211
社会 Society,
  部落社会 tribal, 13-14, 30-32, 33
    部落社会向文明的过渡 transition to civilization, 43-50
  多元社会 pluralistic, 229-230
  旧石器时代 Paleolithic, 7-15, 20
    技术 technology, 7, 13, 15
    旧石器时代的澳洲社会 in Australia, 274-275
    局限性 constraints of, 13-14
    平等 equality in, 7-8
    艺术 art of, 11-13
  新石器时代 Neolithic, 30-32
社会变革 Social change,
  对社会变革的抵制 resistance to, 6
  技术革新与社会变革的历史性脱节 technology and, historic disconnection between, 46, 657-671
    不平等与社会变革 inequity and, 659-71
    对工作的影响 in work, 657-659
社会不公 Inequity
  古代文明中的社会不公 in ancient civilizations, social, 49-50
  技术革新与社会变革的脱节与社会不公 technological-social change disconnection and, 659-671
    案例 examples of, 665-671
社会达尔文主义 Social Darwinism, 407, 424, 447
社会分裂 Social cleavage, 15
社会改革 Social reform, 450
社会革命 Social revolution, 446
社会革命党（俄国）Socialist Revolutionaries（Russia）, 460, 546, 563
社会健康 Social health, 640
《社会健康指数报告》（福特汉姆大学）*Index of Social Health, The*（Fordham University）, 656-657, 664
社会阶层 Class, social
  1856年前俄国的社会阶层 in Russia, to 1856, 459
  埃及的社会阶层 in Egypt, 49-50
  德川幕府时期的社会阶层 in Tokugawan shogunate, 302-303
  法国大革命与社会阶层 French revolution and, 439-446
  非洲的社会阶层 in Africa, 253, 257
  工人阶级 working, 417-418, 421, 453
  贵族阶层 aristocracy, 302-303, 439, 440-441
  阶级斗争 class struggle, 450
  阶级分化 differentiation, 15, 46-47, 48
  罗马帝国的社会阶层 in Roman Empire, 111-112
  罗马共和国的社会阶层 in Roman Republic, 107
  美国的社会阶层 in the United States, 639-640
  突破性西方文明中各社会阶层的关系 relationships in revolutionary Western civilization, 229
  西班牙贵族阶层 hidalgos of Spain, 354-355
  西北欧的社会阶层 in northwestern Europe, 358
  希腊的社会阶层 in Greece, 68, 88, 97-99
  印度文明中的社会阶层 in Indian civilization, 118-121
  印加人的社会阶层 in the Incas, 269
  英国革命与社会阶层 English Revolution and, 431
  中产阶级 middle, 420-421, 422, 429, 431, 460-461, 469
  中国 in China
    明朝的社会阶层 Ming dynasty, 220-222
    商朝的社会阶层 Shang dynasty, 62
  中世纪时期的社会阶层 in medieval period, 429
  资产阶级 bourgeosie, 429, 439-440, 441
社会民主党（俄国）Social Democratic party（Russia）, 460
社会契约 Social contract, 434
《社会契约论》（卢梭）*The Social Contract*（Rousseau）, 434, 452
社会生态协会 Socio-Ecological Union, 665-666
社会主义 Socialism, 429, 449-452
  其他形式的社会主义 alternative forms of, 667
社会组织 Social organization；另见各大文明 See also specific civilizations
  古代亚欧大陆文明 in ancient Eurasian civilization
    社会不平等 inequity in, 50-52, 56
    社会异质性 heterogeneity in, 46
  古典时代的社会组织 classical, 76
  食物采集者的社会组织 of food gatherers, 7-8
  文明对于社会关系的影响 civilization's impact on relationships in, 160
  新石器时代村落的社会同质性 homogeneity in Neolithic village, 31-32
  伊斯兰教的社会组织 of Islam, 178-179
《申辩篇》（柏拉图）*Apology*（Plato）, 94
身高增长 Height, growth in, 17
什叶派 Shiite sect, 289
神道教 Shintoism, 224, 302, 494
神秘主义 Mysticism, 101
《神奈川条约》Kanagawa, Treaty of, 493
《神谱》（赫西俄德）*Birth of the Gods*（Hesiod）, 68 , 95
神祇 Gods; 另见佛教，基督教，伊斯兰教，宗教 See also Buddhism; Christianity; Islam; Religion
  阿兹特克 Aztec, 268
  罗马 Roman, 104
  希腊 Greek, 94-95
  伊斯兰教 Islamic, 178
  印度 Hindu, 121

神圣罗马帝国 Holy Roman Empire, 328
生产力 Productivity；另见技术 See also Technology
阿兹特克 Aztec, 270
埃及 in Egypt, 49-50
部落社会的生产力 of tribal society, 30, 32, 33, 49, 50
工业革命与生产力 industrial revolution and, 417
古代文明传播与生产力 spread of ancient civilizations and, 46, 47-48
技术与生产力 technology and, 326
三圃制与农业生产力 agricultural, three-field system and, 320
晚期罗马帝国 in late Roman Empire, 114
文明对生产力的影响 civilization's impact on, 160
西欧 in western Europe, 231, 232
希腊 in Greece, 88, 101
新石器时代食物生产者的生产力 of Neolithic food growers, 30, 32, 33
亚欧大陆 in Eurasia, 74
亚欧大陆东西两端生产力的对比 in western vs. eastern Eurasia, 155-156
印度 in India, 118
中国 in China, 129, 155, 217
中世纪日本 medieval Japanese, 226
生存空间 Lebensraum, 582, 584, 587
生活保障 Subsistence security, 23
生态学 Ecology, 635, 645-646; 另见环境 See also Environment
圣巴托洛缪大屠杀 St. Bartholomew's Day Massacre, 314, 315
圣巴西尔大教堂 Basil, St., cathedral of, 209
圣保罗 Paul, St., 83, 243
圣多马 Thomas, St., 124
圣方济各・沙勿略 Xavier, St. Francis, 303, 316
《圣经・以赛亚书》*Isaiah*, 177
圣劳伦斯河 St. Lawrence River, 363
《圣让-德莫里耶讷协定》（1917年）Saint Jean-de-Maurienne Treaty（1917）, 556
《圣日耳曼条约》St. German Treaty, 549-550
圣萨尔瓦多 San Salvador, 333, 342
圣索菲亚大教堂 Hagia Sophia, 204
失业 Unemployment, 635, 643, 645, 647
大萧条与失业 Great Depression and, 579-581
美国的失业 in U. S., 580, 638, 639-640
英国的失业 in Britain, 568-569
施马尔卡尔登同盟 Schmalkaldic League, 313
湿婆（神祇）Shiva（god）, 121, 122
《十二铜表法》Twelve Tablets, 110-111
十二月党人起义（1825年）Decembrist Revolt（1825）, 458-459
十进制 Decimal system, 127
"十四点和平原则" Fourteen Points, 543, 547-548, 551, 553
《十月诏书》October Manifesto, 466, 467
十字军东征与十字军 Crusades and crusaders, 187, 206, 207, 239, 277, 321
第四次十字军东征 Fourth, 205, 207, 208
"石叶技术" "Blade technique" 7
时尚 Fashion; 新消费主义与时尚 new consumerism and, 418-420
食物采集者的饮食 Diet of food gatherers, 5, 7, 9-10, 21
《史记》（司马迁）*Shih chi*（*Historical Records*）（Ssu-ma Ch'ien）, 137-138
史前时代 Prehistory, 1
"士大夫" "Literocracy", 213
"士大夫"的离心离德 alienation of, 218
士麦那的希腊人 Smyrna, Greeks in, 557
士拿地 Shinar, land of, 43
世界和平祈祷日 "World Day of Prayer for Peace", 86
《世界见闻录》（马可・波罗）*Description of the World, The*（Polo）, 176
世界经济会议（1933年）World Economic Conference（1933）, 582
《世界历史管窥》*Glimpses of World History*, 80
世界历史全球阶段的开启 Global phase of world history, beginning of, 277
世界卫生组织 World Health Organization, 662
世界银行 World Bank, 638
世界犹太复国主义组织 World Zionist Organization, 556
世俗主义 Secularism, 307, 317
世俗国家的兴起 rise of secular states, 46-47
文艺复兴的世俗主义 of Renaissance, 236-237
希腊 Greek, 94
中华文明的世俗主义 of Chinese civilization, 129, 130
市场经济 Market economy, 526-527
市民 Burghers, 233, 235, 327
市镇 Commune, 233
适应 Adaptation, 5, 15, 17
以适应来抵御 resistance by, 529, 530
适应能力 Adaptability, 248
适应性最强的物种的扩散 Expansion of best-adapted species, 15
释迦部落 Shakya tribes, 121
"嗜酒者互诫协会" Alcoholics Anonymous, 666
首陀罗 Shudras, 120
首相韦尼泽洛斯 Venizelos, Premier, 557
狩猎社会 Hunting societies, 7-8
狩猎社会的萎缩 recession of, 34, 35
向农业社会过渡晚期 late transition to agriculture, 21-22
售卖赎罪券 Dispensations, selling of, 310
售卖赎罪券 Indulgences, selling of, 310, 312
书法 Calligraphy, 178, 217
蜀国 Shu, Kingdom of, 145

薯蓣 Yams, 517
数学 Mathematics,
笈多时代数学 of Gupta age, 127
计数体系 decimal system, 127
苏美尔数学 Sumerian, 53
希腊化时代数学 of Hellenistic Age, 102-103
双头政治 Dyarchy, 224
水稻 Rice, 32, 155-156, 297
水力磨坊 Water mill, 137, 142, 232, 321
水磨 Waterwheel, 76
水手 Mariners, 75
水运 Water transport, 15, 45, 413
税收 Taxation
法国大革命与税收 French Revolution and, 439
中华帝国的衰落与税收 imperial decline in China and, 139
说索宁克语的非洲人 Soninke-speaking Africans, 255
司马迁 Ssu-ma Ch'ien, 137-138
丝绸贸易 Silk trade, 300
丝绸生产 Silk, production of, 61, 529
丝绸之路 Silk Road, 3, 79, 80, 136
斯巴达 Sparta, 90
打败波斯帝国 defeat of Persian Empire, 91-92
与雅典的战争 war with Athens, 92, 93
斯巴达克起义（公元前73年）Spartacus, revolt of（73 B. C. E.）, 107-108
斯大林格勒 Stalingrad, Russia, 601-602
斯多葛学派 Stoicism, 101
斯芬克斯 Sphinx, 58
斯捷潘·拉迪奇 Radich, Stefan, 566
斯拉夫派 Slavophils, 459, 460
斯拉夫人 Slavs, 202
斯里兰卡 Sri Lanka, 614
斯洛文尼亚人 Slovenes, 202
斯诺 Snow, C. P., 635
斯坦利·鲍德温 Baldwin, Stanley, 569
斯图亚特王朝 Stuart dynasty, 430, 431
斯瓦希里建筑 Swahili architecture, 501
《四方之王》（史诗）"King of Battle"（epic poem）, 48
《四月提纲》"April Theses" 545
宋朝 Sung dynasty, 299
北宋 Northern, 217
黄金时代 golden age of, 216-218
贸易 trade during, 166, 217-218
南宋 Southern, 217
文化 culture of, 217
游牧民族入侵 nomadic invasions of, 216
苏丹穆罕默德二世 Mohammed II, Sultan, 208
苏格拉底 Socrates, 94, 97
苏格兰 Scotland, 150
苏加诺 Sukarno, 611, 614
苏莱曼大帝 Suleiman the Magnificent, Sultan, 288, 291, 293
苏莱曼曼萨 Sulayaman, Mansa, 257
苏莱曼清真寺 Suleyman mosque, 288
苏联 Soviet Union, 379
第二次工业革命 second industrial revolution and, 640-644
第二次世界大战中的苏联 in World War II, 601-602
德国的扩张主义 German expansionism and, 591
对日作战 war on Japan, 606
瓜分波兰 partitioning of Poland, 594-595
进攻芬兰 Finland, attack on, 595
欧洲的解放 liberation of Europe and, 605-606
入侵苏联 invasion of, 598-600
希特勒与苏联的协定 Hitler's pact with, 591, 593, 594, 598
工业化 industrialization, 460, 575-576
国民生产总值 gross national product（GNP）of, 576, 641
经济 economy, 572-77, 640-644
冷战 cold war, 607, 615, 623, 627-633
民族构成 ethnic composition of, 378, 379
区域自主性 regional autonomy in, 398
入侵阿富汗 invasion of Afghanistan, 639
苏联解体 disintegration of, 642
苏联民间环保主义者 grassroots environmentalists in former, 665-666
五年计划 Five-Year Plans, 562, 571, 572-577, 640
移民 emigration from, 642
意识形态 ideology, 643-644
职业妇女 women in workplace, 649
中苏关系 China and, 629, 632-633
苏联集体农庄 Kolkhozy, 574
苏联计划经济 Planned economy, Soviet, 574-576
苏联入侵阿富汗 Afghanistan, Soviet invasion of, 639
苏美尔 Sumer, 43, 48, 52-56
法典 codes of law, 55-56
宗教 religion of, 54-55
苏台德区 Sudetenland, 591
苏维埃 Soviets, 544-545
苏维埃社会主义共和国联盟 Union of Soviet Socialist Republics；见苏联 See Soviet Union
苏伊士运河 Suez Canal, 473, 474, 480, 524
酸雨 Acid rain, 635
隋朝 Sui dynasty, 145, 211, 212, 213
孙中山 Sun Yat-sen, 491, 553, 555, 560
梭伦 Solon, 90
索菲亚 Sofia, 196
索菲亚被占领（1384年）capture of（1384）, 288
索福克勒斯 Sophocles, 95
索科特拉岛 Socotra, 347

索科特兰　Xocotlan, 268
索马里兰　Somaliland, 502
索姆河战役　Somme, the, 542-543
琐罗亚斯德与琐罗亚斯德教　Zoroaster and Zoroastrianism, 76, 85, 155

T

塔吉克人　Tajiks, 464
塔伦图姆　Tarentum, 105
塔萨代部落（菲律宾）Tasaday tribe (Philippines), 37
塔西佗　Tacitus, 148-149
塔希提岛　Tahiti, 518, 519, 520
台伯河　Tiber River, 103-104
台田农业　Raised field agriculture, 28, 29
台湾　Taiwan, 629
苔原　Tundra, 263, 370
太平洋盆地　Pacific basin, 516-522
太阳崇拜　Sun, worship of, 270
太宗皇帝　Tai Tsung, Emperor, 216
泰奥弗拉斯托斯　Theophrastus, 402
泰格·伍兹　Woods, Tiger, 648
泰姬·玛哈尔　Mahal, Mumtaz, 291
泰姬陵　Taj Mahal, 291
泰利斯　Thales, 97
坦噶尼喀　Tanganyika, 502
坦噶尼喀湖　Tanganyika, Lake, 501
碳-14测年法　Carbon-14 dating, 263
汤加-萨摩亚地区　Tonga-Samoa area, 517
汤森·哈里斯　Harris, Townsend, 493
《汤森税法》Townshend Duties, 437
唐朝　Tang dynasty, 170, 212-216, 299
《糖税法案》Sugar Act, 437
陶轮的发明　Potter's wheel, invention of, 46
陶器　Pottery
　　陶器的大规模生产　mass production of, 46
　　希腊的陶器　Greek, 88
　　新石器时代的陶器　Neolithic, 31
　　釉彩　glazes, 137
陶器与卫生　Hygiene, porcelain and, 137
特拉布宗　Trebizond, 207
《特里亚农条约》(1919年) Trianon Treaty (1919), 550
特伦托大公会议（1545—1565年）Trent, Council of (1545-1565), 315
特诺奇蒂特兰　Tenochtitlan, 266, 349, 511
特斯科科湖　Texcoco, Lake, 266
特瓦坎　Tehuacan, 23
藤原家族　Fujiwara family, 224
梯田农业　Terrace agriculture, 28
提比略·格拉古　Gracchus, Tiberius, 107
提比略　Tiberius, 108
提洛同盟　Delian Confederation, 92
提香　Titian, 238
“天朝” "Celestial Kingdom", 223, 224
天花　Smallpox, 14, 511
　　征服天花病毒　taming of, 661-63
《天津条约》(1858年) Tientsin Treaties (1858), 463
“天命”观　“Mandate of Heaven” concept, 138
天山　Tien Shan mountains, 64
天使加百列　Gabriel, archangel, 178
天文学　Astronomy,
　　玛雅文明的天文学　Mayan, 265
　　天文学领域的科学革命　scientific revolution in, 403
　　希腊化时代的天文学　of Hellenistic Age, 102
　　伊斯兰文明的天文学　Islamic, 185
　　印度古典时代的天文学　of classical India, 127
天文学的地心说　Geocentric system of astronomy, 102
天主教改革运动　Catholic Reformation, 315-316
天主教会　Catholic church; 见基督教　See Christianity
天主教会大分裂　Great Schism, 311
条顿骑士团　Teutonic Knights, 239
帖木儿　Timur (Tamarlane), 195, 196, 219, 290
铁路　Railroads, 408, 413, 464, 465, 505, 513, 524, 525
铁木真　Temujin；见成吉思汗　See Genghis Khan
铁器时代　Iron Age, 23, 25
铁托元帅　Tito, Marshal, 623, 628
廷巴克图　Timbuktu, 257-258, 261
廷巴克图的桑科雷大学　Sankore at Timbuktu, University of, 255, 257
通奸　Adultery, 245
《通商条约》(1858年) Commercial Treaty (1858), 493
通信革命　Communications revolution, 413, 414, 661, 662
同质性　Homogeneity
　　新石器时代村落　social, in Neolithic village, 31-32
　　中国　of Chinese, 128
铜　Copper, 44, 48, 64, 66, 255
童工　Children, industrial labor of, 418
投票权　Voting rights, 449, 453-454
　　妇女投票权　for women, 649
突格里勒·贝格　Tughril Beg, 190
突厥化蒙古人的入侵　Turco-Mongol invasions, 145, 187, 189-199
　　阶段划分　stages of, 189
　　蒙古帝国　Mongol Empire；见蒙古帝国　See Mongol Empire
　　突厥的复兴　Turkish revival, 195-196
　　突厥的入侵　Turkish invasions, 190-191
　　意义　significance of, 196-199
　　元朝　Yuan dynasty, 218-219
突破性的西方文明　Revolutionary Western civilization, 228-246
　　地理背景　geographic background, 230-231

多元主义 pluralism, 229-230
技术进步与突破性西方文明 technological progress and, 231-232
经济发展 economy of, developing, 232-234
文艺复兴运动 Renaissance ferment, 235-239
西方文明中的妇女 women in, 243-246
西欧的扩张主义 expansionism of Western Europe, 239-243
地图 map of, 240
新君主国的崛起new monarchies, rise of, 235, 311, 327-328
突破性西方文明的商业技巧 Business techniques in revolutionary Western civilization, 241-242
图尔战役（732年）Tours, Battle of（732）, 152, 180, 181
图拉真 Trajan, 108, 201
图腾 Totem, 11
土耳其 Turkey, 523
第一次世界大战中的土耳其 in World War I, 541-542
殖民地起义 colonial revolt in, 555-558
土耳其人 Turks, 392
奥斯曼人 Ottoman, 195, 196, 201, 277, 286-289
塞尔柱人 Seljuk, 190, 196, 205-206, 207, 287-88, 289
土耳其人统治之下的巴尔干基督教徒 Balkan Christians under rule of, 469-471
西方的影响 Western influence on, 471-474
与叶卡捷琳娜大帝的战争 Catherine the Great's war vs., 378
土库曼人 Turkomans, 464
《托尔德西里亚斯条约》Tordesillas, Treaty of, 348
托勒密 Ptolemy, 102, 342
托罗斯山脉 Taurus Mountains, 202
托马斯・阿奎那 Aquinas, Thomas, 220
托马斯・霍奇金 Hodgkin, Thomas, 260-261
托马斯・杰斐逊 Jefferson, Thomas, 666-667
托马斯・马萨里克 Masaryk, Thomas, 566
托马斯・纽科门 Newcomen, Thomas, 412
托马斯・潘恩 Paine, Thomas, 436, 438
托马斯・泰尔福德 Telford, Thomas, 413
脱氧核糖核酸 DNA（deoxyribonucleic acid）, 636

W

《瓦尔基扎协定》（1944年）Varkiza Pact（1944）, 624
瓦西里・波雅尔科夫 Poyarkov, Vasily, 375
外邦人 Metics, 99
外约旦国 Transjordan, 558
挽具 Harness, 142, 171, 231, 320
晚期罗马帝国的分治 Decentralization in late Roman Empire, 112, 115
《万民法》*Jus gentium*, 110
万有引力定律 Gravitation, law of, 404-405, 433
汪达尔人 Vandals, 114, 148, 150, 152
王礼 Wang Li, 198
王莽 Wang Mang, 139
王室陵墓 Tombs, royal, 48, 57, 62
威尔士 Wales, 150
威利斯・哈曼 Harman, Willis, 656
威廉・巴芬 Baffin, William, 358
威廉・格林 Green, William, 658, 659
威廉・哈维 Harvey, William, 403
威廉・卡罗尔・巴克 Bark, William Carroll, 200
威廉・皮特（老皮特）Pitt, William（the Elder）, 366
威廉・琼斯 Jones, William, 394
威廉・莎士比亚 Shakespeare, William, 309, 418
威廉・威尔伯福斯 Wilberforce, William, 500
威廉・亚当 William of Adam, 181
威廉・伊顿 Eton, William, 294
威廉王之战（1688—1697年）King William's War（1689-1697）, 365
威尼斯人 Venetians, 200, 207, 308, 347-348
《威斯特伐利亚条约》（1648年）Westphalia, Treaty of（1648）, 330
围剿 Bandit extermination campaigns, 560
维多利亚湖 Victoria, Lake, 501
维尔纳・海森堡 Heisenberg, Werner, 663
维京海盗船 Viking ship, 153
维京人 Vikings, 153, 172, 262, 319, 320, 321, 334, 335
维拉科查（神祇）Viracocha（god）, 272
维伦多夫的维纳斯 Venus of Willendorf, 6
维图斯・白令 Bering, Vitus, 461, 518
维也纳会议（1814—1815年）Vienna, Congress of（1814-1815）, 445, 447
尾舵 Stern-post rudder, 171
卫城 Acropolis, 88, 96
魏国 Wei, Kingdom of, 145
魏玛共和国 Weimar Republic, 562, 564
温泉关 Thermopylae, 92
温室效应对波利尼西亚岛屿的威胁 "Greenhouse" warming, threat to Polynesian islands from, 521-522
温斯顿・丘吉尔 Churchill, Winston, 562, 591, 596, 623-626
瘟疫 Plague
公元前429年的瘟疫 of 429 B. C. E., 92
黑死病 Black Death, 161, 232, 288, 320
文化 Culture（s）
拜占庭文化 Byzantine, 209
拜占庭文化的黄金时代 golden age, 204
波利尼西亚文化 of Polynesia, 520, 521
波利尼西亚文化的同质性 homogeneity of, 517
部落文化 tribal, 159, 160
非洲文化 of Africa, 392

欧洲对非洲文化的影响 Europe's impact on, 505-506
高级文化与低级文化 high vs. low, 159-160
公元1500年前后世界的文化区 areas of world about 1500, 278
技术变革与文化价值观 technological change and values of, 657-671
开放程度与文化水平 accessibility and levels of, 280-281
拉丁美洲文化 Latin American, 513-514
美洲文化 in the Americas, 264-265, 513-514
欧洲的文化统治地位 European dominance in, 526-527
全球文化联系（1500—1763年）global cultural relations（1500-1763）, 391-394, 395
日本文化 Japanese, 224
宋代的文化 of Sung dynasty, 217
文化的创造 creation of, 5-6
文化纽带与亚欧大陆整体化 cultural bonds, Eurasian unification and, 80-86
文明对文化的影响 civilizations' impact on, 159-160
文艺复兴时期的文化 Renaissance, 235-239
西方对中东文化的影响 Middle East, Western influence on, 473
印度文化 Indian, 124
早期罗马帝国的文化 of early Roman Empire, 109
罗马文化 of Rome, 110
文化发展的差异 Cultural development, variations in, 280-281
文化交流与突厥化蒙古人入侵 Cross-fertilization, Turco-Mongol invasions and, 197-199
文化进化 Cultural evolution, 6
文化欧化 Cultural Europeanization, 391-393, 513-514
文化优势定律 Cultural Dominance, Law of, 15
文盲 Illiteracy, 649, 650
文明 Civilization; 另见美洲，拜占庭帝国，中国，古典文明，亚欧大陆文明（公元前3500—前1000年），希腊-罗马文明，印度，伊斯兰，日本，亚欧大陆中世纪文明（500—1500年）See also Americas, the; Byzantine Empire; China; Classical civilizations; Eurasian civilizations（3500-1000 B. C. E.）; Greco-Roman civilization; India; Islam; Japan; Medieval civilizations of Eurasia（500-1500）
古代文明的传播 spread of ancient, 48-50
文明的发展 development of, 333-336
文明的类型 styles of, 50-63
文明的起源 beginnings of, 41, 44-48
文明的特征 characteristics of, 44
文明的影响 impact of, 158-161
文森特·维托斯 Witos, Wincenty, 566
文学 Literature；另见文化 See also Culture（s）
汉朝 of Han Empire, 137-138
笈多时代 of Gupta age, 127
历史文献 historical, 137-138
日本 Japanese, 224
宋朝 Sung dynasty, 217
文艺复兴时期 Renaissance, 237
希腊 Greek, 95-96, 101
文艺复兴 Renaissance, 235-239, 306-310, 402-403
文艺复兴的遗产 legacy of, 308-310
印度的文艺复兴 Indian, 482
文艺复兴的人文主义 Humanism of Renaissance, 236-237
文艺复兴时期的个人主义 Individualism of Renaissance, 307
文字 Writing
汉字 Chinese, 156, 297
表意文字 ideographic script, 133-134
商朝的文字 Shang, 62
文字的统一 standardization of, 128, 133-134
玛雅的文字 Mayan, 265
日本的文字 Japanese, 224
书法 calligraphy, 217
文字的影响 impact of, 156, 159, 160
楔形文字 cuneiform, 52, 53
印度河流域的文字 Indus, 61
早期亚欧文明中的文字 in early Eurasian civilization, 48
稳定性 Stability
拜占庭帝国 of Byzantine Empire, 204
儒家文明（中国）of Confucian civilization（China）, 213-215, 220-222
印度河文明 of Indus Valley civilization, 60
早期埃及 of early Egypt, 56-57
倭马亚王朝 Umayyad dynasty of caliphs, 183, 185, 187
窝阔台汗 Ogodai Khan, 194
《我的奋斗》（希特勒）*Mein Kampf*（Hitler）, 580
沃尔姆斯帝国议会（1521年）Imperial Diet meeting at Worms（1521）, 312
沃尔特·雷利 Raleigh, Walter, 374
沃伦·黑斯廷斯 Hastings, Warren, 306
乌尔（伊拉克）Ur（Iraq）, 51
乌干达 Uganda, 502
乌克兰 Ukraine, 368, 378-379
乌拉尔山脉 Ural Mountains, 370
乌姆纳克岛 Umnak Island, 462
乌托邦式的未来观 Utopian future, visions of, 656
乌兹别克人 Uzbeks, 464
污染 Pollution, 646
屋大维（奥古斯都）Octavian（Augustus）, 108
无产阶级 Proletariat, 429, 432, 450
无脊椎动物 Invertebrates, 4

无家可归者 Homelessness, 639; 另见贫困 See also Poverty
《无事生非》（莎士比亚）*Much Ado about Nothing*（Shakespeare）, 418
无套裤汉 Sans-culottes, 444
吴国 Wu, Kingdom of, 145
吴庭艳 Diem, Ngo Dinh, 616
五百人会议 Council of Five Hundred, 91
五代时期 Five Dynasties period, 216
“五经” *Five Classics*, 130, 131, 137
五年计划 Five-Year Plans, 562, 571, 572-577, 640
伍德罗・威尔逊 Wilson, Woodrow, 543, 547, 551, 553
武器 Weapons；另见技术，战争 *See also* Technology; War
  海军军备 naval armaments, 232, 241, 323-324
  核武器 nuclear, 631-632, 652-653, 670
  罗马人的武器 Roman, 104-105
  蒙古人的武器 Mongol, 193
  弩 crossbow, 136
  青铜兵器 bronze, 44
  日耳曼人的武器 of the Germans, 148
  食物采集者的武器 of food gatherers, 7
  铁制兵器 iron, 66, 132
武士 Samurai, 225, 302, 303
“武士道” Bushido, 225, 302
物理学 Physics, 405
《物种起源》（达尔文）*Origin of Species*（Darwin）, 406

X

西奥多・罗斯福 Roosevelt, Theodore, 527
西班牙 Spain
  16世纪晚期的衰落 decline of late sixteenth century, 353-355
  对法战争（1793年）war with France（1793）, 443
  对美洲文化的影响 cultural influence in Americas, 513
  哥伦布发现美洲 Columbus' discovery of America and, 342-345
  经济依赖 economic dependence of, 353-354
  扩张主义 expansionism, 286, 339-342
  领土主张 claims to new territories, 348-349
  新君主的崛起 rise of new monarchs in, 327, 328
  征服美洲 conquest of the Americas, 265, 268, 270-273, 349-353
  殖民地 colonies, 351-353, 359, 509
西班牙阿方索十三世 Alfonso XIII of Spain, 589
西班牙的腓力二世 Philip II of Spain, 314, 315, 353, 359, 360
西班牙共和派 Loyalists, Spanish, 590
西班牙贵族阶层 Hidalgos of Spain, 354-355
西班牙国王罗德里克 Roderick, King of Spain, 180, 181
西班牙内战（1936年）Spanish Civil War（1936）, 589-590
西班牙托莱多 Toledo, Spain, 185, 187
西班牙王位继承战争（1701—1713年）War of the Spanish Succession（1701- 1713）, 365
西班牙无敌舰队 Spanish Armada, 314, 359, 360
西班牙征服者 Conquistadors, 270-271, 272, 349-353
西伯利亚 Siberia, 368, 370, 373-378
  1768年之前的人口增长 population growth to 1768, 376, 377
  俄国的征服 Russian conquest of, 368, 373-376
  西伯利亚的管理和开发 administration and development of, 376-378
西伯利亚鞑靼汗国 Siberian Khanate, 373
西伯利亚的毛皮贸易 Fur trade, Siberian, 370, 374, 375, 376, 462
西伯利亚铁路 Trans-Siberian railway, 464, 465
西方 West, the；另见欧洲，相关各国 See also Europe; specific countries
  技术发展 technological development, 321-324
  扩张前夕的西欧 Western Europe on eve of expansion, 328-330
  欧洲的经济扩张 expanding economy of, 320-321
  欧洲的扩张 expansion of, 337-398
    地图 map of, 341
    俄国扩张阶段 Russian phase, 368-379
    世界整体化的开端 global unity, beginning of, 380-398
    西北欧扩张阶段 northwest European phase, 357-367
    西方人对世界的认识（公元1—1800年）knowledge of globe（1-1800 C. E.）, 350
    伊比利亚扩张阶段 Iberian phase, 339-356
  天主教改革 Catholic Reformation, 315-316
  文艺复兴 Renaissance, 235-239, 306-310, 402-403
  西方的衰退与繁荣 decline and triumph of, 533-672
    大萧条 Great Depression, 568-569, 572, 577-583, 642
    帝国的终结 end of empires, 609-621
    第二次工业革命 second industrial revolution, 635-654
    第二次世界大战 World War II, 591, 593-608
    第二次世界大战前的危机 pre-World War II crises, 584-592
    第一次世界大战 World War I, 451, 467, 535-554
    冷战 Cold War, 627-633
    欧洲1929年之前的革命与和解 revolution and settlement in Europe to 1929, 562-571
    战时团结 wartime unity, 622-627

殖民地世界的民族起义 nationalist uprisings in colonial world, 555-561
西方的现代化 modernization of, 305-306
西方资本主义的诞生 capitalism, emergence of, 324-327, 358
新教改革运动 Protestant Reformation, 309, 310-317
新君主的崛起 "New Monarchs" rise of, 235, 311, 327-328
游牧民族与西方古典文明的终结 nomads and end of classical civilizations in, 148-152
西方的多元主义 Pluralism in West, 229-230
西方文明的成长 Expanding civilization of the West; 见西方 See West, the
西非 Sudan, the, 252, 340
西非的文化生活 intellectual life in, 255
西非帝国 empires, 255-259
西非 West Africa, 388, 392, 501, 502, 503, 616, 617
西哥特人 Visigoths, 114, 148, 149, 150, 151, 152
西吉尔马萨 Sidjimasa, 260
西拉克斯 Scylax, 78
西里西亚 Silesia, 232, 367
西欧 Western Europe
经济发展 economic development of, 232-234
民主国家的困境 problems of democracy in, 568-569
西欧皇帝和教皇的关系 Emperors and popes, relationship in western Europe, 235
西塞罗 Cicero, 106-107, 281
西夏 Hsi Hsia, 193
西徐亚帝国 Scythian Empire, 79, 124
西徐亚人 Scythians, 64, 78
西伊利安 West Irian, 614
西印度群岛 West Indies, 345, 363, 364, 366, 389
希波克拉底 Hippocrates, 95, 402
希波战争 Persian Wars, 91-92
希伯来人 Hebrews, 67
希吉拉 Hegira, 179
希克索斯人 Hyksos, 67
希腊 Greece; 另见希腊-罗马文明 See also Greco-Roman civilization
第二次世界大战中的希腊 in World War II, 597, 623-625
地理环境 geography of, 88, 94
第一次世界大战后的领导权 post-World War I leadership, 566
第一次世界大战中的希腊 in World War I, 543
独立战争（1821—1829年）War of Independence (1821-1829), 448, 470
民族觉醒 national awakening in, 470
欧洲人对古希腊的兴趣 European interest in classical, 394
人口 population, 88, 90
社会阶层 social class in, 68, 88, 97-99
士麦那和希腊 Smyrna and, 557
希腊悲剧 Tragedy, Greek, 95
希腊的僭主 Tyrants, Greek, 90
希腊的喜剧 Comedy, Greek, 95
希腊的殖民 Greek colonization, 78, 88
希腊东正教 Greek Orthodox Church, 470
希腊共同语 Koine, 81
希腊化时代（公元前336—前31年）Hellenistic Age (336-31 B. C. E.), 99-103
"希腊火" "Greek fire," 141, 150
希腊-罗马文明 Greco-Roman civilization, 87-116
帝国地图 map of empires, 89
罗马 Roman, 103-115
晚期帝国（公元284—476年）late Empire (284-476 C. E.), 111-115
晚期共和国（公元前265—前27年）late Republic (265-27 B. C. E.), 105-108
早期帝国（公元前27年—公元284年）early Empire (27 B. C. E.-284 C. E.), 108-111
早期共和国（公元前264年以前）early Republic (to 264 B. C. E.), 103-105
希腊 Greece, 87-103, 104
城邦 city states, 68, 78, 88, 90, 92-93, 94, 100
古典时代（公元前500—前336年）classical age (500-336 B. C. E.), 91-99
古风时代（公元前800—前500年）formative age (800-500 B. C. E.), 87-91
黑暗时代 Dark Age, 68, 87-88
希腊化时代（公元前336—前31年）Hellenistic Age (336-31 B. C. E.), 99-103
希腊文明的遗产 legacy of, 99, 103
游牧民族的入侵 nomadic invasions of, 67-68
希腊内战（1946年）Greek Civil War (1946), 627-628
希腊神庙 Temples, Greek, 96
希腊文化的传播 Hellenism, spread of, 80, 81-82
希腊戏剧 Drama, Greek, 95-96
希腊雅典 Athens, Greece
希腊雅典的发展 evolution of, 90-91
雅典的伯利克里时代 Periclean, 91-92, 93
雅典与斯巴达的战争 war with Sparta, 92, 93
希罗多德 Herodotus, 91, 95, 98, 138
希罗王 Hiero, 114
希洛人 Helots, 90
希帕恰斯 Hipparchus, 102
悉达多 Siddhartha, 84
锡克教徒 Sikhs, 479
锡兰（今斯里兰卡）Ceylon (Sri Lanka), 614
锡南（建筑师）Sinan (architect), 288
霞飞将军 Joffre, General Joseph, 541, 543
夏威夷 Hawaii, 517, 518

咸海 Aral Sea, 646
苋属植物 Amaranth, 265
现代化 Modernization
日本的现代化 of Japan, 492-495
西方的现代化 of the West, 305-306
现实政治 Realpolitik, 661
《限价敕令》（301年）Edict of Prices（301）, 111
香槟地区 Champagne, 233
香料 Spices, 358
香料贸易 Spice trade, 169-170, 292, 308, 324, 330, 342, 347
香料群岛 Spice Islands, 348, 349
象限仪 Quadrant, 323
象形文字 Hieroglyphics, 80
象牙 Ivory, 254, 255, 260
消费主义与工业革命 Consumerism, industrial revolution and, 418-420
"消失的以色列部落" 假说 Lost Tribes of Israel hypothesis, 333-334
小乘佛教与大乘佛教 Hinayama vs. Mahayana Buddhism, 82, 83, 84
小汉斯·霍尔拜因 Holbein, Hans the younger, 308
小林恩·怀特 White, Lynn, Jr., 165, 228, 319, 321
小沃恩·M. 布莱恩特 Bryant, Vaughn M., Jr., 10
小行星 Asteroids, 656
小亚细亚 Asia Minor
奥斯曼帝国与小亚细亚 Ottoman Empire and, 286-289
突厥入侵小亚细亚 Turkish invasion of, 190
小亚细亚的希腊殖民地 Greek colonies in, 68, 88
孝道 Filial piety, 215
楔形文字 Cuneiform script, 52, 53
协调知识与智慧 Knowledge and wisdom, learning how to balance, 6
邪马台部落 Yamato clan, 224, 301
谢尔盖·维特 Witte, Sergei, 464
谢里姆二世 Selim II, 293
新阿尔汉格尔斯克 Novo-Arkhailgel'sk, 518
新阿姆斯特丹 New Amsterdam, 362
新帝国主义 New Imperialism, 423-426
新加坡 Singapore, 601
新教 Protestantism
民族主义与新教 nationalism and, 506
穆斯林帝国与新教 Moslem empires and, 291
新教改革运动 Protestant Reformation, 309, 310-317
新经济政策 New Economic Policy（NEP）, 573-574
新南威尔士 New South Wales, 262
新石器时代 Neolithic age, 21-22, 142
新石器时代村落 Village, Neolithic, 9, 30-32, 158, 159. 另见社会组织，社会 See also Social organization; Society
新石器时代的建筑 Buildings, Neolithic, 31; 另见艺术与建筑 See also Art and architecture
新斯科舍 Nova Scotia, 365
新西班牙总督辖区 New Spain, viceroyalty of, 352
新西兰 New Zealand, 517, 518
新英格兰 New England, 363
新月沃地 Fertile Crescent, 180
新政 New Deal, 642
新秩序 New Order, 598-600
信息革命 Information revolution, 636-637
信仰 Beliefs, 另见宗教 See also Religion
来世信仰 in afterlife, 57, 82, 101
食物采集者的信仰 of food gatherers, 10-13
星盘 Astrolabe, 241, 323
星球大战计划 Star Wars system, 651
行会 Guilds, 222, 233, 244, 324, 355, 410
《行业手册》（布瓦洛）*Book of Trades*（*Livre des Metiers*）（Boileau）, 244-245
兴登堡 Hindenburg, Paul von, 541, 543, 581
兴登堡防线 Hindenburg Line, 543
性别工资歧视 Sex, wage discrimination by, 649
匈奴人 Hsiung-nu people, 136, 147
匈人 Huns, 145, 148, 149-150; 另见突厥化蒙古人入侵 See also Turco-Mongol invasions
匈牙利 Hungary, 388, 562, 566, 627
胸带挽具 Breast-strap harness, 171
休·威洛比爵士 Willoughby, Sir Hugh, 358
休伊·朗 Long, Huey, 642
修昔底德 Thucydides, 3, 92, 93, 98
《修昔底德历史》*History of Thucydides*, 93, 98
旭烈兀 Hulagu, 195
叙拉古 Syracuse, 98
叙利亚 Syria, 557, 558
奥斯曼帝国征服叙利亚 Ottoman conquest of, 288
玄奘 Hsiian-tsang, 85, 126
炫耀性消费与亚欧大陆阶级分化 Conspicuous consumption, class differentiation in Eurasian civilizations and, 48
薛西斯 Xerxes, 100
学者和工匠携手合作 Scholar and craftsperson, union of, 403
血缘纽带 Kinship ties；见家庭 See Family
逊尼派 Sunnite sect, 289

Y

压载舱携带的海洋生物 Ship ballast, marine organisms carried in, 385
鸦片战争（1839年）Opium War（1839）, 462-463, 487, 488-489
雅典的黄金时代 Golden Age of Athens, 91-99
雅典娜（女神）Athena（goddess）, 96

雅典战役（1944年）Athens, Battle of（1944）, 624
雅尔塔会议（1945年）Yalta conference（1945）, 625-626
雅各宾派 Jacobins, 444
雅各布·贝格特 Baegert, Jacob, 14
雅各布·富格尔 Fugger, Jacob, 326
雅克·马凯特 Marquette, Jacques, 316
雅克·内克 Necker, Jacques, 441-442
雅利安人部落 Aryan tribes, 68-69
　对印度文明的影响 impact on Indian civilization, 118-121
雅利安瓦尔塔 Aryavarta, 68
雅罗斯拉夫大公 Yaroslav, Prince, 456
雅诺马马印第安人 Yanomami Indians, 281
《雅西条约》（1792年）Jassy, Treaty of（1792）, 378
亚伯拉罕·达比 Darby, Abraham, 412-413
亚当·斯密 Smith, Adam, 262, 339, 380, 387, 433, 609
亚该亚人 Achaeans, 67, 77
亚该亚同盟 Achaean League, 100, 103
亚克兴海战（公元前31年）Actium, battle of（31 B. C. E.）, 108
亚里士多德 Aristotle, 43, 98, 99, 114, 144, 402
亚历克塞·康尼努斯皇帝 Alexius Comnenus, Emperor, 207
亚历山大·巴拉诺夫 Baranov, Alexander, 462
亚历山大·彼得罗维奇·埃米连诺夫 Emilianov, Alexander Petrovich, 565
亚历山大·克伦斯基 Kerensky, Alexander, 544, 545-546
亚历山大·斯塔姆博利伊斯基 Stamboliski, Aleksandr, 566
亚历山大城 Alexandria, 78, 81
　亚历山大博物馆和图书馆 Museum and Library, 102
亚历山大城的希罗 Hero of Alexandria, 143
亚历山大大帝 Alexander the Great, 78, 80, 81, 93, 99, 100, 122-123, 165
亚马逊丛林的古代文化 Amazon jungle, ancient culture in, 273
亚马逊河盆地 Amazon basin, 263
亚美利哥·韦斯普奇 Vespucci, Amerigo, 348
亚欧大陆文明（公元前3500—前1000年）Eurasian civilizations（3500-1000 B. C. E.）, 43-70; 另见古典文明，亚欧大陆中世纪文明（公元500—1500年）See also Classical civilizations; Medieval civilizations of Eurasia（500-1500）
　朝贡关系 tributary relationships, 49-50
　地图 map of, 47
　技术 technology of, 44-46
　内部的虚弱 internal weakness, 64
　亚欧大陆文明的传播 spread of, 48-50
　亚欧大陆文明的发端 beginnings of, 41, 44-48
　亚欧大陆文明的风格 styles of, 50-63
　　埃及文明 Egypt, 56-58
　　克里特文明 Crete, 58-60
　　美索不达米亚文明 Mesopotamia, 52-56
　　商文明 Shang, 61-63
　　印度河文明 Indus, 59-60
　游牧民族 nomads, 41, 64-70
　　摧毁古代文明 destruction, of ancient civilizations by, 66-70
　　蓄势待发 power of, 64-66
亚欧大陆整体化 Eurasian unification
　亚欧大陆整体化的开始（公元前1000—公元500年）beginnings of（1000 B. C. E-500 C. E.）, 71-86
　　贸易纽带 commercial bonds, 76-79
　　文化纽带 cultural bonds, 80-86
　　整体化的根源 roots of, 74-76
　中世纪文明完成亚欧大陆整体化 completion by medieval civilizations, 165-176
　　地图 map of, 174-175
　　技术纽带 technological bonds, 170-171
　　贸易纽带 commercial bonds, 166-170
　　新的视野 expanding horizons and, 172-176
　　宗教纽带 religious bonds, 171-172
亚欧大陆之外的世界（公元1500年前）Non-Eurasian world（to 1500）, 249-282
亚欧大陆中世纪文明（公元500—1500年）Medieval civilizations of Eurasia（500-1500）, 163-248；另见拜占庭帝国，儒家文明，亚欧大陆整体化，伊斯兰教，突破性西方文明，突厥化蒙古人的入侵 See also Byzantine Empire; Confucian civilization; Eurasian unification; Islam; Revolutionary Western civilization; Turco-Mongol invasions
亚平宁山脉 Apennine Mountains, 104
亚瑟·叔本华 Schopenhauer, Arthur, 394
亚瑟·韦利 Waley, Arthur, 487
亚速尔群岛 Azores, 340, 353
亚西尔·阿拉法特 Arafat, Yasir, 620
亚洲 Asia；另见相关各国 See also specific countries
　俄国与亚洲 Russia and, 300, 368-372, 461-466, 561
　欧洲的政治统治地位与亚洲 European political dominance and, 523-524
　全球经济与亚洲 global economy and, 389-390
　与欧洲的贸易（1500—1763年）trade with Europe（1500-1763）, 386
　在亚洲的葡萄牙人 Portugal in, 345-348
盐 Salt, 254, 260
扬·凡·艾克 Van Eycks, Jan, 308
扬·克里斯蒂安·史末资 Smuts, Jan Christiaan, 497
扬·马萨里克 Masaryk, Jan, 567
杨格计划 Young Plan, 571
徭役 Corvee, 58

椰子 Coconuts, 516-517
耶尔穆克河 Yarmuk River, 180
耶和华 Jehovah, 83
耶路撒冷 Jerusalem, 187
耶稣 Jesus, 83, 112
耶稣会 Society of Jesus；见耶稣会士 See Jesuits
耶稣会士 Jesuits, 241, 290, 300, 303, 315-316, 393
冶金术 Metallurgy, 44, 51, 403, 410, 412-413
　冶铁术 iron, 44, 65, 66, 74, 129, 132, 410, 413
冶铁术 Iron metallurgy, 410, 413
　非洲 in Africa, 252-253
　铁器的成本 cost of iron, 66
　冶铁 smelting, 44, 65, 66, 74
　中国 in China, 129, 132
野牛群 Bison herds, 383
“业”Karma, doctrine of, 117, 120-121
叶尔马克·季莫费耶维奇 Timofeevich, Yermak, 373
《一千零一夜》*Thousand and One Nights*, 184
一神教信仰 One God, doctrine of, 112
伊本·阿西尔 Athir, Ibn al-, 189
伊本·白图泰 Battuta, Ibn, 166, 173-176, 258, 259
伊本·赫勒敦 Khaldun, Ibn, 198
伊比利亚的扩张主义（1500—1600年）Iberian expansionism（1500-1600）, 339- 356
　哥伦布发现美洲 Columbus' discovery of America, 342-345
　瓜分世界 division of world, 348-349
　葡萄牙人在亚洲 Portugal in Asia, 345-348
　衰落 decline, 353-355
　伊比利亚扩张主义的根源 roots of, 339-342
　征服者和新西班牙 conquistadors and New Spain, 270-271, 272, 349-353
伊庇鲁斯的皮洛士 Pyrrhus of Epirus, 105
伊壁鸠鲁学说 Epicureanism, 101
伊博人 Igbos, 252
伊儿汗 Il-Khans, 289
伊儿汗国 Ilkhanate, 195, 197-198
伊儿汗国的合赞汗 Ghazan, Ilkhan, 170
伊加尔·阿米尔 Amir, Yigal, 621
伊朗 Iran, 397-398
伊利诺斯州的奈奥塔 Niota, Illinois,664-665
《伊利亚特》（荷马）*Iliad*（Homer）, 68, 95
伊瑞克提翁神庙 Erechtheum, 96
伊莎贝拉女王 Isabella, Queen, 327, 328, 340, 342
伊斯兰抵抗运动（哈马斯）Islamic Resistance Movement（Hamas）, 621
伊斯兰教 Islam; 另见穆斯林帝国 See also Moslem Empires
　阿拉伯语 Arabic languages, 177, 185-186
　地图 map of, 182
　法律 law and, 178-179, 184
　非洲的伊斯兰教 in Africa, 254-259
　　西非帝国的形成和运作 formation and functioning of Sudanic empires and, 255-259
　改宗 conversion to faith and, 286
　官僚机构 bureaucracy, 183
　哈里发国家 caliphate, 179-180
　　阿拔斯王朝 Abbasid, 179-180, 183-186, 189, 190, 193, 202, 255
　　衰落 decline of, 186-187
　　倭马亚王朝 Umayyad, 183, 185, 187
　　宗教宽容 religious tolerance and, 184
　马瓦里 Mawali, 183
　贸易 trade and, 166, 170, 184, 197, 292-293
　穆罕默德 Mohammed, 172, 178-179, 285-286
　穆斯林帝国 Moslem Empires, 285-295, 339-340
　　帝国的发展 development of, 182-183
　　帝国的衰落 decline of, 293-295
　　穆斯林帝国的辉煌 splendor of, 291-293
　　葡萄牙人在印度 Portuguese in India and, 345-347
　　现代穆斯林帝国的崛起 rise of modern, 285-291
　什叶派和逊尼派 Shiite and Sunnite sects, 289
　突厥化蒙古人的入侵 Turco-Mongol invasions and, 187, 196-197
　文化成就 cultural achievements of, 177
　五功 Five Pillars of, 178, 285
　伊斯兰教带来的社会凝聚力 social cohesion brought about by, 178-179
　伊斯兰教的传播 spread of, 171-172, 196-197
　伊斯兰教的扩张 expansion of, 165-166
　　1500年前伊斯兰教的扩张 to 1500, 286, 287
　伊斯兰教的势力 power of, 186
　伊斯兰教的兴起 rise of, 79, 177-188, 242
　伊斯兰教兴起之前的阿拉伯半岛 Arabia before, 177
　伊斯兰文明 Islamic civilization, 183-186
　与非穆斯林 non-Moslems and, 183
　与贸易 commerce and, 183-184, 292-293
　与唐朝的比较 T'ang dynasty compared to, 212
　征服时代 conquests, age of, 179-182, 187
　　阿拉伯部落的扩张 Arab tribes, expansion of, 180-182
　中东的统一 unification of Middle East and, 177
　中世纪技术传播 technological diffusion in medieval age, 170-171
　宗教上的主导地位 dominance of religion in, 198
伊斯兰教的礼拜 Prayer, Islamic, 180
伊斯兰教教法 Shari'a（Holy Law）, 179
伊斯兰圣战 Islamic Holy War, 621
伊斯兰学校 Madrasas, 199
伊斯玛仪一世 Ismail I, Shah, 289

伊斯帕尼奥拉 Hispaniola, 273, 349, 359
伊苏里亚王朝的利奥三世 Leo III the Isaurian, 202
伊索克拉底 Isocrates, 87
伊特鲁里亚人 Etruscans, 103, 104
伊希斯（女神）Isis（goddess）, 101
伊扎克·拉宾 Rabin, Yitzhak, 620, 621
医学 Medicine；另见科学 See also Science
　工业革命期间的医学 during industrial revolution, 416
　科学革命与医学 scientific revolution and, 403
　欧洲热带病医学院 European Schools of Tropical Medicine, 511
　史前医学 prehistoric, 13
　希腊医学 Greek, 95, 103
　伊斯兰教的医学Islamic, 186
依纳爵·罗耀拉 Loyola, Ignatius, 315
移民 Migration；另见蛮族入侵亚欧大陆，扩张主义 See also Barbarian invasions in Eurasia; Expansionism
　工业革命与大规模移民 industrial revolution and mass, 422-423
　欧洲的“客籍劳工”“guest workers” in Europe, 647
　晚近的移民浪潮 recent wave of, 648
　　苏联科学家的移民 Soviet scientists, 643
　移民美洲 into the Americas, 263
　　欧洲移民 European, 509-511
　原始人类的迁徙 of hominids, 5
　早期移民 early, 15, 16
　　农业随着移民传播 spread of agriculture with, 22, 34
以色列 Israel, 620-621, 666
义和团运动（1900年）Boxer Rebellion（1900）, 465, 490-491, 529-530
艺术与建筑 Art and architecture,
　拜占庭的艺术与建筑 Byzantine, 209
　非洲的艺术与建筑 African, 254, 258, 259, 260
　旧石器时代的艺术与建筑 Paleolithic, 11-13
　孔子论艺术与建筑 Confucius on, 131
　罗马的艺术与建筑 Roman, 106, 110, 112
　玛雅人的艺术与建筑 Mayan, 266
　美洲的艺术与建筑 in the Americas, 264
　米诺斯的艺术与建筑 Minoan, 59
　斯瓦希里的艺术与建筑 Swahili, 501
　文艺复兴时期的艺术与建筑 Renaissance, 236-238, 308
　希腊的艺术与建筑 Greek, 88, 91, 96
　新石器时代的艺术与建筑 Neolithic, 31
　伊斯兰的艺术与建筑 Islamic, 184, 197
　印度河文明的艺术与建筑 Indus, 60
　中国的艺术与建筑 Chinese, 61-62, 217
异端裁判所 Inquisition, the, 316, 392
意大利 Italy
　第二次世界大战中的意大利 in World War II, 597, 602, 627
　第一次世界大战中的意大利 in World War I, 536, 538, 542
　法西斯主义 fascist, 567-568
　非洲领土 African territory, 502-503
　侵略（1930—1939年）aggression（1930-1939）, 586
　衰落 decline of, 308
　向美国移民 immigration to U.S. from, 510
　意大利半岛的统一 unification of Italian peninsula, 104
　征服阿尔巴尼亚 Albania, conquest of, 591
　征服埃塞俄比亚 Ethiopia, conquest of, 587-588
意大利的法西斯主义 Fascism in Italy, 567-568
意大利文艺复兴 Italian Renaissance, 235-239, 306-308
因陀罗（神祇）Indra（god）, 69
阴阳 Yin and yang, 63
银 Silver, 48, 91, 324, 353
银行业 Banking, 241, 325, 410, 423, 424
印第安人 Indians, American; 见美洲印第安人 See American Indians
印第安人保留地 Reservations, American Indian, 273
印度 India
　传统社会 traditional society, 476-478
　地理环境 geography of, 118, 125
　独立 independence of, 611-613
　对外联系（1500—1763年）relations with（1500-1763）, 391, 392-393
　发展 development of, 397
　官僚机构 bureaucracy, 292, 480, 482
　核试验 nuclear testing in, 670-671
　皇家大道 Royal Highway, 76
　教育 education in, 481-482, 484
　经济 economy, 118, 125, 292-293, 480-481
　军事 military, 190-191, 291-292
　恐怖主义 terrorism, 530
　蛮族入侵 barbarian invasions of, 68-69, 148,155
　贸易 trade, 118, 123, 125, 292-293
　民族主义 nationalism in, 482-484, 559-560
　莫卧儿帝国 Mogul Empire, 277, 286, 290-291, 292, 364, 478
　穆斯林突厥人在印度的势力 Moslem Turkish power in, 196
　葡萄牙的扩张与印度 Portuguese expansionism and, 340-342
　葡萄牙与印度的贸易 Portuguese trade with, 345-348
　人口 population, 481
　商人 merchants in, 121, 330, 478
　社会阶层 social class in, 118-121
　突厥入侵 Turkish invasion of, 190-191
　西方对印度的影响 Western influence on, 476-485

印度的城邦 city-states of, 94
印度的佛教 Buddhism in, 84, 85, 122, 124, 190
印度的基督教 Christianity in, 124
印度古典文明 classical Indian civilization, 117-127
传教士 missionaries, 124
笈多古典时代 Gupta classical age, 118, 119, 124-127
孔雀帝国 Maurya Empire, 118, 119, 122-124
入侵者 invaders, 124
商人 traders, 124
雅利安人的影响 Aryan impact, 118-121
印度古典文明的独特性 distinctiveness of, 117
中国人眼中的印度 Chinese view of, 126
宗教改革与反改革 reformation and counter-reformation, 121-122
印度楝树 neem trees of, 11
英法争霸 Anglo-French conflicts and, 364, 366, 367
英印关系 Britain and, 366, 367, 430, 476, 478-482, 611-613
政治分裂 political fragmentation in, 124
殖民地革命 colonial revolution in, 611-613
种姓制度 caste system, 84, 117, 118-121, 191, 290, 476
印度兵变（1857—1858年）Indian Mutiny（1857-1858）, 479-480, 529-530
印度的传统乡村社会 Village society of India, traditional, 476-478
《印度独立法案》（1947年）Indian Independence Act（1947）, 613
《印度法案》India Act, 480
印度复兴运动 Indian Renaissance, 482
印度河文明 Indus valley civilization; 另见印度 See also India
农业与贸易 agriculture and trade in, 60-61, 118
稳定性 stability of, 60
文明的风格 style of civilization, 59-60
印度河文明的衰落 decline of, 61
印度河文明的兴起 emergence of, 50
游牧民族入侵 nomadic invasions of, 68-69
印度教 Hinduism, 69, 121, 122, 290-291, 482
印度孟加拉 Bengal, India, 478-479
印度尼西亚和印度尼西亚人 Indonesia and Indonesians, 62, 601, 611, 614
印度尼西亚雅加达 Djakarta, Indonesia, 366
印度土兵 Sepoys, 479
印度委员会 Indies, Council of, 352
印度洋贸易 Indian Ocean trade, 78, 255, 277
印度支那 Indochina, 611, 614
印度种姓制度 Caste system in India, 84, 117, 118-121, 191, 290, 476
《印花税法案》Stamp Act, 437
印欧人 Indo-Europeans, 64
拉丁人 Latins, 103-104
入侵希腊 invasions of Greece, 67-68
入侵印度 invasions of India, 69, 117-118
入侵中东 invasions of Middle East, 67
印刷术 Printing
文艺复兴与印刷术 Renaissance and, 309
印刷术的发明 invention of, 170, 217, 228, 238
《英俄协约》Anglo-Russian Entente, 538
《英法协约》Anglo-French Entente, 538
英格兰 England; 另见英国 See also Britain
工业革命 industrial revolution in, 409-410
与西班牙殖民地的贸易 trade with Spanish colonies, 359
宗教改革 Reformation in, 313-314
英格兰的伊丽莎白一世 Elizabeth I of England, 314, 315, 359
英国 Britain；另见英格兰 See also England
巴勒斯坦与英国 Palestine and, 558-559
第二次世界大战中的英国 in World War II, 591-592, 596-597, 602
第一次世界大战期间对中东的政策 Middle East policy during World War I, 555-557
法国与英国 France and,
18世纪英法争霸 rivalry in eighteenth century, 363-367
英法战争（1793年）war（1793）, 443
非洲的领地 African holdings, 502, 503
分离主义者 secessionists in, 397
经济 economy, 409-410, 536-537, 552
大萧条 Great Depression, 568-569
克里米亚战争 Crimean war, 459
罗马对不列颠的占领 Roman occupation of, 106
奴隶贸易 slave trade and, 500
失业 unemployment in, 580
新帝国主义 new imperialism of, 423-424
鸦片战争 Opium War, 462-463, 487, 488-489
英国人在印度 in India, 366, 367, 430, 476, 478-482, 611-613
对印度的统治 rule, 479-480
对印度的影响 impact of, 480-482
印度民族起义 nationalist uprising, 559-560
征服印度 conquest, 478-479
与日本通商 trade with Japan, 303
在大洋洲的领土吞并 annexations in Oceania, 518
殖民地 colonies, 363, 365, 366, 435, 611-613, 614, 616, 617
中英关系 China and, 300, 462-463, 487, 488-489
英国保守党 Conservative Party（British）, 569
英国查理二世 Charles II of England, 403, 431
英国查理一世 Charles I of England, 430-431

英国东印度公司 British East India Company, 361, 364, 478-480
英国复辟时期（1660—1688年）Restoration, the（1660-1688）, 432
英国革命 English Revolution, 428, 430-432, 448
英国工党 British Labour party, 569
英国国教会 Church of England, 314
英国皇家空军 Royal Air Force, 596
英国内战 English Civil War, 399
英国人与澳洲原住民 British, Australian aborigines and the, 274-275
英国议会 Parliament, English, 430-432
英国自由党 British Liberal party, 569
英国自治领的欧化 British dominions, Europeanization of, 508-515
英吉拉・甘地 Gandhi, Indira, 80
英吉利共和国 Commonwealth（English）, 431
英军在约克镇投降 Yorktown, British surrender at, 438
英联邦 British Commonwealth of Nations, 511
英属西印度群岛 British West Indies, 363
英王爱德华六世 Edward VI of England, 314
英王爱德华一世 Edward I of England, 173
婴儿死亡率 Infant mortality, 420
尤基语 Yuki language, 334
尤里・安德罗波夫 Andropov, Yuri, 641
尤里乌斯・恺撒 Caesar, Julius, 52, 106, 108
尤利安皇帝 Julian, Emperor, 113
尤利乌・马纽 Maniu, Iuliu, 566
尤斯图斯・冯・李比希 Liebeg, Justus von, 405
犹太复国主义 Zionism, 556
犹太教 Judaism, 82-83, 85；另见犹太人 See also Jews
犹太人 Jews, 另见犹太教 See also Judaism
  巴勒斯坦的犹太人 in Palestine, 556, 557-558, 620
  纳粹大屠杀 Nazi Holocaust and, 599
  希特勒对犹太人的影响 Hitler on, 580, 581
游牧民族 Nomads, 41, 64-70
  摧毁古代文明 destruction of ancient civilizations, 66-70
    希腊 Greece, 67-68
    印度 India, 68-69
    中东 Middle East, 66-67
    中国 China, 69-70
  俄罗斯草原的游牧民族 on Russian steppe, 370-372
  古典文明的终结与游牧民族 end of classical civilizations and, 145-155
    西方 in the West, 148-152
    印度 in India, 148, 155
    中国 in China, 145, 147, 155
  健康状况 health of, 10, 21-22
  实力壮大 rise in power, 64-66
  游牧 pastoral, 29-30
  游牧民族的军事能力 military capabilities of, 65
游牧民族入侵伯罗奔尼撒半岛 Peloponnesus, nomadic invasions of, 67-68
有毒废弃物 Toxic dumps, 646
有机物与无机物 Organic vs. inorganic matter, 4
幼发拉底河 Euphrates River, 43
渔业 Fisheries, 232, 358
瑜伽 Yoga, 122
与内在自我的斗争 Inner self, confrontation with, 663-665
羽蛇神 Quetzalcoatl, 272
雨林 Rain forests, 252
语言 Languages,
  阿拉伯语 Arabic, 177, 185-186
  达罗毗荼语（雅利安人到来之前）Dravidian（pre-Aryan）, 125
  梵文 Sanskrit, 125, 127, 394, 481
  罗曼语族的语言 Romance, 115
  美洲印第安人的语言 of American Indians, 264
  土耳其语 Turkish, 190
  尤基语 Yuki, 334
玉米种植 Maize, cultivation of, 23, 25-27, 265, 273
芋头 Taro, 517
预定论 Predestination, 313
欲罢不能的战争计划 Irreversible military timetables, 538-539
御道 Royal Road, 75
元朝 Yuan dynasty, 166, 218-219, 299
原材料 Raw materials,
  非洲的原材料 African, 503-505
  工业革命及其对原材料的需求 industrial revolution and demand for, 424
  印度的原材料 Indian, 480-481
原始农业 Incipient agriculture, 23
原子弹 Atomic bomb, 606
原子能 Nuclear energy, 636
源赖朝 Yoritomo, 301
《源氏物语》（紫式部）*Tale of Gengi, The*（Murasaki）, 224
远东的冷战 Far East, cold war in, 629-631; 另见中国，日本 See also China; Japan
约旦河西岸地区 West Bank, 620
约翰・F. 肯尼迪 Kennedy, John F., 631, 632
约翰・保尔 Ball, John, 450
约翰・戴维斯 Davis, John, 358
约翰・胡斯 Hus, John, 311
约翰・霍金斯爵士 Hawkins, Sir John, 359
约翰・加尔文 Calvin, John, 305, 313
约翰・卡伯特 Cabot, John, 235, 348, 358
约翰・凯伊 Kay, John, 411
约翰・利尔本 Lilburne, John, 430
约翰・洛克 Locke, John, 433, 434
约翰・麦克亚当 McAdam, John, 413

约翰·梅纳德·凯恩斯 Keynes, John Maynard, 142, 358
约翰·梅特卡夫 Metcalf, John, 413
约翰·斯皮克 Speke, John, 501
约翰·斯图亚特·穆勒 Mill, John Stuart, 484
约翰·威尔金森 Wilkinson, John, 400
约翰·威克里夫 Wyclif, John, 311
约翰·韦拉扎诺 Verrazano, John, 235, 348
约鲁巴文明 Yoruba civilization, 389
约瑟夫·S. 什克洛夫斯基 Shklovsky, Iosif S., 636
约瑟夫·班克斯 Banks, Joseph, 501, 520
约瑟夫·毕苏斯基将军 Pilsudski, General Joseph, 566
约瑟夫·斯大林 Stalin, Joseph, 573-574, 576, 591, 594, 598, 622, 623-626, 628, 631, 640
约瑟夫二世 Joseph II, 434, 435
约书亚·韦奇伍德 Wedgwood, Josiah, 420
月亮金字塔 Pyramid of the Moon, 271
越盟 Viet Minh, 614
越南 Vietnam, 614-615
越南西贡 Saigon, Vietnam, 615
越南战争 Vietnam War, 615-616
运河 Canals, 75, 413, 524

Z

再洗礼派 Anabaptists, 313, 316
早期罗马帝国的罗马城 Rome in early Roman Empire, 109-110
早期罗马共和国的民主化 Democratization of early Roman Republic, 105
早期罗马共和国的希腊人 Greeks in early Roman Republic, 104
造船 Shipbuilding, 241, 242, 306, 322, 362
旃陀罗笈多·孔雀 Chandragupta Maurya, 118, 123
旃陀罗笈多二世 Chandragupta II, 125
旃陀罗笈多一世 Chandragupta I, 100, 125
詹姆士·托德 Todd, James, 479
詹姆斯·伯恩斯 Byrnes, James, 626
詹姆斯·哈格里夫斯 Hargreave, James, 411
詹姆斯·库克 Cook, James, 262, 517, 519-520, 521
詹姆斯·斯蒂芬 Stephen, James, 508
詹姆斯·瓦特 Watt, James, 405, 412, 413
詹姆斯·沃尔夫 Wolfe, James, 365, 366
詹姆斯二世 James II, 431
詹姆斯一世 James I, 430
占卜 Divination, 62
占星术 Astrology, 54-55
战车 Chariots, 46, 65, 109
战略防御计划（星球大战计划）Strategic defense initiative（Star Wars program）, 651
战时共产主义 War Communism, 573
战争 War
  阿兹特克人的战争观 Aztec concept of, 268, 272
  第一次世界大战和第二次世界大战的人员伤亡 casualties, World War I and II, 38
  人性与战争 human nature and, 38
  未来前景和问题 future prospects and issue of, 651-654
  战争领袖成为国王 emergence of kings from war leaders, 47
  战争推动技术进步 technological advances from, 141
战争 Warfare
  骑兵 cavalry, 65
  潜艇战 submarine, 543, 547
  沙漠作战 desert, 180
  战争的增多 growth of, 46
张燮 Chang Hsieh, 330
爪哇人化石 Java fossils, 5
哲学家 Philosophers
  古典时期 classical, 76
  希腊 Greek, 94, 96-98, 101
  中国 Chinese, 63, 130-132
《哲学家的矛盾》（加扎利）*Incoherence of Philosophy*（al-Ghazzali）, 198
珍珠港 Pearl Harbor, 593, 600-601
真主党 Party of God, 621
征服巴尔干 Balkans, conquest of, 597-98
征服四川（公元前318年）Szechwan, conquest of（318 B. C. E.）, 132
征服者威廉 William the Conqueror, 153
蒸汽船 Steamships, 413
蒸汽机的发明 Steam engine, invention of, 405, 411, 412-413
“正法”Dharma（moral code）, 120
正义与和平委员会 Iustitia et Pax, 280
郑和 Cheng Ho, 167, 228, 242, 328
政府 Government; 另见君主国，政治组织 See also Monarchies; Political organization
  孔子论政府 Confucius on, 128, 131
  日本 Japanese, 224
  突破性西方文明中的君主国 monarchies of revolutionary Western civilization, 235
  中国 Chinese, 213-215, 220-222
  作为政府体制的封建制度 feudalism as, 229
《政府论》（洛克）*Essay on Civil Government*（Locke）, 434
政治革命 Political revolutions, 399-400, 426, 428-455
  法国大革命 French Revolution, 400, 410, 439-446, 449, 452-453, 470
  美国革命 American Revolution, 435-439, 448
  民族主义与政治革命 nationalism and, 429, 446-448
  启蒙运动 Enlightenment, 432-435, 439, 458
  社会主义与政治革命 socialism and, 429, 449-452

英国革命 English Revolution, 428, 430-432, 448
英国内战 English Civil War, 399
政治革命的模式 pattern of, 428-430
政治革命中的妇女 women in, 452-454
自由主义与政治革命 liberalism and, 429, 448-449
政治欧化 Political Europeanization, 511-513
《政治学》(亚里士多德) *Politics* (Aristotle), 144
政治组织 Political organization；另见政府 See also Government
澳洲原住民 of Australian aborigines, 274
第一次世界大战后欧洲的政治组织 European, after World War I, 551-553
非洲 in Africa, 252, 255
欧洲的影响 Europe's impact on, 506, 524
男性的统治地位 dominance of men in, 52
欧洲的政治统治地位 European political dominance and, 523-524
全球政治组织的联系（1500—1763年）global relations (1500-1763), 390-391, 394-395
日本政治组织的现代化 Japanese, modernization of, 496
食物采集者的政治组织 of food gatherers, 7
突破性西方文明中的君主国 monarchies of revolutionary Western civilizations, 235
文明对政治关系的影响 civilization's impact on political relationships, 159
雅典 in Athens, 90-91
印度的分裂 fragmentation in India, 124
早期亚欧文明的权力集中 centralization of power, in early Eurasian civilizations, 48
中国转型时期 Chinese in transition age, 129
西方的影响 Western impact on, 490-492
作为政治组织的封建制度 feudalism as, 229
知识发展 Intellectual development, See also Culture (s); Education; Technology 另见文化，教育，技术
科学的发展 in science
航天科学 space science, 636
笈多时代 of Gupta age, 127
玛雅人的科学 Mayan, 265
穆斯林科学 Islamic, 184-185
苏美尔 Sumerian, 53
希腊 Greek, 97, 101-102
中国宋朝 Sung dynasty, China, 217
穆斯林的衰落与知识发展的停滞 Moslem decline and stagnation of, 295
数学计数体系的发展 in mathematics decimal system, 127
笈多时代 of Gupta age, 127
苏美尔 Sumerian, 53
希腊化时代 of Hellenistic age, 102-103
文学的发展 in literature
汉帝国 of Han Empire, 137-138
笈多时代 of Gupta age, 127
历史编纂 historical, 137-138
日本 Japanese, 224
宋朝 Sung dynasty, 217
文艺复兴时期 Renaissance, 237
希腊 Greek, 95-96, 101
文字 writing
汉字 Chinese, 62, 128, 133-134, 156, 297
玛雅人 Mayan, 265
日本 Japanese, 224
书法 calligraphy, 178, 217
文字的影响 impact of, 53, 159, 160
楔形文字 cuneiform, 52, 53
印度河 Indus, 61
伊斯兰世界知识发展的停滞 cessation of, in Moslem world, 198-199
医学的发展 in medicine
工业革命时期 during industrial revolution, 416
科学革命与医学 scientific revolution and, 403
欧洲热带病医学院 European Schools of Tropical Medicine, 511
史前医学 prehistoric, 13
希腊 Greek, 95, 103
伊斯兰医学 Islamic, 186
哲学家 Philosophers
古典时代 classical, 76
希腊 Greek, 94, 96-98, 101
中国 Chinese, 63, 130-132
执政官 Consuls, 104
直布罗陀海峡 Gibraltar, Straits of, 340
直立人 Homo erectus, 7
植物 Plants；另见农业 See also Agriculture
非洲的植物 in Africa, 253-254
驯化植物 domesticated, 22, 23, 25-27, 171, 264-265, 273
植物的全球扩散 global diffusion of, 383-385
殖民 Colonization
船舶的发展与海外殖民 ship development and overseas, 74-75; 另见美洲 See also Americas, the
希腊的殖民活动 Greek, 78, 88
殖民地独立 Independence, colonial, 609-621
殖民地与殖民地世界 Colonies and colonial world
半殖民地国家 semicolonial countries, 524
法国的殖民地 French, 363-364, 502, 518
法国殖民地的独立 independence of, 614-617
土耳其 Turkey, 555-558
印度 India, 559-560
殖民地民族起义 nationalist uprisings in, 555-561

中东阿拉伯国家 Arab Middle East, 558-559
中国 China, 560-561
非洲殖民地 African, 501-503
欧洲的政治统治地位 European political dominance and, 524
葡萄牙殖民地 Portuguese, 509
西班牙殖民地 Spanish, 351-353, 359, 509
亚当·斯密论殖民地与殖民地世界 Adam Smith on, 387
英国的殖民地 British, 363, 365, 366, 435, 611-613, 614, 616, 617
殖民地革命 colonial revolutions, 609-621
北美洲 in South Africa, 617-619
东南亚 in Southeast Asia, 613-616
非洲热带地区 in tropical Africa, 616-617
美国革命 American Revolution, 435-439, 448
印度和巴基斯坦 in India and Pakistan, 611-613
殖民地革命的根源 roots of, 611
中东 in Middle East, 619-621
殖民地人民的反应 colonial peoples, reaction of, 425-426
殖民地争端与第一次世界大战的根源 disputes, roots of World War I and, 537
纸 Paper
布浆纸 rag, 137
纸的发明 invention of, 171
纸币 Paper money, 219
指南针 Compass, 323
指南针的发明 invention of, 228
指南针的使用 use of, 241
"至一至圣"教谕（1302年）*Unam sanctum*（1302）, 235
制图学 Cartography, 102-103, 239, 241, 344
质量守恒定律 Conservation of matter, law of, 405
治外法权 Extraterritoriality, 495
智力发育 Brain development, 5, 46
智人 Homo sapiens, 1
工具和武器 tools and weapons, 7
命运的创造者 as creator of its destiny, 656
人类的谜团 enigma of, 656-657
智人的扩散 expansion of, 15, 16
智者派 Sophists, 97
"滞胀" "Stagflation," 638
中产阶级 Middle class, 420-421, 422, 429, 431, 460-461, 469
中产阶级市场的兴起 Middle-class market, emergence of, 48
中等农业 Intermediate agriculture, 264
中东 Middle East；另见伊斯兰教，相关国家 See also Islam ; specific countries
古典时代 during classical age, 85
民族起义 nationalist uprisings in, 558-559
土耳其人的统治 Turkish rule and, 190
西方的影响 Western influence in, 468-475
对阿拉伯人的影响 Arabs, 474-475
对巴尔干基督徒的影响 Balkan Christians, 469-471
土耳其人 Turks, 471-474
希腊化时代 Hellenistic Age, 99-103
游牧民族入侵 nomadic invasions of, 66-67
殖民地的独立 independence of colonies in, 619-621
中东的统一 unification of, 166, 177
中东农业的传播 agriculture in, spread of, 22-23, 27
中东铁路 Chinese Eastern Railway, 465
中国 China
闭关自守 withdrawal and isolation, 219-223, 242, 277
朝代 dynasties; 见各个朝代 See Individual dynasties
打开国门 opening of, 487-489
道路与运河 roads and canals, 75-76, 129, 134, 212
帝国的衰亡 imperial decline, 138-140
地理环境闭塞 geography, isolation and, 61, 297
对外关系（1500—1763年）relations with（1500-1763）, 393-394
封建制度 feudalism, 135
改良与革命 reform and revolution in, 490-492
工业化 industrialization in, 646
官僚机构（文官）bureaucracy（civil service）in, 129, 136-137, 172, 213-215, 220-222, 297-298, 491-492
海上远征 maritime expeditions, 328-330
海外探险 overseas exploration, 222-223
黄金时代 Golden Age for, 211
经济 economy, 129, 133, 217-218, 219, 220-223
军事 military, 212, 488-489, 490
马克·波罗对中国的描述 Marco Polo's account of, 173, 176
蛮族的入侵 barbarian invasions of, 69-70, 145, 147, 155
贸易 trade, 78, 79, 129, 217-218
商人 merchants, 129, 220-223, 330, 491
宋代的贸易 in Sung dynasty, 166, 217-218
元朝蒙古人的统治和贸易 Yuan Mongol rule and, 219
中世纪时期的贸易 in medieval age, 166-170
蒙古人的征服 Mongol conquests of, 193, 194
民族优越感 ethnocentrism of, 199, 219-223
民族主义 nationalism in, 490-491, 560-561
农业 agriculture in, 23, 129
人口 population, 136, 297
三大革命 three great revolutions, 132
社会阶层 social class in, 62, 220-222
生产力 productivity in, 129, 155, 217
世俗主义 secularism of, 129, 130

同质性 homogeneity of, 128
统一与正统观念 conformity and orthodoxy in, 137
王朝循环 dynastic cycles, 298-299
文字 writing, 62, 128, 133-134, 156, 297
西方的影响 Western influence on, 486-492
鸦片战争 Opium War, 462-463, 487, 488-489
早期的中西方关系 early relations with West, 300
早期贸易纽带 early commercial bonds, 76
哲学家与典籍 philosophers and classics of, 130-132
政府 government, 213-215, 220-222
政治组织 political organization, 129, 490-492
中俄关系 Russia and, 300, 375, 462-463
中国人眼中古典时代的印度 Chinese view of classical India, 126
中华文明 civilization of, 296-304
古典时期的中国 classical, 128-140
儒家文化 Confucian, 211-227, 238
中华文明的连续性 continuity of, 69-70, 128, 296-298
中日关系 Japan and, 300-302, 463, 489, 561, 584-587
中日战争 Sino-Japanese War, 464-465, 489
中世纪时期的技术传播 technological diffusion in medieval, 170-171
中央集权 centralization of, 132-138
中英关系 Britain and, 300, 462-463, 487, 488-489
转型时期 age of transition, 129
宗教 religion
佛教 Buddhism, 84, 85, 213, 215
基督教 Christianity, 300
宗教的中国化 sinicization of, 215
宗教自由 freedom of, 215
中国北部的黄河 Yellow River in North China, 129, 139
黄河泛滥 flooding of, 219
黄河流域文明的兴起 valley, emergence of civilization in, 50
中国北京 Peking（Beijing）, China, 4
定都 selection as capital, 219
汗八里 Cambaluc, 172, 173
中国长安 Ch'ang-An, China, 215, 216
中国长城 Great Wall of China, 4, 134-135, 212
中国的大运河 Grand Canal in China, 212
中国的黄金时代 Golden Age of China, 211
中国的文官制度（官僚机构）Civil service, Chinese（bureaucracy）, 129, 136-137, 172, 213-215, 220-222, 297-298, 491-492
中国东北 Manchuria, 465, 495, 606, 629
日本入侵中国东北 Japanese invasion of, 584-587
中国革命（1911年）Chinese Revolution（1911）, 530
中国共产党 Chinese Communist party, 560-561
中国共产主义革命 Chinese Communist Revolution, 629
中国广州 Canton, China, 166, 300, 347
中国人的民族优越感 Ethnocentrism, Chinese, 199, 219-223
中国人的正统观念 Orthodoxy, Chinese, 137
中国王朝的经济-行政循环 Economic-administrative cycle of Chinese dynasties, 139
中美洲 Mesoamerica；另见美洲 See also Americas,
农业 agriculture in, 264
中美洲农业的扩散 spread of, 22-23, 25-27
中美洲文明的兴起 emergence of civilization in, 50
中日战争（1895年）Sino-Japanese War（1895）, 464-465, 489
中世纪 Middle Ages, 305, 321-324, 429
中亚与俄国 Central Asia, Russia and, 464
中英战争（鸦片战争）Anglo-Chinese War（Opium War）, 462-463, 487, 488-489
种群杂交 Interbreeding, 34
种族隔离 Apartheid, 618-619
种族灭绝 Genocide, 599, 620
种族欧化 Ethnic Europeanization, 508, 509-511
种族主义 Racism, 280
非洲奴隶贸易与种族主义 African slave trade and, 498
印度的种族主义 in India, 484
重商主义 Mercantilism, 433
重装步兵 Hoplites, 90, 92
周朝 Zhou dynasty, 69-70, 129, 299
周帝国 Chou Empire, 134
朱可夫 Zhukov, 606
朱斯提尼亚尼・巴列奥略 Palaeologus, Constantine, 207, 322
朱特人 Jutes, 150
朱熹 Chu Hsi, 220
《驻营条例》Quartering Act, 437
铸币 Coin money
非洲的铸币 of Africa, 257
笈多时代的铸币 of Gupta age, 125
希腊的铸币 Greek, 88, 92
印度河流域的铸币 of Indus valley, 118
中国的铸币 of China, 129
铸币的标准化 standardization of, 241, 324-325
铸币的沿革 development of, 74
庄园制度 Manorialism, 229-230, 231
追求利润的资本主义的诞生 Profit, emergence of capitalism for, 325-326
《资本论》（马克思）*Das Kapital*（Marx）, 531
资本主义 Capitalism, 425-426, 450
定义 defined, 325
其他形式的资本主义 alternative forms of, 667
资本主义的诞生 emergence of, 324-327, 358
资产阶级 Bourgeoisie, 429, 439-440, 441
紫式部 Murasaki, Lady, 224

自给型农业 Subsistence agriculture, 88
自然选择 Natural selection, 5, 6
自由党（英国）Liberal party（Britain）, 569
自由放任经济 Laissez-faire economics, 433, 449
自由之子社 Sons of Liberty, 437
自由主义 Liberalism, 429, 431, 448-449, 506
作为古典自由主义对立面的社会主义 socialism as antithesis of classical, 449-450
自治 Swaraj, 560
自助组织 Self-help organizations, 666
宗教 Religion；另见宗教改革 See also Reformation
阿兹特克人的宗教 Aztec, 268
埃及的宗教 Egyptian, 57
拜占庭帝国的宗教 in Byzantine Empire, 204, 208, 209-210
部落社会的宗教 of tribal society, 32
丁-伊-伊拉希 Din Ilahi, 290
佛教 Buddhism；见佛教 See Buddhism
古代亚欧文明的传教士 priests of ancient Eurasian civilization, 46
古典时代的宗教 during classical age, 76, 82-86
基督教 Christianity；见基督教 See Christianity
进化论与宗教 evolutionary theory and, 406
罗马神祇 Roman gods, 104
奴隶贸易的合理化与宗教 rationalization of slave trade and, 498
欧洲对非洲宗教的影响 in Africa, Europe’s impact on, 505-506
启蒙哲人论宗教 philosophes on, 433-434
全球文化联系与宗教（1500—1763年）global cultural relations（1500-1763）and, 391-393
日本的宗教 in Japan, 215, 224, 301, 302, 303, 494
神道教 Shintoism, 224, 302, 494
圣书 sacred books, 159
食物采集者的宗教 of food gatherers, 10-13
苏美尔人的宗教Sumerian, 54-55
西方对中东穆斯林的影响Western influence on Moslem Middle East, 473
希腊的宗教Greek, 94-95, 101
新石器时代的宗教in Neolithic society, 32
伊比利亚的扩张主义与宗教Iberian expansionism and, 339-340
伊斯兰教Islam；见伊斯兰教See Islam
印度河文明的精神权威Indus, spiritual authority in, 60
印度教Hinduism, 69, 121, 122, 290-291, 482
印加人的宗教Incan, 270
英国革命与宗教English Revolution and, 431-432
犹太教Judaism, 82-83, 85
中世纪亚欧大陆的整体化与宗教in medieval age, Eurasian unification and, 171-172
祖先崇拜ancestor worship, 62
宗教改革Reformation, 309, 310-317
德国的宗教改革in Germany, 310-313
德国之外的宗教改革 beyond Germany, 313-315
印度的宗教改革in India, 121-122
宗教改革与性自由Sexual freedom, Reformation and, 316
宗教学院Medressehs（colleges）, 238, 310
宗教制裁 Religious sanctions, 46
宗主权 Suzerainty, 212
总督辖区Viceroyalties, 352
《租借法案》（1941年）Lend-Lease Act（1941）, 600, 623
足利幕府Ashikaga Shogunate, 225
钻石Diamonds, 503, 617
作为食物采集者的人类Food gatherers, humans as, 1, 3-19, 20,21
安乐死 euthanasia among, 14
澳洲原住民 Australian aborigines, 13, 262, 274-275, 280, 281
从猿到人 from hominids to humans, 1
大自然知识 knowledge of nature, 11, 13
堕胎 abortion among, 21
个人从属于部落 subordination of individual to tribe, 13-14
疾病 illness among, 13
两性关系 sex relations, 7-8
美洲的食物采集者 in the Americas, 264
人种的形成 races, appearance of, 15-18
杀婴 infanticide among, 14, 21
食物采集者的生活 life of, 7-15
现今的食物采集者 present-day, 9
信仰 beliefs of, 10-13
血缘纽带 kinship ties, 8
饮食 diet of, 5, 7, 9-10, 21
作为食物生产者的人类 Food growers, humans as, 1, 20-36; 另见农业See also Agriculture
人口和人种 demographic and racial results of, 32-35
食物生产者的生活 life of, 30-32